中华元典的人类学解读

《说文》认知分析

臧克和　著

長江出版傳媒
湖北人民出版社

图书在版编目(CIP)数据

《说文》认知分析/臧克和著.
武汉:湖北人民出版社,2019.9
ISBN 978-7-216-09777-2
Ⅰ.说… Ⅱ.臧… Ⅲ.《说文》—研究 Ⅳ.H161
中国版本图书馆CIP数据核字(2019)第182729号

项目策划:姚德海　姚　梅
项目统筹:马　骏　邹桂芬
责任编辑:杨　猛　朱小丹　刘婉玲
封面设计:刘舒扬
责任校对:范承勇
责任印制:王铁兵

出版发行:湖北人民出版社　　**地址**:武汉市雄楚大道268号
印刷:湖北新华印务有限公司　　**邮编**:430070
开本:720毫米×1000毫米 1/16　　**印张**:32.5
字数:519千字　　**插页**:5
版次:2019年9月第1版　　**印次**:2019年9月第1次印刷
书号:ISBN 978-7-216-09777-2　　**定价**:148.00元

本社网址:http://www.hbpp.com.cn
本社旗舰店:http://hbrmcbs.tmall.com
读者服务部电话:027-87679656
投诉举报电话:027-87679757
(图书如出现印装质量问题,由本社负责调换)

ISBN 978-7-216-09777-2

教育部人文社科基金重大项目“汉字文化圈表意文字主要类型数据库及相关专题”（16JJD740012，首席专家河永三教授）

人文韩国事业团 PLUS（HK +）“汉字与东亚文明——汉字之路的疏通 / 动因 / 导航”（首席专家河永三教授）

华东师范大学中国文字研究与应用中心图像识别交叉学科项目“AI+ 表意文字大数据”（负责人臧克和教授）

前　　言

《管锥编》:“一代于心性之结习成见，风气扇被，当时义理之书熟而相忘、忽而不著者，往往流露于文词语言。”不啻钱公默存先生夫子自道，披露大家治学手眼会心处。汉代许慎《说文解字》贮存上万汉字古文字结构单位，百科全书式地、较为直接地呈现了先民对于自然与人本的“心性之结习成见”即体察认识，分类型分层级地系统推演了最为丰富的汉字认知模式：“公因式”提取法部首设置集合的认知模式，分别部类的认知模式，各部之间联属的认知模式，一部之内编排次序的逻辑认知模式，部首统摄的象类义符类认知模式，各部之间声符类认知模式，结构分析本义训释的逻辑认知模式，单字取象认知模式，等等。

人工智能（AI）由一维识别，转换到二维识别，背后即是认知实现了数字到图像识别。每个汉字结构，本质上都是二维的。思维科学表明，作为语言的书写记录符号，一般汉字抽象性低于数字记号，而概括性又远高于图像，即介于一维与二维之间。其中所蕴含的认知模式，对 AI 来说，应该是新的课题领域。也许可以说，AI 认知模式的丰富发展，有待于这类介乎一维到二维之间字符形态认知模式——人脑解码模式研究的真正突破。《说文》取类分类，较为纯粹地反映了汉字体系异常丰富的认知模式。必欲如控名责实，则再版题为“《说文》认知分析”。

本书是在《说文解字的文化说解》基础上修订发展而成的。原书撰写于上个世纪八十年代末九十年代初。白下徐复老序言和上个世纪的后记，均一仍其旧，保存于书末，以为他日之券。

目　　录

第一章　方物：《说文》[1]分类取类认知方式

第一节　分类与取类

一、部首分类及其价值

研究出土古文字学者，要到《说文》里对号入座，才能认知出土古文字结构、读音和意义；[2]治文史包括各类专门史的专家，无论自然科学还是人文社会学，要到《说文》里寻找一般文献上面所检索不到的字源学意义信息；从事语言文字教学的工作者，也要到《说文》里寻找一些“构造理据”即结构层次上的认知联系；乃至今天进行古文字信息化处理，也要凭借《说文》提供的认知法则……《说文》到底贮存了哪些信息，使得它历经近两千年而仍然具有不可替代的百科全书式“智慧工具”，这其中所蕴含的最为基本的原理即“道”究竟是什么？本地风光，还是要检索《说文·辵部》，有道是：

道（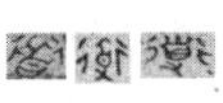金文简帛汉印
石刻），

① 东汉经学家许慎编著《说文解字》，后世所存有藏于日本的唐代抄本《说文解字·木部》残卷；唐五代有宋之际，出现了一些包括小篆刻写的《说文解字》及其整理者；徐铉（世称大徐）增益新附的板刻本《说文解字》，为清代学人所覆刻，遂成为广泛传播使用的本子。本书一律使用简称《说文》。本书中因解析字形、字声需要，视情形使用一些非简化字，特此说明。

② 今人利用出土古文献材料，颇能发现《说文》贮存小篆以及结构认知分析存在的许多局限。据实而言，现代的长足进步，所取得成绩，也不外乎依赖《说文》所提供认知参照结果；而且从文献版本来说，只要看唐抄《说文·木部》残卷所存，对照整部宋本《说文》小篆，就发现所存在讹变无虑数百处。就整个体系科学性以及达到的认知水平而言，现代古文字研究依然显得非常单薄，形形色色“文字编”“构形学”乃至古文字信息化处理，依然还得祖述近两千年前的《说文》分类原则及体例。

所行道也。从辵从首。一达谓之道。，古文道从首、寸。[1]

道字结构，本有取辵形而读首声，战国楚简像郭店楚墓竹简或作，以有取于人于行中；秦简如睡虎地简牍作；至于唐代碧落碑篆文作，唐代李阳冰篆书谦卦碑所作，皆所来有自。

许慎在“道”结构分析的基础上，标注为所行之路，并且提供直接认知路径为：“一达谓之道”，“达”即“一间未达”之达。这个认知基础没有问题：战国楚简使用的“道”字，就是从人行走在“行”当中，见上列。由所到达的实象空间距离路径，认知发展造于抽象境地之路径，即俗语所谓“门道”、通常所谓“思路”，抑或从而“再达”进入某些抽象领域的认知发展“路线图”：这种由具体到抽象的认知程序，符合人类一般认知模式。[2]

许慎《说文·叙》，揭橥进入该书，路径所由，就是：

今叙篆文，合以古籀，博采通人，至于小大，信而有证，稽撰其说。将以理群类，解谬误，晓学者，达神旨。分别部居，不相杂厕。万物咸睹，靡不兼载。

《说文》收字 9431 个，以形符系联，以义类相从，[3] 将上万字形结构分门

① 臧克和、刘本才编：《实用说文解字》卷二，上海古籍出版社 2012 年版，第 53 页。许慎的结构分析存在一定问题，应该属于“形声”类型，以《说文》体系基本术语来描述，为“从辵首声”。本书各处出土文献文字与小篆对比，基本出自该书，亦简称《说文》。

② 一提到思想史上各家最高范畴“道”的表述，人们往往会马上变得急切，找不到“所从言之路”“表达之所由”。其实，先秦诸家学派所谓“道”，原本没有后来人神乎其神的种种“道不可道的表述”。质言之，进入书写之径谓之书道，进入礼学之途谓之所践履（《说文·示部》：礼，履也）。即使进乎各家学术流派之道，亦不过此一认知模式：儒家之道，即进入儒学之门径路线，如仁的实践等；墨家之道，则是进入墨家门径路线，如兼爱、非攻、明鬼、逻辑等；法家之道，即进入法家门径路线；道家之道，亦不外进入各类门径路线的总门径路线——是“道家学说”所以谓之“哲学”。《易·系辞下》所谓“天下同归而殊途，一致而百虑”之“殊途”，或正取喻于此。又参《汉书·艺文志·诸子略》。

③ 许慎《说文》某些部类，也存在取类于声符分部的情形。未能贯彻到底，或出于整体协调的考虑。

别类统摄于五百四十部首之内，这就是所谓“分别部居，不相杂厕”体例。[①]

方物，可以说是汉语史早期认知术语，功能属动词性质，犹言识别、名状，现在就可以说是认知分类。《国语·楚语下》：“民神杂糅，不可方物。”韦昭注：“方，犹别也；物，名也。”科学即要求分类，而分类也即意味着取类。《说文》分类，较诸其他文献记载，似乎可以说是更为纯粹地反映了古代中国人的认知方式及认知发展。

研究者已经提到的相关认知模式，包括所谓“按形归类，打包记忆”。汉字按照部首编排，为什么源远流长，一直影响到现代楷字编排？说到底是契合了关于汉字形体结构属性的认知规律。以形系联，可以将成批的汉字“打包”，实现形体结构的视觉关联，提高认识功效。从这个意义来说，许慎《说文》编排组合，最大贡献是遵照形体特点进行信息“打包”。笔者曾若干场合多次分析提挈，《说文》对后世汉字整理影响最为深远的，就在于将字形结构分类——从看起来散漫的字群，寻找其中蕴含的共有的形体成分，提取出来，从而建立起共同的关系类型。这在数学方法上，类似于代数因式分解过程中的“提取公因式”，由此建立“认知原型”：这一科学思想，对后世字汇的聚合乃至后世文字的整理，具有创辟性意义。

《说文》所提取部首，就外延而言相当于一个范围，所指示义界就是一个范畴，这个范畴的代表符号即形符，构成认知心理学上的“认知原型”，或者说是一类诉诸视觉的“视觉成语”。在 AI 识别原理，即完成数字到图像转换，也就是从一维到二维识别。[②]汉字体系的认知繁复性在于：一般汉字结构都是介于指示数字与图像之间，即汉字结构无论多么象形，原则上其抽象概括性都高于图像形态。认知心理学认为，范畴化认知活动是主客观相互作用

---

① 据华东师范大学中国文字研究与应用中心基地表意文字大数据研发中心智库研制“基于大数据网络——字海”及“汉字文化圈汉字书写记忆文本库”统计，宋代大徐本《说文解字》包括新增 402 个小篆，凡著录小篆字头 9833 条。这样统计的结果是：宋代大徐本《说文》实际著录了 9431 个，超过了《叙》里所宣称的 9353 个篆文；其中明确有“某声”“某亦声”“某省声”等形式标识的有 8403 个，不包括事实上的形声结构，例如《说文》没有形式标识的结构（《我部》“義”条下分析为“从我羊”，属于“从羊我声”）等。

② 提取单位越小，越具有普遍性。物理学分解有效信息单位到“量子”水平，则所处宇宙空间无所不至。所谓通讯时间亦可以忽略，即瞬间无所弗届。实质上，意味着身边量子信息，即是宇宙空间所有量子信息而已。

的过程，所有事物的认知范畴都是以概念上凸显的“原型”定位的，“原型”对范畴的形成起重要作用。“原型”是指作为范畴核心的图式化的心理表征，是范畴化的认知参照点。某事物只要与原型有近似的匹配，即可成为该范畴的一员，从而被识别。在这种“打包”过程中，只有形声结构才是最方便处理的：由此科学揭示了汉字体系中“形声认知”结构能产性的深层次原因。

对于《说文》五百四十部和后世字书所设部首发生的合并归类情况进行比较分析，整合取舍，归纳部首之间内在的联系，发现《说文》设立的五百四十部首字符单位，总的来说是超出了统摄汉字系统的需要，存在若干羡余的成分。但是，合并部首也不可能仅仅是越少越好，而应该遵循一个最起码的原则，那就是充当部首的偏旁，最好是在整个字形层次结构的划分过程中，是第一层分析得到的成分；否则将会产生成批的难以归类的字。如《辵部》《走部》中都可以再分析出止符，似乎都可以将这几个部的字归入到《止部》里。但是那样一来，这几个部的字，都需要在第二层次划分过程中才能找出所属的部首。因为减少两个部首字，结果导致了相当数量的字归部发生困难，同时也就等于增加了检索使用上的麻烦。基于此，《说文》设立了像“只”“古”等这样一些部首。事实上，这些部首各自统摄的字，也就只有一两个。现代字书、辞书所出现的部首字大量减少的情况，其实主要就是发生在这类情况的调整上面。

有关课题组得到的数据表明，要有效率地统摄汉字系统，需要保留 400 个左右基本形符。保持这样一个数量，才不至于增加检索上的麻烦。一种文字系统“基本构成字符”如果始终维持几百个，而不是几十个，看来就基本上能够满足形体结构跟所记录音义关系保持一定对应的有效需要。相反，如果只有几十个，就只能管到记音的层次。虽然只要超过几个符号单位就可以满足形式组合上无限变换的需要，但那是不必管到复杂对应关系的类型。但是，话说回来，一个书面记录系统，所用“基本构成字符”有数百个之多，对于一般使用者而言，只要使用上一段时间，不同程度的错位和变异几乎就是难以避免的现象。大量历史异体，就是历代汉字书写的现实存在。[①]

---

① 臧克和：《结构与意义》，《中国文字研究》2013 年第 1 期，第 143~152 页。

附

部首分类所见认知发展趋势

从《说文》到第一部楷书字典——南朝梁代原本《玉篇》(以下简称“《原本》”)，其部首分类原则及数量规定基本沿袭下来。历代字汇数据库记录，宋本《玉篇》(以下简称“《宋本》”)有22794条。据唐封演所记《原本》收16917字，因而《宋本》理论上较《原本》有5877字的增量。数据库实际记录唐代日释空海所编《篆隶万象名义》(以下简称“《名义》”)15291字，但不能简单据此认为《名义》传抄少于《原本》字量或《宋本》应该有7503字的增长。因为《名义》记录只是所谓“篆隶”字头，并不包括释文所涉及的大量异体。还有，《宋本》有些部类较之《名义》也存在脱文的情况，异体字在释文里的统计以及同形字、异体字等字际关系的界定，都会存在一定出入。[①]

据《宋本》与《原本》《名义》进行逐部对照核查，共有新增字5298字，占《宋本》总字量的23.2%。排除了重出的新增字，适当考虑同形字。新增字重复出现有140字，分为两种情况：一是前面已收而后人不察而再收入者，或多部重复新增，此类为新增字误增情况，共119字，这里予以排除。一种是后出音义不同的同形字，因与前面形体相同而易为混同，除《宋本》释文所为多音多义字外，亦当认为此类为同形字，应计入。当然，亦有可能是后人传抄时发生错形而同形，或是音义渐失而致讹故成为新增字。

仅以《宋本》处于楷书大字的字头进行统计，并未统计其释文中出现却未见于大字头的异体字量，因此《宋本》实际新增字数如果包括新增异体，应略多于此数。

《宋本》各部字头位置数量，绝大部分都与包括释文出现的字量存在较大出入。这个关系，《宋本》增字者是非常清楚的。如《竹部第一百六十六》标识“凡五百六字”，而实际字头位置总量为464。又如《酉部第五百三十九》标识

① 关于《原本》《宋本》及《名义》之间关系，可参见臧克和著《中古汉字流变》所附录《篆隶万象名义释例》，华东师范大学出版社2008年版。数据统计，采自华东师范大学中国文字研究与应用中心所研制《历代字汇数据库》。

“凡一百七十一字”，而实际字头位置为151。又如《水部第二百八十五》标识“凡九百五十七字”，实际字头866。又如《勹部第四百四十二》标识“凡三十五字”，而实际字头位置总量为30。……可见《宋本》“凡××字”跟字头字位并非是可以重合的单位，即该本计算各部字量是连释文所关联异体包括在内的。

对于新增字统计数据，还必然涉及异体、分化、重出等字际关系的界定。首先，统计对象原本就是隶变之后定型的楷书，自然包括相当一部分楷化定型过程中产生的异体字组，这是楷书字汇数量大量增加的一个重要原因。统计新增字没有排除异体字，既考虑异体字实际上只是词汇本位下的字际关系，并未抹煞字形差异属性因素之外，还考虑从《宋本》贮存22794个字头来看，很多就存在异体关系。其次，还包括一部分后出分化字。另外，准确统计《宋本》较之《名义》所新出字，还必须考虑各本之间部类划分的差异，还有同本内部的异部重见迭出等因素。新增字当中有140字重复，虽每部对照为本部新出字，但打破部类界限，会发现若干重复贮存的字形。故此处应再减去119字，这119字可以罗列如次：

宑、馭、寇、緭、惜、娍、葪、臭、筤、剕、菰、蕴、蘈、禮、跑、逢、闛、鞔、颷、踏、覓、叡、杏、嫪、槲、风、狗、綦、翟、朧、軷、迋、靄、驫、骱、鬃、个、僕、儛、勒、勳、庫、嗒、韶、囷、圉、垌、亜、墨、奪、孛、孜、孱、尖、肩、崽、忤、敞、嗽、昧、昇、昫、暠、暋、暖、杒、枤、杲、棤、精、欻、氅、泍、沉、滷、炙、秫、猣、曄、盍、睍、竊、篕、糾、絞、緈、縣、羔、羼、膎、臘、茫、莅、茜、菟、菩、蔡、蕅、蕩、號、蚌、蚷、蜉、蝚、覞、犅、賊、郕、醜、霍、鞁、鐵、韽、頪、頳、鳴、鴣、鶇、鼬。

《宋本》新增5298字，在542部内分布情况，比较直接地反映出了某些楷字结构类型认知发展规律和社会生活的发展趋势。《宋本》新增字5298，分布于139部，其中增字在100以上的部首有14部，分别是《水部》《艸部》《竹部》《口部》《心部》《手部》《虫部》《木部》《山部》《石部》《人部》《鳥部》《目部》《犬部》。可以看出与日常生活关系密切且区别度高的偏旁部首，其构字能力明显强于其他部类。[①]

① 《历代字汇数据库》统计新增字量为5298。由于异体呈现地位和种种字际关系出入，上具各部新增字只是一个大约的数字。这里统计，就有若干处与有关论文所给出数据不一致的地方。

反映新增字量变化，主要考虑各部新增字数量和新增比例两个因素。根据包含上述两个因素的统计标准，在上具统计数据中，这类新增字覆盖《示部》到《酉部》48 个部类。

调查数据表明，中古以降，《宋本》新增字量，接近或超过 30% 的增长部类，其主要分布领域，体现出汉字认知发展的某些趋势。

第一，关于人的视觉认知水平。涉及人的相关感官，字量明显增长，反映认知发展。体现在视觉部类，例如《目部第四十八》，《宋本》本部新增字 103，增长比例占到 30.29%。至于相关部类如《䀠部第五十》，《宋本》本部新增字 7，更是占到 54%；如《見部第五十二》，《宋本》本部新增字 36，增幅也达 37%。但该部总字量原本就很小，不合统计样本提取原则，这里只是由于均涉及视觉类型，连类而及。汉字最基本属性在于组织结构，组织结构呈现为形体组合方式，外部组织形态诉诸人的认知途径就是视觉。随着文字传播日益广泛，视知觉遂成为认知主渠道。[①] 在人类所有参与认知的感官当中，视觉认知总是处于获取信息主渠道地位。这个关系，在汉字系统中体现得尤其充分，到眼即辨。例如，按照各种感官分类得到的《目部》字所占突出比例，以及《目部》字在使用过程中的高频率。通过历史汉字资源库，可以方便地比较诸如眼、耳、鼻、舌等感知渠道所占比重。《说文 · 目部》贮存 119 字；《耳部》只收录 33 字，《鼻部》仅收 5 字，连《自部》共收 7 字；《舌部》仅存 3 字，连《甘部》共有 8 字。反映南北朝字量的《篆隶万象名义》发展为 207 字，《玉篇》积累了南北朝以降至唐代基本楷字，其中《目部》发展为 304 字（尚不包括《说文》卷八分别归《見部》43 字、《覞部》3 字）、《耳部》89 字、《鼻部》23 字、《舌部》9 字。在历代字汇发展感官表现中，尤其突出的是视觉，这与汉字字符串所记录的语言事实也是相对应的。像下面最简单例子，诉诸言说的，也使用视觉表现字，如“讲明白”“瞎说”“瞎讲一气”；诉诸行为的，也使用视觉表现字，如“瞎撞”“瞎胡闹”“瞎指挥”“盲人摸象”“坐井观天”“盲目乐观”；诉诸心理，也使用视觉表现字，如“黯然失色”“赏心悦目”“眼中钉，肉中刺”“心灵窗口”，总归是眼目；体现智力活动，也使用视觉表现字，如“眼明心亮”“明察秋毫”“明

① 臧克和：《结构的整体性——汉字与视知觉》，《语言文字应用》2006 年第 3 期。

智”“一叶障目”；诉诸味觉，也使用视觉表现字，如“黑甜”“色香味”；诉诸听觉的，也要突出视觉的参与，像“听得见”与“听不见”，“百闻不如一见”，“耳听为虚，眼见为实”；连文字表达效果的理想境界也是“状难写之景如在目前”，等等。过去研究语用学的人喜欢讲“通感”，其实还是停留在较为笼统的概括表面。不同语言使用者的身体构造和认知方式是相似的，即从身体感觉出发，来理解和表达另外一种感觉或概念的认知机制，是人类所具有相同的意识能力。有意思的是，包括时空感觉、视觉、听觉、触觉、味觉、嗅觉等，所有感官渠道，都使用一“觉”字，即佛经词语“觉悟”之“觉”，乃高频使用结构。《说文》卷八归《見部》：“覺，寤也。从見，學省声。一曰发也。”是“覺”字取见形构造，即诉诸视觉，不啻眼耳鼻舌身意之根也。“覺”字结构，从秦汉到六朝隋唐五代皆使用正体，如汉代流沙简字形为，唐代颜真卿书多宝塔文作，唐代石经作；唯唐代万寿寺记为，从見而有取于文结构者：皆见于《汉魏六朝隋唐五代字形表·見部》。[①]

第二，关于人的行为能力发展。如《彡部第六十二》，《宋本》本部新增字 9（增幅 37.5%，以下只写增幅值）；《彳部第一百十九》，《宋本》本部新增字 47（42%）等，其发展也是较为突出的。汉字记录人的行为认知，由具体到抽象，由实象到虚象，所施日益宽泛。

第三，关于人与自然关系认知发展。对于风、雨、日、月等与人类生活密切相关的自然现象和相关观念日渐丰富，体现在相关部类新出字幅度的明显增加。如《雨部第二百九十七》，《宋本》本部新增字 53（35%）；《風部第二百九十九》，《宋本》本部新增字 49（50%）；《日部第三百四》，《宋本》本部新增字 78（32%）；《山部第三百四十三》，《宋本》本部新增字 130（48%）；《石部第三百五十一》，《宋本》本部新增字 125（45.9%）；《鬼部第三百一》，《宋本》本部新增字 37（53%）等。

① 所谓“色外无空”。人类作为自然进化到一定环节上的产物，所能了解全部宇宙及其特点，就是人类眼睛视觉网膜结构特点所规定所能看到的，以及大脑神经结构所规定所能想到的。设若数十万年计的演化史规定了人类的视觉系统更加精细，则所见今天世界物象包括人类自身造型，一定感觉粗疏可厌。2018 年仲夏赶属书稿，眼睛干涩，凌晨醒来，努力睁开，眼皮拉动眼珠由横变竖。忽然发现卧床是竖立起来的，其他书桌等物体也都是竖立状态。这种暂时错位现象，当系视觉感官结构变化与认知经验造成的。由此似乎可以说，人类认知习惯的世界，不过相应于视觉感官结构而已。

另外，人与自然关系认知水平，还体现在人与动物关系的认知发展。对于鸟、兽、虫、鱼等与人类生活关系密切的动物，分类日趋精细，同样鲜明体现在有关部类新字的增长。如《馬部第三百五十七》,《宋本》本部新增字85（30%）；《牛部第三百五十八》,《宋本》本部新增字57（39%）；《犬部第三百六十四》,《宋本》本部新增字108（36.8%）；《豕部第三百六十六》,《宋本》新增字34（42%）；《鳥部第三百九十》,《宋本》本部新增字119（28%）；《魚部三百九十七》,《宋本》本部新增字95（29%），等等。这些部类虽然早就蔚然大观，但新增幅度依然相当大。

第四，关于人与生活利用。与生活密切相关的器物利用，涉及品类繁多，能产性亦高。如《門部第一百四十一》,《宋本》本部新增字47（36%）；《艸部第一百六十二》,《宋本》本部新增字253（24%）；《竹部第一百六十六》,《宋本》本部新增字190（37.5%）；《麻部第一百八十五》,《宋本》本部新增字5（35%）；《禾部第一百九十四》,《宋本》本部新增字70（31%）；《耒部第一百九十六》,《宋本》本部新增字22（41%）；《米部第二百》,《宋本》本部新增字39（31%）；《毛部第四百十六》,《宋本》本部新增字31（39%）；《角部四百二十》,《宋本》本部新增字29（27%）；《革部第四百二十三》,《宋本》本部新增字61（30%）；《酉部第五百三十九》,《宋本》本部新增字51（29%）。

第五，关于楷字体制与区别性选择。新增部分，部首字都是笔画虽然相对简单但区别性明显的构件。楷字使用选择，以区别性为基本原则，就是笔画的繁简，也以此为取舍转移。准此，构件区别度越高，越具有能产性。反之，像【几—儿】【乌—鸟】【市—巿】【匕—匕—七】【幵—开】【丩—勹】【先—旡】【壬—壬】【戌—戍】【白—自】【谷—㕡】【月—曰】，等等，相形之下，相互对待的一边，基本丧失了区别性，也就丧失了基本构形能力。[①]

下面谈谈形声结构及取类意义。

形声结构类型，占了汉字结构系统的主体，这里分成几个层次进行说明。

意义，是在系统结构当中通过对立区别原则而实现的。《说文》的主要

---

① 参见臧克和著《中国文字发展史》第四册《隋唐五代文字》第一章“楷字区别性”部分，华东师范大学出版社2015年版。

构形模式即形声结构，占了全书近 88% 的字量。有的语言学者认为，比较字义结构与义场、义符的理论进行适当的修正和补充，可以克服它的某些弱点。这就是以“声”义为纲，将同“声”而意义又相同或相近的字归属在一起，建立字族；字族中的各个字称为同族字。一个字族相当于一个义场，“声”的异同是确定义场的异同的重要形式标志；“形”义相当于义符，借此把“声”所隐含的各种意义归入不同的语义范畴，如把“浅”归入“水”的范畴，“线”归入丝缕的范畴，等等。字族中各个字的语义关系形成一个小小的系统，其中有一个“根”，由“声”代表，表示的意义宽泛而抽象，相当于逻辑概念关系中的一个上位概念；其他字的意义都是从这个“根”中衍生出来的，从某一个侧面去注释“根”的意义，使之具体化。语义的分析如以字族为单位，那么“族”中各个字的语义关系就如义场和义符，可以据此进行系统分析。

这是认为汉字形声结构中，声符管的范围大于形符。文字学者也提示我们要特别关注声符，认为文字作为语言的符号，它在本质上应是表音的，但由于汉字有着以形表义这一特色，常常掩盖了它表音的本质。

将形声字区分声符和形符分别进行讨论，这是在文字学的层次上来讨论问题。但是，分开来讲形符和声符的功能又是比较机械的，在具体分析过程中总是离不开整个形声结构关系的规定和制约。单独将声符归纳到一个抽象的范围，而且这个范围是比较宽泛的，这个范围来源于对一个具有同源关系的词群的抽象，否则就不会存在这样一个抽象的范围；或者说，这个抽象的义位事实上是空设的：这个做法和讨论，属于词源学的层次。

笔者认为，形声结构的声符和形符各自的功能，都应该放在形声结构关系当中才能准确界定：着眼于声符，声符所提示的语义联系是抽象的，所对应的是有关属性等方面的，例如学者们喜欢提到的“戋”作为声符的例子。从这个角度说，声符对应的范围似乎更加广泛一些。但是，这其实是将有关从戋得声构造所记录的词义系统归纳的结果；没有所记录的词群，这种所谓的抽象意义是不存在的。所以，着眼于声符，配置形符，体现的是跟语音的对应（如“欠”形组合“斤”声，构成“欣”字，使得“欣”的语音个性化）。同时，着眼于形符，配置声符，体现跟所记录一种词义对应（如“水”符加“斤”声得“沂”，使得“沂”的专称义得到落实）；没有声符的合成，形符所对应的也只能是一个基本的范围。而且，这个基本范围也是大致的划定，并没有严格的界限。这一点，只要从《说文》所著录的“重文”异体字之间，以及重文与正篆之间的发生的大量的形符可以互相替换现象就可以看得很清楚。所以，在形声结构中，离开声符和形符任何一边去分析各自的功能特点、范围大小，都是一件困难的事情。总之，在形声结构中，声符和形符各自的功能，都是在相互依存、相互对待的结构关系中实现的。形符和声符的作用，就是在系统的对比中，使字形结构意义得到区别。通过这种区别，使得我们习惯上所说的表音表义即音义对应关系得到确认。这种从“结构整体性”着眼的说明，是符合实际的。至于从计算机处理的需要出发，进行的基本字符分类、结构拆分，更多地则是考虑技术层面上的问题。

关于形声结构所占的比重问题，历史汉字系统中，各个阶段的形声字究竟占到多少比重？《说文》之前的各种类型的历史字料，由于存在大量未能释读和分析的部分，所以，目前见到的各种数据还只能是大致的猜测，各家的出入也就是自然的事情。在西周金文中，共有可分析的字形 2189 个，其中象形字和指事字 349 个，占总数的 15.94%；会意字 807 个，占总数的 36.87%；形声字 824 个，占总数的 37.64%。目前整理出来的不重复的战国楚文字楷书隶定字为 3859 个，其中构形不明之字 676 个，可分析之字为 3183 个。在可分析部分里，象形字 234 个，占总数的 7.35%；指事字 37 个，占总数的 1.16%；会意字 510 个，占总数的 16.02%；会意兼形声字 122 个，占总数的 3.83%；形声字 2234 个，占总数的 70.19%；另外还有 37 个合文。在有关数据库的支持下，根据《说文》大徐本的标记（新附部分不计在内），在《说文》贮存的正篆当中，实际统计出现“声”字标记的共有 8221 个。要是 8221 个都算作形声结构，那么在整个正篆系统中接近 88%。但是，这 8221 个有“声”标记的部分还包含“亦声”的类型，有 215 个；包含“省声”的类型，有 311 个。要是除去这两个类型不计，那么，大徐本中的“形声结构”就是 7695 个。要是考虑到《说文》大徐本中有些所谓“非声”的情况，也就是前面的《说文》学研究者认为不属于形声字的情况，那么这里的数据就得调整。但是，我们也得考虑到，原本有些可以标识声符（至少算是“亦声”的类型）如“義”字所从的“我”符，与“義”字都属于歌部，而现存今本

《说文》并没有标记该字为形声结构。[①]

关于形声结构中形符所管范围的认识，有一批很重要的材料值得进行系统分析，这就是《说文》所贮存的“重文”。在《说文解字》专书数据库支持下，有的调查者得出总数为1197个重文的类型以及字数分布：

古文427字；籀文209字；奇字5字；篆文37字；小篆1字；或体471字；俗体15字；今文1字；司马相如说8字；杜林说2字；谭长说4字；扬雄说4字；《汉令》1字；《秘书》1字；《夏书》1字；《虞书》1字；《墨翟书》1字；《逸周书》1字；《礼经》1字；《鲁郊礼》1字；《春秋传》1字；《司马法》1字；秦刻石3字：重文总数为1197字。

这个数据与《说文》所称“重1163”不符，与其他研究者的统计也有出入。重文中形声字有543个，这个数字占到重文整体比例的45%出头。统计分析者根据将全部重文跟所对应的正篆进行系统对比、全面分析的结果，543个形声结构的重文，到所对应的正篆之间，义符替换229个，声符替换314个。其中229个义符共涉及如下的义类和更换频率：（1）表示人、人的肢体、器官及其动作的形符发生更换频率最高；（2）表示日用器具功能及其制作材料的形符发生更换的频率第二；（3）表示动物的形体及其动作的形符发生更换的频率第三；（4）表示自然物的形体的形符发生更换的频率第四；（5）表示植物形体及其制品的形符发生更换的频率第五；（6）表示服饰及其制作材料的形符发生更换的频率第六；（7）表示居住和宫室的形符发生更换的频率第七。

以上七个方面基本上可以涵盖汉字在意义上所属的类别，成为进行历史汉字形符分类调查整理的重要参考。《说文》重文形声字中的208个形符全都是部首字，而且是常用高频部首字，将《说文》重文形声字中的208个形符与后世字书的201个部首做对比，发现其中有121个是直接从《说文》中传承下来的部首字。历史汉字调查表明，加标形旁进行区别是形声字产生的主要途径，形符的主要功能是分类区别。表义形符替换的范围如此之大的汉字发展史事实，就有必要对形声字“形符表义”“形符提示本义”的说法做些

① 实际上，根据“中介结构”或“过渡性形体”观点，“義→羛”之间，就是“我→弗”两个构件之间存在过渡形体。参见臧克和《汉字过渡性形体价值》，《古汉语研究》2013年第3期。

补充：表义形符从形声字的角度来看，都是形符，这些形符更换的频率越高，所概括的意义范围就越大，意义范围越大，形符的区别性就趋于降低。[①]

在整理《说文》、离析其释义逻辑系统过程中发现，许慎为了打破“以形系联”可能带来的界障，还体现着“声系会通”认知模式。事实上，《说文》全书五百四十部之间，存在着声符间的某种程度的对应。

另外，一部之中，许慎在编次、训释过程里，还贯彻实现“取类”之法，从而在一定程度上又沟通了异部之间的联系。唐代颜真卿《多宝塔感应碑》所谓“至于列三乘，分八部，圣徒翕习，佛事森罗。方寸千名，盈尺万象。大身现小，广座能卑。须弥之容，欻入芥子。宝盖之状，顿覆三千”。其中“方寸千名，盈尺万象”，就是说尺寸之间，所记录文字，是成千上万，概括事物种类，为大千世界。基于此，整部《说文》构成为一个包蕴万有、气象万千的有机整体。蒋善国就曾提出：“最重要的是要把《说文》里面的9000多字当作一个有机的整体，有联系地研究字形、音、义。”“要把《说文》融会贯通起来。”[②]

如果会通全书，就不难发现，《说文》这个庞然系统所包孕的认知观念形态，较之其他文献来得尤为纯粹著明。在某种程度上，可以说是保存了中国古代社会文史认知的“原生形态”。质言之，《说文》认知体系主要就是体现于汉字“取类”法则，呈现为中国古代人认知原理。以下即以《艸部》等部类为例，连类讨论，抑有资于三隅之反。

第二节　《艸部》取类

一、“佳人”“草木”之间

已经记不清楚是哪位先哲讲过的话了，大意为第一位将佳人比作鲜花的诗人是天才，其余即等而下之了。这话本身并没有什么错，但它背后潜含着

① 《结构与意义》，第143~152页。

② 蒋善国：《说文解字讲稿》，语文出版社1988年版，第137页。

古往今来人们对于人体和物体之间关系的一种存在着有先有后的认知序列性肯定。然则，在这“第一位”发现可以将人拟象比况作物的关系之前，佳人与卉木之间是否还应该存在过将物象比拟作人体的关系？虽然这只是一种推测，但也许只有进而追溯清楚这类认知关系，才能理解这位“天才”诗人的过人之处。

下面的具体比较分析，就是来重新审视人体和物体，具体些说就是佳人与卉木之间究竟孰先孰后，“人面”“桃花”之间，到底存在过怎样的一种实在关系。

本节的具体做法，就是“声符系联法”，也就是将《艸部》（旁及部分《木部》等）和《女部》（旁及部分《人部》等）字声符相同者两相比照，构成两个或两个以上的一组对比。这种组合系联，当可帮助我们寻绎上述诸般已无从说明的关系。

媅，乐也。从女，甚声。（《说文·女部》）《说文通训定声·臨部第三》：字又作妉。

葚，桑实也。从艸，甚声。（《说文·艸部》）《说文通训定声·臨部第三》：字亦作椹。

按“媅”从《女部》类，“葚”从《艸部》类，皆从“甚”得声，其声符含义较为虚泛抽象，所指为欢沉乐酣。《说文·甘部》：“甚，尤安乐也。从甘从匹。”段玉裁《说文解字注》：“人情所尤安乐者，必在所溺爱也。”同衍“甚”声孳乳的“湛”“愖”等字，皆有安乐之义。《诗经·氓》：“于嗟鸠兮，无食桑葚；于嗟女兮，无与士耽。”看来兴象所取，并非率然随便，而是来自古代已有的规定，也就是“媅”“葚”两字所反映出的由女子到草木的“人化”倾向：女类衍“甚”得声，传达情感体验；草木衍“甚”得声，指向桑实给人的生理体验，二者理有相通。由心理情理到物理生理，遂建构了一种稳定的联想关系。看来，解《诗》纯从比兴着眼，尚为粗浅的、表象的一边。

这一组比较，声符皆从“甚”，形符构成着人与物具体说就是女子与草木之间的认知参照关系。

妗，婆妗也。一曰善笑貌。从女，今声。（《说文·女部》）

棽，木枝条棽俪貌，从林，今声。（《说文·林部》）《说文通训定声·臨部第三》：按：纷垂摇扬之貌。

按该组皆从“今”得声，而两字分别以“女”“林”为形符，构成着女子神态和树木枝条状态的对比。从女之“妗”在《说文》所谓“一曰”之训中所指为“善笑貌”，也就是女子之情态。而《说文》关于“婆”字与“妗”字的关系，通过训释而体现出来：“婆，妗也。从女，沾声。”“沾”又从占得声，同是从占得声的“姑”字，《说文·女部》的说解是：“小弱也，一曰女轻薄善走也，一曰多技艺也。从女，占声。或读若占。”皆可相连类。“善笑”的女子情态，和枝条纷披漾荡的姿态，大体可以看作跟下面将要讨论到“妖—笑”结构，所传达出来的“人化”类比关系同致。

婕，女字也。从女，疌声。（《说文·女部》）《说文通训定声·臨部第三》引书证：《史记·外戚世家》：“尹婕妤。”索隐：“美好也。”《汉书·外戚传》：“至武帝制倢伃娙娥，傛华充依。”注：“倢言接幸于上也。”

倢，佽也。从人，疌声。（《说文·人部》）《说文通训定声·臨部第三》：便利之意。《方言》一：“虔儇，慧也。宋楚之间谓之倢。”［假借］为婕。《汉书·昭帝纪》：“母曰赵倢伃。”注：“倢，接幸也。”

萐，萐莆，瑞草也。尧时生于庖厨，扇暑而凉。从艸，疌声。（《说文·艸部》）《说文通训定声·臨部第三》：《白虎通·封禅》：“萐莆者，树名也。其叶大于门扇，不摇自扇，于饮食清凉助供养也。孝道至则生。”

按该组三项构成对应，声符皆从疌，形符分别从女、从人、从艸取类。而“婕”“倢”“捷”“萐”为同源字，“捷”之语源也就是“疌”，“疌”之得名即在于轻盈便捷。《说文·止部》："疌，疾也。从止从又，又，手也，屮声。"而"疌"从止（趾）从又（手）取象，确然来自于人的体态行为特征。《说文·人部》"倢"训"佽"，而同部"佽"下说："便利也。""倢""婕"本通用，又不啻表明这种"人的体态行为特征"首先就是指向女子体态行为特征。由人体之便捷，再施于便捷之草木，这种推论，应该是合乎古人观物取象由"近取诸身"进而到"远取诸物"认知发展序列的。

姌，弱长皃。从女，冄声（《说文·女部》）。《说文通训定声·谦部第四》：字亦作娜。《通俗文》："肥骨柔弱曰娿娜。按犹阿那也。"《广雅·释训》："姌姌，弱也。"《史记·司马相如传》："妩媚姌弱。"索隐："细弱也。"《舞赋》："蝼蛇姌嫋。"注："长貌。"

枏，梅也。从木，冄声。（《说文·木部》）《说文通训定声·谦部第四》：似豫章无子是也。《南山经》："虖勺之山，其上多梓枏。"注："大木。"

按《说文·木部》，"梅""枏"二字互训："梅，枏也。从木，每声。""枏，梅也。从木，冄声。"而"每""某"于例可通，"梅"，《说文》或体作"楳"。《诗经·摽有梅》一章："摽有梅，其实七兮。"《释文》："梅，木名也。《韩诗》作楳。"又"楳""腜"皆从"某"声孳乳，《说文·肉部》："膴，无骨腊也。"段玉裁《说文解字注》："无骨则肥美，故引申为凡美之称。"而"膴"字或作"腜"，《诗经·绵》："周原膴膴。"《韩诗》作"周原腜腜"。"腜"字本义为孕妇始兆之象，《说文·肉部》："腜，妇始孕腜兆也。从肉，某声。"由上述联类，大致上可以认识"枏"之为木的生态形态特征。

"娜"字连类，"弱长"不能以今律古为"瘦长""长条竹竿"。《说文·彡部》："弱，桡也。上象桡曲，彡象毛氂。桡，弱也，弱物并，故从二弓。"看来"桡""弱"互训，木态之"桡"，即人体之"弱"；人体之"弱"，殆即"骨不胜肉"之弱也。

从"姌（娜）之名原系联来看，"阿那"是其初写，析言之"阿"即为大也。一般认为，"婀娜"是所谓记录语言里该词的"正体"。两个音节，皆从"女"取类；而作为该词的异形表现大致上至少就有如下的一类：猗那、妸娜、旑旎、裒衺，等等。[1]由此观之，由女性体态之“婀娜”特征，施于自然物体，又非草木姿态之所专。“榱檨”施于草木，“旑旎”则施于旗旌，“裒衺”又施于服饰。这类关系，初非尽出“假借”，而是在古人观物“结习”。[2]看来，二者原本可以相通联以至于相互认同。

讇，谀也。从言，閻声。谄，讇或省。（《说文·言部》）《说文通训定声·谦部第四》：称其仇，不为谄（《左传·襄公三年》）。注：“媚也。”

藺，菡藺，夫容华。未发为菡藺，已发为夫容。从艸，閻声。（《说文·艸部》）《说文通训定声·谦部第四》：按菡藺双声连语，字亦作萏……

按“讇”从閻声，閻又从臽声，故结体或为谄，正犹“藺”或从臽得声作“萏”同致。“讇”（谄）字可以构成“谄媚”一词，在初应该就是专为女子而设或所指至少是善作“妇人状”者。作“媚”态，设“谀”词，以博取所事对象欢心。

“菡藺”之“菡”，从“函”得名。“函”本取包容关闭之象，今语“信函”“包函”等词，地域专称“函谷关”等名，仍存古义。《说文·马部》：“圅，舌也。象形。舌体马马。从马，马亦声。肣，俗圅，从肉、今。”“肣”字从今得声，从今得声者，往往有“封闭不开”之义。略举数例：“吟”，原是“噤若寒蝉”之“噤”的本字。又如“侌”，从云，今声，本为“陰”（阴）的初写。又比如“金”，亦从今得声，即体示掩埋在土中的矿物之象。[3]从

① 以上所列异体见《广韵》《集韵》以及玄应《一切经音义》诸本。

② 钱锺书《管锥编》卷四：“盖吾人观物，有二结习：一、以无生者作有生看，二、以非人作人看。”中华书局1979年版，第1357页。

③ 《说文·金部》：“金……从土，左右注，象金在土中形，今声。”

“今”为构件声符字群取象来观察，这是属于以位置关系表义的认知类型。[①]下列是“函”字在甲骨文金文中的结构，由于弓矢为一类，所以金文还有从弓的函：《京都》274、《粹》1564、《林》2・19・14、《函皇父匜》、《不其簋》、《函皇父鼎》、《函皇父匜》、《函交仲簠》。其中《晋侯函簋》著录一个外部像函形，而内部则是从金的结构。旧不释。其实也是函、含字，一种较早期所用异体。一般所用“函”都是象形程度比较高的会意认知结构。从金符的函，实际上是变成了形声结构：金从今得声，而含也从今得声。该器中的从金之函，既表示音读，又提示器物的制作材料。“函簋”为专有名物词，构成一种修饰和被修饰关系。

由此连类可知，《说文・艸部》释“蔄”所谓“未发为菡萏”，即特指其“含苞待放”的蕴蓄状态，这体现了古代人观物之精细。又所谓“已发为夫容”，则所指体现了古代人对于菡萏生长过程的第二阶段即“怒放争妍”、花枝招展状态的准确概括。按王筠《说文句读》卷二《艸部》校补：“菡蔄，扶渠，华未发者为菡萏，华已发者为夫容。依元应引改补。”[②]今语“芙蓉”，其名原即“夫容”，夫容特指“华发”。“夫容”之名，很容易让人们联想到其由来：古代所谓“女为悦己者容”，对于古代女子来说，事实上也就等于是专为丈夫而饰容，而一般不会还有“第三者”。《诗经・伯兮》二章：“自伯至东，首如飞蓬。岂无膏沐，谁适为容？”朱熹《集传》说：“言我发乱如此，非无膏沐可以为容，所以不为者，君子行役，无所主而为之故也。《传》曰：女为说已容。”到了六朝人笔下取象不二，徐幹《室思》：“自君之出矣，明镜暗不治。”至唐人那里意象已经发生流转，但女“容”似仍为“夫”所专设。杜甫《新婚别》：“罗襦不复施，对君洗红粧。”[③]皆成连类。

---

① “今”实为“曰”字倒文。“曰”出土古文字结构作（甲骨），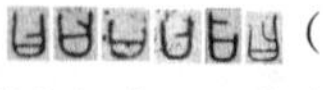（金文），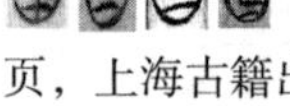（简帛），或以为张口向上，为音发气出之象。见《实用说文解字・曰部》第143页，上海古籍出版社2012年版，本书所援引《说文》及与小篆对照排列的各期古文字结构，皆出自此书，下出同，不重注。

“今”古文结构，口朝下，为气不得出、音包含不得发之象。二者位置方向适反。《郭店楚墓竹简》中《语丛一》：“《诗》所以会古含（今）之恃。”原拓作“”，可以证明“今”在当时可能就是读“含”字。

② “元应”即玄应，王氏所校补，即据玄应《一切经音义》所引字书；清人避玄烨讳而改字。

③ 按“粧”即“妆”字，前者取类于“米”，传达其“体”，后者取类于“女”，则揭示其“用”。

由女子饰容谄媚之情态，进而连类而及花发招展、争芳斗妍之姿态，这便是由“芙蓉”（本作“夫容”）得名的追溯所发现的一类古代存在过的“人物”关系，也即古人观物取象的一个特征。我们从“芙蓉”的一物异名、同指别称也能多少窥见到这种“人化”联系：芙蓉又名“醉客”，《西溪丛语》：“芙蓉为醉客。”又称“绮帐”，《广事类赋》注：“芙蓉一名绮帐。”又叫“巧笑花”，芮挺章诗：“芙蓉巧笑花。”[①] 不一而足，皆可相印证。

{娒，女师也。从女，每声。读若母。（《说文·女部》）
每，屮盛上出也。从屮，母声。（《说文·屮部》）《说文句读》卷二：《左·僖二十八年》传：原田每每。注：喻晋美盛，若原田之屮每每然。从屮，母声。

按从字形原始认知关系来看，“娒”即“母”后出孳乳分化字，《说文·女部》直接将“母”归《女部》。其构形主体取女象，于两侧加指示女性的符号，再加女符，已属繁化。其说解曰：“从女，象怀子形，一曰象乳子也。”检验《甲骨文编》所收录字形，“每”“母”实一字，这原是人们常见的现象。徐中舒主编《甲骨文字典》卷一解“每”字：“从女从母无别，其上象加笄于发之形。《说文》：每，屮盛上出也。从屮，母声。每、楙、茂古音同，故草木丰盛之义，典籍亦恒借每为之。”该字典将“每”的第一个义项列为“同母”，所引卜辞辞例为《存》2，744；其文辞曰：“戊申卜其烄三每（母）。”[②] 由女身怀孕之丰腴体态姿态，浸假到丰艸美盛之物态状态：初非此疆彼界、端赖“假借”之途。

{媱，曲肩行皃。从女，䍃声。（《说文·女部》）
榣，《说文句读》卷十一：榣，树动也。从木，䍃声。《晋语》：榣木不生危。……筠按……以荏弱善摇之木，而生高险之地，其折必速，安能久乎？
䌛，艸盛貌。从艸，繇声。《夏书》曰：“厥艸惟䌛。”（《说文·艸部》）

① 见（清）厉荃所辑《事物异名录》卷三十三《花卉部》“芙蓉”条，岳麓书社 1988 年版。
② 徐中舒主编：《甲骨文字典》卷一，四川辞书出版社 1991 年版，第 46 页。

按这一组三字声符皆是“䍃”[①]，分别从女从木从艸结体构成对比。“媱”“榣”用作同源字，《说文》释“榣”为“树动也”，说“媱”为“曲肩行貌”，即是着眼于女性身体的动态。段玉裁曾揭示“艸”“䌛”关系：“此以形声包会意。䌛，随从也。他书凡䌛皆作繇。”又进一步注解：“马融注《尚书》曰：繇，抽也，故合艸、䌛为䔄。此许君引《禹贡》明从艸䌛会意之旨。引经说字形之例，始见于此。”[②]又抽、柚同源字，《说文·木部》：“柚，条也。”由此例之，“媱”“䔄”之间，亦存在着语源方面的认知联系。王筠所引书证文献：“《楚词·九思》：音案衍兮要媱；注：要媱，舞容也。《山海经》：姑媱山，在帝台东，帝女死，化为䔄草，服之媚于人。《方言》：江沅之间，谓戏为媱。”[③]

这方面的例字，《说文》称繁夥。仅从上面系联的几组对应例字来看，“佳人”与“卉木”，体态与物态之间，关系是颇为复综而且是饶有兴味的；至少不会像本节开头所提到的那位“天才诗人”理解得那样简单，而且极有可能这“第一位”所道出的关联尚属后起。今天语言里还经常讲的诸如：花草“争艳斗丽”、树植“婆娑多姿”、卉木“明媚鲜妍”……只要稍稍留意一下就不难发现，反倒是将草木“人化”了。今天所能见到的传世文献里，仍然较为纯粹、完整地保留了这种极为原始认知联系的，大体唯有《说文》。参见本书附录“楚简自然认知”。

二、“体态”与“情态”

“人面”“桃花”，相互映发，物我不分，通联一气。这类关系，就较为虚泛、复综。先看下面《说文》同声符的几组例字。

---

① “䌛”亦从䍃得声，《说文·系部》：“䌛，随从也。从系，䍃声。”字书以“䍃”“䍃”“䍃”为异体字。

② 见（清）段玉裁《说文解字注》一篇下《艸部》，上海古籍出版社 1989 年据经韵楼藏版影印。

③ 见（清）王筠《说文句读》卷二十四，中国书店 1983 年据 1882 年尊经书局刊本影印。

桃，果也。从木，兆声。（《说文·木部》）《说文通训定声·小部第七》：《诗》：桃之夭夭。传：桃，有花之盛者。又，《周礼》：戎右赞牛耳桃茢。注：桃，鬼所畏也。

姚，虞舜居姚虚，因以为姓。从女，兆声。或为姚，娆也。《史篇》以为姚易也。（《说文·女部》）《说文句读》引书证文献：《荀子·非相篇》：莫不美丽姚冶。注引《说文》：姚，美好皃。案所引盖与"娆也"相当，娆，嬥也。嬥，直好皃。《方言》《广雅》皆曰：姚娧，好也。《说苑·指武篇》：美哉德乎，姚姚者乎？桂氏曰：《诗》：佻佻公子。《韩诗》作嬥嬥。则佻佻当作姚姚，通作窕。《荀子·礼论》：故其立文饰也，不至于窕冶。注云：窕读为姚，姚冶，妖美也。[①]

按这一组皆从兆为声符而构成对应，二者均有美盛、轻盈之义。另外，"桃"能避鬼厌邪，盖谐其"轻佻"之音而通于"逃"[②]也。"桃"之为木，则有下列异名："仙木"，《事物异名录》卷三十二所引《说文》曰："仙木，桃也。"不知所本。又称"五木精"，《典术》："桃者，五木之精，能厌伏邪气。"又叫"五行精"，《荆楚岁时记》："桃者，五行之精，厌伏邪气，制百鬼。"[③]这些一物而异名，别称而同指，都是从上述"桃"意象具有"使鬼逃"的功能意义一边着眼的。

唐写本《一切经音义》所保存的文献里，《搜神记》及《风俗通义》所引《黄帝书》记载道："上古之时有二神人，一名荼与，二名郁垒，又一名郁律。度朔山，山上有大桃树。二人依树而住。于树东北有大穴，众鬼皆出入此穴。荼与、郁垒主统领简择万鬼，鬼有妄祸人者，则缚以苇索，执以饴虎。于是黄帝作礼欧[④]之：立桃人于门户，画荼与、郁垒与虎以象之。今俗法每以腊终

① 《说文句读》卷二十四依《韵会》改作："姚，一曰姚，娆也。"检慧琳《一切经音义》并未出"一曰"之训。

② 此处"逃"字应作"使……逃"解会。

③ 《事物异名录》卷三十二《树木部》。

④ 按"欧""讴"异体字。

除夕饰桃人……以去不祥。”[①] 也与“桃”意象大有联系。

这里所关注的还在于另一边：“桃”意象作为花，又有不少异名。其一为“夭采”，《山堂肆考》：“夭采，桃花也。”其二称“娇客”，《西溪丛语》：“桃花为娇客。”其三谓“轻薄花”，杜甫诗：“轻薄桃花逐水流。”其四叫“解语花”……[②] 上述一物异名、“人化”称谓现象，则不啻是揭示“桃”之于“姚”（娆）、“人面”与“桃花”之间，相互映发的关系。

{ 枖，木少盛皃。从木，夭声。《诗》曰：桃之枖枖。（《说文·木部》）
  媄，巧也。一曰女子笑皃。《诗》曰：桃之媄媄。从女，芺声。（《说文·女部》）

按从《说文》中“女”“木”两部引《诗经·桃夭》来看，“枖”“媄”构成异文关系，《说文通训定声·小部第七》所引亦同。阮元校勘《十三经注疏》清刻本作“桃之夭夭”，王闿运《湘绮楼日记》同治八年九月二十八日：“《说文》‘媄’字引《诗》‘桃之夭夭’。”[③]慧琳《一切经音义》引《说文》等书：“夭娇反。《毛诗传》曰：媄，少也。《楚辞》云：调态媄丽也。《广雅》：媄媄，容也。《毛诗》：桃之媄媄，女子莊貌也。《说文》：巧也，从女，芺声也。芺音同上。经文作妭，俗字。”[④] 看来不但“媄”“枖”同出一源，而且夭、芺、枖、妖、媄、笑字群，实不过一字之分化。《说文句读》卷二十四：“《广雅》：妖，巧也。俗省艸也。《上林赋》：妖冶娴都。李注引字书：妖，巧也。”又《说文通训定声》：“媄，巧也……今字作妖，《三苍》：妖，妍也。《广雅·释训》：妖妖，容也。《庄子·大宗师》：美妖善老。……《汉书·司马相如传》：妖冶闲都；注：妖冶，美好也。”从古人造字取类的角度来说，“艸”“木”“竹”最为相近，也就极易通联一气。“笑”

---

① （唐）慧琳：《一切经音义》卷十一“蟠桃”条，上海古籍出版社 1986 年以日本狮古白莲社刻本为底本影印，第 2~3 页。

② 《事物异名录》卷三十三《花卉部》。

③ 《管锥编》卷一，第 70 页。

④ 见该书卷十五“妖冶”条，第 10 页。其中所谓“莊貌”之“莊”，今作“壮”；“妭”，今作“妖”。

字在《说文》“大徐本”始见于“新附”部分[1]，其说曰：“此字本阙，臣铉等案孙愐《唐韵》引《说文》云：‘喜也，从竹从犬。’而不述其义。今俗皆从犬。又案李阳冰刊定《说文》从竹从夭义云：‘竹得风，其体夭屈，如人之笑。’未知其审。私妙切。”《说文·竹部》“笑”条下援引出土古文献使用情形为——现在看到的战国楚简文字里，笑字结构，由犬符和艸声两部分构成——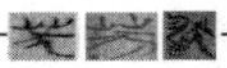——看来至迟战国时期已使用“从犬艸声”结构。

汉代出土文献如《古地图》作，从竹取类，以隶变艸竹区别度降低而易生混淆。汉墓出土帛书《老子》乙178下从艸作，魏晋出土文献如《熹·易·萃》从艸取类作。[2]《管锥编》援引王闿运《湘绮楼日记》：“《说文》‘媄’字引《诗》‘桃之夭夭’，以证‘媄’为女笑之貌，明‘芺’即‘笑’字。隶书‘竹’‘⺾’互用，今遂不知‘笑’即‘芺’字，而妄附‘笑’于《竹部》。”

汉魏六朝用字转换所取“夭”符，可能既存在夭、犬字符混用问题，同时也反映了这个时代人们关于“笑”这类情感沟通认知方式。从这个意义上来说，“夭”就不仅是“妖”“媄”“芺”“枖”“笑”数形的语源，其实又是这个系列的取象核心。照上面的比较分析，还有《说文通训定声·小部第七》的说法，“枖”不过就是“夭”的后起或体字。而“夭”形取象于人体之动态。《说文·夭部》：“夭（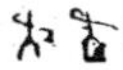甲骨金文），屈也。从大，象形。”甲骨文“夭”作，象人行走时两臂摆动之形。金文取象同，作。由上述联系，这里大致上可以做出如下推导：

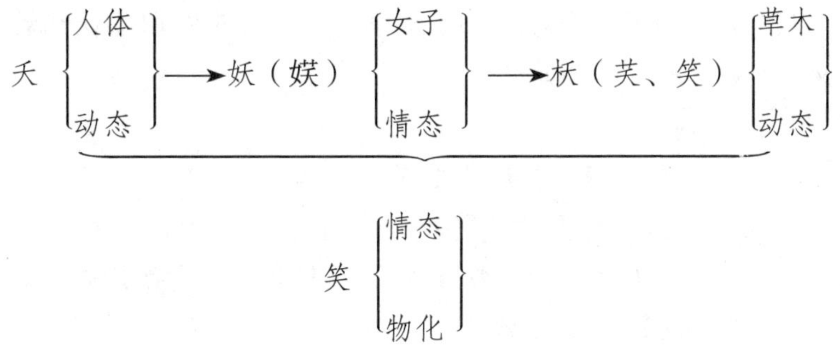

① 指宋人徐铉校定的本子。以徐铉之弟徐锴亦攻《说文》之学，作《说文系传》，故世称有“大小徐”之分。

② 参见臧克和主编《汉魏六朝隋唐五代字形表·艸部》“笑”字条下各体书写结构，南方日报出版社2011年版。

这个序列，基本上反映了古代人观物取象一般认知过程：人、物之间，由人及物，即由“近取”到“远取”；而观照人本，动态可象，情态难写，又由实到虚，以实象虚。

也许可以顺便提到，在埃及圣书字系统中，表现“高兴”等词的定符就是画作，亦取象于人体扭动之姿态。而西奈字体系中，表现该词的文字符号同样取象作、、，其表词方式，比勘下来可以说基本上和我们上面考察到的古汉字取象同致。[①]

另外，有趣的是中国古代既以“肉”字（所指为女子身体）描绘舞蹈的体态形容，又以“肉”字（所指为唇吻、喉咙）表现音乐的听觉效果。比如《诗纪·莋都彝歌》记载：“昌乐肉飞，屈申悉备。”清人黄生《义府》：“昌、倡古字通用。肉飞，状舞者之态也。晋人‘竹不如肉’，以肉字说歌，此以肉字说舞，并属奇情。”[②]

汉语史上，“凫藻”“雀跃”就是“喜笑”的同义语。如《后汉·杜诗传》：“士卒凫藻。”注：“言欢悦如凫戏藻。”刘梦得诗句：“欲知雀跃心能喜，正爱蝉连语未休。”均是以具体的体态、动态传达抽象的情态、意态，不妨合观共参。[③]

以实象虚，由人及物，照古代人认知规律来说，就是取类借喻。《管锥编》曾经专门考辨“夭夭”乃比喻之词，亦形容花之娇好，非特如《毛诗》传者解会所指为桃树之“少壮”。这看似仍不外是从辞章一边措置手眼、更进一解，其实是从视觉心理学一边，揭举一个初民观物取象认知规律，也就是《说文》所贮存的“认知原理”：

> 李商隐《即目》：“夭桃唯是笑，舞蝶不空飞。”“夭”即是“笑”，正如“舞”即是“飞”；又《嘲桃》：“无赖夭桃面，平明露井东。春风为开了，却拟笑春风。”具得圣解。清儒好夸“以经解经”，实无妨以诗解《诗》耳。既曰花“夭夭”如笑，复曰花“灼

① ［苏联］B. A. 伊斯特林：《文字的产生和发展》，左少兴译，北京大学出版社 1987 年版，第 288 页。

② （清）黄生：《字诂义府合按》，中华书局 1984 年版，第 209 页。

③ 见《事物异名录》卷十三《人事部·喜》。

灼”欲燃，切理契心，不可点烦。观物之时，瞥眼乍见，得其大体之风致，所谓“感觉情调”或“第三种性质”；注目熟视，遂得其细节之实象，如形模色泽，所谓“第一、二种性质”。见面即觉人之美丑或傲巽，端详乃辨识其官体容状；登堂即觉家之雅俗或侈俭，审谛乃察别其器物陈设。“夭夭”总言一树桃花之风调，“灼灼”专咏枝上繁花之光色；犹夫《小雅·节南山》：“节彼南山，维石岩岩。”先道全山气象之尊严，然后及乎山石之荦确。修词由总而分，有合于观物由浑而画矣。第二章、三章自“其华”进而咏“其叶”“其实”，则预祝其绿阴成而子满枝也。隋唐而还，“花笑”久成词头，如萧大圆《竹花赋》：“花绕树而竞笑，鸟遍野而俱鸣。”……《史通·杂说》上云：“《左传》称仲尼曰：‘鲍庄子智不如葵，葵犹能卫其足。’寻葵之向日倾心，本不卫足；由人睹其形似，强为立名。亦犹今俗文士谓鸟鸣为‘啼’，花发为‘笑’，花之与鸟，岂有啼笑之情哉？”刘氏未悟“俗文”滥觞于《三百篇》，非“今”斯“今”。……徐铉校《说文》，增“笑”字于《竹部》，采李阳冰说为解：“竹得风，其体夭屈，如人之笑。”宋人论文，遂以“夭”为笑貌，顾仅限于竹，不及他植。①

为便省览，以上几乎援引了《管锥编》考辨的整个过程。对于《管锥编》上述新解，至今学者间似乎还仅是停留在“词章学”——“以诗解《诗》”的表面认识。其实，这其中不仅暗含了现代“格式塔”认知心理学原理，更值得注意的，还在于由此而揭橥了初民一个观物取象认知规律。

唐释玄应、慧琳《一切经音义》引《说文》可补今本关于唐代之佚。宋代大徐本《说文》无“笑”字，大徐本增此字于《竹部》之末。慧琳“笑”字注引《说文》云：“笑，欣喜也。从竹从大，大戴其竹君子，乐然笑也。”取象于“竹”，然则“竹”类所指为何？慧琳又引《字林》云：“竹为乐器，

① 参见《管锥编》卷一，第70~72页。观物之时，瞥眼乍见，得其大体之风致，所谓“感觉情调”或“第三种性质”；注目熟视，遂得其细节之实象，如形模色泽，所谓“第一、二种性质”——描述了一个完整认知完成过程。

君子乐[①]而后笑也。”比合而观之，“竹”取类于乐器，而“笑”字本义所指当是诉诸听觉的认知心理体验。然则“竹”犹“丝竹”“丝管”之竹之管，显见已属后起矣。[②]

也许还可以顺便提到，在日本语中，表示“花发”（花が咲く）的词“咲く”，和“笑う”原本就是一个词。在日本文字学者编定的字书里，“咲”被看作是一个形声结构：从口，关声，而“关”不过是“芺”符的变体。“笑”字亦是形声结构，原本是“芺”的讹变字，在字义和用法上都与“咲”（所指为人的行为表现）相通。所以，在日本国语里可以拿来表示“花か咲く”即“花发”之义，但已属由“人笑”义的引申。[③]

三、“远取”与“近取”

古代人讨论“观物取象”的时候，已经有“近取诸身，远取诸物”的说法[④]，也就等于是产生了“近取”与“远取”的分类。我们在前面的初步排比、粗略考察的过程中就已经发现，在古人的观物取象的过程中，涉及人与物一类比如说佳人与卉木之间，往往存在着颇为复综的关系，至少包含着由人及物、亦人亦物、由物及人几种情形。而像通常习惯上理解的纯然由物及人比如先有卉木再进而拟诸佳人的关系尚属后起，在初是不曾发生的。

这类文字学上的考辨，似乎也在向人们表明：在原始思维时期，和主客体的一体化相适应的是模糊的相似思维，人们在该阶段只能以自身作为相似

---

① 按此处“乐”字当作“赏乐”解会。

② 慧琳《一切经音义》卷二十六第21页“笑”字注；（续）卷四第10页、卷九第7页“笑”字音义。

③ ［日］赤冢忠博士监修：《标准汉和辞典·口部》，旺文社1979年版。按《集韵·笑部》：“笑咲关，仙妙切。喜也。古作咲。或省。俗作咲，非是。”具体实际使用字形结构，参见臧克和主编《汉魏六朝隋唐五代字形表·艸部》“笑”字条下所列具各体。日语里“花开”记录为“花が咲く”（はながさく），其中“咲”为五段自动词。在汉语里，咲则是用来记录“笑”这个词的异体字。以人的情态“笑”表达花开，这几乎是唐代诗人的惯技。崔护《题都城南庄》：“去年今日此门中，人面桃花相映红。人面不知何处去，桃花依旧笑春风。”豆庐岑《寻人不遇》：“隔门借问人谁在，一树桃花笑不应。”扶桑之邦，正是唐学渊薮，非虚语也——臧克和2016年日本福冈天满宫举行《日藏唐代汉字抄本字形表》“奉纳式”仪式上的致辞。

④ 语出《易·系辞》。许慎《说文·叙》：“古者庖牺氏之王天下也，仰则观象于天，俯则观法于地，视鸟兽之文与地之宜，近取诸身，远取诸物。”

联想的单一参照系，其结果必然是经常发生同化上的失误，即“同化错失”。由此，这种导致“同化错失”的认识活动，又不妨概括为“身体化活动”。波兰尼认为，人的身心是达到意会知识的工具，身体化活动本身即等于包含着认识判断。[①]这方面最简单的例子就是古代人认识度量衡观念所表现出来的特征，即古代人的长度概念是同以手为量具、以手指和手臂作长度单位相联系的。古代埃及曾以“前腕”作为计算长度的单位，一前腕等于由手肘到伸直的长指尖之间的距离。据测量，金字塔的底边等于500个前腕，其周长为2000个前腕。其实，我国古代中原地区也曾以手指、手臂等作为计量长度的单位。《大戴礼记·主言》载：“布指知寸，布手知尺，舒肘知寻。”[②]这方面《说文》的记载，我们只要翻到《寸部》，即可相互印证：“寸，十分也。人手却一寸动脉谓之寸口。从又、一。”段玉裁注：“度别于分，忖于寸。《禾部》曰：十发为程，一程为分，十分为寸。”又：“尋，绎理也。从工、口，从又、寸。工、口，乱也。又、寸，分理之也。彡声。度人之两臂为尋。八尺也。”段玉裁注：“谓抽绎而治之。凡治乱必得其绪，而后设法治之，引伸之义为长。《方言》曰：尋，长也。海岱大野之间曰尋。自关而西，秦晋梁益之间凡物长谓之尋。周官之法度广为尋。”[③]又：“尃，六寸簿也。”余例不复缀，由此亦可见手在古代形成认知空间长度概念过程中的重要作用。

由“近取诸身”过程，到“远取诸物”阶段，也并不意味着人作为主体和自然界客体的对立。而是恰恰相反，这种取诸外物即取法于自然的观念认识，同样是产生于不把人和自然视为完全不同的异质对立，而视之为紧密的重合。原始的古代人并没有对于环境自然的自觉，从而把自然视为绝对的东西。“文心异代相契”，钱锺书先生在梳理中国古代文评史的过程里，直探其底蕴，而且可以说是钱先生所作全部文评的一以贯之的意识。

《管锥编》疏解中国画论，推原中国“诗文评所谓‘神韵说’非仅依傍绘画之品目而立文章之品目，实亦径视诗文若活泼刺之人”，直探心源，更下一解：

---

① 参见《裂脑和意会认识》，引自《自然科学哲学问题丛刊》1985年第1期。

② 参见李景源《史前认识研究》，湖南教育出版社1989年版，第287~288页。

③ 《说文解字注》三篇下。

盖吾人观物，有二结习：一、以无生者作有生看，二、以非人作人看。鉴画衡文，道一以贯。[①]

正是从参照《管锥编》所提絜的这个关系来说，以论“人”之眼光施于赏艺，并不一定是发生过先品绘人体之画再进而论及诗文、二者有先有后的影响。而在先于《管锥编》而成书行世的《谈艺录》里，钱先生也曾从美学的高度，以此来概括表述中国文评的整体特色：

余尝作文论中国文评特色，谓其能近取诸身，以文拟人；以文拟人，斯形神一贯，文质相宣矣。[②]

按钱先生的这番概括提絜，是在专门论述、比较分析的基础之上作出的。也就是说，作者曾经作过专论，这篇专论的题目为《中国固有的文学批评的一个特点》，系统精细地阐释了中国古代文评“人化”倾向，即“把文章统盘的人化或生命化”原则，经过深入的比较，分析了中国文评“人化”倾向所由生的文化哲学基础：

一切物理界名词，也许都根据生理现象来，不过，何以德昆西未能近取诸身，从本源上立喻？这种偏重外察而忽略内省，跟西方自然科学的发达，有无关系……

这种人化文评，我们认为是无可非难的。一切艺术鉴赏根本就是移情作用，譬如西洋人唤文艺鉴赏力为 taste，就是从味觉和触觉上推类的名词。人化文评不过是移情作用发达到最高点的产物。其实一切科学、文学、哲学、人生观、宇宙观的概念，无不根源着移情作用。我们对于世界的认识，不过是一种比喻的，象征的，像煞有介事的诗意的认识。用一个粗浅的比喻，好像小孩子要看镜子的光明，却在光明里发现了自己。人类最初把自己沁透了世界，把心

① 见《管锥编》卷四，第 1357 页。

② 见钱锺书《谈艺录》第六，中华书局 1984 年版，第 40 页。

钻进了物，建设了范畴概念；这许多概念慢慢地变硬变定，失掉本来的人性，仿佛鱼化了石。到自然科学发达，思想家把初民的认识方法翻了过来，把物来统制心，把鱼化石的科学概念来压塞养鱼的活水。从我们研究思想史的人看来，移情作用跟泛客观，行为主义跟唯心论，只是一个波浪的起伏，一个原则的变化。因为人化文评只是移情作用，而移情作用是一切文艺欣赏的原则。[①]

这篇论文，属于钱锺书著作体系中早期作品。即从所摘引的片段，也会发现，钱先生是就文化哲学立论，从文化发生学阐释由人及物、物我不分——移情认知方式诞生的基础。美国一位叫杜维明的哲学家，就曾专门论述中国哲学的“基调”，他认为中国哲学的基调之一，是把无生物、植物、动物、人类和灵魂统统视为在宇宙巨流中息息相关乃至相互交融的实体。[②] 凡此，前面关于《说文》考察，皆可相印证。

四、“自然”与“人化”

《说文·艸部》取类所反映出来的“人体”和“物体”、“近取”到“远取”诸类关系，有着深远的渊源，为我们认识中国古代认知思维提供了极为重要极可珍贵的依据。

文化史研究表明，原始人类的一种基本认知方式，那就是一种前逻辑的、主客体不分的思维类型。在原始人的心目中，人与万物并没有本质的区别，它们都有同样的生命、性别、情感，是同一的，因而，对客观外物的感知都以我之情感、我之生命去感知。“以我观物，故物皆着我之色彩”，这种以我观物、物我同一正是移情认知的特征。可以这样说：在人类发展的早期阶段，移情作为一种自发的普遍的对外界事物的态度，已成了原始人类所特有的一种思维方式。正如晋人郭景纯所道：“物不自异，待我而后异，异果在我，非

① 转引自周振甫等编著《钱锺书〈谈艺录〉读本》附录，上海教育出版社 1992 年版，第 391~404 页。该文最初载于 1937 年 8 月 1 日《文学杂志》月刊第 1 卷第 4 期。儿童阅读观察，容易进入动物世界，也就是容易把动物乃至植物当作人物看待。

② 见［美］杜维明《试谈中国哲学中的三个基调》，《中国哲学史研究》1981 年第 1 期。

物异也。”[①] 从人与自然的关系来看，这种思维方式的产生自有其必然性。也许在初民那里，自然或为自己身体，他也就是自然的一部分。因此，以己之生命和感情去认知自然界的一切，乃是自然而然的事情。由此而言，原始人类的移情作用，是人类心灵中天生就有的一种机制，是人类的原始体验，具有非自觉的性质。从人类的实践活动来考察，移情作用则是原始人类在与外界的接触中自发产生的通过自身去感知世界、理解自然的唯一的认识方式。[②]

《说文·艸部》所体现出的将自然人化认知倾向，其深层可以说是发轫于一种“神话思维”，这种神话思维的最大特征，就是将世界人体化，用人类学家的说法就是“神话地理学”和“宇宙结构学”。著名文化哲学家卡西尔考察世界各地神话，作过如此的“人格化”描述：在北欧日尔曼民族的神话中，世界由巨人耶米尔（Ymir）的躯体所形成：耶米尔的肉体形成地球，他的血液形成喧嗙的大海，他的骨骼形成山脉，他的毛发形成树木，他的颅骨形成苍穹。根据吠陀赞美诗描述生物和荒原的野兽、太阳、月亮和天空产生于奉献给众神作为献祭品的人即普罗伊斯的肉体的各个部分，这是一种典型的观点。并且在这里，全部神话思想的独特的基本的人格化甚至更加明显突出；因为人格化不仅使具体的、可理解的客体的起源用这种方法得到解释，而且是非常复杂的、介于中间的形式联系。[③] 该节讨论，可与最后附录“楚简自然认知”合观共参。

汉语言文字里，空间取向的术语，标志“前”（先）、“後”、“左”、“右”一类位置关系的字，实即取自人对自己身体的直观：人的身体及其各部分是所有其他空间划分都要间接转换成的参照系。《说文·止部》：“前，不行而进谓之歬。从止在舟上。”现在所写从刀之“前”，当是“剪”之古字。出土古文字“前後”之“前”与《说文》篆文同致，分别取象为——甲骨

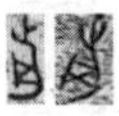金文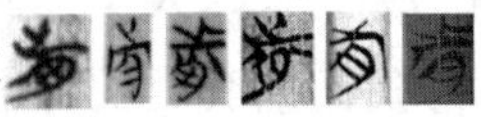简帛汉印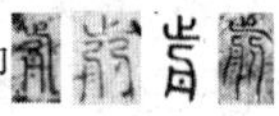石刻。又，“先後”之“先”，

① 见《山海经·序》，《二十二子》，上海古籍出版社 1986 年版。

② 见刘晓文《从原始移情到审美移情——艺术思维的心理基础》，《高等学校文科学报文摘》1992 年第 2 期。

③ 见［德］恩斯特·卡西尔《神话思维》，黄龙保、周振选译，中国社会科学出版社 1992 年版，第 62 页。至于中国古代人“神话思维”水平，参见“楚简自然认知”等附录部分。

《说文·先部》："前进也。从儿从之。"取象于"儿"，与"人"无别；取类于"之"，出土古文字作——甲骨金文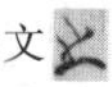简帛古玺古币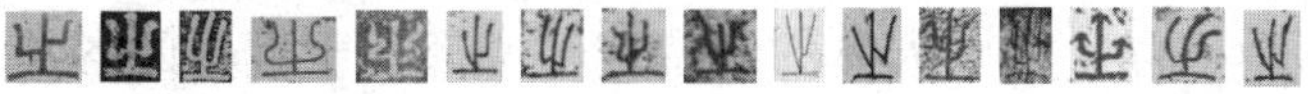石刻——仍不外是指向人体活动位置。至于"左""右"，照《说文》说法，实际就是关于人体左右两手的取象认知。①

《说文》一书所体现的这种"认知直观"，不用说已处于向概念思维嬗变、交互运用的阶段。而神话思维"认知中介"特征则是：只要神话发现一种它力图用自己的思维方式去理解的有机构成的整体，它就想以人体形象和组织去看待这整体，只有当依照人体去这般"复制"客观时，客观世界才为神话意识所理解，并被区分为确定的存在领域。具体来说，世界之各部分不外是人身体的各器官：

> 婆罗门是他的嘴，他的胳臂被变成武士，他的两膝是商人和农学家，由他的双脚产生奴隶阶级。
>
> 从他的精灵产生月亮，从他的眼睛产生太阳，从他的嘴生出大狐猴和阿格尼人，从他的呼吸产生风。
>
> 中天出于他的肚脐，他的头产生天空，他的脚产生大地，他的耳朵产生四方。它们就这样形成了世界。

人类学家由此而作出如下的归结，在神话思维认知初期，微观宇宙和宏观宇宙的统一是这样被解释的：与其说是世界的各部分生成人，不如说是人的各部分形成世界。在基督教——日耳曼的观念中，我们发现了相同的态度，虽然趋向相反。亚当的身体由八个部分组成，他的肌肤类似土地，骨骼类似岩石，血液像海洋，头发像草原，思想则像云朵。在上述例子中，神话的起点都是世界与人之间的某种空间——物理对应性，并由这对应性导出起源的

① 按《说文·又部》："又，手也，象形。三指者，手之列多略不过三也。"《𠂇部》："𠂇，𠂇手也，象形。"现在所用的"左右"字，不过是"佐佑"的古写。

统一性。我们已经看到，神话思维一般说来不知有什么纯粹概念的相似性，而是将任何相似性都看成是一种原始亲属关系，一种本质上的同一性；这一点在空间结构的相似性或类似性方面尤为确切。单单是将某些空间整体一一对应的可能性，就足以使它们结合起来。

如同存在着巫术解剖学一样（其中人体的各特定部位都等于世界的各特定部分），也存在着神话地理学和宇宙结构学，其中大地的结构也是按照同样的基本直觉来描述和规定的。巫术解剖学与神话地理学通常是合并为一的。希波克拉底论数字七的著作中的世界七分图，把大地表现为人体：它的头颅是伯罗奔尼撒，伊萨谟斯是它的脊柱，爱奥尼亚好像是隔膜，即真正的中心，“世界之肚脐”（navel of the world）。①

另外，古代文献里“七尺之形而备六合之理”的记载尤为繁夥，钱锺书先生早就举到：

> 《列子·仲尼》：“取足于身，游之至也；求备于物，游之不至也。”注：“人虽七尺之形，而天地之理备矣。故首圆足方，取象二仪；鼻隆口窊，比象山谷。肌肉连于土壤，血脉属于川渎。温蒸同乎炎火，气息不异风云。内观诸色，靡有一物不备。”按张湛所注，似于本文触类旁附，然……自是相传旧说。《文子·十守》：“头圆象天，足方象地。天有四时、五行、九曜、三百六十日，人有四肢、五藏、九窍、三百六十节。天有风雨寒暑，人有取与喜怒。胆为云，肺为气，脾为风，肾为雨，肝为雷。”《意林》卷五引《邹子》：“形体骨肉，当地之厚也；有孔窍血脉，当川谷也。”《春秋繁露·人副天数》：“唯人独能偶天地。人有三百六十节，偶天之数也；形体骨肉，偶地之厚也。上有耳目聪明，日月之象也；体有空窍理脉，川谷之象也。……腹饱实虚，象百物也。百物者最近地，故腰以下，地也。……足布而方，地形之象也。”《太玄经·饰》之次五：“下言如水，实以天牝。”杨泉《物理论》：“言天者必拟之于人。故自脐以下，人之阴也；自极以北，天之阴也。”《广弘明集》卷九甄鸾

① 《神话思维》，第102~104页。

《笑道论·造立天地一》引《太上老君造立天地初记》："老子遂变形，左目为日，右目为月，头为昆仑山，发为星宿，骨为龙，肉为兽，肠为蛇，腹为海，指为五岳，毛为草木……"《戴东原集》卷八《法象论》："日月者，成象之男女也；山川者，成形之男女也；阴阳者，气化之男女也。言阴阳于一人之身，血气之男女也。"……[1]

五、"采集"与"经验"

从上述角度来说，我们在前面关于《说文》几组字的对应性考察，仅仅是发凡示例，尚粗浅乎言之。假如论者或指责我们有些"比附"，那实在是切中肯綮的。因为"比附"原是我们前面所概括的古代人原始思维的表现形式，后来成为人类认知基本方式之一。我们这里所作的，也只不过是试图将"比附"的双方关系做一番重新探究、重新界定而已。而即是从这几组例字还保存、反映的古代中国人由人及物、由"近取诸身"再到"远取诸物"这一观物取象规律所体现出来的观念中，我们至少也可以发现汉字作为特殊文献所保存的初民悠远记忆的历史性、纯粹性，具有其他文献所不可替代的价值。即以上面所涉及的《说文》"女""艸"等部例字而言，我们甚至可以由此而追溯到初民发轫于采集生活的经验思维，这也可以说是当时全社会的思维特征。这类经验思维有一个重要特点，那就是特别注意对一类事物与现象做具有联系性的考察，也就是我们通常所说的"取类方法"。其中尤其以"比类方法"最为典型。通过对具有相同特征的事物进行比类、认同，由此而形成人们的认识特征。这方面，中国古代文献的记载尤为繁夥，这里只征引《春秋繁露》卷十三《人副天数第五十六》作为示例：

是故人之身：首妋而员，象天容也；发，象星辰也；耳目戾戾，象日月也；鼻口呼吸，象风气也；胸中达知，象神明也；腹胞实虚，象百物也。百物者最近地，故要以下，地也。天地之象，以要为带。

① 参《管锥编》卷三，第505~506页。关于近年来发表的战国楚简文献著录的"人与自然"认知水平，参见本书后面有关附录部分。

颈以上者，精神尊严，明天类之状也；颈而下者，丰厚卑辱，土壤之比也。足布四方，地形之象也。是故礼，带置绅必直其颈，以别心也。带而上者尽为阳，带而下者尽为阴，各其分。……是故陈其有形以著其无形者，拘其可数以著其不可数者。以此言道之，亦宜以类相应犹其形也以数相中也。

这实在是关于由“近取诸身”到“远取诸物”，二者通贯一气的典范表述。顺便指出，这段引文有些明显的讹误，孙诒让《札迻》卷二：“以上下文义推之，人象天地，上下以要（按：“要”，今作“腰”，上下文所出“要”字皆同）为分，而要又与带正相直。要以上为天，以下为地，故带以上为阳，以下为阴，所谓‘天地之象，以要为带’也。不当更以颈上下为分。且礼，绅带皆系于要，亦不当云‘必直其颈’。此节三‘颈’字皆当为‘要’之讹。‘各其分’，‘其’当为‘有’，《深察名号》篇云‘五号自讃各有分’，是其证。”①

生物地理学向我们展示：古代中国拥有丰富的生物群落，其多样化在同期诸文明中堪称罕睹。以植物为例，在早期诸文明中，古埃及与古印度属于旧热带植物区，古巴比伦与古希腊属于泛北极植物区，而古代中国却兼上述两个区域而有之。其中像中国——日本森林区植物区和中国——喜马拉雅森林植物区，已经分别有植物20000余种，马来西亚森林植物区则有植物45000余种。毫无疑问，这样一种环境对于采集生活并进而对于经验思维是十分有利的。现存的古代中国文献典籍为此提供了充足的证明。据统计，《诗经》中已列举有200多种植物和动物，《尔雅》的《释草》和《释木》已涉及有100多种草本植物和几十种木本植物；《释虫》则举有60多种昆虫。马王堆帛书的《五十二病方》已有各类药物247种。显然，所有这些知识的获得都是和采集活动分不开的。从现存文献来看，我们只能从出土汉代画像砖等文物上面想见古代中国人的采集生活图景。

① （清）孙诒让：《札迻》卷二，齐鲁书社1989年版，第56页。

图 1-1 战国壶铭花纹——狩猎纹样

图 1-2 驭虎纹样

图 1-3 草叶纹镜

图 1-4 汉代收获采集画像砖（四川成都羊子山出土）

图 1-5 汉代采桑画像砖（甘肃嘉峪关出土）

按《说文·艸部》收字情况和分类编次，可以说就是上述经验认知及其发生背景的反映。从《艸部》收字情况来看，“大徐本”统计是“文四百四十五，重三十一”，并又新附“文十三”。段玉裁《说文解字注》统计认为，“小徐本”少了“莒、蕍、蒢、蘾、蓨、萃”六字，则为四百三十九字，《说文解字注》审定大徐本“蕍、菰、蔹”三字“确是误体，删去，是为四百四十二”。不论哪个版本，都表明秦汉时期中国人关于“草类”的认知已达四百几十种，足见草本植物之繁夥。这一收字情况，间接地反映出中国古代人所处的生态环境及其与采集生活的密切关系。[1]《说文》："艸，百芔也。从二屮。凡艸之属皆从艸。仓老切。"《艸部》："草，草斗，栎实也。一曰象斗子。从艸，早声。自保切。臣铉等曰：今俗以此为艸木之艸，别作皁字，为黑色之皁。案：栎实可以染帛，为黑色，故曰草。通用为草栈字。今俗书皁或从白从十，或从白从七，皆无意义，无以下笔。"艸木竹同类，故楷化认知过程中，偏旁之间互换，往往构成异体。草为"皂白"本字，但南北

① 按历代字汇所贮存"艸部"数据此消彼长，体现的是各个时代关于草本植物的认知水平及其演变历程。大徐本《说文·艸部》连同新附部分贮存458字，唐抄南朝《篆隶万象名义·艸部》贮存702字，唐人增字之后的《玉篇·艸部》收录949字，宋代《类篇·艸部》则类聚了1231字。《中古汉字流变》费时十余载，于各部之前按加部序，不但给出各类各期个各本增减数据，而且揭示此消彼长到具体字形结构，即是会心于此。此等体例数据实证攸关，要非前人所能胜任。心粗气浮者流但图现成，又焉得有以洞悉个中信息！其《艸部》小序云：

卷第十三《艸部第一百六十二》，凡一千五十四字，字头947个。《宋本》《名义》《说文》共见415个，《宋本》《名义》共见675个，《宋本》《说文》共见431个（其中《说文》不包括新附13个）。

《宋本》新增字254个：葯、蓯、蔏、蘢、茵、蓿、萙、幕、蒀、芳、蔞、蘄、蘊、芏、萿、菰、蕩、薛、蔓、葉、蝗、蕐、葩、蕫、蒖、蓰、蓷、莊、蔫、葼、蕚、蘩、蕖、蕂、蘞、蒢、蓍、蕿、葝、蓖、莎、蕻、芼、蔱、蔯、蒋、菏、菖、蔄、茜、蔳、蘽、葖、荼、菝、蔆、苧、蕃、莫、菲、菴、蘹、葴、蕭、蘡、芠、蓄、蒢、蔎、葠、芜、蒟、茡、蒼、蘛、蘳、苫、蒩、蓾、蕔、苿、茢、葙、萓、蒡、蔳、萎、蘉、蘐、蘜、蘏、蕭、蔻、莄、蘙、芛、蘴、荿、蓀、苹、蓋、蒖、蔯、蔃、莖、苮、蔞、蕠、蘅、菥、蕩、菈、芸、苁、蘺、薵、蕃、蔏、蒑、蓱、蒘、蒻、芦、菒、苶、薰、蓰、蘬、蘓、蓶、蘞、菇、蘡、蓲、茬、蘷、蕝、蔰、蔡、蔷、薣、蒰、蔋、蒟、蘋、莼、芰、蓟、苢、莎、蔙、菀、蘧、蒙、蒮、菂、蕃、蓶、茾、葤、草、苯、蕗、蕀、菎、菲、蘷、蔽、蘟、蘟、芹、荁、芎、芤、蘖、葯、蒡、萸、蔵、蔰、蓮、蔞、蕑、蓟、蔤、蘤、蓳、蘀、蔘、茞、蓛、蕼、蔵、蔓、菥、蔵、蔥、蔆、蓃、蘑、蔆、茉、蕌、蕣、蕖、蓥、蘙、蕈、蒄、葧、蔵、蔔、茠、蔡、菽、莜、蔛、蘿、蓽、蒴、蔚、菰、邑、莾、莅、芿、菟、蒡、蒒、蘐、蔦、蘀、苐、茁、蔺、蘩、蓓、蕾、蘼、蓑、蕵、蘄、蓸、薯、蕷、蓰、芲、蘉、蔠、藤、蕠、薩。

《宋本》漏收字19个，其中只见于《说文》者有"萙、菌、蘋、蘇、蓻、蕩、蘱、菰"8个，只见于《名义》者有"葦（蔁）、蕃、董（蓳）、蒡、苐、蘘、莽、莱"8个，共见于《说文》《名义》者有"蓌、菻、葉"3个。

《名义》字头抄错5个，即"蘽（蘼）、蔷（薔）、蕍（蕍）、藹（蘙）、蔺（藺）"（括号内为正确字形，括号外为《名义》原有字形），《名义》与《宋本》写法不同的字形有"萮（葺）、莜（蓧）、蘴（蘡）"（括号中为《宋本》字形，括号外为《名义》字形），《宋本》字形与《说文》不同的有10个，即"蕼–蕼、蕸–蕸、蕈–蕈、锷–蕛、蘋–蘋、藹–藹、芒–苎、蘼–蘫、蔽–蔽、蔭–蔭"（短横前为《宋本》字形，短横后为《说文》字形）。

《宋本》字头次序与《名义》大部分一致，其中有部分前后适反。《宋本》异体关联"蒨"字，《名义》等亦未之见。

朝墓志碑刻记录“草木”即用楷字“草”，如北魏《元诱墓志》“风摇宿草，雾蔼寒松”诸类碑板用字，皆成连类。

在新石器时代的彩陶纹样中，花瓣纹的图案起源很早。原始社会居民是以他们熟悉的对象创作花纹图案的，植物无疑是他们最为熟悉的对象之一。他们长期从事采集生产，充分熟悉了植物生长的全过程，才能如此从心所欲地摘取植物最小构成单位的一瓣一叶，加以简脱便化，创作了既真实又抽象的花瓣纹图案。这种纹饰传统，一直到汉代的镜纹与绮纹的图谱，仍大多出自植物线条的便化，可见其源远流长了。

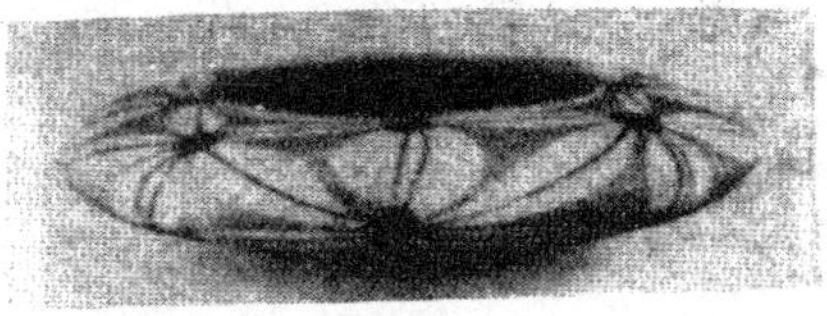

图 1-6 新石器时期花瓣纹彩陶钵（南京博物院藏）

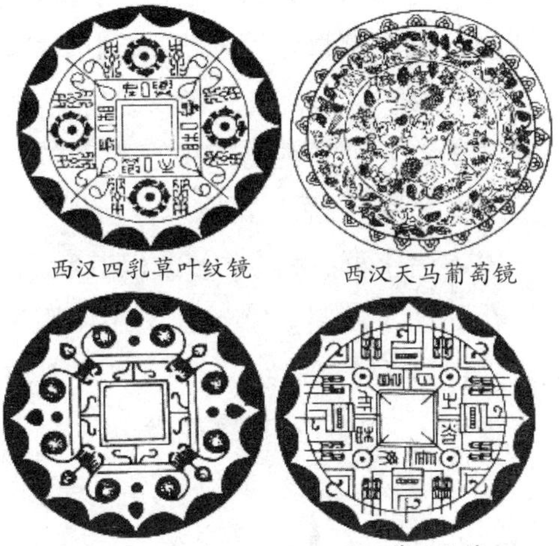

西汉四乳草叶纹镜　西汉天马葡萄镜

西汉草叶纹镜　西汉草叶纹镜

图 1-7 西汉植物纹镜

图 1-8 西汉菱绮纹

《艸部》字的分类编次，较为直观地体现出古代中国人“比类认知”方式。按段玉裁《说文解字注》说法，“其列字之次第，类聚群分，皆有意义”。段氏关于《艸部》字内部编次规律的揭示，就是《说文解字叙》所标举的“将以理群类，解谬误，晓学者，达神旨。分别部居，不相杂厕。万物咸睹，靡不兼载”。又《说文》卷十五下所谓：“方以类聚，物以群分，同条牵属，共理相贯，杂而不越，据形系联。”尽管许慎在具体到各部类的编排上并未完全贯彻，有不少地方甚至是自违其例，但寻绎整个《说文》的取类系统，从中仍然可以发现编次、解说者的一些认知努力。[①]

从《艸部》字的编次来看，从“蓏”到“荏”为一类，这一类字的特点，所指或为果实，或为禾实，大率为可食可用者。如其中“蓈”或从“禾”作“稂”。又如其中“芓”“萁”等字之间似乎存在着“递训”关系[②]：“萁，芓也。从艸，異声。”“芓，麻母也。从艸，子声，一曰芓即枲也。”而“蘇”“荏”之间又发生“同训”关系[③]：“蘇，桂荏也。从艸，穌声。”“荏，桂荏蘇。从艸，任声。”这些内在联系，大概就是《说文》从“蓏”到“荏”首先进行连类的根据。

从“芺”到“莧”，凡十二字基本上属于“同训”字的关系。按《说文》的训释，这一字群都是被归并到“菜类”。其内在的分类根据，自然也是可以采集食用之“艸”。《说文解字·艸部》：“菜，艸之可食者，从艸，采声。”“菜”的语源就是“采”，“采”的古写其实就是人手在树上采取，《说文解字·木部》：“采，捋取也。从木从爪。”

以下诸字群，《说文》或以其状态如“艸盛”等归类。尤可注意者，《说文》在处理《艸部》字过程中还使用过一取类方法，那就是将六十六字笼而统之地说解为“艸也”。这一取类方法的特征就是对于“种概念”不去揭示其“种差”，而是将其直接置入一个上位概念即它所相邻近的属概念里去。“属”亦即“类”也。所以，这种特征再明显不过地反映出《说文》所运用的“类认知方法”。至于《说文》在关于《艸部》的处理上还运用诸如“互训”的方法[④]，则是以两个“种”外延上的重合而归并为一“类”。通常的情况下，要是两个“互训”字都不熟悉，《说文》的这种“解释”并不能在义界上给人们提供什么认知帮助，而只是起到一种认知上学的“归属”辅助作用。

约而言之，《说文》关于《艸部》数百字的编次以及说解过程所运用的“同训”“递训”“互训”诸种方式，既反映出了中国古代人对于“采集”事

---

① 需要说明的是，这种区别处理须涉及不少自然科学的知识，要求一个人完成大量的“取类认知”，并作出科学义界，原本是相当困难的事情。何况这个认知分类，发生在距今近二千年前的时代。

② 严格说来，几个字辗转相训，层递而下，才构成“递训”。

③ “同训”就是用一词来解释两个以上的同义字，详见本书第二章。

④ “互训”就是用同义字互相训释。例如，“菲，芴也”；“芴，菲也”。又如“荛，薪也”；“薪，荛也”。详见本书第二章。

业的重视程度，又体现出了较为丰富的“比类方法”。清代有的小学家就是依据这方面的规律来处理一些训诂方面较为棘手的现象。[①]如段玉裁以《说文》里“荃”字与“香草”之属不伦不类，遂断为：“此字据上下文则非《楚词》荃字也。”无须乎赘言，段氏的推断依据就是《说文》一书比类编次的结构体例。《说文》“荃”下说：“芥脃也。从艸，全声。”按王筠《说文句读》：“脃当作荃，《说文》本无脃字。……本初劣切，《肉部》膬，七绝切。七绝即初劣也。亦可为《说文》本无脃字之证。……惟《集韵》收之《十七辥》，以为絟之重文。”又按慧琳《一切经音义》所引字书文献，“荃”字实一形兼表二词：“（荃）七泉反。王逸注《楚辞》云：荃，细布名也。《说文》：从艸，全声，或作絟。”[②]又说：“（荃）七全反。王逸注《楚辞》云：荃，香艸也。《离骚》：荃蕙化为茅。《说文》：从艸、全声也。”[③]慧琳《一切经音义》所存《说文》为唐前本，看来，段氏的推断至少为我们认识“荃”字在唐人之前的版本里的复杂情形提供了一条线索。

除了前述《艸部》之外，《说文》全书五百四十部其他各部内部的排列次第基本也都尽量体现以类相从。例如，《木部》收字也是一个大部，其中的次序，先是罗列木名，其次是列树木的各个部分（木、柢、末、果、杈、枝、条、枚），其次是再列木制品。又如《水部》大致上也是先列水名，后列与水有关的动词和形容词。这种编次贯彻的“取类”法，据黄侃分析共有三种，他在《说文略说》里面说：“许书列字之次第，大氐先名后事，如《玉部》自‘璙’以下皆玉名也；自‘璧’以下皆玉器也；自‘瑳’以下皆玉事也；自‘玭’以下皆附于玉者也；殿之以‘灵’，用玉者也。又或以声音为次，如《示部》‘禛（原文作稹，误）’‘祗’‘禔’相近；‘祉’‘福’‘祜’‘祺’相近；‘祭’‘祀’‘祡’相近；‘祝’‘福’相近。又或以义同异为次，如‘祈’‘祷’同训求，则最相近；‘祸’训害，‘祟’训祸，训相联，则最相近。大氐次字之法，不外此三者也。”[④]后面考察到《说文》其他诸部，关于这一“取类编次”体例方面的内容，就不再涉及。

---

① 段玉裁《说文解字注》一篇下《艸部》结末发凡：“其列字之次第，类聚群分，皆有意义，虽少为后人所乱，而大致可稽。”

② 见该书卷五十一“纰荃”条。

③ 见该书卷八十四“落荃”条。

④ 转引自蒋善国著《说文解字讲稿》，语文出版社1985年版，第10页。

附

汉字结构与原始移情认知方式①

一、原始移情认知与一类汉字发生史

1. 埃德蒙·R. 利奇依据生态学家的观点曾提出过，人类的仪式化适应的例子就是说话的能力。其中特别强调言语与仪式的关系是值得我们重视的。当人们把一个特定的范畴词赋予一类事物时，他便创造了那一类事物。② 另外，S.J. 坦比阿在讨论巫术行为的形式和意义时，就如此归结过自己的主要论点：人类总是要运用类比思维方式的；"巫术"和"科学"都以思维和行动中的类比为特征，但它们运用类比的方式大相径庭，这些不同方式的类比是否有效是不宜用同一标准去衡量和检验的。巫术活动是一种通常由言语和实物操纵所构成的"实施性"活动，这种活动以类比为基础，将某种特性强制性地转嫁在接受者身上，不论接受者是物还是人。③

2. 考察古汉字的发生，无法回避原始移情这一思维规律的关联。实际上不少中国学者早已意识到这类关联。姜亮夫曾论及"汉字不用其物的特征表某一事，只是用'人本'的所有表一切"。例如，一切动物的耳、目、口、鼻、足、趾、爪、牙，均以人之所有为字，故不为虎牙立专字，不为象鼻、豕目、鸡口、驴耳、鹗目、鸭趾立专字。又其表示人类的祖妣之且匕作兽类两性的差别；而犬之吠、鸡之喔喔、龙吟虎啸，莫不与人之口同用口；狼心、豕脑、马肝、牛肺、草心等，亦为人身之体。④

应该说，姜亮夫这里所说的人物关系在构字层次上还是存在着取象差别

---

① 原名为《古汉字结构的取象类型原始移情考略》，载《学术研究》1999 年第 5 期。

② ［英］埃德蒙·R. 利奇：《从概念及社会的发展看人的仪式化》，选自史宗编《20 世纪西方宗教人类学文选》卷下，上海三联书店 1995 年版，第 506~507 页。

③ ［英］S.J. 坦比阿：《论巫术行为的形式和意义》，选自《20 世纪西方宗教人类学文选》卷下，第 763 页。

④ 姜亮夫：《古文字学》，浙江人民出版社 1984 年版，第 69~70 页。

的。朱光潜在他的《西方美学史》中也发挥“移情”之理，充类以至中国语文：“我国古代语文的生长和发展在很大程度上是按移情的原则进行的，特别是文字的引申义。”而且他还特别为此作出注释说：“读者试翻阅段玉裁的《说文解字注》，注意一下文字的引申义，就可以明白这个道理。”[①]

喜欢把义理、词章、考据会通起来阐释的钱锺书先生著述，圆览中西，万方比照，观物求全，揭举“移情”法门，实为人类观物之“结习”：

> 盖吾人观物，有二结习：一、以无生者作有生看，二、以非人作人看。鉴画衡文，道一以贯。[②]

而且，这种“结习”，首先是符合中国“文评”的整体一贯的倾向的：

> 余尝作文论中国文评特色，谓其能近取诸身，以文拟人；以文拟人，斯形神一贯，文质相宣矣。[③]

这里还顺带提出了一个“作文”问题，也就是说钱先生曾经作过专门讨论。大家都知道，这篇专论的题目为《中国固有的文学批评的一个特点》。在这里，钱先生早年就讨论了“一切科学”由人及物、物我不分的“人化”移情认知倾向：

> 一切物理界名词，也许都根据生理现象而来。……从我们研究思想史的看来，移情作用跟泛客观，行为主义跟唯心论，只是一个波浪的起伏，一个原则的变化。因为人化文评只是移情作用，而移情作用是一切文艺欣赏的原则。[④]

如前所述，美国哲学家杜维明所曾论述中国哲学的“基调”，他认为中

---

① 朱光潜：《西方美学史》卷下，人民文学出版社 1964 年版，第 597~598 页。
② 《管锥编》卷四，第 1357 页。
③ 《谈艺录》六，第 40 页。
④ 《文学杂志》月刊第一卷，1937 年第 4 期。

国哲学的基调之一，是把无生物、植物、动物、人类和灵魂统统视为在宇宙巨流中息息相关乃至相互交融的实体。[①]

3. 古汉字系统与原始移情存在着关联的根本理据是，中国古代人类的一种基本思维方式，那便是一种前逻辑的、主客体不分的思维类型。在较为原始的人类心目中，人与万物并没有本质的区别，它们都有同样的生命、性别、情感，是同一的，因而对客观外物的感知都以我之情感、我之生命去感知。这种以我观物、物我同一正是移情作用的特征。可以这样说，在人类发展的早期阶段，移情作为一种自发的普遍的对外界事物的态度，已成了原始人类所特有的一种思维方式。从人类与自然的关系来看，这种思维方式的产生自有其必然性。在初民那里，自然就是他的身体，他也就是自然的一部分，因此，以己之生命和感情去感知自然界的一切，应该是自然而然的事情。由此而言，原始人类的移情作用，是人类心灵中天生就有的一种机制，称得上是人类的原始体验，具有非自觉的性质。从人类的实践活动来考察，移情作用则是原始人类在与外界的接触中自发产生的通过自身去感知世界、理解自然的唯一认知方式。

随着出土文献和人类学资料的丰富，随着汉字体系内部规律研究的深化，中外一些文字学者都已认识到，古文字的起源，包括一类古汉字的重新认识，适当引进巫术思维规律，会给研究带来方便，使得以往若干纠缠不清的问题有可能说得深入一层。"同形同构"反映的是一种联系，建立在巫术思维上的古汉字"同形同构"联系，似乎可以解释清楚关于汉字发生过程归结为仓颉创制的神圣类型，相当部分的图画文字、象形符号的发生使用，建立在以宗教为专业的人所进行的祭祀上。

古汉字的取象发生与某种巫术仪式"同形同构"，在巫术思维的层面上，其根本的关联是指古老的"词物混同"现象，也可以说就是在巫术仪式盛行的时代，语言符号在生活现实中与事物同构以至等同。普通语义学家在揭示语言与事物关系的研究中也曾注意到：日常生活中语言等同于事物的现象是极为常见的，这便是所谓古老的词物混同现象（S.I.Hayakawa：《思想和行动

① 参［美］杜维明《试谈中国哲学中的三个基调》。笔者按：就能量观点来看，宇宙"万物同频"；就结构角度而言，宇宙"万物同构"。

中的语言》)。如我们曾经考释过的古汉字的例子：

吉，各期甲文取象于盛物置器之形，属于所谓模拟的巫术仪式类型。一期甲文构形为盛器内部置一矢镞，三期与周原所出甲文结体换矢镞为斧钺之形，这种斧钺之形的置换可以与金戈相对应。但不论如何异构变形，“吉”字的古文结构不外就是将代表兵器之形置入表示盛器之形的关系。在初民看来，将敌方弄到的杀伐兵器包藏恝置，就可以使敌对一方武力受到削弱以至于避免流血战争，这等效应相对于己方部族来说，自然就是大吉大利的事情了。此一巫术思维关联，与中国古代典籍诂训所反映的观念相应。首先，“吉”之得名，有可能就是来自先民的有关武器的“禁忌”。“诘”字声符就是“吉”，《周礼·天官·大宰》：“五曰刑典，以诘邦国。”注：“(诘)犹禁也。”汉语古音系统中，“吉”“忌”音近。群经一向以“兵”为“凶器”，《说文》：“兵，械也。”《左传·隐公四年》：“夫兵，犹火也，弗戢，将自焚也。”另外，关于“忌兵”仪式与现实世界有关事物同构抑或混同的观念，各国人类学资料皆然。又“彘”字甲文构形从矢从豕，说者或以为古代以豕为狩猎对象，故有取于矢。其实狩猎者画成从豕中矢之形，即是真实地具有猎获动物的巫术效力。比较世界各地的原始狩猎岩画资料，可知这亦是二者在巫术思维支配下的同形同构关联……

在一般汉字构形层面上，“同形同构”关联是揭示汉字构形表词，最易于建立与观念、事物之间的“同构”联系，习惯上图示作如下的“三角”：

。

比较印欧语系的记录符号，汉字结构最易于实现与所指称事物以及由此联系所传达的观念的“同构”关联；这正是汉字的易学之处，亦是难学的所在。说其易学，是易于实现三边同构，人们认知意会的参与较容易。然而其难以掌握运用亦在于此：人们一旦熟悉操作这套“同构”系统，要再拆散其中已经实现的“同构”联系则是极其困难的。这正是汉字系统的特征之一：难易是一对立依侍、一体二边的关系。正由于汉字系统具有同构的联系，一旦进入了这个系统，一般说来不易于改变这种联系；操作该系统的社会集团的思维习惯方式相对而言也是极其稳定的。而印欧语系的文字系统根本上来说是不存在三者“同构”联系的，所以人们的认知活动受这一关联的制约也少，思维也就易于重建新的联系。

古汉字系统实在与巫术思维发生着若干复综关联，从体系上解释汉字发生演变，则有必要划分相应于中国古代思维观念发生发展的若干层次、阶段。[①]

古汉字结构取象过程，在一定意义上应该就是初民“正名”“致物”的具体物化过程，因此，以下就从“名原”“制物”两个方面来说。

二、正名：古汉字体系中的移情原则为探求事物名源途径之一

1. 先民将名称神秘化，认为名称与事物之间存在神秘的内在联系。《尚书·吕刑》里讲到：“禹平水土，主名山川。”该句里的“主名”，学者或释为并列结构：《大戴礼记·五帝德》也说禹“主名山川”。同篇又说禹“巡五州，通九道，陂九泽，度九山，为神主，为民父母”。看来“主名山川”的“主名”大概是并列结构，“主”指为山川之神的祭主，“名”指为山川定名。[②]《国语·鲁语上》：“黄帝能成命百物，以明民共财。”韦昭注：“命，名也。”《礼记·祭法》作“黄帝正名百物，以明民共财”，是“命”正作“名”，可见古人“命”“名”二者之关系。

M.Z. 罗萨尔多等人论述伊隆戈特人的巫术符咒中有“呼唤植物”的类型：

> 据我们所知，有四百种植物被运用于巫术之中，其中最为重要的一些植物名为“大腿”“手指”“螺旋”“邪恶”“遭遇”等，这些植物大都没有其名称所指的物理特性，然而伊隆戈特人说，这些植物之所以被选用，是因为它们的名字在咒语中有所意义。

显而易见，植物命名体现的是“人化移情”原则，因而物我是贯注一气的：

> 在伊隆戈特人的隐喻中，将人与植物等同视之是普遍现象。植物，尤其是野生植物，与赋予生命的无形力量密切相关。所以在口语中植物也用来谈论人类：例如“嫩芽”可以意指“儿童”，“嫩叶”

---

① 臧克和：《巫术思维与一类古汉字的发生》，原载德国波恩大学顾彬教授主编《ORIENTIERUNGEN（东方学）》（德文本）2005 年第 1 期。

② 裘锡圭：《文史丛稿——上古思想、民俗与古文字学史》，上海远东出版社 1996 年版，第 15 页。

> 也可以用来描绘一个小孩长大成人。然而另一方面，在咒语中也常用人的某些特征命名植物，例如以人的躯体、情感、情绪，或行为特征命名植物。……通过运用来自特定氛围的真实植物，自然界与精灵世界就顺从于人的摆布；伊隆戈特人在自己的巫术中，通过称呼这些植物，使自己躯体的意义、需要与愿望，同外在的、可接触的、来自“人化的”（从而是可控制的）自然界的象征连接起来。①

系统检索《说文》，标志“前”“先”“後”“左”“右”一类位置关系的字，实际上是取自人对自己身体的直观，即人的身体及其各部分是所有其他空间划分都要间接转换成的参照系。

2.《说文·鹿部》：“麛，鹿子也。从鹿，弭声。”按“弭”字从弓，原无“子”义。但检看《说文·弓部》“弭”篆下又出或体重文作“弲”，结体从“兒”。从文献用例来看，《玉篇·鹿部》：“麑，鹿子。”《集韵·齊韵》引《说文》：“麛，《说文》：‘鹿子也。’或从兒。”《国语·鲁语》：“兽长麑䴠。”韦昭注：“鹿子曰麑。”是知“麛”训“鹿子”，大概受名于“兒”。

《说文·玉部》：“珥，瑱也。从玉、耳，耳亦声。”是说“珥”字本受义于人之两耳。但是古代先民指称自然现象、物象也名之为“珥”。《吕氏春秋·明理》：“其日……有晕珥……”高诱注：“……晕珥，皆日旁之危气也。……两傍内向为珥。”《汉书·天文志》：“抱珥虿蜺。”颜师古注引如淳曰：“凡气（食）〔在〕日上为冠为戴，在旁直对为珥。”珥又为剑鼻之名，即剑柄上端形似两耳的突出部分。《楚辞·九歌·东皇太一》：“抚长剑兮玉珥。”王逸注：“玉珥，谓剑镡也。”《广雅·释器》：“剑珥谓之镡。”王念孙疏证：“《通艺录》云：……剑鼻谓之镡，镡谓之珥。”

《说文·水部》：“沚，小渚曰沚。从水，止声。”“沚”本指水中所滞止小块陆地，《尔雅·释水》：“水中可居者曰洲，小洲曰渚，小渚曰沚。”《国语·晋语》：“底著滞淫。”可见“沚”“渚”的得名分别与“止”“著”相联系，而“止”等字体结构，当初仅与人事行为有关。人的脚部为“趾”，则

① ［英］M.Z. 罗萨尔多、J.M. 阿特金森：《男子猎手与女人：伊隆戈特人巫术符咒语中有关性的隐喻》，选自《20 世纪西方宗教人类学文选》卷上，第 288~289 页。

墙的根部为“址”。《左传·宣公十一年》：“略基趾。”杜预注：“趾，城足。”《篇海类编·身体类·足部》：“趾，与址同。”另外，像“肢”之于“枝”、“领”之于“岭”、“跟”之于“根”等，皆构成着类似“趾”之于“址”的关联。

《说文·言部》：“說，説怿也。从言、兑。一曰谈説。”按《尚书》，这部典籍“谗说”连文，例如《益稷》：“庶顽谗说，若不在时。”《舜典》：“帝曰：龙，朕堲谗说殄行……”扬雄《解嘲》“说”“谈”对文。根据徐锴《系传》，“说”字还应该是从“兑”得声的形声字。“兑”（古音月部，今读duì）有“尖锐”义，“锐”字不过是后起分化字。《荀子·议兵篇》：“兑则若莫邪之利锋，当之者溃。”杨倞注：“《新序》作‘锐则若莫邪之利锋’也。”《马王堆汉墓帛书·相马经》：“折方为兑，欲长央之兑，兑多利。”又“谈”从炎得声，炎声字每多有“锐”义。可知，“说”之言“锐”、“谈”之言“剡”，都是言辞犀利之义。也就是说，“谗”“鑱”同源、“说”“锐”同源、“谈”“剡”同源。属于这一类的还有《说文·金部》“镝”字，解释为：“矢鏠也。从金，啻声。”王筠《系传校录》：“啻声，大徐同。汲古作商，亦啻之变体。”按“镝”从啻声，而啻又从帝声，帝又从朿声。“朿”，就是木芒，孳乳“刀”符即为“刺”，是知矢锋之镝，取义于自然木芒之刺。因此有人推知：“人类制器赋名，恒假天然之物为比拟。”①

3. 上述一类字例的构成得名，体现了古代人在认知取象赋形的过程中，确实存在着人情物象之间贯注相通、交互为用的复杂关系。训诂学界研究同源字，往往总是着眼于事物的功用、性状等，看来还有若干领域需要拓展研究，其中关于先民原始移情作为普遍的“命名”原则在古汉字系统中的反映，尤其应当给予重视。

三、致物：古汉字结体取象的移情原则往往体现出某种巫术思维关联

1. 出土文献中铭文的相当部分辞例以“格”作“来”，不烦举。这使我们

---

① 这类例字分别参见杨树达《积微居小学金石论丛》，中华书局1983年版，第17~18、37~38页。所考释过程中征引文献有明显出入，这里已作订正。

想到中国学术史上“格物”这一重要问题的理解，至少在先秦某个时代应该和“使物来”发生一些联系。裘锡圭注意到：在古书里时常可以看到有德者能招致物、能使物来至等说法（这里所说的物包括人、事、鬼神等，范围极广）。另外，在古书中还可以看到一些关于用某种方法来致物的说法。

《周礼·春官·大宗伯》：

以礼乐合天地之化，百物之产，以事鬼神，以谐万民，以致百物（指百物之神，即物鬽，参看《周礼·春官》“凡以神仕者”条）。

《周礼·春官·大司乐》：

以六律、六同、五声、八音、六舞、大合乐以致鬼神示……凡六乐者，一变而致羽物及川泽之示，再变而致臝物及山林之示，三变而致鳞物及丘陵之示，四变而致毛物及坟衍之示，五变而致介物及上示，六变而致象物及天神。

《尚书·皋陶谟》：

夔曰：戛击、鸣球、搏拊、琴瑟，以咏，祖考来格……箫韶九成，凤皇来仪。……於予击石拊石，百兽率舞。

《吕氏春秋·古乐》：

（质）乃拊石击石，以象上帝玉磬之音，以致舞百兽。

《淮南子·览冥训》：

昔者，师旷奏白雪之音而神物为之下降，风雨暴至……

以上所说，是以音乐等致物。

《史记·封禅书》：

> 少君言于上（指汉武帝）曰：祠灶则致物，致物而丹沙可化为黄金。

以上所说，是方士致神的方法。又同书说：

> 文成言曰：上即欲与神通，宫室被服非象神，神物不至。乃作画云气车，及各以胜日驾车辟邪鬼。又作甘泉宫中为台室，通天地、泰一诸鬼神，而置祭具以致天神。居岁余，其方益衰，神不至。

又如《周书·文酌》：

> 伐道咸布，物无不落。落物取配，维有永究。

裘锡圭解释说："伐道"疑指征伐之道。此文的两个"落"，很可能应该读为"格"，"落物"就是"格物"。"落"从"洛"声，"洛""格"皆从"各"声，故可相通，参看王念孙《读书杂志·淮南子内篇杂志·卷五》"格"字条。[①]

按今文《尚书》"格人"凡1见（《西伯戡黎》），"格王"亦1见（《高宗肜日》），"灵各"亦1见（《盘庚下》），"格命"1见（《吕刑》），"格知"亦1见（《大诰》），"降格"凡3见（《多士》《多方》《吕刑》）：皆可视为当时成语。其中"格"字均可作"使……至""使……来"解会。

2."狩猎"类古字。《录伯𢦏敦》铭文有"繇"字，正是《尚书·大诰》（岛田本）"王若曰繇"之"繇"字。而检内野本又作"王若曰猷"[②]，上图影天正本亦作"王若曰猷"，可知"繇""猷"二字同。清人刘心源《奇觚室吉金文述》：

① 《文史丛稿——上古思想、民俗与古文学学史》，第8~11页，注23。

② 顾颉刚、顾廷龙编：《尚书文字合编》卷二，上海古籍出版社1996年版，第1665~1691页。

䌛即谣即繇即譌，亦即猷。……谣言即譌言。譌一作讹。《说文》囮字或作圝。潘岳《射雉赋》：良游呃喔。徐爰注：雉媒，江淮间谓之游即圝也。故䌛、譌同字。此铭（即《录伯𢦏敦》铭文）从□从言，即䌛省。又从□即古文爲省（爲作□），盖合䌛譌二字为之（按：关于叠合省变二文为一字的情形，刘氏在铭文考释过程中举出过不少例字，可参看）。猷者，发语辞。《大诰》：“王若曰猷。马本作繇。《尔雅·释诂》：猷，言也。注：猷者，道，道亦言。《幽通赋》：谟先圣之大繇兮。注：猷或作繇，是也。[①]

按“爲”即“撝”“僞”等字古文，换句话说，在“撝”“僞”等字尚未分化之前，皆由一“爲”字兼职。《说文》将“爲”字归属《爪部》，释作“母猴”。罗振玉《增订殷虚书契考释》据甲骨文字订正说：“案：（爲）从爪从象，绝不见母猴之状。卜辞作手牵象形……意古者役象以助劳，其事或尚在服牛乘马以前。”

“役象”就是采用人为力量以使役之，当非寻常力量莫办。至于“助劳”，则于文献无征，大约是罗氏牵合“作为”以成己说耳。

在古书里，“爲”属于使用范围最为宽泛化动词之一。《左传·成公九年》：“我出师以围许，爲将改立君者，而纾晋使，晋必归君。”陆德明释文：“爲，本或作僞。”《汉书·淮南王传》：“（淮南王）欲如伍被计，使人爲得罪而西。”颜师古注引苏林曰：“诈作得罪人而西也。”《庄子·养生主》：“指穷于爲薪，火传也，不知其尽也。”俞樾平议：“《广雅·释诂》：‘取，爲也。’然则‘爲’亦犹‘取’也。”俞氏的解释可信据，“爲”字的这一用法，如同《荀子·王霸篇》：“将以爲乐，乃得忧焉；将以爲安，乃得危焉；将以爲福，乃得死亡焉，岂不哀哉！”这里“爲”都可以理解作“谋取”的意思，《孟子·尽心上》：“鸡鸣而起，孳孳爲利者，跖之徒也。”

“爲”字的这种用法，可以和出土文献相印证。卜辞辞例有“取爲”（《乙》2307），即“爲”可作为所取对象，而“取”原本有获取之义。可以

① （清）刘心源：《奇觚室吉金文述》释《录伯𢦏敦》铭文，华东师范大学图书馆藏本。

考知“爲”字结构取象意义犹言“服象”,《吕氏春秋·古乐》:“殷人服象,为虐于东夷。”这里的“服象”,是指靠某种人为力量来“使象服”,一如“格物”可隐括为“使物格”认知结构。《周易·系辞下》也讲到:

> 服牛乘马,引重致远,以利天下,盖取诸“随”。

“服牛”和卦名“随”相联系,“服牛”也就是“使牛服”,卦名为“随”,含有“依随、顺从”,与“服象”情形相当。

从“譌”与“圝”等一类字的同源关联可知,“爲”字取象于以某种所谓巫术力量诱导控制巨象的仪式。盖象之为兽,力大无匹,非诱导之而不可骤致。由此,“爲”“譌”“繇”“圝”等字结构同源关系皆可得而说:在大象头部(长鼻处)画成一控制者的手(爪)形,即等于在“繇”旁画上“系”符,也就同于在“繇”符四周画出“囗”(wéi)形:在先民狩猎者看来,就是真实地对大象施加了某种控制的巫术力量。见诸图画,功能如此;诉诸语言,亦若是般。汉人应劭《风俗通义》有这样一条佚文:“呼鸡曰朱朱。俗说鸡本朱公,化而为之,今呼鸡皆朱朱也。谨案:《说文》:喌,二口为讙,州其声也。读若祝,祝者诱致禽畜和顺之义。喌与朱音相似耳。”(此条辑自《初学记》三十、《太平御览》九百十八)与上述“囗”符之功能、意义关联,亦可合参。

阴山岩画资料中,反映猎狩生活的部分不少内容就是在动物附近画出一“○”形,或是将狩猎对象局部(一般是蹄腿部位)置于“囗”形之内。人类学者考证,这是有助于猎获的巫术关联类型。

英属哥伦比亚印第安人的生活主要依靠捕鱼业,如果鱼群在该来的季节里不来,他们就得挨饿。这时,“努特卡”男巫就会制作一个游动着的鱼的模型,放到通常会有鱼群游来的水域中。在举行仪式时,还要念动祷告,祈鱼游来。如此这般,鱼群就会立即前来。托雷斯海峡一带的岛民们用海牛和海龟模型去迷惑真的海牛和海龟来自投罗网。

新几内亚西部的部落使用一种咒符来帮助猎人刺杀海牛或海龟。他们把一种爬行于椰子树上的小甲壳虫放入矛柄顶端为安矛头而留出的空洞之后再安上矛头。这样就可以使矛头能牢固地刺入海牛或海龟的身体,就像小甲壳虫能在咬人时紧紧叮入人的皮肤里一样。[①]

属于该类型的古汉字结构，即取象于仪式者，可以推断在古文字发生阶段是会占到一定比例的，以下还可以提到两个同类的例字。

告，《说文·告部》释为“牛触人，角著横木，所以告人也。从口从牛”。将“告”字结构意义理解成“牛告人”，显见是不可信据的。段玉裁注中已经指出：“牛、口为文，未见告义，且字形中无木，则告义未显。”许慎既将“告”字分析为从牛从口，但又不可归《口部》，而是系于《牛部》“犛部”之后，单置一部。这也许正反映了《说文》的一种无可奈何的处置。《告田敦》铭文：

> 作祖乙鶒侯文叔尊彝告田。

按铭文辞例“告田”连文，田者就是田猎；这个“告”字实际就是“牿”的初文。“告”者，也就是圈陷捕获。《尚书·费誓》：

> 今惟淫舍牿牛马……

《尚书》九条本“牿牛马”之“牿”，注音为“工毒反”，但接下又于“牿之伤”处注作“子毒反”。该抄本书写草率，后者当系“工毒反”之误。内野本该处仍注为“工毒反”，“牿”字左侧日语假名注音读作おり。[②]在日本语中“おり”一词当用汉字记录作“檻”。该词有两个互相联系的义项：其一为圈闲兽类等用的笼、栏，如铁笼、铁檻；其二为监禁犯人等的牢笼、牢房。

“告”字甲骨文、金文、简帛等出土文献使用分别结体作：

---

① ［英］詹姆斯·G. 弗雷泽：《交感巫术》，选自《20世纪西方宗教人类学文选》卷上，第738页。

② “九条”“内野”诸本，皆系唐前写本，与所见“唐石经”合。见顾颉刚、顾廷龙编《尚书文字合编》卷四，第3042、3047页。

甲骨金文简帛汉印石刻。[①]

从符之字多有圈闲束纳功能义[②]，又可变形作凵、囗，然又常常与口符发生混淆。以“告”为声符孳乳分化字群至少有：牿、窖、酷、梏、陪等。

清代金石学家刘心源就以为：告已从牛，牿又从牛为赘。其实，类似“告”重复牛符孳乳分化的现象，在古汉字系统中还是比较常见的。刘氏同时还区辨了口、凵、囗等字符的使用情形：

> 象槛穽形，牛陷入为告，与牛在中为牢同意。[③]篆法字不必专指口舌之口，亦有用以象物形者。如倉、舍、邑、谷、台等，篆本从□亦从（详《师首鼎》）。许不知告以象形，故牵合福衡为训。其实告示字乃假借也。[④]

刘氏的字形比照大体是可信的，只是他还不能解释在牛符之下标明符何以就具有了圈牿的功能义这一类关系。下列的关联，也许可以有助于认识其间的联系。

雞，《说文·隹部》：“知时畜也。从隹，奚声。”出土古文字使用作：甲骨简帛古陶[⑤]，结构为从奚得声。从考古发掘中，可以找到该字的认知联系。据商代卜辞的记载，“奚”为被缚奴隶之象，有时为人牲之用。属

① 《说文·告部》卷二。

② 《说文·口部》卷二：“口（甲骨金文简帛古币石刻），人所以言食也。象形。凡口之属皆从口。”第35页。

③ 《说文·牛部》卷二：“牢（甲骨金文简帛），闲，养牛马圈也。从牛，冬省。取其四周帀也。”

《说文·仌部》卷十一：“冬（甲骨金文简帛古币汉印石刻），四时尽也。从仌从夂。夂，古文終字。都宗切。，古文冬从日。”

④ 《奇觚室吉金文述》卷三《告田敦》，第11页。

⑤ 《说文·隹部》卷四。

于龙山文化的多处考古遗存，皆发现有杀祭人牲的现象。“奚”在甲骨文中就是取象于绳索之“系”，“系”“奚”同源同象。“系”上古为匣母锡部字，“奚”为匣母支部字，而由“奚”得声的“雞”，古音是见母支部。见、匣二母为牙喉音，发音部位极为相近，而古韵部支、锡又构成阴入对转关系。

剩下的关联是，“雞”字构形为何从甲骨文时代就有取于“奚”？连类理解是：如同所获其他部族之类的人顶部画上“系”符即可束缚变成奴隶，亦可移注于由野隹捕获变化为家禽的“雞”。“捕獲”之獲，初文只作“隻”，见《说文·隹部》：“獲（甲骨金文），鸟一枚也。从又持隹。持一隹曰隻，二隹曰雙。”[①]《说文·犬部》：“獲（简帛汉印），猎所獲也。从犬，蒦声。”[②]这些联系起来考虑，大约是表明在构形中标加控制之符“又”，即是等于对所欲猎获对象施加了某种巫术力量，从而有助于猎获。

这类神秘关联的传达，一如北美印第安人部落的原始狩猎岩画：在野牛的腹部画上箭矢，就可以帮助捕获野牛。按殷墟卜辞，“隻”又不限于捕鸟者。《卜辞通纂》641：

丁亥卜，贞，王田喜，往来亡𡿧？禽？隻鹿八，兔二，雉五。

与此同致，“雉”从矢受名，“隿”从弋得声，都属同一类型。在狩猎时代，皆有深意存焉。《说文·隹部》：“隿，缴射飞鸟也。从隹，弋声。”用今天的话来说，隿就是用带绳子的箭射猎。“隿”字构成的基本理据在于“弋”，《玉篇·隹部》：“隿，今作弋。”而“雉”字亦有很古来源，出土古文字结构作：

（《鄴》三下，39，10）、（《后下》6，4）。

① 《说文·犬部》卷四。
② 《说文·犬部》卷十。

《说文·隹部》“甲骨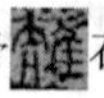石刻”，许慎说解，列举出了14种雉，结构认知分析作“从隹矢声”。罗振玉《增订殷虚书契考释》：“今以卜辞考之，古文……盖象以绳索系矢而射，所谓矰缴者也。”凡此。都表明与狩猎时代生活存在某种关联，恐怕不能排除其中的原始移情——巫术仪式规定下的认知影响。①

四、取象于“偃兵息武”仪式类古文字结构

《父丁罍》铭文还保留着较强的图画意味，见下文。历代文字学者无法进行单字辨识，清代金石学家刘心源说：

> 即宀。《说文》作：办积物也，象形。此貯之最初字。② 韬戈于椟，所谓贮也。横卧者，寝兵象也。立之则为（《父乙盉》作）。故人君视朝所宀立处谓之宀，今作竚、伫者，俗字也。环形兽形者，言还兽也。《书序》“往伐归兽”，是其义。椟戈环兽，偃武之象。《父丁尊》《册父乙尊》，篆益明。③

按刘氏所释，特别注意到“貯”的结构位置关系，寻绎发现环状和兽形的关联意义，尤为具眼。否则，孤立看去，无从辨识。只能如金石学家进行这样

---

① 《清经解》（学海堂本）卷一〇六八，阮宫保《研经室集·释矢》：“《周礼》封人：封其四疆，造都邑之封域亦如之，凡祭祀置其絼。司农注：絼著牛鼻绳，所以牵牛者，今时谓之雉，与古者名同。”上海书店1988年影印。这方面古文献记载，可以参见汉人所撰《风俗通义》。下面列出几条该书的有关佚文：

其一，门户铺首——“谨案：百家书云：公输般见水上蠡，谓之曰：开汝匣，见汝形。蠡适出头，般以足画图之。蠡引闭其户，终不可得开。般遂施之门户，欲使闭藏当如此周密也。”此条辑自《艺文类聚》七十四、《太平御览》一百八十八。

其二，钥施悬鱼——“鱼翳伏渊源，欲令键闭如此。”此条见《太平御览》一百八十四。

其三，苑囿——“囿者畜鱼鳖之处也。囿犹有也。”此条辑自《太平御览》一百九十六。

② 《说文·貝部》卷六：“貯（甲骨金文简帛），积也。从貝，宁声。”第196页。《宁部》卷十四：“宁（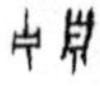甲骨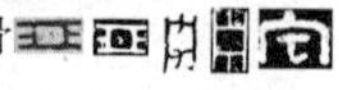金文古币），辨积物也。象形。”第455页。

③ 《奇觚室吉金文述》卷七《父丁罍》，第31~32页。

的描述："戈，椟形；环，兽形。"此系读图，非关识字。

但是，问题在于，戈置宁（贮）中横倒放置，和在兽形上部置一环形，如何就可以传递"偃武"的意义？则犹有一间未达。这类关联，犹如下列古代文献所记载。汉人应劭《风俗通义》佚文："殿堂象东井形，刻作荷菱。荷菱，水物也，所以厌火。"（按此条辑自《艺文类聚》六十三、《初学记》七）"烧秧杀瓠：俗说，家人烧黍秧则使田中瓠枯死也。"（此条辑自《太平御览》九百七十九）直到今日的古文字学者，研究字形，凿凿可按，而一旦联系到字义问题，往往总感觉隔了不少。不乏牵强附会，犹如梁上君子一跃而下。这种现象适表明：不贯通先民曾经普遍存在过的原始移情、取象于巫术仪式的认知关联，对于一类古汉字的发生便难以解会。

上文所提到"吉"字，古文字学者或释为"圭"。[①] 通览主要字形构成要素，包括读音关联，似乎也应属于这一类型。"吉"字各期甲骨文和金文结构为一盛纳器具，其上部所置放字符或为矢锋，或为斧钺。不论如何异构变形，"吉"字的古文结构不外就是将代表兵器之字符置于表示盛具之字符上的关系。《说文·口部》卷二：

（

），善也。从士、口。

古文字学研究者如李孝定等、训诂学家陆宗达等也都曾精细地辨察出"吉"字结构之所从，但是对于如此结体何以就可体示"吉"义，或又失之牵强附会，隔了一层。问题就出在这上面。按先民认知方式，将从敌方弄到的可施于杀伐的"凶"器包藏束置起来，就可以使敌对一方武力受到削弱以至于避免流血战争。这对于自己部族来说，自然就是"吉祥"之事了。这种巫术思维原理，和先民关于部族间兵器"凶"伐认识是完全相应相合的。"吉"之得名，极有可能就是来自先民有关"凶"器的"禁忌"。"诘"字从吉得声，《周礼·天官·大宰》："五曰刑典，以诘邦国。"注："（诘）犹禁也。"

① 董莲池、毕秀洁：《商周"圭"字的构形演变及相关问题研究》，《中国文字研究》2010年第十三辑，大象出版社2010年版，第4~10页。

从造字构形层次上说，“吉”字取象，属于所谓巫术仪式模拟的类型。从语音关系而言，汉语古音系统中“吉”属见母质部，“忌”则为群母之部；又“忌”从“己”得声，而“己”古音亦属见母之部，由此即可见出“吉”“忌”二字的语音关联。

中国古代典籍一向以“兵”为大忌，视等“凶”器。《左传·隐公四年》所载众仲答郑桓公问：

夫兵，犹火也，弗戢，将自焚也。

而“兵”字的本义就是用于攻战的器械，《说文·収部》：“兵，械也。”《左传·襄公二十四年》：

齐社蒐军实，使客观之。陈文子曰：“齐将有寇。吾闻之：兵不戢，必取其族。”

《左传·宣公十二年》：

夫武：禁暴、戢兵、保大、定功、安民、和众、丰财者也。

《左传·襄公二十七年》：

韩宣子曰：兵、民之残也，财用之蠹，小国之大菑也。将或弭之……

其他文献“忌兵”之例不烦举。

关于“忌兵”仪式和现实世界有关事物理念的同构抑或混同，人类学研究者早就为我们举出了若干证据资料。例如他们调查到：

美拉尼西亚人（澳洲东北方，西南太平洋诸群岛上的土著）拿到了使他受伤的弓箭后，他将小心地把它放到凉快地方以防止伤口发炎。就是说，一旦获得敌方的兵器，就必须妥善存放，以此减少对自己一方的伤害程度。可是，要是它被敌人获致时，那么，无疑地它将被拿到火旁以促使它所造成的伤口开始炽热和发炎。①

而且，这种以“忌兵”趋吉避凶的观念，还不仅限于针对敌对者一方的武器，人类学研究者遍稽全球存在过的有关“锋利兵器的禁忌”：

缅甸曾威北部的祭司王被莎迪人尊为宗教和人世的权威，任何兵器或切割用具都不得带进他屋内。……白令海峡爱斯基摩人的“村子里如果死了人……在此期间特别不许使用任何带刃的器具如小刀、斧头；任何带尖的器具如针和束髻针，也在禁用之列。其所以这样，据说是为了避免伤害这期间随时可能出现的鬼魂。如果上述那些器械不巧伤了鬼魂，它便会勃然大怒，给生者造成疾病或死亡。……”中国人在人死后尸体还停在屋里的七天内，禁用刀、针，甚至筷子也不用，吃饭时就用手抓着吃。②

这样看来，禁忌兵器趋吉避凶，又非特为生存者所专，连死亡者也深存戒心焉。

五、汉字结构原始移情认知补说

随着地下出土文献的不断丰富，语言文字学研究的日趋深入，在古汉字考释过程中适当考虑有关“原始移情”的思维方式，将有助于准确把握汉字结构与原始意义的复杂关系。

按《毛公鼎》铭文有“”字，金石学家如刘心源释“太”。事实上，该文释“太”于铭文辞例不合，《毛公鼎》铭文：

……临保我有周不巩先壬配命敃天畏司余小子弗及邦庸害吉……

① ［奥］弗洛伊德：《图腾与禁忌》，杨庸一译，中国民间文艺出版社1986年版，第105页。

② ［英］詹姆斯·G.弗雷泽：《金枝》，徐育新等译，中国民间文艺出版社1987年版，第337页。

释“疾”则文义通顺。殷墟卜辞该字形多见，亦从人中矢形，即“疾”之初写。《说文·疒部》：

> （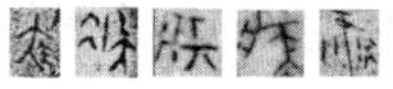金文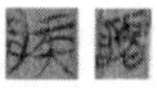简帛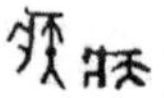古玺古陶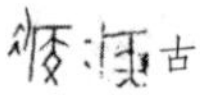古币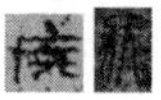石刻），病也。从疒，矢声。秦悉切。，古文疾。，籀文疾。

而疒字，本部作：

> （甲骨），倚也。人有疾病，象倚箸之形。

笔者曾连类考察古代“射侯”仪式取象、诅咒性质，讨论过“疾”又为“嫉”（《说文·人部》作“㑵”）字初文的认知关联。可以说，此例不啻纯粹著明地宣示了原始移情认知方式直接影响古汉字结构类型。

殷商出土文献“德”字为从彳从直、并且从直得声结构。关于字本义“正道直行”与道德规范二者关联，历代文字考释者颇费词墨，总觉二者隔了不少而难安。结论是：在初民看来，在道路旁边或中央画成表示正直有当的测直之象，即可确保行为的准确无误，也就等于具有了避免越轨偏差的巫术效力。①

上述古汉字考察的方式与结果，使得读者认识到纯粹古文字学者裘锡圭关于考释字本义不能理解得过于狭窄的见解②，具有重要方法论意义。

补说：甲骨文倒刻位置所体示的“移情认知——巫术仪式”

1. ——

---

① 《说文·彳部》卷二：“（金文简帛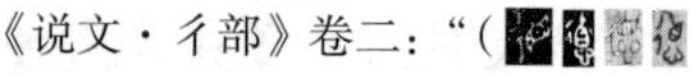石刻），升也。从彳，㥁声。”第53页。

② 裘锡圭：《文字学概要》，商务印书馆1988年版。以往的文字研究者将“若”释作“理顺头发”，不啻望形生训，应亦属于取象巫术仪式体现原始移情认知例字。另外，李学勤主编《帛书研究》第二辑，其中收录一篇《帛书〈易传〉窥管》，由帛书《易传》里的“象”字避讳考证到了“象”曾经是被作为崇拜的动物。顺便补注于此，可以检看。

辞例：

土方正（征）于我东鄙，𢦏二邑。（《菁》2）

壬辰卜，王贞，翌癸巳，我弗其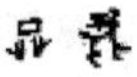。（《林》2，14，10）

己酉卜贞，雀往豕，弗其……（《铁》181，3）

贞，其祝害、乙，王其兕？（《甲》3916）

姚孝遂、尚丁《小屯南地甲骨考释》：“乃之倒书，此为祝祷于乙日猎取地之兕，能有所擒获。”[①] 在刻辞者看来，结构位置之倒施，即意味着猎狩对象受到控制从而有助于擒获。即，所从之“囗”，自具“圈闲”义。[②]

2. 集——

辞例1：集兕直今日。（《京津》4308）

辞例2：乙未卜，其集虎，于父甲。（《摭续》36）

吴其昌隶作“”，谓字谊为倒执鸟类以祭之祭名。郭沫若隶作“集”：“集字习见，上隹字均倒书，或从臼以倒提之。”唐兰隶作“䧹”，李孝定隶作“䙝”。“集”字不管隶定怎样分歧，但该字用为祭名，诸家无异词。显然“集”与田猎有关。《周礼·春官·甸祝》：“禂牲禂马。”注引杜子春云：“禂，祷也，为马祷无疾，为田祷多获禽牲。”《诗经·小雅·吉日》：“既伯既祷。”《说文》引此句作“既祃既禂”。按“集”字李孝定所隶定最切，即犹“祃”——“禂马”之合文（合文字例，刘心源《奇觚室吉金文述》随处举出不少，可参看。合文相对结体为省文，是知《说文》每以“省文”——“从 × 省”说解字形结构，是符合汉字形体结构发展实际的，未许一概怀疑。发凡在此，容有专论）。“集”又从隹之倒置结体构造，本身也就是取象于田祷多获致禽牲之祭仪。

① 姚孝遂、尚丁：《小屯南地甲骨考释》，中华书局1985年版，第189页。

② 说见“汉字研究新视野丛书”第一批，臧克和著《中国文字与儒学思想·原“中”篇》，广西教育出版社1996年版，第92~100页。

第三节 《口部》取类

《口部》在《说文》五百四十部中，算得上是一个比较大的类。据“大徐本”数据库统计收字为190个（含大徐新增部分），重文21个，段注本同。按“小徐本”的统计，还要多出一些。发展到唐代增字的《玉篇》，其口部已经贮存486字。其间，唐抄本《篆隶万象名义·口部》即达317字。照一般认知联系，《口部》字考察，原没有多少话好说，大凡从口字类，差不多均与某种口部运动发生联系而已。据初步查询，《口部》一部之内，至少就涉及了下列意义类型：

1. 与构成音响的材料发生联系。例如：

> 唱，导也。从口，昌声。而后出《玉篇·龠部》所收古文异构作龤。
> 和，相应也。从口，禾声。而后出《古文四声韵》或体异构作龢。
> 吹，嘘也。从口从欠。而后出《正字通·龠部》原本作龡。

按以上异构均体示“口”与“龠”两部之间存在着相互沟通为一“类”的情形。《说文·龠部》：“龠（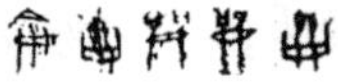甲骨金文），乐之竹管，三孔，以和众声也。从品、侖。侖，理也。”其中甲骨文“龠”字结体[①][②]，“龠”有取于编管之乐器，其上部象管端之孔。此即乐器笙竹之类的初形。卜辞用为祭名，盖用乐以祭。[③]本部：“龢（甲骨金文古玺），调也。从龠，禾声。读与和同。”[④]基于此，可以说“口”“龠”两个部类在一定程度上相通，不啻体示“口部”可得与构成音响的材料发生联系。

2. 与口部某个生理感官发生联系。例如：

> 舌，塞口也。从口，氏省声。而《说文·口部》该字下所著录古文又从甘，结体作昏。《集韵·末部》：“舌，《说文》：‘塞口

---

① 《续》5，22，2。见孙海波《甲骨文编》卷二，中华书局1965年版，第31页。
② 《京》3255，见《甲骨文编》卷二，第31页。
③ 见《甲骨文字典》卷二，第199页。
④ 《实用说文·龠部》卷二，第62页。

也。’古从甘。”《集韵·談部》：“甘凶𠯑，沽三切。《说文》美也。从口含一；一，道也。古作凶𠯑。”还有《字汇·甘部》也收了这个异体，“昬，古文舌字。”《原本玉篇·甘部》：“甘，古蓝反。《尚书》稼穑作甘。野王案：甘者味之甛者也。《毛诗》其甘如荠是也。又曰甘须嗜音。孔安国曰：甘嗜无厌足也。《周易》甘临无彼利。王弼曰：甘者，佞邪悦媚不正之名也。野王案：《左氏传》币重言甘是也。《毛诗》甘心首疾。《传》曰：甘，厌也。《左氏传》受而甘心焉。杜预：思欲快意也。《楚辞》此皆甘人。王逸曰：甘，美也。食人以为甘美也。广甘乐也。野王案：《庄子》甘绳穷劲是也。”

《说文·甘部》：“甘（甲骨，金文简帛古玺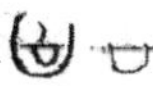古币石刻），美也。从口含一。一，道也。”[①]

据上引，“甘”有取于口中含物。甲骨文作，当是诉诸味觉感官体验者。“口”“甘”两部，“灌”“注”相通。

3. 与口部运动发生联系。例如：

嘯，吹声也。从口，肅声。而《说文·口部》所收录籀文从欠作歗。

呻，吟也。从口，申声。《广韵·真部》著录或体异构作𣢐。《集韵·真部》：“呻𣢐㖠，外人切。《说文》吟也。或从欠从身。”

呦，鹿鸣声也。从口，幼声。《说文·口部》收录或体从欠作𣢨。《宋本玉篇·口部》：“呦，音幽。《诗》云：呦呦鹿鸣。亦作欨。”《原本玉篇》残卷：“欨，於纠反。《说文》愁皃也。《声类》亦呦字也。呦，鹿鸣也，在口部。”

按上引或体皆由从“口”取类到从“欠”取象构形，“欠”即取象于口形运动——口部张大。《说文·欠部》：“欠（甲骨金文），张口气悟也。象气从人上出之形。”段玉裁注：“人倦解，所谓张口气悟也。”从甲骨文“欠”

① 《实用说文·甘部》卷五，第142页。

字结体构形看，实际就是取象于人体向前张口之状。从“口”与“欠”两部取类相通的角度而言，“欣”“听”同源字[①]。

4. 与口部有关物质、组织部位发生联系。例如：

唾，口液也。从口，垂声。《说文·口部》该字下收录或体作涶。

按“涶”字从水，所指即是口腔液体分泌物。

吻，口边也。从口，勿声。《说文·口部》该体之下又出或体之脗。

按“脗”从肉从昏，即指涉嘴唇部位。“唇”，古代文献每作“脣”。

吮，欶也。从口，允声。《集韵·獮部》或从舌构：“吮䑙，粗兖切。《说文》欶也。或从舌。”

按“䑙”从舌，则其取象指向吸吮行为所由发生的组织部位。

5. 与引发口部运动行为的有关材料发生联系。例如：

嗜，嗜欲喜之也。从口，耆声。而《广韵·至部》异构作醋，或亦作餷；《集韵·至部》又异构作䏶：“嗜餷醋䏶哧耆，时利切。欲也。《说文》嗜欲，喜之也。或从食从酉从肉，亦作哧耆。”

按取类于酉、食、肉，皆是诱发口部嗜好行为运动的相关物质材料。

6. 与发生音响的有关动物发生联系。例如：

① 《口部》：“听，笑貌。从口，斤声。”《欠部》：“欣，笑喜也。从欠，斤声。”与现在“聽”的简化字“听”属同形字际关系。另外，宋代大徐本《说文·欠部》字及其他从欠符构造字，均发生讹变，导致象口型张大之形不显。日藏唐代抄本《说文》残卷，尚存古构造，《实用说文解字》将该部分字形反映在相关篆文对照系列里面。

咳，小儿笑也。从口，亥声。《说文·口部》该字之下收录古文从子作孩。《集韵·咍部》："咳孩孩嗌，何开切。《说文》小儿笑也。古从子。或作孩嗌。"

噑，《说文·口部》："（石刻），咆也。从口，臯声。乎刀切。獆，谭长说：噑从犬。"引"通人"之说，又从犬作獆。《集韵·豪部》："噑獆貗，乎刀切。《说文》咆也。谭长说：噑从犬。或从豸。"从豸异构作貗。

按从子取象、从犬抑或豸取类，均是表现发生咳、噑音响的动物、对象。

7. 与表现在口部的有关疾病发生联系。例如：

嗽，《说文·口部》无此字，《欠部》收录"欶"字，二者实一字。按慧琳《一切经音义》引书补出："嗽，苏奏反。《周礼》云：冬时有遬上气疾也。《考声》：气冲喉也。《古今正字》：从口，敕声。敕音同。"①而《广韵·去·候》异体作瘶，亦可以与《一切经音义》相印证："嗽，俗字也，正作瘶。《考声》：气冲喉也。……或作遬，亦同也。"②《集韵·覺部》："欶嗽哧嗍：色角切。《说文》吮也。或作嗽哧嗍。"

8. 与口部发出的音响符号的意义发生联系。例如：

唁，吊生也。从口，言声。而《说文通训定声》所收录异体作殅。③《集韵·綫部》："唁殅喭，鱼战切。《说文》吊生也。或作殅喭。"

按"殅"从歹构形，其意义指向正与《说文解字》所引《诗》"归唁卫侯"相应。《实用说文·歺部》："歺（甲骨），列骨之残也。从半冎。凡歺之属

① 见卷二十"欬嗽"条，第9页。

② 见卷十四"欬嗽"条，第4页。

③ 见《乾部第十四》，武汉古籍书店1983年据临啸阁藏版影印。

皆从歺。读若櫱岸之櫱。徐锴曰：冎，剔肉置骨也。歺，残骨也。故从半冎。臣铉等曰：义不应有中一。秦刻石文有之。五割切。”

吟，呻也。从口，今声。《说文·口部》：“（简帛石刻），呻也。从口，今声。”此形之下著录或从音作訡，或从言作訡。《宋本玉篇·口部》：“吟，牛今切。《楚辞》曰：行吟泽畔。亦作訡、訡。”《集韵·侵部》：“吟訡訡欽，鱼音切。《说文》呻也。或从音、从言。亦作欽。”可知古代所谓“吟诗”也就差不多等于是唱诗。[①]

9. 大量的异构则是与“心部”发生义类联系。例如：

台，《说文·口部》：“金文简帛汉印），说也。从口，㠯声。”铭文或异构作，从心，㠯声。

哲，《说文·口部》：“（金文简帛古玺），知也。从口，折声。陟列切。悊，哲或从心。嚞，古文哲从三吉。”《宋本玉篇·口部》：“哲，智也。《书》曰：明作哲。喆，同上。嚞，古文。”《集韵·薛部》：“哲悊嚞喆，陟列切。《说文》知也。或从心，古从三吉。亦省。”据上引，金文“哲”多从心构形。

由此异构系列可以发现，在古人取类构形的过程里，言、口、心三部在一定范围内不妨看作是同一义类。又如：

謨，《说文·言部》收录古文从口作暮，《集韵·模部》：“謨暮慔譕，蒙晡切。《说文》议谋也，引《虞书》咎繇謨。古作暮慔譕。或书作謩。”异构作慔，从心结体。

按后来的字书，为了体现“口”“心”两部的沟通联系，往往在从“口”构形的字体上再加上“心”形，例如：

① “吟”字所指有“吟唱”“呻吟”义，是就《说文》所用字这个层面而言的，其字源义见本书第一章第一节。

哀，《说文·口部》："（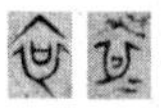金文简帛汉印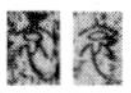石刻），闵也。从口，衣声。"简帛使用多作"从心衣声"结构。《正字通》又孳乳心符作㥥。其实，这类孳乳繁化的方式早已有之。

按《言部》或可单独与《心部》沟通相贯，例如：

《说文·言部》："訴，告也。从言，厈省声。《论语》曰：訴子路于季孙。臣铉等曰：厈非声。盖古之字音多与今异。如皀亦音香、釁亦音門、乃亦音仍，他皆放此。古今失传，不可详究。桑故切。謝，訴或从言、朔。愬，訴或从朔、心。"又出或体从言作謝，从心作愬。取象于心，与《甘谷汉简》《淮源庙碑》等所作，略无二致。唐抄本《原本玉篇·言部》残卷："訴，苏故反。《论语》公伯遼訴子路于季孙。馬融曰：訴也。野王案：《左氏传》訴公于晋侯是也。《说文》：訴，告也。野王案：訴者，所以告冤枉也。故《楚辞》訴灵德之鬼神是也。《广雅》：訴败也。訴，恶也。或为愬字。在心部。謝，《说文》亦訴字也。"《集韵·莫部》："訴謝愬，苏故切。《说文》告也。引《论语》訴子路于季孙。或作謝愬。"

《口部》和《心部》，一形于外，一动乎衷，二者本不相类，从其他角度看上去似乎怎么也联不到一块。然而汉字的取象实际，的确沟通了二者联系。《说文》记载，"口"类、"心"类，实同构于"言"之一体一象。现代语言学表明，人类语言即人类思维的直接现实。现代医学则发现，心之官参与思维。[1] 汉字历史构造，则直接体示了这些内在的关联。

下面举出的《言部》几个例字：

① 《集韵·之部》："思息㥂䜭，新兹切。《说文》容也。一曰念也。一曰于思，多须皃。古作息㥂䜭。"

谋，《说文·言部》：“（金文简帛石刻），虑难曰谋。从言，某声。莫浮切。㤈，古文谋。譬，亦古文。”段注，上从母，下古文言。《集韵·矦部》：“谋惎䐬𢘐㤈譬，迷浮切。《说文》虑难曰谋。亦姓。或作惎䐬𢘐㤈譬。亦书作呣。”

訊，《说文·言部》：“（甲骨金文石刻），问也。从言，卂声。思晋切。𧦝，古文訊从卤。”《宋本玉篇·言部》：“訊，思进切。问也，辞也。𧦝，古文。”《集韵·稕部》：“訊𧦝𧦝訙𠱕，思晋切。《说文》问也。古作𧦝𧦝訙𠱕。”朱注，古文从言，西声。[①]

信，《说文·言部》：“（金文简帛古玺汉印石刻），诚也。从人从言。会意。息晋切。㐰，古文从言省。訫，古文信。”段注：古文从言从心。《宋本玉篇·言部》：“信，思刃切。明也，敬也。《论语》曰：信近于义，言可复也。訫，古文。又作㐰。”按段玉裁注，訫，当系楷化从言心声结构形近误混者。又参考《集韵·稕部》：“信㐰訫，思晋切。《说文》诚也。古作㐰訫。亦姓。”金文简帛或从言身声，身、心声符功能相若，见战国楚墓郭店简牍“仁义”字使用结构（《郭店楚墓竹简》中《老子丙》“仁義”词形作，其中仁字从身从心，此前的金文等还是使用“仁”形结构。这种用字现象，说明了战国某个时期人们对“仁”这一范畴的认识。同样的用字现象，又见于该类楚简《缁衣》《五行》等篇）。

《说文·心部》：“心（甲骨金文侯马盟书简帛古币，石刻），人心，土藏，在身之中。象形。博士说以为火藏。”单从上面所列举的几个例字来看，形被认为是“言”的古写，然则这个古文“”又是如何取象构成呢？《说文·言部》：“詩（简帛石刻），志也。从言，寺声。书之切。訨，古文诗省。”《集韵·之部》：“詩訨，申之切。《说文》志也。一曰承也。持也。古作訨。”马

① 见（清）朱骏声《说文通训定声·坤部第十六》，中华书局1984年版。

叙伦疏证“訨”时说：

> 钱坫曰：本书无志，或即此之变讹也。古文言旁似心。宋保曰：古文詩从古文言。……小徐于……[①]下并云：，古文言。……伦按疑本有訨篆，此为古文，传写捝讹。本部詩、謀、訊、信、誥、訟六字皆有古文，其言旁皆作。不知所从。王筠谓从心从口，口古文作▽，因讹为也。[②]

要是王氏所解析古文“”取象于“心”“口”而构形去古未远，也就证实了上面关于“口”“心”两类原本同构于“言”之一体的推论。同时，也不妨认为，《说文·口部》取类过程中将“口”（包括“言”）“心”两类沟通，原是存在着字源学方面的基础的。

基于上述，我们不妨说，《说文》取类系统中，《口部》《心部》这种义类联系，直观具象地传达出中国古代就发生过的“言为心声”的观念，较之任何诗学理论的表述都来得亲切、著明、纯粹。由此，也就不难理解，汉代人说诗，贯彻如下的精神原则：

> 郑玄《诗谱序》：“《虞书》曰：‘诗言志，歌永言，声依永，律和声。’然则诗之道放于此乎？”《正义》：“……《春秋说题辞》云：‘在事为诗，未发为谋，恬憺为心，思虑为志，诗之为言志也。’《诗纬含神雾》云：‘诗者持也。’然则诗有三训：承也，志也，持也。作者承君政之善恶，述己志而作诗，所以持人之行，使不失坠，故一名而三训也。”……《关雎序》云：“诗者，志之所之，在心为志，发言为诗。”《释名》本之云：“诗，之也；志之所之也。”[③]《礼记·孔子闲居》论“五至”云：“志之所至，诗亦至焉。”是任心而

① 《说文解字·攴部》“教”下所录古文。

② 马叙伦：《说文解字六书疏证》卷之五，上海书店1985年影印版，第38~39页。

③ 《释名·释典艺》：“诗，之也；志之所之也。”毕沅疏证补：“《诗叙》云：诗者，志之所之也。在心为志，发言为诗。”见《〈尔雅〉〈广雅〉〈方言〉〈释名〉》“清疏四种”合刊本，上海古籍出版社1989年版。

> 扬，唯意所适，即“发乎情”之“发”。《诗纬含神雾》云：“诗者，持也。”即“止乎礼义”之“止”。……《论语·八佾》之“乐而不淫，哀而不伤”，《礼记·经解》之“温柔敦厚”，《史记·屈原列传》之“怨诽而不乱”，古人说诗之语，同归乎“持”而“不愆其止”而已。[①]

按“诗言志”之“诗”，《说文·言部》著录古文作訨，许慎分析为“詩省”，即属于“省声”之例，也就是将从言、之声的古文看作是从言、寺省声的结果。马叙伦校勘版本，以为其实就是从之得声。[②]《说文·言部》说“詩”为“志也”，而《心部》“志”下说：“意也。从心，之声。”而“意”又与“志”发生着“互训”的联系：“意，志也。从心察言而知意也。从心从音。”所以“意”也就是“志”，也就是“心之音”。照前面考察，“言”（口）、“心”原本一类，不啻理有相通。是“言志”即是“言之”，“言之”也就是古文“诗”了。

由《说文》取类联系，不假外求，的然可见：“诗言志”“言为心声”之类中国诗学开山准则、审美观念，存在着广泛、悠远的归类认知结构。

也许可以顺便连类到，跟“志”发生“互训”关系的“意”字。照《说文》说解，除了与“志”同归《心部》即从心取类之外，其上部所取，的然为“音”符参与构形。然则“音”符又是如何构形的呢？《说文·音部》也保存了这方面的联系：“声也。生于心，有节于外谓之音。宫、商、角、徵、羽，声；丝、竹、金、石、匏、土、革、木，音也。从言含一。”今按慧琳《一切经音义》所引《说文》：“音，声也。生于心有节于外谓之音。从言含一。会意字也。”[③]略有出入，但均强调“音”“发乎性情（内心），止乎礼仪（外文）”的关系。

《说文·言部》：“啻（金文简帛），快也。从言从中。”金文则已层见屡睹结构，亦见诸简帛用字。其中《命瓜君壶》铭文“旂无疆至于万意年”，借“意”作“億”，取象作。容庚释曰：“，不从心，说文

① 《管锥编》卷一，第57页。

② 《说文解字六书疏证》卷之五。

③ 见卷三十七，第5页。

一曰十万曰意。……啻字重见。”比勘这一系列“意”字取象构形的实际情形，“意”字初写不过是从“言”穿插组合于“口”形之中。由此亦可得窥见“口”形在初实具传达“内心”之功能；甲骨文尚不见“心”符字，说字者大可不必拘于一边，泥而未通，遂认定殷商之际，人们犹然有“口”无“心”。然而，能直接体现这种联系的，唯有《说文》取类认知体系。

附

《心部》参与思维

宋代大徐本《说文·心部》贮存凡276字，其中重文22字，宋代新附13字：由此所构建的庞大心类意象认知结构，关联了人类情绪类型、精神状态、意志决策、处世态度、感知方式等异常丰富的“认知域”，通常所谓智商、情商、意商，各类包蕴焉。从中国历代代表性字汇贮存数据统计来看，心符参与思维的范围日趋广泛，呈现出迅速递增的发展趋势：《篆隶万象名义·心部》贮存430字，《玉篇·心部》575字（包含唐抄南朝《原本玉篇》残卷部分①），《类篇·心部》记录754条。以下从取类认知角度，观察汉字结构分析是在哪些领域以及如何参与“思维”活动的。

心（甲骨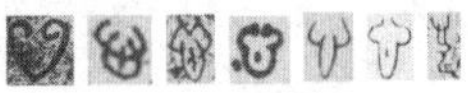金文玉书简帛古币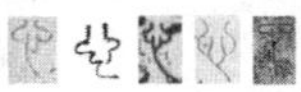石刻），人心，土藏，在身之中。象形。博士说以为火藏。凡心之属皆从心。

息（金文玉书简帛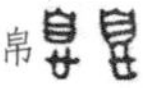古玺汉印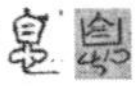石刻），喘也。从心从自，自亦声。

情（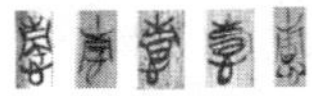简帛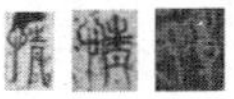石刻），人之阴气有欲者。从心，

① 愬，所革反。《周易》：愬愬终吉。王弼曰：处多惧之地，故曰愬愬也。《公羊传》：愬而再拜。何休曰：愬惊皃也。《说文》：夊（亦）訴字也。野王案：訴，告也，譖也，又音苏故反，在《言部》。謸，愬字，《心部》。

青声。

性（石刻），人之阳气性善者也。从心，生声。

志（简帛 古玺 汉印 石刻），意也。从心，之声。

意 志也。从心察言而知意也。从心从音。

恉 意也。从心，旨声。

惪（石刻），外得于人，内得于己也。从直从心。㥁，古文。

應（简帛 汉印 石刻），当也。从心，𤸰声。

慎（金文 简帛 汉印），谨也。从心，眞声。昚，古文。

忠（金文 简帛 古玺 古陶 石刻），敬也。从心，中声。

慤 谨也。从心，㱿声。

[忄䫉] 美也。从心，䫉声。

快（简帛 汉印），喜也。从心，夬声。

愷 乐也。从心，豈声。臣铉等曰：《豈部》已有，此重出。

㥦 快心。从心，匧声。

念（甲骨 金文 简帛 石刻），常思也。从心，今声。

怤 思也。从心，付声。

憲（金文 石刻），敏也。从心从目，害省声。

憕 平也。从心，登声。

戁（简帛），敬也。从心，難声。

忻（简帛），闿也。从心，斤声。《司马法》曰："善者，忻民之善，闭民之恶。"

[忄重] 迟也。从心，重声。

惲（汉印），重厚也。从心，軍声。

惇 厚也。从心，𦎫声。

忼　慨也。从心，亢声。一曰《易》“忼龍有悔”。臣铉等曰：今俗别作慷，非是。

慨（简帛），忼慨，壮士不得志也。从心，既声。

悃　愊也。从心，困声。

愊　诚志也。从心，畐声。

愿　谨也。从心，原声。

慧（汉印　石刻），儇也。从心，彗声。

憭　慧也。从心，尞声。

恔　憭也。从心，交声。

瘱　静也。从心，瘞声。臣铉等曰：瘞，非声。未详。

悊（古玺），敬也。从心，折声。

悰　乐也。从心，宗声。

恬（汉印），安也。从心，甜省声。

恢　大也。从心，灰声。

恭（简帛　古玺　石刻），肃也。从心，共声。

憼（金文），敬也。从心从敬，敬亦声。

恕（简帛），仁也。从心，如声。，古文省。

怡（古陶），和也。从心，台声。

慈（简帛　汉印　石刻），爱也。从心，兹声。

忯　爱也。从心，氏声。

𢘅　忯𢘅，不忧事也。从心，虒声。读若移。

恮　谨也。从心，全声。

恩（简帛　汉印　石刻），惠也。从心，因声。

懘　高也。一曰极也。一曰困劣也。从心，带声。

憖（简帛），问也。谨敬也。从心，猌声。一曰说也。一曰甘也。《春秋传》曰：“昊天不憖。”又曰：“两君之士皆未憖。”

𢥋　阔也。一曰廣也，大也。一曰宽也。从心从廣，廣亦声。

悈　饰也。从心，戒声。《司马法》曰：“有虞氏悈于中国。”

谨也。从心，𦉼声。

（甲骨金文简帛古玺古陶汉印石刻），行贺人也。从心从夊。吉礼以鹿皮为贽，故从鹿省。

宽娴心腹皃。从心，宣声。《诗》曰："赫兮愃兮。"

（简帛），顺也。从心，孫声。《唐书》曰："五品不愻。"

实也。从心，塞省声。《虞书》曰："刚而寋。"

（古陶），信心也。从心，旬声。

（石刻），诚也。从心，冘声。《诗》曰："天命匪忱。"

（石刻），凡思也。从心，隹声。以追切。

（简帛汉印石刻），念思也。从心，褱声。

欲知之皃。从心，侖声。

（石刻），冀思也。从心，相声。

深也。从心，豢声。

起也。从心，畜声。《诗》曰："能不我慉。"

满也。从心，啻声。一曰十万曰意。，籀文省。

忧也。从心，官声。

憀然也。从心，翏声。

敬也。从心，客声。《春秋传》曰："以陈备三愙。"臣铉等曰：今俗作恪。

惧也。从心，雙省声。《春秋传》曰："驷氏愯。"

（简帛石刻），恐也。从心，瞿声。，古文。

（古陶），恃也。从心，古声。

（简帛），赖也。从心，寺声。

虑也。从心，曹声。

觉也。从心，吾声。，古文悟。

（简帛），爱也。韩郑曰憮。一曰不动。从心，無声。

（金文简帛古玺

古陶 汉印 石刻），惠也。从心，无声。，古文。

知也。从心，胥声。

安也。从心，尉声。一曰恚怒也。

谨也。从心，㱿声。读若毳。

𥳑箸也。从心，绍声。

朗也。从心，由声。《诗》曰：“忧心且怞。”

㥮抚也。从心，某声。读若侮。亡甫切。

（古玺），强也。从心，文声。《周书》曰：“在受德忞。”读若旻。

勉也。从心，莫声。

勉也。从心，面声。

习也。从心，曳声。余制切。

（金文 简帛 石刻），勉也。从心，楙声。《虞书》曰：“时惟懋哉。”，或省。

（金文），习也。从心，莫声。

止也。从心，夋声。

肆也。从心，隶声。

（简帛），趣步惥惥也。从心，與声。

（简帛），说也。从心，舀声。

安也。从心，厭声。《诗》曰：“懕懕夜饮。”

安也。从心，詹声。

无为也。从心，白声。匹白切。又，葩亚切。

（玉書 石刻），忧也。收也。从心，血声。

极也。从心，干声。

（金文 简帛），喜㱿也。从心，雚声。《尔雅》曰：“懽懽愮愮，忧无告也。”

懽也。琅邪朱虚有㥯亭。从心，禺声。

（甲骨 金文），饥饿也。一曰忧也。从心，叔声。《诗》曰：“惄如朝饥。”

劳也。从心，卻声。

憸詖也。憸利于上，佞人也。从心，僉声。

息也。从心，曷声。臣铉等曰：今别作憩，非是。

精戇也。从心，毳声。

疾利口也。从心从冊。《诗》曰："相时思民。"徐锴曰：冊，言众也。

褊也。从心，及声。

忧也。从心，辡声。一曰急也。

疾也。从心，亟声。一曰谨重皃。

急也。从心，睘声。读若絹。

恨也。从心，巠声。

急也。从心从弦，弦亦声。河南密县有慈亭。

疾也。从心，與声。

驽弱者也。从心，需声。

（汉印），下齎也。从心，任声。

失常也。从心，代声。

骄也。从心，且声。

（古玺），不安也。从心，邑声。

（金文），忘也。嘾也。从心，余声。《周书》曰："有疾不悆。"悆，喜也。

更也。从心，弋声。

愉也。从心，閒声。

（简帛），薄也。从心，俞声。《论语》曰："私觌愉愉如也。"

轻易也。从心，蔑声。《商书》曰："以相陵懱。"

（简帛），戇也。从心从禺。禺，猴属，兽之愚者。

愚也。从心，贛声。

姦也。从心，采声。

愚也。从心，舂声。

騃也。从心从疑，疑亦声。一曰惶也。

很也。从心，支声。之义切。

悍（汉印），勇也。从心，旱声。

態 意也。从心从能。徐锴曰：心能其事，然后有态度也。㑷，或从人。

怪（石刻），異也。从心，圣声。

𢡈 放也。从心，象声。

慢 惰也。从心，曼声。一曰慢，不畏也。

怠（简帛 古玺），慢也。从心，台声。

懈 怠也。从心，解声。

憜（简帛），不敬也。从心，𡐦省。《春秋传》曰："执玉憜。"惰，憜或省𠂤。媠，古文。

慫 惊也。从心，從声。读若悚。

怫 郁也。从心，弗声。

忦 忽也。从心，介声。《孟子》曰："孝子之心不若是忦。"

忽 忘也。从心，勿声。

忘（金文 简帛 石刻），不识也。从心从亡，亡亦声。

慲 忘也。慲兜也。从心，㒼声。

恣 纵也。从心，次声。

愓 放也。从心，昜声。一曰平也。

憧（简帛），意不定也。从心，童声。

悝（汉印），啁也。从心，里声。《春秋传》有孔悝。一曰病也。

憰 权诈也。从心，矞声。

𢗺 误也。从心，狂声。

怳 狂之貌。从心，况省声。

恑 变也。从心，危声。

懏 有二心也。从心，巂声。

悸（简帛），心动也。从心，季声。

憿 幸也。从心，敫声。

懖 善自用之意也。从心，銛声。《商书》曰："今汝懖懖。"古活切。𢡱，古文从耳。

（金文 简帛），贪也。从心，元声。《春秋传》曰：“忨岁而潵日。”

河内之北谓贪曰惏。从心，林声。

不明也。从心，夢声。

（金文），过也。从心，衍声。，或从寒省。，籀文。

（石刻），疑也。从心，兼声。

（简帛），亂也。从心，或声。

怓也。从心，民声。

乱也。从心，奴声。《诗》曰：“以谨惽怓。”

（金文），乱也。从心，春声。《春秋传》曰：“王室日惷惷焉。”一曰厚也。

（简帛），不憭也。从心，昏声。

癡皃。从心，气声。

寱言不慧也。从心，衞声。

乱也。从心，貴声。

（金文 简帛 古玺），憎恶也。从心，己声。

（简帛 石刻），悁也。从心，分声。

（简帛 古陶），忿也。从心，肙声。一曰忧也。，籀文。

恨也。从心，㸑声。一曰怠也。

恨也。从心，圭声。

（石刻），恚也。从心，夗声。，古文。

（简帛 石刻），恚也。从心，奴声。

怨也。从心，敦声。《周书》曰：“凡民罔不憝。”

（简帛），怒也。从心，昷声。

（简帛 石刻），过也。从心，亞声。

（简帛），恶也。从心，曾声。

恨怒也。从心，市声。《诗》曰：“视我怖怖。”

怒也。从心，刀声。读若颣。李阳冰曰：“刀非声，当从刈省。”

怨恨也。从心，彖声。读若膎。臣铉等曰：彖非声，未詳。

（石刻），怨也。从心，艮声。

怨也。从心，對声。

（简帛玉书），悔恨也。从心，毐声。

（简帛），小怒也。从心，壴声。

不服，怼也。从心，央声。

烦也。从心从滿。

（石刻），懑也。从心，賁声。

（简帛石刻），懑也。从心，門声。

失意也。从心，周声。

望恨也。从心，長声。

大息也。从心从氣，氣亦声。《诗》曰：“忾我寤叹。”

愁不安也。从心，喿声。《诗》曰：“念子懆懆。”

（简帛），伤也。从心，倉声。

憯也。从心，旦声。𢡆，或从心在旦下。《诗》曰：“信誓𢡆𢡆。”

痛也。从心，朁声。

毒也。从心，參声。

痛也。从心，妻声。

痛也。一曰呻吟也。从心，同声。

（简帛古玺石刻），痛也。从心，非声。

（简帛），痛也。从心，則声。

痛也。从心，簪声。

（石刻），痛也。从心，敃声。

痛也。从心，殷声。

痛声也。从心，依声。《孝经》曰：“哭不偯。”

憪存也。从心，簡省声。读若簡。

动也。从心，蚤声。一曰起也。

（古陶石刻），动人心也。从心，咸声。

不动也。从心，尤声。读若祐。

怨仇也。从心，咎声。

忧皃。从心，員声。

忧皃。从心，幼声。

忧也。从心，介声。

（简帛），忧也。从心，羊声。

（石刻），忧惧也。从心，耑声。《诗》曰：“惴惴其慄。”

忧也。从心，鈞声。常伦切。

（简帛），忧也。从心，丙声。《诗》曰：“忧心怲怲。”

忧也。从心，炎声。《诗》曰：“忧心如惔。”

（简帛），忧也。从心，叕声。《诗》曰：“忧心惙惙。”一曰意不定也。

忧也。从心，殤省声。

（石刻），忧也。从心，秋声。

忧皃。从心，弱声。读与惄同。

忧困也。从心，臽声。

忧也。从心，攸声。

忧也。从心，卒声。读与《易·萃卦》同。

忧也。从心，圂声。一曰扰也。

楚颍之间谓忧曰慸。从心，䝨声。

忧也。从心，于声。读若吁。

忧也。从心，中声。《诗》曰：“忧心忡忡。”

忧也。从心，肖声。《诗》曰：“忧心悄悄。”

忧也。从心，戚声。仓历切。

（简帛），愁也。从心从頁。徐锴曰：憂形于颜面，故从頁。

（简帛），忧也。从心上贯吅，吅亦声。，古文从關省。，亦古文患。

怯也。从心、匡，匡亦声。

思皃。从心，夾声。

失气也。从心，聶声。一曰服也。

憚（金文），忌难也。从心，單声。一曰难也。

悼（石刻），惧也。陈楚谓惧曰悼。从心，卓声。臣铉等曰：卓非声，当从罩省。

恐（简帛 石刻），惧也。从心，巩声。𢖶，古文。

慴　惧也。从心，習声。读若疊。

怵　恐也。从心，术声。丑律切。

惕（金文 玉書 简帛），敬也。从心，易声。他历切。悐，或从狄。

㤨　战慄也。从心，共声。

㤥　苦也。从心，亥声。

惶　恐也。从心，皇声。

悑　惶也。从心，甫声。怖，或从布声。

慹　悑也。从心，執声。

𢡆　悑（按：悑当作備）也。从心，殸声。

憊　憋也。从心，葡声。𤺊，或从疒。

惎（简帛），毒也。从心，其声。《周书》曰：“来就惎惎。”

恥（简帛），辱也。从心，耳声。

㥠　青徐谓惭曰㥠。从心，典声。

忝（石刻），辱也。从心，天声。

慙　愧也。从心，斬声。

恧（简帛），愧也。从心，而声。

怍（金文），愧也。从心，作省声。

憐（简帛 石鼓），哀也。从心，粦声。

㦁　泣下也。从心，連声。《易》曰：“泣涕㦁如。”

忍（简帛），能也。从心，刃声。

㥝　厉也。一曰止也。从心，弭声。读若沔。

㣻　懲也。从心，乂声。

懲　㣻也。从心，徵声。

憬　觉寤也。从心，景声。《诗》曰：“憬彼淮夷。”

慵 懒也。从心，庸声。

悱 口悱悱也。从心，非声。

怩 忸怩，惭也。从心，尼声。

惉 惉懘，烦声也。从心，沾声。

懘 惉懘也。从心，滞声。

懇（汉印），悃也。从心，豤声。

忖 度也。从心，寸声。

怊 悲也。从心，召声。

慟 大哭也。从心，動声。

惹 乱也。从心，若声。

恰 用心也。从心，合声。

悌 善兄弟也。从心，弟声。经典通用弟。

懌（简帛），说也。从心，睪声。经典通用釋。

上具《心部》数百从心符构造字符结构，除了像“悟，觉也，从心，吾声”“慒，虑也，从心，曹声”“㥦，思皃，从心，夾声”等，这样直接诉诸思虑状态的认知结构，似还应当连类《糸部》所存储认知结构。因为从中会发现人的“思维”活动，往往需要赋形于“丝状物”。例如，“思绪”“愁丝恨缕”“纠结”“絓结”“情绪”等等，不一而足。古代文士赋愁，每每以委曲絓结若丝状物为体，曰“栏杆十二曲”“江流曲似九回肠”，曰“心絓结而不释”等，即目挑心与，传情输款，亦作寄托“青丝一缕”……发凡张本，见《糸部》认知。兹提出所列《心部》认知域两个结构来讨论。

一、所谓“爱心”的认知错位

㤅（金文 简帛 古玺 古陶 汉印 石刻），惠也。从心，旡声。，古文。

这是关于爱心本字的结构认知。而且，这个“从心旡声”的结构，远在周代青铜器铭文“慈爱”辞例中就使用了。上出“慈（简帛 汉印

石刻），爱也。从心，兹声”，故“慈爱”结缘成词。战国楚简文字或作“从心既声”结构，其实“既”亦从旡得声。以目前所能见到的社会用字实物来看，至迟在北魏神龟二年寇凭墓志铭文“鸣呼彼仓，歼我良人，追痛泉宫，动彼仓旻，如可暂勉，人无愛身”，就使用了将中间“心”符省写为一笔的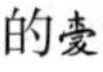。①该志所记墓主有身份，占地步，用字高古，总不能据此就说北魏时期勒石纪念者“缺心眼”抑或“没心肝”罢？退后一步讲，就是恢复到使用结构中间有“心”的“愛”字又能怎么样呢？这里面其实也早有一笔历史糊涂账在了：东汉时期所汇集《说文解字》将“愛”字小篆形体分析为夊、㤅两部分，其中“㤅”符起着表音作用，而“夊”符有关的字，一般都与行为相联系，所以《说文》将“愛”字归类《夊部》，本义解释为“行皃（貌）”，用今天的话来说就是所谓“动态”。基于此，以“愛”为声符构成的几个字像薆、曖等，都关乎“动态”，而跟“心态”无涉。有关出土古文字语料库统计表明，隶变之前的古文字，尚未发现以“愛”来记录情感方面词义的用例。战国早期中山王墓壶铭上面“慈愛”一词，是用㤅字来记录的。战国中晚期的楚简像郭店楚墓竹简、上海博物馆藏战国楚竹书等，数十次使用，一般都是㤅字；少数情况下，也使用由既、心组合结构。既、旡作为声符的功能是相同的。换句话说，“既”也是以旡为声符的。这两个字形，作为“重文”也都见于《说文·心部》，表示“惠爱”，跟所谓繁体“愛”字，都还没有扯上关系。

二、所谓“敬鬼神而远之”

本部上出：

悊（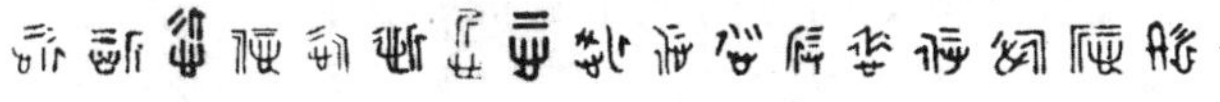古玺），敬也。从心，折声。

恭（石刻），肃也。从心，共声。

憼（金文），敬也。从心从敬，敬亦声。

憜（简帛），不敬也。从心，𡐦省。《春秋传》曰：“执玉憜。”

① 北京图书馆金石组编：《北京图书馆藏中国历代石刻拓本汇编》第四册，中州古籍出版社 1989 年版，第 63 页。

，惰或省𠂤。，古文。

憼，为尊敬本字。至于现在所使用“敬”字结构，原本被认知为“谨肃”情感态度，《说文·苟部》位置二字：

> ，自急敕也。从羊省，从包省。从口，口犹慎言也。从羊，羊与义、善、美同意。凡茍之属皆从茍。，古文羊不省。
>
> （金文简帛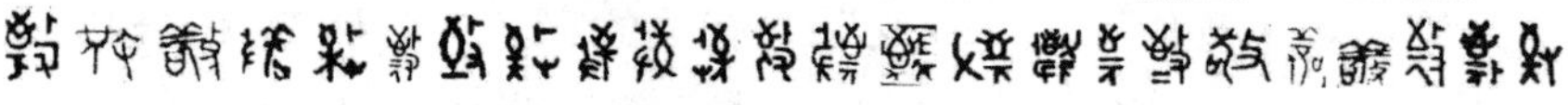古玺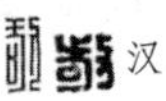汉印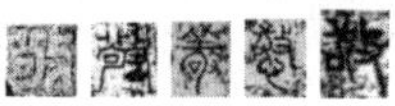石刻），肃也。从攴、茍。

当然，由于“文献不足征”，现在尚不了解春秋时期《论语》描述孔子关于鬼神态度“敬鬼神而远之”，究竟使用的是哪个字形结构。如果就是现在通常所见“尊敬”字，则为“谨肃”态度，与“远之”保持一定距离，作用一揆，正复相当。而且，这是符合先秦“敬”字使用实际的。《尚书》今文“敬”为高频用字，凡 50 余次，大多取“谨慎”的情感态度，如《吕刑》：“王曰：呜呼！敬之哉，官伯族姓。朕言多惧，朕敬于刑，有德惟刑。”其中“敬之”即“慎之”，“敬于刑”即“慎于刑”。

三、心官脑官，功能相当，“接境交关”

上所具列“，怨也。从心，艮声”“，悔恨也。从心，每声”，怨恨过了，悔恨随之。《管锥编》论梁简文帝《悔赋》：

> 按谋篇与江淹《恨赋》同。悔之与恨，词每合举，情可通连，而各有所主。盖恨曰“遗恨”，悔曰“追悔”。①

汉语里描述某些感受性认知，心官脑官，功能相当。诸如经常挂在嘴边

① 《管锥编》卷四，第 1387 页。

的“痛心疾首”，心、头并列；“心烦意乱”，心、意对待……不一而足。

四、所谓“小有忏焉”

《说文·心部》上列无“忏”字，《玉篇·心部》：“忏，怒也。”殆唐人所增字形。战国楚简使用从心年声结构，“少又忓安”，直解就是“小有忏焉”，又、有二字古书常通用。忓从年得声，年又从千得声，故可读作忏。安、焉二字，亦通用。

《上海博物馆藏战国楚竹书》第一册《孔子诗论》第八简文字所论涉及的内容，与现存《毛诗》传本的篇目对照来看，是品评所谓《小雅》（简文作“少夏”）的部分。

“少旻多疑矣，言不中志者也”。编者认为，“少旻”就是《小雅·小旻》；简文原本从心、矣两符构造的结构，编者读作“疑”字。按《说文·心部》存“懝”字，解释是“騃也，从心从疑，疑亦声。一曰惶也”，《篆隶万象名义·心部》：“懝，牛力反。疑也。”《玉篇·心部》则收录了一个从心符在下部的结构形体：“惶也，病也，騃也。”《集韵·代韵》认为这个结构就是懝字或体结构：“懝，牛代切。《说文》騃也。一曰惶也。或書作㦙。”我们认为，从现存《毛诗》中的《小旻》文本来看，通篇主要是反映了一种“惶惑”的心态，周王惑于邪僻，故而孔子有“言不中志”的品评。比较起来，《毛诗序》所谓“大夫刺幽王”的解释，远逊简文所反映出来孔子评论的纯粹著明。

“少口丌（其）言不亞（恶），少又忓安”。编者于该处简文采取了存疑待考的态度。按这里初步推断，“少口”，当是《诗》中的一个篇名，也可能现存传世文献中该篇已经被删除了。所以，用现代的话来说，大概可以讲成“《小雅》其言不恶，稍稍有些怨怒在里面”。如果上述推断基本成立，那么该篇内容上恐怕比现在看到的《小雅》篇什要来得更加“激烈”一些。孔子“诗教”的基调是所谓“怨而不怒、哀而不伤、乐而不淫”，由此达到“温柔敦厚”的中和之美。反过来我们是不是也可以据此作出这样的推断：正是由于该篇不大符合孔子的根本诗学原则，最终在整理过程中被删除了？[①]

---

① 臧克和：《简帛与学术》“楚简及《诗》”，大象出版社 2010 年版。

五、所谓“快慢”：关乎时间维度的心理认知体验

上所列具：“快，喜也。从心，夬声。”“慢，惰也。从心，曼声。一曰慢，不畏也。”按汉语里描写“思维敏捷”，跟心理时间“欣悦愉快”往往交互作用。汉语史上，特定时空里，“快”与“好”，可以互换，功能一揆。

附

《糸部》比较

大徐本《说文·糸部》存储258字（汉代许慎原文249字，大徐新附9字），《篆隶万象名义·糸部》著录346字，唐人增字之后的《宋本玉篇·糸部》发展到413字，宋代《类篇·糸部》达到了508字。这类结构体现两个鲜明特点：其一，古代分类，有待于“物色”，而各种颜色认知得名，有待于糸类丝状物；其二，糸部结构，与人类心理思维状态可以实现认知学上的“异质同构”关联。

先观察《说文》本部及相关部类所聚合：

糸（甲骨 金文 古币），细丝也。象束丝之形。凡糸之属皆从糸。读若覛。徐锴曰：一蚕所吐为忽，十忽为丝。糸，五忽也。莫狄切。𢆶，古文糸。

繭 蚕衣也。从糸从虫，黹省。古典切。䌹，古文繭从糸、見。

繅 绎茧为丝也。从糸，巢声。稣遭切。

繹 抽丝也。从糸，睪声。羊益切。

緒（汉印），丝耑也。从糸，者声。徐吕切。

緬 微丝也。从糸，面声。弭沇切。

純（金文 简帛 石刻），丝也。从糸，屯声。《论语》曰：今也纯俭。

綃　生丝也。从糸，肖声。相幺切。

䋉　大丝也。从糸，皆声。口皆切。

絖　丝曼延也。从糸，巟声。呼光切。

紇（石刻），丝下也。从糸，气声。《春秋传》有臧孫紇。下没切。

紙　丝滓也。从糸，氏声。都兮切。

絓　茧滓絓头也。一曰以囊絮练也。从糸，圭声。胡卦切。

纅　丝色也。从糸，樂声。以灼切。

繀　著丝于筟车也。从糸，崔声。稣对切。

經（金文简帛石刻），织也。从糸，巠声。九丁切。

織　作布帛之总名也。从糸，戠声。之弋切。絓，乐浪《挈令》織，从糸从式。臣铉等曰：《挈令》，盖律令之书也。（按：絓为織之重文，陈昌治刻本另立字头，误）

紝（简帛古玺），机缕也。从糸，壬声。如甚切。絍，紝或从任。

綜　机缕也。从糸，宗声。子宋切。

綹　纬十缕为綹。从糸，咎声。读若柳。力久切。

緯（简帛），织横丝也。从糸，韋声。云贵切。

緷　纬也。从糸，軍声。王问切。

繢　织余也。从糸，貴声。胡对切。

統　纪也。从糸，充声。他综切。

紀（简帛古陶汉印石刻），丝别也。从糸，己声。

繈　觕纇也。从糸，强声。居两切。

纇　丝节也。从糸，頪声。卢对切。

紿（简帛古玺），丝劳即紿。从糸，台声。徒亥切。

納（简帛石刻），丝湿納納也。从糸，内声。奴答切。

紡（简帛），网丝也。从糸，方声。妃两切。

絕（甲骨金文简帛石刻），断丝也。

从糸从刀从卩。情雪切。𢇍，古文絕。象不连体，絕二丝。

繼（简帛 石刻），续也。从糸、𢇍。一曰反𢇍为繼。古诣切。

續（汉印），连也。从糸，賣声。似足切。賡，古文續从庚、貝。

纘（汉印），继也。从糸，贊声。作管切。

紹（金文 古玺），继也。从糸，召声。一曰紹，紧纠也。市沼切。，古文紹从邵。

⿰糸羡 偏缓也。从糸，羡声。昌善切。

⿰糸盈 缓也。从糸，盈声。读与聽同。他丁切。⿰糸呈，⿰糸盈或从呈。

縱（金文 石刻），缓也。一曰舍也。从糸，從声。足用切。

紓（石刻），缓也。从糸，予声。伤鱼切。

繎 丝劳也。从糸，然声。如延切。

紆（古玺），诎也。从糸，于声。一曰萦也。亿俱切。

緈 直也。从糸，幸声。读若陘。胡顶切。

纖（石刻），细也。从糸，韱声。息廉切。

細（汉印 石刻），微也。从糸，囟声。稣计切。

緢 旄丝也。从糸，苗声。《周书》曰："惟緢有稽。"武儦切。

縒 参縒也。从糸，差声。楚宜切。

繙（简帛），冕也。从糸，番声。附袁切。

縮 乱也。从糸，宿声。一曰蹴也。所六切。

紊 乱也。从糸，文声。《商书》曰："有条而不紊。"亡运切。

級（简帛 石刻），丝次弟也。从糸，及声。居立切。

總（石刻），聚束也。从糸，悤声。臣铉等曰：今俗作摠，非是。作孔切。

⿱具糸 约也。从糸，具声。居玉切。

約（简帛 石刻），缠束也。从糸，勺声。於略切。

繚（汉印），缠也。从糸，尞声。卢鸟切。

纏（汉印），绕也。从糸，廛声。直连切。

繞（古陶），缠也。从糸，尧声。而沼切。

紾 转也。从糸，㐱声。之忍切。

繯 落也。从糸，瞏声。胡畎切。

辮 交也。从糸，辡声。频犬切。

結（玉書 简帛 古陶 石刻），缔也。从糸，吉声。古屑切。

縎 结也。从糸，骨声。古忽切。

締 结不解也。从糸，帝声。特计切。

縛（简帛），束也。从糸，尃声。符镬切。

繃（简帛），束也。从糸，崩声。《墨子》曰：“禹葬会稽，桐棺三寸，葛以繃之。”补盲切。

絿 急也。从糸，求声。《诗》曰：“不竞不絿。”巨鸠切。

絅（金文），急引也。从糸，冋声。古荧切。

䋝 散丝也。从糸，𠂢声。匹卦切。

䌰 不均也。从糸，羸声。力卧切。

給（石刻），相足也。从糸，合声。居立切。

綝 止也。从糸，林声。读若郴。丑林切。

縪 止也。从糸，畢声。卑吉切。

紈 素也。从糸，丸声。胡官切。

終（简帛 古陶 石刻），絿丝也。从糸，冬声。职戎切。𠔃，古文終。

䌖 合也。从糸从集。读若捷。姊入切。

繒（石刻），帛也。从糸，曾声。疾陵切。䋲，籀文繒从宰省。杨雄以为《汉律》祠宗庙丹书告。

緭 缯也。从糸，胃声。云贵切。

絩 绮丝之数也。《汉律》曰：绮丝数谓之絩，布谓之总，绶组谓之首。从糸，兆声。

綺 文缯也。从糸，奇声。祛彼切。

縠 细缚也。从糸，㱿声。胡谷切。

縳 白鲜色也。从糸，專声。持沇切。

（简帛），并丝缯也。从糸，兼声。古甜切。

厚缯也。从糸，弟声。杜兮切。

（简帛古玺），湅缯也。从糸，柬声。郎甸切。

（简帛），鲜色也。从糸，高声。古老切。

粗绪也。从糸，璽声。臣铉等曰：今俗别作絁，非是。式支切。

大丝缯也。从糸，由声。直由切。

㨟缯也。一曰徽帜信也，有齿。从糸，攴声。康礼切。

东齐谓布帛之细曰绫。从糸，夌声。力膺切。

（简帛），缯无文也。从糸，曼声。《汉律》曰：“赐衣者缦表白里。”莫半切。

五采备也。从糸，肅声。息救切。

《诗》云：“素以爲絢兮。”从糸，旬声。臣铉等案：《论语》注：“絢，文貌。”

会五采绣也。《虞书》曰：“山龙华虫作繪。”《论语》曰：“繪事后素。”从糸，會声。黄外切。

（简帛），白文皃。《诗》曰：“緀兮斐兮，成是贝锦。”从糸，妻声。七稽切。

绣文如聚细米也。从糸从米，米亦声。莫礼切。

（简帛），缯如麦稍。从糸，肙声。吉掾切。

（简帛），帛青黄色也。从糸，彔声。力玉切。

帛青白色也。从糸，票声。敷沼切。

帛青经缥纬。一曰育阳染也。从糸，育声。余六切。

（简帛古玺石刻），纯赤也。《虞书》“丹朱”如此。从糸，朱声。章俱切。

浅绛也。从糸，熏声。许云切。

（简帛），绛也。从糸，出声。丑律切。

大赤也。从糸，夅声。古巷切。

（金文汉印），恶也，绛张也。从糸，官声。一曰绡也。读若鸡卵。

（石刻），帛赤色也。《春秋传》“缙云氏”，《礼》有“缙缘”。从糸，晉声。

綪　赤缯也。从茜染，故谓之綪。从糸，青声。仓绚切。

緹（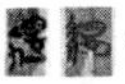简帛），帛丹黄色。从糸，是声。他礼切。紙，緹或从氏。

縓　帛赤黄色。一染谓之縓，再染谓之䞓，三染谓之纁。从糸，原声。七绢切。

紫（简帛石刻），帛青赤色。从糸，此声。将此切。

紅（简帛），帛赤白色。从糸，工声。户公切。

繱　帛青色。从糸，蔥声。仓红切。

紺　帛深青扬赤色。从糸，甘声。古暗切。

綥（汉印），帛苍艾色。从糸，畀声。《诗》：“缟衣綥巾。”未嫁女所服。一曰不借綥。綦，綥或从其。

繰　帛如绀色。或曰深缯。从糸，喿声。读若喿。亲小切。

緇　帛黑色也。从糸，甾声。侧持切。

纔　帛雀头色。一曰微黑色，如绀。纔，浅也。读若讒。从糸，毚声。士咸切。

𦅾　帛骓色也。从糸，剡声。《诗》曰：“毳衣如𦅾。”臣铉等曰：今俗别作毯，非是。

綟　帛戾艸染色。从糸，戾声。郎计切。

紑（古玺），白鲜衣皃。从糸，不声。《诗》曰：“素衣其紑。”匹丘切。

緂　白鲜衣皃。从糸，炎声。谓衣采色鲜也。充三切。

繻　缯采色。从糸，需声。读若《易》“繻有衣”。臣铉等曰：《汉书传》：符帛也。相俞切。

縟　繁采色也。从糸，辱声。而蜀切。

纚　冠织也。从糸，麗声。所绮切。

紘　冠卷也。从糸，厷声。户萌切。紭，紘或从弘。

紞　冕冠塞耳者。从糸，冘声。臣铉等曰：今俗别作髧，非是。都感切。

纓（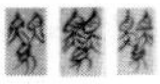简帛石刻），冠系也。从糸，嬰声。於盈切。

紻（简帛），缨卷也。从糸，央声。於两切。

緌 系冠缨也。从糸，委声。儒隹切。

緄 织带也。从系，昆声。古本切。

紳（简帛），大带也。从糸，申声。失人切。

繟 带缓也。从糸，單声。昌善切。

綬（金文），韨维也。从糸，受声。植酉切。

組（金文 简帛），绶属。其小者以为冕缨。从糸，且声。

緺 绶紫青也。从糸，咼声。古蛙切。

縌 绶维也。从糸，逆声。宜戟切。

纂（石刻），似组而赤。从糸，算声。作管切。

紐 系也。一曰结而可解。从糸，丑声。女久切。

綸（简帛），青丝绶也。从糸，侖声。古还切。

綎 系绶也。从糸，廷声。他丁切。

絙 缓也。从糸，亘声。胡官切。

繐 细疏布也。从糸，惠声。私锐切。

[illegible] 颈连也。从糸，暴省声。补各切。

紟（简帛），衣系也。从糸，今声。居音切。[illegible]，籀文从金。

緣 衣纯也。从糸，象声。以绢切。

纀 裳削幅谓之纀。从糸，僕声。博木切。

絝 胫衣也。从糸，夸声。苦故切。

繑 绔纽也。从糸，喬声。牵摇切。

緥 小儿衣也。从糸，保声。臣铉等曰：今俗作褓，非是。博抱切。

繜 薉貉中，女子无绔，以帛为胫空，用絮补核，名曰繜衣，状如襜褕。从糸，尊声。

紴（简帛），条属。从糸，皮声。读若被，或读若水波之波。博禾切。

絛 扁绪也。从糸，攸声。土刀切。

[illegible] 采彰也。一曰车马饰。从糸，戉声。王伐切。

緃（汉印），絨属。从糸，从從省声。足容切。

紃（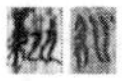简帛），圜采也。从糸，川声。详遵切。

緟　增益也。从糸，重声。直容切。

纕　援臂也。从糸，襄声。汝羊切。

纗　维纲中绳。从糸，巂声。读若畫，或读若維。户圭切。

綱　维纮绳也。从糸，岡声。古郎切。，古文綱。

縜　持纲纽也。从糸，員声。《周礼》曰："縜寸。"臣铉等曰：縜，长寸也。为赟切。

綅　绛线。从糸，侵省声。《诗》曰："贝胄朱綅。"子林切。

縷（简帛），线也。从糸，婁声。力主切。

綫　缕也。从糸，戔声。私箭切。，古文綫。

䋎　缕一枚也。从糸，穴声。乎决切。

縫　以针紩衣也。从糸，逢声。符容切。

緁　缏衣也。从糸，疌声。七接切。，緁或从習。

紩　缝也。从糸，失声。直质切。

緛　衣戚也。从糸，耎声。而沇切。

⿰糸旦（简帛），补缝也。从糸，旦声。丈苋切。

繕　补也。从糸，善声。时战切。

絬《论语》曰："絬衣长，短右袂。"从糸，舌声。私列切。

纍（石刻），缀得理也。一曰大索也。从糸，畾声。力追切。

縭（古玺），以丝介履也。从糸，离声。力知切。

緱（汉印），刀剑緱也。从糸，侯声。古侯切。

繄　戟衣也。从糸，殹声。一曰赤黑色缯。乌鸡切。

縿　旌旗之斿也。从糸，參声。所銜切。

徽　衺幅也。一曰三纠绳也。从糸，微省声。许归切。

⿰糸折　扁绪也。一曰弩罥钩带。从糸，折声。并列切。

紉（简帛古陶），繟绳也。从糸，刃声。女邻切。

繩　索也。从糸，蠅省声。食陵切。

⿰糸争　紆未縈绳。一曰急弦之声。从糸，爭声。读若旌。侧茎切。

縈（金文 简帛 古玺 石刻），收韏也。从糸，熒省声。於营切。

絇（简帛），纑绳絇也。从糸，句声。读若鸠。其俱切。

縋 以绳有所县也。《春秋传》曰："夜縋纳师。"从糸，追声。持伪切。

絭（金文 汉印），攘臂绳也。从糸，𢍏声。居愿切。

緘（古玺），束箧也。从糸，咸声。古咸切。

縢（金文 简帛），缄也。从糸，朕声。徒登切。

編 次简也。从糸，扁声。布玄切。

維（金文 简帛 古玺 石刻），车盖维也。从糸，隹声。以追切。

絥 车絥也。从糸，伏声。平秘切。茯，絥或从艸。鞴，絥或从革葡声。

䋊 乘舆马饰也。从糸，正声。诸盈切。

綊 紅綊也。从糸，夹声。胡颊切。

緐（金文 简帛 古玺 陶彙），马髦饰也。从糸，每声。《春秋传》曰："可以称旌緐乎？"附袁切。䌓，緐或从㚅。㚅，籀文弁。

繮（简帛），马绁也。从糸，畺声。居良切。

紛（简帛），马尾韬也。从糸，分声。抚文切。

紂 马緧也。从糸，肘省声。除柳切。

緧 马纣也。从糸，酋声。七由切。

絆 马絷也。从糸，半声。博幔切。

𦄙 绊前两足也。从糸，須声。《汉令》：蛮夷卒有𦄙。相主切。

紖 牛系也。从糸，引声。读若矤。直引切。

縼 以长绳系牛也。从糸，旋声。辞恋切。

縻 牛辔也。从糸，麻声。靡为切。紴，縻或从多。

紲 系也。从糸，世声。《春秋传》曰："臣负羁紲。"私列切。緤，紲或从枼。

纆 索也。从糸，黑声。莫北切。

大索也。一曰急也。从糸，恒声。古恒切。

绠也。从糸，矞声。余聿切。，古文从絲。，籀文繘。

汲井绠也。从糸，更声。古杏切。

弹彄也。从糸，有声。弋宰切。又，古亥切。

生丝缕也。从糸，敫声。之若切。

繴谓之罿，罿谓之罬，罬谓之罦。捕鸟覆车也。从糸，辟声。博戹切。

（简帛），钓鱼繁也。从糸，昏声。吴人解衣相被，谓之緍。武巾切。

敝绵也。从糸，如声。息据切。

（金文石刻），絮也。一曰麻未沤也。从糸，各声。卢各切。

（石刻），絮也。从糸，廣声。《春秋传》曰："皆如挟纊。"，纊或从光。

絮一苫也。从糸，氏声。诸氏切。

治敝絮也。从糸，音声。芳武切。

（简帛），絜缊也。一曰敝絮。从糸，奴声。《易》曰："需有衣絮。"女余切。

（简帛），系䌸也。一曰恶絮。从糸，毄声。古诣切。

系䌸也。一曰维也。从糸，虒声。郎兮切。

绩也。从糸，咠声。七入切。

绩所缉也。从糸，次声。七四切。

（石刻），缉也。从糸，責声。则历切。

（古陶），布缕也。从糸，盧声。洛乎切。

布也。一曰粗紬。从糸，付声。防无切。

蜀细布也。从糸，彗声。祥岁切。

细葛也。从糸，希声。丑脂切。

粗葛也。从糸，谷声。绮戟切。，綌或从巾。

絺之细也。《诗》曰："蒙彼縐絺。"一曰蹴也。从糸，芻声。侧救切。

细布也。从糸，全声。此缘切。

檾属。细者为絟，粗者为紵。从糸，宁声。直吕切。，紵或从緒省。

緦 十五升布也。一曰两麻一丝布也。从糸，思声。息兹切。 ，古文緦从糸省。

緆 细布也。从糸，易声。先击切。 ，緆或从麻。

緰（ 玉书），緰赀，布也。从糸，俞声。度侯切。

縗 服衣。长六寸，博四寸，直心。从糸，衰声。仓回切。

絰（ 简帛），丧首戴也。从糸，至声。臣铉等曰：当从姪省乃得声。徒结切。

緶 交枲也。一曰緁衣也。从糸，便声。房连切。

絔 履也。一曰青丝头履也。读若阡陌之陌。从糸，户声。亡百切。

縫（ 简帛），枲履也。从糸，封声。博蠓切。

緉 履两枚也。一曰绞也。从糸从两，两亦声。力让切。

絜 麻一耑也。从糸，韧声。古屑切。

繆 枲之十絜也。一曰绸缪。从糸，翏声。武彪切。

綢（ 简帛 古玺），缪也。从糸，周声。直由切。

縕 绋也。从糸，昷声。於云切。

紼 乱系也。从糸，弗声。分勿切。

絣 氐人殊缕布也。从糸，并声。北萌切。

紕 氐人繝也。读若《禹贡》玭珠。从糸，比声。卑履切。

罽 西胡毳布也。从糸，罽声。居例切。

縊 经也。从糸，益声。《春秋传》曰："夷姜縊。"於赐切。

綏（ 简帛 古玺），车中把也。从糸从妥。徐锴曰：礼：升车必正立执綏。所以安也。当从爪从安省。《说文》无妥字。息遗切。

彝（ 甲骨 金文 古玺），宗庙常器也。从糸；糸，綦也。廾持米，器中宝也。彑声。此与爵相似。《周礼》："六彝：鸡彝、乌彝、黄彝、虎彝、虫彝、斝彝。以待祼將之礼。"以脂切。 、 ，皆古文彝。

緻　密也。从糸，致声。直利切。[1]

緗　帛浅黄色也。从糸，相声。息良切。

緋（简帛），帛赤色也。从糸，非声。甫微切。

緅（简帛），帛青赤色也。从糸，取声。子侯切。

繖　盖也。从糸，散声。稣旱切。

綀　布属。从糸，束声。所菹切。

縡　事也。从糸，宰声。子代切。

繾　缱绻，不相离也。从糸，遣声。去演切。

綣　缱绻也。从糸，卷声。去阮切。

又《素部》亦成连类：

素（金文 简帛），白緻缯也。从糸、𠂹，取其泽也。凡素之属皆从素。桑故切。

⿰素収　素属。从素，収声。居玉切。

⿰素勺　白⿰素勺，缟也。从素，勺声。以灼切。

⿰素率　素属。从素，率声。所律切。

繛（金文 古玺），⿰素爰也。从素，卓声。昌约切。綽，繛或省。

⿰素爰（简帛），繛也。从素，爰声。胡玩切。緩，⿰素爰或省。

《絲部》亦为连类：

絲（甲骨 金文 简帛 汉印 石刻），蚕所吐也。从二糸。凡絲之属皆从絲。息兹切。

轡（金文 简帛 古玺），马辔也。从絲从軎。与连同意。《诗》曰："六辔如丝。"兵媚切。

⿲糸卝糸　织绢从糸贯杼也。从絲省，卝声。古还切。臣铉等曰：卝，古磺字。

统计分析1：大抵从"缚"到"缛"之间，多涉颜色名物；另外，还包括《糸部》新附6字中的缃、绯、緅3字，《素部》里的素、繛、⿰素勺等。所

① 以上大徐本注：文二百四十八（当作文二百四十九），重三十一。

涉各种“名色”，除了光谱基本色调外，还有若干两色之间的过渡色，还有会合五彩的“混合色”之类：让人惊叹于古代人对于色彩认知的敏感与多样性。相形之下，现代都市人，生活有华灯碍月替星“光污染”世界里，“物色”认知，几成“色盲”矣。南朝宋代吴均《与朱元思书》描写“奇山异水，天下独绝”：“水皆缥碧，千丈见底。”① 上具《说文·糸部》“帛青白色也，从糸，𡘍声”，是出于古代人对帛之青白之色的物色认知，用以描状山水清澈到透明，乃至水流湍急青底翻卷出雪堆的境地，有在山间溪流之区生活经验者，看到“青白”帛色，立刻感到贴切。关于基本原色之一的绿色，《糸部》根据人们的生活认知经验，分析结构为“从糸录声”，义界为“帛青黄色”：亦是借助于丝状物两种颜色相间设立定义域。青白色之于青黄色，存在细微的认知差异。

统计分析 2：从“約”到“緑”凡 13 字，训诂学上通过互训、同训等方式，大率与“纠结”“纠缠”状态关联。例如“约束”“束缚”“纠缭”“缠绕”“缔结”“絓结”“绷紧”“绿紧”等。美国现代心理学家鲁道夫·阿恩海姆代表作《艺术与视知觉》(1954) ② 提出“异质同构”，才在美术史艺术史领

① 郭锡良等编《古代汉语》下册（天津教育出版社 1991 年版）第 761 页注【5】：“缥，淡青色。”

② 网络资料介绍［美国］鲁道夫·阿恩海姆著《艺术与视知觉》(滕守尧、朱疆源译，四川人民出版社 1998 年版)：“异质同构”是“格式塔”心理学的理论核心，这个学派的代表人物是美国现代心理学家鲁道夫·阿恩海姆。重新建构艺术本体，用形式而不是用社会文化关系解释艺术，这是西方现代美学的一个重要倾向，但各个学派所用的方法又不相同，苏珊·朗格用的是生理学（生命科学），阿恩海姆用的是心理学。格式塔心理学派认为在外部事物的存在形式、人的视知觉组织活动和人情感以及视觉艺术形式之间，有一种对应关系，一旦这几种不同领域的“力”的作用模式达到结构上的一致时，就有可能激起审美经验，这就是“异质同构”。正是在这种“异质同构”的作用下，人们才在外部事物和美术品的形式中直接感受到“活力”“生命”“运动”“平衡”等性质。阿恩海姆在其最重要的理论著作《艺术与视知觉》中，对视知觉结构做了大量的分析并以此作为分析造型艺术的基础，充分阐述了他的“异质同构”说。“异质同构”说综合运用了现代科学的系统论、整体论、宇宙论、人类学、物理学场论和心理实验的方法，从一个新的视角来说明人的审美经验和解释美术的基本原理，有其可取之处。它试图跨越西方传统美学上的主体与客体的对立、情感与外物的对立，在不同领域间建立一种“同构”。但是，它无视或忽视了社会的历史因素和现实因素对人的情感活动和审美活动的影响和制约，无视或忽视了人类的社会实践与认识活动对人的心理以至生理发展的决定作用。因此，它用单纯的心理学和人类学的方法去解释“人”和“艺术”这种复杂的人类精神现象，结果既不能说艺术和人的审美经验的关系，甚至把人降到了动物的原始地位，无法分清“人”与“非人”的区别，因为格式塔心理学家们不懂“五官感觉的形式是以往全部世界历史的产物”。笔者按：现代量子物理学似乎倾向于宇宙万物同频共振。

域真正打破了各种媒介各种领域的此疆彼界，可以在不同质的结构里，抽绎出相同的构造形式。丝状物本质上说属于物态，心理情感结构本质上说属于心态，二者存在相同的认知结构。以此，上述丝状物的物理状态诸如“纠结”“纠缠”状态关联。例如，“约束”“束缚”“纠缭”“缠绕”“缔结”“絓结”“绷紧”“絿紧”等，也都被现成挪移到心理情感世界来使用。例如描述心理烦乱亦称“纠结”，感情上“剪不断、理还乱”心事重重状态，谓之“絓结”。物理学上所谓“量子纠缠”，其实就是研究者观察过程中出现的一种“不能确定”的认知状态。《管锥编》考论宋代洪兴祖《楚辞补注》九章（二）：

《哀郢》：“心絓结而不解兮，思蹇产而不释”；《注》：“心肝悬结、思念诘屈而不可解也。”按《诗·小雅·正月》“心之忧兮，如或结之”，即此“结”字；《曹风·鳲鸠》“心如结矣”，《桧风·素冠》“我心蕴结”，《正义》均释曰：“如物之裹结。”《荀子·成相篇》：“君子执之心如结”，杨倞注：“坚固不解也。”《汉书·景十三王传》中山王胜对曰：“今臣心结日久”，又广川王去歌曰：“心重结，意不舒”；词旨一律。人之情思，连绵相续，故常语径以类似绦索之物名之，“思绪”“情丝”，是其例也。《太平广记》卷四八八元稹《莺莺传》崔氏寄张生“乱丝一絇”，自言：“愁绪萦丝，因物达情。”词章警句，如六朝乐府《华山畿》：“腹中如乱丝，愦愦适得去，愁毒已复来”；《全唐文》卷一八八韦承庆《灵台赋》：“繁襟雾合而烟聚，单思针悬而缕续”；刘永济《经庐岳回望江州望洛州有作》：“言泉激为浪，思绪飞成缴”；皎然《效古》：“万丈游丝是妄心，惹蝶萦花乱相续”；施肩吾《古别离》：“三更风作切梦刀，万转愁成系肠线”；鲍溶《秋怀》：“心如缫丝纶，展转多头绪”；张籍《忆远曲》：“离爱如长线，千里系我心”，又《别段生》：“离情两飘断，不异风中丝”；李商隐《春光》：“几时心绪浑无事，得似游丝百尺长”；司空图《春愁赋》：“郁情条以凝睇，袅愁绪以伤年”；韩偓（或高蟾）《长信宫》：“平生心绪无人识，一只金梭万丈丝”；吴融《情》：“依依脉脉两如何，细似轻丝渺似波”；李后主《蝶恋花》：“一寸相思千万缕，人间没个安排处”，又《相见欢》：“剪不断，理还乱，是离愁”；以至《小西游记》第三三回不老婆婆有法宝曰“情丝”，可以缚人。西语习称“思想之链”“观念之线”（外文略）；诗人或咏此念牵引彼念，纠卷而成“思结”（la tua mente ristretta/di pensier in pensier dentro ad un nodo），或咏爱恋罗织而成“情网”（外文略），或咏愁虑缭萦而成“忧茧”（knits up the ravell’d sleave of care），或以释恨放心为弛解折叠之思绪俾如新嫁娘卸妆散发（untie your unfolded thoughts，/ And let them dangle loose，as a bride’s hair），更仆难终。斯意在吾国则始酣畅于《九章》。情思不特纠结而难分解，且可组结而成文章。《悲回风》：“糺思心以为纕兮，编愁苦以为膺”，《注》：“糺、戾也，纕、佩带也，编、结也，膺、络胸者也”；又：“心鞿羁而不形兮，气缭转而自缔”，《注》：“肝胆系结，难解释也；思念紧卷而成结也”，《补注》：“‘不形’谓中心系结，不见于外也；缔、结不解也”；《惜诵》：“固烦言不可结贻兮，愿陈志而无路”，《注》：“其言烦多，不可结续”；《抽思》：“结微情以陈词兮，矫以遗夫美人”，《注》：“结续妙思，作词赋也”；《思美人》：“媒阻路绝兮，言不可结而贻”，《注》：“秘密之语难传也。”

或言纠结，或言组结；牢愁难畔曰“结”，衷曲可申亦曰“结”。胥比心能心所于丝缕缠续；“糺思”“编愁”，词旨尤深。盖欲解纠结，端须组结。愁烦不释，则条理其思，絛缉其念，俾就绪成章，庶几蟠郁心胸者得以排遣。①

杜甫《至后》所谓“愁极本凭诗遣兴”。不为情感所奴，由其摆播，而作主以御使之。不平之善鸣，当哭之长歌，即“为纕”“为膺”，化一把辛酸泪为满纸荒唐言，使无绪之缠结，为不紊之编结，因写忧而造艺是矣。陆机《叹逝赋》：“幽情发而成绪，滞思叩而兴端”，又《文赋》：“虽杼轴于余怀”，《文选》李善注：“以

① 分段句读，系笔者所加。20世纪默存先生曾道及《管锥编》著述境况：“十年中忧患著书，聊以乱思遣日耳。”此乱思者，正复组织文字条理思路也。

织喻也"；《魏书·祖莹传》："常语人云：'文章须自出机杼'"；取譬相类。《全唐文》卷二二一张说《江上愁心赋》："贯愁肠于巧笔，纺离梦于哀弦"；周密《扫花游》："情丝恨缕，倩回文为织那时愁句"；以文词"贯"愁如珠，以音乐"纺"梦如锦，以回文"织"情与恨，尤"紉愁""编思"之遗意与夫极致哉！"心情与琴丝俪合，组紾成歌"（consort both heart and lute，and twist a song），固亦西方诗人旧说也。又按前引吴融绝句，于"似丝"外复曰"似波"，即《汉书·外戚传》上武帝悼李夫人赋："思若流波，怛兮在心"；徐幹《室思》："思君如流水，何有穷已时"；何逊《为衡山侯与妇书》："思等流水，终日不息"，又《野夕答孙檟郎》："思君意不穷，长如流水注。"六朝以还，寖成套语。惟杜甫《江亭》："水流心不竞"，溶心于水，二而一之（empathy），颇能与古为新；《子华子·执中》篇："观流水者，与水俱流，其目运而心逝者欤！"可移作读杜心解。释典如《大乘本生心地观经·观心品》第一〇亦曰："心如流水，念念生灭，于前后世，不暂住故"；《宗镜录》卷七详说"水喻真心"共有"十义"。詹姆士《心理学》谓"链""串"等字佥不足以示心行之无缝而泻注（such words as "chain" or "train" dose not describe it fitly.It is nothing jointed; it flows），当命曰"意识流"或"思波"（stream of consciousness or thought）。正名定称，众议翕然。窃谓吾国古籍姑置之，但丁《神曲》早言"心河"（della mente il fiume），蒙田挚友作诗亦以思念相联喻于奔流（外文略）。词人体察之精，盖先于学人多多许矣。[1]

又《管锥编》增订：

释典又有"妄想丝作茧"之喻，常语"作茧自缚"之所出也。刘宋天竺三藏求那跋陀罗译《楞伽经·一切佛语心品》之三："故凡愚妄想，如蚕作茧，以妄想丝自缠缠他，有无相续相计著"；又

① 《管锥编》第二册，第615~618页。

"譬如彼蚕虫，结网而自缠，愚夫妄想缚，相续不观察"；又同品之四："妄想自缠，如蚕作茧。"后世不独僧书习用，如释延寿《宗镜录·自序》："于无脱法中，自生系缚，如春蚕作茧，似秋蛾赴灯"；词章中亦熟见，如白居易《赴忠州中示舍弟五十韵》："烛蛾谁救护，蚕茧自缠萦"，且寖忘其来历矣。居易《见元九悼亡诗，因以此寄》："人间此病治无药，只有《楞伽》四卷经"，正指宋译；自唐译七卷本流行，四卷本遂微。陈与义《简斋诗集》卷三○《玉堂儤直》"只应未上归田奏，贪诵《楞伽》四卷经"，用居易旧句恰合。光聪谐《有不为斋随笔》卷丁本憨山心语，谓《楞伽经》为《金刚经》所掩，"惟秘馆有之，'归田'去则难求诵"，故陈诗云然。似欠分雪，唐译"《楞伽》七卷经"初不"难求"，未足为不"归田"之借口也。

统计分析3：从"絮"到"紙"之间字，关涉造纸工序及工具，但抄本与刻本之间存在体例差异及异文，详下文所考。

唐抄本《原本玉篇》多存《糸部》字，本部所存《说文》，可以认为是反映了南朝所见《说文》的著录情况。这部分不可多得的字形及结构分析，与大徐本《说文》之间，可以进行比较，从中有以窥见大徐本《说文》的传播水平及其差异。以《原本玉篇》(简为"《原本》")所贮存《说文解字》和宋代大徐本《说文解字》(简为"《说文》")系统比较，将存在较大变异的地方逐条对照，中间补缀与《原本》存在传抄关系的《篆隶万象名义》(简为"《名义》")文本，可以在一定程度上复原《说文》传播过程中形音义系统变异的动态过程，呈现现存宋本《说文》变异的历史线索。为便省览，亦作如下统计分析：

其一，关于唐抄本《原本·糸部》所见《说文》与宋代《说文》比较；

其二，两种文本关于"造纸"的体例认知差异。

先比较其一。为分析方便，其中又分两个部属：

一、《糸部》之属

《原本》所贮存《说文》，可以对照考察宋代大徐本《说文》形音义系统变异。以《糸部》为例，《原本》抄存相对完整，所抄存《说文》，与现存宋本《说文》比较，存在较大变异者就达70余处，涉及《说文》形音义系统各个方面。下面列举的，是部分用例。

1. 緯：《说文》："织横丝也。从糸，韋声。云贵切。"

《原本》："緯，禹畏反。《说文》：横织丝也。《楚辞》或以为幃字。幃，香囊也，音呼违反，在《巾部》。"《名义》："緯，禹畏反。束也。横织丝。"《宋本》："緯，于贵切。横织丝。"按《原本》援引《说文》作"横织丝"，《名义》抄同，《宋本》亦同。今本《说文》"织横丝"当据改。

2. 紡：《说文》："网丝也。从糸，方声。妃两切。"

《原本》："紡，孚往反。《说文》：紡丝也。"《名义》："紡，孚往反。悬也。缚也。"《宋本》："紡，孚往切。紡丝也。"按今本《说文》"网丝"，《原本》援引作"紡丝也"，《宋本》亦作"紡丝也"，今本当据改为"紡丝"。

3. 縮：《说文》："乱也。从糸，宿声。一曰蹴也。所六切。"

《原本》："縮，所陆反。《说文》：一曰蹵也。蹴亥之縮为縮（摍）字，在手部。"《名义》："縮，所陆反。敛也。尽也。退也。止也。乱也。纶也。"《宋本》："縮，所六切。退也，止也，蹵也，乱也。"按《原本》援引《说文》一曰作"蹵也"，今本《说文》作"一曰蹴也"，当据改。《原本》所谓"在手部"之縮，应作"摍"：《宋本·手部》："摍，所六切。《说文》曰：蹴引也。"《名义·手部》："摍，所陆反。蹴引也。縮也。"

4. 絅：《说文》："急引也。从糸，冋声。古荧切。"

《原本》："絅，古营反。《说文》：引急也。"《名义》："絅，苦营反。引忽（急）也。"《宋本》："絅，古营切。引急也。"按《名义》反切注音上字用"苦"字，释义"急"字误作"忽"。《原本》援引《说文》作"引急也"，今本《说文》作"急引也"，当据《原本》改。

5. 綺：《说文》："文缯也。从糸，奇声。袪彼切。"

《原本》："綺，祛倚反。《说文》：有文缯也。"《名义》："綺，祛倚反。有文缯。"《宋本》："綺，祛技切。有文缯。"按反切上字《原本》用"祛"字，南北朝石刻用字多见将"口"符写作"△"符的情况。《名义》《原本》和《宋本》援引《说文》释义均作"有文缯"，今本《说文》作"文缯也"，脱"有"字。

6. 縑:《说文》:“并丝缯也。从糸,兼声。古甛切。”

《原本》:“縑,古嫌反。《说文》:兼丝缯也。《广雅》:繰謂之縑。”《名义》:“縑,古嫌反。繰之缯。”《宋本》:“縑,古廉切。丝缯也。”按“縑”得名于兼,《原本》援引《说文》释义为“兼丝缯也”,今本《说文》作“并丝缯也”,应据改。

7. 縛:《说文》:“縛,白鲜色也。从糸,專声。持沇切。”

《原本》:“縺,冝(直)转反。《说文》:一曰鲜支也。”《名义》:“縺,直转反。卷也。”《宋本》:“縺,直转切。《尔雅》曰:十羽谓之縛也。縛,上同。”按《原本》援引《说文》义项有“一曰鲜支也”,今本《说文》以“一曰”为本义,疑缺义项,且形近混淆;南北朝《说文》贮存了上述联系。《原本》字头从叀,援引书证文献出“縛”字,縛从專得声,專又从叀得声。

8. 縞:《说文》:“鲜色也。从糸,高声。古老切。”

《原本》:“縞,古到、古倒二反。《毛诗》:縞衣綦中;传曰:縞,白色。《说文》:綖鲜支也。《广雅》縞练也。”《名义》:“縞,吉到反。白色。”《宋本》:“縞,古到、古倒二切。练也,白色也。”按《名义》《宋本》形音义合于《原本》,《名义》反切上字抄作“吉”为形近混淆,缺少“古倒反”。縞以“鲜色”为释,不相联属。縞素、鲜支,异名同指。参观上条,《说文》“白鲜色”就是“白鲜巵”,与“縞”字释义相对应,形近误混。

9. 絳:《说文》:“大赤也。从糸,夅声。古巷切。”

《原本》:“絳(絳),古贑反。《说文》:大赤缯也。”《名义》:“絳,古贑反。赤缯。”《宋本》:“絳,古巷切。赤色也。”按《宋本》反切下字用“巷”,《名义》《原本》用“贑”字。《原本》援引《说文》作“大赤缯也”,今本《说文》作“大赤也”、《名义》抄作“赤缯”、《宋本》作“赤色也”:皆当据《原本》改补。

10. 綟:《说文》:“帛戾艸染色。从糸,戾声。郎计切。”

《原本》:“綟,力计反。《说文》:帛莀染也。《声类》:此亦莀字也,在草部。”《名义》:“綟,力计反。绿色草。”《宋本》:“綟,力计切。绿也。或作莀,草名。”按綟之得名,即在于所染“莀”草。《名义・艸部》:“莀,来计反。茈草也。青黄叶。杂色。”《宋本・艸部》:“莀,来计切。紫草也。”今本《说文・艸部》:“莀,艸也。可以染留黄。从艸,戾声。郎计切。”《原本》援引《说文》作“萸”，今本《说文》作“庚”，当据改。

11. 縟：《说文》：“繁采色也。从糸，辱声。而蜀切。”

《原本》：“縟，如属反。《说文》：繁采餝也。”《名义》：“縟，如属反。数也。繁采餝。”《宋本》：“縟，如欲切。饰也。”按《原本》援引《说文》作“繁采餝也”，今本《说文》作“繁采色也”：反映段玉裁《注》改字推断有当，今本当据《原本》改。《原本》用“餝”字，《名义》抄同：合于南北朝隋唐石刻用字。

12. 紞：《说文》：“冕冠塞耳者。从糸，冘声。臣铉等曰：今俗别作髧，非是。都感切。”

《原本》：“紞，丁敢反。《说文》：冕冠垂塞耳也。”《名义》：“紞，丁取（敢）反。冠垂也。”《宋本》：“紞，丁敢切。冠垂也。”按“紞”“沈”同源字，紞得名于垂。《原本》援引《说文》抄作“冕冠垂塞耳也”；《名义》释义抄作“冠垂也”，《宋本》同。今本《说文》作“冕冠塞耳者”，脱“垂”字，当据补。

13. 緌：《说文》：“系冠缨也。从糸，委声。儒隹切。”

《原本》：“緌，乳隹反。《说［文］》：继冠缨也。”《名义》：“緌，乳隹反。继也。繫也。冠餝。”《宋本》：“緌，而隹切。继冠缨也。”按《原本》援引《说文》抄作“继冠缨也”；《名义》释义抄有“继也”义项，《宋本》亦作“继冠缨也”。今本《说文》用“繫”字作“繫冠缨也”，当据改为“继”。

14. 緄：《说文》：“織带也。从系，昆声。古本切。”

《原本》：“緄，古本反。《说文》：織成带也。”《名义》：“緄，古本反。绳也。識（織）成带。”《宋本》：“緄，古本切。織成章也，绳也。”按《原本》援引《说文》抄作“織成带也”；《名义》释义抄为“識（織）成带”义项，《宋本》则作“織成章也”。今本《说文》作“織带也”，当据补“成”字。《名义》抄“織”为“識”，系形近而混。

15. 緺：《说文》：“绶紫青也。从糸，咼声。古蛙切。”

《原本》：“緺，古华、公蛙二反。《说文》：绶紫青色也。”《名义》：“緺，古华反。绶紫青色。”《宋本》：“緺，古华、古蛙二切。绶紫青色也。”按《原本》援引《说文》抄作“绶紫青色也”；《名义》释义抄为“绶紫青色”，《宋本》也作“绶紫青色也”。今本《说文》作“绶紫青也”，当据补

“色”字。

16. 組：《说文》：“绶属。其小者以为冕缨。从糸，且声。则古切。”

《原本》：“組，作古反。《说文》：绶属也，其小者以为冠缨。”《名义》：“組，作古反。绶。”《宋本》：“組，子古切。其小者可以为冠。”按《原本》援引《说文》抄作“绶属也，其小者以为冠缨”；今本《说文》作“绶属，其小者以为冕缨”，当据改为“冠缨”。

17. 纂：《说文》：“似组而赤。从糸，算声。作管切。”

《原本》：“纂，子缓反。《说文》：似组而赤黑也。”《名义》：“纂，子缓反。似俎（组）赤黑。”《宋本》：“纂，子缓切。组类也。”按《原本》援引《说文》抄作“似组而赤黑也”；今本《说文》作“似组而赤”，当据改补。

18. 紴：《说文》：“絛属。从糸，皮声。读若被，或读若水波之波。博禾切。”

《原本》：“紴，补柯、补靡二反。《说文》：扁诸属也。”《名义》：“紴，補柯反。水波锦文。”《宋本》：“紴，布何切，又怖靡切。水紴锦文也。”按《原本》援引《说文》作“扁诸属也”，今本《说文》释义作“絛属。从糸，皮声。读若被，或读若水波之波”，促读为“紴”为“被”为“波”，“扁诸”则其缓读。联系下出“絛”字，当据《原本》改。

19. 纕：《说文》：“纕，援臂也。从糸，襄声。汝羊切。”

《原本》：“纕，先羊反。《说文》：紆臂也。《广雅》絭谓之纕。《声类》收衣袖絭也。”《名义》：“纕，先羊反。马纕带。”《宋本》：“纕，思羊切。带也，后臂也，收衣袖絭。”按：《原本》援引《说文》作“紆臂也”，今本《说文》作“援臂也”。《名义》：“紆，於于反。诎也。萦也。”《说文》：“诎也。从糸，于声。一曰萦也。”所谓“紆臂”，就是萦绕手臂，跟“《广雅》絭谓之纕、《声类》收衣袖絭也”是对应的。

20. 纗：《说文》：“纗，维纲，中绳。从糸，巂声。读若畫，或读若維。户圭切。”

《原本》：“纗，尤恚、胡卦二反。《说文》：维纮中绳也。”《名义》：“纗，胡卦反。维紭中绳。”《宋本》：“纗，允恚、胡卦二切。维纮中绳也。”按《原本》援引《说文》作“维纮中绳也”，《名义》释义抄同，《宋本》释义亦同；今本《说文》作“维纲，中绳”，当据改。

21. 綅：《说文》：“綅，绛线也。从糸，侵省声。《诗》曰：贝胄朱綅。

子林切。”

《原本》：“綫，思廉反。《说文》：缝縓（線）也。野王案：《礼记》以此作纖字也。”《名义》：“綫，思廉反。线也。白纬。”《宋本》：“綫，思廉切。线也，缝线也，黑经白纬也。”按《原本》援引《说文》作“缝縓（線）也”，縓、線形近致混；今本《说文》作“绛线也”，当据改。

22. 徽：《说文》：“衺幅也。一曰三纠绳也。从糸，微省声。许归切。”

《原本》：“徽，虚归反。许叔重曰：鼓琴修弦谓之徽。《说文》耶幅也。一曰参纠绳也。一曰大索也。”《名义》：“徽，虚归反。美也。善也。”《宋本》：“徽，许非切。美也，善也，琴张弦也，大索也。”按《原本》援引《说文》作“耶幅也，一曰参纠绳也，一曰大索也”，今本《说文》疑有脱文，当据补。

23. 紅：《说文》：“乘舆马饰也。从糸，正声。诸盈切。”

《原本》：“紅，之成反。《说文》：紅綊，乘舆马饰髈也。”《名义》：“紅，之成反。舆马饰髈。”《宋本》：“紅，之成切。乘舆马饰也。”按《原本》援引《说文》作“紅綊，乘舆马饰髈也”，今本《说文》作“乘舆马饰也”。“紅綊”双音成词，对照下出“綊”字释义例为“紅綊也，从糸，夾声”，当据《原本》改补。

24. 紙：《说文》：“絮一苫也。从糸，氏声。诸氏切。”

《原本》：“紙，之是反。《说文》：紙，箁也，一曰絮也。或为帋字，在《巾部》。”《名义》：“紙，之是［反］。箁也，絮也。”《宋本》：“紙，支氏切。蔡伦所作也。”按《原本》援引《说文》作“紙，箁也，一曰絮也”，箁，《名义》等都解释为“竹皮”，今本《说文》作“絮一苫也”、段氏改注，皆不得其溯。《原本》关联异体字，《宋本·巾部》：“帋，之尔切。亦作紙。”《名义》：“帋，之氏反。箁也。紙字。”《集韵·紙部》：“紙帋，掌氏切。《说文》絮一苫也。《释名》紙，砥也。平滑如砥。一说古以搗絮，蔡伦后以敝罔、树肤爲之。一曰姓也。或从巾。”[①]

25. 縐：《说文》：“縐，絺之细也。《诗》曰：蒙彼縐絺。一曰蹴也。从糸，芻声。侧救切。”

① 臧克和：《书体发展与文体自觉》，《学术月刊》2007年第3期。

《原本》："縐，侧救反。《戔》云：絺（綈）之蹙者也。《说文》：絺（綈）之细也。一曰纤也。緅，《字书》亦縐字也。"《名义》："緅，縐字。"《宋本》："縐，仄又切。縐布也，纤也。"按《名义》以异体作字头，抄写淆乱体例。《原本》援引《说文》作"絺（綈）之细也，一曰纤也"，今本《说文》作"一曰蹴也"，当据《原本》改。

26. 緉：《说文》："緉，履两枚也。一曰绞也。从糸从两，两亦声。力让切。"

《原本》："緉，旅纙反。《说文》：履两头也。一曰绂也。"《名义》："緉，旅纙反。绞。"《宋本》："緉，力掌切。绞也，履緉头也。"按《原本》援引《说文》作"履两头也。一曰绂也"，今本《说文》作"履两枚也。一曰绞也"。《原本》绂字，殆即绞字之混；緉、枚用于记录物量词，相当于后世所用的"双"，但《原本》就已用"头"，《宋本》用同。緉的语法功能为记录数词，"头"的语法功能为记录物量词，从《原本》可以推知其汉语史上使用的大致时代。

27. 絣：《说文》："絣，氐人殊缕布也。从糸，并声。北萌切。"

《原本》："絣，方茎、方牵二反。《说文》：立（氐）人疏娄布也。《字书》一曰无文绮也。或为（迸）字，在《辵部》。"《名义》："絣，方茎反。无文绮。"《宋本》："絣，方茎、方幸二切。无文绮也。"按"絣""骈"同源字。《原本》援引《说文》作"立（氐）人疏娄布也"，疏娄，犹言粗疏镂空，段氏《注》以"殊"色为说，亦属附会。

28. 紼：《说文》："紼，乱系也。从糸，弗声。分勿切。"

《原本》："紼，甫物反。《说文》：乱麻也。"《名义》："紼，甫物反。乱麻也。上字。"《宋本》："紼，甫勿切。引棺索也，车索也，乱麻也。"按《名义》《宋本》形音义同《原本》。《原本》援引《说文》作"乱麻也"，今本《说文》作"乱系也"，当据《原本》改。

上举《糸部》条目，只是涉及《原本》所援引《说文》与传播到宋本《说文》所形成形音义明显变异之处，尚不包括传抄过程中大量出现的注音、脱文、衍文等局部问题。就目前所存有关文本而言，这些变异的材料，对于形音义结合的系统考察是无可替代的。由于对比参照的是历时的材料，中间补缀了所关联文本，自可呈现《说文·糸部》传播过程中形音义系统变异的认知过程，以及大徐本《说文·糸部》变异的历史线索。①

二、他部之属

《原本》残卷所援引《说文》，跟大徐本《说文》系统比较，将存在明显传抄变异的部分逐条对照。《糸部》与其他部类内容，基本反映了现存《原本》所见《说文》面目，以及大徐本《说文》明显变异的情况。②

1.《说文》："庾，廦也。"

《原本·厂部》："庾，谐来反。《说文》：庾廦也。"

按《原本》所援引《说文》作"庾廦也"，《名义》本部："庾，谐夹切。庾廦也。"证明今本《说文》小篆之下释义"廦也"应连篆成词，至迟南北朝结构尚如此。

2.《说文》："隄，唐也。"

按《原本》所援引《说文》作"陏也"，盖六朝本有"陏"字，《名义》抄用"陏"字，唐、陏古今字。

3.《说文》："溢，器满也。从水，益声。夷质切。"

按字形今本《说文》"从水，益声"，《原本》作"从水从皿"之洫，《名义》抄作"泗"，为形近而混。益形皿上从水符，为溢字初文，溢为后出分化字。《原本》所抄《说文》字形尚未分化，以此传抄为洫："器满也，从水从皿。"而今本《说文》作"器满也，从水，益声"，为分化之后形体分析。对照表明，南北朝《说文》小篆，传抄到宋本《说文》，已经连同小篆字形也已经根据后出分化结构作了调整和改动。③至于隶定为左水右皿的洫形结构，出土文字见于《马王堆汉墓帛书·老子》乙种本，也接近"洫"形。《宋本》没有传承，后出工具书更是久湮不知其溯。

4.《说文》："沬，洒面也。湏，古文沬从頁。"

① 所有省略数据皆可参见臧克和《中古汉字流变·糸部》，华东师范大学出版社2008年版。

② 见《中国文字发展史》第四册《隋唐五代文字卷》第三章《楷字历史层次》第三节"《原本》与《说文》"参考文献及数据（4）。

③ 《集韵·質部》："溢洫，弋质切。《说文》器满也。一曰米二十四分升之一也。或省。"《类篇·水部》："洫，弋质切。器满也。溢，或省。"

按《原本》所援引《说文》贮存頮（古文）、沬（篆文）、靧。[①]宋本《说文》贮存古文湏，而没有贮存頮字。《名义》："頮，洗面。沬，篆文。"

5.《说文》："磏，厉石也，一曰赤色。"

按《原本》所援引《说文》为"厉石赤色也"，《名义》本部："磏，力兼反。石赤也。"《宋本》本部："磏，力兼切。赤砺石。"

6.《说文》："磙，陖也。"

按《原本》传抄为"墮"，《名义》抄同："磙，徒对反。墮也。"

7.《说文》："碑，竖石也。"

按《原本》传抄为"臥石也"，《宋本》同："碑，彼皮切。铭石。又卧石。"

8.《说文》："磕，石声。从石，盍声。口太切，又，若盍切。"

按《原本》所援引《说文》抄为"石声也，一曰硠磕"，今本《说文》没有"一曰"义项，《宋本》存该义项："磕，苦盖切。硠磕也。又苦阖切。"《名义》本部："磕，苦阖反。石声。"[②]

9.《说文》："硟，以石扞缯也。"

按《原本》抄为"以石研缯也"，《名义》抄作"石研也"。

10.《说文》："磻，以石箸惟繁也。"

按《原本》抄为"以石著维缴也"，《宋本》作"以石维缴也"。

11.《名义》："謡，与照反。独歌。"

按今本《说文》无此字，但《原本》抄存"《说文》独歌也"，《名义》本部抄同："謡，与照反。独歌。"表明宋本《说文》或脱文或发生变异。[③]

12.《说文》："訯，顿也。"

按《原本》所援引《说文》作"钝也"，《名义》抄同。

13.《名义》："紖，引也。"《原本》："紖，《说文》：紖，引也。"

按《原本》所援引《说文》，《名义》释义亦本此，说明南北朝所见《说文》尚存紖字，宋本《说文》疑发生脱文。

---

①《原本玉篇·水部》："頮，呼憒反。《尚书》王乃洮頮水。野王案：《说文》頮，洒面也。《礼记》面垢燂汤请頮是也。《说文》此夊古文靧字也。靧，在《頁部》。沬，《说文》此篆文頮字也。沬，洒面也。《广雅》：沬，洗也。沬，《说文》此篆文頮字也。沬，洒面也。《广雅》：沬，洗也。"

②"硠磕"记录状声连绵词。

③ 参见《中国文字发展史》第四册《隋唐五代文字卷》"字样与《说文》"。

14.《说文》："縠，细缚也。"

按《原本》所援引《说文》为"细练也"，《名义》抄同。

15.《说文》："纚，粗绪也。从糸，璽声。臣铉等曰：今俗别作絁，非是。式支切。"

按《原本》所援引《说文》义项作"粗细也"，《宋本》作"粗细"、《名义》义项抄作"生细"、今本《说文》释义作"粗绪"。《宋本》义项当改作"粗紬也、经纬不同者也"。

16.《说文》："褫，系褫也。一曰维也。"

按《原本》所援引《说文》作"系褫也，一曰絓也"，今本《说文》维、絓形近而混，《宋本》本部亦作"一曰絓褫也"。

17.《说文》："讋，失气言，一曰不止也。从言，龖省声。傅毅读若慴。"

按《原本》所援引《说文》作"失气也，一曰言不止也，傅毅以为读若慴"，《名义》："讋，章叶反。失气也。不止也。"《宋本》："讋，章叶切。言不止也。讐，同上。"

18.《说文》："訟，争也。曰：謌訟。"

按《原本》所援引《说文》作"争，一曰歌訟"，宋本《说文》脱文破体。[①]

次来观察分析其二：唐抄本"紙"里所包孕的材质、工具及其他。

魏晋南北朝时期，社会用字的媒介体质空前繁富。石刻、纸张、简牍等文字载体，应有尽有。其中纸张，是新出现的书写介质品种。观察魏晋南北朝文字发展，不能不留意介质转换，也就不能不首先讨论一下这个"紙"字。在现存考古发现的纸质材料时代较晚的情况下，人们首先将关注的目光投向文字的记载。现在通行的大徐本《说文解字》(以下简称《说文》)，成书于东汉，也就是跟传统上所说的蔡伦造纸差不多相同的时代，但已经过了唐宋之际的修改，存在若干传抄变异。该本《糸部》收"紙"字，并分析说："絮一苫（shān）也。从糸，氏声。诸氏切。"其中的"一"，是如何用来界定絮、苫关系？其实一直是模糊不清的。目前比较有影响的解释是，"絮一苫"揭示了由絮到纸的加工生产过程。这样一来，絮、苫之间的"一"符，似乎兼具了解释词和数量词功能。

① "一曰"标识释义义项体例，大徐本《说文》凡使用 700 多次。

陆宗达《说文解字通论》按照制造程序作过细致的联系："我国在很早的时候就发明了造纸和纺织，在《说文》里，这方面的资料也非常丰富。综集起来，可以了解古代手工业的制作方法和制作程序。这都是古代劳动人民在生产上的伟大创造。我国的造纸术，据史书的记载是后汉时代蔡伦创造的。晋代范晔的《后汉书》上说蔡伦'用树肤、麻头及敝布、鱼网以为纸。元兴元年（105年）奏上之，帝善其能，自是莫不从用焉。故天下咸称蔡侯纸'。其实，造纸决不是一个人发明创造的，也决不会是没有前人的经验、突然创造的。在蔡伦以前，我国劳动人民就已经发明创造了纸。《说文》已有"紙"字，它说：'紙，絮一箈（qián）也（从段改）。'可见周秦时代已经发明了造纸术。大概最初是用乱絮造纸。絮是丝麻剩下的碎乱的縺（da）。古人把这种东西或者续在裌衣里御寒，犹如今天的棉花（我国古代没有棉花，南北朝时才由印度传入，见俞正燮《癸巳类稿》）；或者用来造纸。造纸的方法，是把乱絮沤在水里，再漂丽擎之，使乱絮碎散为末，成为纸浆。再用箈使纸浆漏去水分，成为平匀的薄片，曝干后即成纸。……什么是箈？《说文·竹部》：'箈，潎（pì）絮箦也。'《广韵》：'箈，漂絮箦。'扬雄《方言》卷六：'床，齐鲁之间谓之箦（zé）。'注：'箦，床板也。'《说文·竹部》：'箦，床栈也。'可见古代造纸用拼合碎木板为藉。段玉裁说：'潎絮箦即今做纸密致竹帘也。《糸部》曰：纸，絮一箈也，谓絮一箈成一纸也。纸之初起，用敝布鱼网为之，用水中击絮之法成之。纸字箈字载于《说文》，则纸之由来远矣。'"①

按《玉篇·竹部》贮存，籣、箈异体字，箈就是造纸漂浆用的竹帘。陆宗达先生上述解释，是依据段玉裁的改字改注。钱存训教授对汉字载体作专题研究，所著《书于竹帛》同样涉及这个问题，但又不同意段氏的改动：北宋《说文》从廾（笔者按：艹符之混淆，下同），后人改为"笘"，从竹（笔者按：其实从竹、艹，刻写楷字经常替换，构成异体）。《说文》谓"笘，折竹箠也"，似与造纸无关，故段玉裁再改为"箈"，又加水旁，适合其"以潎絮箦"释造纸之说。今人释"紙"字，大多从段说，其实所据有误，应该仍照旧本从廾（按：该处所谓"旧本"即宋人大徐本。廾即廿，为艹符之混淆）

① 陆宗达：《说文解字通论》，北京出版社1981年版，第87页。

作“苫”。《说文》称“苫，盖也”，《尔雅·释器》云“白盖谓之苫”，徐锴曰“编茅也”。大概是指用茅草编成的一种席，作为覆盖之用。因为透水，可能最早造纸时，即用以承载在水中击碎的敝絮，水中的纤维体附着于席上，待水流去，便黏合为一张薄页，于后即成为纸。这种偶然的发现成为最初造纸的意念，应该是极可能而顺理成章的事。但古代的帘模大概是草类编成，用竹丝编帘应是以后的发展。[①] 按：章炳麟《新方言·释器》：“凡张盖皆得释苫，非止编茅以覆屋而已。今人华盖、雨盖皆谓之苫。”然则以此为纸，则不得平整。

前贤时哲的研究，对我们的进一步调查启发很大。其他还有一些大同小异的说法，根据都是大徐本贮存的《说文》有关“紙”字结构分析。对于这些辗转推测解释，我们在有关魏晋南北朝到隋唐时段文字发展的调查过程中发现是有问题的，这里发表其要点如下：

首先，相关楷字数据库调查表明，现存传抄宋本《说文》各种版本，絮、苫之间的“一”符，兼具解释词和数量词功能，这种体例是罕见的。除此之外，未见其他任何用例（《说文·隹部》：“隻，鸟一枚也。”用作物量词）。而《说文》释义分析采用“一曰”的方式，则是其通例。《说文》释义多以“一曰”并出义项，揭示义项间或为条件，或为因果，或为同源，或为并列等逻辑关系。据我们课题组所研制的楷字资源库统计，大徐本《说文》在释义过程中使用“一曰”之例凡 712 处。[②]

其次，成书于南朝梁代的《原本玉篇》，其中《糸部》（下简称《原本》），援引了当时所见《说文》记录：“《说文》：紙，箁（póu）也，一曰絮也。或为帋字，在《巾部》。”以《原本》为基本传抄依据的唐代抄本《篆隶万象名义》（下简称“《名义》”），也保存了有关记录，而且二者所存义项、次序完全一致：“紙，之是［反］。箁［也］，絮［也］。”这里所引《名义》传抄义项，作为“语已词”的“也”字皆抄省。这涉及当时“抄”字原本不同于今天的抄写，而是“摘录”的体例问题，参见下文。《原本》援引《说文》作“紙，箁也，一曰絮也”，其中的“箁”如何理解？这是准确揭示“紙”里所包蕴天地的关键。首先《原本》《名义》等字书都着眼于材质，将

① 钱存训：《书于竹帛》，上海书店出版社 2006 年版，第 99~100 页。

② 关于《说文解字》“一曰”体例所界定的义项之间逻辑关系类型，有关《说文解字》等传世字书数据，参见华东师范大学中国文字研究与应用中心研制《楷字资源库》，后同，不重注。

“箁”解释为“竹皮”，此其一：《原本·竹部》：“箁，蒲侯切。竹箬（ruò）也。”《名义·竹部》：“箁，蒲侯反。竹皮也。”“箬，如珞反。竹皮也。”《宋本玉篇·竹部》（以下简称“《宋本》”）：“箁，蒲侯切。竹箬也。”《广韵》十九侯引《说文》：“《说文》云：‘竹箬也。’薄侯切。”朱骏声《说文通训定声·頣部》：“箁，竹箬也。从竹，音声。苏俗谓之笋壳。”也有字书、韵书着眼于工具，从功能角度来解释“箁”为竹网，此其二：宋人所编《类篇·竹部》：“篰箁（pú póu，即“箁”字一个音节的缓读）蓬逋切，蒲篨（yí），小竹网，或作箁。箁，又房尤切，竹名，又蒲侯切。”《集韵》：“篰箁，篰篨，小竹网。或作箁。”《五音集韵》：“篰，竹笪（音dá，粗竹席），沉水取鱼之具，或作箁。箁，同上。”《康熙字典》：“八箁：又《集韻》蓬逋切，音蒲，蒲篨，小竹网，或作箁。”

看来，箁或作篰，本质就是竹箬，竹箬就是竹皮，而竹皮所编织的网，作为“沉水取鱼之具”也可以称“箁”。毋庸费词，作为沉水取鱼之具的“箁”，其功能首先是用来过滤流过的鱼，但也同时积淀了漂流经过的絮状物。在晾晒渔网的过程中，自然也会发现这种絮状积淀物形同后来加工特制的“薄纸”。

再来看与“箁”相关联的“絮”。篰、箁音同，結、箁亦同从音得声，《名义·糸部》：“結，匹甫反。治敝絮。”同部：“纊，□（音）曠［反］。绵也。絮（絮）也。絖，上字。”由沉水取鱼即过滤留鱼，到用于整治敝絮，功能有了发展，而作为工具则同。至此，从《原本》所见南北朝时代的《说文》，以及唐代传抄《原本》的《名义》所贮存的信息来看，人们已经很自然地将“箁”与“絮”两项关联起来，用来揭示“纸张”的诞生历程。

《原本》所见南北朝时代的《说文》以“一曰”并出义项，揭示义项间存在的工具和材料、条件和结果的逻辑关系。首先以“箁”释纸，实际上是着眼于制造纸张所用工具；而又出“一曰”之训，则是解释用来制造纸张所需基本原料。早期的纸，从工具制作而言要通过竹网的过滤工序，从所取基本原料而言，主要是麻絮一类的材质。因此，就其功能而言，早期的纸张可能主要还是用于服装包裹等等，而不大可能直接就作为单纯的书写材料。上举《后汉书》关于蔡伦造纸，提到“用树肤、麻头及敝布、鱼网以为纸”，应该句读为“用树肤、麻头及敝布，鱼网以为纸”。按照并列连词的使用习惯，“鱼网”并不跟前面用“、”“及”所关联罗列的“树肤”“麻头”“敝布”相并列。其中特别要提到鱼网，就不仅仅像通常作为跟破布麻头之类等量齐观的“原材料”来理解。设若果真比列联类，充其量相当于烂绳子。然则，不必特别提出鱼网。基于此，《说文》此处的“一曰”之训，实际关联了有关制造工具和制作材质。上举钱存训教授所提到的《东观汉记》卷二十也说“造意用树皮及敝布，鱼网作纸”，我们认为这就是“箬”所构成的竹制席状鱼网，而不可能是过去一般所简单理解破烂丝织鱼网之类的废旧原料。

秦代的《睡虎地简》所见“網”字尚未从糸构造，字作“从网亡声”结构，战国《九店楚简》等简牍也没有使用从糸的网字，只使用过两个“从网亡声”形体。[①] 真正成批使用从糸结体的“網”字，还是南北朝时期。如北魏《侯刚墓志》“密網初结，有触即离；霜风暂吹，所加必偃”，东魏《张法寿息荣迁等造像记》“缯網”，北魏《尔朱绍墓志》“乾纲再造，地網惟新”等等，已皆使用“網”字。《庄子》“胠箧”篇“钩饵網罟罾苟之智多，则鱼乱于水矣”，传世宋刻本等皆使用“網”字，中唐时代的敦煌抄本《郭象注庄子南华真经辑影》尚皆抄用“罔”字。[②]《说文·网部》：“罪，捕鱼竹网。从网、非。秦以罪为辠字。”是知《说文》小篆构造，还以为是“捕鱼竹网”，功能在乎捕鱼，工具在乎渔网，制作还是竹质。

这类竹制席状鱼网，基本的功能在于过滤。所以，俗语所谓“三天打鱼两天晒网”，也许是保持渔网过滤功能所必须的时间周期。中国古代社会，渔业发生很早。《诗经》里所描写的“罶”，可能就是这种过滤竹网的早期形式。像《诗经·小雅·鱼丽》：“鱼丽于罶。”毛传：“罶，曲梁也（捕鱼的竹篓），寡妇之笱（gǒu，竹制的捕鱼器，鱼笼）也。”《诗经·邶风·谷风》：“毋逝我梁，毋发我笱。”梁、笱对文。《庄子·胠箧》：“钩饵罔罟罾笱之知多，则鱼乱于水矣。”

基于此，“紙”字形体可以替换巾符为“帋”。南北朝就用从巾的纸字，除了《原本》上面的记录，又见于《名义·巾部》：“帋，之氏反。箬也。紙字。”适与上具《原本》《名义》有关部类所存信息互相关联互相呼应。唐宋

① 有关简帛文字数据，参见华东师范大学中国文字研究与应用中心研制《简帛文字资源库》，后同，不重注。

② 有关石刻文字数据，华东师范大学中国文字研究与应用中心研制《石刻文字语料库》，后同，不重注。[日]寺冈龙含：《敦煌本郭象注庄子南华真经辑影》“胠箧”品第十，福井汉文学会 1960 年 11 月影印。

之际改定的《宋本·巾部》："帋，之尔切。亦作紙。"看来，不论哪种情况，都着眼于"紙"的材质与功能。"紙"或作"帋"，从巾构造，帛、饰、常等字皆从巾，又《名义》："箋，表识也。书。牋字，蕑字。"蕑、椾、牋、箋异体字，可知当初"紙"的用途及功能。

现存所见出土文献"纸"字使用情况，如睡虎地秦墓竹简用纸字，如北魏《元钦墓志铭》用纸字，使用的都是"从糸氏声"结构，其余尚未之见。另外，"著于竹帛"的"著"字，本字结构"从糸乇声"，著、乇古音尚未分化，出土战国楚简如《郭店楚墓竹简》所援引《缁衣》篇就是如此构造。

按迹推原，既不能以后起的意义去机械套用其原始意义，同样也不能将原始的意义跟后起的变化意义物论齐一。解释者将《说文》原本所贮存造纸题中应有之义的鱼网工具遮蔽了去，而又将比附进来的鱼网工具当作了造纸的下脚料；宋代大徐本《说文》所载"絮一苫也"，传刻失例破体；段氏改注；今人以讹传讹；皆不得其溯。"纸"里所包孕的丰富内涵，代远言湮，解人难索。①

第四节　《牛部》取类

如果说《口部》取类情形的考察，还旁及了《说文》以降的字书，即主要着眼于"历时沟通"的角度；那么，《牛部》取类实际的观察，在此基础上对应《说文·牛部》的甲骨文、金文这个层面，即侧重作"共时会通"的观察。

首先，《牛部》著录字群的种类及排列情况，体现了先民对这个世界的感知方式。读者可以分析个别物种如何发展到"类型物种"，即具体名称到抽象概念的形成过程。

《说文》在属概念"牛"下面［牜（甲骨金文简帛汉印石刻），大牲也。牛件也；件，事理也。象角头三、封犄之形。凡牛之属皆从牛。徐锴曰：件，若言物一件、二件也。封，高起也］，罗列出了许多非常具体的牛，包含如下种类：

① 本部附录统计分析，来自《中国文字发展史》第四册《隋唐五代文字》，以及《学术月刊》2007年第3期。

牡（甲骨 金文），畜父也。从牛，土声。

犅（金文），特牛也。从牛，岡声。

特（金文 石刻），朴特，牛父也。从牛，寺声。

牝（甲骨 简帛），畜母也。从牛，匕声。《易》曰："畜牝牛，吉。"

犢（汉印），牛子也。从牛，瀆省声。

㸬　二岁牛。从牛，市声。

犙　三岁牛。从牛，參声。

牭　四岁牛。从牛从四，四亦声。息利切。[illegible]，籀文牭从貳。

犗　騬牛也。从牛，害声。

牻　白黑杂毛牛。从牛，龙声。

㹍　牻牛也。从牛，京声。《春秋传》曰："牻㹍。"

犡　牛白脊也。从牛，厲声。

[illegible]　黄牛虎文。从牛，余声。读若涂。

犖　驳牛也。从牛，勞省声。

[illegible]　牛白脊也。从牛，寽声。

[illegible]　牛驳如星。从牛，平声。

犥　牛黄白色。从牛，麃声。

犉（汉印），黄牛黑唇也。从牛，臺声。《诗》曰："九十其犉。"

[illegible]　白牛也。从牛，隺声。

[illegible]　牛长脊也。从牛，畺声。

[illegible]　牛徐行也。从牛，攴声。读若滔。

犨（古玺），牛息声。从牛，雔声。一曰牛名。

牟（甲骨 汉印），牛鸣也。从牛，象其声气从口出。

[illegible]　畜牷也。从牛，産声。

牲（金文 简帛 石刻），牛完全。从牛，生声。

牷　牛纯色。从牛，全声。

以上具体牛种认知分类，涉及性别、生长年头、毛色、体态、动态以及发音等特征，非常具体。《说文》本部：

物（甲骨石刻），万物也。牛为大物；天地之数，起于牵牛，故从牛。勿声。

汉语史词汇合成“物色”，认知特征即选择“大件”和依凭“毛色”。现代人大脑里，恐怕只剩下了“牛”—“大件”一个空洞概念。《说文》本部计收 47 字，唐抄《篆隶万象名义》牛部录存 80 字，唐人增字《宋本玉篇》牛部发展到 135 字，宋代《类篇》发展到 151 字。六畜当中的牛类很长时期在人们生活中占据突出地位，包括名目繁多的祭祀安排，都对“祀牲”使用有着不同的要求。原始思维研究的规律是，提起概念基本都与具体对象相关联。即使现代兽医专门，恐怕也难以提取这些认知特征。“具体概念”直接认知价值是：可以为恢复“图像识别”提供多种类型“媒介”。《说文》贮存其他动物种类，亦若是班。以下选择本部所存代表性字形结构，进一步观察。

图 1-9 海外度青铜器之藏神牛灯

图 1-10 海外度藏青铜器之牛车造型[①]

图 1-11 五牛三足贮贝器

① 《论语》有大车小车之分，旧注牛车为大车，马车为小车。

一、牡

“牡”字构形通常情况下也就是所谓“正体”从“牛”，取象为动物类的一“种”，但是它所指涉涵盖的却是一“类”；换言之，即动物类的雄性特征均称为“牡”，自不限于牛之一“种”。《说文·牛部》：“牡（甲骨金文），畜父也。从牛，土声。”解说本义，义界归属，外延内涵，相当科学，这正是许慎的过人之处。单是从殷墟卜辞这个层面所出现的“牡”字异构联系，也可以得到印证，参考罗振玉考释甲骨刻文“牝牡”异体。[1]

……[2]

既取象于牛，复有取于羊、豕、鹿、马，等等。确乎是指涉“动物类”，不复为“牛”种所专。罗振玉由此而申说曰：“甲文牡字有作者，或从羊，或从犬，或从鹿。牡既为畜父，则从羊从牛从犬得任所施矣。”[3]

“牡”类取象各异，然又皆以“丄”（土）为声符。徐中舒解释说：“丄用以表示雄性家畜或兽类，结合不同兽类的形符，分别为雄性之牛、羊、豕、马等之专名，杨树达谓当为麚、为騭、为羒……各有专名，区分明确，后于农业社会中如此区分已无必要，渐为死字，乃以从牛之牡为雄畜之通称。”[4]

马叙伦以为丄不过就是牡之初文，并推索其得名之原说：“伦谓其初文盖作。甲文有，卫聚贤谓此乃男女二生殖器之合形，盖为祖妣之合文。之省变为，丄音读如牡。今读牡声近冒，而声在幽类。”[5]

上述情形表明，“牡”字取象认知有两个特点：一是所表现的是所谓“通称”，即“类概念”；二是由种到类有一个过程，这个过程从汉字取象的视角

---

① 罗振玉：《殷虚书契考释》原稿信札，文物出版社 2008 年版，第 100~101 页。

② 中国科学院考古研究所编《甲骨文编》所录甲骨刻辞，依次为《甲》636，《前》1，20，5，《甲》248，《粹》396，《乙》1764，《乙》9037，《前》7，17，4。

③ 转引自《说文解字六书疏证》卷之三“牡”下。

④ 《甲骨文字典》卷二，第 71 页。

⑤ 《说文解字六书疏证》卷之三，第 82 页。

来看是所谓由实象到虚象，也就是由图画性意象到符号性意象。[①]

二、牝

“牝”字例和“牡”字例适构成一种相互对待的结构关系，因此，“牝”字取象构形也同样呈现出相当复综的情况。殷墟卜辞层面，亦可排比这样一个系列：

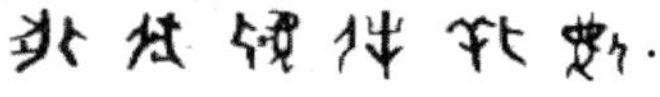……[②]

其中“”为表示雌性家畜或兽类字根，《说文·牛部》：“犿（甲骨简帛），畜母也。从牛，匕声。《易》曰：畜牝牛，吉。”段玉裁注：“离卦辞也。牝为凡畜母之称，而牝牛最吉，故其字从牛也。”[③]按甲骨文“牡”字分别取象于豕、犬、虎、牛、羊、鹿，同字异构异形，所指自当为雌性“动物类”。而检《尔雅》有麀、豝、牂、騇等雌性兽类专名，是知“牝”字取象取类，同样经过了一个由专名（种）到通称（类）的认知过程。

三、牲

《说文·牛部》：“牲（金文简帛石刻），牛完全。从牛，生声。”段玉裁注：“引伸为凡畜之称。《周礼·庖人》注：始养之曰畜，将用之曰牲。”[④]作为“牺牲”之“牲”，古代自不限于“牛”种，是故“牲”虽取“牛”象，其实亦是取“类”。甲骨文有字取象于“羊”作。徐中舒认为：“甲骨文从牛从羊每无别。”[⑤]

---

① 出土战国楚简文字，如《郭店楚墓竹简》于“雄雌”字，则胥有取乎“鸟类”字：《语丛四》第16号简“巨鮎（雄）”从“鳥”构造，第26号简“三鮎（雄）一鮎（雌）”亦分别从“鳥”。

② 《甲骨文字典》卷二，所录字形依次为《甲》280，《乙》219，《合》278反，《佚》99，《人》2999，《乙》1943，第80页。

③ 《说文解字注》二篇上《牛部》。

④ 《说文解字注》二篇上《牛部》。

⑤ 《甲骨文字典》卷二所录《天》52。

所谓取象有异而所指“无别”，正是所取为“牲畜类”属性体现。

图 1-12 海外度藏青铜器——子母牺尊

图 1-13 海外度藏青铜器——牛尊

四、牢

“牢”字所取之象，单从甲骨文构形层次，也可排出如下系列：

 ……

徐中舒释此形为圈栏养畜之象：古代放牧牛马羊群于山野之中，平时并不驱赶回家，仅在需用时于住地旁树立木桩，绕以绳索，驱赶牛羊于绳栏内收养。解放前四川阿坝地区大金县一带豢养之牛羊，仍以树立木桩绕绳索作形为牢，与甲骨文字形完全相同。卜辞中（牢）、（宰）二字各有专指：“牢”为经过专门饲养而用作祭牲之牛，“宰”为经过专门饲养而用作祭牲之羊。旧说“牢”即包括牛、羊、豕之大牢，“宰”为包括羊、豕之小牢，并不符合殷代实际。[①]

从卜辞的实际用例来看，“牢”或“宰”所指就是用于祭祀之牛羊：

① 《甲骨文字典》卷二所录字形依次为《乙》9091，《甲》569，《宁》1，5227，第 82~83 页。

贞翌辛未其侑于血室三大九月。

大甲大牢。

贞今日饮小于父乙。

叀小牢。[1]

《说文·牛部》："（甲骨金文简帛），闲，养牛马圈也。从牛，冬省。取其四周帀也。""闲"，犹"防闲"之"闲"。《宋本玉篇·牛部》："牢，来刀切。牲备也，廪仓也。又坚也。"《集韵·豪部》："牢窂奥，郎刀切。《说文》：闲，养牛马圈也。从牛从舟省，取其四周帀也。又姓。或从穴。古作奥。"至此，大体完成了"取类"认知。"牢"字取象由专指到统称，极为纯粹著明地反映了汉字在殷虚卜辞时代的符号化的程度。取象走向"取类"化的过程，也就传达出了汉字符号化演进历史。

五、牧

《说文·牛部》："（甲骨金文简帛汉印石刻），养牛人也。从支从牛。《诗》曰：'牧人乃梦。'"甲骨文金文异构为等，或取象于羊，或有取于牛，可知所牧养对象亦是一"类"。徐中舒认为：甲骨文或亦从羊，或从三羊，或增等偏旁，皆同。[2] 至于《说文》所谓"牧，养牛人也"，其说为自违其例。将牧养对象拘泥于"牛"（种），反映出了汉代结构分析说解者或未能将"取类"认知模式贯彻，这应该算得上是《说文》最大局限。

以上从《说文·牛部》（旁及有关部类）所举数例，分别指涉动物的性状、功用、处所，等等。从甲骨文这个层面的联系来看，该字群取象过程，实际上是一个由种到属、也就是取类联系的认知发展过程。

---

① 《甲骨文字典》卷二所录字形依次为《铁》176，4，《粹》192，《续》2，21，5，《甲》389，第82~83页。

② 《甲骨文字典》卷三所录字形依次为《乙》2626、《乙》1277，第337页。

第五节　《匚部》取类

“体用不二”“体用相待”，原是中国古代人很早就有的一种认知观念。但是，关于“体用关系”的思考，文献记载却出现得比较晚，有人甚至以为这一影响领域颇广的哲学观念的发生，纯然是所谓“西学东渐”的结果。

“用”，作为哲学概念，所指为事物本质的外部表现，相对待于“体”。南朝范缜《神灭论》阐释说：“形者神之质，神者形之用。”宋代王应麟《困学纪闻》卷一直接揭示“体用”之理，来源于释家佛典：“叶少蕴谓凡《易》见于有为者皆言用，用之者何？体也……晁景遇曰：体、用本乎释氏。”“体用事理”之辨本诸佛典，“今学者迷于释氏而不自知”。

“体”，作为哲学概念，相对于“用”，其内涵就是指事物的本体。《汉书·贾谊传》：“曰安且治者，非愚则谀，皆非事实知治乱之体者也。”《论语·学而》：“礼之用，和为贵。”朱熹注：“盖礼之为体虽严，而皆出于自然之理，故其为用，必从容不迫，乃为可贵。”王夫之《周易外传·大有》：“吾从其用而知其体之有。”

《管锥编》考论《周易正义》再三拈出“体用”二字，例如《乾》：“元亨利贞。”《正义》：“天者，定体之名；乾者，体用之称。”《系辞上》：“夫易何为者耶？”《正义》：“易之功用，其体何为？”“夫子还是说易之体用之状。”“易之体用，如此而已。”归结更进一竿：“夫体用相待之谛，思辨所需；释典先拈，无庸讳说，既济吾乏，何必土产？”[①] 钱先生现身说法：诗人体

① 《管锥编》卷一，第8页。

物，每为先觉。这里提出：汉字结构，堪为认知之媒。[①]

分析中国文字取象构形，也不会简单化地宣称“体用相待”之理，中国很早即已有之。但是，稽考《说文解字·匚部》的有关例字，可以发现汉字取象构形，似乎早蕴“体用”关系之理，而并不一定是纯然西学东渐的结果，或出事之本然、理之固然。

《说文·匚部》：“匚（甲骨金文），受物之器。象形。凡匚之属皆从匚。读若方。”匚形即古代一类方形盛器。甲骨文作，金文作，《说文·匚部》所收录籀文皆一脉相承。大凡从匚取象之字，即标明具有“匚”器也就是“受物”之“用”。下面约举数例，以便省览。

一、匜

图 1-14 海外度藏青铜器——匜

《说文·匚部》：“匜（金文简帛），似羹魁，柄中有道，可以注水。从匚，也声。”段玉裁注：“《斗部》曰：‘魁，羹枓也。’枓，勺也。匜之状似羹勺，亦所以挹取也。”结构认知分析，特能分见体用两边。金文匜作，前者取象为皿形，后者取象为壶形，皆不啻体示是匜有器皿之“用”。

① 所附为汉字发展史学笔迹学书艺学方家朱葆华（雅号玉堂）教授所题唐宋佛理诗。古人以天地为逆旅，光阴为过客。或翻作一己之身，正复为天地之逆旅；百岁之体宇宙，适可以光阴为过客也。

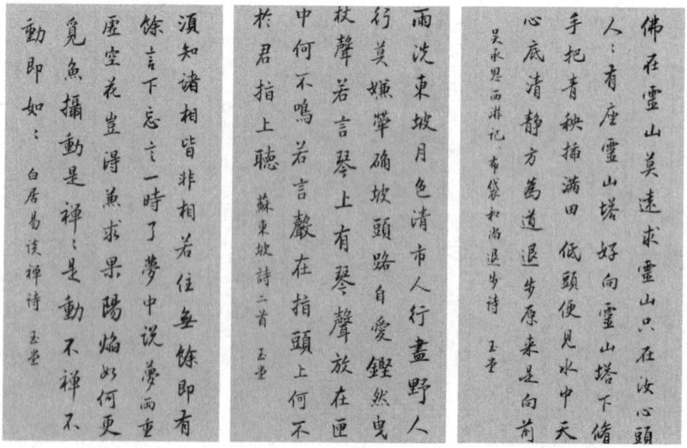

金文匜或又作，从金构造，则又着眼于其体质材料。而金文或又从“金”从“皿”作：从“金”揭示其体质，从“皿”体现其功用，二者同构于一形一象，直观显示“体用不二”之理。

二、匿

《说文·匚部》“簠”下排比金文作，容庚考释：“从匚，古声，《说文》所无，为侈口长方之稻粱器。”金文又从皿作，取象即体示其有“金”之体，亦有“皿”之用。盖匿为容器，所用类等皿器，体制后世不详。后世字汇，若宋代《玉篇》《集韵》等业已不存。金文或又从“金”异构作，有取于金，传达匿之体质，虽不限于金属，或亦以竹木为体制材料，然则金属质料可得流布于后世，而竹木质料不堪传世弥久，竹木之形制复不可观，尚使后人想见其仿佛者，唯文字取象构形耳。

金文或又作，有取于匚、金，“金”体、“匚”用，同构于一形，体用相互依待。

三、医

《说文·竹部》“簠”下，以医为古文簠。医者，从匚取象，传达其功能；簠从竹从皿则既示其体，又见其用。《竹部》：“簠（金文简帛），黍稷圜器也。从竹从皿，甫声。方矩切。医，古文簠从匚从夫。”《集韵·噳部》：“簠䈓医，匪父切。《说文》黍稷圜器也。古作䈓医。”已无待乎以器形宣示。

图 1–15 西周晚期伯父簠

四、匢

此形原本《说文·木部》所收籀文，“桮（唐写本），䀀也。从木，否声。布回切。，籀文桮。”段玉裁注：“俗作杯。”从匚结体，即具杯具之用。《玉篇·匚部》："�，古文（桮）。"《集韵·灰韵》："桮䰟杯盃鉌匜匿，晡枚切。《说文》䙝也。盖今饮器。或作䰟杯盃鉌匜匿。"而"杯""桮"皆取类于木，又指示其质料体制。

五、𠤼

《玉篇·匚部》："匥，又作笲。"《集韵·綫部》："匥笲，皮变切。《博雅》筲也。或从竹。"从竹取形，也就等于揭示其体质。匥从匚，则首先标志其功能作用。

六、䙝

《说文·匚部》："䙝，小桮也。从匚，贛声。𣚙，䙝或从木。"《集韵·感部》："䙝篢，古禫切。箱类。或作篢。"或体从木取类，又传达其体制质料。

七、匪

《宋本玉篇·匚部》："匪，籀文箕。"《集韵·之部》："箕𠀠笄㚬𠙶𠔱匪諆䄫，居之切。《说文》簸也。一曰星名。亦姓。古作𠀠笄㚬𠙶，籀作𠔱匪。或作諆䄫。"从竹取象，认知又着眼于其体质。

八、匭

"匭"字为《说文·竹部》"簋"下所著录古文，《说文》所录或体又作朹。从竹或从木结体皆揭示其体质，而从匚或从皿则标志其功用。

图 1-16 西周中期——簋食器

九、匾

《玉篇·匚部》："补坚切。竹豆。亦作籩。匾，籀文。"《隶辨·先韵》引《说文》："匾，籀文籩。"按"竹豆"者即揭示从竹之形制。《集韵·先部》："籩匾匾，卑眠切。《说文》竹豆也。或从匚。籀作匰。”大徐本《说文》脱此字。

十、匵

《说文·匚部》：“匵，匮也。从匚，賣声。”“匮，匣也。”按王筠《说文句读》：“字与《木部》櫝同。”《集韵·屋部》：“匵，徒谷切。《说文》匮也。通作櫝。”从木构形，即是着眼于其体质。

十一、医

《说文·匚部》：“医，棺也。从匚，久声。”然该字之下，又收录异体作“柩”：“医或从木。”段玉裁注：“盖殷人用木以后乃有此字。”[①] 也等于说明在医形基础之上平添一“木”形关系。《集韵·宥部》：“柩医匶匶，巨救切。《说文》棺也。或作医，籀作舊匶。”

余字不再罗列。

① 见《说文解字注》十二篇下《匚部》。

第二章　逻辑：《说文》分解认知方式

第一节　释文系列

关于《说文》一书说解体例，前贤时哲揭示了不少条例，归纳了许多原则。清代小学家段玉裁就这样总结说："此前古未有之书，许君之所独创，若网之在纲，如裘之挈领，讨源以纳流，执要以说详，与《史籀篇》《仓颉篇》《凡将篇》乱杂无章之体例不可以道里计。"[①] 这是概括整部《说文》的"分别部居，不相杂厕"编辑体例。许慎将 10516 个字（包括重文 1163），按其字形结构分为五百四十部，每部各建一个部首，如此，就用五百四十部来统摄 10516 个字。

近人黄季刚《说文略说》中又作了进一步说明："许书列字之次第，大抵先名后事，如《玉部》自璙以下，皆玉名也；自璧以下，皆玉器也；自瑳以下，皆玉事也；自瑀以下，皆附于玉者也；殿之以靈，用玉者也。其中又或以声音为次，如《示部》，禛、祯、祗、禔相近，祉、福、佑、祺相近，祭、祀、祡相近，祝、福相近。又或以义同异为次，如祈、祷同训求，则最相近；祸训害，祟训祸，训相联则最相近。大抵次字之法，不外此三者矣。"这说明各部之内，列字之次第，又以义相连。

各部之间，则是"据形系联"，秩然有序。黄侃《说文略说》又说："许书列部之次第，据其《自序》，谓'据形系联'，徐锴因之以作部叙，大抵以形相近为次，如一、丄、示、三、壬、玉、珏相次是也。亦有以义为次者，如齿、牙相次是也。"当然，也有一些编排近乎自乱其例，其中也就很难寻绎出什么联系了；所谓"亦有无所蒙者，冓之后次以幺、予之后次以放是也。

① 《说文解字·叙》注。

必以为皆有意，斯诬矣。”[①]

在上述基本编排体例认知思路照耀之下，《说文》在释文方面体现出了极为鲜明的特色。会通《说文》全书，就会发现其释文自成系列；由释文的系列性，又显示了独特的逻辑性。

第二节 递训系列

跧，蹴也。
蹴，蹑也。
蹑，蹈也。
蹈，践也。
践，履也。
履，足所依也。

按上例，几个字辗转相训，层递而下，习惯上将《说文》这种释文方式简称为“递训”。这一组字如针之顶、似珠之贯，而字义在辗转相训的过程中已经发生了流变。上例就由“足之动作”转化到了“足之凭借”。当然，《说文》一书里递训情形更多的则是较为复杂的，例如：

祺，吉也。
吉，善也。
臧，善也。
良，善也。
传，善也。
俶，善也。
价，善也。
壬，善也。
善，吉也。

① 引自黄焯《文字声韵训诂笔记》，武汉大学出版社1986年版，第86页。

这一组递训的例字，“善”与“壬、价、俶、传、良、臧、吉”字群构成递训关系，而“祺”仅与该字群中的个别字发生递训联系；另外，在这一组递训的字群中，还显然包容着“同训”的现象（具见下文“同训系列”）。

据刘志基教授统计，《说文》全书构成递训系列的，有2000余条。[①]这2000多条递训，大体涉及了3292字。在总共9000余字的《说文》全书中占了相当的比重，这显而易见决非是偶然现象。

一个递训系列之所以得以形成，首先是由于组成这个系列的各个字的字义有相同之处。因此，《说文》中不少递训实际上是一群同义字的集合体。这类递训，不妨相对称之为同义递训。据考查，《说文》的同义递训，主要发生在同部之中，可以叫作“同部递训”。如：

限，阻也。
阻，险也。
险，阻难也。

谈，语也。
语，论也。
论，议也。
议，语也。

据研究者推测，同部递训之所以绝大多数为同义递训，除了各字义类相同的原因外，还极有可能是由于许慎作《说文》时有意识地用递训系连同一部中的一些同义字。而同部字相邻近，又为这种意图的实现创造了便利条件。相反，异部递训（即不同部首字组成的递训）因为各字一般离得较远，要顾及它们在释义上保持同义关系十分困难。因此，可以认为它们的形成不是编撰者的有意安排。[②]换句话说，异部之间构成递训系列现象的存在，有其客观性。而且异部递训较之同部递训，数量庞大，情况复杂。下面作些具体分析。

① 刘志基：《试论〈说文解字〉递训的价值》，《辞书研究》1990年第3期。
② 参刘志基《试论〈说文解字〉递训的价值》。

祯，祥也。
羊，祥也。
祥，福也。
禄，福也。
禠，福也。
祉，福也。
祚，福也。
福，佑也。
助，佑也。
佑，助也。
賻，助也。
勷，助也。
助，左也。
⿰爿手，扶也。
扶，左也。
左，手相左助也。

这个递训系列，凡16字，涉及了“示”“羊”“口”“貝”“力”“手”“左”等部类。编撰者正是靠了递训联系，将相隔甚远的部类串通一气。

屯，难也。
嬰，难也。
难，鸟也。
⿰方隹，鸟也。
猚，鸟也。
⿸疒隹，鸟也。
雒，鸟也。
雁，鸟也。

雇，鸟也。
雃，鸟也。
鷐，鸟也。
鶅，鸟也。
鵹，鸟也。
鶟，鸟也。
鸁，鸟也。
鷬，鸟也。
鵵，鸟也。
䲸，鸟也。
䣧，鸟也。
鷗，鸟也。
鷒，鸟也。
鴔，鸟也。
鷛，鸟也。
鶃，鸟也。
鷩，鸟也。
鸟，长尾禽总名也。

这个递训系列，其主体是表现为一种“归属”。具体来说，就是将“隹”“鸟”两类认知系联到“总名”中去。这样看来，递训的联类可以起到与前具字形取类认知结构的考察相印证的作用。顺便指出，在这个递训系列中，一望而知释“屯”“嫛”为“难”，与训鸟为“难”，二者原本传“递”不过去。原因是“难鸟”之“难”为本义，“屯难”“嫛难”之“难”为借义。这也是考察递训系列在训诂方面的意义之一。

《说文》大量递训系列，只是将一组文字进行认知“归属”联类。如：

蒟，果也。
杏，果也。
柰，果也。
李，果也。
桃，果也。
樱，果也。
果，木实也。

此一系列，设若《说文》不最后传递出“木实”的字义联系，读者使用者便无从认识这个字群的确定内涵。换言之，《说文》的这类递训系列，基本不能提供给人们以义界知识，而只是将一个字群进行归属认知处理。又如：

⿺走截，走也。
⿺走有，走也。
⿺走幾，走也。
⿺走虒，走也。
走，趋也。
赴，趋也。
趆，趋也。
趋，走也。

编撰者并不管这些动作之间的具体差别，统统归属为“趋走”行为认知。

垢，浊也。
浊，水出齐郡厉妫山东北入鉅定。

淖，泥也。
泥，水出北地郁郅北蛮中。

渡，济也。
济，水出常山房子赞皇山东入泜。

注，灌也。
灌，水出庐江入淮。

讨，治也。
治，水出东莱曲城阳丘山南入海。

以上五例递训中，“浊”“泥”“济”“灌”“治”（位置）五字，皆系关于河流命名的认知。然而，河流名是否就是它们常用义项呢？检查这五例递训，可以得出否定的结论，河流名至多是它们诸义项中次要的一项，而它们常用的意义或常用意义之一则正是它们充当训释字时所具有的意义：“浊”为“浊垢”，“泥”为“泥淖”，“渡”为“渡济”，“灌”为“灌注”，“治”为“治讨”。只是因为它们从水，许慎才只释“水名”这一僻义。段玉裁为维护《说文》的科学性提出这类字应连篆读，即“浊水，出……”等。[①] 我们认为，类似这种递训，更能窥见许慎归纳“共名”[②] 的认知努力。

哲，知也。
谞，知也。
憰，知也。
知，词也。
𠷎，词也。
曰，词也。
词，意内而言外也。

① 参刘志基《试论〈说文解字〉递训的价值》。

② “共名”一语，最早见于《荀子·正名篇》：“物也者，大共名也。推而共之，共则有（又）共，至于无共然后止。”“共名”与“别名”相对，为荀子逻辑用语。表明外延间属种关系的一对“名”。共名为一类事物共有的名，相当于种概念；别名为一类事物中的部分事物的名，相当于属概念。“别名”亦见于《荀子·正名篇》：“鸟兽也者，大别名也。推而别之，别则有别，至于无别然后止。”

这一递训系列分别系联了“口”“言”“心”“白”“曰”等部类，其中“白”《说文》作“”，解释为：“此亦自字也。省自者词言之气从鼻出，与口相助也。”许慎在递训联系中舍弃了各部之间的差别，贯彻一气，归属一类，从而直截了当地昭示：在“意内而言外”这一归结点上，“言部”“心部”，原是一类。由此也可以跟前面汉字结体取类构形所体示的二者关系相印证联系。

递训系列的结构，可以抽绎为 A → B → C →……，例如：

介，画也
挂，画也
画，界也。
畺，界也。
界，境也。
畍，境也。
境，疆也。
埸，疆也。

又如：

噍，嚼也。
嚼，啮也。
啮，啗也。
啗，食也。
食，一米也。

契，刻也。
刻，镂也。
镂，刚铁可以刻镂。

同义递训由于各字同义，往往知其一便可推及其他。如上面最后一例递训中

“契”和“镂”的意义现在可能有不少人已不了解了，但因为这一系列中有“刻”字，便可知“契”“镂”都有“刻”的意义。段玉裁注《说文》，往往利用这一递训系列的结构 A → B → C……来帮助人们理解《说文》：

> 浚，抒也。段注：抒，挹也，取诸水中也。《水部》
> 勃，排也。段注：排者，挤也。《力部》
> 坎，陷也。段注：陷者，高下也。高下者高而入于下也。《土部》

利用这种递训系列的结构，还可以发现同义递训中有些字之间不仅同义，而且还具有更密切的关系：

> 𢝊，愁也。
> 愁，忧也。
> 忧，和之行也。

这一递训字群中，“𢝊”和“忧”字都是影母幽韵，字义亦无殊。从“𢝊”字从“頁”从“心”的字形分析，“𢝊”当为“忧愁”之“忧”（忧）的本字。而“忧”从“夊”，训“和之行”，可见本与“忧愁”义无涉。但是“忧”又在这组递训中作了“愁”的训释字，可见至迟在许慎作《说文》时，“忧”已作“忧愁”用。以后“忧”行而“𢝊”废，于是它们成了一对古今字。①

这种 A → B → C →……如线相贯的结构，说到底表明了汉字字群之间存在着义项之间的客观联系。但是必须指出，《说文》反映的递训系列，还有另一种结构类型，以图示标志出，就是 $A \to {}^{B_1}_{B_2} \to C1 \to$……。这可以看作第一类结构的变体。

这种 $A \to {}^{B_1}_{B_2} \to C1 \to$……结构类型，王力《理想的字典》里作了说明：“一个词往往有两个以上的意义，而所谓同义者，往往只能是在一个意义上是相同的。”因此，如果 A 字以自己的基本义项与第二个字的义项 B1 发生可训释联系，而第二个字又以义项 B2 与第三个字 C 训释；那么，虽然 AB1、B2C

① 参刘志基《试论〈说文解字〉递训的价值》。

都同义，而AC之间却并不存在同义联系。王力举出了不少《说文》递训的例证：

富，备也；备，慎也；但“富”不能解作“慎”。
无，亡也；亡，逃也；但“无”不能解作“逃”。

刘志基认为《说文》这一递训形式，可以弥补“一曰”之例兼存别义的不足。仍以王力举的例子来说明：

富，备也；备，慎也。因“富”不能解作“慎”，可知“备”有“富”“慎”两义。
无，亡也；亡，逃也；因“无”不能解作“逃”，可知“亡”有“无”“逃”两义。

这种现象在先秦典籍中很容易找到证据：

故虽备家，必逾日然后能殡。(《荀子·礼论篇》)
申官儆备，设守而后行。(《左传·成公十六年》)

前一例的“备”，用的是“富”义；后一例的“备”用的是“慎”义。

何有何亡，黾勉求之。(《诗经·谷风》)
晋侯赏从亡者。(《左传·僖公二十四年》)

第一例的“亡”，用“无”义；第二例“亡”用“逃”义。[①]

简言之，上述递训的两种结构类型，其共同特点都是呈现着：累累如贯珠，历历若穿线，首尾衔接，相互粘联。而当其在中国最古老的字书里又是占了相当的比重，这一特色便不能不影响到中国基本的文体逻辑即认知形式。

---

① 参刘志基《试论〈说文解字〉递训的价值》。

中国文章学很早就有了“连珠”表述体式。晋代文士傅玄专门作了篇《连珠序》，论述这种形式的发源及特点：

> 所谓连珠者，兴于汉章帝之世，班固、贾逵、傅毅三子受诏作之。而蔡邕、张华之徒又广焉。其文体，辞丽而言约，不指说事情，必假喻以达其旨，而贤者微悟，合于古诗劝兴之义。欲使历历如贯珠，易观而可悦，故谓之连珠也。班固喻美辞壮，文章弘丽，最得其体。蔡邕似论，言质而辞碎，然其旨笃矣。贾逵儒而不艳，傅毅文而不典。①

其实，至少在西汉辞赋家扬雄等人的赋里，“连珠”语体已得到流转的运用。这里举出《逐贫赋》一例，略加图解：

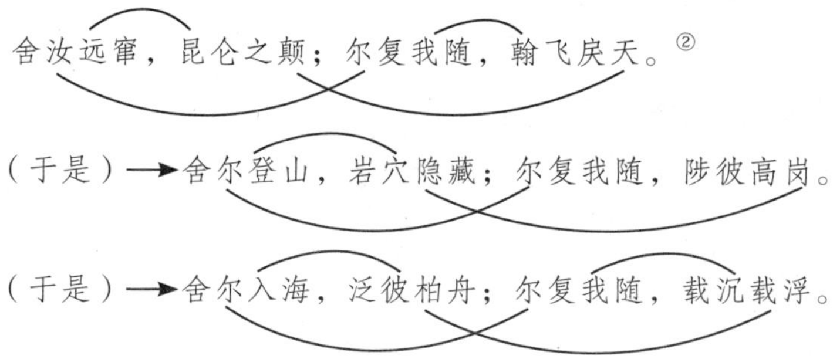

班固《两都赋序》等所创“连珠”体式则可以抽绎为：

约举二例：

① 参见（清）严可均辑《全上古三代秦汉三国六朝文》，《全晋文》卷四十六，中华书局 1958 年版。

② 参见《全上古三代秦汉三国六朝文》，《全汉文》卷五十二。

乃崇礼官，考文章；内设金马石渠之署，外兴乐府协律之事。[①]

臣闻公输爱其斧，故能妙其巧；明主贵其士，故能成其治。

臣闻良匠度其材而成大厦，明主器其士而建功业。[②]

以上可以说是中国文士的基本语象的连贯形式。这一特征，还可以从相反相待的语言连贯认知形式中获得印证。也举出数例，首先是毛诗《关雎·序》：

是以《关雎》乐得淑女以配君子，

忧在进贤，不淫其色，哀窈窕，思贤才。[③]

其次是江淹《恨赋》：

孤臣危涕，孽子坠心。

江淹《别赋》：

心折骨惊。

另外，《事文类聚》续集卷二十：

---

① 参见《全上古三代秦汉三国六朝文》,《全后汉文》卷二十六。

② （汉）班固:《拟连珠》,《全上古三代秦汉三国六朝文》,《全后汉文》卷二十六。

③ 唐孔颖达《毛诗正义》不解此一特殊句法结构，遂生枝节。钱锺书先生会通其句法结构解曰："哀"即爱，高诱注《吕氏春秋·报更》篇之"哀士"及《淮南子·说林训》之"哀其所生"，皆曰："'哀'，爱也。"……"哀窈窕"句紧承"不淫其色"句，"思贤才"句遥承"忧在进贤"句，此古人修词一法。如《卷阿》："凤凰鸣兮，于彼高冈；梧桐出兮，于彼朝阳；菶菶萋萋，雝雝喈喈。"以"菶菶"句近接梧桐而以"雝雝"句远应凤凰。参见《管锥编》卷一，第65~66页。

吃衣著饭。

康僧会《法镜经序》：

枕流漱石。

上述反常结构顺序，古代注家笼而统之称作“互文”[①]，钱锺书先生则概括为作者“颠倒好奇”，不过是为了追求特殊修词效果，而有意为之的。

总之，如珠之连，如线之贯，顺次渐进，一脉相承，这种释义方式，实际上是中国人不自觉的认知轨迹，无意而呈现的逻辑推类形态。一般说来，在中国人的文章里，不大习惯出现过多的插说成分，以种种有意设置的隔断，来造成波折的效果。大体上不但是意境要求“不隔”，即使外在形式也讲究“不隔”或“似断实连”。所以，古典辞章比兴与情事，此物与彼物，总是追求“易观而可悦”。至于文章结构，其大要便是“立主脑，减头绪”；最忌如珠玉断线，似枝蔓繁多。至于“后人作传奇，但知为一人而作，不知为一事而作，尽此一人所行之事，逐节铺陈，有如散金碎玉。以作零出则可，谓之全本，则为断线之珠，无梁之屋，作者茫乎无绪，观者寂然无声”，因此，对文家基本笔法的要求便在于所谓“密针线”：“凑成之工，全在针线紧密；一节偶疏，全篇之破绽出矣。每编一折，必须前顾数折，后顾数折。顾前者，欲其照映；顾后者，便于埋伏。照映埋伏，不止照映一人，埋伏一事，凡是此剧中有名之人，关涉之事，与前此后此所说之话，节节俱要想到。”中国小说美学评点一派讲的“草蛇灰线”之法，也有这个意思。其次便是要求“减头绪”：“头绪繁多，传奇之大病也。荆、刘、拜、杀之得传于后，止为一线到底，并无旁见侧出之情。……事多则关目亦多，令观场者如入山阴道中，人人应接不暇。……作传奇者，能以‘头绪忌繁’四字刻刻关心，则思路不分，文情专一。其为词也，如孤桐劲竹，直上无枝，虽难保其必传，然已有荆、刘、拜、杀之势矣。”[②]

凡此种种，说到底是存在着古老悠久的训诂释义、思想逻辑基础的。中

① 见《文选·江淹〈别赋〉》李善注。

② 参见（清）李渔《闲情偶寄》,《中国古典戏曲论著集成》，中国戏剧出版社 1958 年版，第 172 页。

国古代人的思维也总是这样，借重注疏，凭依傅丽，起承转合，直观类推：流转如环。反映在中国古代哲学里面，可参见《老子》第四十章："反者，道之动。"钱锺书先生在《管锥编》第二卷对此直探底蕴，作了切理厌心的阐发："反者道之动"之"反"字兼"反"意与"返"亦即反之反意，一语中包赅反正之动为反与夫反反之动而合于正为返。窃谓吾国古籍中《老子》此五言约辩证之理……

严格说来，本节所考察《说文》"递训"和中国文体"连珠"仅是就二者的语言表达形式而着眼的。"连珠"一体，主要还是在修辞方面表现出其特征。要是纯粹从文体流变着眼用心，不但是傅玄所考失察，即近代学者严复以"三段论"名之为"连珠"亦属不伦。《管锥编》曾有专节考辨，附录如下：

> 按见存班固、扬雄、潘勖、蔡邕、曹丕、王粲所作此体，每伤直达，不甚假喻，至陆机《演连珠》，庶足当"喻美文丽"之目，傅所未知也。……梁玉绳《瞥记》卷四："《魏书·李先传》太子召先'读《韩子连珠》二十二篇'，《北史》'连珠'下有'论'字。《韩子》之文，往往先经后传，其体类乎连珠。"尚镕《持雅堂文集》卷五《〈韩非子〉跋》："《内、外储说》演连珠之始，亦今八比之嚆矢也。"其论早发于杨慎，何焯评点本《文选》中叶树藩按语已引之。盖诸子中常有其体，后汉作者本而整齐藻绘，别标门类，遂成"连珠"。如《邓析子·无厚篇》中"夫负重者患途远""猎罴虎者不于外国""夫水浊则无掉尾之鱼"三节即连珠之草创；《淮南子》更多，而《说山》《说林》《修务》为其尤。后来如《抱朴子》外篇《博喻》，稍加裁剪，便与陆机所《演》同富；刘昼《刘子》亦往往可拆一篇而为连珠数首。若谭峭《化书》，则几乎篇篇得剖贝成珠矣。张之洞《广雅堂诗集》下册有《连珠诗》一卷，《自序》云："陆士衡创为《演连珠》，后世多效之。然骈体终不得尽意，今以其体为诗，务在词达而已。"其诗每篇取子、史成语发端而申说之，初非傅玄所谓"假喻达指"之体，盖误以推类之譬拟为推理之引绎。严复定"三段论法"之译名为"连珠"，混淆之失惟均也。[①]

① 参见《管锥编》卷三，说《全上古三代秦汉三国六朝文》第一一二《全晋文》卷四六。

第三节 互训系列

互训就是两个字为一组，互相充当对方的训释词。例如：

咽，嗌也。　　茅，菅也。
嗌，咽也。　　菅，茅也。

从结构形式上说，互训不过为递训的一部分，只是两字之间即自成一种封闭结构而已。

《说文》全书互训字，凡153组。其中绝大部分是属于同部互训，很少一部分发生在异部之间的互训，区分为不同情形。一种情形是部类之间联系较切近，例如：

吙，歁也。　　耕，犂也。
歁，吙也。　　犂，耕也。

其中第一组涉及“口”“欠”两部，“欠”不过是口形之张大者。第二组联系了“耒”“牛”二部，看似相隔甚远，茫乎无绪。其实“耕”字从耒，着眼于工具；“犂”字从牛，用心于畜力。二者均是农耕时代的反映，故仍可建立互训认知联系。

一种情形是部类之间联系相对疏远，例如：

谨，慎也。　　捐，弃也。
慎，谨也。　　弃，捐也。

第一组《言部》与《心部》相互训释，前文已经讨论过，这两类在中国古代文化观念里原本相通相联，故仍可发生上述联系。第二组“捐”系《手部》，“弃”归《華部》，看似毫无关涉。其实“弃”字古写原本从“廾”，《说文·華部》：“弃（甲骨简帛古玺古币），捐也。从廾推華弃之，从𠫓。

𠫓，逆子也。臣铉等曰：𠫓，他忽切。诘利切。，古文棄。，籀文棄。”《集韵·至部》：“棄弃弃遾弆，磬致切。《说文》：捐也，从廾从推華棄之，从𠫓。𠫓，逆子也。古作弃棄遾弆。”看来今天所写简化“弃”，反倒是去古未远，堪称“返祖简化”认知模式。“廾”就是双手合拱，与“手”之作用，正复同类。

因此，在《说文》释文系列中，互训系列内部关系最为密切。由于这种关系，一对互训字，即可两两成组，联合成词。例如：

玩，弄也。
弄，玩也。→玩弄

珍，宝也。
宝，珍也。→珍宝

据统计，在总共150余组互训字中，两两一对，今天仍在使用的复合词即达近60组。下面列出较为常见之部：

吹，嘘也。
嘘，吹也。→吹嘘

召，評也。
評，召也。→召評（今通常记录作“招呼”）

问，讯也。
讯，问也。→讯问

呻，吟也。
吟，呻也。 → 呻吟

逃，亡也。
亡，逃也。 → 逃亡

追，逐也。
逐，追也。 → 追逐

遼，远也。
远，遼也。 → 遼远

蹲，踞也。
踞，蹲也。 → 蹲踞

讽，诵也。
诵，讽也。 → 讽诵

慎，谨也。
谨，慎也。 → 谨慎

詥，谐也。
谐，詥也。 →詥谐（今通常记录作“和谐”）

警，戒也。
戒，警也。 →警戒

寄，託也。
託，寄也。 →寄託（今通常记录作“寄托”）

歌，詠也。
詠，歌也。 →歌詠

声，音也。
音，声也。 →声音

奉，承也。
承，奉也。 →奉承

杀，戮也。
戮，杀也。 →杀戮

讙，譁也。
　　　　　→讙譁（今通常记录作“喧哗”）
譁，讙也。

更，改也。
　　　　　→更改
改，更也。

甘，美也。
　　　　　→甘美
美，甘也。

捐，弃也。
　　　　　→捐弃
弃，捐也。

痛，肿也。
　　　　　→肿痛
肿，痛也。

技，巧也。
　　　　　→技巧
巧，技也。

饥，饿也。
　　　　　→饥饿
饿，饥也。

内，入也。
入，内也。
→内入（今通常记录作“纳入”）

完，全也。
全，完也。
→完全

檃，栝也。
栝，檃也。
→檃栝（今通常记录作“隐括”）

缚，束也。
束，缚也。
→束缚

囊，橐也。
橐，囊也。
→橐囊

邦，国也。
国，邦也。
→邦国

照，明也。
明，照也。
→照明

骂，詈也。
詈，骂也。
→詈骂

何，儋也。
儋，何也。
→儋何（今通常记录作“担荷”）

创，伤也。
伤，创也。
→创伤

欷，歔也。
歔，欷也。
→欷歔

庖，厨也。
厨，庖也。
→庖厨

然，烧也。
烧，然也。
→然烧（今通常记录作“燃烧”）

意，志也。
志，意也。
→意志

恐，惧也。
惧，恐也。
→恐惧

慙，媿也。
媿，慙也。
→慙媿（今通常记录作“惭愧”）

氾，滥也。
滥，氾也。
→氾滥（今通常记录作“泛滥”）

耻，辱也。
辱，耻也。
→耻辱（今通常记录作“耻辱”）

仌，冻也。
冻，仌也。
→仌冻（今通常记录作“冰冻”）

聆，听也。
听，聆也。
→聆听

排，挤也。
挤，排也。
→排挤

截，断也。
→截断
断，截也。

缠，绕也。
→缠绕
绕，缠也。

缔，结也。
→缔结
结，缔也。

酝，酿也。
→酝酿
酿，酝也。

任何一种语言，真正的或者完全同义词，也就是说在任何上下文语境中都可以互换的词，是非常有限的。也正是这样，《说文》释文系列中，可以互相替换、能够互相训释的“互训认知系列”，较之其他释文系列所占比重就小得多。

但是世间事物大抵总存在诸如杂糅重合、淆而不分、柄同边邻的状态，反映在对这些状态尤为重视的汉语里，就是出语尽双、对偶丰富、骈体发达。我们上面列出的部分两两当对、互训成词的汉字，应该就是这一注重对偶思维特色的具体反映。

在语言学里，“同义反复”（tautology）跟“冗辞”“赘言”就是同一个词。同样，关于汉语的“骈体”是非功过，其评骘也是历来褒贬不一、毁誉参半。逮《管锥编》出，始具体分析其诸多关系：

其一，骈偶体与发生。

《荀子》排比整齐，已较《庄》《孟》为近乎骈偶；《庄子》立“意”树义，较《老子》“有限”，其“寓言”而不直白，作用剧类骈文隶事。

其二，骈偶体与词费。

词偶则易词费，而词费不都缘词偶，古之瘠意肥词者多矣。故知掎摭利病，未可仅注目于奇偶也。

其三，骈偶体与骈偶语。

尝试论之，骈体文不必是，而骈偶语未可非。骈体文两大患：一者隶事，古事代今事，教星替月；二者骈语，两语当一语，叠屋堆床。然而不可因噎废食……隶事运典，实即“婉曲语”（periphrasis）之一种，吾国作者于兹擅胜，规模宏远，花样繁多。

其四，骈偶语与世间事理。

世间事理，每具双边二柄，正反仇合；倘求义赅词达，对仗攸宜。《文心雕龙·丽辞》篇尝云：“神理为用，事不孤立”，又称“反对为优”，以其“理殊趣合”；亦蕴斯旨。《六祖法宝坛经·付嘱》第一〇：“出语尽双，皆取对法，来去相因。”不啻为骈体上乘说法。

其五，骈偶语与“正反对”。

（正对）以两当一，（反对）而是兼顾两面、不偏一向。……培根教人辑集反对以积学练才；莱辛谓锐识深究每发为反对；或且以为行文多作反对者，其人构思，必擅辩证，如约翰生是。故于骈俪文体，过而废之可也；若骈语俪词，虽欲废之，乌得而废哉？[①]

第四节 同训系列

《说文》“同训”系列有一个认知特征，就是同训现象基本上是发生在一部之内。据统计，《说文》同训释文涉及1400余字，这1400余字构成448个同训组，各组最少的包括两字，最多的达数十字。例如：

禄，福也。
禠，福也。
祥，福也。
祉，福也。

由于同训字之间所用训释词相同，对于我们认识一些僻字的字义提供了方便。例如上组同训字群里，根据“禄”训“福”义，即可推知“禠”字本义。只要记住了“禄”“祥”“祉”“禠”是一同训系列，我们就等于认识了“禠”。

同训系列这种认识上的帮助，说到底是很有限的。因为大部同训系列而且往往还是那些包容字数庞大的系列，在逻辑学上只是将一系列种概念纳入到属概念里去，并不揭示具体内涵，我们也就无法获得什么具体知识。例如：

璙，玉也。
瓘，玉也。
璥，玉也。

① 《管锥编》卷四，论《全上古三代秦汉三国六朝文》第二三〇《全陈文》卷七。

瑌，玉也。
瓔，玉也。
璧，玉也。
玒，玉也。
珣，玉也。
琜，玉也。
璐，玉也。
珂，玉也。
玘，玉也。
珝，玉也。
琡，玉也。
珙，玉也。[①]

球，玉声也。
玲，玉声也。
玱，玉声也。
玎，玉声也。
琤，玉声也。
琐，玉声也
瑝，玉声也。

琢，治玉也。
琱，治玉也。
理，治玉也。

这三组同训字都属于《玉部》，有的只告诉我们都是玉类之一种，至于具体为何种玉、有何特征，就看不出来了。有的则只提示一组字共同反映的一种

① 也许可以顺便指出，同训“玉也”组，其中“珙”与其玉“种”并列，使我们可以联想到《左传》中所见“拱璧”之“拱”，本字也就是这个“珙”。《集韵·鍾部》：“珙拱，居容切。大璧也，《春秋传》与我其珙璧。徐邈读。或作拱。”

共同具有的物理属性的方面，至于各自具体的“玉声”可能有的如“铁骑突出”、有的如“银瓶乍破”、有的则若“珠落玉盘”……皆无从得知。还有一组也不过是提示共同的“治玉”，至于“治理”和“琱琢”之间有何区别，单凭“同训”是观察不到的。

有些同训字群的处理，在字书编撰者也许是无可奈何的做法。例如：

璬，玉佩也。　　璹，玉器也。
玦，玉佩也。　　瑙，玉器也。

参照了其他文献，也许能认识清楚这两组同训字分别涉及的两种玉器和两种玉佩的具体形制特征。但要用简明扼要的语言分别为它们各自限定一个义界，从而让读者能够加以认知区别，恐怕就不是件容易的事情。再考虑到编撰字书体例的限制，我们也就可以理解许慎为什么大量运用同训的手段了。

另外，我们在归纳处理《说文》同训系列过程中，还经常遇到一组同训字使用训释词情形，那就是所谓“连篆读”而成词的现象。例如：

瑾，瑾瑜，美玉也。　　玫，火齐，玫瑰也。
瑜，瑾瑜，美玉也。　　瑰，玫瑰。

萹，萹茿也。　　薜，薜萿也。
茿，萹茿也。　　萿，薜萿也。

䕲，䕲英也。
英，䕲英也。

《玉部》两组，其中“瑾瑜”为同义字，我们从今天仍在使用的“怀瑾握玉”一类成语中也可以看出。但“瑾瑜”所指大概又是一种特殊的“美玉”，所以《说文》在训释时在“美玉”之前又将二字连读加以限制区别。在统计处理“同训系列”过程中，也就不再笼统将它们一起归入“美玉”类。“玫瑰”组两个字所使用训释词并不一样，但实际上这两个字用在所记录语言里表示的是所谓“连绵词”。《艸部》三组也都是“连篆读”，均应视为“单纯词”，复合两个音节表示一个词义。像这类情形，并不能拆开进行分析，说它们也属于“同训”其实是比较机械的。

《说文》“同训系列”，大量的是“以种系属”，这通常并不能给人们以一种确定的知识，而只是一个认知归类，揭示一个范围。虽然这样，由于我们对古代语言理解的真正障碍在于“名物”，了解《说文》同训系列，就不单纯具有认识方法意义。

《艸部》，凡归到“艸也”之属的就达67字。《邑部》，凡归到“地名”之属的字有23个。《木部》，以种系属，同训“木也”之字，有50个。《魚部》，凡归到“鱼名”之属的字达30个。《虫部》同训“虫也”之属包括14字……

汉语文字里大量“同训认知系列”存在，为语言表现上的比合眷属、累叠铺排提供了方便和可能。骈赋作为文体在中国特别发达，尤其是汉代大赋曾经煌煌然盛极一代。“赋之为言铺也”，汉赋极尽铺张排比之能事，说到底，是有这样的认知基础。

枚乘《七发》，差不多为字书之拆散、类书之排比：

> 于是使博辩之士，原本山川，极命草木，比物属事，离辞连类。浮游览观，乃下置酒于虞怀之宫，连廊四注，台城层构，纷纭玄绿。辇道邪交，黄池纡曲。溷章白鹭，孔鸟鹍鹄，鹓雏鵁鶄。翠鬣紫缨，螭龙德牧，邕邕群鸣。阳鱼腾跃，奋翼振鳞。漃漻薵蓼，蔓草芳苓。[①]

甚至连贾谊《过秦论》这样的鸿文，也免不了“堆叠成句、词肥义瘠”的通病：

> “席卷天下”“包举宇内”“囊括四海”“并吞八荒”四者一意，任举其二，似已畅足，今乃堆叠成句、词肥义瘠，无异《杨公笔录》所嘲诗句“一个孤僧独自行”、《广笑府》卷一所嘲诗句“关门闭户掩柴扉”、或《两般秋雨盦随笔》卷三所嘲“墨派”八股“天地乃宇

① 参见《全上古三代秦汉三国六朝文》，《全汉文》卷二十。

宙之乾坤，吾心实中怀之在抱”；即对偶整齐，仍病合掌。[1]

《说文》同训系列所体示的“以种系属”认知模式，实际上反映了中国古代逻辑分类思想，自然也表现在后来的其他方面。例如唐代虞世南撰《北堂书抄》，逮至宋代就有“类书”的盛行，《宋史·艺文志》著录类书278部，这些类书基本上都是依内容分类编排。像《太平御览》分5363类（若是加上附类，共5426类）；《太平广记》分92个大类、150多个小类；《册府元龟》分1104类。在其影响之下，宋本唐诗别集也常常按内容分类编排。像《韦苏州集》分为燕集、寄赠、送别、酬答、逢遇、怀思、行旅、感叹、登眺、游览、杂兴等类；《孟东野集》就分为感兴、咏怀、游适、居处、行役、寄赠、怀寄、酬答、送别、咏物、杂题、哀伤等14类；等等。

第五节　一曰系列

“一曰”为《说文》反映一字多义（两个或两个以上义项）现象的重要认知方式。字义原本是一个复综多歧的系统，《说文》除了在前面所说的依靠“递训系列”加以体现之外，其余主要就是凭借“一曰系列”使之得到反映。

《说文》专书数据库统计，“一曰系列”标记涉及凡712条，[2]大致上可以区分为“引申”“异名”两个认知类型。

存在“引申”关系的字，这里是指《说文》在说解本义之下又出“一曰”之例，而这两者内部具有“引出”与“被引出”逻辑关系的那部分字。如：

䚯，高声也，一曰大呼也。[3]

① 参见《管锥编》卷三，第891~892页。

② 按《说文》大徐本，存在脱漏未用“一曰”之例。如《糸部》收“紙”字，结构分析：“絮一苫也。从糸，氏声。诸氏切。”释义破体不辞。《原本玉篇》本部援引了当时所见《说文》记录：“《说文》：紙，箬也，一曰絮也。或为帋字，在《巾部》。”以《原本》为基本传抄依据的日藏唐代抄本《篆隶万象名义》，也保存了有关记录，而且二者所存义项、次序完全一致：“紙，之是［反］。箬［也］，絮［也］。”

③ 《说文·㗊部》，“䚯”即今所写“叫”字。

“高声”“大呼”，二者的联系是显而易见的，两边同系𠼬字一体之所从出。而且这两个义项基本上可以认为是相同的，因而不妨称之为“同义引申”。又如“荒”字之训：

荒，芜也。一曰艸淹地也。①

“荒芜”和“艸淹地”两个义项之间，也是同义引申。

《说文》“一曰系列”中除了像上述字义相同或相近的一般引申认知之外，还涉及了不少特殊的引申类型。择要列举如下：

一、因果引申

胜，犬膏臭也。一曰不孰也。②

“犬膏臭”和“不熟”之间，正是由于“肉不熟”，才产生“犬膏臭”。两者之间，存在着因果上的联系。又如：

矇，童矇也。一曰不明也。③

童，瞳子也；童矇，就是说眼睛瞳子犹若蒙覆，自然引申出“不明”之义，二者前因后果，亦由“一曰”之例标志出来。

二、反正引申

“一曰系列”中有的本义与“一曰”两项之间，相反相对，可以看作是认知方式上的正反引申类型。例如：

---

① 《说文·艸部》，“艸”，古“草”字。

② 《说文·肉部》，“胜”为“腥”之本字，“孰”为“熟”之古写。

③ 《说文·目部》，段玉裁注本作“童蒙”，“谓目童子如蒙覆也。《礼记》：昭然若发蒙。谓如发其覆”。

緫，乱也。一曰治也。

“治”之于“乱”，相反相成，同根于緫之一体。又如：

昧，爽旦明也。一曰闇也。[①]

“爽”亦明也，“闇”则闭门不见光亮者。曰“爽旦明”、曰“闇”，阴阳接境、明晦交关，相互对待，认知同引自“昧”之一体。

三、体用引申

“体”“用”都是古典哲学概念，二者讲究有其体必有其用的关系，考具前文。体用不二的思维，同样反映在汉字字义引申认知规律上面，这里将“一曰系列”中的一个类型暂且概括为“体用引申”认知方式。例如：

鑑，大盆也。一曰監诸可以取明水于月。[②]

“鑑”之为体，就是一“大盆”；“鑑”之为用，即为“監诸可以取明水于月”。有“盆”之体，即具“監诸”之用，二者同根于“鑑”之一字。又如：

啜，尝也。一曰喙也。[③]

曰“喙”，表明其体质器官；曰“尝”，又复传达其功能作用。

四、动名引申

其实，像上面所讲到的“体用引申”类型，其中“啜”字例，又不妨称之为“动名引申”。“一曰系列”中的动名引申类型，一个义项对应于名词，一个义项对应于动词，简称为“动名引申”。例如：

① 《说文·日部》，段注：“闇者，闭门也。”
② 《说文·金部》，段注于此字“一曰”解释变动太大。
③ 《说文·口部》：“喙，口也。”

琱，治玉也。一曰石似玉。
枝，槸也。一曰折也。[1]

五、通专引申

鸓，鸟也。一曰凤凰也。

此例中训“鸟”指涉通名，“一曰”训“凤凰”则指称专名，这类情形我们姑名之曰通名与专名的引申，简称“通专引申”。《说文》“一曰系列”中反映“通专引申”认知方式的字也有一些，又如：

雉，鸟也。一曰雉度。
藲，艸也。一曰秬鬯。
茈，艸也。一曰茈茮木。

以上名物如彼，以下性状亦复如此：

丩，相纠缭也。一曰瓜瓠结丩起。
贾，贾市也。一曰坐卖售也。

六、同源引申

玤，石之次玉者，以为系璧。一曰若盒蚌。

按“玤”训“石之次玉者，以为系璧”，是指称其为装饰品，“一曰”复训“若盒蚌”，亦说其为装饰物。段玉裁注解说：“按珠出于蚌，《玉部》曰：玭，蚌之有声者。”又说：“系璧，盖为小璧系带间，悬左右佩物也。”[2]二者不唯

---

① 《说文·木部》：“槸，木也。”
② 《说文解字注》十三篇上、一篇上。

功用相近，且玤、蚌皆从“丰”得声。由此可以说，“玤”出“一曰”之训，不啻揭示两个词义的同源关系。又如：

解，判也。一曰解廌兽也。

此例“一曰”训“解廌兽”，则是解说“解”训“判”得名之原。“解纷”“判断”正是“解”之为“兽”的功能特征：

廌，解廌兽也。似山羊一角，古者决讼，令触不直。

灋，刑也。平之如水，从水。廌所以触不直者去之，从去。法，今文省。

“一曰系列”的“引申”认知情形的确比较复杂，然而其中的“异名”情形仅从数量而言，就占了“一曰系列”总数的近三分之二。这里所说的“异名”，是指“本义”与“一曰”两个义项之间并不存在引申和被引申的关系，例如：

犨，牛息声也。一曰牛名。

“牛息声”与“牛名”之间，很难说得上谁引申出谁来，只是语言里并列着两种不同的名称，一字二名，一身二任。要是具体分析起来，“一曰系列”中“异名”关系也有两种情形，其一是“异名同指”，其二是“异名异指”。

先来说“异名同指”。

萆，雨衣。一曰衰衣。

“雨衣”和“衰衣”之间，指号为二，所指实一。《说文》“衰”归《衣部》：“衰（简帛石刻），艸雨衣。秦谓之萆。从衣，象形。𢂭，古文衰。”《集韵·戈部》：“衰蓑𢂭，苏禾切。《说文》艸雨衣，秦谓之萆。或从艸。古作𢂭。”看来“萆”曰“艸雨衣”曰“衰衣”，仅是方言殊号而已。“衰”即取象

于艸衣，着眼于外形特征，因而《说文》又联类而及“裘”字，说其“与衰同意”。[①] 观察一下甲骨文“裘”字结体作，即可明了。

次来看“异名异指”。例如：

> 虒，虎鸣也。一曰师子。

“虎鸣”所指为虎类之行为，师、狮正俗字[②]，“师子”又指向狮子之名号，名号既异，所指遂别。二者之间，很难说是“虎”引出“狮子”，还是存在什么其他关系。

“一曰系列”中，“异名”所占比重颇大。下面也是各部中“异名”的例字：

> 菿，萑之初生。一曰薍、一曰騅。
> 若，择菜也。一曰杜若。
> 唏，笑也。一曰哀痛不泣曰唏。
> 局，促也。一曰博所以行棋。
> 趧，行声也。一曰不行貌。
> 遽，傅也。一曰窘也。
> 雃，石鸟。一名雝䳄。一曰精列。
> 肯，骨间肉肯肯箸也。一曰骨无肉也。
> ……

“异名”的大量存在，说明物体多边，可面面观；事情杂糅，所从言之路异。同时告诉我们，许多字义义项之间，不必一定要找出其间存在什么必然联系。

其他“一曰系列”，还有的是表示字形内部的结构分析，如：“贞，卜问

① 《说文·衣部》：“裘（甲骨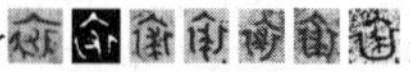金文简帛古玺石刻），皮衣也。从衣，求声。一曰象形，与衰同意。凡裘之属皆从裘。求，古文省衣。”

② 《说文解字注》五篇上。

也。一曰鼎省声。”还有的是纯然表现异读现象，如：“龚，赋事也。一曰读若非。”这部分字所在并不多见，这里也就从略了。

第六节 同声系列

一、形声结构能产性

“同声”，在这里就是指具有相同的声符的文字系列。离析谐声偏旁，是《说文》说解本义的重要方式。基于此，不妨将“同声系列”也放到《说文》释文系统加以考察。

了解汉语史，都知道形声字在整部《说文》中占了相当的比重①，但迄今为止，似乎还没有人对《说文》“同声系列”中使用声符以及声符的衍生构成情况作出充分的量化分析。②调查统计表明，包括大徐本新增部分，在存储10000余篆文单位《说文》专书中，标注“声”字的记录，凡8403处；标注“从某某声”结构标记的，共7776处；标注“某省声”结构标记的，为322处；标注“某亦声”结构标记的，为327处。自然，还有一批《说文》未曾加以结构分析标记的，其实也属于“形声”认知结构原型，而并不在统计范围。③

历时地看，可以发现《说文》形声认知模式在汉字发展史上的实际水平。刘志基教授（2015年）通过战国楚简帛文字语料库深加工，详细精确统计该时期象形、指事、会意、形声“四书”结构使用频率及“四书”所占比例：“排除其中字形不清及合文等，经过系统的结构分析，最终确定楚简帛文中可以作结构分析的不重复字形共计4413个，实际字频总数为62560，其中象形

① 郭锡良等编：《古代汉语》修订本，天津教育出版社1991年版，第77页。编者所注明《说文解字》收字9353个，形声字占80%以上。这些现成数字，其实存在较大出入。

② 再版按：当时发表这一调查结论，时间为20世纪80年代末90年代初。本世纪由于数据库文字学迅速发展，这方面已经取得了长足进步，获得了多个领域若干重要结论。

③ 如《我部》：“義，己之威仪也。从我、羊。”其下又有关于异体音读及结构的补充说明：“羛，《墨翟书》義从弗。魏郡有羛阳乡，读若錡。今属邺，本内黄北二十里。”直音法義或羛读若錡，錡则从奇得声，奇又从可得声，与義同属歌（歌→哥→可）部字。

字 203 个，总频次 15735；指事字 51 个，总频次 8231；会意字 549 个，总频次 13861；形声字 3608，总频次 24733。”并列具先秦各个时期各种出土文献实际使用历史过程中的此消彼长对照表[①]：

表 2–1　先秦出土文献“四书”结构实际使用情况对照表

	西周金文				楚简帛文			
四书类别	字数	字形比重	用字总数	字频比重	字数	字形比重	用字总数	字频比重
象形	324	9.57%	29326	51.64%	203	4.56%	15735	25.15%
指事	42	1.24%	2266	3.99%	51	1.16%	8231	13.16%
会意	1037	30.64%	11178	19.68%	549	12.45%	13861	22.16%
形声	1981	58.54%	14018	24.68%	3610	81.84%	24733	39.53%

这种战国文字的使用选择倾向，即形声结构的急剧增量，根本是出于“区别”词义发展派生出新义项，为此而构造“本字”的需求。而且，总是使用已经使用过即业已认知熟悉的字符作为新出形声结构的构成部分。

借助形声结构形成新的楷字区别，同样体现出后世楷字认知选择使用的主要倾向。依据现存楷书字书统计，形声结构所占比重超过 90%。南朝《原本玉篇》残卷所著录不见于《说文》的“新增”部分为 714 个，其中形声结构字形共有 676 个，占新增字总数的 94.7%。其中左右结构字形有 553 个，占形声字总数的 82%。左右结构的字又以左形右声者居多（右形左声者较少，除了一个左边声符为永、右边形符为舟的结构即“泳”字异体外，其余的全部在《欠部》）。这反映了文字的书写日趋规范化和定型化，规范稳定的文字在交际中具有重要的意义。形声之外的结构只有 38 个，占新增字总数的 5.3%。[②]

石刻异体字表义构件换用调查，也可以发现这一楷化形声发展规律。调查统计表明，中古石刻异体表义构件换用现象，更多地发生在形声结构类型

① 参见《中国文字发展史》“前言”第二节。

② 朱葆华：《原本玉篇文字研究》第六章“《玉篇》新增字研究”，齐鲁书社 2004 年版，第 160 页。

当中。在发生换用的大约358个不重复单字中，形声字约占278个，占了换用总字量的77.7%。背后的取舍规律，即在于形声结构作为“认知原型”，对于楷字区别性的规定。①

二、形声发展的认知选择

关于汉字的结构性质及其认识，国内外部分汉字习得教学研究者，将形声结构中的声符部分所能标示的音值，跟整个形声结构的音值进行系统测查对比，试图重新认识汉字结构的性质。笔者曾经指出，在形声结构中，离开声符和形符任何一边去分析各自的功能特点、范围大小，实际上都是一件困难的事情。形声结构中的声符和形符，各自的作用，都是在相互依存、相互对待的结构关系中实现的。形符和声符，就是通过“结构对立”，使字形结构意义得到区别。通过这种区别，使得我们习惯上所说的表音表义即音义对应关系得到确证。归纳起来，形声结构，体现了汉字的基本区别功能；而形声结构区别意义的实现，就是依靠形符和声符的组合。这种从“结构对立”着眼的说明，可能是比较符合实际的。

不妨这样来考虑问题：对于一个开始接触汉字的学习者来说，他的视知觉接触到一个形声结构，首先能否进行分析？其次能否认识其中各个结构构件的功能？这些恐怕都谈不到。他首先所能认识的，只能是整个形声结构形体，进而了解形体跟所标记音义的关系，然后再逐步注意到其中有些构成成分跟整个结构的读音有些联系，甚至开始出现“读半边”的现象。最终熟悉到一定程度之后，就会分辨哪些构件在结构中始终处于基本相同的位置，在结构合成中的分工对应也比较固定，于是才能集合出经常处于形符位置的部分和经常处于声符位置的部分。这种集合的结果，等于是暂时地将各个构件的功能从结构中分离出来。分离的方便之处，首先就是使得整个形声系统内部的组织结构的观察分析变得比较直观。视知觉既然突出整体性认知特性，那么，在运用结构分析偏旁拆分手段进行汉字教学过程中，就不能不强调结构整体联系。汉字形体标记音义，是基于结构整体的规定。结构成分之间互

① 臧克和：《表意文字的认知策略——以楚简文字主要类型形声结构增长为例》，JOURNAL OF CHINESE WRITING SYSTEMS（JCWS），SAGE 2018年第1期。

相依存，互相规定，离开了结构整体联系，成分的功能是无法实现的。

形声结构形成区别特点之一，相同的形符范围，有待于声符的界定。配置声符，形符才能形成区别，即由类到种，由普通到特殊。没有声符的合成，形符所对应的也只能是一个基本的范围。而且，这个基本范围也是大致的划定，并没有严格的界限，通过下面几类形声结构能产性较高的例字，来观察这类声符对于形符进行规定、实现区别的结构关系。例如《水部》常见形声结构：

河，水。出焞煌塞外昆仑山，发原注海。从水，可声。

江，水。出蜀湔氐徼外崏山，入海。从水，工声。

沱，江别流也。出崏山东，别为沱。从水，它声。

沫，水。出蜀西徼外，东南入江。从水，末声。（按："沬"则从未得声，同"湏""頮"字，记录指涉有关水的功用。但楷化之后，区别性降低）

溫，水。出犍为涪，南入黔水。从水，𥁕声。

滇，益州池名。从水，眞声。

涂，水。出益州牧靡南山，西北入渑。从水，余声。

淹，水。出越巂徼外，东入若水。从水，奄声。

溺，水。自张掖删丹西，至酒泉合黎，余波入于流沙。从水，弱声。

漢，漾也。东为沧浪水。从水，難省声。

浪，沧浪水也。南入江。从水，良声。

濻，水。出扶风鄠，北入渭。从水，勞声。

漆，水。出右扶风杜陵岐山，东入渭。一曰入洛。从水，桼声。（按："如胶似漆"本字原作会意之"桼"或形声之"𣏟""汢""柒"，而"汁""汢"为分化字）

汝，水。出弘农卢氏还归山，东入淮。从水，女声。

沁，水。出上党羊头山，东南入河。从水，心声。

沾，水。出壶关，东入淇。一曰沾，益也。从水，占声。

灌，水。出庐江雩娄，北入淮。从水，雚声。

漸，水。出丹阳黟南蛮中，东入海。从水，斬声。

泠，水。出丹阳宛陵，西北入江。从水，令声。

汨，长沙汨罗渊，屈原所沉之水。从水，冥省声。（按：今与“汩”字结构易混，根源上也是不明形声结构关系所致）

深，水。出桂阳南平，西入营道。从水，罙声。

潭，水。出武陵镡成玉山，东入郁林。从水，覃声。

油，水。出武陵孱陵西，东南入江。从水，由声。

颍，水。出颍川阳城乾山，东入淮。从水，顷声。（按：“脱颖而出”字也是形声结构，同样是由顷得声形成有关“禾”类区别：禾尾和穗芒）

泄，水。受九江博安洵波，北入氐。从水，世声。

……

总体来看，是声符的参与构造，规定落实了所记录具体水名认知。又如《艸部》例字：

艸，百卉也。从二屮。凡艸之属皆从艸。

菜，艸之可食者。从艸，采声。

芹，楚葵也。从艸，斤声。（按《艸部》：葵，菜也。从艸，癸声）

蓮，芙蕖之实也。从艸，連声。

茄，芙蕖茎。从艸，加声。

荷，芙蕖叶。从艸，何声。

蔤，芙蕖本。从艸，密声。

蕅，芙蕖根。从艸、水，禺声。（按：完成芙蕖植物的各个部位认知，分工细密）

……

形声结构形成区别特点之二，相同的声符类型，有待于形符的具体区别。就是说，着眼于形符配置，才能使声符所对应字形结构音值个性化，即具体音值得到落实。按《说文》全文检索系统查询，“从某某声”认知标识的结构数量为 7776 个。这样庞大的形声结构群体，从今天的读音来看，绝大部分也都是由形符的组合而体现出声符认知功能，如朿声例，不能认为皆从朿得声，就消除了“帝”“策”等结构的读音认知差别：

帝，从丄，朿声。
策，从竹，朿声。

如氏声例，不能认为皆从氏得声，就消除了“祇”“底”等结构的读音认知差别：

祇（zhī），从示，氏声。
底，从广，氏声。

如斤声例，不能认为皆从攸得声，就消除了“欣”“沂”等结构的读音认知差别：

欣，从欠，斤声。（听，yǐn，从口，斤声，又见《口部》部分口＝欠连类）
祈，从示，斤声。
沂，从水，斤声。

如林声例，不能认为皆从林得声，就消除了“禁”“琳”等结构读音认知差别：

禁，从示，林声。
琳，从玉，林声。

如攸声例，不能认为皆从攸得声，就消除了“修”“條”等结构读音认知差别：

修，从彡，攸声。
條，从木，攸声
……

以上主要是依据现代语音学关系，来看待形声结构中的声符功能有赖于形符的认知情形。当然，有关部类也存在一部分声符跟整个结构音值对应的情形。但是，这同样也不过就现代读音关系而言的。从这个意义来说，以往试图通过谐声偏旁来讨论古今音变以及“同声必同部”的种种试图泯灭区别界限的说法，也许根本上就是违背了形声结构最基本的客观“区别”认知功能原则。所谓语音分化，是有条件的。这个条件，其中有相当部分或即来源于形声结构组合过程中产生的认知“区别”。

形声化选择，有助于维护和增加区别性功能。记号的区别，根本上取决于整个楷字系统。调查表明，相对于其他书体类型，楷字系统主体是基于形声结构认知模式建立起来的。因此，楷化记号区别性的重构，根本上就是形声结构的选择问题，而并非是一味走简约化的道路。例如：

1. 鞭—鞭。《宋本·攴部》：“鞭，卑緜切。”《名义》：“鞭，卑绵反。鞭字。”《名义》关联鞭、鞭异体，《笱景墓志》等魏晋南北朝墓志碑刻多处记录皆用“鞭”字，选择形声结构，并增加了跟相关形体的区别度。

2. 叡—壑。《宋本·谷部》：“叡，呼各切。沟叡也。与壑同。”《名义·土部》：“壑，呼各反。深室也。坑沟也。池也。”魏晋南北朝墓志碑刻选择如《元悰墓志》作壑，《慈庆墓志》作壑，大多用形声结构，且叡、豁记号丧失区别性，这也是选择从土形声结构的内在原因。

3. 靁—零。《宋本·雨部》：“靁，力丁切。落也。零，同上。又徐雨也。”《名义》：“靁，力丁反。落也。零，同上。”《说文》：“靁，雨零也。从雨，吅象雾形。”《说文》：“零，余雨也。从雨，令声。”魏晋南北朝石刻像《牛景悦造石浮图记》尚作，《黄庭内景经》作。《名义》《宋本》已经将靁、零关联为异体，通行楷字选择形声结构。又，靈—靈。《宋本·雨部》：“靈，鲁丁切。古文靈。”参见《宋本·巫部》“靈”，靈、靈异体。魏晋南北朝石刻数据库记录《寇霄墓志》等凡用21“靈”字，为高频用字。构造或从巫或从玉或从器，无用从三弓者。盖从三弓已经完全破坏形声结构，并丧失构造理据，说明楷字选择原则还是努力维持原本具有的构造模式。

4. 昏—昬。《宋本·日部》：“昏，呼昆切。《说文》曰：日冥也。昬，同上。”《名义》：“昏，呼昆反。暗也。强也。伐（作）也。”《说文》：“昏，日冥也。从日氐省。氐者，下也。一曰民声。”北魏《元引墓志》作昬，《元鸷妃公孙甑生墓志》作昬：魏晋南北朝墓志碑刻数据库筛选楷字使用形声结构，为“从日民声”结构。

5. 旮—期。《宋本·日部》：“旮，巨基切。古文期。”《名义》：“旮，渠基反。会也。当也。”《名义》：“旮，渠基反。古期也。”《宋本·月部》：“期，巨基切。会也，当也，要也，时也，契约也。旮，古文。”北魏《元继墓志》作期，《乞伏宾墓志》作朞：数据库筛选5条记录，除了结构位置有上下、左右的变化之外，定形于“从日其声”结构。这并非违背楷字选择简化的原则，而有可能是魏晋南北朝已经感到丌符的读音区别功能丧失，需要增加记号区别，保持形声结构。

6. 夨—侧。《宋本·日部》：“夨，壮力切。倾头也，今并作侧。”《名义》：“夨，庄棘反。倾头。”《说文》：“夨，倾头也。从大，象形。”“侧”又见《宋本·人部》。北魏《元纂墓志铭》作侧，楷字最终选择“侧”。唐抄本《名义》反切释义凡用近70“侧”字，而无一传抄使用“夨”字例。以夨形楷化虽简，但夨、夭、天、大等记号区别性不够，维护形声结构。

7. 辂—駕。《宋本·牛部》：“辂，古讶切。辂车也。籀文駕。”《名义》：“辂，居暇反。駕字。”《说文·馬部》：“駕，馬在軛中。从馬，加声。辂，籀文駕。”魏晋南北朝楷字通用“駕”字，不复有牛、馬区分，如《侯刚墓志》等，皆用駕。辂、駕异体，初分别为牛、馬駕车本字而设。楷化选择形声结构，从“各”读，早已不能明确，宁可从繁取馬。由是，在“駕车”功能上，牛、馬区别告退。

8. 乙—鳦。《宋本·乙部》：“乙，于秩切。玄鸟也。或作鳦。”《名义》：“乙，倚秩反。玄鸟。”《说文》：“乚，玄鸟也。齐鲁谓之乚。取其鸣自呼。象形。凡乚之属皆从乚。徐锴曰：此与甲乙之乙相类，其形举，首下曲，与甲乙字少异。鳦，乙或从鳥。”《诗经·商颂·玄鸟》：“天命玄鸟，降而生商。”《注疏》：“玄鸟，鳦也。”乚、乙、乙皆一字之分形，由象鸟形轮廓，趋向记号。所造成区别者，只是于记号的起笔或省或添。但这种区别，在书写过程中微乎其微，基本起不到区别作用。于是楷字的选择过程中，只能恢复到鳦的形声结构。这类牺牲简化的代价，在某些情况下似乎也是增加记号区别性所必需的。

9. 蝨—蠹。《宋本·蚰部》：“蠹，丁护切。木中虫也。又白鱼也。蝨，古文。”《名义》：“蠹，丁胡反。白虫也。蝨，同上。”《说文》：“蠹，木中虫。从䖵，橐声。当故切。螙，蠹或从木，象虫在木中形，谭长说。”北魏《元寿安墓志》“齐地丝紊，秦川桂蠹”作蠹，《赫连悦墓志》“式遏寇虐，销革蟊蠹”作蠹：楷字选择维护形声结构原则。

10. 匊—掬。《宋本·勹部》：“匊，居六切。两手也，满手也，四指也，手中也，物在手也。亦作掬。古文作臼。”《名义》本部：“匊，居陆反。手中也。掬字。”《说文》：“匊，在手曰匊。从勹、米。臣铉等曰：今俗作掬，非是。”北魏《元宝月墓志》“掬子是哀，友于弥笃”作掬。楷字选择形声结构，记号不惮从俗趋繁，因为“匊”形所从手符，经过楷化已经不显。

11. ㇄—隱。《宋本·㇄部》：“㇄，於近切。匿也。今作隱。”《名义》：“㇄，於近反。匿也。”《说文》：“㇄，匿也，象迟曲隱蔽形。读若隱。”《宋本·阜部》：“隱，於谨切。不见也，安也，度也，匿也。”㇄属笔划层次，功能基本相当于饰笔，如“悳”字所从构件有㇄笔，郭店楚墓竹简《老子》（甲）第33号作，已省此笔画。本部楷字亦无所统属：直、矗楷字选择皆无此饰笔。字书所存此部者，以下出《亾部》从入从㇄，分析之后，㇄件无所归属（另外，楷化之后，“隱”初文㇄，如“亾”，《说文》“逃也，从入从㇄”，跟“玄鸟”之㇄，也混淆为同形字）。北魏《元顺墓志》“有杞无隱，谠言屡陈”作隱，以㇄笔基本不具备区别功能，楷字选择形声结构。

12. 罡—岡。《宋本·刀部》：“剛，古郎切。强也。”《名义》：“剛，居昂反。坚强也。”《说文》：“剛，强断也。从刀，岡声。”《名义》“剛”次“刻”“剬”之间。北魏《寇霄墓志》“灼灼剛纪”字作，北齐《赵道德墓志》“剛而不挠”作：将声符替换为罡，在8字次中凡6次使用以罡为声符结构。罡的变换，主要是将半包围结构变为上下结构，记号选择以便于书写。但是，最终要服从于区别性的基本原则，所以“剛”字楷体最后还是恢复了从岡得声的结构。

13. 炁—氣。《宋本·火部》：“炁，去既切。古氣字。”《名义》：“炁，去既反。古氣，息也。”南北朝《尔朱绍墓志》作氣，其余石刻基本无例外；《名义》凡用72“氣”字，凡《说文》用“气”字，《名义》皆作氣字。楷字选择“从米气声”字形，强调形声结构原则。

14. 𠀋—鄰。《宋本·厶部》：“𠀋，力神切。古鄰字。近也，亲也，五家也。”《名义》：“𠀋，力神反。近也。亲也。鄰字。”北魏《元显儁墓志》作鄰，北齐《刘双仁墓志》“地邻沙漠，境接边荒，羽檄不驰，勋庸斯在”作鄰：楷字使用选择形声结构，邑符左右位置尚不固定，但数据库没有筛选到使用𠆢形的任何记录。

另外，楷字使用过程，有些试图增加区别度的趋势，虽未被后世所推广采用，但也反映了重建区别的努力。例如：

1. 暑—暑。《宋本·支部》：“暑，式与切。热也。”《名义》：“暑，舒与反。热。”《说文》：“暑，热也。从日，者声。”北魏《胡明相墓志》作暑，《元思墓志》“寒暑”字作暑：魏晋南北朝石刻所用楷字，添加灬形记号。这种现象，在功能方面可能存在两种解释：或是增加声符记号的区别，“者”作为声符在魏晋南北朝时期已经功能不显；或是“暑”作为整个记号记录“热”的表意功能需要强调，以便增加跟“署”等形近记号的区别。但由于这种增加记号区别性的努力是以牺牲记号简约化的选择原则为代价的，后世加“灬”之“暑”并没有流行开来。

2. 𠛪—雕。《宋本·隹部》：“雕，鹫也，能食草。”《名义》：“雕，都尧反。鷻也。”《说文》：“雕，鷻也。从隹，周声。”北魏《元显儁墓志》“春风既扇，暄鸟亦还。如何是节，剪桂雕兰。泉门掩烛，幽夜多寒”作𠛪：是楷书将“雕”用为“雕刻”，魏晋南北朝石刻用字试图改造为从刀专字，以增加区别。这一改造符合形声简化原则，作为记录“雕刻”专字，准确剀切，但后来也还是未能通行开来。至今记录“雕刻”与“鷻鸟”，仍然混淆使用。又如“鹤”字，《宋本·鳥部》：“鶴，何各切。水鸟也。”《名义》：“鸖，河各反。大鸟。”《说文》：“鶴，鸣九皋，声闻于天。从鳥，隺声。”北魏孝昌二年《秦洪墓志》“贞素贯云，皓气冰洁；鹤潜于罿，声闻远戾”作鸖，东魏武定元年《勃海太守王偃墓志》“如彼鸣鹤，振响腾云”作鸖。大抵魏晋南北朝楷化，鹤所从声符功能已经不显，于是替换为从霍声符，《名义》抄同。但是，“鸖”字后来也还是未能通行开来。

3. 醫—酋。《宋本·酋部》：“酋，疾流切。长也，酒官也，熟也，醳酒也，液也。或作醫。”《名义》：“酋，似流反。熟也。液也。”《说文》：“酋，绎酒也。从酉，水半见于上。《礼》有大酋，掌酒官也。凡酋之属皆从酋。”《宋本·酉部》：“醫，自流切。亦作酋，酒官也。”北魏《元弘嫔侯氏墓志》“大酋长”作酋。酉、酋之间，系添加记号形成分化，构成区别。所以，《宋本·西部》："醔，自流切。亦作酋，酒官也。"《名义·西部》："醔，似流反。酋字。"曾经选择形声结构醔，试图以增加西、酋之间的区别度。但比较起来，西、酋之间的区别性还是比较明确的。因此，"醔"这个形声结构也就让位于从简的原则，后来也没有被使用。

4. 塲—場。《宋本·土部》："場，除良切。《国语》曰：屏摄之位曰場，坛之所除地曰塲。《说文》云：祭神道也。一曰田不耕。一曰治谷处。"《名义》："塲，除良反。春夏为圃，秋冬为塲。"《说文》："場，祭神道也。一曰田不耕。一曰治谷田也。从土，昜声。"按"塲—場—塲"：北魏《元维墓志》作塲，《谢伯违造像记》作塲，与《名义》所传抄完全相同：場之声符本从"昜"，楷化之后与塲之声符所从"易"区别性降低，南北朝之际曾经使用从"傷"省声的楷字，以增加区别度，但以过于繁复，又与记录"封塲""坻塲"字混同，也就没有通行开来。

5. 武—武。"武"字为会意结构，但北魏建义元年《元瞻墓志》"显武将军"使用"从戈目声"的形声结构武，显然也是增加整体的区别度，试图避免所从止、山形经常导致混淆。

由上可见，形声结构，也是记号区别性得到重建的系统保证。因此，形声化选择，以增加记号的区别度为前提，往往不计笔画多寡。形声化选择与简约性选择形成对立和补充，都是由背后区别性认知规律所支配的。①

三、关于"义存乎声"

《说文》列出了或者说共使用了大约1631个字符来分析形声结构，这1631个声符字符中有的只是纯粹的表音字符，有很大部分则本身就是形声结构。统计分析《说文》"同声系列"，须划分层次。这1631个字头分别统摄了971组形声字，这样，《说文》中基本声符实际上只有971个，这可以算作是第一层次。在第一层次构成的形声结构，又充当了新的声符或者说衍生出其他的形声结构，依次为第二层次、第三层次……

理论上来说，"同声系列"的形声结构似乎层次可以无限衍生下去。实际

① 该处系补论，具体参见《中国文字发展史》第四册《隋唐五代文字》第一章第二节"楷字区别性"。

上,《说文》“同声系列”中最少的一组只包括一个层次，最多的包括五个层次，而且包括五个层次的比较少见。就单个字而言，事实上只存在“形符+声符”一个层次。下面列出几组例字：

- 刀
  - 到
    - 菿
  - 艻
  - 忍
  - 召
    - 沼
      - 落
    - 昭
      - 照
        - 羔
          - 糕
          - 窯

- 才
  - 在
    - 茬
  - 存
    - 荐
  - 𢦏
    - 戴
    - 栽
    - 哉

- 之
  - 蚩
    - 嗤
    - 滍
  - 志
  - 寺
    - 特
      - [illegible]
    - 時
      - 蒔
      - 塒

- 匕
  - 牝
    - 麀
      - 鏖
  - 尼
    - 柅
    - 泥
      - [illegible]
  - 旨
    - 指
    - 耆
      - 蓍
      - 嗜

- 亡
  - 忘
    - 莣
  -
    - 荒
      - [illegible]
  - 長
    - 帳
    - 張
  - 良
    - 郎
    - 朗
    - 浪

- 㠯
  - 异
  - 允
    - 夋
      - 俊
        - 葰
      - 陖
        - [illegible]
      - 酸
        - [illegible]
    - 沇
  - 佀
  - 允
    - 挨
    - 埃
  - 台
    - 治
      - 菭
    - 枲
      - [illegible]
    - 怠
      - [illegible]

- 今
  - 貪
    - 嗿
  - 岑
    - 梣
    - 涔
  - 金
    - 唫
    - 欽
      - 廞
  - 衾
  - 念
    - 稔
    - 唸

- 父
  - 布
    - 抪
  - 斧
  - 甫
    - 尃
      - 傅
      - 溥
        - 薄
          - 欂
          - 鑮
    - 圃
    - 浦
      - 蒲

- 爿
  - 牀
    - 妝
  - 牆
    - 蘠
  - 壯
    - 裝
    - 奘
  - 戕
    - 臧
    - 莊
  - 酱
    - 將
      - 蔣
      - 將
      - 奬

- 一
  - 聿
    - ⿰火聿
    - 律
      - 葎
  - 寽
    - 脟
    - 酹
    - 虢
      - ⿰氵虢

- 屮
  - 蚩
    - ⿰革蚩
  - 𡴭
    - 辥
      - 薛
      - 櫱
  - 疌
    - 婕
    - 捷
  - 叀
    - 專
      - 團
      - 轉
    - 袁
      - 睘
        - 還
          - 檈
        - 圜
          - 譞
        - 繯
          - ⿰糸還
      - 園

- 朿
  - 敕
    - ⿱艹敕
  - 涑
  - 刺
    - 莿
  - 帝
    - 禘
    - 啻
      - 嫡
      - 適
        - 蹢
        - 擿
  - 責
    - 嘖
    - 績

形声字的声符系联，即离析谐声结构，考辨其衍化派生，可以打通义符分属所产生的界障，弥补以形分类归并的局限。

清代语言文字学者朱骏声就是从这个角度治《说文》，自成一家。他宣称："六书形声之字十居其九。是编就许书五百四十部舍形取声，贯穿联缀，离之为一千一百三十七母，比之为十八部，以箸文字声音之原。"[①] 朱氏循此体例创纂《说文通训定声》，在灿若群星的清代朴学家里，生面别开，为研治诂训，实践"义存乎声"的原则，大开方便之门。

段玉裁作《说文解字注》，即以音韵为骨干，多所发明，如：

> 芋，大叶实根骇人，故谓之竽也。

段氏复于其下注释说：

> 《口部》曰：吁，惊也。毛传曰：訏，大也。凡于声字多训大。芋之为物，叶大根实，二者皆堪骇人，故谓之芋。其字从艸于声也。[②]

下面列出《说文》与此相关"同声系列"：

亏：竽吁盂杅粤芋雩夸訏軒盱邘宇衧扜尪忓汙玗吁
夸：跨誇胯刳瓠匏侉洿绔
雩：謣樗鄠
粤：甹
污：娎

下面，具体分析"凡于声字多训大"的契合程度。例如：

竽，《说文》："竹三十六簧也。"朱氏按：管乐也。三十六管，长四尺二寸。《吕览》：仲夏调竽笙壎篪。注：竽，笙之大者，以匏为之。《荀子·正

---

① 《说文通训定声·凡例》。

② 《说文解字注》一篇下。《集韵·虞部》："訏，匈于切。《说文》诡讹也。一曰訏謩。齐楚谓言曰訏。一曰大也。"

名篇》：调竽奇声以耳异。注：竽，八音之首。——“竽”属第一层次的形声结构，衍“于”声，有“大”义。

吁，《说文》：“惊也。”——“吁”情形同“竽”。

訏，朱氏按：《玉篇》引《说文》：齐楚谓大言曰訏，是也。字与誇略同。《诗·溱洧》：洵誇且乐。《生民》：实覃实誇。《抑》：誇谟定命。传皆本《尔雅》训大。《方言》一：誇，大也，中齐西楚之间曰誇。——“誇”情形同上诸例。

盱，《说文》：“张目也。”朱氏按：《魏都赋》：乃盱衡而诰曰。注：举眉大视也。——“盱”与上述情形正复相同。

衧，《说文》：“诸衧也。”朱氏按：大掖衣，如妇人袿衣也。

夸，《说文》：“奢也。从大，于声。”朱氏按：《广雅·释诂一》：大也。《吕览》：下贤富有天下而不骋夸。注：诧而自大也。据考察，“夸”字取象于圭表，实为“大圆规”，参见本书《夸父意象》篇。

弙，《说文》：“满弓有所向也。”朱氏按：《广雅·释诂一》：弙，张也。①

这样看来，在第一层次之上，字义与“于”声有联系的凡 7 字，因为“于”的本义为“大圆规”之象，所以衍“于”声的这 7 字皆有“大”义；而其余 14 字虽亦从“于”得声，然与“大”义无涉。至于第二层次形声结构，“于”仅为“声符”之“声符”，除了“誇”与“訏”差不多同义之外，其余皆与“于”的“大义”没有多少联系。又如：

{丶，主
{主，鴸柱室罜妵注駐麈狌

《说文·丶部》：“丶（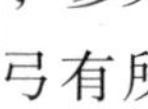金文），有所绝止，丶而识之也。凡丶之属皆从丶。”徐铉注：知庾切。又“主”下说：“主（简帛汉印石刻），镫中火主也。”徐铉注：“今俗别作炷，非是。之庾切。”看来丶、

① 《说文通训定声·豫部第九》。

主二者，实即一字。战国楚简“主”字作，从草木构成，属于“连体象形”认知模式，取象于点燃着的火把。“主”就是火把，也就是“炷”的本字。远古时期，火在人类生活中意义非常重大，夜幕降临，一个火把往往是团聚人们的核心，由此而引申为“主人、君主”等意义，又进一步引申为“主持”“主要”等意义，成为“主”字的常用义。①

然则按清代语言文字学者的理论，凡“主声字皆有主义”了？以下逐个进行分析：

图 2-1 三国时期青釉熊灯（器底刻有“甘露元年五月造”，南京清凉山出土）

柱，《说文》：“楹也。”朱氏按：《书·禹贡》东至于底柱。《水经·河水》注：山名也。河水分流包山而过，山见水中，若柱然。字亦作砫，《高唐赋》：状若砥砫。《礼记·明堂位》：殷柱鼓，按有木支之如柱也。

宔，《说文》：“宗庙宔祏。”朱氏按：经传皆以主为之。

罜，《说文》：“罜麗，鱼罟也。”

駐，《说文》：“马立也。”朱氏按：《后汉书·灵帝纪》：駐驾。注：停车处也。《苍颉篇》：駐，止也。《一切经音义》十七：駐，古文作住、尌、侸、逗四形。盖皆通用字。《释名·释姿容》：駐，株也，如株木不动也。《东征赋》引《苍颉》：駐，住也。《集韵·矦部》：“侸僼，当侯切。估侸，极疲。一曰偻侸，下垂。或作僼。”

麈，朱氏按：麈尾辟尘，古之谈者挥焉。释藏《音义指归》云：群鹿随麈，唯其所往，以尾旋转为准。

注，《说文》：“灌也。”朱氏按：注犹引导也。《广雅·释诂

① 俗语方言“香火”一词，其单位曰“炷”，也可以反映“主”字取象认知意义。这种联系，可以说是文化史上“光明崇尚”现象。

二》：注，识也。《周礼》“兽人”及“樊田”疏：注犹聚也。《诗》郑氏笺疏：注者，著也。言为之解说，使其义著明也。[1]

以上诸字衍“主”得声或直接或间接地与“主止”之义发生联系，而其余诸从主得声之字，与“主止”之义并无多少相干。

又如衍“吉”声之系列：

吉：詰桔硈頡欯袺姞拮鮚黠㝵趌結蛣劼佶壹
壹：懿
壹：懿

以上系列皆从吉得声，是否就皆有“吉”义呢？首先，得弄清楚“吉”的取象本义。《说文·口部》：“吉（甲骨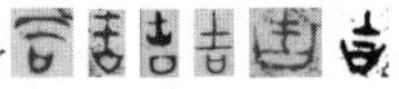金文简帛古玺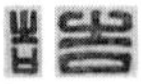汉印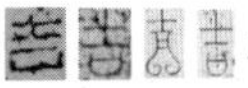石刻），善也。从士、口。居质切。”甲骨文“吉”字取象于“矢”，构形作。而“矢”在古代即为“正”“直”的同义语：《说文·木部》“榘”下说：“矢者，其中正也。”《矢》“短”下曰：“有所长短，以矢为正。”可为证。所以，大凡从“吉”得声之字，率多有“正直”之义：

桔，《说文》：桔梗也。一曰直木也。

佶，《说文》：正也。

頡，《说文》：“直项也。”朱氏按：《汉书·扬雄传》：“邹衍以頡亢而取世资。”《东方朔画赞》：“頡颃以傲世。”按皆傲睨之意，犹言强项也。

壹，《说文·壹部》：“壹（金文汉印石刻），专壹也。从壶，吉声。凡壹之属皆从壹。於悉切。”朱氏按：《左传·庄三十二》：“聪明正直而壹者也。”

結，《说文》：“缔也。”《广雅·释诂一》：結，曲也。”《释诂

[1] 《说文通训定声·需部第八》。

四》："诎也。"《礼记·月令》："蚯蚓結蔡。"注：犹屈也。《南都赋》："結根竦本。"注：犹固也。

蛣，《说文》："蛣蚰蝎也。"朱氏按：蛣蚰叠韵连语。凡体软屈曲之虫皆得谓之蝎也，蝎即蛣蚰之合音。[①]

看来，桔、佶、頡、壹字群皆从吉得声，或直接或间接都与"吉"之"正直"义发生联系；至于"結""蛣"诸文，皆与"正直"之义相反，但字义相反相成，亦属汉字字义引申方式之一，故仍不妨看作是从"吉"得声即有"吉"义之列。至于该系列其他诸字群虽也衍"吉"之声，但实与"正直"之义无涉。

上述几组例字分析，可以看出，"同声系列"的确存在着某种"声—义"对应的认知规律。在解诂释义过程中，正确地理解并运用这一原则，对于打破形体的界障，准确理解字的真正本义，无疑是有相当的意义的。但任何通则，稍稍有"过"，即会产生流弊。上述考察也发现，"凡从 × 得声"，不必"皆有 × 义"，这也是语言文字的基本事实。裘锡圭教授一向对这一说法持非常矜慎的态度，对主"右文说"者所津津乐道的例子——衍"戋"声、有"小"义的一系列字——作了细致密察考辨，梳理了个中颇为复综的义项联系。裘锡圭教授所提出的汉字形声字形符大多实际上已变成有音无义的"记号"的主张，倒是很值得文字训诂学界思考的。[②]

这里对"同声系列"进行分类统计，就是从数量上重新审视"凡从 × 声有 × 义"这一古训所适应的范围，也即"义存乎声"到底在多大程度上是成立的；一旦越过了这个尺度，只能出现流弊。[③]

---

① 《说文通训定声·履部第十二》。按"壹"字篆文作，故可解析作从壶吉声。

② 《文字学概要》，第 177 页。

③ 《说文》一书所保存描写记录中国文字的"音系"（读音系统），对于考释《说文》本身，乃至研究中国文字的字源学、语源学等等皆具不可多得的价值。而本书该部分受篇幅的限制又不可能展开详细的讨论，所以，我们这里将有关材料分类梳理出来，作为进一步研究《说文》一书的附录，列为本书的一部分。这部分材料是由李圃教授、刘志基先生提供的，顺便说明于此。重版按：此系旧注，重版略去，为省篇幅。

另外，关于"右文说"这一在中国小学史上颇有影响的理论的发生，钱锺书亦有说："汉人以会意解字之滥，盖不止谶纬，且已开王圣美'类左义右'之说矣。"亦可参看。见《管锥编》卷三，第 980 页。

第三章　取象：《说文》意象认知方式（上）

第一节　苍颉意象

《说文》第十五卷《叙》说：

> 古者庖牺氏之王天下也，仰则观象于天，俯则观法于地，视鸟兽之文，与地之宜，近取诸身，远取诸物，于是始作易八卦，以垂宪象。及神农氏结绳为治，而统其事，庶业其繁，饰伪萌生，黄帝之史苍颉见鸟兽蹏迒之迹，知分理之可相别异也，初造书契。百工以乂，万品以察，盖取诸夬。夬、扬于王庭，言文者宣教明化于王者朝廷，君子所以施禄及下，居德则忌也。苍颉之初作书，盖依类象形，故谓之文；其后形声相益，即谓之字。文者，物象之本；字者，言孳乳而浸多也。①

按许慎这段话是说文字发生的情形，其中包含了这样几个层次的意思：中国文字发生之前，是先有伏牺氏的所谓“观法取象”，继而又出现神农氏的所谓“结绳为治”，这两类表意指示的方式，其性质都不外是“立象”。而“象”原具多边，在传播使用者，得以应对各种场合；在接受者，亦可作面面观。是以天长日久，孳生歧义。“饰伪萌生”，也是很自然的现象。关于伏牺氏“观象于天”“观法于地”，在中国文化史上有相当悠久的传说。其次是中国文字原初作者，《叙》中归结为苍颉，而“文”“字”分途，各有所本，两者当对，初不“偏枯”。今天所见大徐本等只有“字者，言孳乳而浸多也”，至于相对的“文者，物象之本”则付阙如：似翁一臂、如夔一足。段玉裁注

① 文句及句读依段注本，见卷十五上，第 753~754 页。

本“依《左传·宣公十五年》正义补全”，今按《全后汉文》卷四十九“许慎”条下，所辑《说文叙》有“文者物象之本也”句，只是字句略有出入，作“文者，象物之本也”。辑者于其下注云：“本脱此句，依《书序》、正义《左传·宣十五年》补。”①

图 3–1 汉画像石——伏羲女娲、观象取法

中国文字起源，虽然自古众说纷纭，但一般认为影响之大者，就是这类所谓“苍颉造字说”了，即中国文字之起源，是属于所谓“圣人造字”的类型。《易·系辞传》：“上古结绳而治，后世圣人易之以书契。”尚未指实，泛言而已。《吕氏春秋·君守》：“苍颉作书”，《韩非子·五蠹》：“古者苍颉之作书也”……似乎“作书”已经成为苍颉“专利”了。《淮南子·本经训》：“昔者苍颉作书”，又称苍颉为“史皇”，《修务训》：“史皇产而能书。”高诱注：“史皇苍颉，生见鸟迹，知著书，故曰史皇，或曰颉皇。”取名牵合“史”者，是基于书写认知。《说文》专设“史部”，仅次二字：

史（甲骨 金文 古币 汉印 石刻），记事者也。从又持中。中，正也。凡史之属皆从史。疏士切。

事（玉书 简帛 古玺 古陶 石刻），职也。从史，之省声。鉏史切。㕜，古文事。

---

①《全上古三代秦汉三国六朝文》，第 740 页。检唐慧琳《一切经音义》卷四十七“文身”条下所引《说文》亦无“文者，物象之本”句，知唐人《说文》已脱此句。

又见罗振玉关于甲骨刻文“史”的释读手迹。

《集韵·洽部》保存关于“秦使徒隶助官书”作用，也是属于书写信息：“逋篴，行书也。秦使徒隶助官书，艸篴以为行事，谓艸行之间，取其疾速，不留意楷法也。从筆从辵。或作篴。”到后来，益发神圣其人，《春秋演孔图》《春秋元命苞》《河图玉版》等纬书，崔瑗、曹植、蔡邕、索靖、顾野王诸人遂以苍颉为古帝王，生于禅通之纪，距获麟前二十七万六千年。北宋罗泌作《路史》，更是描绘禅通纪仓帝史皇氏名颉，姓侯冈。龙颜侈侈，四目灵光，上天作令，为百王宪……

总的看来，“苍颉造字说”是越往后越发神圣细密，愈靠前愈简朴粗略，这正反映出古代“集体思维”形成“集合概念”过程的一般认知规律。至于汉代人许慎《说文叙》所说：“黄帝之史苍颉见鸟兽蹄迒之迹，知分理之可相别异也，初造书契。”显得越发契合情理。有不少人就因为古代“史官”与“造字”大有联系，“书契”之象源于“鸟兽蹄迒之迹”的启发，由此悟出“分理（即文理）可相别异”的关系，也颇近事理。段玉裁《说文解字注》里就笺释说：“《帝王世纪》云：黄帝史官仓颉。卫恒《四体书势》云：昔在黄帝，创制造物。……按‘史’者，记事者也。仓颉为记事之官，思造记事之法而文生焉。‘分理’犹文理，高诱注《吕览》曰：‘苍颉生而知书’，写仿鸟迹以造文章。”

照此看来，好像造字主名非苍颉莫属了。在古代，“史”“事”“吏”“使”皆是一字。上举《说文·史部》已见史、事二字结构认知，至于吏、使结构认知，又见《一部》：“吏（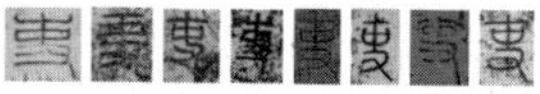石刻），治人者也。从一从史，史亦声。徐锴曰：吏之治人，心主于一，故从一。”《人部》：“使（石刻），伶也。从人，吏声。”

人们很快就看出了其中经不起推敲的逻辑失误，于是又援引“历史唯物论”，力倡“群众造字说”。笔者曾经撰文揭示，此说主要问题出在认识方法上面，即不在乎“苍颉”与“书契”之间的联系，而在于人们对“仓颉”之名原的认知。要是弄清了这个方法论的关系，所谓“群众造字说”与“苍颉书契说”之间并不构成什么对立，“群众造字说”事实上也就是一句不消说的废话。杨树达在《中国文字学概要》首章讨论“古文之作者”：“即实言之，作书者不止苍颉一人。《荀子·正论篇》云：作书者众矣，而苍颉独传者，壹也。晋卫恒《四体书势》云：昔在黄帝，创制造物。有沮诵、苍颉者，始作书契以代结绳。则苍颉而外，尚有沮诵。此皆作者不止苍颉一人之证也。”[①] 实在些说来，杨氏所征引，仍不免让人感觉有些单薄。且不说此处所引《荀子》本文充其量是来论证“壹”（即专一）的道理，所出也不在《正论篇》而实际是在《解蔽篇》；诸子说理议论之书，大要并不可引以为信史的。[②]

我们认为，“苍颉”之名，如同作弓之“羿”、作壶之“昆吾”、作八卦之“伏牺”，原是一类“集合概念”。即此“人”之得名，其原在于古人所创发之事物，后人便将一切有关功能意义皆归并到此“人”头上。这种“归类认同”认知方式，用人类学的方法来揭示，就是它们所反映的是初民的一种所谓“集体思维表象”。即如《荀子·解蔽篇》除了“苍颉”而外，还联类到文明史上的一群：“好稼者众矣，而后稷独传者，壹也；好乐者众矣，而夔独传者，壹也；倕作弓，浮游作矢，而羿精于射。奚仲作车，乘杜作乘马，而造父精于御。”“稷”之得名，实取于“禾”（稼穑之类）类与“畟”（田“畯”之异构），周部族就现成地拿来为其农业文明始祖（后稷）命名。“夔”，主司音乐之名，适在于“夔”之为物，实具有音乐功效；由是，主司音乐者，也就得以“夔”呼之。[③] 同理同致，“羿”之得名，在于“善射”，而“羿”不过就是“以弓射日”仪式的概括摹写而已。[④] 至于“乘杜作乘马”，即“乘杜”跟“乘马”的名原关系，杨倞在《荀子》本篇注里早已作了精到的揭举，而似乎一向未引起应有的注目。杨氏注说：“奚仲，夏禹车正，黄帝时已有车服，故谓之轩辕。……《世本》云：相土作乘马；杜与土同，乘马，四马也。四马驾车，起于相土，故曰作乘马。以其作乘马之法，故谓之乘杜。乘，并音剩。”

“集体思维表象”，是支配初民的“命名”认知原则。古希腊的神话传说里，教会人类观察星辰的升降，与教会人类计算和运用写下来的符号交换思想，这种种文明行为，都无例外地被归类到盗火给人间的普罗米修斯头上。

① 杨树达：《中国文字学概要、文字形义学》，上海古籍出版社 1988 年版，第 2 页。

② 臧克和：《苍颉·书契·笔聿》，《书法研究》1993 年第 3 期。

③ 臧克和：《汉字取象：义理辞章考据会通举隅》，《天津师范大学学报》1992 年第 2 期。名实之学，控名责实，有但据字形所不能尽了者，所谓尽信书不如无书是也。尝过海南陵水黎族自治县境，当地名吃，其食材取自土产“五脚猪”。详询土著，方知以其猪嘴善拱能掘，俨然增有一腿之长，犹如《西游记》猪八戒过八百里稀柿山之作用。大陆好事者必冥搜旁寻未已，横说竖说不休矣。

④ 臧克和：《汉语文字与审美心理》五，学林出版社 1990 年版。

这位神祇，就不啻是人类文明的顾问。[①] 由此所得之名，必然揭示的是归类认同的“集合概念”。比较其他民族关于文字起源一定要出现一位“圣人”的神话思维，笔者曾考察到，“苍颉”之得名，就在于“书契”。

首先来说“书”。《说文·聿部》说：“書，箸也。从聿，者声。”“箸”亦从“者”得声，以“箸”说“书”，是为声训，即用以探求“书”之得名来源。《集韵·魚部》：“書𦘕，商居切。《说文》箸也。一曰如也。庶也。纪庶物也。或作𦘕。”

又推原“者”字，《说文·白部》：“别事词也。”《说文·叙》说：“箸之竹帛谓之書，書者，如也。”段玉裁注说：“箸，各本作著，今正从竹。此字古只作‘者’；‘者’者，别事词也。别之则其事昭焯，故曰者明，而俗改为著明。别之则词与事相粘连附丽，故引申为‘直略切’之附者、‘张略切’之衣者；而俗亦皆作附著、衣著。或云《说文》无‘著’，改为‘箸’；皆未得其原也。‘者于竹帛’，附著而著明之于竹帛也。”[②] 这段说解，比较透彻地分析了“書”从“者”得名的认知联系。

“书”作为标帜字的姓氏，见《万姓统谱·魚韵》：“書，商音。尚書，官名，以官为氏。”看来“书”作为标帜字的姓氏之所从出就是“尚书”。“书”“商”“苍”音近（其实，“书”属《魚部》，“苍”“商”皆系《陽部》，可得“阴阳对转”）。也许正是由于“书”可读作“商”，最终使“书契”合成为一词。因为“商”原本有“契刻”之义，见《类篇》：“商，刻也。”又，“商”作为中国古代部族姓氏，与其始祖名“契”意义相应相合。“书契”之契，当作栔；写作“契”者，假借之用。这个意义，后来写作“锲”，从“金”取类构形，以示“契刻”之工具、之质料。《释名》云：“栔，刻也。刻识其数也。”《说文·大部》：“契，大约也。从大，㓞声。”又《刀部》：“券，契也。券别之书，以刀判其旁，故曰契券。”从考古发现的早于甲骨文的陶器符号来看，从新石器时代起，我国境内某些文化遗存的陶器上出现的符号，有的是刻划的，有的则是用毛笔一类工具绘写的。就数量而言，刻划的数量比绘写的要多。例如半坡的陶器符号就是由刻划的几何线条构成的。

---

① 按“火”的意象，在西方文献里就是文明开化的象征。见［德］斯威布《希腊的神话和传说》卷上，楚图南译，人民文学出版社 1990 年版，第 1 页。

② 《说文解字注》卷十五下。

年代晚些的龙山文化陶器，也发现有刻划符号。二里头发现的不少陶器刻划符号，则都在一种大口尊口沿里面。

图 3-2 先秦山东陶文及河南偃师二里头陶器刻符

其次来说“苍”。在中国训诂文献里，“苍”字来得相当神异。《广雅·释天》卷九上：“苍曰灵威仰，赤曰赤熛怒，黄曰含枢纽，白曰白扭矩，黑曰叶光纪。”王念孙《疏证》：“薛综注《东京赋》引《河图》云：苍帝神名灵威仰。”又《广雅·释宫》卷七上：“五帝庙苍曰灵府，赤曰文祖，黄曰神斗，白曰显纪，黑曰元矩。”王念孙《疏证》：“《尚书》帝命验云：帝者，承天立五府以尊天重象。赤曰文祖，黄曰神斗，白曰显纪，黑曰元矩，苍曰灵府。郑玄注云：天有五帝，集居太微，降精以生圣人，故帝者承天立五帝之府，是为五府。……苍帝灵威仰之府，名曰灵府。”按上述种种神秘的观念，自当属后起。王氏所援书证，也大都出自《隋书·宇文恺传》、《史记·五帝本纪》的索隐、正义，以及《文选·颜延之〈曲水〉诗序》的李善注疏，等等。但将文字神圣化，则是上古就存在的观念。《庄子·德充符》：“不可入于灵府。”成玄英疏解说：“灵府者，精神之宅也，所谓心也。”至于“苍颉”之颉，照朱骏声从语音方面的联系看，也是颇为复杂的。《说文通训定声·履部第十二》：“《庄子·徐无鬼》：颉滑有实。向注：错乱也。《胠箧》：颉滑坚白。李注：滑稽也；崔注：缠屈也。则谓借为结。又托名幖识字，黄帝史仓颉，殆青项以类命为象也[①]。又《中山经》：葴山，视水出焉，多颉。注：颉如青狗。”总括起来，若是硬要望文坐实，“苍颉”一名的字面意义可直解为“灵异的分理”，或无妨解会径如今语所谓“心画”。

① 按：观上下文知“命”为“狗”之讹。

设若从语音关系来看，有人将“苍颉”展转训释为“创契”“苍结”等，似乎不无一定道理。设若要从“苍颉”作为一个经过古代人归类认同的“集合概念”来看，则终觉不如将“苍颉”得名之原释为其功能意义——“书契”——来得直接了当：“苍颉”即“书契”之语转也。“鸟兽蹄迒之迹”，即“类如青狗”之“苍颉”也；“分理之相别异”，即是初造之“书契”也。由此而衍生“灵府”之“苍”，尚属后起。后人不解“苍颉”作为反映民族“集体思维表象”的一个“集合概念”认知之理，遂认定苍氏为一书家，进而坐实为一史官，又进而曲为之解苍颉进行过文字改革整理工作，而字还是出于群众之手所创制云云。看似合情理，实则背事理，且不通文字之物理也。今天来说“仓颉”所凝聚的造字认知，其意义原不在于苍颉们是否造过字这一类问题究竟有多少真实性，而是尝试运用训诂学、考古学、人类学等方法，在剥去其重重神秘外衣之后，多少得以认识苍颉们所发创之“书契”特征——大致上中国文字在发生阶段的一些情形。

中国文字的发生，在“书画同源”的意义之上，一般的认知是与原始绘画艺术的起源差不多同步。“書”“畫”皆从聿（筆）取象归类，《说文》皆归《聿部》①：

書（甲骨 金文 简帛 古玺 古陶 汉印 石刻），箸也。从聿，者声。

畫（金文 简帛 古玺 汉印 石刻），界也。象田四界。聿，所以畫之。畵，古文畫省。劃，亦古文畫。

《集韵·麥部》：“畫畵劃畫，胡麦切。《说文》界也。象田四界，聿所以畫之。古作畵劃，隶省。”从新石器时代彩陶艺术来看，中国古代毛笔的制作，在此时已经基本具备了今天所使用的性能，它距离历史上曾经改良过笔的秦将蒙恬时代，大约要早了数千年。迄今发现的甲骨刻辞，其中有的是先

① 《说文》实际归部是在“書”字之后出“畫”字，单置一部，实无必要：该部只厕一“畫”字，实际“書”当归《日部》。《集韵·魚部》：書𦘕，商居切。《说文》箸也。一曰如也。庶也。纪庶物也。或作𦘕。

用毛笔写过而未及施以刀工的。至少可以这样推原，笔在原始艺术领域广泛而成熟地运用，是中国文字很早就诞生的一种物质因素。

关于原始彩陶艺术纹样和中国古代文字的参互比较，笔者曾经指出过两者之间可能存在过的先后影响的联系。例如：彩陶纹样中“动物纹”里面从描绘有鳞片的鱼写生起，到简化为抽象的鱼形图案，跟殷周文字系统中的取象于鱼的“鱼类字”；鹿体的写实，与甲骨文里鹿形的侧面透视；“辛店类型”中象形的人物或动物纹饰，例如人、狗、羊、犬、鸡之类，和甲骨金文里摹写这些人物、动物文字的取象；其中的“编织纹”如网纹、篮纹、绳纹等，与殷周文字系列中从丝取象的字群，等等。其间的渊源关系，是到眼即辨的。

同时，学者们也大可不必犯了“巧合”的大忌，而将二者进行简单机械地对号入座。① 迄今为止，对于中国文字系统考察，仅就“取象取类”一边着

① 近年来，考古学者在山东昌乐、寿光等地田野调查，发现较殷商甲骨文年代更为久远（早了上千年）的“骨刻文”，并尝试与殷商甲骨文比对，得出中国文字起源可以上溯年代更加遥远的结论。这些推测，偶然性很多，恐难成立。学术界动辄“改写学术史”，其志大，其事难。《中国文字发展史·总序》第 4 页注释①：例如，不久前有考古发现所谓“4500 年前的甲骨文字”：在山东昌乐出土的 100 多块兽甲骨上，刻有 600 多个符号，结构和布局有一定规律可循，应该为 4500 年前的早期文字。有考古学者专题从事所谓“骨刻文”的调查研究。新华社报道了在翁牛特旗高日苏大黑山发现绘有原始文字符号的岩画。报道称这是百余座山中发现的 40 处数千幅岩画的其中之一，这些岩画距今已有 5500 年至 4200 年的历史。发现者因此认为，它的出现证明了中华古文字应该有 5000 多年的历史。2005 年《宁夏日报》则有报道称“大麦地岩画文字比甲骨文还古老，大麦地岩画中的发现有可能改写中国的文字史”。新华社报道称，内蒙古赤峰市翁牛特旗人文历史研究员吴甲才向与会者展示的岩画，在 2 平方米的岩面上有各类文字符号 30 个，是由 17 个基本符号元素组成的，按照文字符号的形态、排列位置及其所示方向，可能是一幅祈福图。此图与在大黑山半山腰发现的一幅人面鱼纹像和两幅小河沿文化时期的巫字岩图有着内在的联系，都与史前的巫术活动有关。这些岩画其中 12 幅附有上下连贯的初始文字符号，373 幅附有独立体初始文字符号，这些文字符号年代之久远、数量之多在全国少见，经过考据属于红山文化晚期至小河沿文化时期。经西北第二民族学院（2006 年更名为北方民族大学）岩画专家普查和研究，中卫北山大麦地有 3172 组约 8400 多个岩画个体图形，内容包括日月星辰、天地神灵、狩猎放牧和舞蹈、祭祀等。岩画专家采用丽石黄衣测年方法测得早期岩画距今 18000 年到 10000 年。对上述岩画个体图形进行研究表明，大麦地岩画区内图画符号是我国原始文字，1500 多个象形符号具有中国原始文字的基本象形形态，在大致同时期的陶文符号和后来的甲骨文中可以找到相近的形象。由两个以上的象形符号组成的复合体，已基本具备象形字、会意字、指事字等文字的要素。更为重要的是，这种象形符号在大麦地岩画中绝非偶然和孤立，而是排列有序。岩画专家最终得出结论，大麦地岩画，有许多象形与抽象符号已具备古老文字的要素。（参见《大麦地岩画文字比甲骨文还古老》，《宁夏日报》2005 年 9 月 16 日第 1 版）出版界的专家乐观估计，大麦地岩画中的发现有可能改写中国的文字史。（参见《大麦地岩画群发现最古老图画文字》，《人民日报》海外版 2005 年 8 月 18 日第 2 版）近年来出土良渚文化类型，亦有人称为前甲骨文文字，且较甲骨文字早了上千年云云。

眼。章学诚对于中国文献里“象”的论述，跟汉字取象取类说，理有相通：

> 物相杂而为之文，事得比而有其类。知事物名义之杂出而比处也，非文不足以达之，非类不足以通之；六艺之文，可以一言尽也。夫象欤，兴欤，例欤，官欤，风马牛之不相及也，其辞可谓文矣，其理则不过曰通于类也。故学者之要，贵乎知类。
>
> 象之所包广矣，非徒《易》而已，六艺莫不兼之；盖道体将形而未显者也。……万事万物，当其自静而动，形迹未彰而象见矣。故道不可见，人求道而恍若有见者，皆其象也。
>
> 有天地自然之象，有人心营构之象。天地自然之象，《说卦》为天为圜诸条，约略足以尽之。人心营构之象，睽车之载鬼，翰音之登天，意之所至，无不可也。然而心虚用灵，人累于天地之间，不能不受阴阳之消息；心之营构，则情之变易为之也。情之变易，感于人世之接构，而乘于阴阳倚伏为之也。是则人心营构之象，亦出天地自然之象也。[①]

按章氏所释，所可注意者，有如下诸端：

其一，“象”与“形”之关系，“象”先而“形”后，合于《管锥编》辨析所揭二者之关系。

其二，“象”与“类”之关系，以为“事得比而有其类”。

此处注释者引《礼记·学记》“比物醜类”，注：“以事相况而为之，醜犹比也。”按“醜”“疇”古音皆属幽部，“醜”为昌母，“畴”系定母；前者《广韵》音标为“昌九切”，后者音标为“直由切”；“醜”字中古音的地位是“昌母有韵开口三等上声流摄”，“畴”字中古音位置则被描写为“澄母尤韵开口三等平声流摄”：二字音近。《学记》作“醜”者，“畴”之借字。“畴”，类、比类也，《汉书》卷三十四《韩彭英卢吴传第四》：“坐法当斩，其畴

---

① （清）章学诚：《文史通义·易教下》，中华书局 1985 年版，第 18~19 页。

十三人皆已斩。”颜师古注：“畴，类也。”[①]此“畴”作动词，“畴类”犹言“比类”，与“比物”匹配当对也。

其三，章氏区分“天地自然之象”与“人心营构之象”，实肇自唐人孔颖达《周易正义》中关于“实象”“虚象”的认知辨章。[②]

第二节　修身意象

“修”字《说文》系《彡部》，“彡”作为形符统摄凡九字、一个重文。实际上各部参与构形为十几字，由此得到下面的“语义场”：

彡，毛饰画文也。象形。
须，面毛也。从頁从彡。
形，象形也。从彡，幵声。
㐱，稠发也。从彡从人。
修，饰也。从彡，攸声。
彰，文彰也。从彡从章，章亦声。
彫，琢文也。从彡，周声。
彰，清饰也。从彡，青声。
㣎，细文也。从彡，㝡省声。
彩，文章也。从彡，采声。
彣，䘩也。从彡从文。
彦，美士有文，人所言也。从彣，厂声。[③]

寻绎“彡”符构建的这个“语义场”，可以发现其中存在着下列互相联系的语

① 按商周青铜器铭文有不少“亞”字形，个中多填入图像意味浓厚的族徽标识。学者多不加辨识。《说文·亞部》：“亞，醜也。”亞、醜皆可以“匹类”释之，或即以氏族匹配相类之制，作用大体即今天计算机语言学所谓“统配符”也欤？

② 臧克和：《汉字取象论》，台北圣环出版公司1995年版。

③ 这里列出的从彡符的字群，尚不包括虽从彡构形而《说文》列置他部，且距《彡部》较远离的字形，如彭、𢒊、彬等。若是连这一部分也考虑进去，亦有可观。

义指向类别：

a. 关于清理整饰的语汇；
b. 关于美好形象的语汇；
c. 关于整饬文章的语汇。

“修”字取象构形的本义，自当受有关“场”的规定。段玉裁注“修”字基本上是接近其字源意义、去古未远的。其说曰：“《巾部》曰：饰者，㕞也。《又部》曰：㕞者，饰也。二篆为转注。饰即今之拭字。拂拭之则发其光采，故引伸为文饰。《女部》曰：妆者，饰也。用饰引伸之义。此云修饰也者，合本义引伸义而兼举之。不去其尘垢，不可谓之修；不加以缛采，不可谓之修。修之从彡者，洒㕞之也，藻绘之也。引伸为凡治之称。”①

“修”字实际取象于古代人“洗礼涤罪”巫术仪式。换言之，“修”字构形凝结了古代存在的“修祓”“修身”一类认知理念。

“修”字从攸得声兼受义。“攸”字见《说文·攴部》：“攸（甲骨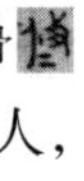金文简帛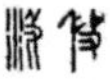古玺石刻），行水也。从攴从人，水省。徐锴曰：攴，入水所杖也。以周切。，秦刻石绎山文攸字如此。”其下所收录秦时峄山刻石字形直接从水结构作汥。《集韵·尤部》：“攸汥攸泅，夷周切。《说文》行水也。徐锴曰：攴入水所杖也。又姓。秦刻石峄山文作汥。或作攸。古作泅。”结体的然从水，这正是《说文》为揭开中国上古“修身”之谜而保存的一条弥足珍贵的认知线索。《说文·彡部》：“修（古玺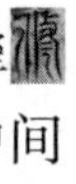石刻），饰也。从彡，攸声。”看来，今天所常见的“攸”字，其结构中间的一竖不仅省略不得，而且还得了解它是代表了“水”的元素成分的。比勘金文“攸”字结体，知《说文》保存了相当古远的字源取象，见上面《说文》列具篆文与出土文字所对照系列：

。

铭文“攸”大率包涵流水成分。而且“攸”“修”金文通用，“攸”就是“修”字初写，“修”实为“攸”字之孳乳。周代中期《䍧壶》上面“修”作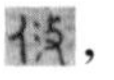，

① 《说文解字注》九篇上《彡部》。

《毛公鼎》上面有铭辞“攸勒”，其“攸”字所作，结体全同。《古鉢》有“修身”一辞，同战国时期《陈簋》“修身”词例正等。[①]

图 3-3 海外度藏青铜器——羊首提梁卣

图 3-4 商代戈卣全图

“修”字构形，就是“洗滌”意象的摹写。“修”字古文由侧身背立之人、从人背上冲刷之水、手持木枝条击打之攴，三部分合意而成一体。《说文·攴部》：“攴，小击也。从又，卜声。”王筠书句读书证：“攴，经典作扑。《虞书》：扑作教刑。传：扑，榎楚也。”[②]“修”字所隐括的意象再清楚不过就是手持木枝條，加上水（构成“滌”）来洗滌人的后背躯体。所以说，“修”字取象本义就是洗滌人体，是修也者，滌也。

《说文·水部》：“滌，洒（音洗）也。从水，條声。”《木部》：“條，小枝也。从木，攸声。”而“修”亦从攸得声，说具上文。故修、滌本声同，可得通用。滌音迪，迪则从“由”得声。王国维考证：“经传逌多作攸。近高邮王氏《经义述闻》与《经传释词》始历诗书以明攸、迪二字古皆训用。余意逌、迪本是一字。古卣、由同音同义，故逌或从乚作，转讹为迪。亦犹之讹为逌也。《书·多方》：不克终日，劝于帝之迪。迪，马融本作攸。”[③]

由此看来，攸、迪两字古本通用，迪原本从由得声，攸、由音同。[④]《方言》卷六说：“由迪，正也。东齐青徐之间，相正谓之由迪。”按“由”实则为“修”之转语，今山东诸城等地谓之“修溜”，即修之使正之意。《方言音释》卷一：“脩（修）、

① 《金文编》卷三，第 218 页。

② 《说文句读》卷六。

③ 王国维：《观堂集林》卷六“释由上”，第 294 页。

④ 《集韵·尤部》：“庮庿，夷周切。檐槐谓之庮。一曰久屋朽木也。或从卣。”“邮郰，夷周切。亭名，在冯翊高陵县。或作郰。”

骏、融、绎、寻、延、长也。脩即为條之叠韵音转。”[①]《周礼·春官·司尊彝》：“凡酒脩酌。”郑注：“凡酒谓三酒也。修读如滌濯之滌。”《逸周书·周祝》：“举其修，则有理。”王念孙《读书杂志》：“修即條字，條必有理，故曰举其條则有理。”

在日本国语中，“修”字的本义被解释为由形声结构表现出“洗涤清洁”之义，而“修祓”一词，就是“清める”的意思。[②]与前面所列具语义场类即“清理整饰”的语汇相应。古代典籍有不少关于“修祓”（“修禊”和“祓禊”）的记载。“祓”原是一种祭祀，《说文·示部》：“祓，除恶祭也。”古语有“祓除”一词，《周礼·春官·女巫》：“女巫掌岁时祓除釁浴。”注：“岁时祓除，如今三月上巳如水上之类。”意思是说古代三月在水滨举行一种滌污去不洁的仪式。这原是滥觞于远古的一种民俗文化活动，每年三月上巳这一天到水边洗滌，以刷去宿垢，也就象征着身心的净洁、不祥的祓除。《后汉书·礼仪志》上：“是月（三月）上巳，官民皆絜于东流水上，曰洗濯祓除，去宿垢疢，为大絜。”据记载，此类仪式，自三国魏后就只用三月三日。北周庾信《庾子山集》的《三月三日华林园马射赋》中有“虽行祓禊之饮，即用春蒐之仪”的句子。如此看来，“祓濯”就是“洗濯”：《初学记》四晋人张华《三月三日后园会》：“合乐华池，祓濯清川，泛彼龙舟，泝游洪源。”《新唐书》一九八《萧德言传》：“德言晚节，学愈苦，每开经，辄祓濯束带危坐。”至此似乎“祓禊”已不限于“上巳”特定的日子，而是可以泛施于一般虔诚郑重场合。“修禊”一词所指的情境也一般无二。汉代人蔡邕作了一篇《祓禊文》，今已散佚不全，亦可想见其仿佛：“洋洋暮春，厥日除巳，尊卑烟骛。惟女与士，自求多福，在洛之涘……”[③]“暮春”行“洗滌”之仪式，似乎是直承上古的。《论语》一书描述令人向往之境，也是讲暮春三月，春服既成，童子长者数人，浴于沂，风乎舞雩，咏而归。[④]颇疑上古气候温润，水温高且早，否则就只能作为一种象征性的洗滌仪式观之。晋代人王羲之《临河

---

① 丁惟芬：《方言音释》，齐鲁书社1985年版，第16页。

② 《标准汉和辞典·人部》。

③ 《全上古三代秦汉三国六朝文·全后汉文》卷十七。

④ 《论语·先进》。

叙》还这般描写："暮春之初，会于会稽山阴之兰亭，修禊事也。"[①]

如此看来，"修祓"仪式的一个共通认知特征，那就是由于"水"的意象的参与而必须诉诸"清洗沐浴"。《管子·小匡》："鲍叔祓而浴之。"《小尔雅·广诂》："祓，洁也。"

如此，由《说文》所具列语义场中"清理整饰"的类语汇所规定的"修身"情形，实在有些类似于西方许多民族中间盛行的"洗礼"的宗教仪式。耶稣是在约旦河中受洗后成为上帝之子的，《马可福音》和《约翰福音》也都是从耶稣受洗这一仪式开始叙述的。《古兰经》里的真主为了劝谕众生修善，再三向人们描述"乐园"的特点是"下临诸河"。[②]基督教洗礼方式之一便是所谓"浸礼"（immersion），行礼仪之际，受浸礼者须全身浸入水池中片刻。早期基督教会在行注水洗礼外，也常常举行这个仪式，因此，有些古老教堂的旁侧往往设有水池，称作洗礼池。基督教一个新教派就是"浸礼宗"，据该派的解释，为强调《新约圣经》所载"洗礼"与"埋葬"的关系（见《罗马书》及《歌罗西书》），特别主张受洗者必须全身浸入水中，以象征受死埋葬而复活。[③]翻检《罗曼当代英语词典》，"洗礼"（baptism）词条下面的解释是：基督教的宗教仪式之一，大要为将人体以水浸溅，使其变得纯洁；并由此表明：该受洗者业已被接纳为某教会成员。日本学者白川静也曾联系日本等东方沿海民族有"清身"的习俗，进而考察到"修身"即是一种"洗礼"的巫术行为。[④]

"修身"仪式中"水"这一意象极为重要，它是使不洁之物从人体得到消解转移的认知中介物。《说文·水部》："滌，洒也。""洒，滌也。古文为洒埽字。""濯，澣也。""澣，濯衣垢也。"神话思维中所谓"可转移性认知原

---

① 《全上古三代秦汉三国六朝文·全晋文》卷五十一。

② 参见《古兰经》中译本，中国社会科学出版社 1981 年，第 3、5 页等。颇疑此"河"是作为比喻意象使用的，因为该经里面真主自道："真主的确不嫌以蚊子或更小的事物设任何譬喻。""他以譬喻使许多人入迷途，也以譬喻使许多人上正路。"这个特征，与《圣经》中耶和华相同："我开口用比喻。"

③ 参见任继愈《宗教词典》，上海辞书出版社 1981 年版，第 899 页。据说 8 世纪以来，因感到浸礼有种种不便，尤其是对体弱患病者不便，西部教会行注水洗礼者日增，到 12 世纪几乎全部用注水洗礼。

④ ［日］白川静：《中国の神话》第一章"中国神话学の方法"，日本中央公论社 1977 年再版。

则”，正是“修身”仪式盛行的内在原因。“希腊的敬神节和某些爱奥尼亚节日包含一种类似赎罪的仪式，它可以上溯到最古老的神话起源。起初，这些滌罪和赎回仪式不是根据符号替换，而是根据实的物质转移，一个遭受一场灾祸的巴塔克人能够通过把这一灾祸转移给一只燕子而‘使灾祸飞走’。……在滌罪仪式结束时，这些‘替罪羊’被抛进海里或河里，以便让四位滌罪神把它们带进地狱，在那里，这些替罪羊将消失得无影无踪”[①]。

上述联系表明：中国古代的“修身”原是一种巫术宗教的仪式，这一意象说到底是有浓厚的象征意味的。如同西方“洗礼”仪式由完全浸洗走向简单注水，中国古代“修身”也逐渐转换为连“洗涤”的程序也不必恪守的形式，即由“修（滌）身”→“洗心”。对应于《说文》所提的语义场，那就是a类转化为b类：由“清理整饰”认知发展为“美好形象”。在出土文献及传世典籍里，“修身”“修己”“修德”等说法，其内涵是通联一气认知的。

商周春秋战国青铜器铭文数据库查询，《毛公鼎》铭文已经使用“攸勒”辞例，辞例中的“攸”即用同“修”字。战国楚简帛数据库统计表明，“攸”字使用11次，其中除了4次属于用同卣字的情况，其余都属于攸用同修字。[②]魏晋南北朝石刻数据库查询“修身”仅1见，隋唐五代石刻数据库则为高频词，使用30多次。传世古书像《今文尚书》“修”为高频词，凡使用10次。其余典籍用例约举如下列：

修己以安人。（《论语·宪问》）
修己以安百姓。（《论语·宪问》）
修己以敬。（《论语·宪问》）
修己而不责人。（《左传·闵公二年》）
修身也，尊贤也。（《礼记·中庸》）
修身及家。（《礼记·乐记》）
修身以俟之。（《孟子·尽心上》）
修身以俟死者，不在此位也。（《礼记·射义》）
修身以道。（《礼记·中庸》）

① 《神话思维》，第64页。

② 这里商周铭文数据库统计情况、战国楚系简帛文字数据统计结果，会少于补充加工过的网络数据库。因为，前者所处理文本资料，截至2002年间；后者截至2003年。

修身则道立。（《礼记·中庸》）
修身慎行，恐辱先也。（《孝经·感应》）
修身践言，谓之善行。行修言道，礼之质也。（《礼记·曲礼上》）
修其身而天下平。（《孟子·尽心下》）
修厥身，允德协于下。（《书·商书·太甲中》）
修道之谓教。（《礼记·中庸》）
修道以仁。（《礼记·中庸》）
修德而后可。（《左传·昭公二十年》）
修德息师而来。（《左传·襄公九年》）①
……

其中关于“修”字认知已相当虚化抽象。大致上到了战国屈原时代，不妨看作是“修身”意象流转阶段。《楚辞》多讲“好修”，如《离骚》始曰“纷吾既有此内美兮，又重之以修能”，继曰“老冉冉其将至兮，恐修名之不立”，复曰“余虽好修姱以鞿羁兮，謇朝谇而夕替”，再曰“进不入以离尤兮，退将复修吾初服”……在这些地方，王逸《章句》释“修”已失其溯，往往虚泛而无当。倒是洪兴祖的《补注》直探底蕴，谈言微中。如“修名”王注：“恐修身建德，而功不成名不立也。”洪注：“修洁之名也。”又“修姱”王注：“习前人之大道。”洪注：“谓修洁而姱美也。”又“退将复修吾初服”王注：“修吾初始清洁之服也。”尚记所来有自也。又“余独好修以为常”王注：“我独好修正直以为常行。”洪注：“下文云：汝何博謇而好修。又曰：苟中情其好修。皆言好自修洁也。”②也许正是由于这种差异，遂导致了关于“纷吾皆有此内美兮，又重之以修能”这一关键诗句的训诂上的认知歧义情形。“意態”之“態”就是得声于“能”符，《说文·心部》：

意也。从心从能。徐锴曰：心能其事，然后有態度也。他代切。，或从人。

① 《十三经注疏》。
② （汉）王逸注：《楚辞章句》，岳麓书社1989年版，第5页。

大徐结构分析多方附会。《集韵·代部》："態僻，他代切。《说文》意也。从心从能。徐锴曰：心能其事，然后有態度也。或从人。"《集韵·登部》："能䏻耐，奴登切。《说文》熊属，足似鹿，能兽坚中，故称贤能。而强壮称贤杰也。或作䏻耐。"所谓"《说文》熊属"的认知关联，属于《东部》该异构字群："熊𤞲能䨥䕶，胡弓切。《说文》兽似豕，山居，冬蛰。亦姓。或作𤞲能䨥䕶。"段氏《说文》注："能亦声。"[①]这里的"能"应该就是认知读作"姿態"之"態"。外在之姿態，方得以与该诗上句的"内美"相宜、相互映发、相互补足。而"修能"之"修"，在这里所使用的就是上面讨论到的取象本义。联系《离骚》本文所描述的"修能"的具体内容以及《楚辞》的其他有关篇章，这个"修能"之"修"大要不外"沐浴"和"佩饰"两个方面。合起来"修能"的意思大概就是指"芳洁的外表"。如《离骚》本篇具体描述为"纫秋兰以为佩"……王逸注："言己修身清洁……纫索秋兰，以为佩饰。"《九歌·云中君》："浴兰汤兮沐芳。"洪兴祖补注："乐府有《沐浴子》。刘次庄云：《楚词》曰：新沐者必弹冠，新浴者必振衣。又曰：与女沐兮咸池，晞汝发兮阳之阿。皆洁濯之谓也。"

"修身"意象由语义场a类指向b类，由外在向内转，古语通常是由"洗心""洗胃""心斋""斋戒"之类词语来传达的。《易·系辞上》："圣人以此洗心，退藏于密。"注："洗濯万物之心。"按下云："圣人以此斋戒，以神明其德。"注："洗心曰斋，防患曰戒。"此处亦言"洗濯"己之心，非谓"洗濯万物之心"也。《庄子·山木》："愿君刳形去皮，洒心去欲。"又《知北游》："汝斋戒，疏瀹而心，澡雪而精神。"语意胥与《系辞》之"洗心"契会。这种"洗心"精神也即"斋戒"的形式，似乎一直影响到后世。《全晋文》卷四九傅玄《傅子》："人皆知滌其器而莫知洗其心。"[②]

从下列《说文·示部》相关字群认知来看，"齋"（斋）实际上也是一种保持身心洁净而采取的一种祭祀仪式。"齋"从齊（齐）得声，即发生"齊"义认知关联，是《集韵》干脆将"𪗋齋齊亝𪗗𪗋"认知为同用异构。《礼记·曲礼上》："齊戒以告鬼神。"古代人在祭祀前须清心洁身，以示庄严；

① 《说文解字注》十篇下。
② 《管锥编》卷一，第46页。

通常是沐浴更衣，在饮食起居上也要有些特殊规定。《孟子·离娄下》："虽有恶人，齋戒沐浴，则可以祀上帝。""齋戒"与"沐浴"连文。佛教流行以后，"齋"这种仪式专门在饮食认知方面加了两个新的涵义：（1）过中午不食为齋。《释氏要览》卷上："佛教以过中不食名齋。"如果过中午再食，则称"非时食"。（2）素食曰齋。如在家修行的居士按时持"八齋戒"，只吃素食，叫做"吃齋"。佛戒遵守齋法不违犯叫"持齋"。[①] 魏晋南北朝石刻数据库显示，"齋"用为专名以及洁净仪式的高频字，凡 17 次；隋唐五代石刻数据库使用则达到高峰，凡 209 次。

在这样的历史背景下，历代字汇贮存的"齋"字结构，经过了这样的几个认知演变过程：

《说文·示部》：齋（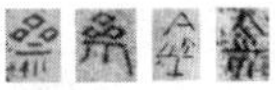金文简帛汉印），戒，洁也。从示，齊省声。侧皆切。𩟍，籀文齋从𩟆省。𩟆音禱。"《集韵·皆部》："𠆜齋齊𠆭𩟍𪇞，庄皆切。《说文》戒洁也。隶作齋齊，古作𠆭，籀作𩟍或𪇞。"《蔡侯盘》铭文也使用了"从示齋声"左右结构，体现了"执齋"（持斋）属性。𩚵字见于后世《正字通》，斊、𩚵字则可见于《字汇补》，所收古文表现为从食构形，表明"齋"认知已经与某些饮食禁忌发生关联；至于《字汇补·文部》："斊，古文齋字。"从文从米结构，更是与所谓"素食"发生认知关联了；[②] 至于《字汇补·食部》又收录"𩚵"字古写从不从食会意，照字形结构而言，前者至少已经规定着只吃"五谷"抑或"素餐"；后者则讲究不吃些什么，抑或某个特定时间之内干脆不吃东西，等等。

《南史》卷四七《荀伯玉传》上面记载："若许某自新，必吞刀刮肠，饮灰洗胃。""洗胃"之说，大概最早见于此处，其语意指向，可能就与上具"齋"字结体的历时演进有些联系。

由此可以这样说，至少是先秦时代人们就已经纯然追求所谓"洗心"精神。例如《庄子·人间世》里面就曾依托颜回与孔子讨论过"食齋"和"心齋"的关系：颜回曰："回之家贫，唯不饮酒，不茹荤者数月矣；若此，则可以为齋乎？"夫子曰："是祭祀之齋，非心齋也。"此"心齋"在《庄子》一

① 任继愈主编：《宗教词典》，上海辞书出版社 1981 年版，第 903 页。

② 王重民、王庆菽、向达、周一良、启功、曾毅公等人编校《敦煌变文集·太子成道经》（人民文学出版社 1957 年版）："日食一麻或一麦，长斊座禅观行。"

书中所指就是排除一切思虑与欲望，保持心境的清静纯一。《人间世》本篇说："若一志，无听之以耳而听之以心；无听之以心而听之以气。听止于耳，心止于符，气也者，虚而待物者也。唯道集虚，虚者心齋也。"

像今天语言里还在广泛使用的"洗心革面""精神洗礼"之类成语，仍然多少保存了这方面的一些信息。上述考察过程表明，从"修身"到"洗心"的转换过程，就构成为先秦诸子们诸如"三省吾身""参省乎己"等崇尚内心独省的理性精神的历史背景，从而使中国古代"修身"意象所传递出的文化精神与西方通过外在的近乎狂热的宗教形式所披露的心态意绪形成一种鲜明的对照[①]。不过西方的修身似乎呈现着更为鲜明的巫术色彩。贝专纳土人"从异乡旅游回来，总要理发沐浴净洁一番，恐怕从外乡人那里染来巫术邪恶"。西非一些地区，男人久别回家，同妻子会面之前，必先用特定的水沐浴并经巫师在前额作一记号，借以消除外乡女人在他身上施行的符咒，这种符咒如不消除其魔法，还可能通过他传染给本村其他妇女。两位印度大使受本地亲王派遣出使英国，回来后被认为受外国人污染太深，只能再次重生才能恢复纯洁无邪。[②]

东方日本民族《古事记》中有所谓"阿波岐原祓禊"[③]。说的是大神伊邪那岐命从黄泉返回现世后，为了洗涤黄泉国的污秽，在筑紫日向国桔小门的阿波岐原举行了祓禊仪式。在祓禊过程中，以"上游水流太急，下游水流缓慢"，于是来到中游洗涤。祓禊中丢弃的随身物品化生出瘟神等，亦资符验。但是，单纯汉字字符结构体示的认知关联来看，远较各地说法来得纯粹著明。

第三节　女性意象

《说文·女部》连大徐新附部分，共收245字，实际连重文以及主体从女构成且与《女部》相邻字，超过250字，构成全书最大部类之一。《宋本玉

① 臧克和：《汉语文字与审美心理》一，学林出版社1990年版，第6~10页。

② 《金枝》，第298页。

③ 外国神话传说大词典编写组编：《外国神话传说大词典》，中国国际广播出版社1989年版，第592页。

篇·女部》则发展到 383 字，与《万象名义·女部》反映南北朝贮存情况的 299 字相较，增长了 82 字，增长率超过 20%，这大体可以认为是唐代增字比例。到宋代《类篇·女部》，更是到了 599 字。女性字符大规模贮存使用，反映了相关领域的认知发展水平。

庞大的女部字群，构建了繁杂的“语义场”。在《说文·女部》所保存“女性语义场”里，伟大与渺小共存，高贵和低贱杂糅，显示了异常复综的情形。例如，一方面是“女”“奴”“如”等发生同源联系，另一方面却记录了母系时代的孑遗——“姓氏”从女的认知来源，“姓、人所生也。古之神圣母感天而生子，故称天子。从女从生，生亦声。《春秋传》曰：天子因生以赐姓。”举凡“姜”姓等一系列从女的姓、及其得名之原，也在这部分得到了反映。一方面是一系列人类共通的奸淫、妒嫉、懒怠，甚至惭愧等劣根性，也都统统关联女部。另一方面为一系列美词所造之字亦从女，甚至不惜为女性造了一批“专字”。

综核《说文·女部》收字所记录“女性语义场”，主要就包容了这样一些既有区别又互相联系的方面：

a. 指向有关女性婚姻的认知语汇；
b. 指向有关女性生育的认知语汇；
c. 指向有关女性礼仪规范的认知语汇；
d. 指向有关女性禁忌制度的认知语汇；
e. 有关女性专称认知用字。

一、婚姻仪式

《说文·女部》指涉婚姻事象的凡 6 文：

首先是“媒”：“谋也，谋合二姓。从女，某声。”《集韵·廢部》：“䴬，去秽切。蘖也。齐人名曲䴬曰媒，徐邈说。”《尤部》：“𡈉囮，夷周切。捕鸟媒也。或作囮。”《尤部》：“囮，以九切。鸟媒也。”

 少女也。从女，乇声。坼下切。

媒 谋也，谋合二姓。从女，某声。莫杯切。

妁 酌也，斟酌二姓也。从女，勺声。市勺切。

嫁 女适人也。从女，家声。古讶切。

娶 取妇也。从女，从取，取亦声。七句切。

婚 妇家也。《礼》：娶妇以昏時，妇人阴也，故曰婚。从女从昏，昏亦声。呼昆切。，籀文婚。

姻 壻家也。女之所因，故曰姻。从女从因，因亦声。於真切。，籀文姻从𣶒。

妻（金文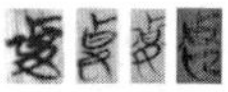简帛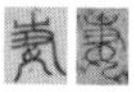石刻），妇与夫齐者也。从女从屮从又。又，持事，妻职也。臣铉等曰：屮者，进也，齐之义也，故从屮。七稽切。，古文妻从肖、女。肖，古文貴字。

婦（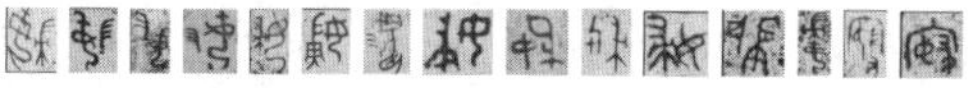金文简帛石刻），服也。从女持帚洒扫也。房九切。

妃（甲骨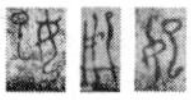金文石刻），匹也。从女，己声。芳非切。

媲 妃也。从女，毘声。匹计切。

《说文》贮存字形结构及有关分析说解，保存了很古远的婚姻制度。也许有人对许慎的说法表示怀疑，但这里探讨的就是"《说文》中婚姻意象"，可以暂不必去管。就《说文》的分析，与人类学资料相印证，可以认为是凝结了人类历史上最为古老而野蛮的婚娶制——抢婚的记忆。"婚"字来源于"昏"，"姻"字来源于"因"，"娶"字来源于"取"。值得我们注意的是《说文》在分析这三个字形时特别指出"从 ×，× 亦声"，如"从昏，昏亦声""从因，因亦声""从取，取亦声"，这表明在"婚""姻""娶"三个字形结构中，"昏""因""取"字符是表声兼表义，一身二任，不可以纯粹表声记号目之。

这样看来，"婚"字从"昏"孳乳，取象于古时于黄昏时分迎亲的民俗仪式，借昏而造出婚字。清代"《说文》学"家王筠《说文句读》："'婚……故曰婚。'玄应引作'故曰昏'，似当作'故用昏'。此解娶妇以昏时之故也。《士昏礼》郑目录云：士娶妻之礼以昏为期，因而名焉。""姻"字则从"因"

孳乳，《说文句读》："按昏因古字，婚姻后作。仪礼有昏礼，不作婚礼。《白虎通》：妇人因夫而成，故曰因。《诗》云：不惟旧因，谓夫也。……或古本亦作因。"[①] 合起来我们似乎可以推断，《说文》保留的"婚姻"意象，其语义历史背景就是人类几乎所有民族都要经历的那段野蛮残酷的抢婚制的记忆。

摩尔根指出，一定的婚姻形态，是同一定的血缘共同体形态相对应的：血亲婚姻对应于血缘公社；群婚和对偶婚对应于氏族；专偶婚对应于家庭。人类生产力低下的阶段，为了获得生活资料，各个氏族、部族之间互相杀掠，战胜者将战败者男子作为奴隶，女子往往充当妻子奴婢。文献无须远征，即在《说文》提供的该"女性语义场"中亦可找到痕迹。例如"奴"下说："奴婢，皆古之罪人也。《周礼》曰：其奴，男子入于罪隶，女子入于舂藁。从女从又。"从造字取象来看，即人手（又）抓捕"女人"的会意，而女、奴原本一词。

作为"抢婚"较为亲切的证据，我们注意到该"语义场"中作为与"婚姻"具有相近的语义指向的"娶"字。前面已经指出，《说文》关于这个字的构形取象特别标识其"取"符表声兼表义的情况，"取"实即"娶"字初写。而《说文·又部》说："取，捕取也。从又从耳。《周礼》：获者取左耳。《司马法》曰：载献聝，聝者，耳也。"这说明"取"字所取象为人手抓取被俘获者的左耳，因为从《周礼》等文献记载来看，古代曾经有一个阶段杀掉或捉到敌人后要割取左耳以便计功。"娶"字来源于"取"，适见抢婚之举，初非尽出游戏也。

待到男娶女嫁由夺"取"演进为聘"娶"之后，抢婚之余绪，仍有迹可求。在一些少数民族的结婚仪式上还可见抢婚一节，但这只不过是双方配合默契戏剧性的安排而已。男方一群小伙子来抢，女方早已准备停当，新娘整装待抢。抢者背上新娘逃跑，一群姑娘在后面追着打，新娘在背上哭喊"挣扎"。有意思的是有些民族的抢亲至今仍安排在黄昏，《古诗为焦仲卿妻作》描述迎婚仍然是"其日牛马嘶，新妇入青庐。奄奄黄昏后，寂寂人初定"。记得幼年时，我的家乡诸城一带民间迎亲，那花轿仍是在黄昏时分启

① 《说文句读》卷二十四。又《周礼》称"婚姻"之礼为"阴礼"："大司徒之职，以阴礼教亲。"注："阴礼，婚姻之礼。"

程的。汉民族虽然没有黄昏时抢亲的明文记载，但我们看《易》中多有“取女”的记载：“取女吉。”（《咸卦》），王筠指出：“《易》卦爻皆作‘取女’，是古文借字；孟子作娶，则后作也。《易》言‘取女吉’‘勿用取女’，是不定之词……”[①] 经典文献作“取妻”：《礼记·曲礼》：“取妻不取同姓。”《诗经·齐风·南山》：“取妻如之何？”《诗经·豳风·伐柯》：“取妻如何？匪媒不得。”不一而足。再加上《说文·女部》“语义场”中有关字形取象认知、《说文》结构分析，尚可得想见有关“婚姻”意象的粗略情形。至于专门谈婚俗的作品，早已是汗牛充栋，并无需乎这里再加演绎。

二、礼仪制度

中国古籍关于妇女的一系列繁文缛节的礼仪制度，可以说连举手投足都有具体明确的规定。《说文》作为特殊的史料文献，亦有其独到的反映记录，这里也只是考察其独到之处。

《说文》提供的“女性语义场”中，有一组语汇是专门指涉“老母”的：

> 嫛 婗也。从女，殹声。
> 婗 嫛婗也。从女，兒声。一曰妇人恶皃。

按记录语言结构为连绵词，这种认知情形，或有学者提挈归纳为“连篆读”。

> 女（甲骨金文简帛古玺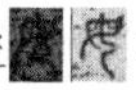石刻），牧也。从女，象裹子形。一曰象乳子也。
> 嫗 母也。从女，區声。
> 媪 女老偁也。从女，𥁕声。读若奥。
> 姁 妪也。从女，句声。
> 姐 蜀谓母曰姐，淮南谓之社。从女，且声。
> 姑（金文简帛石刻），夫母也。从女，古声。古胡切。

① 《说文句读》卷二十四。

（金文简帛石刻），姑也。从女从戌。《汉律》曰："妇告威姑。"徐锴曰：土盛于戌，土阴之主也，故从戌。於非切。

（金文），殁母也。从女，比声。卑履切。，籀文妣省。

（古玺），女兄也。从女，𡖄声。

（甲骨金文），女弟也。从女，未声。

女弟也。从女从弟，弟亦声。

楚人谓女弟曰媦。从女，胃声。《公羊传》曰："楚王之妻媦。"

兄妻也。从女，叜声。

（甲骨），兄之女也。从女，至声。

妻之女弟同出为姨。从女，夷声。

女师也。从女，加声。杜林说：加教于女也。读若阿。

女师也。从女，每声。读若母。

重婚也。从女，冓声。《易》曰："匪寇，婚媾。"

美女也。从女，多声。尺氏切。，㛂或从氏。

妇人美也。从女，犮声。

女隶也。从女，奚声。

女之卑者也。从女从卑，卑亦声。

（甲骨金文简帛古玺古陶古币汉印），奴、婢，皆古之罪人也。《周礼》曰："其奴，男子入于罪隶，女子入于舂藁。"从女从又。臣铉等曰：又，手也。持事者也。乃都切。，古文奴从人。

按上述一组字，均与年长女性发生直接联系。其中"姐"字从"且"孳乳，而"祖宗"之祖亦从且得声，可见其绝对权威，说见"科技意象·赛事"部。其中颇耐思存的是"威"字与"姑"字同义认知联系。《说文·女部》径将"威"字等训为"姑"，在中国古代文献里尚别无如此直接显豁、亲切有味者。

"千年媳妇熬成婆"。中国古代家庭关系内部姑之于妇即婆之于媳，具有绝对权威性。至《汉律》更是干脆将"威姑"连成短语结构，通联一气。此一历史背景，《说文》凝结为一"威"字认知取象。金文"威"字甚夥，取象亦与上具“老母语义认知场”相应相合。《集韵·微部》：“威甶㞙畏，於非切。《说文》姑也。引《汉律》：妇告威姑。一曰有威可畏谓之威。古作甶㞙畏。亦姓。”又《未部》：“畏甶威，纡胃切。《说文》恶也。鬼头而虎爪，可畏也。古作甶。或作威。”两部连类解释，堪称双向认知交通。

“威”，金文取象于之类，简帛文字，所从构件与戉、戊、戚形制同类。我们了解到，古文字结体构形中，斧钺即为“权威”之象，问题在于，这柄斧钺在金文中如何高悬在女性头上？作为权威之象何时跟何等样女性建立起稳定联系？

日本学者认为，在日本国语中，“威”为形声字，由“女”表义，由“戌”表音，两部分合成表示“拥有一家权力的女人”的意义。[①] 偏主“女”边，这与《说文》将“威”字系《女部》相接近。

按“威”“君”“畏”同源字。《说文·艸部》“莙”下说：“从艸，君声，读若威。”《说文通训定声·履部第十二》：“威，畏也。从戌从妥省，会意。戌，古文矛字。”桂馥引书证曰：“姑也者，《广雅》姑谓之威。馥案：威姑，君姑也。……《释亲》：姑舅在，则曰君舅君姑。《释名》：妇于舅姑在则称之曰君舅君姑。”这位“姑”甚至又可冠以“皇”：“《士昏礼》：敢告于皇姑；某氏注云：皇，君也。《礼·丧服》：问公子之妻为其皇姑；注云：皇，君也，诸侯妾子之妻为其君姑齐衰欤？”《释名·释言语》：“威，畏也，可畏惧也。”[②] 此亦认知一体二边之例：在执柄者为治威严，在受其威权者即觉可畏惧。这两边关系即可概括中国古代家庭内部的婆媳关系，换句话说，“威”字取象，隐括了中国有关女性制度礼仪的悠远历史社会关系演变认知进程。

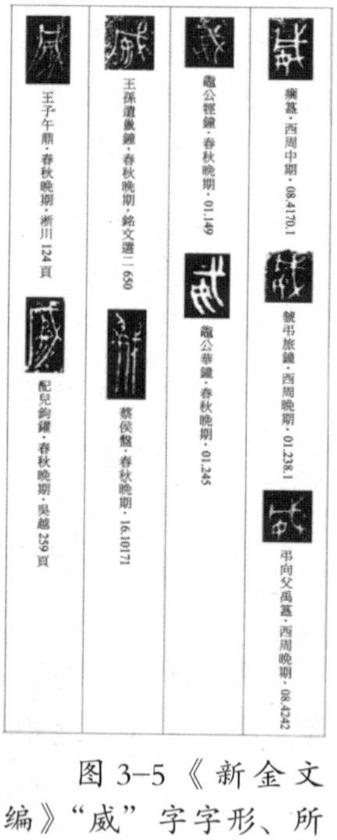

图 3–5《新金文编》“威”字字形、所用器物出处标注

作为文学史上的例证，我们会首先想到南朝人徐

① 《标准汉和辞典·女部》。

② （清）桂馥：《说文解字义证》卷三十九，中华书局 1987 年版。

陵《玉台新咏》里所收录的汉乐府中最长的叙事诗篇《孔雀东南飞》（或题为《古诗为焦仲卿妻作》）。据该诗小序称，所叙为汉末建安年间之事，诗中女主人公刘兰芝聪惠美丽，勤劳善良，而且与丈夫焦氏感情笃深。就因为她的婆婆看不入眼，便完全“不顾婚姻当事人意志”，必欲驱遣而后已。甚至自己的儿子、兰芝丈夫出面求情，也毫无通融余地：“吾意久怀忿，汝岂得自由？”这在现代女性看来，直是干卿何事呢？焦仲聊以“长跪”苦苦相求，竟薄言逢怒，君姑淫威大发：“阿母得闻之，槌床便大怒：小子无所畏，何敢助妇语。”直到酿成一幕催人泪下、挂枝东南、孔雀徘徊悲剧。[①] 值得注意的是，作为“威”这一意象的变型，阿母（姑）对儿子强调的是要“有所畏”。这首长篇巨制之所以具有千古不废的打动人心的魅力，很重要的一个深层原因，恐怕就在于为来源颇古的“威”字取象，心摹手追、淋淋漓漓，不可多得地复制了其所由生的女性王国里的制度规范。

《说文》“女性语义场”里有关女性礼仪制度方面字群，还可以提到下列一组：

> 嬛，材紧也。从女，瞏声。按《集韵·清部》：“嬛娉儝僥㷀，葵营切。独也。或作娉儝僥㷀。通作茕。娉，一曰淑媛也。”《删部》：“嬛，胡关切。女字。”《仙部》：“嬛，萦缘切。便嬛，轻丽。”
>
> 婠，体德好也。从女，官声。读若楚郤宛。按“体德”之德，犹特、态。《集韵·换部》：“婠，古玩切。好皃。”《辖部》：“婠，乎刮切。好也。”
>
> 媛，美女也，人所援也。从女从爰，爰，引也。《诗》曰：邦之媛兮。《集韵·元部》：“媛，于元切。婵媛，牵引皃。一曰美也。”

相关记录，分别又构成了如下三个“子语义场”：

---

① 此诗沈德潜《古诗源》作为“汉诗”类收入卷四，徐复先生曾着重从“本文”用词考辨，断此诗写定年代大要不出东晋。按至当不易。《全上古三代秦汉三国六朝文》“摧藏”一词，亦见于晋人陶潜《闲情赋》，而该诗亦使用“摧藏”。

“子语义场”之一：

嬛，材紧也。从女，瞏声。按《方言》一：嬛，未续也，楚曰嬛，即欲续缠紧尚未结系之意。

擐，贯也。从手，瞏声。《广雅·释诂三》：擐，著也。《左成二传》：擐甲执兵。假借为援。《礼记·王制》注：擐衣出其臂胫。

繯，落也。从糸，瞏声。字亦作綄，《广雅·释器》：繯，络也。《释诂四》：綄，缠也。《方言》五：宋、魏、陈、楚、江淮之间谓之繯，或谓之環。

檈，圜案也。从木，瞏声。

圜，天体也。从囗，瞏声。按浑圆为圜，平圆为圆，圆之规为圆。《易·说卦》：乾为圜。转注，《考工·轮人》，取诸圜也。

儇，慧也。从人，瞏声。《荀子·非相》：乡曲之儇子；注：轻薄巧慧之子也。假借为趯，《诗·還》：揖我谓我儇兮；传：利也。《韩诗》作婘。又为譞，《楚辞·惜诵》：忘譞媚以背众兮；注：佞也。

環，璧也。从玉，瞏声。《尔雅·释器》：肉倍好谓之璧，好倍肉谓之瑗，肉好若一谓之環。李注：其孔及边肉大小适等。

《说文·玉部》：“環（ 简帛汉印），璧也。肉好若一谓之環。从玉，瞏声。户关切。”

王国维《说环玦》：

《尔雅·释器》：“肉倍好谓之璧，好倍肉谓之瑗，肉好若一谓之环。”环与璧、瑗之异，但以肉之大小别之，意其制度殆与璧同。顾余读《春秋左氏传》“宣子有环，其一在郑商”，知环非一玉所成。岁在己未，见上虞罗氏所藏古玉一，共三片，每片上侈下敛，合三而成规。片之两边各有一孔，古盖以物系之。余此即古环也。环者，完也，对玦而言。阙其一则为玦。玦者，缺也。古者城缺其南方谓之缺。以此读《左氏》，乃得其解。后世日趋简易，环与玦皆以一玉为之，遂失其制。而又知古环之非一玉，于是有连环。[1]

玉器考古类型学发现，在实际的出土文物中扁平圆孔玉器确有璧、瑗、環（环）的划分，但孔径之大小并不像文献中说的那么规整。

按以上为《说文通训定声》所列“子语义场一”，其中就如下两点作些说明：

其一，从睘得声上述一系列字，皆有“圆環”之义，“嬛”“環”“瑗”等同源字。其中唯“儇”字有些抽象转移，实亦包含“圆曲”义：人之言谈举止圆转如環，与道舒卷，不落滞相，斯为巧慧也。从“睘”取圆义，人们对相关之人事、物体一般抱着肯定的情感态度。

其二，女性之“嬛”，《说文》以“材紧”释之，《说文通训定声》以“缠结”疏证之。今按緊（紧）、堅（坚）、賢（贤）同源字，初写就是这个字群所从声符“臤”。臤，《说文·臤部》：“堅也。从又，臣声，读若‘鏗锵’之‘鏗’。古文以为賢字。”《隶释·国三老袁良碑》：“优臤之宠，于斯盛矣。”洪适注：“臤即賢字。”作“堅”时亦即此“臤”，《公羊传·成公四年》：“三月，壬申，郑伯堅卒”；陆德明《释文》：“堅，本或作臤。”《宋本玉篇·貝部》：“賢，下田切。有善行也，多也，益也，能也，持心也。又下见切，义见《考工记》。臤，古文。”中国古代女性取象于圆结之環，以象征其质之堅，其品之賢。这是《说文》“嬛”字联类所勾稽的语义认知背景。

“子语义场”之二：

婉，顺也。从女，宛声。《左襄廿六传》：大而婉；注：约也。又《诗·猗嗟》：清扬婉兮；传：好眉目也。《文选·为曹公作书与孙权》：婉彼二人；注：犹亲爱也。假借为夗，《左成十四传》：婉而成章；注：曲也。

琬，圭首琬琬者。从玉，宛声。《考工·玉人》：琬圭九寸而缫；注：琬，犹圜也，王使之瑞节也。

媛，美女也，人所援也。从女从爰，爰，於也。……《尔雅》

① 王国维：《王国维文存》，江苏人民出版社2014年版，第10页。

孙注：媛，君子之援助然；郭注：媛，所以结好援。

瑗，大孔璧也。从女，爰声。《苍颉篇》：瑗，玉佩名。人君上除陛以相引。

该“子语义场”表明，女性之婉约美顺，亦取圆环之象。这也许要顺便联类另一个同源字“钏”始愈为了然。“钏”字在《说文·金部》新附部分，其说曰：“臂环也。从金，川声。”《广韵》注音为“尺绢切”，古音系文部，与上述“婉”“媛”所在元部最近，文元旁转。慧琳《一切经音义》卷十五：“钏者，以金银为环，庄（粧）饰其手足。”《正字通·金部》：“钏，古男女同用，今惟女饰用之。”南朝何偃《与谢尚书》：“珍玉名钏，因物托情。”《新唐书·回鹘传下》：“妇贯铜钏，以子铃缀襟。”宋代计有功《唐诗纪事》卷二：“（文宗）又一日问宰臣：‘古诗云，轻衫衬跳脱，跳脱是何物？’宰臣未对。上曰：‘即今之腕钏也。’”又“钏”俗称为镯，明代陆容《菽园杂记》卷八：“今人谓臂环为镯，音浊，盖方言也。”由此颇疑“钏”得名于“川”，即有圆顺义，“训”“顺”“紃”皆从“川”孳乳，可为证。《说文·糸部》：“紃，圆采也。”又，四川（钏字，从川得声），又名曰“蜀”（古代蜀国，有蜀王。镯字，亦从蜀得声），是取其名义相应，抑或事出巧合？已属题外矣。

图 3–6 日本九州大学文学部考古学研究室发表弥生后期有钩铜钏铸型[①]

---

① ［日］源弘道编集：《邪馬台国への道》，朝日新闻社 1980 年，第 80 页。

“子语义场”之三：

婠，体德好也。《广韵》引作体态。从女官声。读若楚郤宛。

管，琯，如篪六孔，十二月之音，物开地牙，故谓之管。从竹官声。按物开地牙，開（开）者，闗字之误；闗者，毌（贯）字之借。当作物贯地芽，以声训也。

绾，恶绛也。从糸，官声。一曰绡也。宋本《说文》作绡，读若鸡卵。假借为毌（贯）、为缳、为擐。《史记·高帝纪》：卢绾；《集解》音以绳绾结物之绾。《一切经音义》引《淮南》许注：绾、贯也。①

按此“子语义场”与上述“场一”“场二”皆存在音近义通关联。女子“体特”之好，有关乎“绾结”之象，这一联系从该“语义场”即上具一组从“官”得声之字，跟“圈”“贯”“卵”字群同源关系可以得到更为清晰的反映。“圈”为封闭如圆之区域，“管”为圆状之物体，音近义通，确有同源关系。“贯”初文为“毌”，复合词有“贯穿”，平面看来为“绾结”，纵向视之即“贯穿”，此一语两边之例也。“卵”，《说文》为“绾”之拟音字，古文作丱，为一形两用字。《说文·石部》：“磺，铜铁朴石也。丱，古文磺，《周礼》有丱人。”《周礼·地官》“丱人”；郑注：“丱之言矿也。金玉未成器曰矿。”而唐人张参《五经文字》说：“丱，古患反。《说文》以为古‘卵’字。”唐玄度《九经字样》也说：“《说文》作丱，隶变作卵。”朱骏声从字形上牵合两者存在着意义上的联系：“矿之韫朴，如卵在腹，故曰卵。”但代表这两种意义的读音却毫不相干，相去甚远，实际上这就是一字一形两用两读的情形。这里与“绾”发生联系的是读作“古患反”之丱，“丱”取“结发”之象，《诗经·齐风·甫田》：“总角丱兮”，指女子结发梳在头两边的髻，而“丱”之得名，在于羊角之状，《说文·丫部》：“丫，羊角也。象形。读若乖。”我们来看《说文》保存的词义的系统性联系，《絲部》：“𦃇，从絲省，丱声。”亦有“联结”之义。由上述联类我们大概可以获得这样的认识：“婠”字表现女性“体德”美好，取象来源于“结发”“贯环”的形式。

《荀子·正名篇》在讲到“制名”的关键即所谓“枢要”时曾揭示过这

① 均见《说文通训定声·乾部第十四》。

样一种关系："物有同状而异所者，有异状而同所者，可别也。"状是事物所具有的形态；所是处所，就是事物是以怎样的一种东西存在于世界，也即相当于现代所谓"实质"。所谓"同状而异所"，是形态相同而实质不同。如前面曾讨论到《说文·艸部》取象物体动态与人体恣态乃至情态的关系。这里再举两个例字，《艸部》："茎，枝柱。"意思是茎是植物花叶果实的枝柱。又《頁部》："颈，头茎也。"则头部枝柱叫颈。又《牛部》："牼（金文），牛膝下骨也。从牛，巠声。《春秋传》曰：宋司马牼字牛。"《肉部》："胫，胻也。"则动物或人的身体的枝柱叫牼、胫。这些事物同样具有向上挺立的形态和起着枝柱的作用，这就是同状。同时，这些事物又不是一种东西，或为草木，或为脖项，或为肢体，其实质并不相同，这就是异所。又如虋、璊、毧三个字都表示赤色，这是同状。但虋是禾之赤苗，璊是玉色如虋者，毧是毳衣之色如虋者，其实质并不相同，这就是异所。

所谓"异状而同所"，"所"一如本书反复提到的"语义场"之"场"，就是形状尽管千差万别，而实质却是一类。例如芻、卉、茻、犓、莝，这些名称所代表的事物，在形态上是各不相同的：芻是包起来的断草，卉是百草的总名，茻是丛生的草，莝是斩断的短草，犓是"以芻莝养圈牛也"，这就是异状。但从实质上看，这些事物又同样都是草，这就是同所。又如示与视，示是显示之意，《说文》所谓"天垂象见凶吉所以示人也"。视是瞩视，从表现形式来说，一个是表现给人看，一个是去看外界，二者是不同的，这就是异状。但显示和瞩视都同样是视觉的活动，这就是同所。

《荀子·正名篇》又说："状同而为异所者，虽可合，谓之二实。状变而实无别而为异者，谓之化；有化而无别，谓之一实。"这段话的意思是说，形态相同而实质不同的事物，即使能合起来用同样的名称，如茎、颈、胫和牼，在语音上是完全相同的，但是它们实质上是不同的事物。反之，只有形态上的不同而在实质上并无区别的事物，这种差异只能叫作"化"，也就是变化，也就是同一类事物在不同阶段表现出来的不同形态。对于这种只有形态上的变化而没有实质区别的事物，只能看成是一种事物。这种理论[1]，在思维逻辑上就是界定词的形式与内容的对立统一关系，在心析学中就是根源于中国古

① 《说文解字通论》，第 39~40 页。

代人的类比取象的思维形式，在《说文》中的贯彻体现就是“建类一首，分别部居”为置“同所”；打破部类界障，以同声符系联为取“同状”，由此而从整体上处理字的音、义关系。《说文》一书对荀子这种思维逻辑理论的贯彻与实践，同样是我们运用“语义场”的方法、以声系联、比合异类（“异所”）的客观基础。

前面比类分析，“环结”意象和中国古代女性发生着或远或近的所谓“同状异所”的若干联系，反映着中国社会关于女性礼仪制度的重要内涵。由此可知，中国女性身上的“环结”意象存在着深远的历史背景。

考古学发现，中国新石器时代就有玉璜、玉玦和玉管。玉璜的体制特征是半圆形，早期的玉璜为半环形，晚期的璜为半璧形。《周礼》和《说文》中都称“半璧为璜”。玉璜的用途，一般认为是人们用来美化生活的佩饰。南京市北阴阳营出土的玉璜，多放置在人体的颈部，少者一件，多者两件，其位置明确，因此可以推知当时就是作为颈饰使用的。玉玦，其形制似圆环，一边略宽，宽边处开一缺口，故名。玦的用途，从北阴阳营玦出土时所在位置来看，有几例就是放置于人体的耳部的，因此被认为是当时人们的耳饰。《说文·玉部》：“玦，玉佩也。”《荀子》：“绝人以玦，反绝以环。”这就是说玉玦一方面是用在人身上的佩饰品，另一方面还可以用作与人断交的信物。人们立刻会记起《史记·项羽本纪》记叙楚汉相争、鸿门宴会故事：“范增数目项王，举所佩玉玦以示之者三，项王默然不应。”太史公很具体地告诉我们，当时的玉玦既是佩饰品（且初非女子所专），又是表示断交、撕破缔约的示意物。玉管，圆柱形，中心有一通孔，可用细绳穿系。玉管的使用方法和串珠差不多，必须由许多玉管串系在一起才便于使用。

南京博物院在北阴阳营发掘玉器时，发现有10件玉管聚集在一起，被放置到人体上身附近，由是人们推知是当时人们胸前的佩饰品，颇类今天妇女酥胸上环结的项链。这可以视为新石器时代玉璜、玉玦、玉管作为佩饰的复原图像。①

“环结”意象在西方世界据说发轫于巫术思维，由此意象女子可以具有让

① 南京博物院藏宝录编辑委员会：《南京博物院藏宝录》，上海文艺出版社、香港三联书店1992年版，第91页。

对方发现自己美好的魅力。据称“女巫可以用扣结来赢得爱人，使男方紧紧依附于她。例如，维尔吉尔害相思病的姑娘想用符咒把她在城里的情人拉回到自己身边，就在三条不同颜色的绳子上各结三个扣结。有一位阿拉伯少女一心爱上了一个男的，想要获得他的爱情，把他拴在自己身上，于是就在他的马鞭上打几个扣结，可是她的情敌嫉妒她，把那些扣结都解开了”。基于同一巫术原理，“扣结”意象还具有另一边的功能，那就是阻止所钟情之女子的离去。“在斯威士兰，你经常会看见路边小草上打了好些扣结。这些小小的扣结每一个都包含着一个家庭的悲剧。譬如，妻子离开丈夫出走了，丈夫同朋友们协力去追回她，在草上打了许多结扣（他们称之为‘封锁道路’），使逃亡者循着原路跑回来。在俄罗斯，人们总以为一张满布扣结的网是对抗巫师的最有效的武器，因此，俄罗斯一些地方在新娘穿戴新婚礼服时，总是用一张鱼网张挂在她头上以防邪恶侵害”[①]。

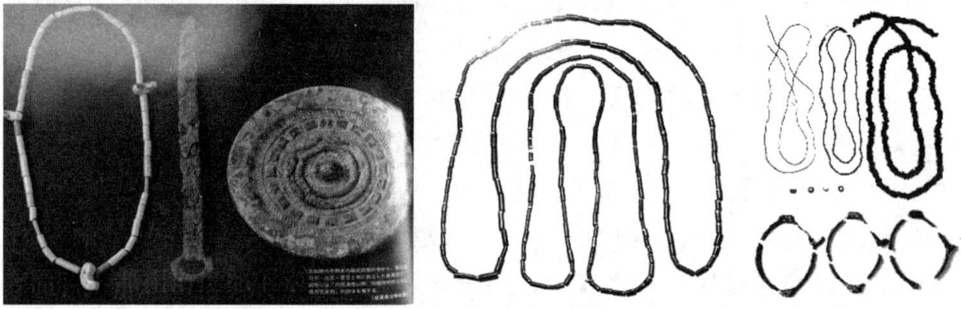

图 3–7 日本弥生时代邪馬台国的钏、环[②]

“环结”意象在中国古代女性社会既然凝结了如此丰富的礼制内涵、情感态度和象征意蕴，自然就成了男子向女性表达爱慕之情的特定意象。

汉代人繁钦《定情诗》：“何以致契阔？绕腕双跳脱。”“跳脱”者，钏镯也，说具上文。而此诗中犹有“臂环”“指环”等等，大要取“环结”意象以俾情得以“定”也。

大致上到了晋代人那里，“环结”意象即为普遍的结婚娶妇之用了。《晋

① 《金枝》，第 359 页。

② 参《邪馬台国への道》。

书·西戎传·大宛国》："其俗娶妇先以金同心指镮为娉。"北周庾信《庾子山集》一《竹杖赋》："玉关寄书，章台留钏。""跳脱"亦作"条脱"，唐人李商隐《李义山诗集》五《中元作》："羊权虽得金条脱，温峤终虚玉镜台。"唐代以降，似乎女性之身与此"环结"意象难解难分，至为一体。张籍《蛮中》："玉镮穿耳谁家女，自抱琵琶迎海神。"

至于"结"之一边，《管锥编》考定其为"婚姻"意象，题无剩义。其论《太平广记》卷三二八唐人小说《阎庚》地曹主婚姻，"绊男女脚"，袋中有细绳：

> 按卷一五九《定婚店》(出《续幽怪录》)老人曰："主天下婚牍，巾囊中有赤绳子以系夫妇之足。"按苏武《古诗》第三首："结发为夫妻，恩爱两不移"，乃谓男女各"始成人"而上头也，《文选》李善注说之甚明，非谓合男女之发纠成一结；唐人小说则真言系脚成夫妻矣！同心之结而如连鸡之缚，以此示婚姻之象，寓旨深微。西方礼俗以指环为婚姻标志，基督教《婚仪词》所谓："夫妇礼成，指环为证"；而善滑稽者曰："戴指之环即亦拴鼻之环耳"，可相参印。[①]

三、生育禁忌认知

《说文》"女性语义场"还有"妊""娠""媰"等字组，亦为"同所异状"词，共同的语义指向为生育禁忌方面。本部相衔接如下字群：

> 妊（金文），孕也。从女从壬，壬亦声。如甚切。
>
> 娠 女妊身动也。从女，辰声。《春秋传》曰："后缗方娠。"一曰宫婢女隶谓之娠。失人切。
>
> 媰 妇人妊身也。从女，芻声。《周书》曰：至于媰妇。侧鸠切。
>
> 嬎 生子齐均也。从女从生，免声。芳万切。

该部上列字群先后相联属，体现了《说文》时代人们关于女性生育过程各个特定阶段的认知水平。另外，按照现代妇科医学认知，《说文》在本部将

① 《管锥编》卷二，第781~782页。

“姦”字下出有关妇科疾病字群里，显然这种认知是有问题的。[①] 其实，也应该位置于“生育字场”里。《说文》本部：

妇人污也。从女，半声。《汉律》曰：“见姅变，不得侍祠。”博幔切。

女出病也。从女，廷声。徒鼎切。

女病也。从女，卓声。奴教切。

诿也。从女，垂声。竹恚切。

有所恨也。从女，紝声。今汝南人有所恨曰嫍。臣铉等曰：纴，古囟字。非声，当从𡿺省。奴皓切。

惭也。从女，鬼声。俱位切。，媿或从耻省。

（甲骨），讼也。从二女。女还切。

（金文简帛汉印），私也。从三女。古颜切。㤆，古文姦从心，旱声。

次字空间位置，体示内在认知关联。其实，“姅”字关乎生育认知。王筠认为，“见”音“现”，如水忽伏忽现也。《释名》谓之月事，《神仙服食经》谓之月客，客亦见意，不常至也。或谓之天葵，或曰桃花癸水，或曰入月。[②] 但大徐本《说文·女部》无此“见”字，段氏注本亦付阙如[③]，只说“妇人污也”，桂馥义证同[④]，“姅”字从半得声，“半”有分离之义，《说文·半部》：“半，物中分也。”是故“姅”字本义，犹如说是“免身”。所以，段玉裁的注释较为明通：“谓月事及免身及伤孕皆是也。《广韵》曰：姅，伤孕也。伤孕者，怀子伤也。”

《说文》“姅”下引《汉律》“见姅变不得侍祠”是说明妇女月经生育期间禁忌的，段玉裁的有关注释揭示了这方面的联系：“按见姅变，如今俗忌入产妇房也。不可以侍祭祀，《内则》曰：夫斋则不入侧室之门；正此意。《汉律》

① 《集韵·删部》：姦姧㤆，居颜切。《说文》私也。一曰伪也。或作姧。古作㤆。

② 《说文句读》卷二十四。

③ 《说文解字注》十二篇下。

④ 《说文解字义证》卷三十九。

与《周礼》相为表里。”[①]

视女性月经生育为不洁，为之设立种种禁忌，各国皆然。例如澳大利亚恩康特贝部落里有或曾经有过一种“迷信，女人每月月经期间必须从帐篷里分出来单住，如果有年轻人或男孩走近她的住处，她就得大声向来人叫喊，年轻人就立即避开她而绕行过去。假如她疏忽了这一点，就要受责备，有时甚至要受丈夫或近亲的鞭笞。男孩子们从小就受到告诫，切不能见到妇人的这种血渍，否则就会头发早白，终生体质虚弱”。

围绕妇女生理上的这一神秘现象而产生的许多禁忌认知，在欧洲文明民族中也不亚于原始的未开化民族。现存最古的百科全书——普林尼《自然史》中列出有关因妇女月经而忧虑的危险远比任何未开化的民族提出的要多得多。据该书记载，行经期的妇女如果触摸了酒，酒就要变成酸醋；她还会使庄稼枯萎，秧苗烂死，蔬菜全坏，果实早落，明镜晦暗，剃刀变钝，钢铁生锈（尤其在下弦月亏期间如此），蜜蜂死亡，牝马流产，凡此等等。

妇女月事来时需要隔离的目的是要化除其危险影响。在原始人的思想观念里，姑娘月经之不洁同神人的圣洁两者之间实质上并无差别，不过是同一神秘力量的不同表现而已。这种神秘力量，跟一般的力量一样，其本身无所谓好，也无所谓坏，只是如何应用从而造福或贻祸于人而已。所以，像月经来潮时的姑娘们一样，神人既不能触地也不能见天，其理由，一方面是恐怕接触了天地之后神性的毁灭力量将发泄于天地，另一方面又怕神人具有的微妙神性一泻无余，今后不再能执行其担负的关系人民甚至世界安全的神职。故上述各种戒律都在应当禁忌的前列，其意图就是要保存神人的生命，随之也就得以保存神的臣民和崇奉者的生命。[②]

四、指向女性专称字群

《女部》：

（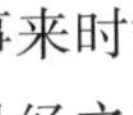甲骨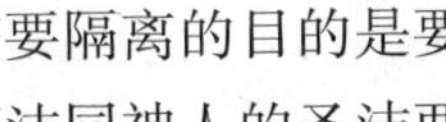金文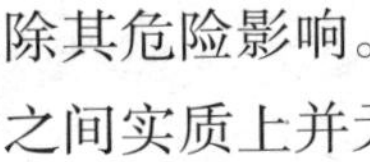简帛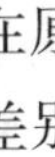古玺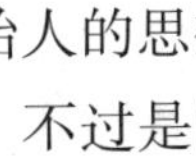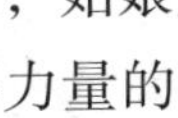石刻），妇人也。象形。王育说。凡女之属皆从女。

① 《说文解字注》十二篇下。

② 《金枝》，第856、860、861页。

（甲骨古玺石刻），人所生也。古之神圣母，感天而生子，故称天子。从女从生，生亦声。《春秋传》曰：“天子因生以赐姓。”

（甲骨金文石刻），神农居姜水，以为姓。从女，羊声。

（甲骨金文简帛石刻），黄帝居姬水，以为姓。从女，𦣞声。

（金文），黄帝之后百鲦姓，后稷妃家也。从女，吉声。

（金文），少昊氏之姓。从女，𦝠省声。

（金文汉印石刻），虞舜居姚虚，因以为姓。从女，兆声。或为姚，娆也。《史篇》以为姚易也。

（金文），虞舜居嬀汭，因以为氏。从女，爲声。

（金文），祝融之后姓也。从女，云声。，籀文妘从員。

殷诸侯为乱，疑姓也。从女，先声。《春秋传》曰：“商有姺邳。”

人姓也。从女，然声。

人姓也。从女，丑声。《商书》曰：“无有作政。”

人姓也。从女，其声。杜林说：娸，丑也。

第四节　法的意象

按人类学家的研究，象征和象征物之间的关系，借用语言学的术语来说，就是所谓能指与所指之间的一种关系。而类似西方神话谱系中“独角兽”一类意象，又是所谓现实中并不存在的纯然“语义外投”的结果。其次还得出这样一个定律，即原始的道德律就是古代人最初的法的观念。[①]

《说文》中存在着两个互相关联的认知“语义场”，一个是由《角部》字构成：

> 觸，抵也。从角，蜀声。
>
> 觲，举角也。从角，公声。
>
> 衡，牛触，横大木，著其角也。从角从大，行声。《诗》曰：设其楅衡。[②]
>
> 解（甲骨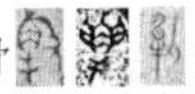金文简帛汉印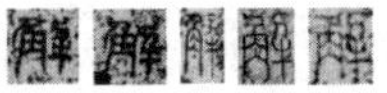石刻），判也。从刀判牛角。一曰解廌，兽也。佳买切。又，户卖切。
>
> 觿，佩角锐耑，可以解结。从角，巂声。

一个是存在于《廌部》之中：

> 廌，解廌兽也。似山牛一角，古者决讼，令触不直。象形，从豸省。
>
> 𧲜，解廌属。从廌，孝声。
>
> 薦，兽之所食艸。从廌从艸。古者神人以触遗黄帝，帝曰：何食何处？曰：食薦，夏处水泽，冬处松柏。
>
> 灋（金文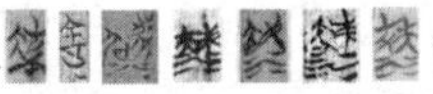简帛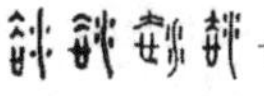古

---

① 《墨子·天志》关于“鬼神”的意志往往就是天意；而《明鬼》关于鬼神的功能，表述为鬼神可以代表上天进行“赏罚”善恶。墨子思想持“有鬼”论，而且墨子认为“鬼神”具有赏罚善恶功能。例如《明鬼》：“非惟若书之说为然也，昔者齐庄君之臣，有所谓王里国，中里徼者，此二子者，讼三年而狱不断。齐君由谦杀之，恐不辜；犹谦释之，恐失有罪，乃使之人共一羊，盟齐之神社。二子许诺。于是泏洫，摇羊而漉其血。读王里国之辞，既已终矣；读中里徼之辞，未半也，羊起而触之，折其脚，祧神之而槀之，殪之盟所。当是时，齐人从者莫不见，远者莫不闻，著在齐之《春秋》。”

正是这种“鬼神”聪明正直的观念，影响非常深远，甚至涉及中国文字的结构认知分析，像汉代许慎《说文解字》中关于“解”的解释，就是依托“神兽”（具有鬼神作用的化身）进行“神判”的。《角部》：“解，判也。从刀判牛角。一曰解廌，兽也。”连类的《廌部》凡存4字，涉及了古代的法律形式和性质，也就是与神兽的关系。参见本部分关于廌、𧲜、薦、灋字类结构分析。

② 依《说文句读》卷八补“著”字；又段氏本无此文，且删去“其角也”。

玺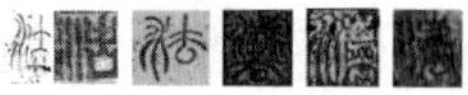石刻），刑也。平之如水，从水；廌，所以触不直者，去之，从去。法，今文省。佱，古文。①

关于《角部》字所列“语义场”，首先说明有三个语义指向是值得我们注意的：“角”意象有“平衡”之功用、有“解结”之功能、有“判断”之功效。“角”意象的这三项功能特征适与《廌部》所出“语义场”相联系。另外，《说文》关于“解”字又出“一曰”之训，要是联系了《廌部》“语义场”的有关意象来观察，二者正相应：“解廌”自具“判”之功能义。

至于《廌部》“语义场”的共同意象“解廌”，看起来是具有特异功能的“神兽”，我们打算先从“法”字形体取象及其演变理出一条线索。

周代初期彝器《盂鼎》铭文“法保先王”之法作，后来《师酉簋》作，《克鼎》作，《恒簋》作。比勘战国时期的古玺文字，《陈簠》上面“法”字作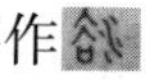，知道我们今天所使用的这个“法”字，不过为上列一组字形的省写，即省略“廌”这一部分而得到的。金文就其象形程度而言，由于所用质料和书写手段的关系，往往要高于甲骨文，所以金文字形结构在整理简化过程中，有的就采取“整体性删除”原则，“灋”字就是一例。然则，要准确解释“灋”字取象的原始意义，这一后来被省略的“实象”部分就是一条不可多得的认知线索：“灋”字取象的“廌”，到底系何物以及在古代社会的“法制”中象征着什么呢？

首先从语音认知联系来说。构成“灋”字的字符“廌”和“豸”实际上是相同的，两字古读都是定母支部。段玉裁说：“古多假豸为解廌之廌，以二字古同音也，解与廌古音同部。”②而“廌”或作“解廌”，“解”作“解廌”则又一字二音之例，章太炎《一字重音说》即举到这个例字：“今以《说文》证之：凡一物以二字为名者，或则双声，或则叠韵，若徒以声音比况，即不必别为制字。然古亦有但制一字、不制一字者，踸踔而行可怪也。若谓《说文》遗漏，则以二字为物名者，《说文》皆连属书之，亦不至善忘若此也。然则远溯造字之初，必以一文而兼二者，故不必别作彼字。如《说文·廌部》

① 《集韵·乏部》：“灋法佱，弗乏切。《说文》刑也。平之如水，从水，廌所以触不直者，去之。一曰则也。亦姓。或省。古作佱。”

② 《说文解字注》九篇下。

有‘解廌’。廌，本字也；解则借音字。何以不造‘獬’，则知廌字兼有解廌二音也（廌字兼有解廌二音更有确证：《左传·宣十七年》：‘庶有廌乎’；杜解：‘廌，解也。’借廌为解，即廌有解音之证）。”[①]

其次从字形取象认知来说。《说文·廌部》：“廌，解廌兽也，从豸省。”而《角部》“解”字下又说：“一曰解廌兽也。”按“解”可孳乳为“獬”，所以，此兽或作“解廌”，或为“獬豸”。《说文·廌部》是如此描述其性状：“似山牛，一角。……象形。”殷墟卜辞有“𤉡”字，《说文》本部分析其形象与此有些相似：

> （甲骨金文），如野牛而青。象形。与禽、离头同。凡𤉡之属皆从𤉡。徐姊切。，古文从儿。

《集韵·旨部》：“𤉡兕𧰼光雉，序姊切。兽名。《说文》如野牛而青，象形，与禽、离头同。一说雌犀也。古作兕𧰼。或作光雉。”取象以巨首独角为其特征，与《说文》篆文大致相同。《说文·𤉡部》：“𤉡，如野牛而青。象形。”《山海经·海内南经》：“兕其状如牛苍黑一角。”

图 3-8 汉代铜洗解廌纹饰

图 3-19 周代青铜器突出羊角牛角的纹样

① 《国故论衡》卷上。转引自《说文解字通论》，第 89 页。

要么是殷代人尚未形成以“神兽决讼”的制度，要么此“𤉡”与《说文》之“𤉡”原本是两个貌合神离的物象，卜辞中“𤉡”还仅是用来作为祭牲。而事实上“法”字也只是大量出现在宗周之世。从“廌”这一意象的功能特征加以认知，《说文·廌部》“廌”下有说：“古者决讼，令触不直者。”“法”下说：“廌所以触不直者去之。”按慧琳《一切经音义》也说：“（廌）古之神兽也，亦名解廌；触不直臣而去之。”[①]

“廌”作为具有“决狱取直”的特异功能的神兽，原来是人们心中营构之象。大类“羚羊挂角，无迹可求”。于是，后来这个意象就转换结构特征认知为（突出所以抵触之“角”）相类似的“羊”。例如，《左传·宣公十七年》：“庶有豸乎？”杜预注云：“豸，解也。”《释文》：“解音蟹。”《董巴舆服志》：“獬豸，神羊也。”但不管怎样转换，这个意象认知特征就是“直”。

图 3-10 汉代严氏作羊洗

《论衡·是应篇》：“儒者说云，解觽者，一角之羊也。性知人有罪，皋陶治狱，其罪疑者，令羊触之；有罪则触，无罪则不触。盖天生一角圣兽，助狱为验，故皋陶敬羊，起坐事之。”“解觽”即“解廌”，以“觽”（音“敇豖切”）、“廌”（音“宅买切”）两字读音相近也。《金缕子·兴王篇》：“常

① 见慧琳《一切经音义》卷三“谢法”条。

年之人，得神兽，若羊，名曰獬豸。"《隋书·礼仪志》引蔡邕曰："解豸如麟一角。"至此又变形似仲尼孔圣所谓"获麟"之"麟"了。

图 3-11　西周青铜器纹饰关于牛的造型

《神异经》则仍取"牛"象："有兽如牛一角，名曰獬豸。""獬"即"解"字后起孳乳分化字，"豸"与"蛥"音同。桂馥疏证：《太元·坚次八》："惟用解蛥之贞。"注云："解蛥，好直之兽也。"（按：蛥，豸之后起分化字；贞，正也）又《难上九》："角解豸终以直其有施"；注云："解豸，直兽也。有疑则以角触之，终能为人别曲直，故可施行。"《困学纪闻》引作"角觟鯱。"（按：具"角"之体，即有"直"之用）《神异经》："东北荒中有兽，如牛一角，毛青、四足似熊。见人斗则触不直，闻人论则咋不正，名曰獬豸，一名任法兽。故立狱皆东北，依所在也。"至此，"廌"这一意象已直接与抽象之"法"的概念相提并论之。《汉书·司马相如传》："弄解廌"；张揖曰："解廌似鹿而一角，人君刑罚得中，则生于朝廷，主触不直者。"至此又换象"似鹿"，然以"触"取"直"，功能自若。《宋书·符瑞志》："獬豸，知曲直，狱讼平则至。"至此已由"实象"虚化为"虚象"，由具体到抽象，徒具象征之"符瑞"了。束皙《玄居释》："朝养触邪之兽，廷有指佞之草。""朝""廷"对文。《唐书·侯思止传》：高元礼教曰：上如问君不识字，宜对"獬豸不学而能触邪"。胡广注：汉官篇御史法冠一名獬豸，獬豸，兽名，知人曲直触邪佞。《左传》：南冠而系，楚冠也。秦灭楚，以其冠赐近臣御史服之，即今解廌冠也。古有解廌兽触不直者，故执宪以其形用为冠，令触人也（见《汉官仪》）。《续汉书·舆服志》：法冠，一曰柱，后或谓之獬豸冠。獬豸，神羊，能别曲直，楚王常获之，故以为冠。[①]

① 《说文解字义证》卷三十。

相应地，“解廌”神兽饮食也就非常讲究，《说文》有关“语义场”以“薦”字指向丰草长林：《管子》注：“薦，草之美者。”《庄子·齐物论》：“麋鹿食薦”；《释文》：“司马云：美草也。”崔云：“甘草也。”（按《说文·甘部》：“甘，美也。”）

《太平御览》引《说文·廌部》“薦”字描述“廌”之生活习性，与今本《说文》略有出入：“春夏处水泽，秋冬处竹箭松筠。白帖獬廌，神奇之兽，一名任法，状如牛。古者决讼，令之以触不直。黄帝时有遗者，帝问何者饮？曰：食薦。春夏处水泽，秋冬处松柏。”①

从以上“廌”意象认知流变过程不难发现，中国古代以“廌”所象征的“法”，其原始的基本内涵就是“正直”。作为联类证明，可以首先从中国古代典籍训诂来看。《汉书·贾邹枚路传》引孔子曰：“齐桓公法而不谲。”颜师古解释“法”字为“守法”，其实已属讦曲而浮泛，《论语》中孔子这句话就径作“正而不谲”。中国古俗语有云：“衙门口朝南开”，大抵就是描述古代法制情况。“南门”者，亦构成一法制意象也。王念孙疏证：

> 僖二十年《穀梁传》：“南门者，法门也。”“法门”即“正门”，《史记·贾生传》：“改正朔，易服色，法制度，定官名。”“法制度”，即“正制度”，《荀子·性恶篇》云：“明礼义以化之，起法正以治之。”又云：“凡禹之所以为禹者，以其为仁义法正也。”《家语·七十二弟子篇》云：“高柴为人，笃孝而有法正。”《大戴礼·劝学篇》云：“夫水出量必平似正。”《荀子·宥坐篇》“正”作“法”，是“法”与“正”同义。②

只要再回到《说文·廌部》“法”字下面所收古文写作佱，就是从“正”结构③，自然就可以明了中国原初的法的观念的基本取向了。“法”字原本包涵有“正”，我们也就无须他求，取得与前面“廌”这个意象所象征的文化内涵相应的认识。

---

① 《说文解字义证》卷三十。
② 参见（清）王念孙《读书杂志·汉书第九》“法而不谲”条。
③ 《说文·正部》：“佱，古文正。”

另外，从原初“法”的观念与古代道德律之间关系方面进行联类考察。照本篇所援引的人类学家的研究，原始的道德律，也就是古代人最初的法的观念。因此，我们可以初步推断，在接近原始意义认知层次上，古代的“法”和“德”原本是相应一致的。或者说，在道德价值观念起源的时候，“法”与“德”原本是统一的，应该就是一回事。下面不妨先顺便观察一下“德”字取象形体演变情况，《说文·彳部》：

德（金文简帛古玺石刻），升也。从彳，悳声。多则切。

甲骨文从彳从直，隶定可作徝，为“德”字初写。尔后，金文增加心符。经考察，这个“徝”还从直得声。“德”字上古音属于端母职部，“直”则系于定母职部：声同系（同在帮组），韵相叠。古代典籍里面实际用韵的情况也可以发现这种关系，如《诗经·崧高》八章首四句：“申伯之德，桑惠且直。揉此万邦，闻于四国。”协职部韵，而“德”与“直”相协。又马瑞辰考《诗经·清庙》“济济多士，秉文之德”，以为“德”古音读作“置”，从而与“士”韵脚字相协韵。[①]其实置亦从直得声，直、置原本相通，《说文·木部》“植”下说：“从木，直声。櫃，或从置。”《集韵·職部》：“植櫃，丞职切。《说文》户植也。一曰树立也。或从置。”亦其证。另外，《说文·心部》中还收入一个“悳”字，其说曰：“从直从心。”段玉裁注云：“洪范三德，一曰正直。直亦声。”[②]由此看来，许多场合下徝、悳、德实一字异体。《集韵·麥部》：

> 棏榯檍樀樀，陟革切。《说文》槌也。或作棏檍樀樀。

《广韵》等字书里，檍、棏等，也是一字之异体，同样也可以看出直、徝、悳、德、得音同之关系。从取象认知看，“徝”或作，即取象于《诗经》

① （清）马端辰：《毛诗传笺通释》，中华书局1983年版，第341页。

② 《说文解字注》十篇下。

“周行”“景行”之“行”，就是“道路”之象，由此而引申认知具有“行为”功能义。“道德”“德行”“品行”等，能够自古就连语以至复合为一词，实际取象同源，不是没有来由的。“徝”字既从直得声，亦从直受义，义存乎声，因而“正直”从来就是道德的基本内涵。古代人往往将“直”与“道路”发生联系，例如《诗经·小雅·大东》一章：“周道如砥，其直如矢。”取象于“矢”，自有“直”义，详《弓矢意象》。直到今天方言俗语还称有德行的人为“走正道”，缺德无行者为“走邪路”，歪剌斜角者为“不上道”，亦资符验。钱锺书先生曾提醒承学者：“一代于心性之结习成见，风气扇被，当时义理之书熟而相忘、忽而不著者，往往流露于文词语言。”[①]“德”字由道路体制义转向规范义功能义，认知发展关联，堪为示例。“德”字涵盖两边，即在古代的训诂解经过程中也每每体现出来，例如《诗经·硕鼠》二章：“乐国乐国，爰得我直。”《毛传》是这样说的：“直，得其直道。”涵盖两端，大家都嫌不明了；《郑笺》说：“直，犹正也。”后来的《毛郑诗考证》也只好二端兼到，以避“偏枯”：“得我直，谓得遂其性，不违人生之正道。”这些情形，尚去古未远。

“德”的标准为“善”，不妨联系起来考察。一切宗教，不论千门万宗，教义歧出纷如，但原初的旨归，就是劝导人心以“善”为价值取向。[②]《说文》一书“吉善”互训，《誩部》说：“善，吉也。”《口部》说：“吉，善也。”“善”字在殷墟卜辞中的写法、使用等情形，迄今学术界所能讨论的东西几乎没有多少。一般情况下关于“善”字的分析，实际上仍未超越《说文》关于“美善同意”提示的线索，我们认为，在文字学研究领域采取这种矜慎的态度是可靠的，详《大羊意象》篇。至于“吉”字，其取象于“矢”，以及语源学联系上可见有“直”义，详见《弓矢意象》篇，此不复赘。

要之，中国古代文献解诂以及原初道德律的考察，我们发现与《说文》中“廌”意象的象征意义若合符节。“廌”能“解纷”，解纷之廌说到底是一种（类）“神兽”。然则，在宗教意义的层次上，中国古代人是将“法”的原初内涵与至上神联系在一起的。首先，中国古代人相信，鬼神天帝就是具有正直

---

① 《管锥编》卷三，第909页。

② 关于汉语文字系统所保存的中国古代道德制度、原始形态，详见臧克和著《汉语文字与审美心理》四，学林出版社1990年版。

的品格的。从《墨子》一书的《天志篇》和《明鬼篇》可以了解到，当时的人们相信，天或鬼神在冥冥之中不断监视着人们的行为善恶、是非曲直；福善祸淫，无毫发爽。在屈原的《离骚》中还有“指九天以为正”的说法，拉出这位洞鉴一切、正直无私的“天”作证人。同时，古代文献还表明着另一个方面，即要想得到天帝鬼神的允诺，向天帝鬼神祈祷的人本身就必须具备至诚正直之德行。《左传》里面就反复表明着这个意思，例如《襄公九年》：“且要盟无质，神弗临也。所临难信，信者，言瑞也，善之主也。是故临之。”又如《襄公二十七年》：“言于晋国，无隐情；其祝史陈信于鬼神，无愧辞。”又如《庄公十年》：“牺牲玉帛，弗敢加也，必以信。”如此等等，不一而足。

比较其他民族的有关资料，人类学家们则得出如下结论：“在道德方面，原始至上神都是正直的……道德律的制定者，也因为他就是道德的来源。……下列的民族：北极文化的原始人，萨摩耶人，虾夷人，大部分北美的原始民族，都有这种信念。”关于至上神与道德律的关系，一是至上神是道德律的制定者：“我们有很详细资料的矮人，及萨摩耶人、虾夷人、北中部加利福尼亚人、阿尔贡钦人、火地民族、东南澳洲人，他们都相信至上神是道德律的创立者。”因此，“原始民族的道德，并不见得低……因为这些民族在政治方面、社会方面，不受任何约束，除了未成年的子女服从父母以外，谁也不能管谁……然而他们竟能抑制自己的意志来服从至上神。可见他们对于至上神是何等敬畏。不但如此，至上神也是道德的维护者，而且用他的全知来监督道德”。二是至上神赏罚道德及反道德的行为：“因为至上神监督人类的行为，所以也能在道德方面赏善罚恶。”“有些民族相信，人死之后要到至上神面前受公正的审判。”[①] 至今有不少未开化民族保存着“神判”的仪式。《古兰经》第二十五章作结说：“你的主是明察的。”

古代执行法制机关叫作“狱”。《说文·㹜部》共收三字，亦构成一个小型“同所词群”或“语义场”：

① ［德］W. 施密特：《原始宗教与神话》，萧师毅等译，上海文艺出版社 1987 年影印版，第 338、339、342 页。

> 犾，两犬相啮也。从二犬。
>
> 𤞞，司空也。从犾，臣声。复说狱司空。
>
> 獄，确也。从犾从言，二犬所以守也。

看来该“同所词群”皆取象于二犬。按段玉裁《说文解字注》疏证，“司空”之官，为汉代效法周制，专设治罪之官：“应劭《汉官仪》曰：绥和元年，罢御史大夫官，法周制，初置司空。议者又以县道官有狱司空，故复加大为大司空。是则汉时有都司空、有狱司空，皆主罪人，皆有治狱之责。以其办狱也，故从犾，犾者、狱之省。”[①]《说文》以“确”说“狱”，以“所以守”析“狱”字取象于二犬，即“二犬”在古代执法过程中的作用。“确”“埆”同源字；《说文解字注》：“《召南》传曰：狱、埆也。埆同确，坚刚相持之义。”[②]日本国语中“狱”字被解释为二犬“狗咬狗”，来象征在裁判面前互相争辩之意。[③]

被绳之以法者为罪犯。在《说文》一书中，施法的对象其意象标志为“辛”：

> 辛，……从一从䇂，䇂，罪也。
>
> 辠，犯法也。从辛从自，言辠人戚鼻辛苦之忧。秦以辠似皇字，改为罪。《集韵·賄部》：“辠，粗賄切。《说文》犯法也。从自，言辠人蹙鼻苦辛之忧也。秦以辠似皇字，改为罪。”本部：“𡾞𡽅，粗賄切。《说文》山皃。或从罪。”
>
> 辜，辠也。从辛，古声。[④]《宋本玉篇·辛部》：“辜，古胡切。罪也。古作㱣。㱣，古文辜字。”

按《辛部》所列“辜”与“辠”递训，“滥杀无辜”之辜，即罪也。但从《说文》所收古文取象情形来看，“辜”似不等一般之罪，“㱣”古文从死，可见其中语义有差等。又“治狱”者为“辩”：“治也。从言在辡之间。”然则“辛”

① 《说文解字注》十篇上。
② 《说文解字注》十篇上。
③ 《标准汉和辞典·犬部》。
④ 《标准汉和辞典·宀部》“宰”下说解。

符与“罪狱”之象多所牵涉。甲骨文“辛”“辛”实一字，构形结体，《说文·辛部》：

> 辛（甲骨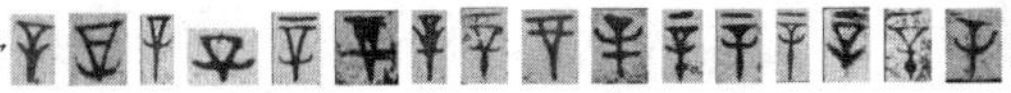金文简帛古玺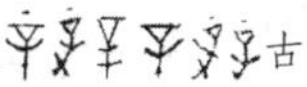古币石刻），秋時万物成而孰；金刚味辛，辛痛即泣出。从一从辛。辛，辠也。辛承庚，象人股。凡辛之属皆从辛。

郭沫若认为“辛”象古之剞劂之形，剞劂即曲刀，乃施黥之刑具，其形殆如今之圆凿而锋其末，刀身作六十度之弧形，“辛”字金文之作若，即其正面之图形，作若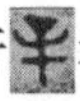者则纵断之侧面也，知此则知“辛”“辛”何以为一字之故。[①] 其释“辛”“辛”原为一字一象之说，而将“辛”符完全说成是治罪刑具之象，则有偏执一边之嫌。因为从《说文·辛部》的确开列出一批“有罪者”，如：

> 童，男有罪曰奴，奴曰童；女曰妾。从辛，重省声。《集韵·東部》：“童僮，徒东切。《说文》男有罪曰奴，奴曰童，女曰妾。一曰山无艸木曰童。又姓。籀文童中与竊中同从廿。”
>
> 妾，有罪女子，给事之得接于君者。从辛从女。

但是，我们还从其他字形从辛结体者发现，有“辛”之体，即具“标志”之用：是“辛”象又非为“刑具”所专。如“章”字，《说文·音部》：

> 章（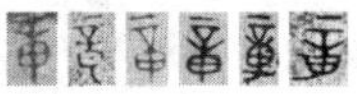金文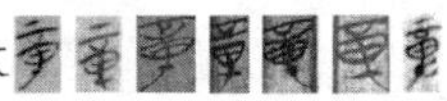简帛古玺汉印石刻），乐竟为一章。从音从十。十，数之终也。

《集韵·陽部》：“章，诸良切。《说文》乐竟为一章，从音从十；十，数之终也。一曰采也。亦姓。”金文作（《乙亥簋》）、（《颂簋》），从辛穿插在

---

① 《甲骨文字研究·释干支》，科学出版社 1982 年版。

“日”中，以为昭彰之象，所以“章”实为“彰”字初文。又如“商标”之“商”，《说文·㕯部》：

> 商（
>
> 石刻），从外知内也。从㕯，章省声。式阳切。𠻟，古文商。𠆠，亦古文商。𧶜，籀文商。

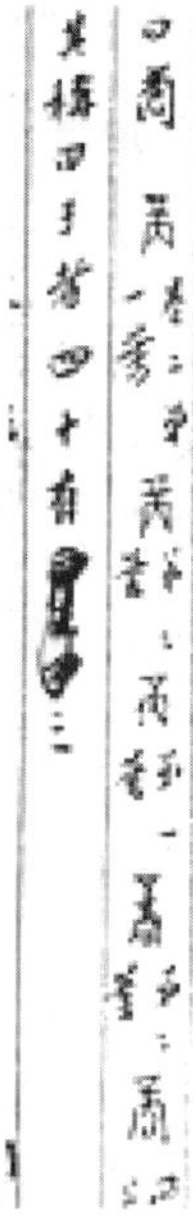
图3-12 罗振玉《殷虚书契考释》原稿关于『商』字结构及其出处

《原本玉篇·㕯部》：“商，舒羊反。《周易》兑商未宁。王弼曰：商，商量，裁制之谓也。《说文》以外知内也。《广雅》：商，度也。商，常也。《礼记》孟秋其音商。郑玄曰：三分徵一以生商。商数七十二属金者，以其浊次官臣之象也。秋气和则商声调也。又曰商者，张也，将也，阴气开张阳气降也。《楚辞》商风雨而害之。王逸曰：商风，西风也。《汉书》西则有商中。如淳曰：適遅也。《谥法》：昭功宁民曰商，仁见中外曰商。商贾之商为賞字，在《貝部》。𧶜，《说文》籀文商字也。𠻟，《说文》古文商字也。𠆠，《说文》夊古文商字也。”《篆隶万象名义·㕯部》撮取义项为：“商，舒羌反。度也。常也。张也。降也。庭也。”《宋本玉篇·㕯部》：“商，舒羊切。五音，金音也。𧶜，籀文。𠻟、𠆠，並古文。”

《集韵·陽部》：“商𧶜𠻟𠼡𠻟𧶜𧶜，尸羊切。《说文》从外知内也。一曰刻也。一曰契所封地名。亦姓。一曰徵音之所生。古作𧶜𠻟𠼡𠻟𧶜，籀作𧶜。”贮存异体，一望而知为“彰”之饰文，堪为商标之用。《类篇·㕯部》：“商𧶜𠻟𠼡𠻟𧶜𧶜，尸羊切。《说文》从外知内也。一曰刻

图3-13 日本福冈志贺岛出土汉代“汉委奴国王”金印

也。一曰契所封地名。亦姓。一曰徵音之所生。古作[illegible]。”字形取象，尤肖“商标”纹样。参观下面列具《说文·㕯部》“商”字条汉代玺印有，以及下出东瀛扶桑出土器物（见图 3–13）。

甲骨文作、金文作，显然其认知也是从辛取象。《类篇》释“商”为“刻”为“契”，“契”为“锲而不舍”“锲舟”之锲初写。有辛之体，即具“刻”之用：是两义正相应。《说文·㕯部》：“商，从外知内也。”《周礼·秋官》有“日入三刻为昏，不尽三刻为明”的记载，而《仪礼》作“日入三商为昏”，刻、商形成异文。字书韵书中《广韵》《集韵》除了一般使用意义之外，还保存了大量有关姓氏的使用信息。《广韵·陽部》：“商，金音。度也。张也。降也。常也。亦州名，即古商国，后魏置洛州，周为商州，取商於地为名。又姓，《家语》有商瞿。式羊切。”上列《集韵·陽部》同致：“商[illegible]，尸羊切。《说文》从外知内也。一曰刻也。一曰契所封地名。亦姓。”再到后世字书如《正字通》之类，就直接记录下“商”“刻”即“契”之间宛密关联：“商乃漏箭所刻之处，古以刻镌为商，所云商金商银是也。刻漏者，刻其痕以验水也。”古代文献像《尚书·尧典》《史记·殷本纪》等商代始祖被称为“契”，即传说中殷商祖先，为帝喾之子。舜时佐禹治水有功，任为司徒，封于商，赐姓子氏。现存甲骨文大率为商代中晚期出土文献，就已经释读的少量字形来看，有关夏代殷代的王族记录罕见，倒是“契”字几乎可以算得上为高频用字。基于以上关联，或许正是“商—刻—契”早就存在的认知关联，成为后世以“商”称殷王朝的基础。上具《集韵·霽部》：“契，诘计切。《说文》大约也，引《易》后代圣人易之以书契。”本部：“栔锲，诘计切。《说文》刻也。或从金。通作契。”

另外，也许还可以顺便提到《说文》中与上述法制意象相联系的“辩”和“競”两个字。《说文·誩部》“競”：

> 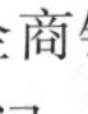（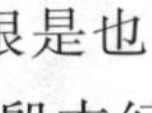甲骨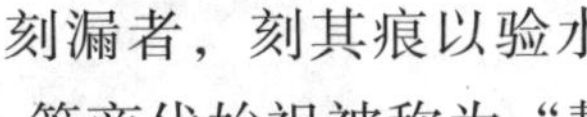金文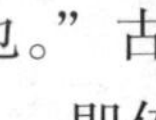简帛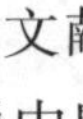古玺），彊语也。一曰逐也。从誩从二人。

“誩”字本义《说文》说是“競言也。读若競。”《集韵·映部》：“誩䛕，渠映切。《说文》競言也。从二言。古作譶。”《集韵·蒸部》：“兢兢，居陵切。《说文》競也。从二兄；二兄，競意。一曰敬也。古作兢。”《映部》：“競競竸，渠映切。《说文》彊语也。一曰逐也。隶作競。或作竸。”看来“競”“誩”实一字之分化。“競”字“競走”之义实为《说文·誩部》“競”下所出“一曰逐也”之训。“競逐”缘何头上要加头饰？而“”符若“辛”符认知功能无别，取“标志明白”之象。金文从“言”，其实“言”亦从“辛”构形，甲骨文“言”作（《粹》47），从口从辛，即取“以口舌表明”象征认知之意。《说文》以“彊语也”释“競”，深得其溯。段玉裁注：“競彊叠韵，彊语谓相争。”[①]而《辡部》“辡，罪人相与讼也”，亦堪连类印证。

由上述几组“同所字群”的连类钩稽，可以发现，相对其他文献类型，《说文》一书中保存了中国古代社会颇为完整“法的意象”认知联系。

图 3-14 西周青铜器牛羊纹饰

① 《说文解字注》三篇上。又，“解廌”意象具有刚直不阿之特征，在中国历史上较晚些时候仍可发现其影响。北宋有一位官员以为官直率著名，取名唤作郑獬。而古代人名与字意义要相应配合，这位郑獬，字毅夫。《说文·殳部》：“毅，一曰有决也。”参见钱锺书《宋诗选注》“郑獬”题解，人民文学出版社 1989 年版，第 50 页。

第五节　科技意象

《说文》一书包罗万象，实际上是中国古代社会的百科全书。其中单是关于中国古代科技方面的记录反映，就涉及了举凡天文、历法、音乐、地理、宫室、车马、服饰、植物、医疗、制造、数学、农学等领域。有心的读者会发现这样一个事实：但凡涉及各种专门史的撰写，必先从《说文》相关部类措具手眼，几成通例。[①]或有“通人”，“怵他人之我先”，抑更进一竿，罗列时代更早的出土古文字若甲骨刻文若钟鼎款式之类。但是，视《说文》组合成体系、认知发展有序列，这些孑文孤形，或语境阙如，或有龃格难通，瞑搜穿插，形同点缀。这里仅就《说文》全书有关字群及其取象本义，所涉及音乐、赛事、时间、季节、历法等意象认知，原始要终，稍加理董，权当发凡作例。

一、音乐

音乐应该说是初民在解决了基本生存问题之后的“余事”，因此，有关乐器的制作使用情况也最能反映出当时社会生产水平。我们先来说《说文》中反映的古代乐器情况。

（一）“考槃”

《诗经·卫风》有一首《考槃》，其中有这样一章：“考槃在阿，硕人之薖。独寐寤歌，永矢弗过。”关于“考槃”注释，各家聚讼，向无定说。《毛传》：“考，成；槃，乐也。”朱熹《集传》又引陈（付良）氏说：“考，扣也。槃，器名。盖扣之以节歌，如鼓盆拊缶之为乐也。”黄櫄《诗解》：“考槃者，犹考击其乐以自乐也。”显而易见，《毛传》所解“考”“槃”均已属引申虚化的认知关联。《说文·木部》：“槃，承槃也。从木，般声。鎜，古文从金。盤，籀文从皿。”《说文》不仅保存了“槃”之形制，而且还从文化事象演进角度揭示了其质料：从木从金，示其质料也；从皿者，则示其功用也。《集韵·桓部》：“槃鎜盤柈，蒲官切。《说文》承槃也。古从金。籀从皿。或作柈。”本部：“般弁卞，蒲官切。《尔雅》乐也。或作弁卞。通作槃。”“槃”

① 陆宗达著《说文解字通论》，专门辟出“关于古代的科学”章节。

字既从“般”得声，且“般”“槃”又为一字之孳乳分化，而《说文·舟部》：“般，辟也。象舟之旋。”又系“般”于《舟部》。这二者存在何种类型认知关联？《说文·舟部》：

> 般（甲骨 金文 汉印 石刻），辟也。象舟之旋，从舟从殳。殳，所以旋也。

“考槃”之“考”，犹《诗经·山有枢》“弗鼓弗考”之“考”。此章本文“考槃”与“寤歌”相应，故《诗解》径作“考击其乐以自乐”解会，为持之有故。但是作为“槃”字本义为乐器，进而引申发展有“般乐”之义，就存在着“槃”究属何种类型的乐器的认知问题。

从异体结构关系来看，般、槃、盤、鎜、盘诸类，一个系列皆一字，仅存在“体用”之别。殷墟卜辞有“般”作，其字取象为从（凡）从（攴），象高圈足槃，上象其槃，下象其圈足。制槃时须旋转陶坯成形，槃有般旋之意。……甲骨文从（凡）、（舟）每易相混，[①] 故《说文》误从凡为从舟而有“象舟之旋”之说。

图 3-15 西周青铜器——盘

“般”字一体即示击“”的会意。值得注意的是所考击对象“（凡）”，何以会自具音乐的功用。由此形取象，可以联系到殷墟卜辞“风”字。提供个中认知关联的，仍然是《说文·風部》：

> 風（甲骨 简帛 石刻），八風也。东方曰明庶風，东南曰清明風，南方曰景風，西南曰凉風，西方曰阊阖風，西北曰不周風，北方曰广莫風，东北曰融風。風动虫生。故虫八日而化。从虫，凡声。凡風之属皆从風。凬，古文風。

① 《甲骨文字典》卷八。

《集韵·東部》以隶定楷化形式，贮存了这些字形结构："風飌凬凮，方冯切。《说文》八風也，風动虫生，故虫八日而化。一曰諷也。又姓。或从雚。古作凬凮。"

战国楚简文献使用从虫凡声结构。卜辞或用"凡"为风，或借凤鸟为风，《说文·鳥部》："鳳，神鸟也。……从鳥，凡声。"故《集韵·東部》："檒梵，符风切。風行木上曰檒。或作梵。""檒"字或作梵，亦其证。就语音联系而言，上古汉语语音系统中凡、風、般均属帮系。而且，凡、風、般同音同构，甲骨文中"盤庚"合文作、亦作，还有作诸形，[①] 似亦可为征。看来"槃"之初写即为，其形音义已具，后世孳乳为鎜、盤、磐、槃，只是传达着"体用"认知关系不同：从木、从石、从金，着眼于其体质；从皿则突出具功用。演变的关键，是（舟）形近而讹，于是不得不重叠建构，上加木、加金、加皿，借以明确标志其功能。其实，"般"自具乐器之用，"考槃"也就等于说是"敲盘""击皿"。《说文·老部》："考，老也，从老省，丂声。""攷"亦从丂得声，"考"为"攷"之借。《说文·攴部》："考，敂也。从攴，丂声。""敂，击也。从攴，句声，读若扣。"

"考槃"所考为盘、为皿，已具上文所考。按《说文》有关部类，古代皿、缶、瓦三大义类，在初或许没有什么清晰的分野。

图 3-16　海外度藏青铜器——洗盘

图 3-17　台北故宫博物院藏盘

① 见《甲骨文编》所辑录"合文"。参郭沫若编《殷契粹编》275 片，日本东京文求堂石印本 1937 年版。

图 3-18 汉代右盘铭文使用从舟从又结构

图 3-19 汉代行烛盘量器铭文字形从金般声，同《说文·木部》槃字古文鎜

图 3-20 西周穆王伯雍夫盘

图 3-21 高台盘

《诗》有“六义”，其中“赋”“比”“兴”是就表现方式而言的，而“风”“雅”“颂”前人已考定是就音乐特点着眼的。据汉代学者说法，古代王者为了考察风俗的淳正与浇漓、政治的得丧和成败，专设采诗之官，到各地

收集民歌民谣，献给乐官，配上乐曲，再献给天子。这些诗积累多了，编在一起，就成了《诗经》。编辑者自然是了解各地音乐特点的乐官。《左传·襄公二十九年》载吴公子札到鲁国聘问，乐工为他歌《周南》《召南》《邶》《鄘》《卫》《王》《郑》《齐》《豳》《秦》《魏》《唐》《陈》《郐》《小雅》《大雅》《颂》，几乎包括了今本《诗经》全部内容。上述《左传》的记载也清楚地表明三百篇都有乐曲相配，可以歌唱，系于唇吻。凡分为风、雅、颂三大类，而且，三大类各具“地域”义与“音乐”义两边。

（二）“风谣”

《风》也即《国风》，凡十五国风，大都是各地的民间歌谣，音乐上体现了各地的地方曲调。《说文·風部》：“風，八風也。东方曰明庶風，东南曰清明風，南方曰景風，西南曰凉風，西方曰阊阖風，西北曰不周風，北方曰广莫風，东北曰融風。風动虫生，故虫八日而化。从虫，凡声。”而这八方之“风”又与八音相对应：《淮南子·天文训》：“条风，为笙也；明庶风，为管也；清明风，为柷也；景风，为弦也；凉风，为埙也；阊阖风，为钟也；不周风，为磬也；广莫风，为鼓也。”此类对应关系虽然是受八卦思想的影响，但以诗解诗，《大雅·崧高》八章云：“其诗孔硕，其风肆好。”适以“诗”“风”为对文，《释文》引王肃注：“风，音也。”《集传》亦云：“风，声。”就是指此章乐曲音调与言志之诗相得益彰。《山海经》里大凡谈到歌乐，必称“鸾凤”：《大荒西经》云：“祝融生太子长琴，是处榣山，始作乐风。有五彩鸟，三名，一曰皇鸟，一曰鸾鸟，一曰凤鸟。”又云：“弇州之山，五彩之鸟，仰天，名曰鸣鸟；爰有百乐歌舞之风。”“风”字语源与作为乐器的“般”原本是一个东西，大概可以推知，“十五国风”“风谣”之“风”，其语义所指首先是反映各地方区域特色的民间乐器的通名，由此节歌调乐，便形成了各具地方特点的乐曲音调认知方式。由此可以看出一个地区的民情风貌，日本语所谓“国ふり”（一个地方的情态）。中国历史上很早就注意到各地方音语气的清浊缓促，如“齐气”的缓舒，[①]扬州的清轻激扬，吴语调柔，燕语调刚……这样，各地所采用的乐器也必然要与之相协调从而各呈特色，亦自然之理。汪士铎《汪梅村先生集》卷五《记声词》之二就曾这样描述：“《乐记》之……郑、卫、宋、齐之音，《论语》之‘郑声’，皆调也，如今之里俗膢山、高平、弋阳诸调之类。昆山啴缓曼衍，故淫；高平高亢简质，故悲；弋阳游荡浮薄，故怨；聆其声，不闻其词，其感人如此，非其词之过也。”[②]钱锺书先生曾经专门考论有关训诂资料，以为“风”字可双关“风谣”与“风教”两义：

---

① 言地域之“风”，齐气语缓，向为文论史家瞩目为例。20世纪90年代初，尝作《论“齐气”》。语缓，指的是语气，其实传递的语言信息并不减少。较之南方诸方言区听上去唧唧喳喳很急促，其实表达语意有限，语缓反而与经济学原则正复相等。齐鲁之间诸城地方言将“咱们”读为“赠”，用一个单音节词，指的非单数，为复数，其实是“咱们”的合音，发音也就比较长。还有，“那样”音节，诸城青州等地皆合音发为“niang–”，拉得很长。清人刘鹗《老残游记》第四回：“出济南府西门，北行十八里，有个镇市，名叫雒口。当初黄河未并入大清河的时候，凡城里的七十二泉泉水，皆从此地入河，本是个极繁盛的所在。自从黄河并了，虽仍有货船来往，究竟不过十分之一二，差得远了。”（上海古籍出版社2005年版，第20页）按“雒口”得名之所由来，即为“入河口”之促读者。青州齐鲁之间，方言率多以［r］读为［l］母。约举数例，如“肉”读［lou］，“人”读［lin］，“入河”促读而缓舒，音节结构为［luo］，汉代字面作“雒”，或曰“雒”殆即“入河”之促读而气舒者。古称“齐气”为“语缓”，此为显例也。也有相反的例子，或“niang”中间再穿插舒缓语气作“niang乎样”。或将一个音节，拖拉成几个音节。如诸城方言把“将”（时间副词）读成“将mang”；“刚才”读成“cai jiang mang”。古书里许多词语存在音节多寡上的差别，也许就是来源于促读和缓读的不同。如《三国演义》等古白话小说说到一彪军从旁冲杀出来，往往会用“刺斜里［jī jie li］”三个音节表达，实际亦不过书面语一“捷”字之缓读耳。或如第四十八回描写使用“隔斜里”结构，则读音更为接近：“（韩当）用牌遮隔。焦触捻长枪与韩当交锋。当手起一枪，刺死焦触。张南随后大叫赶来。隔斜里周泰船出。张南挺枪立于船头，两边弓矢乱射。周泰一臂挽牌，一手提刀，两船相离七八尺，泰即飞身一跃，直跃过张南船上，手起刀落，砍张南于水中，乱杀驾舟军士。”按古书注疏，捷，旁出之谓。《左传·成公五年》：“重人曰：待我，不如捷之速也。”杜预注：“捷，邪出。”《国语·晋语五》：“传为速也。若俟吾避，则加迟矣。不如捷而行。”韦昭注：“旁出为捷。”汉语词汇结构形式“扩散”，带来词语单位增加。翻检读读《集韵》一类韵书，可约略了解大概。《汉书·地理志》：“凡民函五常之性，而其刚柔缓急，音声不同，系水土之风气，故谓之风；好恶取舍，动静亡常，随君上之情欲，故谓之俗。”（中华书局1964年版，第1640页）“（齐地）临淄名营丘，故《齐诗》曰：子之营兮，遭我乎猺之间兮。又曰：竢我于著乎而。此亦其舒缓之体也。吴札闻齐之歌曰：泱泱乎，大风也哉！其太公乎？国未可量也。”（第1659页）

② 转摘自《管锥编》卷一，第60页。

言其作用，“风”者，风谏也、风教也。言其本源，“风”者，土风也、风谣也（《汉书·五行志》下之上：“夫天子省风以作乐，”应劭注：“‘风’，土地风俗也”），今语所谓地方民歌也。言其体制，“风”者，风咏也、风诵也，系乎喉舌唇吻（《论衡·明雩篇》：“‘风乎舞雩’；‘风’，歌也”；仲长统《乐志论》：“讽于舞雩之下”），今语所谓口头歌唱文学也；《汉书·艺文志》不云乎：“凡三百五篇，遭秦而全者，以其讽诵，不独在竹帛故也。”“风”之一字而于《诗》之渊源体用包举囊括，又并行分训之同时合训矣。[①]

后世说诗者往往不注意考察“风”的渊源流变及体用关系，而但在“风”之用、即讽谏、教化上作手眼，望“风”附会，尚粗浅乎言之。

从渊源角度看，“风”诗也即地方曲调的民谣，而且“风谣”自古连文以至为一词。由此，通过“谣”字的考辨，或许找到另外一条关于“风”的渊源、音乐性质的认知线索。

䍃，《集韵·宵部》：“䍃謠猶，餘招切。《说文》徒歌。或作謠猶。”金文“谣”（《口䍃攸钵》），与《说文·言部》所录古文“䍃”同致，结构为从月（肉）从言。从“肉”取类，所指为歌谣纯乎发诸唇吻喉咙，《说文·言部》：“䍃，徒歌。”亦即最初的民间歌谣本无器肉相发之韵致，天然动乎情、发乎唇吻者，谓之“天籁”可也。据记载，唐代人还称“徒歌”为“肉声”，《正字通》：“唐人谓徒歌曰肉声。”[②] 大致上到了《刘熊碑》“䍃”已作“谣”，稽考《说文》之后字书如《汗简》《古文四声韵》《秦汉魏晋篆隶字形表》《班马字类》等等，亦均孳乳如是，即在“䍃”形基础之上，添加了“缶”符，异构作“嗂”作“谣”等。段玉裁《说文解字·䍃》注：“䍃，谣古今字也。”看来“风谣”演进到这一历史背景之上，已经加进乐器的伴奏成分，不复是质朴无饰的“徒歌”，而是有器肉相发之情趣。所以，体现在文字取象上面，“打击乐”的成分已得到突出，故《龙龛手鉴·言部》所收“䍃”字又异构作“詋”：“詋，俗；谣，正。”又《字汇·言部》：“詋，同谣。”

① 《管锥编》卷一，第58~59页。

② 《事物异名录·音乐部》。

“谣”字作为取象构形又平添进“缶”成分，即体示“谣”已有音乐成分参与，这一语义发生的背景，我们下面可以通过基本构字成分——文字符号的替换发生来加以说明。这里顺便指出这样一种语言现象，即《尔雅》等字书对于“谣”（即“䍃”孳乳添加“缶”符之后的情形）字的语义背景，尚未来得及作出概括反映，《释乐》云：“徒歌谓之谣”；《玉篇·言部》：“谣，独歌也。”一仍其旧，滞后如是。由此类现象也可以发现，文字构成的符号与作为语言的符号，二者并不在同一层次上，即并非是逐层对应的关系。最初的文字符号对于文化转承有着相当稳固的影响。而那些只知望字生训、不顾语言事实的做法，超象揣形上之义，忘形探词外之旨，也就是不足取、不可靠的。

“谣”字取类于“缶”，指向“音乐”功能：有“缶”之体，即有“器乐”之用。这种联系，可以通过“谣”字的构成符号的替换行为来发现。比如，“嗂”，《说文·口部》：“喜也。从口，䍃声。”《广韵·宵韵》：“嗂，乐也。”“缶”有乐器的功效，故可异构作“嗜”，而“嗜”又从音，《改拼四声篇海·口部》引《龙龛手鉴》：“嗜，喜乐也。”《正字通·口部》：“嗜，俗嗂字。”又，“瑶”亦可替换作“瑎”，《龙龛手鉴·玉部》：“瑎，俗。瑶，正。”均资符验。

由是，“缶”作为器皿，自有其音乐的功能，聊示数例：《易经·离卦》：“不鼓缶而歌。”《诗经·陈风·宛丘》：“坎其击缶，宛丘之道。”孔颖达疏：“缶是瓦器，可以节乐。”《史记·廉颇蔺相如列传》：“赵王窃闻秦王善为秦声，清奉盆缻（同‘缶’）秦王以相娱乐。”蔺相如要挟秦王击缶，非要出于便宜，而是“不忘其旧”，“击缶”原是本地风光，代表着秦地地方音乐特点，《说文·缶部》“缶”下说曰：“瓦器，所以盛酒浆。秦人鼓之以节歌。”又《庄子》载庄周鼓盆而歌，守常之属，亦当作如是观，即是有音乐伴奏。

从上述资料也不难发现，“缶”类在“风谣”里俨然具有“打击乐”的功效，与前具文字考释，若合符节。作为“风谣”，自不限于一地。这种认识提挈，尚嫌不够。依照我们的《说文》“取类说”，“谣”作为文字符号由“缶”构形，这个“缶”则是指向了一类，即作为概念的外延是涉及了“瓦器”全体，而“瓦器”，《说文·瓦部》：“土器已烧之总名。”就等于说，“缶”“瓦”被作为同一“义类”加以认知。从“缶”构形，与从“瓦”无别，二者互换，形成异构。下面亦举出数例：

> “缶”，异构作“缻”，《集韵·有部》：“缶缻，俯九切。《说文》瓦器。所以盛酒浆。秦人鼓之以节歌。象形。或从瓦。”“瓨”，异构为“缸”，《说文·瓦部》：“瓨，从瓦，工声。”《集韵》有“胡江”“古双”二切，王筠《说文句读》：“字与《缶部》缸同。”“瓷”又异构为“瓫”，见《集韵·脂部》。“缾”，亦异构为“瓶”，见《说文·缶部》“缾”下所录或体。

“取类”认知意义，在于打破语言文字的“义类”之间界障。照此看来，《诗经·卫风》中的“考槃”、《庄子》里的“鼓盆”[①]、《史记》里记载的秦王“击缶”，均具有在“徒歌”里面平添音乐伴奏的审美效果，也就无妨看作是“谣”作为文字构成符号取类于“缶”的语义发生背景。

由是，“缶”“瓦”作为“土器已烧之总名”，单从音乐功能上说，所指应当是与中国古代关于音乐的“八音”概念（土、金、石、革、丝、木、匏、竹）发生联系。《国语·周语下》：“金石以动之，丝竹以行之，诗以道之，歌以咏之，匏以宣之，瓦以赞之，草木以节之。”据说这里的“瓦”所指是“埙”的别称。《说文·土部》：“壎，乐器也。以土为之，六孔。从土，熏声。”中国对古代乐器统称的“八音”，实在是包括了不同历史层次、不同地域音乐特点的一个多层多边的概念，而且主要也是就器乐的体制材料而言的。而前文所考具“般”或从木、或从金、或从皿、或从石，串通许多类型。因此，“八音”不大可能是确指八种具体乐器的内涵。

中国古代文献表明，“缶”在“风谣”里的音乐功用，并不限于质朴无华的上古。至少在唐代繁盛的宫廷音乐大交会里，“缶”类还是一个相当突出的成分，而且具有相当规模。上文提到的《诗·陈风·宛丘》里所描述的音乐舞蹈场面，唐代孔颖达疏解说：“缶是乐器，可以节乐，若今（唐）击瓯。”唐人段安节《乐府杂录·击瓯》里也描述说：“武宗朝，郭道源复为凤翔府天

---

① 按“皿”说到底亦属“缶”或“瓦”类。如《集韵·産部》：“琖醆盞湔醆，阻限切。玉爵也。夏曰琖，殷曰斝，周曰爵。或从角从皿。亦作湔醆。”或换皿为缶而构作“醆”，堪为例。

兴县丞，充太常寺调音律官，善击瓯。率以邢瓯越瓯共十二支，旋加减水于其中，以箸击之，其音妙于方响也。”

“国风”“民谣”，匹配当对，原本就是一个东西。另外，“十五国风”中还有“二南”，也是一体二边：兼指地域与音乐。《说文·朩部》：“南，艸木至南方有枝任也。从朩，羊声。”《说文》这段说解，记录了“南”之得名语源，“南”即读“任”也。《集韵·侵部》：“鵀雂，如林切。戴胜也。或从隹。”本部：“鵀，尼心切。鸟名，《博雅》戴鵀，戴胜也。”《方言》卷八：“尸鸠……自关而东谓之戴鵀，东齐海岱之间谓之戴南。南犹鵀也。”按“鵀”从任得声，是南、任相通之证。再，“鵀南”有如林、女金二切，在周代钟器系列中，如“大林”“林钟”等，又多与“林”有关，《国语·周语》载周景王铸“大林”；林、南同属侵部平声，分系来、泥二母，“任”亦系侵部、日母，日母归泥。又今齐东青州方言读“任”仍如“林”，皆是“任”“南”音同之证。段玉裁注：“当云‘南、任也’，与‘东、动也’一例。”① 作为乐器之“南”，本称“南任”，至今苗族人将具有神圣意味、而在民间使用着的乐器，称之为“南任”。②《礼记·文王世子》：“南，南夷之乐也。”或单称“任”：《礼记·明堂位》：“任，南蛮之乐也。”又《公羊传·昭公二十五年》：“南夷之乐曰任。”《诗·小雅·鼓钟》三章：“以雅以南，以籥不僭。”《毛传》：“南夷之乐曰南。”《说文·朩部》：

> 南（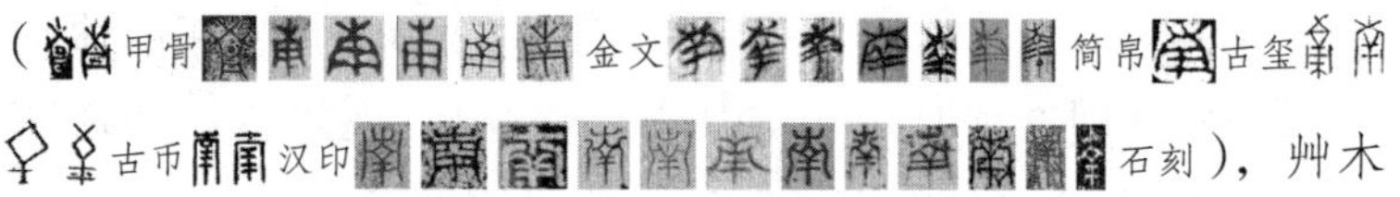
>
> ），艸木至南方，有枝任也。从朩，羊声。那含切。𡴭，古文。

徐中舒以为：“甲骨文字下部从、，象倒置之瓦器，上部之象悬挂瓦

① 《说文解字注》六篇下。《集韵·緩部》：“盌瓮埦椀，邬管切。《说文》小盂也。或作瓮埦椀。”亦关乎相关体制部类，通用并施。《集韵·梵部》：“盌㼝鋺釼，孚梵切。《博雅》盞盌，杯也。或作㼝鋺釼。”

② 参见《中国の神话》第三章“南人異郷”。《集韵·覃部》：“南𡴭，那含切。《说文》艸木至南方有枝任也。古作𡴭。”

器之绳索，唐兰以为古代瓦制之乐器（《殷虚文字记》），可从。”①

按甲骨文有字作②，隶定楷化下来就是从殳南声结构。看来“南”作为乐器的话应该就是“打击乐”，然则与“磬”字语义指向为一类。《说文·石部》：“磬，乐石也。从石殸。象悬虡之形，殳击之也。古者毋句氏作磬。殸，籀文省。”甲骨文作为出土文献可以印证《说文》认知发生渊源有其所从来：

（《前》7，42，1）、（《前》）4，10，3）……

字形结体从从从（殳），象悬磬之绳，象磬形，磬之本体乃乐石，故以（石）象之、（殳）所以击之。为磬之初写。《说文》著录籀文与甲骨文略同，或径可视为初民“拊石击石”的生动取象。“殸”作为声符，加石为“磬”，加耳为“声”。石音清越，诉诸听觉，故“声音”之“声”，亦有取于“殸”。磬声罄皆同源字，《说文·缶部》：“罄，器中空也。从缶，殸声。”这反映了《说文》对古代物理声学的认知：缶器中空，虚能纳声。犹南朝梁代周兴嗣《千字文》所谓“空谷传声，虚堂习听”，也就有“磬”之用了；而换石为缶，磬即为罄了。

图 3-22　汉代摇钟③

① 《甲骨文字典》卷六。

② 罗振玉《殷虚书契前编》5，41，8。

③ 按“摇钟”为乐器，与“采集民谣”之谣，或存在一定认知关联。

（三）大小“雅”

“雅”也是一字兼具地域义与音乐义两边。“雅”就是“夏”，所指为西周王畿地区。《说文·夊部》：“夏，中国之人也。”雅音即夏音，等于说“中原正声”，以与作为民歌的《国风》得到区别。同样“雅”字又指向“乐器”一边，前面提到的《诗经·小雅·鼓钟》四章：“以雅以南，以籥不僭。”郑司农注《周礼·笙师》：“雅，状如漆筒而弇口，大二围，长五尺六寸，以羊韦鞔之，有两纽，疏画。”[①]说其体制颇详。

（四）三“颂”

“颂”字亦兼有地方与乐舞两边。《诗》中“颂”类包括《周》《鲁》《商》三个部分，都是在庙堂进行祭祀的乐歌。《诗大序》称：“颂者，美盛德之形容，以其成功告于神明者也。”郑玄注《周礼》：“颂之言诵也，容也，诵今之德，广以美之。”按“颂”字本义，实即就是说诗、音有待于乐器、舞姿以赋形。《说文·頁部》：

（金文简帛汉印石刻），皃也。从頁，公声。余封切。又，似用切。，籀文。

籀文从容得声。又“皃，颂仪也。”段玉裁注：“必言仪者，谓颂之仪度可皃象也。”从《说文》记载来看，“颂”原是“容貌”“形容”之“容”的本字，“容”字所指本为“容器”“容内（纳）”之“容”。《说文·宀部》：“盛也。从宀、谷。㝐，古文容从公。”《集韵·鍾部》：“頌額，餘封切。《说文》皃也。籀作。通作容。”阮元《释颂》：“颂之训为美盛德者，余义也。颂之训为形容者，本义也。且颂字即容字也。容、养、羕一声之转，古籍多通借。今世俗传之样字始于《唐韵》，即容字。岂知所谓《周颂》《鲁颂》《商颂》者，若曰周之样子、鲁之样子、商之样子而已，无深义也。‘三颂’各章皆是舞容，故称为《颂》，若元以后戏曲，歌者舞者与乐器全动作也。”王国维《说周颂》认为《颂》的曲调速度比《风》《雅》为缓。[②]

---

① 向熹：《诗经词典》，四川人民出版社 1986 年版，第 542 页。

② 《诗经词典》，第 437 页。

（五）其余

除了围绕《诗》之有关乐器之外，《说文》一书还保存了古代关于其他一些乐器制度方面的认知史料。顺便举几个例字。

放在悬挂钟磬的架子上部的大板叫作業，其形制特征是刻有锯齿，其功用大要是出于装饰的考虑。《说文·丵部》：

> 業（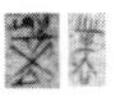金文简帛汉印石刻），大版也。所以饰县钟鼓。捷業如锯齿，以白画之。象其鉏铻相承也。从丵从巾。巾象版。《诗》曰：巨業维枞。鱼怯切。，古文業。

按说解“業”之形制功能甚详。《集韵·業部》：

> 業䗌𤏩䗌，逆怯切。《说文》大板也。所以饰悬钟鼓，捷業如锯齿，以白画之象，其鉏铻相承也。从丵从巾；巾象版，引《诗》巨業维枞。或作䗌。古作𤏩䗌。業，一曰大也，绪也，事也，始也。

所收录古文，与金文所作或可相互印证。段玉裁注：“周颂传曰：業，大版也。所以设栒为悬也。捷業如锯齿，或曰画之。植者为虡，横者为栒。大雅笺云：虡也，栒也，所以悬钟鼓也。设大版于上，刻画以为饰。按栒以悬钟鼓，業以覆栒为饰。其形刻之捷然如锯齿。又以白画之分明可观，故此大版名曰業。業之为言䥶也。……凡程功积事言業者，如版上之刻往往可计数也。”《说文》“業”下引《诗》曰：“巨業维枞。”段玉裁注：“大雅文，今《诗》作虡。《上林赋》虡作钜，许作巨，盖三家《诗》巨与钜同也。《墨子·贵义》曰：钜者，白也。黔者，黑也。钜業者，盖谓以白画之欤？”[1]这个“虡”，《说文·虍部》作“虞”，其亦有说：“钟鼓之柎也。饰为猛兽，从虍，異，象其下足，鐻，虞或从金、豦声。虡，篆文虞省。”结构分析，反映出有关认知水平：涉及了虞之体质、形制、功能诸端，与有关乐器制度，不啻印版。《集韵·語部》：“虞虡鐻鐻㯫簴，曰许切。《说文》钟鼓之柎也。饰

① 《说文解字注》三篇上。

为猛兽，从虍，异象其下足。或省。亦作鐻鐻榼簴。”《说文》所引《诗》为《大雅·灵台》，孔颖达《正义》说：“悬钟磬者，两端有植木，其上有横木，谓直立者为虡，谓横牵者为栒，栒上加之大版为之饰。”所谓横木即文献中所称的筍，竖木则为文献中所称之虡。《说文·虍部》解释两根竖木形制为“饰为猛兽”，从现藏南京博物院的春秋时期的臧孙钟的体制规模来看，或可取象于人形，既为装饰之体，又具支撑之用。考古学者推断，钟和磬一样，大概都渊源于上古时期，先民狂欢歌舞，随手敲击生活器皿或生产工具，圆形空心容器声音共鸣和谐，长条形石制工具声音清越响亮，它们可能就是钟和磬的前身。[①] 此一推论，大体与《说文》结构分析认知结论相吻合。

关于“丝竹”类乐器，《说文》记录也非常完备，其中专列《龠部》，并形成一个以“龠”为核心的“语义场”：

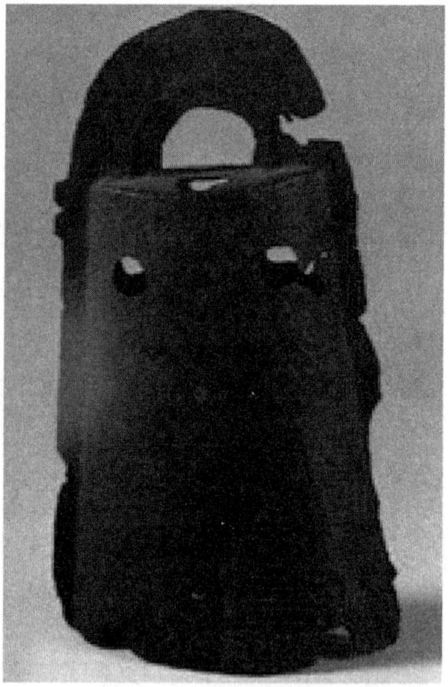

图 3-23 日本弥生时代邪馬台国袈裟襷文铜铎

龠，乐之竹管，三孔以和众声也。从品侖，侖，理也。

龡，音律管埙之乐也。从龠，炊声。《集韵·寘部》：“龡歈，尺伪切。《说文》龡，音律管埙之乐也。或省。通作吹。”

龥，管乐也。从龠，虒声。篪龥或从竹。《集韵·支部》：“龥篪竾箎，陈知切。《说文》管乐也。或作篪竾。亦作箎。”

龢，调也。从龠，禾声。读与和同。又《皿部》：“盉（
金文），调味也。从皿，禾声。”

龤，乐和龤也。从龠，皆声。《虞书》曰：八音克龤。

① 《南京博物院藏宝录》，第 157 页。

《说文·龠部》："龠（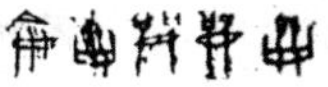甲骨金文），乐之竹管，三孔，以和众声也。从品、侖。侖，理也。"甲骨文龠字构形，正肖编管之乐器，此即管乐器之初形。"龡"则为"吹打弹唱"之"吹"本字，亦发轫于管乐。《集韵·漾部》："唱⿰龠昌誯倡昌，尺亮切。《说文》导也。或从龠从言。亦作倡昌。"䶵，则为"水牛背上横笛音"之笛本字。龢，龠之声须相谐调，故引申以为"调和"，"龤"为"和谐"之"谐"的本字。看来中国美学"和谐""谐调"的认知，是直接滥觞于乐器，由此亦可见中国古代乐器的发达、制度的完备。《说文·竹部》形成如下的"语义场"：

竽（甲骨简帛古玺），管三十六簧也。从竹，亏声。

笙，十三簧，象凤之身也。笙，正月之音，物生故谓之笙。大者谓之巢，小者谓之和。古者随作笙。

簧，笙中簧也。从竹，黄声。古者女娲作簧。

篪，簧属。从竹，是声。

箫，参差管乐，象凤之翼。

筒，通箫也。

籟，三孔龠也。大者谓之笙，其中谓之籟，小者谓之箹。《集韵·藥部》：箹，乙却切。籥小者谓之箹。

箹，小籟也。

管，如篪六孔。十二月之音，物开地牙，故谓之管，从竹，官声。琯，古者玉琯以玉。舜之时，西王母来献其白琯，前零陵文学姓奚，于泠道舜祠下得笙玉琯。夫以玉作音，故神人以和，凤皇来仪也。

篎，小管谓之篎。

笛，七孔筩也。从竹，由声。羌笛三孔。

筑，以竹曲五弦之乐也。

筝，鼓弦竹身乐也。

箛，吹鞭也。

箹，吹筩也。

一类之中，复又有大、中、小之分，即可适应各种音阶。

至于“弦乐”，《说文·琴部》关于此类乐器的音乐功能的理解，个中认知之理，颇可玩味：

琴（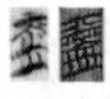简帛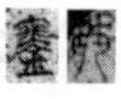石刻），禁也。神农所作。洞越。练朱五弦，周加二弦。象形。凡珡之属皆从珡。巨今切。鑋，古文珡从金。

瑟（简帛），庖牺所作弦乐也。从珡，必声。所栉切。爽，古文瑟。

《集韵·侵部》：“琴珡鑋𨰮，渠金切。《说文》禁也。神农所作，洞越练朱五弦，周加二弦。亦姓。古作珡鑋𨰮。”《集韵·栉部》：“瑟爽爽𤨏，色栉切。《说文》庖牺所作弦乐。一曰众多皃。一曰矜莊皃。一曰泉流皃。古作爽爽𤨏。”“琴”训为“禁”，属声训。《白虎通》：“琴，禁也。以禁止淫邪、正人心也。”适表明“琴”从“今”得声，即有“今”义。“今”字原本有关闭包含义，《说文》提供了这方面的消息。《马部》：“马，艸木之华未发函然，象形。读若含。”今天我们所写的“信函”“包函”之函，就是从这个马构字的，《马部》：“函，舌也。象形，舌体马马。从马，马亦声。肣，俗函从肉、今。”含、肣皆从今得声，肣即包函之“函”。成语“噤若寒蝉”之噤的本字应该就是“吟”，“吟”亦从今得声。《说文》所收古文琴又从金作鑋，其实“金”亦从今得声，《说文·金部》：“金，从土左右注，象金在土中形。今声。”或释“今”字古文取象属于以位置关系表义的类型，曰为开口向上气出之象，而今则以开口向下倒置示关闭之象[①]，看来是符合《说文》一书中语义联系的实际的。

“琴”字之构造，以及《说文》从字源语源联系方面的解说，从一个角度反映了中国古代人的美学观念，即音乐在中国古代不但徒具抒情宣泄之效，而且像琴瑟这类来源颇为神圣悠远的乐器人们更注意到它们的另一方面的功能，那就是禁邪制放。一送一控、发而能持，以免流离随便。由此与中国音乐诗学倡导的“中和”的审美价值判断相通贯。由此，我们甚至可以寻

① 《文字学概要》，第141页。

绎到汉代人说《诗·关雎》的语义历史背景。《关雎》描摹“君子”思慕“淑女”的恋情，近乎单相思的“苦恋”。由“寤寐思服”，到“展转反侧”，几至情不能自已，当此时，《诗》中即出现琴瑟钟鼓一类意象，以冲淡之、疏导之——控制之。由此形成了全诗“乐而不淫”情绪流动基调。这种“乐而不淫”的抒情特色，就是使人自持情性，喜怒哀乐，合度中节；异乎探喉肆口，直吐快心。与《论语·八佾》之“乐而不淫、哀而不伤”；《礼记·经解》之“温柔敦厚”；《史记·屈原贾生列传》之“怨诽而不怒”等等古人说诗认知，若合符契。从这个意义上说，《诗三百篇》，以《关雎》置其首、压其卷，亦体现了编订者的诗学思想，要非出于率意随便也。[①]

以上示例性地考察了《说文》一书中所涉及的中国古代音乐方面的情形，由此也大致上可以让人领略到古代乐器制度的规模、制作材料的丰富[②]、品类的繁复，从一个视角也使我们对于中国古代社会生产、科技水平获得一些认识。

本节主要还就《诗》所及音乐问题在《说文》所得到反映，作了一些寻绎。由此寻绎过程，可钩稽如下：

其一，“谣”字初不从“缶”，金文只作“夽”；作为文字符号取类于“缶”，已属后起。这个演进过程在《说文》有关部类的收字、说解中得到了完整的反映。从文字符号演变所体示的古代音乐情形看，“风谣”就其本源而言，实为发端于民间的口头歌唱。“十五国风”作如是认知，当去古未远。

其二，古代“风谣”里诸般“打击乐”的渊源，恐怕还与初民巫术祭祀活动发生着若干联系。《淮南子·精神训》：“今夫穷鄙之社也，叩盆拊瓴，相和而歌，自以为乐矣。”这类情形，在初当不限于“穷鄙之社”；而所谓“自以为乐”，确切些说，应是“乐神娱人”，兼而有之。

其三，古代参与到“风谣”里去的“缶”类成分，要非专门的乐器部类，这似乎是无待乎说明的。像“缶”作为语言符号，认知指向“瓦器”，故《说文·缶部》首先说明其“所以盛酒浆”。但是，当其具饮食之用，即有“节歌”之功。质言之，诸如此类的“瓦器”，“原皆自具功能”，只是由于“人事代谢，制作递更，厥初因用而施艺，后遂用失而艺存”[③]。古代“风谣”认知

① 可参见《简帛与学术》关于“孔子诗论”诸节。

② 按《说文·金部》收录有关金属乐器亦有可观，本节未及稽考连类。

③ 《管锥编》卷二，第539页。

演进之迹，充分体现了钱锺书先生所揭示的艺术认知发源流变规律。

二、赛社

现在还有谁能想到今日无时不在举行的名目繁多的竞赛活动其源头竟然是祭神报赛的仪式呢？《说文》为我们保存了这一记忆，其《貝部》“賽”字分析结构说：“賽，报也。从貝，塞省声。”《说文》一书提供的联系，可以为我们补缀古代“赛事原型”业经失落的认知背景。

《说文·貝部》以“报”释“赛”，而“报”在古代为一种祭名，是“赛”也者，亦祭仪也。日本国语里，“赛”字本义为“祭”，感谢神祇的祭祀。由此引申到第三个义项才是“胜负角逐”（竞争胜负）。[1]汉语中，“赛”所指就是报答神灵恩赐的祭祀仪式。《国语·鲁语上》：“凡禘、郊、祖、宗、报，此五者，国之祀典也。”韦昭注：“报，报德，谓祭也。”

“赛”本即“报祭”，而且作为“国之祀典”，其规模自当可观。而此“赛”字尚属后起，《说文》收在“新附”部分。因为“塞”“赛”皆从“寒”声孳乳，王念孙说：“赛本作塞，古无赛字，借塞为之。”[2]由于此一关系，我们看到古代文献如《韩非子·外储说右下》：“病愈，杀牛塞祷。”“塞”亦作“赛”。《史记·封禅书》：“冬塞祷祠。”司马贞索隐：“塞”与“赛”同，“赛”，今报神福也。《文选·阮籍〈为郑冲劝晋王笺〉》：“西塞江源，望祀岷山。”亦此“赛”字，李善注：“塞，为报神恩也。”“西塞”与“望祀”互文对举，是“塞”与“望”均为祀也。又，古籍“祷赛”连文，《论衡·辨祟》：“项羽攻襄安，襄安无噍类，未必不祷赛也。”

“赛社”作为“报神”的祭祀，原出于古代人一种求得心理平衡——心安理得之动机。《说文·土部》：“塞，隔也。”此非“赛社”本字。“賽”“寋”则同源，《说文·心部》：“寋，实也。从心，塞省声。”大徐本《说文·貝部》见于新附：“賽，报也。从貝，塞省声。先代切。”《集韵·德部》：“寋寋寨，悉则切。《说文》实也，引《虞书》刚而寋。古作寋寨。”《广雅·释诂一》：“寋，安也。”王念孙疏证：“《方言》：猒、塞，安也。郭璞注云：物足则定。

① 《标准汉和辞典·贝部》。

② 《读书杂志·史记》。

猒与厭通，塞与寨通。”[①]《龙龛手鉴·心部》：“寨，心安也。”古代汉语里常说“赛神”“赛愿”等词，所指就是祭神还愿。白居易《长庆集·春村》：“黄昏林下路，鼓笛赛神归。”宋人永亨《搜采异闻录》四：“予顷使金国时，辟景孙弟辅行，弟妇在家许斋醮，及还家赛愿，予为作青词。”盖先民不忘生殖及收获皆源渊有自；在初民眼中，一切种（自身）的繁衍和物的丰产，无一不是神祇的降福与赐佑。为了取得与神祇心灵上的认同，迎神娱神，答报还愿。于是乎，烝、尝、报、献，甚至载歌载舞，这一切仪式，俱构成“赛”的认知内涵。《诗经·周颂·丰年》诗序云：“丰年，秋冬报也。”郑玄笺：“报者，谓尝也，烝也。”按“嘗”（尝）字从旨，旨又从甘，《说文·旨部》：“嘗，口味之也。从旨，尚声。”“旨，美也。从甘，匕声。”所指当是向社稷之神报祀以新熟谷物等鲜味。

作为“赛”祭的外在形式，大抵就是诉诸乐舞、陈设祭品。古语有“赛会”一词，所指就是以仪仗、箫鼓、杂戏迎神。陆游《剑南诗稿》四十五《春尽记可喜数事》：“邻家赛神会，自喜亦能来。”而“赛社”一词，据说所指是周代十二月腊祭的遗俗。一年农事结束，陈列酒食以祭田神，人们自己也相互饮酒作乐。娱神悦人，兼而有之。直到宋代，人们还这样描述“赛社”的场面：王安石《半山即事》十首之四：“神林处处传箫鼓，共赛元丰第一秋。”刘克庄《后村集》十九《喜雨二首柬张使君又和诗》之六：“村深隐隐闻箫鼓，知是田家赛社还。”如此等等，尚可想见其仿佛。

“赛事”在内容上要聚集供烝尝的祭品，在形式上要借助歌舞仪仗以形容。这些涵义，我们从直到今天还在流传的“赛会”一词所指的意义可以领略到一二。元曲作家杜仁杰〔般涉调·耍孩儿〕里的《庄家不识勾阑》：“见几个妇女向台儿上坐，又不是迎神赛社，不住的擂鼓筛锣。”这里所记载的“迎神赛社”，就是指的逢社日（祭祀土地神之日）用仪仗、鼓乐、杂耍、演戏，迎神出庙，周游街巷。

这些诗句说明赛神活动在民间的普及和热闹，却语焉不详。宋代孟元老《东京梦华录》有一段较详细的记述：

---

① （清）王念孙：《广雅疏证》卷一上，上海古籍出版社 1983 年版，第 349 页。

> 二十四日，州西灌口二郎神生日，最为繁盛。庙在万胜门外一里许，敕赐神保观。……（二十三日）于殿前露台上设乐棚，教坊钧容直作乐，更互杂剧舞旋。……（二十四日）诸司及诸行百姓献甚多。其社火呈于露台之上。……自早呈拽百戏，如上竿、趯弄、跳索、相扑、鼓板、小唱、斗鸡、说诨话、杂扮、商谜、合笙、乔筋骨、乔相扑、浪子、杂剧、叫果子、学像生、倬刀、装鬼、砑鼓、牌棒、道术之类，色色有之。至暮呈拽不尽。

这就是民间赛神的场面了，其热闹可以想见。

此类祭神仪式上的夸饰，随着“赛事”由娱神走向娱人的转换，到后来，就只剩下了“赛事”的形式。人们借此来争先夸胜，便产生了今天还在盛行的各类“赛事”活动。或者说，各种赛事活动，本源于祭神娱神的仪式。一切巫术宗教形式，不管当初何等“名副其实”，到头来，都不免要走向世俗，门面虚张、仪仗空设、形式徒具。“赛神”到“赛事”之演进，可见其轨迹。

也许可以顺便连类到西方古代希腊的体育竞赛活动——奥林匹亚竞技，考其语源亦与举行宙斯主神大祭有关。此名源于奥林匹亚山，该山建有奥林匹亚宙斯神庙，为古代希腊宗教祭祀和体育竞技活动的中心。由于此类竞技活动有明显的追求健身强体、孔武有力的目的，以适应战争、航海等方面的体魄要求。所以，奥林匹亚竞技项目就包括赛跑、掷铁饼、赛马、角力等内容。由此，也就极容易发展成为具有纯粹“体育”意义的活动。现在国际奥运会组织的综合性竞技比赛运动——奥林匹克运动会，即源于这一古希腊赛神竞技。而前具中国古代“赛事”活动虽也源于祭神仪式，但由于其初始动机方式不过是“报德娱神”，所以，中国的“赛事”只能演变为具有浓郁民俗特色的地方性娱乐活动。比如杂技一类活动的故乡可以说就在中国。而现在还有谁想得到类似舞龙耍狮、杂技踢球等活动竟是以娱神报德之祭祀仪式为其源头呢？[1]

今天使用“赛事”方面词语，似乎早已浑然忘却了它们的语源认知，即“赛事”作为“赛社”的历史背景已迹近失落，而《说文》为我们提供了补缀

---

① 臧克和：《语象论》，贵州教育出版社 1992 年版，第 106 页。

联系的线索。另外，我们顺便再从“赛社”之“社”的有关情形作些稽考，以为印证。

“赛社”之“社”，是有关古代社会制度、国家祀典认知十分复综的问题，《说文》亦保留了相当丰富的记载。《示部》：

> 社（金文简帛），地主也。从示、土。《春秋传》曰：共工之子句龙为社神。《周礼》：二十五家为社，各树其土所宜之木。常者切。䄯，古文社。

结构分析与援引书证用例，包括了“社”制度和“社”形制两个方面。《集韵·馬部》：“社𥘵䄯，常者切。《说文》地主也，引《春秋传》共工之子句龙为社神。一曰《周礼》二十五家为社，各树其土所宜之木。亦姓。古作𥘵䄯。”“社”制实质上是体现着神权观念的古代土地制度方面的一种礼制。古代社、土同音，《说文义证》卷一“社”下还说：“从示、土者，妄削声字。王君念孙曰：《系传》作从示土声。今本无声字，徐铉以为社与土声不相近而削之也。考社字古音土，故从土得声。《左传·闵公二年》：间于两社，为公室辅；《汉书·叙传》：布历燕齐，叔亦相鲁。民思其政，或金或社。《白虎通》：社不谓之土何？变名为社，别于众土也。合观数条皆读社为土，则此字之从土声明甚。”社的语源就是土。《说文·土部》：“土，地之吐生万物者也。”《乇部》：“乇，艸叶也。垂穗上贯，一下有根，象形。”乇象吐生万物之状。陆宗达说：“土和乇实一文之变易。这说明土是人们的食物的来源。”[①]《说文·宀部》：

> 宅（甲骨金文简帛古币石刻），所托也。从宀，乇声。场伯切。𡧁，古文宅。厇，亦古文宅。

《集韵·陌部》：“宅𡧁厇度，直格切。《说文》所托也。古作𡧁厇。或作度。”

---

① 《说文解字通论》，第202页。

皆说明了上古土地为人们生存依托的基本生产资料的关系。以神权的形式将土地占有制度固定下来，这便是古代社会的上层建筑，也就是社了。《说文》又说“周礼二十五家为社。各树其土所宜木”，则是揭示周代之社的体制。古文社作“䄯”，结体从木，即其认知体示。然个中情形复综，古今有变，此不及展开讨论。《说文·女部》：“姐，蜀谓母为姐，淮南谓之社。”《集韵·馬部》：“姐毑她媎，子野切。《说文》蜀谓母曰姐，淮南谓之社。古作毑。或作她媎。”《淮南子·说山训》：“西家子见之，归谓其母曰：社何爱速死，吾必悲哭社。”其中“社”即称“母”也，可资符验。高诱注：“江淮谓母为社。”以土地神作母亲的称谓，在西欧语言里也有类似的情形。如拉丁文的 Terra 是土地，引申为专名 Terra（阴性）、Tellus（阳性），则为土地神，亦即汉语的“社”。但此神有别名叫 MagnaMater，译作“伟大的母亲”。可见人类都认为土地是生长一切物质的，因以土神为“母亲”的称号。又汉语之母又作“敏”。《礼记·中庸》：“地道敏树。”《释文》：“敏，或作谋。”作敏者，声之转；作谋者，即禖字，亦即禖孕之义。①

《说文》“社”又训“主”。《急就篇》颜注云：“社，地主也。”《说文义证》卷一：“古文《论语》哀公问主于宰我；郑注：主，田主谓社。《礼运》：命降于社之谓殽地；注云：社，土地之主也。《白虎通·社稷篇》：社者，土地之神也。土生万物，天下之所主也。《物理论》：地亦名后土；注云：后土，社也；社，地主也。”

“主”原取象于光明之崇拜，于是有“社火”。《说文·丶部》：丶（
金文），有所绝止，丶而识之也。凡丶之属皆从丶。知庾切。实为“主”字之初文，《说文·丶部》：

> 主（简帛汉印石刻），镫中火主也。从𡈼，象形。从丶，丶亦声。臣铉等曰：今俗别作炷，非是。之庾切。

按《说文》在解释“主”字时，不拘泥上古文献所见字义，能从字形取象来推究“主”字本义，直探字源底蕴，这正是《说文》过人之处。读者根据

① 《说文解字通论》，第 208 页。

《说文》提供的联系，仍可找到“主”字取象认知线索。由此一联系线索，甚至可以发现文明史上曾经存在过的光明崇尚的文明孑遗之象。

在各民族中间，“社火”意象一直源远流长，辗转嬗变。在历史的传承过程中，虽然衍化和派生了各种性别不同的灶神，但对火的崇拜并未改变。有的少数民族每年在秋季牲畜上膘之际，须供奉被称为“吉西亚”的运气神，隆重祭火，仪式由妇女主持。布朗族把火塘视为最庄严神圣之地，严禁任何人跨越火塘，或用脚蹬支锅的三角架，忌讳在火塘上放鞋袜衣裤。彝族于每年正月初一到初三举行群众性的火神会，祀火龙太子，家家户户上山烧火，献以酒食，祈火神保佑。正由于人们对火及火神的崇拜，每个家庭都有自己的火种保存法。民间的社火就是在古人对火及火神无限崇拜的历史和社会条件下的“火神”意象的延展。由是，我们有理由把社与社之间送社火和接社火看作是以送迎火为主旨的群众性综合文娱活动。放一堆麦草火，乃是最初阶段相送相接的“火”的本意所在。这种遗迹到20世纪二三十年代尚能窥见梗概。“社”是广义上的基层组织的泛称。青海民间至今把一村人仍称为“一庄一社的人”。而社火的形成，它的雏形早就出现于汉代盛行的“百戏”之中。汉朝以火德王，五行中的火就成为刘汉王朝的精神上最高崇拜物。“社火”意象随着时代发展而转承变迁。南宋诗人范成大《上元纪吴中节物俳谐体三十二韵》中写道：“轻薄引歌过，颠狂社舞呈。”自注云：“民间鼓乐谓之社火，不可悉记，大抵以滑稽取笑。”清朝李斗《扬州画舫录》对社火人物有比较完整的记载：“立春前一日，太守迎春于城东蕃厘观，令官妓扮社火：春梦婆一、春姐二、春吏一、皂隶二、春官一。”青海社火，随先民迁徙自江淮、秦陇传入，也吸收了藏族“谦目”（哑社火）的形式，突出了地方特色。从“社火”意象的嬗变过程中看出，送迎“社火”的本旨由淡化而名存实亡，而剩下的各种形式的文艺活动却呈现出一派欣欣向荣的气象。①

“社火”意象的嬗变传承之迹，堪与“赛事”仪式的流变过程相印证。

三、时间

“时间”意象，难落言诠；一个民族对于时间的把握方式及认知水平，从

① 许英国：《社火发微》，《青海民族学院学报》（社会科学版）1992年第1期。

某种意义上可以说最能体现该民族文明发展水平。即使当代天体物理学宇宙观微观可以达到“量子”层次，关于“时间”的认知和描述，依然令人不得要领。

（一）《说文》学与出土文献对照表明，中国古代人在春秋战国时期即已形成天文学认知结构框架。万物皆流，色外无空。华夏民族关于“时间”的观察把握，建立起了与空间物候乃至动植物生活周期“粘连同体”的精细认知体系。诸如从“時”得声构造“字场”：

图 3–24 二十八宿漆匣图（湖北随州曾侯乙墓出土）

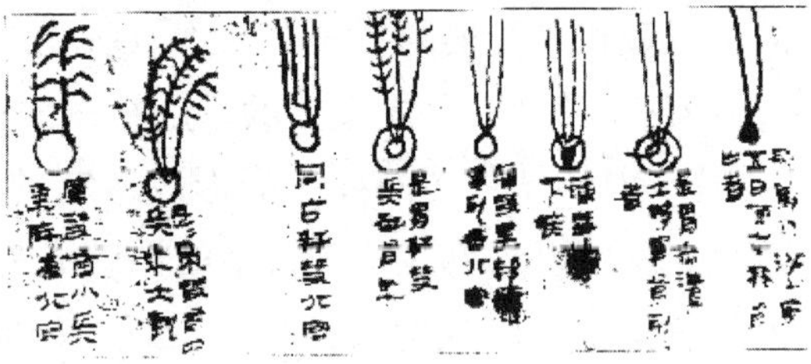

图 3–25 春秋战国时期彗星图（长沙马王堆出土）

《说文·日部》：“時（金文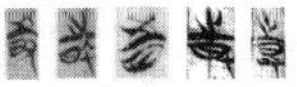简帛汉印石刻），四時也。从日，寺声。市之切。旹，古文時，从之、日。”按：金文从日从之，之亦声，之为动符，则会意认知结构形成为太阳运行周期性“时间律”。

《说文·土部》：“塒，鸡栖垣为塒。从土，時声。”按：所栖为空间，而取名源于动物活动周期，即物候堪为时间凭依。

《说文·艸部》：“蒔，更别穜。从艸，時声。”按：更者、别也，即谓将禾苗转移栽种到另外，关于季节认知，《说文》有关部类，也基本建立在作物起始阶段的物候之上。

汉字字符结构丰富多样，其发展使用历经数千年而没有中断。其间所谓过渡形体中介字迹，更是难以统计。基于这些客观因素，孤立地辨识一个字符结构使用所关联的义项，是非常不可取的，通常情况下也是徒劳的。《说文》给出的认知模式就是：尽量将所讨论的字符纳入到一个统一的字群结构里加以对照。相应地，辨识者要尽量将单字纳入到相关文本构成的统一结构里。正如上面所排比出分别散见于“日”“土”“艸”诸部“時字场”，可以帮助读者建立比较符合“莳”字使用实际的认知结构。顺便提到，本部“若”字认知，《说文》分解其结构为从艸从右，右，手也。以“择菜”为“若”的认知，表明即曾经有一个时期，采集在社会生活中占有重要地位，选择“菜”类植物生长周期并加以遵循，自然就成为事关生存的经验认知类型。至于“若”字在小篆之前的古文字体系里，原本属于仪式认知类型，只是形体结构中间经过了讹变而嫁接到“择菜”采集一边。又见有关释“若”部。同样，本部“莙”字结构“从艸君声”，并关联其音值“读若威”。艸之巨者为莙，得名源于君声即威声，参见《女性意象》认知关联。

人类要进行生产生活，就需要认知时间、掌握时间。然而，人类的时间观念和计时本领并非与生俱来的。比如说，中国医学特别发达，但由于受古代计晷之器尚不便捷的影响，医经中只好假借行路（空间距离）以示历时（时间长度），影响了药效，也就是十分自然的现象。至少唐代还是如此不精确：王焘《外台秘要方》卷一《升麻汤方》：“分三服，如人行五里久，再服。”又《甘草汤方》：“再服，如人行五里顷，复服。”卷三《栀子汤》：“三服，如人行八九里，再服。”《知母汤》：“三服，如人行八里，一服。”又《天行病方》之六：“三服，每服如人行十里久。”又《天行呕逆方》之一：“三服，服如人行六七里，进一服。”又《天行呕啘方》之七：“分三服，服相去如人行十里久。”卷六《呕逆不下食方》之三：“三服，服别相去如人行六七里，进一服。”甚且并“如”“行”字亦省去，卷二〇《水气方》之二：“分四服，相去二十里顿。”多不胜举。[①] 夫人之行，每有徐疾迟速，计时含糊若是，医学药效也就可以想见了。

有的混沌未开的民族，恐怕尚未有时间的概念，《云龙记往·云南备征志》卷十八：“男子不娶曰葵弄（牲畜），感欲有时，何为人无耻也。人曰：何不以时？应之曰：我又安知其时？”此中所记，乃是因不知时岁而不明何时娶妇的趣闻。[②] 事虽系出自蛮夷，但大抵亦为一般民族所必经阶段。

① 钱锺书：《管锥编增订》，中华书局 1982 年版，第 19~20 页。
② 刘志基：《汉字与初民的原始时间观》，《国风》1989 年第 2 卷第 2 期。

（二）各个民族古代怎样认识时间，形成自己的时间认知观念呢？古代文献中已不足征。至于由个别具体时段认知，抽象归纳出周期性时间概念，就尤其困难了。《说文》取象于日月星辰，不仅存储了庞大的“具体时间认知语义场”，而且若干字形结构本义认知，还形成周期性时间认知意象群。

1. 关于昼夜的时间意象认知

《说文》取象于“日”意象群，使人们得以由具体空间到认识具体时段单位，并划分确立了这些具体时段单位的认知标志：

日（甲骨 金文 简帛 古币 汉印 石刻），实也。太阳之精不亏。从囗、一。象形。凡日之属皆从日。人质切。⊖，古文。象形。

旻 秋天也。从日，文声。《虞书》曰：“仁闵覆下，则称旻天。”武巾切。

時（金文 简帛 汉印 石刻），四時也。从日，寺声。市之切。旹，古文時，从之、日。

早（金文 简帛），晨也。从日在甲上。子浩切。

曶 尚冥也。从日，勿声。呼骨切。

昧（金文 简帛），爽，旦明也。从日，未声。一曰暗也。莫佩切。

睹 旦明也。从日，者声。当古切。

晢 昭晰，明也。从日，折声。《礼》曰：“晰明行事。”旨热切。

昭（汉印 石刻），日明也。从日，召声。止遥切。

晤 明也。从日，吾声。《诗》曰：“晤辟有摽。”五故切。

旳 明也。从日，勺声。《易》曰：“为旳颡。”都历切。

晄 明也。从日，光声。胡广切。

曠 明也。从日，廣声。苦谤切。

旭 日旦出皃。从日，九声。读若勖。一曰明也。臣铉等曰：九非声，未详。许玉切。

晉（甲骨 金文 玉书 简帛 古币 汉印 石刻），进也。日出万物进。从日从臸。《易》曰：“明出地上，晉。”臣铉等案：臸，到也。会意。即刃切。

暘（简帛），日出也。从日，昜声。《虞书》曰：“暘谷。”与章切。

晵　雨而昼晴也。从日，啓省声。康礼切。

晹　日覆云暂见也。从日，易声。羊益切。

昫　日出温也。从日，句声。北地有昫衍县。火于切。又，火句切。

晛　日见也。从日从見，見亦声。《诗》曰：“见晛曰消。”胡甸切。

晏（简帛 汉印），天清也。从日，安声。乌諫切。

曣　星无云也。从日，燕声。於甸切。

景（汉印 石刻），光也。从日，京声。居影切。

晧（简帛），日出皃。从日，告声。胡老切。

暤　晧旰也。从日，皋声。胡老切。

曄　光也。从日从𠌶。筠辄切。

暉（石刻），光也。从日，軍声。

旰　晚也。从日，干声。《春秋传》曰：“日旰君劳。”

暆（汉印），日行暆暆也。从日，施声。乐浪有东暆县。读若酏。

晷（石刻），日景也。从日，咎声。

昃（甲骨 简帛 古玺 古币 石刻），日在西方时，侧也。从日，仄声。《易》曰：“日昃之离。”臣铉等曰：今俗别作昗，非是。

晚（汉印），莫也。从日，免声。

昏（甲骨 简帛 石刻），日冥也。从日，氐省。氐者，下也。一曰民声。

曫　日旦昏时。从日，䜌声。读若新城䜌中。

晻　不明也。从日，奄声。

暗　日无光也。从日，音声。

晦（简帛），月尽也。从日，每声。荒内切。

䞶　埃䞶，日无光也。从日，能声。奴代切。

阴而风也。从日，壹声。《诗》曰：“终风且曀。”

（简帛 石刻），不雨也。从日，干声。

望远合也。从日、匕。匕，合也。读若窈窕之窈。徐锴曰：比，相近也。故曰合也。乌皎切。

白虎宿星。从日，卯声。莫饱切。

不久也。从日，鄉声。《春秋传》曰：“曏役之三月。”

曏也。从日，襄声。

垒日也。从日，乍声。

闲也。从日，叚声。

不久也。从日，斬声。

喜乐皃。从日，弁声。

（甲骨 金文 简帛 古玺 古陶 古币 汉印 石刻），美言也。从日从曰。一曰日光也。《诗》曰：“东方昌矣。”臣铉等曰：曰，亦言也。尺良切。，籀文昌。

光美也。从日，往声。

大也。从日，反声。

明日也。从日，立声。余六切。

温湿也。从日，赧省声。读与赧同。女版切。

伤暑也。从日，曷声。於歇切。

（简帛 汉印 石刻），热也。从日，者声。舒吕切。

安㬮，温也。从日，難声。奴案切。

众微杪也。从日中视丝。古文以为顯字。或曰众口皃。读若唫唫。或以为茧。茧者，絮中往往有小茧也。五合切。

（石刻），晞也。从日从出从収从米。薄报切。，古文㬥，从日，麃声。

㬥也。从日，麗声。所智切。

干也。耕㬥田曰暵。从日，堇声。《易》曰：“燥万物者莫暵于离。”臣铉等曰：当从漢省乃得声。呼旰切。

干也。从日，希声。

昔（甲骨金文简帛古陶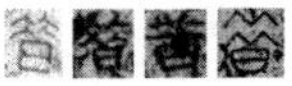石刻），干肉也。从残肉，日以晞之。与俎同意。𦠆，籀文从肉。

暱　日近也。从日，匿声。《春秋传》曰："私降暱燕。"尼质切。昵，暱或从尼。

暬　日狎习相慢也。从日，執声。私列切。

㫚　不见也。从日，否省声。

昆（简帛古玺古刻），同也。从日从比。徐锴曰：日日比之，是同也。

晐（古陶），兼晐也。从日，亥声。

普（简帛汉印石刻），日无色也。从日从並。徐锴曰：日无光则远近皆同，故从並。

曉　明也。从日，尧声。

昕　旦明，日将出也。从日，斤声。读若希。

上列《说文》所构建的"语义场"，除个别字原系《舛部》《旦部》等之外，其余各字皆出《日部》。设若我们这里将其"字本义"看作是"词本义"，就会发现该"语义场"里所有的词共有两个特征：一是依次表示了从早到晚、复从暮到旦的各个时间单位，或者说划分了一个昼夜的周期。二是每个时间词都与"日"发生联系，换言之，对于一天的具体时段的确定，古人是通过对太阳在天空中运行的不同位置来观察实现的。

由于有了"太阳"这一天象作为参照，古代人对于晦明旦暮这样一个循环周期中的时段的划分是具体而细致的。

与"暮"相对的时刻曰"朝"，《说文·倝部》：

朝（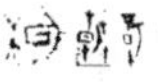甲骨金文简帛古玺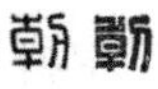汉印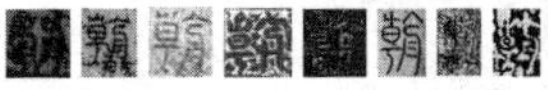石刻），旦也。从倝，舟声。陟遥切。

从其取象来看，最初"朝""旦"还是各有所指的。太阳出现于地平线之上这段特定时间才叫"旦"，而"朝"字取象则似乎略早于"旦"，即太阳尚处草木之中，与残月共存的那段时间才称"朝"。甲骨文所作诸形，罗振玉认为："此朝暮之朝字，日已出茻中，而月犹未没，是朝也。古金文省从草，后世篆文从倝，舟声，形失而义晦矣。”[1] 而后世文献中特指从平旦至食时（指早饭时）这段时间，《广韵·宵韵》：“朝，早也。又旦至食时为终朝”。《尚书大传》卷三：“凡六沴之作，岁之朝，月之朝，日之朝。”刘向注：“自正月尽至四月为岁之朝”，“上旬为月之朝”，“平旦至食时为日之朝”。“朝”在空间方位上又指向“东方”，《周礼·地官·大司徒》：“日西则景朝，多阴。”《韩非子·有度》：“故先王立司南以端朝夕。”陈奇猷校注：“朝夕犹言东西。日朝出自东，夕入于西，故以朝夕为东西也。”在行为上又指向“朝见”，《字汇·月部》：“朝，晨朝也。人君视政，臣下觐君，均贵于早，声转为朝也。”《书·舜典》：“群后四朝。”是一“朝”字兼指时间、空间、行为三端。古史研究者尝考殷人有朝夕礼拜太阳的仪式，[2] 此“朝”字盖取象于“朝拜”之仪式：在时间上当迎候太阳于一钩残月将尽未落之早朝，在空间方位上自然朝向东方，在行为方式上也就是朝拜了。

“明”，亦一时限认知单位，在“朝”之后。有人排比有关刻辞铭文，发现“明”与“昃”字为对文，《小盂鼎》：“昧丧（爽），三左三右多君入服西，明，王各周庙。”明与昧爽同例而在其后，其时刻可知矣。[3]《集韵·庚部》，可建立明、朙读音认知关联：

> 朙明，眉兵切。《说文》照也。从月从囧。古作明。又姓。亦州名。
>
> 盟盟盟𥂝，眉兵切。《说文》引《周礼》：“国有疑则盟。”诸侯再相与会，十二岁则盟。北面诏天之司慎司命。盟，杀牲歃血，朱盘玉敦，以立牛耳。或从朙。古作𥂝。
>
> 鵬鵬，眉兵切。《博雅》鶶鵬，凤也。或从朙。亦书作鸎。

《说文·朙部》：

① 《增订殷虚书契考释》。
② 《殷契粹编》，第184页。
③ 郭沫若：《卜辞通纂·天象》，科学出版社1983年版，第393页。

朙（甲骨 金文 玉書 简帛 古玺 古币 石刻），照也。从月从囧。凡朙之属皆从朙。武兵切。明，古文朙，从日。

“昃”又认知为一时限词。殷墟卜辞有记载：中日至昃，其雨？昃至墉，不雨？（《殷契拾掇》394）这条卜辞“昃”在“中日”之后，“中日”也就是正午，又在“墉”（下午四时）之前，大致上告诉了我们“昃”的具体时刻，也即太阳在太空中运行的距离位置。《易·丰卦》：“日中则昃。”与卜辞是相吻合的。而古人又是怎样形成这一段时间的概念并如何识别把握这一时段呢？“昃”字甲骨文写作，结构分析及出处见上出。取象于日光照人，体影倾侧。当此时，太阳已过中天而运行至偏侧方位。《说文·日部》：“昃，日在西方时侧也。”不啻印版。从字音联系来看，“昃”“侧”同属庄母职部，是为同源。显然“昃”就是日侧，而日侧的景象就是“昃”这一时段产生渊源的认知标志。

夜幕将合或称为“暮”。《说文·茻部》保存初文为“莫”：

莫（甲骨 金文 简帛 汉印 石刻），日且冥也。从日在茻中。莫故切，又慕各切。

《集韵·莫部》已见古今之分：

莫暮，莫故切。《说文》曰且冥也。从日在茻中。或作暮。

卜辞中，“暮”亦被认知为一个具体时段之名：

其莫（暮），不其冓（遘）雨？（《殷契粹编》695）
其莫（暮）归？（《殷契佚存》851）

所具两辞，前者卜问在“暮”这段时间会不会遇上下雨，后者卜问在“暮”这个时刻会不会归来。从造字取象来说，《说文》分析说是“从日在茻中”，与甲骨文同致，像太阳没入草木之中；从语源联系看，“暮”“墓”“没”“歿”同为明母入声字，意义上又都有共同之点：日入草木为“暮”，人入黄土为“墓”为“歿”，古称“物故”，物入水底为“没”。清理出既有的认知联系，“暮”这一时限词所由生和所由辨便不言自明了。

作为古人时限认知概念，与“暮”最接近的便是“昏”了，以至于我们经常连文说道“日暮黄昏”。《说文》以“日冥”释“昏”，较之“日且冥”的“暮”，所指具体时刻当为稍晚一些。原其取象认知，“昏”字结体为“日”在“氏”下，《说文·氐部》：“氐，至也。从氏下著一。一，地也。”“昏”的会意认知就是太阳刚至地平线之下。可见古代人观察认知之精密了。卜辞中“昏”亦为一时限词：

> 墉兮至昏，不雨？（《殷契粹编》715）
> 今日辛，至昏雨。（《战后宁沪新获甲骨集》1，70）

《说文·日部》中取太阳之象参照划分具体时间尚有“朁”“昴”“曩”“昨”“暇”“暂”等，皆发轫于太阳的运行空间距离。与太阳这一天象认知作用相类似的，即初民能够参照取象的，自然还可以关联月亮作为“认知原型”。《说文·月部》形成的“夜间语义场”又皆与月亮的盈亏消长发生联系：

> 朔，月一日始苏也。从月，屰声。
> 朏，月未盛之明。从月出。
> 霸，月始生霸然也。承大月二日，承小月三日。从月，䨣声。

另外，虽系他部，实关月相者，亦有：

> 朢，月满与日相望以朝君也。从月从臣从壬，壬，朝廷也。𦣠，古文望省。（《壬部》）

晦，月尽也。从日，每声。（《曰部》）

月相的圆缺盈亏周期亦比较短，初民对此容易自觉，形成确定的时间概念。

“朔”特指农历每月初一。《史记·秦始皇本纪》：“改年始朝贺，皆自十月朔。”从其字形取象看，《说文》分析为“从月，屰声”。其实，“屰”符亦兼表义。“屰”甲骨文作（《甲》2083），象倒人之形，即“逆”之初文。在《说文·𠦒部》中，这个“屰”符是被作为“逆子”加以认知的，如“㐬……𠫓，逆子也”。可见，“朔”的取象意义当为月亮初现，如婴孩形之未全而始生。“望”，《说文》说是“月满”，每月之圆为十五之夜，可见这一时间概念之渊源了。“霸”，照《说文》的分析所指就是每月初始所见之月，也就是特指此一“霸然”月相所出现的这段时间了。为了使“霸”与“朔”取得区别，《说文》又特别揭示是“朔日”的次日，并精细地区分了“大小月”的关系：“承大月二日，承小月三日。”段玉裁注释说：“霸、魄叠韵。《乡饮酒义》曰：月者三日则成魄。《正义》云：前月大则二日生魄，前月小则三日始生魄……月初生明为霸……《汉志》所引《武成》《顾命》皆作霸，后代魄行而霸废矣。”按今本《尚书·康诰》“霸”作“魄”。阮元《畴人传·戴震》：“朔、望、朏、霸，纪于月者也。”“晦”，《说文》专指“月尽”这段时间。“晦”“腜”同源字，即月亮到月底包孕未出为“晦”。

从民族志的材料来看，从观察参照日、月、天象空间位置变化获得时间概念，大概是各民族原始时代的共同的思维规律。明代李思聪《百夷传》记载：“蒲人、阿昌、哈喇、哈杜、怒子皆居山岭……不知四时节序，惟望月之出没以测时候。”纳西族的东巴经文字所记录纳西族先人的时间概念，大要也是与对日月的观察相互联系的。东巴文字为太阳之象，读作“尼美”，义为太阳；读作“尼”，则字义为时日之“日”。亦象太阳之形，义为白昼。象太阳光芒四射之形，义为正午。象落日斜辉之形，表示的词是“傍晚”。为月亮的象形，表示的词就是“月亮”。月亮竖写，其义就表示年月之“月”。倒写作，其义为晚（特指傍晚至夜间的一段时间）。增加黑色字素的，字义为夜（即“晚”之后的黑夜）。[①]显然，以上东巴文

① 文字及释义，均见李霖灿编著《么些象形文字字典》，云南人民出版社1980年版。

字，也不外是以日、月的象形，或辅以其他手段，来表现一系列时间概念，这同前面所分析《说文》记录的“时间词”，几乎毫无二致。而两种不同文字的这种惊人相似，则反映了初民原始时间认知，形成概念的一种共同特点。

2. 关于四季的时间意象

季节时序的更替，较之昼夜修短的周期要长得多，相对地古代人认识把握起来要困难复综得多。人类学者研究表明，对于自然界这些定期或周期性变化的认识的迟速，大多取决于某一特殊循环周期的长度。例如，昼夜循环的现象，除南北两极地区外，到处都是。昼夜循环为期既短，又极频繁，所以古人很快就不再担心它的反复出现。当然，我们也知道古代埃及人曾经每天施行巫术，使西天一片晚霞中沉没的、火红的天体，在早晨回到东方来。可是一年四季节序的循环更迭则远非如此。……在原始人看来，由于记忆的短暂和记时方法的不足，一年的时间似乎如此漫长，根本认识不到确定的周期规律。①

在《说文》一书中，我们发现，有规律的自然物候，周期性的人事活动，也已经成为中国古代人认知、把握时间的契机和分类根据。

《尚书·尧典》反映了中国古代人上古观测物候、确定四时的努力，说具《夸父意象》。《尧典》还记载说：“以闰月定四时成岁。”可见春、夏、秋、冬四时的概念的存在，已有悠远的历史。而春、夏、秋、冬的时序概念又是如何形成的呢？我们还是依据《说文》提供的认知联系寻踪觅迹。

殷墟卜辞中“春”已为季节专名：

> 戊寅卜，争贞：今春众有工？十月。(《殷墟文字外编》452)
> 贞，来春，不其受年？（《殷契粹编》881）

以上二条卜辞中的“春”与《公羊传·隐公元年》所谓“春者何？岁之始也”的解释已无二致。先民何以置“春”为岁首呢？《说文》“萅”字属《艸部》，意象构成要素包括艸、日、屯三端，其中“艸”“日”二象已成为生命力的象征。《说文》以“推”说“春”是所谓“声训”认知模式，今江西老表詈

① 《金枝》，第468页。

人“惷惷”曰“屯货”。“春”字声符“屯”，实亦从“屯”受义，段玉裁注：“屯字象艸木之初生，会意兼形声。”《说文·中部》：“屯，难也。象艸木之初生屯然而难。从中贯一。一，地也。尾曲。《易》曰：屯刚柔始交而难生。”《说文·艸部》“萅”结构古文作：

> 萅（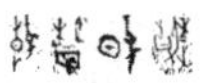甲骨金文简帛古玺汉印石刻），推也。从艸从日。艸春时生也。屯声。昌纯切。

皆取象于草木在日光下破土而出。因为“春”的语源就是“屯”，故有聚集义、生机义。“屯”字甲骨文即取象于一刚刚破土而出的幼芽。大地回春，万象复苏，欲蠢然而动，必须是聚集整个冬季埋在地下的生力，故“屯”有“聚”义：《广雅·释诂三》：“屯，聚也。”《汉书·陈胜传》注：“人所聚曰屯。”所以，聚兵叫“屯兵”，聚农而耕叫“屯耕”，人所聚处称为“邨”。按《说文》“屯”象又有“难”义，幼芽欲破土而出，须冲破重重阻力，也正是春这种意象的特征。《庄子·外物》：“慰暋沉屯。”司马注：“屯，难也。”《幽通赋》：“纷屯邅与蹇连兮”；曹注：“屯，难也。”凡此种种象征义，皆可从“屯”取象于草木初生之形去寻找线索。草木之芽始生之时，先在地下屯居，生命力聚于地下，所以“屯”又有生机义，刘禹锡《酬乐天扬州初逢席上见赠》：“病树前头万木春。”“春”这一意象的“生命力”内涵体现在“春”字又有“萌动”义：“春”属昌母文部，与“春”音近之字多有萌动之义。蠢，从春得声，《说文·蚰部》：“虫动也。从蚰，春声。”惷，今作“惷惷”之惷，其本字当是“惷”，《说文·心部》：“惷，乱也。从心，春声。”而“惷”，应当是人生青春萌动之“春”，即《诗·召南·野有死麕》“有女怀春”之春。[①]《说文·心部》：“惷，乱也。从心，春声。”并援经文以印证：“《春秋传》曰：王室曰惷惷焉。”《说文》所征引为《左传·昭二十三年》文，今本作：“今王室实惷焉。”注：“惷，动扰貌。”又“震”“振”“娠”诸字，皆为章母文部，与“春”同韵而声纽亦近，也都有“动”义：《说文·雨部》：“震，辟历振物者。”《女部》：“娠，女妊身动也。”显然，“春”

① 《语象论》五。

为草木之萌动而欲破土，“娠”为婴孩之跃动而欲出世，同归一揆。

稽考《说文》上述联系，即可明了“春”这一时间意象和草木萌动、初生的自然现象之间的密切关系了。《集韵·諄部》：“萅萯旾㫩春，枢伦切。《说文》推也。从艸从日；艸，春时生也。一曰蠢也。古作萯旾㫩，隶作春。亦姓。”

“野芳发而幽香”者为“春”，那么，“佳木秀而繁阴”就是“夏”了。“夏”有盛大之义。《说文·夊部》：

> 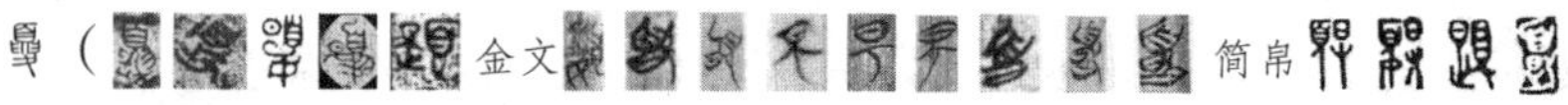
>
> 
>
> 石刻），中国之人也。从夊从頁从臼。臼，两手；夊，两足也。𡕾，古文夏。

汉民族祖先自称“华夏”，地域之称，亦寓大邦自诩之情。马叙伦以为“夏”就是“大”之异体。[①]《方言》卷一：“自关而西，秦晋之间凡物之壮大者而爱伟之，谓之夏。”《诗·秦风·权舆》：“于我乎夏屋渠，今也每食无余。”所谓“夏屋”即高大之屋。《楚辞·九章·哀郢》：“曾不知夏之为丘兮”；洪兴祖补注：“夏，大殿也。”这个义项后来写作“厦”而分任之。

《尚书·舜典》：“蛮夷猾夏。”正义：“夏训大也。中国有文章光华礼义之大。”俗情我慢自大，异族非种，每遭鄙讪，人地之号变为品藻之目，此为一例。然则，“夏”又如何变成时序季节之名了呢？朱骏声《说文通训定声》引崔恩《三礼义宗》：“夏，大也，至此之时，物已长大，故以为名。”这里所说的“物”，自然是指向与“人”相对的草木万物。可见，初民对“夏”这一时节认知，仍然发轫于丰草长林、欣欣向荣的自然景观。

春华秋实。“秋”，《说文》亦归《禾部》，反映了与稼穑生长周期的认知关联：

> 烁（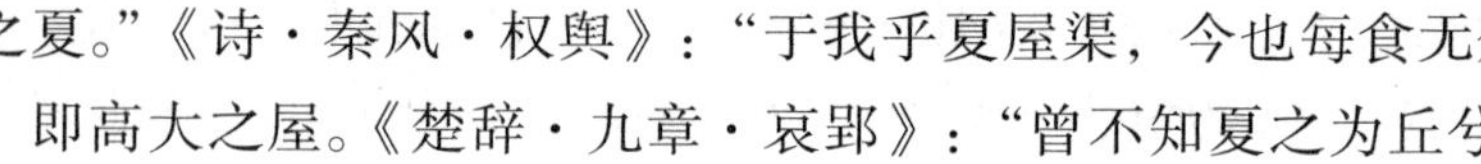
>

① 《说文解字六书疏证》卷之十。《集韵·馬部》：“夓𩞇夏，亥雅切。《说文》中国之人也。从夊，从夏，从臼。臼，两手；夊，两足。一曰大也。亦国名。古作𩞇。隶作夏。”

古玺　石刻），禾谷孰也。从禾，𤒦省声。，籀文不省。[1]

《集韵·尤部》：

秋龝𪛁，雌由切。《说文》禾谷孰。篆作烁。一曰秋秋，马腾骧也。所谓秋驾，以善驭不要逸也。又姓。古作龝𪛁。

看来，《说文》是以禾谷成熟作为“秋”这一时序季节认知特征。然则取何象作为反映“秋”之物候特征的意象呢？《说文·禾部》“秋”下又收录了一个籀文“”，原本说得明白：“籀文不省”，即保留了完整的声符。《说文》对“秋”字本义的说解，原来反映了先民在从事农业生产过程中取得经验认知的历史背景，其说解是相当圆通科学的。而只要是隐括了这个历史背景物候特征的物象，即可充当“秋”的意象，初不必拘于一形一象。

“秋”在殷墟卜辞已为纪时之名，“春华秋实”“秋收冬藏”之秋：

戊寅卜宾贞今秋方其于𦥑。（《存》1，550）
戊戌卜㱿贞祀六来秋。（《佚）991）[2]

“秋”字甲骨文作（《殷契粹编》878），郭沫若释曰：“今按字形实像昆虫之有触角者，即蟋蟀之类。”郭若愚则释为“像一只蝗虫，有触足，有翼、肢、足，一个蝗虫的各部分都具备了”。此两说其实并无大异：蟋蟀为鸣秋之虫，《诗经·豳风·七月》可征。蝗虫亦以秋熟之时盛行，卜辞中有“蝗虫”之祀：

① 《说文》时节、季节、节令、稼穑得名，往往要取得读音认知联系。如“秋”结构从龟读；“春”结构从屯读。又如“黍”从暑读：黍（甲骨古玺古币），禾属而黏者也。以大暑而穜，故谓之黍。从禾，雨省声。孔子曰：“黍可为酒，禾入水也。”凡黍之属皆从黍。至于像“秦”等地域空间专名，同样需要发生结构认知关联：秦（甲骨金文简帛古玺汉印石刻），伯益之后所封国。地宜禾。从禾，舂省。一曰秦，禾名。匠邻切。，籀文秦从秝。

② 《甲骨文字典》卷七。

贞帝秋于⿱囗ㄓ于土（社）。（《卜》592）
甲申卜宾贞告秋于河。（《佚》525）
贞其𦥑秋来辛卯饮。（《甲》3642）[1]

用“蟋蟀”“蝗虫”两种物象，来表示“秋”这个季节概念，均符合先民认识时间季节的特点。然而，一种昆虫与一个季节之间的联系似乎未必能在先民心目中建立起稳固的认知联系。于是甲骨文“秋”字又可从火取象，结构作（《殷契粹编》1151），为何又取象于火呢？这个问题需要联系“秋”字以后的字形演变来考虑，《说文》籀文在此基础上孳乳“禾”符，小篆则径从火从禾。显然，秋季乃是成熟收获的季节，其物象物色灼灼若火。这种现象终于同先民“秋”这一时节概念发生了牢固的联系。

从语源上着眼，亦不难发现这种联系。与“秋”音近字多有老成丰裕之义。“秋”为清纽幽部，“秀”则为心纽幽部，与“秋”声近韵同。“秀”本义为开花结实，《诗经·豳风·七月》：“四月秀葽”；《毛传》：“不荣而实曰秀。”《说文》“秀”下避刘秀讳，无释。徐锴注曰：“禾实也。有实之象，下垂也。”一“秀”字又可为“扬花”，《论语·子罕》：“苗而不秀者有矣夫，秀而不实者也有夫。”而结实也、扬花也，皆为植物老成之象。夫植物老成，则当收获，而“收”与“秋”古音亦同部，“秋收”连文至一词，自当存在语源上的认知关联。这种同源认知关联，极为清楚地表明先民是从成熟的物象物色之中认识了“秋”这个时序季节的。

冬藏。《说文·仌部》：

冬（甲骨 金文 简帛 古币 汉印 石刻），四时尽也。从仌从夂。，古文終字。，古文冬从日。

上具“冬”结构，甲骨文或作（《殷虚书契乙编》7156）。关于此字之

① 《甲骨文字典》卷七。

取象，叶玉森分析为“象枝垂叶落，或余一二败叶硕果之形，望而知为冬象”[①]。此说颇牵强，或以为取象于丝绳两端束结、或未打结，以表终端之意，为终之初文。《说文·糸部》：

> 終（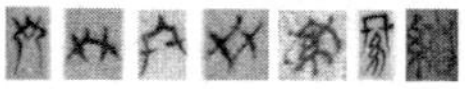简帛古陶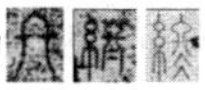石刻），球丝也。从糸，冬声。𠔬，古文终。

段注：“絿之言纠也。”絿丝即纠束丝结于终端。[②]冬、终实一字，由此现象，我们即得窥见“冬”作为季节概念的缘起。《白虎通·五行》：“冬之为言终也。”《广韵》释“冬”为“极也、穷也、竟也”。这些声韵认知关联，与甲骨文中“冬”字的使用情况是可以互相印证的：

> 癸卯卜甲啟不啟冬夕雨。（《屯南）744）[③]

“冬”训“终”，亦缘结构读音认知联系，“冬”“终”古音同属一部，声也仅存舌头舌上之分，而舌头舌上在上古音或本无多少差别。《初学记》引蔡邕《月令章句》：“冬，终也，万物于是终也。”《春秋繁露·天辨在人》：“冬，丧物之气也。”显而易见，“终”所指为冬季萧条之物，即草木之属生命或生气的终结。可见，人们是从万物萧条的自然景象之中获得“冬”的季节概念的。而此种概念在初则仅仅是杂糅于初民对于冰封大地时节自然景观的印象之中，至于它的抽象和独立，则是后来的事情。甲骨文中“冬”字尚不作“冬季”时限词使用。至《三体石经》和《说文》占文“冬”字始增“日”象写作：

> （《三体石经·僖公》）、𣅀（《说文·仌部》）。

---

① 李孝定编述：《甲骨文字集释·十一》，台北“中央研究院”历史语言研究所专刊之五十，台北“中央研究院”历史语言研究所 1970 年再版，第 3419 页。

② 《甲骨文字典》卷十一。

③ 《甲骨文字典》卷十一。

大致上战国时代《陈骍壶》已为其朔，取象于“日”，构形为，[1]则表明“冬”可能至此已演化为一种独立的纯粹时间概念。[2]

从自然物象物色中获得四时节序的认知概念，古代各民族可谓情同此心，心同此理。东巴经文字“春”写成，上部取象为天，中间是风，下部是眼，从其会意可知：“云南春天为风季，故于天下画一风以为季候之标识。风下有眼睛者……使人易于联想也。”“夏”则写作，取象于“天”“雨”会意，“（云南）夏天为雨季，故于天下画一雨字，以之为季节标识”。“秋”写作，其取象特点是上为天、下为地，天地之间则是花，“（云南）秋天花好，故于地上画一花，以为季节之标识”。“冬”字则写为，取象于天、雨会意，“冬天多雪，故于天下写一雨字，以为冬季之标识”。另外，据方国瑜、和志武《纳西象形文字谱绪论》所记，纳西族古代又以鸟类活动作为季节标志，因为以布谷鸟为春鸟，在文字取象上又“以布谷作春字”；以野鸭为夏鸟，故将“野鸭作夏字”解会；以大雁为秋鸟，故将“大雁作秋字”解释；以白鹤为冬鸟，故将“白鹤作冬字”认识。[3]皆属“远取诸物”“观法于地”“观法于天”认知类型。

3. 关于年岁的时间意象

一年三百六十五天，或转换认知参照曰“一年三百六十五里路”，而在《说文》一书中，“年岁”的内涵则是多边多维的。《尔雅》曰：“夏曰岁，商曰祀，周曰年。”可见“年岁”和商代的“祀”都是长度相当的时间概念。但是，甲骨刻辞里，“岁月”字同类。《说文·禾部》：

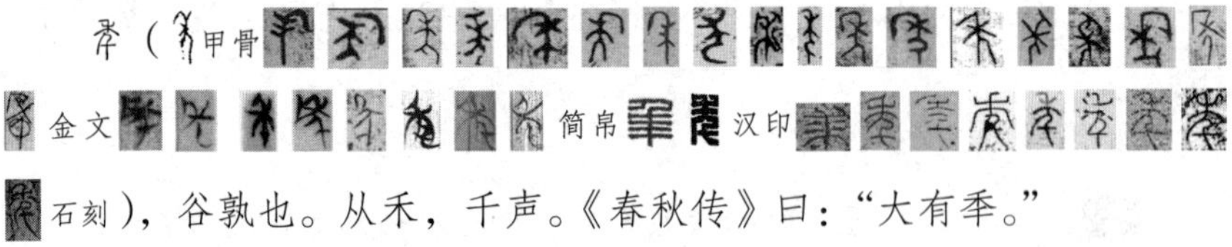

），谷孰也。从禾，千声。《春秋传》曰：“大有秊。”

《说文》归《禾部》，出土古文字结构或认知为从人，其实千亦从人读。结构

① 徐中舒：《汉语古文字字形表》卷一一，四川辞书出版社1985年版，第439页。
② 《集韵·冬部》：“冬畀昮，都宗切。《说文》四时尽也。又姓。古作畀昮。”
③ 参见刘志基《汉字与初民的原始时间观》。

分析认知为谷熟，和殷墟卜辞所用“年”字若合符节：

贞：东土受年？（《京都》788）
贞：西土不其受年？（《乙》7009）

所谓“受年”，就是《说文》所采的“大有年”，获得好收成，这两辞都是卜问年成如何。这些都是“年”字本义，然卜辞中“年”又一身二任，复具“年岁”之义：

……卜，贞：寅至于十年……（《粹》1279）
……卯十年？年十月，用。（《前》4，7，8）

前一辞“年”前限以数字，后一辞“年”后缀以“十月”，可征其为时间单位。

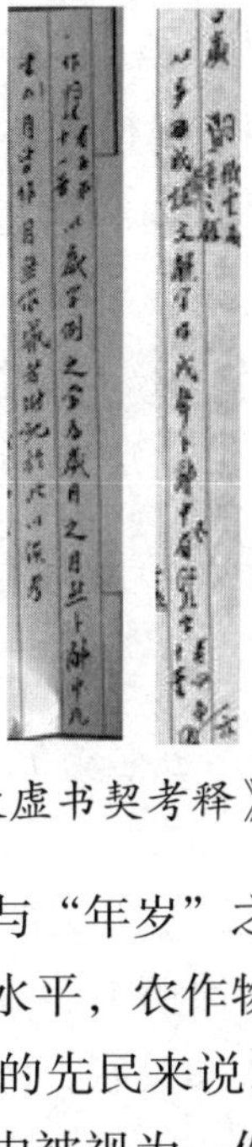

图 3-26 罗振玉《殷虚书契考释》释“岁月”书影

禾稼的成熟与收获，怎么会与“年岁”之时间意义同构于一体呢？这反映出了古代由于农业生产技术的水平，农作物基本上是一年为一个成熟的周期。对于以农耕为主要生产方式的先民来说，农作物的收获具有重大意义，故一年一度的收获便在先民心目中被视为一件大事，而收获一次所需要的时间周期——“年岁”的概念也就随之被固定下来。是故“年”的时间义、成熟义两边统一于一体，正反映了“年岁”这个时间周期形成的特点。

年、岁自古连属成辞。

《金文丛考》：“就《子禾子釜》岁字以觇之，实乃戉之象形文。”[①] 或有学者从同源关系上探索“岁”取象于“斧”与“年岁”的联系。陈梦家《殷虚卜辞综述》：“岁之言穗。”刘志基以为这正是从语音关系上说明了“岁”（钺）的收获功用。“岁”为上古心纽月部，“穗”为邪纽质部，两字同为齿头声母和［t］收尾入声韵，是见它们确有同源认知关系。“岁”为收割工具，“穗”为收获对象，由于这种认知联系，先民便以近似语音来称呼之命名之。卜辞云：

> 今岁受年？（《甲》3298）
> 来岁受年？（《乙》6881）

两辞之“岁”，意犹《诗经·魏风·硕鼠》“三岁贯女”之“岁”。如此看来，“岁”的字本义同样反映了“年岁”概念与农事活动的密切关系。

然汉字取象亦有和《易》理立象相类者，非止一形一象所专。“歲”亦象可换而边亦殊，其形体历史演进情况，见《说文·步部》，连同部首，本部仅次两字：

> 步（甲骨金文简帛古陶汉印石刻），行也。从止少相背。凡步之属皆从步。
>
> 歲（甲骨金文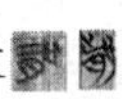简帛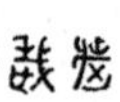古玺古陶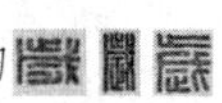汉印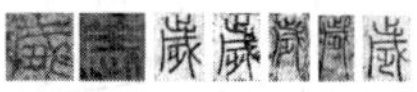石刻），木星也。越历二十八宿，宣遍阴阳，十二月一次。从步，戌声。律历书名五星为五步。

《集韵·祭部》：“歲𢦔，须锐切。《说文》：木星，越历二十八宿。宣遍阴阳，十二月一次。从步，戌声。律历书名五星为五步。古作𢦔。”《说文》这段说解是分析“岁”从步取象认知关联，内容包括了中国古代较为完善的天

① 《汉语大字典·止部》。

文历法认知。

“岁”是木星的古名，又称“岁星”，是太阳系中第五颗行星，跟金水火土四行星合称“五星”。古代人为了观测日、月、五星的运行，在“黄道”（就是从地上看太阳一年中运动的轨道）附近选择了二十八个恒星群作为标志，称为二十八宿。“岁”行经黄道环绕周天，所以说“越历二十八宿”。古人还把黄道附近的一周天划分十二等分，叫十二次，由西向东命名为星纪、玄枵（xiāo）、诹訾（zōu zī）、降娄、大梁、实沈、鹑首、鹑火、鹑尾、寿星、大火、析木。因为“岁”绕一周天约十二年（实际上是4332天有余，不足十二年），从地上看，每年行一“次”，所以说“十二月一次”。古人观察到“岁”有规律地运行，所以用以纪年。这个周期长得多，所以较之日、月、季等时间概念的确定也困难得多。“岁”行至某“次”，即称为“岁在某”。例如《左传·襄公三十年》：“于子蟜之卒也，将葬。公孙挥与裨灶晨会事焉。过伯有氏，其门上生莠。子羽曰：‘其莠犹在乎？’于是岁在降娄，降娄中而旦。裨灶指之曰：‘犹可以终岁，岁不及此次也已。’及其亡也，岁在诹訾之口，其明年乃及降娄，仆展从伯有，与之皆死。”子蟜卒在襄公十九年（前554），那年岁在降娄，当时的天象是夏历五月娄宿行至中天而天明。“犹可以终岁”句是说伯有氏必亡，但还可以等到岁星行一周天，即十二年之后始亡，那时岁星又回到降娄。但是因为岁星每行一周天实际只用十一年多，所以每年移动的范围都要比一个星次多一点。这样积累起来岁星就要乱次，也就是每到八十六年就要多走一个星次，古称之为“跳辰”或“超辰”。而为了不致打乱十二辰的规律，于是让“岁”在“超辰”的星次再停一年。《左传·襄公二十八年》说“岁在星纪而淫于玄枵”，就是说该年“岁”本应在星纪而走到了玄枵，多走了一“次”。襄公二十九年（前544），岁在玄枵，又停了一年，就是为了补二十八年的跳辰，这样襄公三十年（前543），岁在诹訾，并没有走到降娄，所以裨灶说，虽然还可以过十二年，但“岁不及此次矣”，而下文接着解释道：“及其亡也，岁在诹訾之口，其明年乃及降娄。”

许慎说解中从“从步，戌声”以下是讲岁字的形体与其运行特点有关。段玉裁注“行天有常故从步”是对的，意思是说岁是一个星次一个星次地运行；戌即悉，《说文》咸字下云：“戌，悉也。”“戌声”即包含“越历二十八宿，宣遍阴阳”之意。但是，“岁”是由西向东运行，同古代的“十二辰”的方向（由东向西排列）正相反，因而用“岁”纪年产生麻烦。于是，古人又设了一个假想的太岁星，称为青龙，或天一，或太阴（见《广雅》），让它由东向西运行，与“岁”相应。《周礼·冯相氏》贾疏：“此太岁在地，与天上岁星相应而行。岁星为阳右行于天”，又说：“岁星为阳，人之所见。太岁为阴，人所不睹。既岁星与太岁虽右行左行不同，要行度不异，故举岁星以表太岁。”

用岁星纪年的方法是：“岁”在星纪，太岁便在析木，即在寅，该年就称为“太岁在寅”；“岁”在玄枵，太岁便在大火，即在卯，该年就称“太岁在卯”，其余仿此。古代人又专门给“太岁在寅”“太岁在卯”等十二年起了十二个专有的名字，即摄提格、单阏、执徐等。例如，《离骚》“摄提贞于孟陬兮”即指太岁在寅之年，孟陬，寅月也。

《说文》里还有一些说解也是讲历法的。如《王部》：“闰，余分之月，五岁再闰。告朔之礼，天子居宗庙，闰月居门中。从王在门中。《周礼》曰：闰月王居门中终月也。”等等。《说文》有关字本义及其说解，足见中国古代天文历法方面研究的完备精密，从而反映了中国古代科学技术的一些认知及成就。

《说文·示部》：“祀，祭无已也。从示，巳声。”这说明古代人有一种连续不断的周期性的祭祀活动。据董作宾《殷历谱》、陈梦家《殷虚卜辞综述》的研究，商代人的祭祀活动有小祀周、中祀周和大祀周，而一个大祀周的时间在帝乙、帝辛时代约为360天至370天之间，正好相当于一个太阳年。祭祀对古代人来说，又是头等重要的行为，《左传》还说：“国之大事，在祀与戎。”《礼记·礼器》：“故作大事，必顺天时。”注曰：“大事，祭祀也。”《书·大传》：“天子有事”；注曰：“事谓祭祀。”祭祀这一人事活动如此重大并呈现出某种周期性，古人将祭祀与它的一个循环周期所需时间联系起来，进而形成“祀”的时间概念，也就是非常自然的事情。卜辞和西周彝器铭文多有“隹（唯）王某祀”之辞，都是表示时间的。《书·尧典》正文引孙炎云：“祀取四时祭祀一讫也。”正揭示了“祀”之“年岁”义来源于周期性的事神活动。

《说文》中有关参照人事行为规定时限概念认知字还有一些，如《食部》“餔，日加申时食也”等，发凡示例，不再展开。

4. 关于通名的时间意象

所谓时间意象的通名，所指为在具体时段概念基础之上，形成的诸如“时”“昔”等一般性泛指时间的名词。

首先讨论《说文·日部》关于“时”“昔”两个时间段落的认知特点。

> 𦣻（甲骨 金文 简帛 古陶 石刻），干肉也。从残肉，日以晞之。与俎同意。，籀文从肉。

《说文》籀文“昔”字取象认知有关于人事，段玉裁注：“昨之残肉，今日晞之，故从日。郑注《腊人》云：腊之言夕也。此可证《周礼》故作昔字，后人改之。昔者古文，籀文增肉作腊，于义为短。昔肉必经一夕，故古假昔为夕……又引伸之，则假昔为昨。又引伸之，则以今昔为今古矣。今古之义盛行而其本义遂废。凡久谓之昔。《周礼》：昔酒；郑注云：今之酋久白酒。”[1]

甲骨文金文取象认知为：甲骨 金文结构从日从。叶玉森谓乃洪水之象，即古字，从日。古人殆不忘洪水之，故制昔字，取谊于洪水之日。[2]

“昔”古文取象于“日”与“水”之会意，但问题在于这会意字内部构成部件之间的关系认知颇难处理，恢恢乎大有余地焉。傅会字形，如宋代人《字说》之类偏主会意，而余“书”（“六书”之书）几废，个中奥妙恐怕亦在于斯。即依叶氏所具眼目，初民专为荒渺之洪水时代造一字，其关系实主偏正，犹言“黑色之星期天”“洪荒之日子”也。

汉字取象，有虚象，有实象；[3]虚实相间者，未许等量齐观，而一一坐实之。日本学者即将“”象作象征之符观，以此象征“重叠积累起来的日子”（日と積み重る意を表すとも合わせてつみか土ぬた日）[4]。刘志基则以流水意象原来可以象征逝去之时间，说解颇契情理，较诸说似尤益人神思：“昔”从日从水，日实水虚，其取象造义为日如流水而去。足见在先民眼里，

① 《说文解字注》七篇上。

② 《甲骨文字典》卷七所录叶玉森《说契》。

③ 参见《汉字取象论》第一编。

④ 《标准汉和辞典·日部》。

过去的时间就是过去的太阳。[1] 天然凑泊，不假诸邻。人们马上会记起《论语·子罕》夫子取象："子在川上曰：逝者如斯夫！"卜辞中"昔"字所指即为"往日"：

> 癸未卜贞昔丁丑文武帝……（《前》4，27，3）
>
> 丁亥卜瞉贞昔乙酉箙旋御……大丁大甲祖乙百鬯百羌卯三百……（《后上》28，3）[2]

其次来观察"时"。《说文·日部》：

> 時（金文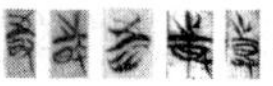简帛汉印石刻），四時也。从日，寺声。旹，古文時从之、日。

《说文》以"四时"释"时"，可见"时"已为时间认知之"通名"，所指就是时节、季节。其古文从"之"取象，兼表音义，"之"符取象于前行之足趾之形，本义为"适也、往也"。故从日从之古文"旹"字，其取象意义仍是太阳运行直观之象。甲骨文"时"字与《说文》所收古文若合符契：

> （《前》6，24，7）、（《甲》30）。[3]

日本国语中"时"字本义被理解为"太阳之推移"（太阳が移り行く意）[4]，皆资符验。

为何古代时间概念的确立总离不开对太阳等天象在空间运行的观照呢？《易·系辞》云："悬象著明，莫大乎日月。"《说文·是部》：

> 是（金文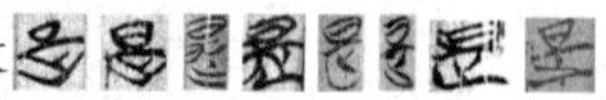简帛古玺古币

① 参见刘志基《汉字与初民的原始时间观》。

② 《甲骨文字典》卷七。

③ 《汉语大字典·日部》。

④ 《标准汉和辞典·日部》。

汉印石刻），直也。从日、正。凡是之属皆从是。，籀文是从古文正。

段玉裁注：“以日为正则曰是。从日、正，会意。天下之物莫正于日也。”综合《说文》所涉及一系列时间意象，大率都具备时、空二元一体的认知特征。古代人的时间观念源于空间距离，以空间体示时间，正反映了原始思维的某些认知特征。

战国时代屈子所谓“阴阳易位，时不当兮”（《楚辞·涉江》）。“位”易则“时”非，“时”耶“位”耶，正复一体二边之例。钱锺书先生所作比较、提挈表述为：

> 时间体验，难落言诠，故著语每假空间以示之，若“往日”“来年”“前朝”“后世”“远世”“近代”之类，莫非以空间概念用于时间关系，各国语文皆然。[①]

《尚书·尧典》“羲和四面”，神话传说中“夸父逐日”（参见第五章第四节），与上具《说文》贮存认知信息，凝结为人类永恒的“时间认知困扰”。现代天文学物理学体系，关于时间，具备物理属性，而非本体属性。换言之，它只是描述认知空间距离与运动速度的一个物理量。卡西尔尝具论原始思维之语言表象：“语言最初是凭借空间的考虑来陈述时间的界定和关系。”[②]即从上文考具的“时”在汉语中的情形来看，原本有定点与定时两边。确定时限晷刻，自不待言。就定点而言，则见于以“时”为语源认知孳乳：分秧匀插即使秧苗定点，于是孳乳出“莳”字。每晚鸡禽所归，其定点叫“埘”。《说文·土部》：“塒，鸡栖垣为塒。从土，時声。”黄季刚说：“鸡埘读畤。”[③]而“畤”字认知，又指向空间。《说文·艸部》：“蒔，更别种。从艸，時声。”汉语史多见“冉冉”“荏冉”等词语。关于“冉”字取象认知，[④]段玉裁注：

① 《管锥编》卷一，第174~175页。又见《管锥编增订》，第19~20页。
② 转引自杨宿珍《素朴的与激情的——诗经与楚辞》，《中国新论·文学篇二》。
③ 黄侃：《黄侃声韵学未刊稿》卷下，武汉大学出版社1985年版，第542页。
④ 《甲骨文编》卷四，第18页。

"冉冉者，柔弱下垂之貌。"[①] 是讲"冉"字原本取象于空间之形势。而《楚辞·离骚》："老冉冉其将至兮"；王逸注："冉冉，行貌。"朱熹传："冉冉，渐也。"此一边又所指为时间之推移。《九章·悲回风》："岁曶曶其若颓兮"；《九辩》："春秋逴逴而日高兮"；以物体之下崩或高积认知岁时之畹晚。[②] 鲍照《舞鹤赋》："岁峥嵘而将暮"；《文选》李善注："岁之将尽，犹物至高处"，与《楚辞》印可。"分阴""寸阴"等常谈，并资隅反。[③] 又"荏冉"词形或作"荏染"，如《诗》："荏染柔木"；段玉裁《说文解字注》："染即冉之假借。"亦征状时间之流进，取象于物体柔弱下垂之空间形势。在印度民族的宗教直觉中，时间之直观，恰似《诗篇吠陀》中的诗句写道："河流听从律则而流淌，黎明随着律则而升起，律则遵循秩序之途。我们懂得，它没有迷失天堂的方向。"相同的秩序制约着年度的进展。绕天空旋转着的是永不衰老的律则的十二辐轮：年。在《咒文吠陀》诗篇中，时间即"卡拉"（Ka la）是一匹系着许多缰绳奔跑着的马："他的车轮是整个生物世界。这个'时间'有旋转的车轮和七条轮毂：车轴是不朽的。"取象寄意，机杼不二。T.F. 特路尔斯－伦德《时间转变中的天象概念和宇宙观》也表述过："方位意识和对光印象的感受性，是人类智慧两种最根本的和根深蒂固的表现形式。"[④]

附

简帛时间认知[⑤]

按《汉书·艺文志·六艺略》的分类，"数术略"包括天文、历谱、五行、蓍龟、杂占、形法六小类："凡数术百九十家，二千五百二十八卷。"《汉

① 《说文解字注》十篇下。

② 《语象论》一三、一四、四四。

③ 《管锥编》卷一，第 175 页。又《管锥编》卷二论《楚辞补注》考"峥嵘"一词，"时空依待"。

④ 《神话思维》，第 110、130 页。

⑤ 本部分曾见于《简帛与学术》"岁月与四时——战国楚帛书"部分。

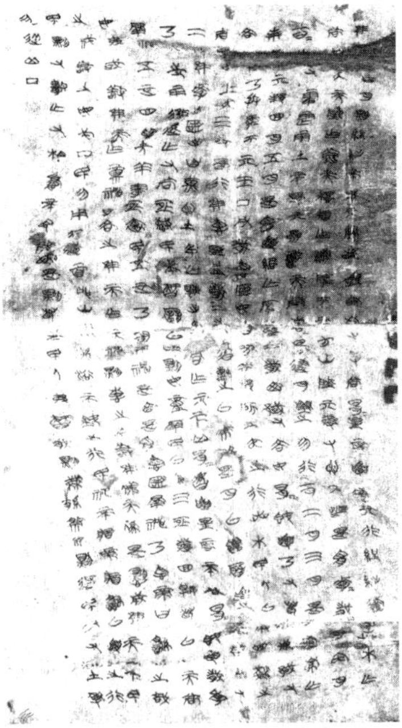

图 3-27 长沙子弹库战国楚帛书甲篇

书·艺文志·数术略》揭示其学术源流："数术者，皆明堂、羲和、史卜之职也。史官之废久矣，其书既不能具，虽有其书而无其人。《易》曰：'苟非其人，道不虚行。'春秋时鲁有梓慎、郑有裨灶、晋有卜偃、宋有子韦，六国时楚有甘公、魏有石申夫，汉有唐都，庶得麤觕（粗粗）。盖有因而成易，无因而成难，故因旧书以序数术为六种。"本部分是在出土战国楚地简帛文献有关时间断代认知基础上，与《说文》所存储时间文字结构形成比较，以便于观察相关时期的时间认知水平。①

一、战国长沙子弹库战国楚帛书甲篇关于"岁"的产生

该部分又称"四时"篇（帛书中间13行），包含三个部分，所记涉及春夏秋冬、日月星辰、岁德赏罚和天地诸神，而重点在于"岁"，即突出顺时令知岁时的重要。在行文格式上，帛书大致叶韵，略显古朴。

（一）关于月行与不常

隹（惟）□□□月，则赢绌，不得亓（其）𡬠（當）。春夏秌（秋）备（冬），〇又（有）□尚（常），日月星唇（辰），乱遊（逆）亓（其）行。绖（赢）绌遊（逆）□，卉木亡尚（常），□［谓］实（妖）。天陛（地）乍（作）羕（殃），天棓（鼓）牆（将）乍（作）瀉（湯），降于亓（其）［四］方，山陵亓（其）𡎸（隳），又（有）泉乓汩（汩），是胃（谓）孛＝（悖）𢧵（岁），□月内（朒）、月吉＝（吉）□〇又（有）电雹。雨土，不旻（得）亓（其）参职。

① 该部分释文参见李零所著《长沙子弹库战国楚帛书研究》（中华书局1985年版）。释文和数据，均取自华东师范大学中国文字研究与应用中心研制《战国楚文字数字化检索系统》（上海教育出版社2004年版），帛书多处残缺模糊。

天雨□□，是遊（逆）月闰之勿行：月＝（一月）、二月、三月，是胃（谓）遊（逆）终亡，奉□□亓（其）邦；四月、五月，是谓乱纪亡，亙□。□岁：西国有吝，如日月既乱，乃又（有）鼠（爽）□；东郕（国）又（有）吝，□□乃兵，□于亓（其）王。

（二）关于岁有德匿

凡岁德慝，如□□，惟邦所□妖之行，卉木民人，以□四浅之。尚□□上妖，三时是行。

隹（惟）德慝之岁，三时□□，继之以霈降。是月以数拟为之正，隹（惟）十有二□，隹（惟）悖□慝，出自黄泉，土夂亡□；出□［空］同，乍（作）其下凶。日月皆乱，星辰（辰）不炯。日月既乱，岁季乃□，时雨进退，无有常恒。恐民未知，拟以为则毋动。群民以□，三恒墮，四兴鼠爽，以□天常。群神五正，四兴失详。建恒怀民，五正乃明。百神是言，是谓德匿，群神乃德。帝曰：繇，□之哉！毋弗或敬。隹（惟）天乍（作）福，神则各（格）之；乍（作）大乍（作）宎（妖），神则惠之。□敬隹（惟）备，天象是恻（则），咸隹（惟）天□，下民之戒，敬之毋弋（忒）！

（三）关于民人敬神

民毋用□□百神，山川澫浴（谷），不钦□行。民祀不歆，帝将繇以乱□之行。民则有叞，亡有相扰，不见陵□。是则鼠（爽）至，民人弗智（知）岁，则无攸祭，□则□民，少有□，土事勿从，凶。

上引释文，同时对照了《中国方术正考》最新版本关于帛书各篇的介绍。[①] 其中所涉及与本文有关以及可以进一步讨论的地方，将分别予以疏证说明。残缺不全的地方，不能推测；只涉及比较确定且跟本文有关的部分；字形用宽式，不是严格对应原形字。

1. “不得亓（其）祟（當）”：帛书讲月行不合天常。《中国方术正考》又将从示尚声结构解释为“當”，对照楚简等文献用字，不一定适当。《说

① 参见李零《中国方术正考》，中华书局 2006 年版，第 151~154 页。本部分论亦主要参考此书。

文·巾部》：

> 常（简帛，古陶，石刻），下裙也。从巾，尚声。裳，常或从衣。

《集韵》："恒死愐，胡登切。《说文》：常也。从心从舟，在二之间上下，心以舟施当（恒）也，引《诗》如月之恒。一曰山名。古作死愐。"

出土楚简文献，以从示尚声结构，为祭祀、天常等常用字。上海博物馆藏《战国楚竹书》第4册《柬大王泊旱》，其中第5简涉及楚国宗教祭祀风气之常，有专字作，简文提出楚邦"又"（有常），"常"指传统的祭祀制度，从该简文中"王自临卜"、卜于"名山名溪"、"上帝鬼神高明"、"不能词（祠）者而刑之以旱"等内容来看，当时楚国的祭祀非常盛行，祀有常典。[①] 郭店楚墓竹简《老子》甲34号"和曰常"，常字作；又《缁衣》16号"颂有常"，常字作；又《成之闻之》第31号"大，以里（理）人侖（論）"，前句可释为"天行大常"（楚简第一字"天"，与"而"形易混，第二字为两趾上下相对，为"行"之本字），其中"常"字，也是从示尚声构造。《成之闻之》第32号"是古小人乱天常以逆大道"，其中"天常"字，同第31号所出"天行大常"。由此可知，这是战国楚简文字使用的"常态"。帛书"不得其常"，[②] 是讲的月行"不合其常"；帛书这里是讲天体的运行，也就是传世文献如《荀子·天论篇》所谓"天行有常"之常。帛书有两种记录"常"的形式：一是使用"从示尚声"结构，一是借用"尚"为常。可能研究者看到下面有借用"尚"为"常"的情形，遂以从示尚声结构为各有所"当"。

2."春夏秋冬"本字，帛书讲四季失常。本篇所可注意者，是四季时序，帛书用字，皆从日符构造。体现出四时划分，皆关乎日行之"常"：此为关于四时的"帛书本字"，与楚简有关月令专用字统一。

其中，"春"作，从日，屯声，与《丙篇》"秉司春"结构同；郭店楚简

---

① 参见《简帛与学术》"楚邦大旱"篇。

② 华东师范大学中国文字研究与应用中心：《战国楚文字数字化检索系统》，后出同。

《六德》第25号“春秋”字结构同，春字作；《语丛一》第40号“春秋所以会古含（今）之”字结构同。《说文》归属《艸部》，是着眼于物候的认知：

> 萅（甲骨金文简帛古玺汉印，石刻），推也。从艸从日，艸春时生也。屯声。

《集韵·諄部》：“萅蒖旾暙春，枢伦切。《说文》：推也。从艸从日；艸，春时生也。一曰蠢也。古作蒖旾暙，隶作春。亦姓。”

“夏”字楚简作，认知结构可以分析为从日夏声。传世文献记载“夏季”字，迄今所用皆为“大夏”字，与时间无关，属于借字。战国帛书所见，应是“夏季”时令“本字”。另外，包山楚简《卜筮祭祷记录》第200号“夏祭有喜”字作，亦从日夏声；包山楚简《文书》第6号“夏犬”字作，构造同，作从日夏声，但用作“大夏”之夏，“夏犬”即大犬；包山楚简《文书》第12号“夏尸之月”，构造同，作从日夏声，为楚地月令专用字。包山楚简凡楚地月令用字皆如此作。《说文·夊部》：

> 𡕾（金文简帛古玺汉印石刻），中国之人也。从夊从頁从臼。臼，两手；夊，两足也。𠍑，古文𡕾。

《集韵·馬部》：“𡕾𠍑夏，亥雅切。《说文》中国之人也。从夊从夏从臼。臼，两手；夊，两足。一曰大也。亦国名。古作𠍑。隶作夏。”

“秋”字帛书作，从禾从日。郭店楚简《六德》第25号“春秋”字结构中，秋作，已添加火符；《语丛一》第40号“春秋所以会古含（今）之”字结构同，可以分析其结构为从日秋声。包山楚简《卜筮祭祷记录》第214号“至秋三月，赛祷卲王，戠牛”，所用“秋”字作从日从禾的形。除此之外，这部分出土文献多用从火秋声结构。《说文·禾部》：

烁（甲骨　简帛　古玺　石刻），禾谷孰也。从禾，𪓑省声。七由切。𥤚，籀文不省。

《集韵·尤部》："秋穐龝，雌由切。《说文》禾谷孰。篆作烁。一曰秋秋，马腾骧也。所谓秋驾，以善驭不覂逸也。又姓。古作穐龝。"《说文》将季节字归《禾部》，体现了对于稼禾物候生长周期的认知把握。

"冬"作，从日，夊声。《玉篇·仌部》："冬，都农切。冬终也。亦作旮。臭，丁宗切。古文冬。旮，同上。"郭店楚简《老子》甲第8号"如冬涉川"字作，同帛书所用"冬"字，为"冬季"时令"本字"。包山楚简《文书》第2号"冬之月"字作，其中""为战国楚地冬季月令专用字。《说文·仌部》：

冬（甲骨　金文　简帛　古币　汉印　石刻），四时尽也。从仌从夊。夊，古文终字。都宗切。臭，古文冬从日。

按《说文》分析结构，所从之夊符为"古文终字"，对比甲骨文或有取于丝端两边之终结，即为时间取象空间体示之认知关联。如同印第安人中的奥斯伯威人按顺序划分月份的方法是：野稻月、落叶月、冰月、滑雪板月等等。[①] 关于楚地月名自成一系，与睡虎地秦墓所出乙组简文对照，见《望山楚简》。[②]

秦　十月　十一月　十二月　正月　二月　三月　四月　五月　六月　七月　八月　九月

楚　冬（中）夕　屈夕　援夕　刑夷（尸）　夏尸　纺月　七月　八月　九月　十月　爨月　献马

① [英] 爱德华·泰勒：《人类学——人及其文化研究》，连树声译，上海文艺出版社1993年版，第306页。

② 湖北省文物考古研究所、北京大学中文系编：《望山楚简》，中华书局1995年版，第86页。

3.“日月星曟（辰），乱遊（逆）亓（其）行”：帛书“星辰”字皆由日符构造，辰字上从辰声下从日形。“乱”字帛书原形作，为上下手条理其丝状物。《说文·乙部》：“亂，治也。从乙，乙，治之也；从𤔔。”《名义·乙部》：“亂，力馆反。治也。理也。”《宋本·乙部》：“亂，力贯切。理也，兵寇也。或作𤔔也。”《说文·𠬪部》：“𤔔，治也。幺子相亂，𠬪治之也。读若亂同。一曰理也。徐锴曰：冂，坰也，界也。𢆸，古文𤔔。”

“逆”字,《中国方术正考》又改释为从㫃符，释作“失”。该字帛书原形作，并不清晰，下出该字亦殊模糊。郭店楚墓竹简《成之闻之》第32号简“是故小人乱天常以逆大道”字形作，从辵从屰，而屰变形为三横笔，后世楷化“逆”作逆，如南北朝《尔朱袭墓志》“元颢肆逆，毒流神甸，涓涓不拥，蔓蔓将及”作，中唐敦煌本《郭象注庄子南华真经》辑影仍如此抄写。是以这里以为，即帛书“逆”字果真孳乳了㫃符，大体上也就是所谓羡符认知作用。帛书下出“汤”字,《中国方术正考》也认为是孳乳了㫃符，但依然释作“汤”。

4.“卉木亡尚（常），□［谓］宎（妖）。大墬（地）乍（作）羕（殃），天梧（鼓）牺（将）乍（作）㵾（湯），降于亓（其）［四］方”：《中国方术正考》又将“羕”字释为“祥”。如此一来，与原释“殃”字，方向相反，两边难执。这类现象是属于用字的范围，释“殃”释“祥”，需要靠上下文来确定。本节文字所记录，前后都是关于“反常”的类型。然则释作“様”，显然不能置于这样的语境当中。窃以为，破字为“祥”不伦，即以之为作“殃”来用，也没有必要。“羕”即“様”之初文，样态之谓，无待破字。该节文字记录的语义是说：花木无常，即谓妖孽之象；天地呈现出来的样态就是：天棓星将呈现为动荡，散降于四方。都是关于“反常”天象描述。《中国方术正考》中将原先解释的“天鼓”，改正为“天棓”，“天棓”是星辰名称，这是一个十分重要的认知发展。《史记·天官书》：“紫宫左三星曰天枪，右三星曰天棓。”索隐：棓，音皮，韦昭音剖。《诗纬》云：天枪三星，天棓五星，在斗杓左右，主枪人棓人。《石氏星赞》云：天枪天棓八星，备非常之变也。《五礼通考》“厨下五个天棓宿”条，记载有“天棓五星”：“《星经》：天棓五星，入氐一度，去北辰二十八度。《史记·天官书》：紫宫右五星曰天棓。《晋书·天文志》：天棓五星，在女床北，天子先驱也。枪、棓皆所以备非常也。”《古微书》卷三十三：“岁星之精，流为天棓、天枪、天猾、天冲。”

5.“凡岁德匿”“惟德匿之岁”：帛书是讲“岁”有“德匿”两边，犹《韩非子·二柄》：“明主之所导制其臣者，二柄而已矣。二柄者，刑、德也。何谓刑德？曰：杀戮之谓刑，庆赏之谓德。”《荀子·天论篇》：“故道之所善，中则可从，畸则不可为，匿则大惑。”王念孙《读书杂志·荀子五》：“匿与慝同，慝，差也。言大惑生于差慝也。”其中“岁”字帛书作，楚简用字“岁”字多从月构成形声结构：如包山楚简《文书》第2号作。

《说文》统摄“歲”字结构于“步部”，即知亦有取空间认知关联：

> 歲（甲骨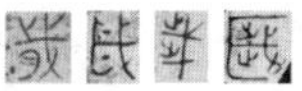金文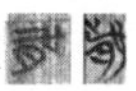简帛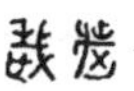古玺古陶汉印石刻），木星也。越历二十八宿，宣遍阴阳，十二月一次。从步，戌声。律历书名五星为五步。

6.“□之哉！毋弗或敬。隹（惟）天乍（作）福，神则各（格）之；隹（惟）天乍（作）宎（妖），神则惠之。□敬隹（惟）备，天象是恻（则），咸隹（惟）天□，下民之戒，敬之毋弋（忒）”：帛书是讲敬天。《中国方术正考》补出这段文字开始所缺“敬”字，《尚书》所用“敬”字，跟“谨”的作用庶几相当。“天象是则”，跟《尚书》句法结构相同。《中国方术正考》将“则”改释为“贼”，恻、贼皆从则得声。但是，若联系前后语境考虑，这里前后都是强调敬天。这里的天，当然是指“天象”，所以“天象是则”，也就是取法天象，跟知岁敬神是一致的。《中国方术正考》的修改，这里还不了解出于一种什么考虑，也不太清楚其根据是什么。初步推测，可能是为了跟作者所认为帛书“四时”产生过程相一致：甲篇只是四子步行、乙篇始见“日月之行”确定的“四时”，而这一“四时”确定属于上帝所为。但是，帛书杂糅了一些神话传说，且各篇内容能够完整连贯的地方并不多，人为地齐一处理，其可靠性本身就难免令人有些怀疑。

7.“民人弗智（知）岁，则无攸祭”：这是第三节所讲的主旨，强调知岁的重要。民人若不知岁，则无从祭祀，影响到农事。可知对于岁时的认识，事关祭祀。“智”用作“知”，金文、简币文，其例多见。

二、战国长沙子弹库战国楚帛书乙篇关于“四时”的产生

该部分讲“四时”的产生（帛书中间8行），四神职守于四方，功能却是确定四时。中国现存最早关于时间划分与规定的记载，传世文献现存最早的记录是《尚书·尧典》。为了便于对照，具列有关部分如下：

> 曰若稽古，帝尧曰放勋。钦明文思安安，允恭克让，光被四表，格于上下，克明俊德，以亲九族，九族既睦，平章百姓，百姓昭明，协和万邦，黎民于变时雍。乃命羲和，钦若昊天，历象日月星辰，敬授人时。分命羲仲，宅嵎夷，曰旸谷，寅宾出日，平秩东作。日中，星鸟，以殷仲春，厥民析，鸟兽孳尾。申命羲叔，宅南交，平秩南讹。敬致，日永，星火，以正仲夏，厥民因，鸟兽希革。分命和仲，宅西，曰昧谷，寅饯纳日，平秩西成。宵中，星虚，以殷仲秋，厥民夷，鸟兽毛毨。申命和叔，宅朔方，曰幽都，平在朔易。日短，星昴，以正仲冬，厥民隩，鸟兽氄毛。帝曰：咨，汝羲暨和，期，三百有六旬有六日，以闰月定四时，成岁。允厘百工，庶绩咸熙。

这是中国所有关于四时神话的来源。我在《尚书文字校诂·尧典》里就已经使用长沙子弹库战国楚帛书等出土文献进行初步对照，[①]说明时间认知，有待于空间的参照，这是古代把握时间的一个认知特点，而且无间中外。如南澳大利亚的土著们称天琴星座为“伦鸟”，因为他们发现，每当天琴星座同太阳坐在一起时，便开始了拾到当地一种名叫伦鸟的蛋的时期。[②]对照帛书文字记载，《尚书》有关一岁四时修短到闰月调整等时间周期的认识是被安排在同一过程里完成的：“汝羲暨和，期，三百有六旬有六日，以闰月定四时，成岁。”帛书涉及宇宙秩序的安排，程序则复杂得多：从一岁四时的人工步行确

① 臧克和：《尚书文字校诂》，上海教育出版社1999年版。关于时间假空间以示，参见《管锥编》第一册《左传正义》第六则。

② 《人类学——人及其文化研究》，第306页。

定，到日月诞生；由日月之行的一岁四时确定，再到一日四时的确定。

关于四时的产生，相应于四方，与《尧典》羲和四仲职守相对照，帛书乙篇的相关文字是：

> 曰（粤）故（古）□熊雹（雹）虘（戲），出自□霆，凥（居）于騷□，氒□僬=（渔）□□□女，梦=（梦梦）墨=（墨墨），亡章弼，□□水□风雨。是於乃取（娶）虘□○子之子，曰女𡔲（娲）。是生子四□，是襄天埃（践），是各（格）参桀（化）。𧆑（废）逃，为禹为萬（禼）以司堵，襄咎（晷）天步。□乃卡=（上下）朕逷（断），山陵不斌（涎）。乃命山川四𠈮（海），□寮熨（气）百熨（气），以为亓（其）斌（涎）。以涉山陵泷汩凼（渊）㵄，未又（有）日月，四神相戈（隔），乃步以为戢（歲）。是隹（惟）四寺（時）。
>
> 伥（长）曰青𣚍（榦），二曰未〈朱〉四𦊧（單），三曰□黄难，四曰□墨𣚍（榦）。千又（有）百戢（歲），日月夋（允）生，九州不坪（平）。山陵备㠾，四神□乍（作）至于𡨦（覆）。天旁（方）遁（动），孜（扞）敷（蔽）之青木、赤木、黄木、白木、墨木之精（精）。炎帝乃命祝䖒（融）以四神降，奠三天：□思敦，尃（敷）奠四亟（極）。曰：非九天则大㠾，则毋敢𢽟天霝（灵）。帝夋（允）乃为日月之行。
>
> 共工夸（？）步十日四时，□○神则闰四□。毋思百神，风雨𣈆祎，乱作，乃□日月以转相□思有宵有朝，有昼有夕。

1.“曰（粤）故（古）□熊雹（雹）虘（戲）”：《尚书文字校诂》“尧典”篇比较过这种仿古的发语开端格式，即金文亦多见。《尚书·尧典》开头：“曰若稽古，帝尧曰放勋。”以往学者有的以《盂鼎》铭辞“粤若”为参照，认为“曰若”就是“粤若”，都是一个句首语气词。这大致没有什么问题，但对于接下的“稽古”却管不到了。按西周时期有3个器的铭文使用过“曰古”的辞例，如：“曰古文王”（《墙盘》，又名《史墙盘》）、“曰古文王”（《𤼈钟》）、“曰古白子”（《古伯尊》）等。其中前两例都是出现在铭文的开头，为发端之词，用于追记。《尧典》发端的“曰若稽古”四个字，功能上可能就相当于“曰古”这两个音节。或者说，“曰若稽古”不过为“曰古”的缓读。铭文质朴，读作二音节；《尚书》口传，读四音节。“曰若”或“曰越”或“粤若”等于“曰”，“稽古”双声，犹“滑稽”亦双声。由此大致可以说，《尧典》的“曰若稽古”相当于铭文的“曰古”，其功能为表示追记开端引出的典范格式。[①] 帛书句法用同铭文，其性质同样是对远古四时认知的追记。

2. 雹戲、女娲、四子：雹戲，《玉篇·雨部》靁、雹异体字，《说文·雨部》以从晶之形，为雹之古文。雹戲，即伏羲。女娲，《中国方术正考》改为女填；有关原形字作，难以辨识。“梦梦墨墨，亡章弼”，《中国方术正考》补为“梦梦墨墨，亡章弼弼”。梦梦墨墨，即“蒙昧”的重叠形式；亡章，即《尚书》所习见“平章”的否定形式，平章、便章，即辨别，亡章，就等于说是无由辨别，无从明确。《尚书》多用弼字，《尚书·皋陶谟》：“允迪厥德，谟明弼谐。”孔传：“言人君当信蹈行古人之德，谋广聪明，以辅谐其政。”孔颖达疏：“聪明者自是已性，又当受纳人言，使多所闻见，以博大此聪明，以辅弼和谐其政。”但“弼”字叠用，所记录语义，这里并不清楚。四子，《尚书·尧典》有羲和四子。

3. “是襄天埮（踐），是各（格）参柰（化）……为禹为萬（离）以司堵，襄咎（晷）天步”：襄，本指天象移动距离单位，此处用于“天践”之前，即记录观测天象运行。《诗经·小雅·大东》：“跂彼织女，终日七襄。”毛传：“襄，反也。”郑玄笺：“襄，驾也。驾，谓更其肆也。从旦至莫七辰，辰一移，因谓之七襄。”天践，《中国方术正考》改为“而埮”。埮字见于《龙龛手鉴·土部》“初限反”，《尚书·尧典》“寅饯纳日”，各本饯、践、浅三字通用。而、天字形，楚简相近而易混淆。因此，确定区别性不大的而、天字形，主要还是依据所处的前后语境。“为禹为萬”，《中国方术正考》改为“为思（？）为萬”，并不确定。从与“为萬”并列来看，要使得释为“为思”能够成立，显然是比较困难的。帛书原形作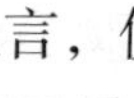，郭店楚简等所出“禹”字，率多从土形。要之帛书此字难以确定，如果作“为禹为萬”理解，跟前

① 臧克和：《殷周金文集成读书杂志（二）》，《古文字研究》第二十四辑，中华书局2002年版。

面的“襄天践、各参化”相联系，可能是与此相关的两种舞蹈巫术仪式。“襄咎（晷）天步”，《中国方术正考》改为“咎而走达”，“襄”字属上句，“达”字为新补。而、天关系同上，双止上下构造，帛书原形作，即“步”字，观察楚简用字即知。如包山楚简《文书》第105号作。襄咎天步：襄字同前，咎字用通晷字，测量日影移动轨迹的工具，即出土的圭表之类。天步，天体运行。所以，本节整段文字，整体上已经涉及有关记录观测天象的方式。

图3–28《甲骨文合集》第14294片关于四方风神记载

4.“乃命山川四巹（海）”：郭店楚简《老子》甲第2号“江海”字从母声作。《尚书·吕刑》有“禹平水土，主名山川”，命，即命名。

5.“未又（有）日月，四神相戈（隔），乃步以为𢧵（歲），是隹（惟）四寺（時）”：《中国方术正考》认为，当时没有日月，是靠四神分守四方，互相换位，用步行来推算时间，以表示“四时”。[①] 按这节文字是总结四神如何最终确定一岁四时。“未有日月”，并非说明当时还没有这两个天象，而是指当时还未能以日月运行规律来作为每天、每月时间长度的参照，也就是时间长度的把握，还没有精细到日、月周期单位而已。但帛书包括下文的记载，确实表述为“千有百岁，日月允生”，反映了古代关于时间周期的信仰，与宇宙秩序的安排紧密联系在一起的特点。“四神相隔”，跟《尚书·尧典》记载羲和四子分布东南西北四方，各有职守是一致的。“乃步以为歲”，步即上出所谓“天步”，跟四神相隔步行距离对应。岁字主体从步形构造，说明了这个时段发生的特点。帛书原形从月，楚简文字皆从月形。《说文·步部》：“歲，木星也。越历二十八宿，宣遍阴阳，十二月一次。从步，戌声。律历书名五星为五步。”甲骨文从步戉声构造作（《馀》1，1）、（《明》2235）、

① 《中国方术正考》，第153页。

（《燕》493）、（《粹》188）；金文构造相同，如（《利簋》）、（《舀鼎》）、（《毛公鼎》）、（《甫人盨》）、（《陈猷釜》）；睡虎地秦简亦从步作。[①]“是惟四时”，这就是一岁四时周期的产生。按照《中国方术正考》的修改，四时的产生，当初还没有日月参照，“岁”也不是“岁星”运行的结果，还没有其他任何天象作参照。到了后来，才有由日月运行表示的四时。

6.“伥（长）曰青榦（榦），二曰未〈朱〉四嘼（單），三曰□黄难，四曰□墨榦（榦）”：帛书四子名称，《尚书》分别为羲（仲、叔）和（仲、叔）。帛书四子名称所可注意者，尚有二特点：一是分别以颜色，这是否成为四方的对应因子，尚有待考察。二是取名于五色神木，下文有“青木、赤木、黄木、白木、墨木之精”，这种神木，是否与夸父圭表有关联，尚待留意。

7.“炎帝乃命祝䗽（融）以四神降，奠三天……尃（敷）奠四亟（極）。曰：非九天则大峡，则毋敢叡天霝（灵）。帝夋（允）乃为日月之行”：帛书用“奠”“敷奠”字，同《尚书·禹贡》“禹敷土，随山刊木，奠高山大川”。“曰：……”其性质可能相当于祝由词。“帝允乃为日月之行”，帛书明确交代“日月之行”属于上帝所为。因为只有以日月运行作为参照，时间的周期性把握才是确定的。

8.“共工夸（？）步十日四时，□○神则闰四□。……有宵有朝，有昼有夕”：帛书该处所可注意者，一是“共工夸步”，帛书“夸”字原形字作，《说文解字新订·大部》“夸”下：“奢也。从大，于声。（《粹》1027）、（甗文）、（爵文）、（戈文）、（古陶）、（睡虎秦简）。”可以对照。如果帛书这里确实就是“共工夸步”，则很可能为“夸父逐日”传说的原形，“夸步”“夸父”古音同，夸父所确定的时间周期已经精确到“十日四时”，进而确定一日之宵、朝、昼、夕四时。传世文献如《山海经》等所载夸父也是追逐日影，在日出与日入之间。二是帛书此处使用了“闰”字，所可比照者，为《尚书·尧典》“以闰月定四时，成岁”。所不能确定者，在于帛书该处“闰”字之后使用文字不全。如果系闰日字，则说明“岁时”周期的准确调整手段已经得到相当认识。

① 转引自臧克和《说文解字新订·步部》“歲”字，中华书局2002年版。

三、战国长沙子弹库战国楚帛书丙篇（周边文字）关于十二“月令”

曰取（陬）：鳦则至，不可以杀。壬子丙子凶，作□北征，帅有咎，武□，□其□——取（陬）于下

曰女（如）：可以出师筑邑，不可以嫁女取臣妾，不兼得不憾——女（如）此（訾）武

［曰秉］……畜生（牲）、分□——秉司春

曰余：不可以作大事。少杲其□，□龙其□，取女为疑——余取女

曰㱃：盗帅□得以匿。不見月在□□，不可以享祀，凶。取□□为臣妾——㱃出睹

曰䖒：不可出师。水师不复，其败？其复？至于其下□，不可以享——䖒司夏

曰仓：不可以川□，大不顺于邦，有鸟入于上下——仓莫得

曰［臧］：不可以筑室，不可［以］作，不脨不复，其邦有大乱。取女，凶——臧杜□

曰玄：可以筑□？……可□□徙，乃□……——玄司秋

曰阳：不［可］毁事，可□□折，除去不义于四……——阳□义

曰姑：利侵伐，可以攻城，可以聚众，会者（诸）疾，型（刑）首事，戮不义——姑分长

曰荼：不可以攻［城］，□□□□□□——荼司冬

按上列帛书从正月到第十二月的十二个月所宜所忌内容，即传世文献所谓月令，句读和格式都有些改动，主要是取其易读。如格式上面，每月开始的命名，即该月之神名，句读有必要将其突出出来。每篇月令的主题概括，也就是月令内容的篇名。新版《中国方术正考》，这部分内容改动也较大。每月开始的命名，即该月之神名，共十二月神名，学者研究结论是跟《尔

雅·释天》的十二月名相当，这里逐一对照，并标识其关联。

《尔雅注疏·释天》“月阳”条：“正月为陬，二月为如，三月为窉，四月为余，五月为皋，六月为且，七月为相，八月为壮，九月为玄，十月为阳，十一月为辜，十二月为涂。”帛书十二月神名，或字形或读音都与此存在关联：

取—陬（陬从取得声，《尔雅注疏》援引书证为《楚辞·离骚》：“摄提贞于孟陬兮。”）

女—如（如从女得声，女即如之初文。本月令篇题为“如訾武”者，参考《礼记注疏》卷十四“月令”：“此云孟春者，日月会于诹訾，而斗建寅之辰也。”）

秉—窉（棅或作柄，柄窉皆从丙得声。）

余—余

𠮡—皋（帛书原形多“欠”形，即口形之重复者，字从九得声；如“皋陶”或作“咎繇”。）

𠭯—且（𠭯从虘得声，虘从且得声。）

仓—相（仓，《名义》且郎反，《广韵》七冈切，语音地位为宕开一平唐清；相，《名义》先亮反，《广韵》息亮切，语音地位为宕开三去漾心。）

臧—壮（臧或作匨，匨从壮得声。）《说文·臣部》：臧（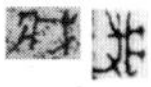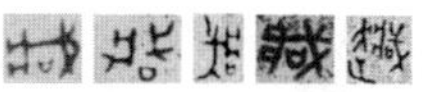金文简帛古玺古陶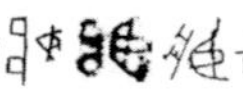古币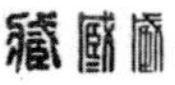汉印石刻），善也。从臣，戕声。𦣞，籀文。《集韵·唐部》：“臧匨𨗶，兹郎切。《说文》善也。又姓。古作匨，籀作𨗶。通作藏。”本部：“藏臧匨𠥪，慈郎切。《说文》匿也。或作臧。古作匨𠥪。”

玄—玄（《注疏》：“《国语》云‘至于玄月’是也。”）

阳—阳（《注疏》：“纯阴用事，嫌于无阳，故以名云。”）

姑—辜（皆从古得声。）

荼—涂（皆从余得声，帛书原形多一土符，亦突出声符功能者。）

《尔雅注疏》以为这十二个名称，“皆月之别名，自岁阳至此，其事义皆所未详通者，故阙。”

帛书十二月令即禁忌内容，亦可跟传世文献《礼记·月令》《大戴礼·夏小正》《吕氏春秋》“十二纪”等相对照。如帛书正月“取于下”的内容主要包括禁忌：不可以杀生征发，《吕氏春秋》卷十二《孟春纪第一》“正月纪”：“是月也……牺牲无用牝，禁止伐木，无覆巢，无杀孩虫胎夭飞鸟，无麛无卵，无聚大众，无置城郭……是月也，不可以称兵，称兵必有天殃……”禁忌规定的方面是一致的，即正月禁杀伐。只是传世文献规定更加具体。

总之，《尚书·尧典》以羲和四子“观象授时”为开端，战国楚帛书当中也有若干因素与此发生关联，可见这类神话传说在数术学说中的影响。因此，《汉书·艺文志·数术略》揭示其学术源流：“数术者，皆明堂、羲和、史卜之职也。”即以此作为其主要来源之一。[①]

有关时间的规定，有待于空间来体现。《中国方术正考》认为：羲和四子传说，为有关时间神话的来源；帛书十二神，分四面每面三神排列辰位，相对应于十二月；是各种月令文献的源头。这个时间把握特点，或者说时空观念，规定了后世的有关文献记载。时空当对，周遍无缺。

---

① 《中国方术正考》，第143页。例如到了北魏时期，杨衒之《洛阳伽蓝记序》所记载四面十三门（东三、南四、西四、北二，周祖谟校释援引原《河南志》卷二记晋城阙云：“陆机《洛阳记》曰：洛阳十二门。”），东面三门：从北头向南依次数起，分别命名为：建春门（校释：李尤铭曰：“上东少阳，厥位在寅，条风动物，月正孟春。”）、东阳门、青阳门；南面四门：从东向西依次命名为开阳门（校释：李尤铭曰：“开阳在孟，位月惟巳。”）、平昌门（校释：李尤铭曰：“平门督司，午位处中，外阳南面，炎暑赫融。”）、宣阳门、津阳门（校释：李尤铭曰：“名自定位，惟月在未。”）；西面四门（校释：按自汉迄晋，西面有三门，元魏增辟一门，故为四门。即长期以来，为了跟四时十二月的空间对应，只有十二门为常数）：从南向北依次命名为西明门（校释：李尤铭曰：“广阳位孟，厥月在申。”）、西阳门（校释：李尤铭曰：“雍门处中，位月在酉。”）、阊阖门（校释：李尤铭曰：“上西在季，位月惟戌。”）、承明门；北面二门：西头曰大夏门（校释：李尤铭曰：“夏门值孟，位月在亥。”）、东头曰广莫门（校释引《史记·律书》云：“广莫风居北方。”），汉曰穀门（校释：李尤铭曰：“穀门北中，位当于子。”）。详见（北魏）杨衒之著、周祖谟校释《洛阳伽蓝记》，科学出版社1958年版，第4~7页。

附

时间与禁忌

——秦简《日书》

一、秦简《日书》甲种、乙种

在已经发表的战国秦汉简帛中，《日书》及相关的文献类是其大宗。据研究者初步统计有：湖北江陵九店楚简《日书》，上海博物馆藏战国楚简《日书》残片，湖北云梦睡虎地秦简《日书》甲、乙种，甘肃天水放马滩秦简《日书》甲、乙种，湖北沙市周家台关沮秦简《日书》，湖北江陵岳山秦牍《日书》，江陵王家台汉简《日书》，湖北随州孔家坡汉简《日书》，定县汉简《日书》，阜阳汉简《日书》，虎溪山汉简《日书》，香港中文大学文物馆藏汉简《日书》，等等。从现存发现的日书材料来看，秦代的最多，也最系统。简帛学者认为，对于《日书》中的占卜方术研究，是《日书》研究的基础之一。

该项调研的文献主体，为睡虎地秦墓竹简整理小组编《睡虎地秦墓竹简》。该类竹简所用文字是软笔即毛笔墨书的秦隶。据编者说明：云梦睡虎地十一号墓出土的《日书》共有两种，为了便于区别，分别称之为《日书》甲种和《日书》乙种。《日书》乙种最后一支简的背面有"日书"标题。《日书》的主要内容是选择时日，如出行、见官、裁衣、修建房屋等都要选择时日。其他如房屋的布局，井、仓、门等应该安排在什么地方才会吉利，遇到了鬼怪如何应付等等，也是重要内容。《日书》有相当多部分不见前人记载，所以《日书》也是难得的研究民俗学的资料。在秦汉人的著述中，如《韩非子·亡征》说："用时日，信鬼神，可亡也。"但他们所批判的具体内容，它和后代的这一类书籍的记载有什么不同，人们却无从详知。《日书》的出现，正好弥补了这个缺陷。[①] 秦简《日书》的丰富记录，

---

① 睡虎地秦简整理小组：《睡虎地秦墓竹简》，文物出版社 1990 年版。该本有关《日书》甲种释文注释见第 179~228 页，乙种见第 231~255 页。

反映了秦地有关禁忌规定为世俗生活所利用的浓厚的功利认知色彩。两种《日书》对照起来，可以互相补充，甚至对勘发明。甲种更关注与种种人事活动的安排，而乙种似乎更加注意时间的规定性。甲乙两种各有侧重，体现了完整的时间选择原则。

《日书》首先涉及“建除”问题。《史记》卷一二七《日者列传》第六十七褚先生曰：“孝武帝时聚会。占家问之某日可取妇乎？五行家曰可，堪舆家曰不可，建除家曰不吉，丛辰家曰大凶，历家曰小凶，天人家曰小吉，太乙家曰大吉：辩讼不决，以状闻。制曰：避诸死忌，以五行为主。人取于五行者也。”可知汉代“建除”与“丛辰”等诸家并列。据《汉语大词典》“建除”条解释，古代术数家以为天文中的十二辰，分别象征人事上的建、除、满、平、定、执、破、危、成、收、开、闭十二种情况。后因以“建除”指根据天象占测人事吉凶祸福的方法。《淮南子·天文训》：“寅为建，卯为除，辰为满，巳为平，主生；午为定，未为执，主陷；申为破，主衡；酉为危，主杓；戌为成，主少德；亥为收，主大德；子为开，主太岁；丑为闭，主太阴。”清代钱塘《〈淮南·天文训〉补注》：“此建除法也……建除有二法，《越绝书》从岁数，《淮南书》及《汉书》从月数，后人惟用月也。”至于具体跟每月时间周期关系，则可参见《战国楚竹书》第二册“竸建内之”篇关于“日食”讨论。[①]《日书》屡见之“大建”“小建”之建，多用于月份大小之称，大月为“大建”，小月为“小建”，建，《说文》大徐本：“从聿从廴。臣铉等曰：聿，律省也。”尽亦从㶳，㶳从聿，民间俗语称大、小建分别为大、小尽。

秦简甲乙两种《日书》开始都是“建除”表的罗列，然后都是每月时日的人事吉凶祸福对应关系，以便于趋避选择。就其内容所及，《日书》类文献实际不限于时间的禁忌与选择，而是涉及日常生活禁忌的方方面面。如《日书》甲种《梦篇》之后，附录了关于建筑布局的讲究与空间环境的规定：

> 凡宇最邦之高，贵贫。宇最邦之下，富而痒。宇四旁高，中央下，富。宇四旁下，中央高，贫。宇北方高，南方下，毋（无）宠。

① 但该书编者于“竸建”解释不甚了了乃至误解，查检大型工具书于“立春”等词群亦不醒豁不得甚解，参见《简帛与学术》中《楚简所见日食》。

宇南方高，北方下，利贾市。宇东方高，西方下，女子为正。宇有要（腰），不穷必刑。宇中有谷，不吉。宇右长左短，吉。宇左长，女子为正。宇多于西南之西，富。宇多于西北之北，绝后。宇多于东北之北，安。宇多于东北，出逐。宇多于东南，富，女子为正。道周环宇，不吉。祠木临宇，不吉。垣东方高西方之垣，君子不得志。为池西南，富。为池正北，不利其母。水窦西出，贫，有女子言。水窦北出，毋（无）臧（藏）货。水窦南出，利家。圈居宇西南，贵吉。圈居宇正北，富。圈居宇正东方，败。圈居宇东南，有宠，不终泄（世）。圈居宇西北，宜子与。囷居宇西北亙（陋），不利。囷居宇东南亙（陋），不盈，不利室。囷居宇西南亙（陋），吉。囷居宇东北亙（陋），吉。井当户牖间，富。井居西南亙（陋），其君不□必穷。井居西北亙（陋），必绝后。庑居东方，鄉（嚮）井，日出炙其韩，其后必肉食。取妇为小内。内居西南，妇不媚于君。内居西北，毋（无）子。内居东北，吉。内居正东，吉。内居南，不畜，当祠室。依道为小内，不宜子。圂居西北亙（陋），利猪，不利人。圂居正北，吉。圂居东北，妻善病。圂居南，宜犬，多恶言。屏居宇后，吉。屏居宇前，不吉。门欲当宇隋，吉。门出衡，不吉。小宫大门，贫。大宫小门，女子喜宫斲（门）。八里门之右，不吉。①

按上列吉凶利弊内容，就非关乎时间宜忌，而只是涉及建筑物的各个部分的经营位置、配合比例。至于“女子喜宫斲（门）”，编者以“斲”“门”对应，当系“门”字形近而混淆者。

（一）甲乙两种《日书》“建除日辰”与“宜忌选择”之关系

《日书》甲种包括表 1 和表 2,《日书》乙种也包括表 1 和表 2。由于甲乙两种列表复杂，平面看上去，很难发现其中的关联。为了观察的方便，这里先揭示甲乙两种所列表 1 的内在联系。

① 睡虎地秦简《日书》甲种数据，所采为华东师范大学中国文字研究与应用中心所研制《简帛文字数据库》。

图 3–29 汉语“立春”一词，得名之所由，已有不能明者。2018 年 5 月 3 日笔者自首尔驱车数小时，到达回河镇一古老村落，山绕水沓，系一处保存书院。门上对联，尚存“立春”即“建阳”时令认知关联。

《日书》甲种表 1：

除：

濡	十一月斗	子	丑	寅	卯	辰	巳	午	未	申	酉	戌	亥
赢	十二月须	丑	寅	卯	辰	巳	午	未	申	酉	戌	亥	子
建	正月营	寅	卯	辰	巳	午	未	申	酉	戌	亥	子	丑
陷	二月奎	卯	辰	巳	午	未	申	酉	戌	亥	子	丑	寅
彼	三月胃	辰	巳	午	未	申	酉	戌	亥	子	丑	寅	卯
平	四月毕	巳	午	未	申	酉	戌	亥	子	丑	寅	卯	辰
寧	五月东	午	未	申	酉	戌	亥	子	丑	寅	卯	辰	巳
空	六月柳	未	申	酉	戌	亥	子	丑	寅	卯	辰	巳	午
坐	七月张	申	酉	戌	亥	子	丑	寅	卯	辰	巳	午	未
蓋	八月角	酉	戌	亥	子	丑	寅	卯	辰	巳	午	未	申
成	九月氐	戌	亥	子	丑	寅	卯	辰	巳	午	未	申	酉
甬	十月心	亥	子	丑	寅	卯	辰	巳	午	未	申	酉	戌

《日书》甲种表2：

十一月	十二月	正月	二月	三月	四月	五月	六月	七月	八月	九月	十月	
子	丑	寅	卯	辰	巳	午	未	申	酉	戌	亥	䆘结
丑	寅	卯	辰	巳	午	未	申	酉	戌	亥	子	羸阳
寅	卯	辰	巳	午	未	申	[酉]	戌	亥	[子]	丑	[建]交
卯	辰	巳	午	未	申	酉	戌	亥	子	丑	寅	窞罗
辰	巳	午	未	申	酉	戌	亥	子	丑	寅	卯	作阴
巳	午	未	申	酉	戌	亥	子	丑	寅	卯	辰	平达
午	未	申	酉	戌	亥	子	丑	寅	卯	辰	巳	成外
未	申	酉	戌	[亥]	子	丑	寅	卯	辰	巳	午	空外
申	酉	戌	亥	子	丑	寅	卯	辰	巳	午	未	[䵍外]
酉	戌	亥	子	丑	寅	卯	辰	巳	午	未	申	盍绝
戌	亥	子	丑	寅	卯	辰	巳	午	未	申	酉	成决
亥	子	丑	寅	卯	辰	巳	午	未	申	酉	戌	复秀

《日书》乙种表1：

凡不可用者，秋三月辰，冬三月未，春三月戌，夏三月亥。

结日，作事，不成以祭，閵（吝）。生子毋（无）弟，有弟必死。以寄人，寄人必夺主室。

阳日，百事顺成。邦郡得年，小夫四成。以蔡（祭），上下群神鄉（饗）之，乃盈志。

交日，利以实事。凿井，吉。以祭门行、行水，吉。害日，利以除凶厉，兑（说）不羊（祥）。祭门行，吉。以祭，最众必乱者。

阴日，利以家室。祭祀、家（嫁）子、取（娶）妇、入材，大吉。以见君上，数达，毋咎。

达日，利以行帅〈师〉出正（征）、见人。以祭，上下皆吉。生子，男吉，女必出于邦。

[外]阳日，利以建野外，可以田邋（獵）。以亡，不得，□门。

外害日，不可以行作。之四方野外，必耦（遇）寇盗，见兵。

外阴日，利以祭祀。作事、入材，皆吉。不可以之野外。

□□□□□可名曰击日，以生子，窭孤。□人，不得。利以兑（说）明（盟）组（诅）、百不羊（祥）。

夬光日，利以登高、饮食、邋（獵）四方野外。居有食，行有得。以生子，男女必美。

秀日，利以起大事。大祭，吉。寇〈冠〉、制车、折衣常（裳）、服带吉。生子吉，弟凶。

《日书》乙种表2：

惌结之日，利以结言，不可以作大事，利以学书。

羸阳之日，利以见人、祭、作大事、取妻，吉。裚（制）寇〈冠〉带，君子益事。

建交之日，以风凿井，□□□吉。生男女口。

窞罗之日，利以说孟（盟）诈（诅）、弃疾、凿宇、葬，吉。而遇（寓）人，人必夺其室。

作阴之日，利以入（纳）室，必入资货。家（嫁）子、攻击，吉、胜。

平达之日，利以行师徒、见人、入邦。罔（网）邋（獵），获。作事，吉。

成外阳之日，利以祭、之四旁（方）野外，热口。

空外遱之日，不可以行。之四邻，必见兵。

䟓外阴之日，利以小然〈祭〉，吉。生子年不可远行，远行不仮（返）。

盖绝纪之日，利以裚（制）衣常（裳）、说孟（盟）诈（诅）。

成决光之日，利以起大事、祭、家（嫁）子，吉。居有食，行有得。生子，美。

复秀之日，利以乘車、寇〈冠〉、带剑、裚（制）衣常（裳）、祭、作大事、家（嫁）子，皆可，吉。[①]

---

① 睡虎地秦简《日书》甲乙两表文字，所采为华东师范大学中国文字研究与应用中心所研制《简帛文字数据库》。

按《日书》甲种表 1 日辰标目，跟表 2 宜忌日辰标目不统一，但跟乙种宜忌日辰标目统一，这是跟乙种《日书》两表的区别，也是两种《日书》文献可以互相关联、互相补充的纽带。基于此，甲种表 2 与乙种表 2 日辰名称对应如下：

结日——窓结之日
阳日——羸阳之日
交日——建交之日
阴日——窞罗之日
达日——平达之日
［外］阳日——成外阳之日
外害日——空外遣之日
外阴日——作阴之日
□□□——盖绝纪之日
夬光日——成决光之口
秀日——复秀之日

《日书》乙种表 1 所标日辰名称，用二字简称，完整的名称见表 2。

从“建除”表到对应关系表的联系，在于“建除”表上（甲种）表下（乙种）关于时日属性的标目。基于这种关联，一是甲乙两种《日书》有关标目可以互相对照，补充说明；二是各种《日书》两种列表，其实是一种表格，通过标目将日辰和宜忌关联为一体。根据第二点，有的研究者将表 1 看作只管日辰不管宜忌，将表 2 看作只管宜忌不管日辰的割裂孤立的看法是不完整的。根据第一点，《日书》甲种“建除”表的第一个标目“濡”，与乙种“建除”表的第一个标目“窓结”应该统一。对照可知，乙种“遣”即甲种所作“害”字，乙种“作阴之日”即甲种“外阴日”，参观甲乙二种两表皆出“外害”“外阳”，可以推知乙种“作阴”当系“外阴”之混淆。甲种“夬光日”，即乙种“成决光之日”。

（二）《日书》甲乙两种对照

本部分主要以列表的方式对比呈现甲种和乙种的相同和不同点，并且对于其不同处加以分析。从表格中可以看出，古时候的人们对行事，时间，星宿，修建房屋的忌、凶、吉等都有一定的认识，所有的做事的规则似乎都是和占卜以及星宿、时辰相联系相比较的。而且把许多相对抽象的概念和人体，如《人字》篇日出日落等具体的概念联系在一起，便于日常人们生活的使用。这也是《日书》的显著的特点。《日书》甲种的内容比乙种的内容复杂很多，相对也不如乙种系统。有些具体的内容并不在相对应的篇目之中，比如在简157至简180，也就是在乙种的《人字》篇，也提到了如何占病的问题，是以支日占病，先占方向吉凶，次占朝夕启闭，再占还入吉凶，然后才占病情病因：这几项都是甲种所不见的内容。

《日书》甲乙两表对照，不难看出，甲种内容比较复杂，而乙种文字内容则相对简单得多。此外，在文字上甲种和乙种也有出入，比如同一个标题下相同的句子中有的文字就有差别。在睡虎地秦墓竹简中，整理者把两者的区别都做出了具体的分析，所以阅读甲种和乙种的时候最好对相同的标题或者类似的内容进行比较阅读，这样在缺漏或者意思无法理解的时候，可以通过比较来理解语句的意思。在内容方面，甲种的分块比较大，也就是说同样的一个标题下可能有很多细小的内容，在乙种中就把甲种中很多大的标题下的小的条目个子抽出来单独作为一个标题，比如乙种的月份就是把甲种的玄戈和星中各个部分抽出来个子标题分别描述，但是玄戈和星要比乙种的单独的记录月份要详尽很多，其他月份上的内容大致可以相比较。

《日书》里面有关内容，还包含了祝词的性质。这些祝祷格式，可以让人们看到后世相关文献记载的更早来源。例如表中甲种关于梦占："祷之曰：皋！敢告尔。某，有恶梦，走归之所。强饮强食，赐某大富，非钱乃布，非茧乃絮。则止矣。"又如甲种《马禖》："祝曰：'先牧日丙，马禖合神。'东鄉（嚮）南鄉（嚮）各一马□□□□□中土，以为马禖，穿壁直中，中三腏，四厩行：'大夫先兕席，今日良日，肥豚清酒美白粱，到主君所。主君笱屏詷马，敺（驅）其央（殃），去其不羊（祥），令其□耆（嗜）□，□耆（嗜）饮，律律弗御自行，弗敺（驅）自出，令其鼻能糗（嗅）鄉（香），令耳悤（聪）目明，令头为身衡，脊为身刚，脚为身□，尾善敺（驅）□，腹为百草囊，四足善行。主君勉饮勉食，吾岁不敢忘。'"乙种《梦篇》也同样有类似的记载："祝曰：'皋！敢告尔宛奇，某有恶梦，老来□之，宛奇强饮食，赐某大富，不钱则布，不茧则絮。'”又乙种《行行祠篇》：“其祝曰：'毋（无）王事，唯福是司，勉饮食，多投福。'”其中，人们所熟悉的传世文献祝祷词“强饮强食”，目前首见于《日书》甲种。乙种则稍变其格，为“宛奇强饮食”。后世相沿形成程式，为古籍中祝福套语，如《考工记》：“强饮强食，诒女曾孙诸侯百福。”在汉代出土文献，像《居延汉简》里就有这样一些用例：“愿丈人近衣强奉酒食。”“原幼孙少妇足衣强食，慎塞上。”分别见于《居延汉简合校》乙附51、《居延汉简合校》10·16等。《居延新简》也有“愿君加飧食，永安万年”的颂祷语。[①] 看来这类套语，至少到汉代依然是比较通行的。汉末《古诗十九首》中的“努力加餐饭”之类，句样祖构演进之迹，依然到眼即辨。

（三）《日书》甲乙两种所及其他内容

甲种里提到的除了表格中比较的部分之外，还提到了啻、土忌、作事、毁弃、置室、门、行、归行、到室、生子、人字、娶妻、作女子、吏、诘、土忌、门、反支。由此可见，甲种涉及的是和人事有关的众多生活领域。

乙种提到的除了表格中比较的部分之外，还提到了木日、马日、牛日、羊日、猪日、犬日、鸡日、初田、官、人日、男子日、盖屋、盖忌、除室、初冠、寄人室、行日、行者、入官、行忌、行祠、行行祠、□祠、祠、亡日、亡者、见人、穿户忌、嫁子□、视罗圈、入官、生、失火、日书。由此可见，乙种更多提到的则是关于时间日期、出入、做事，以及房屋布局有关的事情。

单从标题上来看，甲种要比乙种的标题少了很多，但是每种标题的内容，实际上是甲种的描述更加详尽，而乙种在各个标题的描述上相对简单，有的只有一句话来说明一个标题主要归纳为六大类：嫁娶、时间、建房和方位、行事和祭祀、出入及其他。另外，甲种《诘》篇记录的是关于对付鬼怪的咒语以及相应的处理方法，此从略。

① 据华东师范大学中国文字研究与应用中心所研制《简帛文字数据库》。

表 3-1《日书》甲种、乙种生子时间选择

时间	甲种：生子	乙种：生子	比较
甲戌生	饮食急	好甲	甲种≠乙种
乙亥生	穀而富	利酉（酒）醴	甲种≠乙种
丙子生	不吉	吉	甲种≠乙种
丁丑生	好言语，或眚于目	好言五（语），有生（眚）目	甲种＝乙种
戊寅生	去父母南	远去，女子于南	甲种＝乙种。可以互补
己卯生	去其邦	去其邦	甲种＝乙种
庚辰生	好女子	好［女］子	甲种＝乙种。对照甲种，乙种可补字
辛巳生	吉而富	富（富）吉	甲种＝乙种。对照甲种，乙种富、富字形近混淆
壬午生	穀而武	穀于武，好货	甲种≤乙种。乙种用介词“于”，性质关系明确
癸未生	长大，善得	长	甲种≥乙种
甲申生	巧，有身事	必有事	甲种≥乙种
乙酉生	穀，好乐	穀，利乐	甲种≤乙种
丙戌生	有事	有终	甲乙互补发明
丁亥生	工巧，孝	考（巧）	甲种≥乙种
戊子生	去其邦北	去其邦北亟	甲种＝乙种
己丑生	贫而疾	疾	甲种≥乙种
庚寅生	女为贾，男好衣佩而贵	女子为巫	甲种≠乙种
辛卯生	吉及穀	不吉	甲种≠乙种
壬辰生	武而好衣劍	必善医，衣常	甲种≠乙种
癸巳生	穀	穀	甲种≥乙种
甲午生	武有力，少孤	武有力，寡弟	对照乙种，甲种“孤”似通“寡”
乙未生	有疾，少孤，后富	少疾，后富	甲种≥乙种
丙申生	好家室	好室	甲种＝乙种
丁酉生	嗜酒	吉旨（嗜）酉（酒）	甲种＝乙种
戊戌生	好田野、邑屋	姓楚（性野）	甲种≥乙种。对照甲种，乙种当改为“性野”。野或作埜，埜、楚形近
己亥生	穀	小（少）孤	甲种＝乙种。甲种穀当通孤
庚子生	少孤，污		乙种缺失
辛丑生	有心终	有终	甲种＝乙种
壬寅生	不女为医，女子为也	不吉，女子为医	甲种语意不清，对照乙种可得说明
癸卯生	不吉	不吉	甲种＝乙种

续表

时间	甲种：生子	乙种：生子	比较
甲辰生	穀且武而利弟	穀	甲种≥乙种
乙巳生	吉		乙种缺失
丙午生	嗜酒而疾，后富	疾	甲种≥乙种
丁未生	不吉，无母，必尝乐囚	不吉，贫，为人臣	甲乙两种互补
戊申生	宠，事君	有宠，必事君	甲种＝乙种
己酉生	穀，有商	穀	甲种≥乙种
庚戌生	武而贫	武，贫	甲种＝乙种
辛亥生	不吉	不吉	甲种＝乙种
壬子生	勇	恿（勇）	甲种＝乙种。乙种恿、勇通用
癸丑生	好水少疾必为吏	好□	甲种≥乙种，可补乙种缺字
甲寅生	必为吏		乙种缺失
乙卯生	腰（夭）不翥（壽）。	□□壽	甲种≠乙种。对照甲种可能腰、夭通用、翥为壽之混
丙辰生	有疵于体而勇	必有疵于（体）	甲种≥乙种
丁巳生	穀而美，有敃	穀，媚人	甲种≥乙种。甲种敃、媚字通
戊午生	嗜酒及田獵	好田邋（獵）	甲种≥乙种
己未生	吉	穀	甲种＝乙种，使用同意词
庚申生	良	恿（勇）	甲种≥乙种
辛酉生	不吉	不吉	甲种＝乙种
壬戌生	好家室	好室家	甲种＝乙种
癸亥生	无终	贫，毋（无）终	甲种≤乙种
甲子生	少孤，衣污	少孤	甲种≥乙种
乙丑生	武以工巧	不武乃工考（巧）	甲种＝乙种。对照甲种有脱文
丙寅生	武以圣	武，圣	甲种＝乙种
丁卯生	不正，乃有疵前	不正，不然必有疵于前	甲种＝乙种
戊辰生	有宠	有宠	甲种＝乙种
己巳生	鬼，必为人臣妾	凶，为臣妾	甲种＝乙种
庚午生	贫，有力，无终	贫，武有力，无终	甲种≤乙种
辛未生	肉食	肉食	甲种＝乙种
壬申生	闻	有门（闻）邦	甲种≤乙种
癸酉生	无终	有终	甲种≠乙种
		凡己巳生，勿举，不利父母，男子为人臣，女子为人妾。庚子生，不出三日必死	
		凡生子北首西乡，必为上卿，女子为邦君妻	

如表 3–1，统计对照说明，“甲种 = 乙种”即甲乙二表相同的情况有 24 处，其中“甲种≠乙种”即完全不同的情况有 8 处，“甲种≥乙种”即甲种信息包含并多于乙种的情况有 16 处，“甲种≤乙种”即乙种信息包含并多于甲种的情况有 5 处。整体上甲乙两种存在差异乃至完全不同的情况，大大超过可以吻合的情况。这表明二者虽然同时同地发现，但是可能各自有着不同的来源。[①]

比较而言，甲种所保存的信息要较乙种丰富。通过甲乙两种互相对照，可以互相补充乃至勘正明确用字关系，这方面计有 16 处：显示了出土文献存在不同文本的价值。像戊戌生子，如无甲种“好田野”的参考，乙种的“姓楚”简直不知所云。野或作埜，埜、楚形近，乙种当改为“性野”。又如丁酉生子，《日书》甲种规定是“嗜酒”，乙种则记载为“吉旨酉”，对照甲种，即知“旨酉”通作“嗜酒”。又如壬子生子，甲种作“勇”，对照是知乙种“恿”为“勇”之音同通用。也有反过来的情况，如丁巳生子，《日书》甲种规定为“穀而美，有敃”，若无乙种“穀，媚人”的参考，则不知敃即媚字的音近借用字。又如乙卯生子，甲种作“腰不翯”，乙种规定作“□□壽”，比较起来，甲种显然当作“夭不壽”，以腰、夭音同，翯、壽形近。诸如此类，表中都有对比揭示。

甲寅生子和乙巳生子在乙种中是完全缺失，后面也没有专门条目对其加以补充的，而庚子生子在乙种的后面的附加条目上有专门的补充。

通过睡虎地秦简《日书》甲种和乙种比较，可以看出，《日书》的确可以反映秦朝当时社会民俗状况。包含了推算命理、预测吉凶、规划房子的布局、出行、裁剪衣服以及对梦的解释，而且还对如何应付出现的奇怪现象的解释和解除办法，比如鬼怪如何去应付，等等，还为我们提供了很多民间对疾病的认识的问题。从古至今，娶妻、嫁女和生子都是人生的重要部分。相关时间，趋吉避凶，选择禁忌，繁文缛节。《日书》无论是甲种还是乙种，都对此使用大量的篇幅进行描述，反映了秦地有关禁忌规定为世俗生活所利用的浓厚的功利色彩。两种《日书》对照起来，甲种更关注与种种人事活动的安排，而乙种似乎更加注意时间的规定。甲乙两种各有侧重，体现了完整的时间选择原则。因此，甲乙两种当时应是配合起来使用的世俗生活实用指导工具。

---

① 睡虎地秦简《日书》甲乙生子内容，所采为华东师范大学中国文字研究与应用中心所研制《简帛文字数据库》。

二、秦简与《月令》及战国楚帛书

秦简《日书》与《礼记·月令》。睡虎地秦简《日书》包括甲乙两种，内容十分丰富。基本上可分为两个大类：第一大类都是讲择日的，是《日书》的主体；第二大类与择日无关，讲相宅、占梦、驱鬼祛邪等。这两大类内部又可以细分为许多小类。总之，《日书》的内容是以讲述时日吉凶为主，兼及趋吉避凶的选择数术。该部分涉及甲乙两种内部关系的，已经见上述。涉及外部联系，可以跟传世《月令》文献、跟战国时期的楚帛书月令文献等关系对照。

《礼记·月令》篇，其内容与《吕氏春秋·十二纪》《淮南子·时则训》基本是一类结构，主要是根据天象和物候安排礼仪行为和社会生活的历书。其中《月令》记录了有关物候、农事安排以及相关政令禁忌。就其性质而言，亦属时间宜忌之类。秦简《日书》和《礼记·月令》等文献中都记载了有关古人对于时间的选择和相关的禁忌。云梦秦简《日书》重点所反映的是一种占卜体系，也对连续完整的时日进行安排的历法体系有所阐述。云梦睡虎地秦简《日书》的"除"篇、"官"篇，记有相同的十二个月份与二十八星宿的组合关系。这种组合关系还见于荆州周家台秦简《日书》和西汉汝阴侯"六壬式盘"。此外，云梦秦简还反映了秦代宗教信仰方面的内容，提到了中下层社会人们的宗教鬼神观念。社会政治关联，睡简所及就远没有《月令》等传世日书丰富。也就是说，秦简《日书》所关注的，主要是世俗人事的功利的生活禁忌。从秦地出土《日书》所涉及生活范围之广，对于时间宜忌规定之系统来看，传世文献《礼记·月令》等，跟战国晚期时间的选择观念和有关记载存在一定的渊源关系。关于《礼记·月令》的成篇年代，自汉代以来，众说纷纭，使得有关研究者对其价值认识不够。对比丰富的出土《日书》文献，《月令》源远流长。可以推测，其形成系统，当不会迟于战国中晚时期。

长沙子弹库战国楚帛书丙篇，内容也是关于十二"月令"的宜忌。对照起来，由于战国楚帛书原本残缺，每月禁忌内容笼统，可以找出两种文献存在内在联系的地方较少。相对而言，《日书》每月趋避内容，要跟具体星辰认知联系起来，涉及的生活方面已经相当广泛，而且已经规定得十分具体，从中可以看出古代《日书》的某些发展线索和趋势。①

① 本部分对照资料，见《简帛与学术》第五部分"简帛及时间"，第125~154页。

第四章　取象：《说文》意象认知方式（下）

第一节　大羊意象

关于中国美学里涉及古代人审美意识领域，“美”的字源学认知一直是国内外学者们所关注的饶有兴味的问题。但是，就我们涉猎所及，迄今为止，那些试图另立新说的猜测，尚不足以推翻几千年前的《说文》的见解。关于中国古代人审美发生学里的字源学、语源学、文化学研究，笔者在《汉语文字与审美心理》一书中就运用的方法、稽考的方面而言，稍较具系统。北京图书馆书目文献出版社编审杨扬先生早在1993年，在综述改革开放以来“中国美学的探索及其成果”栏内，还将此书作为“从古文字训诂探求汉民族审美心理”的代表加以介绍：

> 臧克和在《汉语文字与审美心理》一书中发挥学习钱锺书论著所获心得，从古文字训诂入手，探求汉民族审美心理，得出了一些具有新意的论点。以“宜”字类为例，作者就“宜”“嘉”“好”“味”“和”“圆”字群认知作训诂基础上的论述，就有这样的论点：(1)我国古代人审美价值判断活动滥觞与饮食有密切的联系。(2)审美价值判断活动的发轫与自身（种）的繁衍崇拜大有联系。(3)审美价值判断活动的发源与物产丰盛的追求有关系。(4)体现审美活动的字群的字源亦与初民的祭祀活动发生联系，而这些祭祀活动也仍然是初民对于生殖繁衍渴望的反映。(5)概括上述传递古代审美价值取向的古文字符号的字源涵义以及诸种类型的联系，基本上可以归纳为两种情形：其一，对外在的姿态美的视觉感受性；其二，对内在愉悦美的味觉感受性。(6)这两大类型适代表了人类社会较为原始阶段的种（自身）的繁衍与物的丰产的两大主题，而这

两者的统一，构成了这个社会阶段的基本结构，这种结构的深层基础可以概括为生存机制。而这正是一切宗教哲学艺术的终极历史背景。我国古代上述审美价值取向的特点，必然会影响到我们这个民族诸审美认知范畴的形成，并使之具有鲜明的特征。①

关于“美”的字源学语源学文化学溯源明流的认知探求，或可参验《汉语文字与审美心理》专书的讨论，这里不再重复已经讲过的事实和结论。

《说文》一书中包蕴了多层多边的“美”意象认知，这里只是据以列出并初步分析这样几个方面：其一，“美”意象有取于“羊”的文字使用调查统计；其二，《说文》若干“美”认知关联场；其三，《说文》所存储“美”意象认知联系线索。

《说文》将“美”字系于《羊部》，分析其结体的实象部分就是一“羊”符。而不管后出者如何试图“转新”，但这“羊头”已成为有机体，是无论如何也回避不掉的，只是有“虚象”“实象”之分罢了。然则“美”意象缘何有取于“羊”？这里面包含着复综的历史文化原由。

考古学表明，中国很早就进入农业文明社会。而农业为人类提供了两项重要的生活条件——食物和定居。这二者又促进了第三种生活条件即家畜的

图 4-1 海外度藏青铜器——双羊尊

① 见《人民日报》（海外版）1993 年 2 月 11 日，北京图书馆文献部杨扬主任“中国美学的探索及其成果”专栏。

产生。早在纳吐夫晚期遗址（前 8000 左右）中，就发现有小家畜的遗骨，纳吐夫的继承者耶利哥文化（前 7000—前 6000）以及这个时代的许多其他类似的早期新石器文化（安纳托利亚的恰塔尔休于文化，北非的卡里姆沙希尔文化以及稍晚的耶莫文化）已经有饲养的山羊、绵羊（292，26–30；144，115；459，5–6）。而现代科学证明，起初驯养的是狗和羊，牛马的驯养为时较晚。[①]

“養”字语源就是“羊”，《说文・食部》：“養，供養也。从食，羊声。𢽾，古文養。”《集韵・漾部》：“養𢽾，弋亮切。供也。或作𢽾。”養，声符为羊，体现了古人以羊为供养生存语源的认知。古文结构，不啻表现出“养”的字根也就是羊。

早在商代，殷人就有畜牧的传统。从卜辞中保存的牲畜名称和相关联系来看，那时“六畜”（马、牛、羊、鸡、犬、豕）俱全，而依据我们的统计，“六畜”所占比例，与古人类学研究的结论（即羊、犬的驯养较之其他种类的畜牧为早）基本上是相应合的。从徐中舒所主编《甲骨文字典》收字情况来看，连字头计算在内、附录也统计于其中，“六畜”的代表字符分别参与第一个层次构形的情形，或者可以认为分别以马、牛、羊、鸡、犬、豕作为字根的那部分字，其字数依次为：

《羊部》45；
《豕部》36；
《犬部》33；
《牛部》20；
《马部》21；
《鸡部》3。

其中《羊部》字明显占优势，其余皆次之。到了《说文》一书，《羊部》字收字已呈下降趋势，连重文共计 34 文。《尔雅》成书于战国末年，它既是中国第一部词义分类词典，也是春秋战国时期名物释义的汇编，“正名命物”是它

① ［苏联］列・谢・瓦西里耶夫：《中国文明的起源问题》，郝镇华、张书生译，文物出版社 1989 年版，第 121 页。

的主要宗旨之一。其中《释畜》篇所收录解释的“六畜”各种名称凡109个，包括：

各种马名51；
各种牛名18；
各种羊名11；
各种犬名10；
各种鸡名6；
各种豕名13。

唐释日本空海大师结撰《篆隶万象名义》，反映的是南北朝字符分类认知水平。其中：

《羊部》存49字；
《牛部》存80字；
《马部》存178字；
《犬部》存136字；
《豕部》存41字。

泽存堂刻本《宋本玉篇》，则反映的是唐代增字的字量。字量消长，体现的是同时代相关认知发展水平，其中：

《羊部》存62字；
《牛部》存135字；
《马部》存259字；
《犬部》存241字；
《豕部》存71字。

宋代人所编撰《类篇》专书数据库查询检得25854条记录，反映了宋代字符分类认知情形。其中：

《羊部》存 76 字；
《牛部》存 151 字；
《马部》存 290 字；
《犬部》存 326 字；
《豕部》存 81 字。

“六畜”各自所占比重，与甲骨文反映的情形，各个时代此消彼长，适成对照。这种变化反映了社会生活认知发展。卡西尔《人论》揭示过：“分类是人类言语的最基本特性之一。命名活动本身即依赖于分类的过程。”而“每一种分类都是被特殊的需要所决定和支配的。并且显然地，这些需要是根据人们社会文化生活的不同条件而变换着的”；因此，“人类言语总是符合于并相应于一定的人类生活形式的”。从上述统计即可发现中国很早就具有发达的畜牧业的，而最早是“羊”在六畜中占据头等重要地位，这就为中国古代人首先将肯定的情感价值态度投射凝聚到“羊”身上提供了社会生活认知基础。《说文·羊部》：

羊（甲骨 金文 简帛 古玺 古币 汉印 石刻），祥也。从𦍌，象头角足尾之形。孔子曰：“牛羊之字以形举也。”凡羊之属皆从羊。

又《说文·示部》“祥”下说：

祥（甲骨 石刻），福也。从示，羊声。一云善。似羊切。

图 4-2 商代中期羊首纹饰尊

和过去认知发展水平不同，现在人们无论妇孺老幼，对这些曾经与人们的生存息息相关的动物，只保留下来一个抽象“属概念”认知。上古时期，人们对诸如羊、牛、豕、马、犬，依据其外表的毛色、内在的生长周期等则有着精细的认知分类。因此，在中国古代人心目中，“羊”不啻是“吉祥福善”的语源和字根。出土的西汉铜洗纹饰，“吉祥”仍写作“吉羊”。准上，这种肯定的情感态度所来有自。

图 4-3 汉代“大吉羊”洗器纹饰及使用字形

图 4-4 “吉羊”——汉代所制作杖头铭文

从《说文》一书提供的“美”意象的有关“语义场”来看，中国古代人的审美意识似乎有着多维多边的来源，因为该“语义场”情形呈现多元化的特征，并非那么单一整齐，而是散见全书。这里钩稽连类如下，首先是关于味觉感受性认知“语义场”：

美，甘也。从羊从大。羊在六畜主给膳也。(《羊部》)

善，吉也。从言从羊。(《誩部》)

鬻，五味盉羹也。从鬲从羔。《诗》曰：亦有和鬻。鬻，鬻或省。鬻，或从美，鬻省。羹，小篆从羔从美。(《弜部》)

鬺，煮也。从鬲，羊声。(《鬲部》)

甘，美也。从口含一。一，道也。(《甘部》)

甛，美也。从甘从舌。舌，知甘者也。(《甘部》)

曆，和也。从甘从麻。麻、调也。甘亦声。读若函。(《甘部》)

旨，美也。从甘，匕声。[《旨部》：旨(甲骨 金文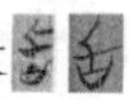简帛)，美也。从甘，匕声。凡旨之属皆从旨。㫖，古文旨]

嘗，口味之也。从旨，尚声。[《旨部》：嘗（金文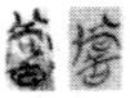简帛石刻），口味之也。从旨，尚声。]

味，滋味也。从口，未声。(《口部》)

按此一“语义场”，都指向人的味觉感官愉悦性认知。《说文·羊部》除了一个“美”字之外，其余皆是描述羊类的生活习性、出生性别等区分十分细致的语汇。[①]

按“美”“味”同源字，古音皆系明母，脂、物两部则构成“旁对转”联系。“美”“旨”亦同源同“觉”字，旨孳乳为脂，就是“脂部”代表字，而“美”亦系脂部。

按“甘”“欠”同属见组谈部，亦为同源字。训诂学家尝考“欠次羡”一组同源同根字：《说文》：“欠，张口气悟也。”段玉裁注有所补充：“又欠者，气不足也，故引申为欠少字。”上古谈韵溪声。因为不足，常常就生慕欲，于是有了“次”字。《说文》：“次，慕欲口液也，从欠、水。”段注：“有所慕欲而口生液也，故其字从欠、水。”上古读元韵邪声。“谈”“元”通转。所以，从词义的角度看，“次”的慕欲口液义是“欠”的字义的引申认知发展。从词源的角度看，“次”取“欠”之义，并取其声；从字根的角度看，人们根据“次”与“欠”的音义联系，在造“次”字的时候，索性重复使用其“欠”字之形，使它们的音义联系在字形上也能体现出来，得到双渠道认知。《说文》：“羡，贪欲也。从次，羑省。”段注：“按羑当作䇡……䇡，相訹呼也。见厶部有所羡者，必好恶无节于内，知诱于外，故从䇡省。”《集韵·有部》：“䇡誘誘䛻，以九切。《说文》相訹呼也。或作誘誘䛻。”《广韵》：“羡，贪慕也。”[②]今按唐以前《说文》版本“羡”字说解与徐本大异，慧琳《一切经音义》引《说文》：“羡，《考声》：爱也、慕也。《说文》：贪欲也。从美（音眉彼反），次声也。次，音夕延反，口液也。从水从欠。今俗用从羊从次作羡，非也。”[③]《集韵·僊部》：“次保涎漱㳄，徐连切。《说文》慕欲口液也。

① 《岩波国语辞典（第三版）》，第 91 页。按，日本国语中“うまい”一词，存在三种书写形式，分别作“旨い”“甘い”“美味い”。

② 周光庆：《古汉语词汇学简论》，华中师范大学出版社 1989 年版，第 39 页。

③ 慧琳《一切经音义·大宝积经第五十九卷》“叹羡”条引《说文》。

或作㑽涎湺羡。亦书作㵟。”

按“善”字次于这一“味觉语义场”乍看上去似为不伦，其实亦为同类认知，并由“善”连类出另一个从羊取象的“羞”字。《说文·丑部》：“羞，进献也。从羊，羊所进也。从丑，丑亦声。”比勘甲骨文字形，知《说文》所说不诬，“羞”实即“珍馐”之“馐”的初文[①]：

（《前》4，34，3）
（《甲》2006）[②]
（《邺》3，46，1）

取象为从羊从又，罗振玉释作“羞”，谓为持羊进献之象。[③]卜辞使用“进献”之义：

……祀其羞王受又。（《甲》2006）
贞勿羞用一月。（《前》4，34，3）[④]

而“善”则为“膳食”“进膳”之“膳”初写。从甲骨文到小篆主体取象“羊”形虽一脉相承贯，但字形结体有些变化，这里有必要首先列出其出土古文字体。《说文·誩部》作：

譱（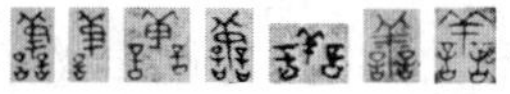金文简帛古玺古陶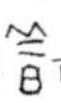古币汉印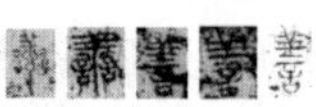石刻），吉也。从誩从羊。此与義、美同意。常衍切。𦍒，篆文譱从言。

膳，《说文·肉部》作：

① 《集韵·尤部》：“羞膸饈䐿，思留切。《说文》进献也。一曰致滋味为羞。或从肉从食。亦作䐿。羞，一曰耻也。”
② 《甲骨文字典》卷十四。
③ 《增订殷虚书契考释》中。
④ 《甲骨文字典》卷十四。

膳（简帛石刻），具食也。从肉，善声。常衍切。

《集韵·獮部》："譱善善𡢃，上演切。《说文》吉也。或省。隶作善。亦作𡢃。"《集韵·綫部》："膳饍，時戰切。《说文》具食也。庖人和味必嘉善，故从善。或从食。"又《銑部》："腆䩄䩄，他典切。《说文》设膳腆腆多也。或作䩄䩄。或书作朁。"或从肉，又得沟通味觉感官认知从舌符。

有些甲骨文拓片即取象一肥大羊头之形：不止羊角，而是连羊目一并刻画出来，以指示其头部整体。原始艺术史美术史实告诉我们："象征的表现手法还倾向于把形象加以简化，结果成为非常简单的示意图，这种倾向比按照限定的面积改变纹样的作法影响更大。"[①]这种象征手法的简化原则所得到的"形象的主要特点是用少数最具代表性的特色来表现事物"。卜辞中"善"字取象于羊的最有代表性的地方——羊头，而又以尽可能"完形"的方式即把头部双目一并连带画出，来体示其整体认知特征。但取象者的这种努力，仍然不外乎是以部分象征整体的取象认知类型。《说文·羊部》"羊"下引孔子语："牛羊之字以形举也。"

还有些甲骨文拓片取象于羊，又有取于"臣"，或可认为这个"臣"符还表示着"善"字的读音。"善"古音为禅母元部，"臣"属禅母真部，为双声关系，且"真元旁转"。至《说文》所收篆文又从"言"，仍然传达"形声"结构自若："善""言"古音皆系元部，又存在叠韵关系。需要指出的是，"善"字这种形声结构较为复杂一些，因为在初是取双"臣"双"言"来构形的，所以一般人被这一表象遮蔽了结构内部的音形关系。这的确是一种较为特殊的类型，因为取双"臣"一如取双"言"，但在作为字符的层次上仍只起一"臣"一"言"的作用，所以双"臣"可整体性删除为一"臣"，双"言"可整体性删除为一"言"，否则"言""詰"音义则大相径庭。[②]

甲骨卜辞文献中"善"被用作"饷"，这与金文中"善"被用作"膳"，皆可印证。卜辞里有"善日"辞例，陈梦家谓在昃之前，疑即饷午，善用作饷。[③]此"善"（膳）作用，殆犹《史记·项羽本纪》"旦日飨士卒"之

① ［美］弗朗兹·博厄斯：《原始艺术》，金辉译，上海文艺出版社 1989 年版，第 133 页。
② 类似例字如《说文·鱻部》"瀺"篆作渔。
③ 陈梦家：《殷虚卜辞综述》，科学出版社 1956 年版。

“飨”。彝器铭文《大簋》“膳”写作譱，《齐侯敦》“膳”作譱。[①] 汉代洗器铭文，有些标识为“尚羊”辞例。

图 4–5 “尚羊”——汉代左氏作洗器

图 4–6 “尚羊”——汉代洗器系列铭文

图 4–7 羊洗——汉代董氏造作洗器纹饰

中国古代人关于“味”的感受认知，与“美”的语源直接发生联系。因此，一些复杂的情感体验，难落言诠，也每每以这种“口腹滋味”性认知来传达。例如《楚辞 · 天问》：“闵妃匹合，其身是继，胡维嗜不同味，而快朝饱？”屈子关于大禹通于涂山女的发问，正是拿早饭饿了而得以饱餐一顿的快感（生理需要满足）滋味来比况男女交媾所产生的情感体验。故而以“快朝饱”隐喻“甘匹合”，就是以口腹生理滋味，摹拟两性关系的情感体验。与此适相映成趣，情感得不到满足的滋味，亦可以拿生理上饥饿的滋味来摹写。

① 《金文编》卷四。

按钱锺书先生对有关文艺心理学现象的阐释，可以称之曰“情感饥饿”，例如《诗·汝坟》：“未见君子，惄如调饥。”郑笺：“调，朝也。如朝饥之思食。”钱锺书先生曾将以饮食喻男女、以甘美喻匹配的认知方式，与巴尔扎克所谓爱情与饥饿相类似作过比较。[①]汉语俗语所谓“饱汉子不知饿汉子饥”，即此“视觉成语”之注脚。随着“味”的认知内涵逐渐丰富发展，到后来，一切心理情感上的满足、愉悦认知体验，都可以借用饮食生理的滋味来比况认知。大致上到春秋时期，“味”的感官认知体验，已经开始被引入到音乐等艺术鉴赏等领域。如人们都十分熟悉的《论语·述而》里面讲到的，“子在齐闻《韶》，三月不知肉味，曰：不图为乐之至于斯也”。在中国修辞学上，提到较早的“通感”例子，似乎不应忘了圣如孔老夫子的品鉴。[②]出土文物中，除了殷商西周时代就有大量功能在于“调味”的“盉”器系列，甚至还使用体现认知水平相当的“调色”器。

图 4-8 殷商西周盉器系列

其次，是《说文》一书中关于视觉感受性的“语义场”：

美，甘也。从羊从大。羊在六畜中主给膳也。美与善同意。

徐铉曰：羊大则美，故从大。

王筠曰：羊大则肥美。许意盖主羞字从羊而言。……凡食品，皆以羞统之，是羊为膳主，故字不从牛、犬等字而从羊也。[③]

段玉裁曰：甘者，五味之一，而五味之美皆曰甘。羊大则肥

---

① 《管锥编》卷一，第 73 页。

② 余例见《汉语文字与审美心理》三《“味”字群》。这里仅补充一例，昭明太子《七契》：“怡神甘口，穷美极滋。”“美”与“滋”（即“味”）为对文同意，尤为醒豁。

③ 《说文句读》卷七。

美。[1]

图 4-9 西周调色器形

肥，多肉也。从肉从卪。(《肉部》)

腜，妇始孕腜兆也。从肉，某声。(《肉部》)

媄，色好也。从女从美，美亦声。(《女部》)

媚，说（悦）也。从女，眉声。(《女部》)

尾，微也。从到（倒）毛，在尸后。古人或饰系尾，西南夷亦然。(《尾部》)

義，己之威仪也。从我、羊。羛，《墨翟书》義从弗，魏郡有羛阳乡，读若錡。(《我部》)

关于这一诉诸视觉感受性的“语义场”，可以概括为“肥美盛大”。具体论证过程亦详见《汉语文字与审美心理·“美”字类》，这里补说如下几点，以为之疏：

按“美”字取象结体内部关系，为千古聚讼所由生。裘锡圭分析中国古文字从图画象征到文字符号过程，即由二维认知过渡到一维认知趋势，曾分析提及过如下的例子：

在文字画阶段，已经开始用抽象的图形，或者用象征等比较曲折的手法来表意了。这些方法可以用来为一部分上面提到的那些词造字。有些词的意义可以用抽象的图形表示。例如为较小的数目造字的时候，可以继承文字画阶段划道道或点点子的表数办法，古汉字的“一”“二”“三”“亖”（四）就是例子。又如古汉字以“□”“○”表示｛方｝｛圆｝，圣书字以“×”表示｛划分｝等等。还有一些词可以用象征等手法表示。例如古汉字用成年男子的图形

① 《说文解字注》四篇上。

> 表示｛大｝，因为成年人比孩子“大”（也有人认为“大”字以张开两臂的人形表示“大”的意思，这也是一种曲折的表意方法）。圣书字用王笏的图形表示｛统治｝，因为王笏是统治权的象征。用这些方法造出来的字，虽然外形往往仍然像图画，本质上却跟图画截然有别。例如用“”表示｛大鹿｝，跟画一头很大的鹿来表示这个意思，是根本不同的两种表意方法。不知道代表｛大｝，就无法理解“”说的是什么。如果把它们当图画看待，只能理解为一个人跟一头鹿在一起。人、鹿这一类具体事物的象形符号，大概是在“三”“大”等类跟图画有明确界线的文字开始产生之后，才在它们的影响之下逐渐跟图画区分开来，成为真正的文字符号的。[①]

同样的道理，同样的象征表义认知关系，古代人表现以“羊”类为代表的“主给膳之六畜”的繁盛肥大，也只能以人体之“大”（即“近取诸身”）来加以象征体认，否则也只能理解为一个人跟一头羊在一起。

按“尾”字取象，详见《舞蹈意象》。而据朱骏声《说文通训定声》所载，《史记·五帝本纪》集解引《说文》作：“尾，交接也。”[②]其义又犹《尚书》“鸟兽孳尾”之“尾”，个中联系，具见相关部分。

按“義”字字根亦取象于“羊”，从“我”得声，亦复表现“美盛肥大”之义，由此而与“美”“善”同列，根于同象同义。

先从语源联系来看，从“我”得声的一系列字皆有“高大”之义，也就等于是有“美善”之义：

> 誐，嘉善也。从言，我声。
>
> 峨，嵯峨也。从山，我声。《广雅·释诂四》：高也。按“嵯峨”叠韵连语，与厜㕒同字，亦作厜𠩵。《诗·棫朴》“奉璋峩峩”；传：“盛壮也。”《公羊传·定八》注：《释文》本作娥，《尔雅·释

① 《文字学概要》，第3页。

② 《史记集解·五帝本纪》。

训》：峨峨，祭也。《广雅·释训》：峩峩，高也。

儀，厜儀也。从厂，義声。《释文》或作㕒㕒。按“厜儀”字后出，叠韵连语，与“嵯峨”同，或即“崔嵬”之转语。《集韵·歌部》：“峨㕒，牛河切。《说文》嵯峨也。或作㕒。亦书作峩。”

娥，帝尧之女、舜妻娥皇字也。秦晋谓好曰娙娥。从女，我声。《方言》一：娥，好也。秦曰娥，秦晋之间，凡好而轻者谓之娥。又二：秦晋之间美貌谓之娥。①

“義”“儀”同属古音疑母歌部，实一字之孳乳。日本国语中，“義”字被认为是由表示“美しい”的“羊”与表示读音的“我”结合而成的形声字，其取象本义为“优美舞姿”（美しい舞のすがた）。②《说文》“義”“羛”重文异体，次“我部”，该部二篆出土古文字结构对照如下：

我（甲骨金文简帛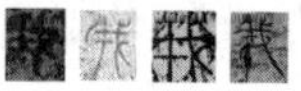石刻），施身自谓也。或说我，顷顿也。从戈从𠂀。𠂀，或说古垂字，一曰古殺字。凡我之属皆从我。徐锴曰：从戈者，取戈自持也。五可切。𢦏，古文我。

義（甲骨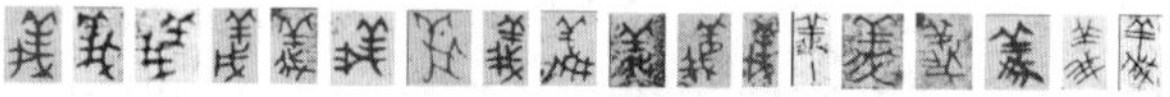金文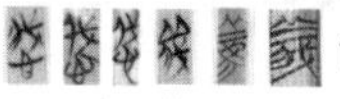简帛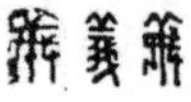古玺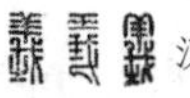汉印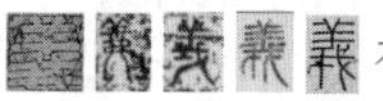石刻），己之威仪也。从我、羊。臣铉等曰：此与善同意，故从羊。宜寄切。羛，《墨翟书》義从弗。魏郡有羛阳乡，读若錡。今属邺，本内黄北二十里。

徐中舒认为，结构为“从我从羊”，与《说文》“義”字篆文结构同。段玉裁谓从羊与善、美同意。按《诗·文王》：“宣昭義问”；传：“義，善也。”疑此乃“義”字本义。③从“義”与“儀”在古代文献中的使用情况可以推断，

① 《说文通训定声·随部第十》。《集韵·歌部》：“娥，牛河切。《说文》：帝尧之女，舜妻娥皇字也。秦晋谓好曰娙娥。”

② 《标准汉和辞典·羊部》。

③ 《甲骨文字典》卷十二。

“義”与“美”所存在“同义”联系，其“儀表姿态”“儀仗盛壮”即为一边。王引之《经义述闻》爬梳殆尽：

大传：上治祖祢，尊尊也；下治子孙，亲亲也；旁治昆弟，合族以食，序以昭缪，别之以礼義，人道竭矣。正义曰：别之以礼義，人道竭矣者，总结上治祖祢下治子孙旁治昆弟。言此三事，皆分别之以礼義，使人之道理竭尽于此矣。引之谨案：合族以食，序以昭缪，别之以礼義，皆旁治昆弟之事，人道竭矣；乃总承上三事言之。别之以礼義，義，读为礼儀三百之儀。《说文》：義，己之威儀也。《小雅·楚茨篇》：礼儀卒度；韩诗儀作義。《周官》：肆师治其礼儀；故书仪为義。郑司农云：義读为儀。古者书儀但为義，今时所谓義为谊，是古礼儀字本作義也。文王世子曰：若公与族燕，则异姓为宾，膳宰为主人；公与父兄齿，族食，世降一等，皆所谓别之以礼儀也。若空言礼義，则与上下文意不相属矣。

又《乐记》曰：礼義立，则贵贱等矣；乐文同，则上下和矣。正义曰：義、宜也。若行礼得其宜，则贵贱各有阶级矣。引之谨案：義亦读为儀。礼儀与乐文正相对。《周官·大司徒》：以儀辨等，则民不越。故书儀或为義，杜子春读为儀。《管子·禁藏篇》：礼儀足以别贵贱，即此所谓礼儀立则贵贱等也。又司士：正朝儀之位，辨其贵贱之等。典命：掌诸侯之五儀。故书儀作義，郑司农读为儀……

又下文：稽之度数，制之礼義。正义：谓裁制人情以礼義。引之谨案：義亦读为儀。礼儀与度数，義相因也。考《汉书·礼乐志》正作制之礼儀。荀悦《汉纪》同。

又《缁衣》曰：下之事上也，身不正，言不信，则義不壹，行无类也。義亦读为儀。義不壹，谓威儀不齐一也。下文引诗曰：淑人君子，其儀一也。正以为儀壹之证。[①]

---

① （清）王引之：《经义述闻》卷十五，江苏古籍出版社 1985 年版，第 361~362 页。

值得留意的是,《说文》每每提示“美、善、義同意”的认知联系线索。类似这种提示，在《说文》不啻为一条认知线索：

《羊部》“美”下说：美与善同意。

《誩部》“善”下说：此与義、美同意。

《我部》“義”下说：从我从羊。羛,《墨翟书》義从弗，魏郡有羛阳乡，读若錡。

按“義”字取象主体亦为一“羊”,“我”实为表示“義”字读音的声符，故可又替换声符为“弗”。从《说文》又引古地名表征其音读来看,“義”字古音属歌部（錡→奇→可→哥→歌）,“我”亦系歌部。《释文》:“齹，本或作㧴，又作䖈，皆五何反。”齹字从“義”得声，见《说文·厂部》:“齹，从厂，義声。”而㧴字亦从我得声。王念孙《广雅疏证》卷六上：“䖈䖈与儀儀，古亦同声。”“義”字取象主体既亦为一“羊”，也就等于与“美善同意”。徐铉说：“此与善同意，故从羊。”段玉裁注：“从羊者，与善、美同意。”王筠称：“从羊之意，已见美、善、茍三字下矣。”①

《说文》所揭示此一认知关联,《汉语文字与审美心理》一书《“美”字类》中结合古代汉语的语言实际进行过具体比较和分析。从“美”字兼跨上述两个“语义场”,《说文》提供的语言文字事实也会清楚地发现,“美”字取象，原本就是一个多边多维的认知对象。上述各种文本提供的材料表明,《说文》释“美”实在是将视觉形象与味觉认知体验通贯一气，贯注于“羊”之一形一象。

这两者的深层联系，或可解释为宗教时代人们出于生殖崇拜认知。从“美”的核心意象“羊”来说，它既是“吉祥福祜”之“祥”的字根，又是它的语源，或者说“祥”不过是“羊”的孳乳，这原是《说文》为我们提供的联系。汉语语言系统中同源联系的事实也为我们这一推断提供了证据，例

① 分别见于大徐本《说文·我部》“義”字下、《说文解字注》十二篇下、《说文句读》卷二十四。又《说文·茍部》:“从羊省，从包省，从口，口犹慎言也。从羊，羊与義、善、美同意。凡茍之属皆从茍。𦍌，古文羊不省。”《集韵·厚部》:“茍𦍌，举后切。《说文》艸也。一曰且也。或作𦍌。又姓。”

如：美、禖、腜为一组同源字，明母双声，“腜”字本义为人的生育，见《说文·肉部》；“禖”字本义则为祭祀，《说文·示部》：“禖，祭也。”而古语“高禖”一词所指为“媒神”，帝王祀以求子。从“宜義儀”另一组同源字也可以发现这种关乎两边的联系，这组字古音均属疑母歌部，義、儀诉诸视觉感官认知，已具上文。至于宜，《说文·宀部》：

> 宜（石刻），所安也。从宀之下，一之上，多省声。鱼羁切。𡧪，古文宜。

《集韵·支部》：“宐宜𡧪𡨖，鱼羁切。《说文》所安也。亦姓。又州名。隶作宜。古作𡧪𡨖。”《说文》及《集韵》所存古文作，与甲骨刻文（《摭续》101）可以相比照。徐中舒分析其字形结构认知意义：“象肉在俎上之形。所从之夕或一或二或三，数目不等。且为俎之本字，本为以断木所作之荐，其侧面透视作形，上陈肉则作等形。故且、宜、俎实出同源。”[①] 甲骨卜辞有（《菁》3）字，从我从宜结构，[②] 向来无说，是附《说文》所无之列。联系“宜”“義”等字同出一源的关系，似乎可以认为“宜”之异体，由象形异构为形声（从宜，戈声），用如“犧牲”之“犧”。

法国人类学家列维-斯特劳斯在阐释“野性思维”中的图腾和等级制度时指出这样一种有趣的现象：“约卢巴 (yoruba) 这同一个词，用于婚姻、饭食、占有物、功绩、好处、获得物。婚配与吃喝是同一回事。”[③] 这种数项词义“同时合训”的认知现象，在原始思维中是成立的。在某种层次上，也可以认为与中国古代“美”意象一象多边的认知情形是理有相通的。至于“婚配与吃喝是一回事”，若求《说文》与之相对应，则一“甚”字取象，足可当之。《说文·甘部》：

> 甚（金文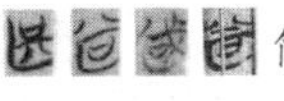简帛），尤安乐也。从甘，从匹耦也。常枕切。𠤀，古文甚。

① 《甲骨文字典》卷十二。
② 《甲骨文字典》卷十二所著录。
③ ［法］列维－斯特劳斯：《野性的思维》，李幼蒸译，商务印书馆 1987 年版，第 150 页。

出土文字如金文楚简使用从口从匹结构。《说文句读·甘部》："甚，尤安乐也。从甘从匹，匹，耦也。"[①]《集韵·寝部》："甚㚞𢆡，食荏切。《说文》尤安乐也。从甘从匹，匹，耦。一曰遇也。古作㚞𢆡。"

第二节　舞蹈意象

关于舞蹈类型文字,《说文》贮存比较零散，散见于"舛""夊""巫""羽""雨"诸部，也许可以作这样的推测：这种情形本身即从一个角度反映了古代舞蹈形态作用认知的复综。

《说文·巫部》：巫（石刻），祝也。女能事无形，以舞降神者也。象人两褎舞形。与工同意。古者巫咸初作巫。凡巫之属皆从巫。武扶切。𢼄，古文巫。

《夊部》：𩐎，繇也。舞也。乐有章。从章从夅从夊。《诗》曰：䪨䪨舞我。

《舛部》：舞（汉印），乐也。用足相背，从舛，無声。文抚切。𦏶，古文舞从羽、亡。"

《亾部》："無（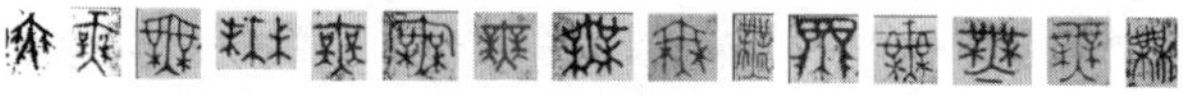

石刻），亡也。从亡，無声。武扶切。无，奇字无，通于元者。王育说：天屈西北为无。"

对照后世在《说文》基础上有关字形读音认知发展，如：

《集韵·虞部》：巫𡚁㒻，微夫切，《说文》祝也。女能事无形以舞降神者。象人两褎舞形。古者巫咸初作巫。亦姓。古作𡚁㒻。

《虞部》：雩𦏱，云俱切。《说文》夏祭，乐于赤帝，以祈甘雨。

---

① 《说文句读》卷九依合宋本及《韵会》引改。大徐本作"从甘从匹耦也"。

或从羽。雩，羽舞也。一曰吁嗟，求雨之祭。一曰远为百谷祈雨。

《虞部》：無无亡武橆，微夫切。《说文》亡也。奇字作无。无通于元者。王育说：天屈西北为无。或作亡武橆。

《嗼部》：舞儛翌，罔甫切。《说文》乐也。用足相背。或从人。古作翌。

《皓部》：纛纛翿翢，杜皓切。翳也。舞者所执。或作纛翿。古作翢。

《勿部》：翇帗，分物切。《说文》乐舞执全羽以祀社稷也。或从巾。亦书作翍。

从有关“舞”的数部记录即可发现两点：一是涉及中国古代舞蹈的性质认知问题，一是指向中国古代舞仪的装饰认知问题。下面结合《说文》所贮存有关资料分别予以疏解。

《说文》将“無”“舞”分系两部，从字源学角度来说，二形实一字之分化，“無”即“舞”字初写。《说文·亾部》“橆”形结构，甲骨文刻作“無”：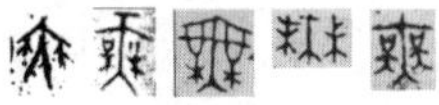至金文简牍文结构衍化近“舞”形：（《余义钟》），（《匽侯舞昜器》）[1]，（楚简），由“無”到“舞”，孳乳动符“舛”，认知演进之迹甚明。

从甲骨文“舞”取认知象而观之，象人两手持饰物而起舞之形，这可以说就是古代人手之舞之、足之蹈之仪式的概括摹写。

殷墟卜辞的记录，“舞”或用于祈雨之仪式，例如：

辛巳卜，宾贞，乎無，有从雨。（《合》188）
勿無河，亡其雨。（《乙》6857）
無岳，雨。（《乙》6857）[2]

或与其他祭祀字连文以至结构为“辞例”，例如：

---

① 《金文编》卷五，第 385 页。

② 《甲骨文字典》卷五，第 630、631 页。句读系笔者所加，仅供参考。

甲申卜，無楚亯。[①]

前者与“雨事”存在认知关联，此“舞”所指即当于《说文》之“雩”，《雨部》说：

雩（甲骨 金文 简帛 古玺 古陶），夏祭，乐于赤帝，以祈甘雨也。从雨，于声。羽俱切。䨁，或从羽。雩，羽舞也。

或与祼祭同时进行，舞为祀仪构成要素无疑。《说文·示部》：“祼，灌祭也。”这里值得注意的是“舞楚”的辞例，与见于《周礼·春官》里的周代人的乐舞事业正相应。按《周礼·春官》凡司乐舞之职，其下皆有“胥”字，而大胥、小胥之职亦主司舞事。“楚”与“胥”皆从疋声，于例可通：《说文·肉部》：“胥，从肉，疋声。”《林部》：“楚，从林，疋声。”《毛公鼎》铭文：“埶大小楚赋”，孙诒让、王国维均谓楚与胥通；《尚书大传》引《尚书·多方》语：“越惟有胥赋小大多正”，“胥赋”即“楚赋”。与此可为互证。[②]另外，见于《殷虚书契前编》的“多老舞”，据史学家考证：“多老”有可能就是某位巫师的名字，殷人占卜问神，是否宜用巫师多老来跳舞求雨。

从上具《说文》“舞”结构可以发现，中国古代乐舞，有一个时期是可以划为“巫舞”之列的。巫、舞古音均属明母鱼部，依照《说文·巫部》说法，巫即取象于舞，二者音义皆同，不啻共象同源。

中国古代文献里关于原始舞蹈仪式最为完整的描述，当数《吕氏春秋·古乐篇》所载“葛天氏之乐”：“三人操牛尾，投足以歌八阙：一曰载民，二曰玄鸟，三曰遂草木，四曰奋五谷，五曰敬天常，六曰达帝功，七曰依地德，八曰总禽兽之极。”舞蹈研究者认为，这种乐舞的结构和形式是：三

① 《殷契粹编》第 322 图版、1315 图版。1937 年日本文求堂版。句读系笔者所加，仅供参考。

② 《殷契粹编·粹编考释》，第 683~684 页。

人（众人）手持牛尾作道具，脚踏音乐的节奏，边唱边舞；歌舞分为八个段落：第一段可能是先民们在歌颂人类本身；第二段歌颂他们崇拜的图腾标记——玄鸟（《诗经·商颂·玄鸟》："天命玄鸟，降而生商。"）；第三段愿草木生长茂盛；第四段祝五谷丰收；第五段向上苍表示敬意；第六段颂天帝佑民的功德；第七段谢大地的赐予；第八段望鸟兽大量繁殖，为人类提供丰富的衣食。从歌舞中传达出了先民们的原始宗教认知——对天地、祖先、生殖的崇拜。

《说文·舛部》收录"舞"字古文作翌，取象于羽类，个中透露了古代舞饰信息，犹如《诗经·宛丘》所描述情形："坎其击鼓，宛丘之下，无冬无夏，值其鹭羽。"以羽为舞饰，基本上传达出两种认知类型：一是与猎狩有关的巫术活动；二是与祈雨弭旱相联系的宗教仪式。

首先，"羽"饰可以认为是狩猎获得的成果。《尚书·益稷》和《史记·夏本纪》都记载过类似"夔行乐……鸟兽翔舞，《箫韶》九成，凤凰来仪，百兽率舞"的内容。这可以跟考古学有关出土文物相印证。青海省大通县上孙家寨墓地发掘出一个新石器时代的舞蹈纹陶盆，据考古学界研究，这是到目前为止所发现的反映最古老的舞蹈形象的文物。在陶盆内壁近盆口处，有四道平行带纹，带纹上绘有三组舞人形象，每组五人，面部及身体稍侧，每组边旁两人外侧手臂都画成两条线，可能是表示摆动的样子。舞者头上有斜着下垂的发辫或饰物，身后都拖了一条小尾巴。这大概就是"百兽率舞"在原始社会时期的舞蹈造型反映。

《说文》中"尾"字的构形及说解分析为这一舞仪解释提供了结构认知关联，特设《尾部》，系属4字：

尾（甲骨 简帛 古玺），微也。从到毛在尸后。古人或饰系尾，西南夷亦然。凡尾之属皆从尾。无斐切。今隶变作尾。

属（金文 汉印 石刻），连也。从尾，蜀声。之欲切。

屈（金文 简帛 古币 汉印 石刻），无尾也。从尾，出声。九勿切。

尿 人小便也。从尾从水。奴吊切。

一望而知。照理讲，人种的进化早就该去掉这条标志物种的尾巴了，猿人也远在文字造出之前早已变成了更高级的动物——人，而人的外在特征便是“两足无毛”。[①]“尾”字的取象大概只有一种解释，那就是人们出于一种装饰性的认知而再度与自然认同。《说文·尾部》保存的结构认知可以得到说明：“古人或饰系尾，西南夷亦然。”民族志的资料、字源学的证据适可与出土文物相互印证。《后汉书·西南夷列传》载哀牢夷：“皆刻画其身，象龙纹衣著尾。”[②]

图 4-10 瓦列托尔塔卡斯特利翁峡谷摩崖壁画上的象形符号

瓦列托尔塔卡斯特利翁峡谷的摩崖壁画上面的象形符号，以极其夸张的形式反映出原始舞仪与狩猎生活的密切关系，参见图 4-10。此类原始狩猎舞，具有浓郁的巫术性质。[③]显而易见的巫术目的，使得舞蹈者有时要装饰为猎狩对象。人类学家曾研究过北美印第安人的原始野牛舞，舞者为了迫使他所要猎获的野牛出现，“他们中的每个人头上戴着从野牛头上剥下来的带角的牛皮或者画成牛头的面具……当第一个印第安人跳累了，他就把身子往

① 现代学者，越来越有人倾向于人类文明并非从开始一步步演化到今天的高级阶段，而是中间经过了不知多少次成毁循环。

② 又见于《太平御览》卷七九一《四夷部》引《永昌列传》。另外，这种风尚在古代僚人中间也有一定保留。

③ 参见 H. 奥伯梅尔和 P. 沃纳特所撰《瓦列托尔塔卡斯特利翁峡谷的摩崖壁画》，原载《考古与史前研究委员会纪要》第 23 期，西班牙国立自然科学博物馆，马德里，1919 年。此处系转引自《原始艺术》，第 154 页。

前倾，作出要倒下去的样子，以示他累了；这时候，另一个人就用弓向他射出一枝钝头的箭，他便像野牛一样倒下去了”[①]。这在原始思维，称为“交感巫术原理”。

远古以至于今，我国各族民间都有很多模拟鸟兽情态的舞蹈，例如：狮舞、龙舞、鱼龙舞、孔雀舞、翡翠鸟，等等。汉语所记录的传统舞蹈术语中，有很多是用鸟兽动态命名的，例如：打鸳鸯场、雁翘了、龟背儿；又如：双飞燕、大鹏展翅、虎跳、扑虎、乌龙搅柱、商羊腿，等等，也都或远或近地表明着原始舞蹈和猎狩的渊源关系。[②]

民族志的资料可与之相印证。有的少数民族跳鹿神牛神舞。舞者头罩鹿头牛首，以角挑起代表魔鬼的俑，滚卧翻腾，与之相搏，就是纳西族人所跳动物神舞仪。饶有兴味的是，纳西东巴面具舞曾一度兴盛，至近世始渐渐退出舞台，其舞姿尚存，面具已佚。据老东巴们追忆，早年东巴面具全是动物，有马、鹿、牛、牦牛、狮、虎、猪、狗、鼠、蛇、蛙、龙、山羊、野牛、猴、崖牛、獐、麂、孔雀、大鹏等。东巴经典中有大量动物神灵的传说，东巴象形文字的很多词汇都取象于动物的头像，[③]东巴舞谱中保留下来的大量禽兽舞蹈，都能使人想见昔日纳西族假面跳神舞和动物舞蹈的繁盛。

图 4-11 纳西族人的红教牛神舞和红教狮神舞

① ［法］列维－布留尔：《原始思维》，丁由译，商务印书馆 1983 年版，第 173 页。

② 见宋代周密《癸辛杂识》载《德寿宫舞谱》中的舞蹈动作或队形名。文物图版，可参考《中国古代舞蹈史话》（人民音乐出版社 1980 年版）附录。

③ 见方国瑜编撰、和志武参订《纳西象形文字谱》，云南人民出版社 1981 年版。

包头石湾汉墓出土的一个黄釉浮雕陶樽，上面的图案包括龙、鸟、狐等动物，一个张弓欲射的舞者，以及四位化装成动物的巫师（见图 4–12）；他们分别戴着牛、羊、狼和树冠人形面具，作祷告和舞蹈状。[1]

“长袖善舞”，《说文》以“象人两袖舞形”的取象特征说“巫”，正是抓住了古代舞仪的这一审美特点，出土文献亦可与之相互印证。如图 4–13，分别取自汉代陶俑和铜镜上面的长袖博带的舞女形象；图 4–14，则是汉墓出土的牙、玉舞俑及武威汉墓漆樽舞蹈图案；图 4–15，为战国长袖曲裾衣舞女玉雕。可见，宽大的两袖舞动造型为中国舞蹈意象的共同特征。

图 4–12 包头石湾汉墓出土陶樽

图 4–13 汉代舞女彩绘陶俑、铜镜舞女纹饰

① 王克芬：《中国舞蹈发展史》，上海人民出版社 1989 年版，第 279 页。

图 4–14 汉墓出土牙、玉舞俑及武威汉墓漆樽舞蹈图案

图 4–15 战国长袖舞女玉雕

至于《说文·習部》《羽部》以及相关《飛部》保存了完整中国古代舞饰的认知关联场。其中《習部》连同部首字凡 2 字：

習（甲骨 简帛 古玺），数飞也。从羽从绝。凡習之属皆从習。

翫，習厌也。从習，元声。《春秋传》曰：“翫岁而愒日。”

《羽部》则蔚然大观，连新增字37字：

羽（甲骨 金文 简帛 古币 石刻），鸟长毛也。象形。凡羽之属皆从羽。

翨 鸟之强羽猛者。从羽，是声。

翰（金文 石刻），天鸡赤羽也。从羽，倝声。《逸周书》曰：“大（按：大当作文）翰，若翚雉，一名鷐风。周成王时蜀人献之。”

翟（甲骨 金文 简帛 汉印 石刻），山雉尾长者。从羽从隹。

翡（汉印），赤羽雀也。出郁林。从羽，非声。

翠（汉印 石刻），青羽雀也。出郁林。从羽，卒声。

翦（古陶），羽生也。一曰矢羽。从羽，前声。

翁（汉印 石刻），颈毛也。从羽，公声。

翄 翼也。从羽，支声。施智切。𦐊，翄或从氏。

𦐇 翄也。从羽，革声。

翹（汉印），尾长毛也。从羽，尧声。

翭 羽本也。一曰羽初生皃。从羽，侯声。

翮 羽茎也。从羽，鬲声。

翑 羽曲也。从羽，句声。

羿 羽之羿风。亦古诸侯也。一曰射师。从羽，开声。

翥 飞举也。从羽，者声。

翕 起也。从羽，合声。

翾 小飞也。从羽，睘声。

大飞也。从羽，軍声。一曰伊雒而南，雉五采皆备曰翚。《诗》曰：“如翚斯飞。”臣铉等曰：当从揮省。

（金文 简帛 古玺 汉印），高飞也。从羽从㐱。

（石刻），疾飞也。从羽，扁声。

捷也。飞之疾也。从羽，夹声。读若濇。一曰侠也。

（甲骨 石刻），飞皃。从羽，立声。

飞盛皃。从羽，从冃。臣铉等曰：犯冒而飞，是盛也。

飞盛皃。从羽之声。

翱翔也。从羽，皋声。

（汉印），回飞也。从羽，羊声。

飞声也。从羽，岁声。《诗》曰：“凤皇于飞，翙翙其羽。”

鸟白肥泽皃。从羽，高声。《诗》云：“白鸟翯翯。”

乐舞。以羽纣自翳其首，以祀星辰也。从羽，王声。读若皇。

乐舞。执全羽以祀社稷也。从羽，友声。读若紱。

翳也，所以舞也。从羽，𣪊声。《诗》曰：“左执翿。”

（石刻），华盖也。从羽，殹声。

（简帛 古玺），棺羽饰也。天子八，诸侯六，大夫四，士二。下垂。从羽，妾声。

飞也。从羽，番声。或从飛。

羽也。从羽，令声。

飞声。从羽，工声。

这里面，一部分语汇表明羽饰的来源及产地，一部分语汇则指向羽饰的功能与用途。还有，《说文·飛部》所收二字亦取象于羽：“飞”字篆文作，实从三羽，其说曰：“鸟翥也。象形。”其中最值得我们注意的还是该部所收“翼”字：“，翄也。从飛，異声。，篆文，从羽。”按金文《秦公镈》铭辞“受明德”作，《中山王壶》铭辞“祇祇翼翼”作，取象于舞人头部以羽为饰的奇异造型，可知《说文》释“舞”以羽为饰有着很古的字源。而《盂鼎》直接以“奇異”之“異”为翼，结体作，①证明我们对“翼”字取象意义的推论去古不远。

人类学的材料表明，《说文》保存的中国古代曾经以羽为舞饰的字源分析有相当深远的历史背景。

云南沧源岩画第六地点三区，展现了一个复杂的大型祭祀场面（见图4–16）。画面上的人物，有的头戴羽冠，身饰鸟羽，伸展双臂作振翅腾飞状；有的身体绘成长方形，头上画了许多竖线，似用茅草编扎的假形笼及全身，有如神话中的人物。另外，还有几个人用绳牵来几头牛，可能是剽牛祭祀所用的牺牲。②我们由此可以联系到战国时期的“鲁衔环狩猎画象纹壶”，壶的上半部刻的是狩猎生活，最下部刻有人扮成鸟形的舞蹈，排成一行，都朝着一个方向，头上装饰如长瓴，手臂如鸟羽，身后有尾饰。还有，中国古代南方的铜鼓，其上刻画羽人像，头部亦多似鸟首（见图4–17）。1986年在浙江余杭反山和瑶山出土了数千件属于新石器时代的良渚文化玉制品，其中玉琮上单独的兽面纹就是一种人兽复合纹样的简化：下部分为一蹲踞的怪兽，面目奇大；上面为一戴羽冠的“神巫”（见图4–18）。③

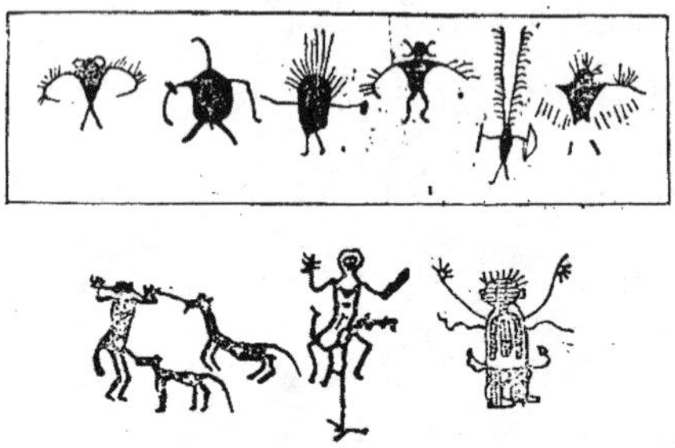

图4–16 云南沧源、内蒙古阴山和四川珙县岩画

图4–17 西汉铜鼓纹饰

① 《金文编》卷一一所著录。

② 汪宁生：《云南沧源岩画的发现与研究》，文物出版社1985年版，第75页。

③ 汪遵国：《良渚文化“玉敛葬”述略》，《文物》1984年第2期。

图 4-18 玉琮上的巫师御兽纹（浙江余杭反山良渚文化墓地出土）

作为文献学方面的印证，我们知道，中国先秦时代的礼仪祭祀乐舞里似乎就有翔鹭乐舞。《诗经・鲁颂・有駜》："振振鹭，鹭于飞；鼓咽咽，醉言归，于胥乐兮！""振振鹭，鹭于下；鼓咽咽，醉言舞，于胥乐兮！"描写的正是化装作翔鹭的舞人随着有节奏的鼓声翩翩起舞的情景。楚人祭祀东君（日神）的乐舞也与翔鹭舞有些相类。《楚辞・九歌・东君》："緪瑟兮交鼓，箫钟兮瑶簴，鸣箎兮吹竽，思灵保兮贤姱，翾飞兮翠曾，展诗兮会舞，应乐兮合节。"王夫之《楚辞通释》注："翾，小飞也。曾，高举也。翠曾如翠鸟之飞，谓舞容也。"翠鸟与鹭同类，舞容也相似。皆可与《说文》提供的有关"语义场"相印证。

云南开化鼓鼓腰八幅干舞图中，每图各有一顶插蓑毛、髻缀羽翼的舞人（见图 4-19）。舞人髻后饰一鹭首，身披鹭尾纹舞裳，左手执顶饰羽毛的干，右手张开作展翅舞姿。

图 4-19 云南开化鼓鼓腰乐舞图摹本

古代铜鼓乐舞图中，有的舞人执兵器，有的舞人执羽，有的舞人既执兵器又执羽饰。这显而易见也是一种与羽舞有关的乐舞。云南江川李家山M24：36号鼓鼓腰乐舞图中，舞人头上饰有两排很高的蓑毛或鸟翼，干的顶部也饰有很高的蓑毛或鸟翼，下面还用圆点加圆圈纹组成鸟眼形象。舞人皆坐，或双手执干或双手执羽。这种乐舞，羽饰仍占了相当的比重，当属古籍所谓“万舞”。[①]

古代乐舞分文武两大类型。文舞主要舞饰为羽龠等，武舞则主要以干戚为舞饰。万舞就是合干羽文武两类为一体。《毛传》：“以干羽为万舞。”执羽象征文治，持干戚表示武功。《尚书·大禹谟》记载，禹带兵攻打有苗，苗民不服，后来他还师整众，大布文德，“舞干羽于两阶之间，七旬而有苗自服来至”。《诗经·秦风·小戎》：“蒙伐有苑”；毛传：“蒙，讨羽也；伐，中干也；苑，文貌。”正义：“以蒙为讨羽，谓画杂鸟之羽以为盾饰也。”《诗经·郑风·清人》：“清人在彭，驷介旁旁，二矛重英，河上乎翱翔。”《毛诗正义》：“鲁颂说矛之饰谓之朱英，则以朱染为英饰，二矛长短不同，其饰重累，故谓之重英也。”这些文献描述，在一定程度上是与《说文》有关“语义场”相应合的。

也许可以顺便提到，汉语成语中“舞姿翩翩”之“翩”亦从羽，“穿衣戴帽”之“戴”从“異”，而这个“異”又是“翼”的语根。这些也都与《说文·羽部》有关“语义场”通联一气，传递着中国古代舞饰的信息。而且，《说文》有关部类的记录还较为直接地传达了古代人以羽为舞饰祈求甘雨的巫术动机，说具《弓矢意象》篇。另外，“舞态”之“态”，繁体作熊，其语源为“能”，说见《修身意象》篇。而金文“能”写作[②]，从羽从能，殆亦有取于以羽为舞饰的造型姿态耶？至于“虞”，从虍表现文饰，《说文·虍部》：“虍，虎文也。”从異取象则不啻揭示“虞”命名之原由，金文“虞”作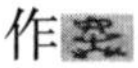[③]，发轫于舞者奇异姿态，到眼即辨。

① 参见中国古代铜鼓研究会编《中国古代铜鼓》（文物出版社1988年版）第172页所附图片。

② 《金文编》卷一〇第688页所录《鄂君启舟节》，其铭文曰：“岁能返。”

③ 《金文编》卷五第334页所录《郘钟》。

第三节　文饰意象

《说文》一书中关于文饰的意象最为繁多，可以说是散见于全书，归纳起来，可以大致上分为毛饰画文、交错画饰、衣裳服饰等意象群，分别对应于下列“语义场”。

一、毛饰画文

该“语义场”见于《说文·彡部》贮存：

彡（简帛），毛饰画文也。象形。凡彡之属皆从彡。

形（石刻），象形也。从彡，开声。户经切。

㐱（金文），稠髮也。从彡从人。《诗》曰：“㐱髮如云。”之忍切。鬒，㐱或从髟，真声。

修（古玺石刻），饰也。从彡，攸声。息流切。

彰（古陶石刻），文彰也。从彡从章，章亦声。诸良切。

彫（简帛古陶石刻），琢文也。从彡，周声。都僚切。

彰 清饰也。从彡，青声。疾郢切。

㣎 细文也。从彡，㝬省声。莫卜切。

弱（汉印石刻），桡也。上象桡曲，彡象毛氂。桡，弱也。弱物并，故从二弓。而勺切。

彩（石刻），文章也。从彡，采声。仓宰切。.

又见于《彣部》二字：

彣（石刻），䰾也。从彡从文。凡彣之属皆从彣。无分切。

彦（汉印石刻），美士有文，人所言也。从彣，厂声。鱼变切。

按此类文饰意象大要出于人为装饰，其中“修”具有浓厚的宗教意味，参见《修身意象》篇。“彰”字实“文章”之“章”的本字，亦具《修身意象》篇。而“彣”“文”实一字，《汗简》这部字书所录“文”字古文作，《古文四声韵》亦同构作。又如，“彩”字从彡，而《汗简》《古文四声韵》等字书就写作，适又从彣。慧琳《一切经音义》引字书曰：“《尔雅》云：美士曰彦。《说文》：从彣，厂声。厂，音汉；彣，正文字，从彡、文。”[①] 而《说文》释“彦”为“人所言”，从训诂方式上来说为声训，却也道出“彡”类“毛饰画文”意象，已由一般装饰到指涉“立言”的文章意义。

另外，作为“彡”类文饰意象，至少还可以连类到“彤”“彪”“”等字。《说文·丹部》：“彤，丹饰也。从丹从彡，彡其画也。”《虎部》曰：“彪，虎文也。从虎，彡象其文也。”汉语可合成“彪炳”一词，亦可见其文饰意义。字则是《说文·工部》所收录的一个古文：“工，巧饰也。象人有规矩也，与巫同意。，古文工从彡。”可见“工”为“巧饰”，正缘从彡。

二、交错画饰

此一“语义场”，主要见于《说文·文部》：

文（甲骨金文简帛古玺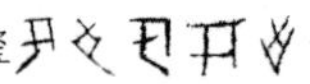古币石刻），错画也。象交文。凡文之属皆从文。

斐　分别文也。从文，非声。《易》曰：“君子豹变，其文斐也。”

辬　驳文也。从文，辡声。

嫠　微画也。从文，𠩺声。

而似乎一切物体，杂然纷披，也就具有“交错文饰”的意象功能：

份，文质僣也。从人，分声。《论语》曰：文质份份。彬，古文份，从彡、林；林者，从焚省声。（《人部》）

① 慧琳《一切经音义》卷九二“髦彦”条。

粉，傅面者也。从米，分声。（《米部》）
黺，衮衣山龙华虫黺画粉也。从黹，从粉省。（《黹部》）
絑，绣文如聚细米也。从糸从米，米亦声。（《糸部》）
……

该“语义场”所提供的意象特征，即“交错画饰”取决于“文”的字源取象特点，说具下文。

三、织物服饰

在中国古代人看来，衣裳装饰，自具文饰之功效，不可视之若等闲。请看《说文》一书《黹部》和《糸部》等部类所提供的“语义场”（《糸部》参见“附:《糸部》比较”）:

黹（甲骨 金文 古玺），箴缕所紩衣。从㡀，丵省。凡黹之属皆从黹。臣铉等曰：丵，众多也，言箴缕之工不一也。

𪓊（金文），合五采鲜色。从黹，虘声。《诗》曰：“衣裳𪓊𪓊。”
黼　白与黑相次文。从黹，甫声。方榘切。
黻　黑与青相次文。从黹，犮声。
𪓕　会五采缯色。从黹，綷省声。
黺　衮衣山龙华虫。黺，画粉也。从黹，从粉省。卫宏说。

按上列关于“织物服饰”的语义场，可知中国古代有关“颜色”的基本概念的认知，就是来源于各种具体“织物服饰”。

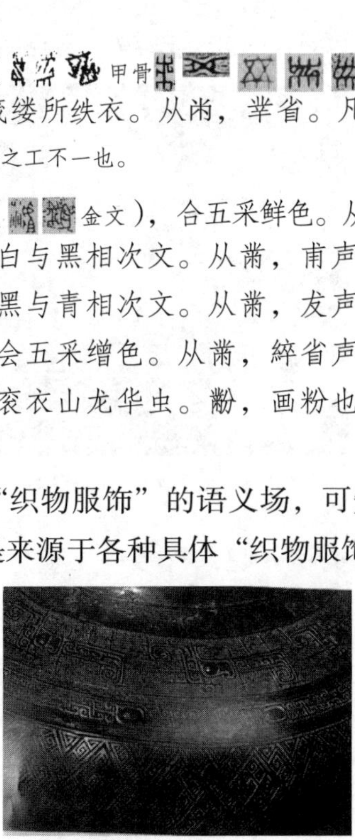
图 4-20 故宫博物院藏青铜器纹饰

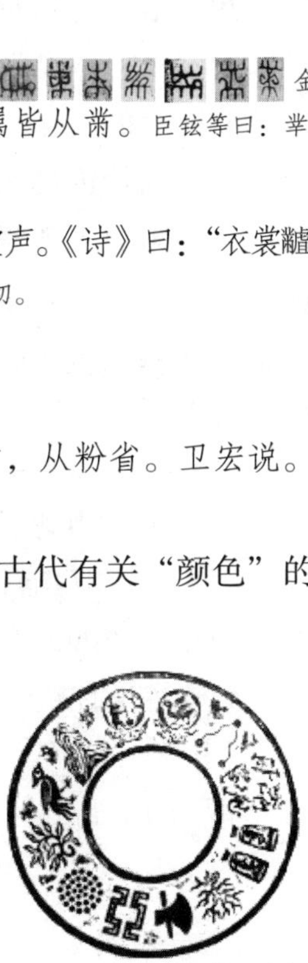
图 4-21 十二章纹样

对应于上述“语义场”，下面分别谈谈中国文饰意象的字源取象认知意义。

关于“毛饰画文”。我们不能不提到中国古代“筆（笔）”这一意象。中国彩陶艺术研究者发现：“新石器时代的彩陶艺术，是我国目前所发现的绘画史料的最早章节。在距今七千年左右，我们的祖先，已经能够用相当严密的二方连续图案，把一些简化了的母题，有规律地组织起来。……半坡的人面鱼纹，象生鹿钵，给于我们对古代先民生活的真实感；……马家窑流畅的线描，半坡锋利的笔触，不但说明我国绘画的线描特色是流传有素的；而且从这些彩绘来观察，知道我国毛笔的制作，在新石器时代已经基本具备了我们今天使用的性能，它距离历史上曾经改良过笔的秦将蒙恬，至少要早四千多年。”①考古学者在青海省乐都柳湾发现了甘肃仰韶文化马厂类型陶器符号，这种文化类型的年代较仰韶文化半坡类型要晚，符号只见于一种彩陶壶，就是用毛笔一类工具绘写的。②

图 4-22 新石器时代半坡彩陶纹样

图 4-23 马家窑文化陶器上的符号

图 4-24 故宫博物院藏交龙纹样

按“書”“畫”一类字皆取象于“聿”，而“聿”符实际就是“筆”的古写，后来在“聿”的基础上孳乳竹符，特标明其形制、质料而已。

① 郑为：《中国彩陶艺术》，上海人民出版社 1985 年版，第 69 页。

② 李学勤：《古文字学初阶》，中华书局 1985 年版，第 18 页。

聿（甲骨金文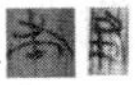简帛），所以书也。楚谓之聿，吴谓之不律，燕谓之弗。从聿，一声。凡聿之属皆从聿。余律切。

筆（汉印），秦谓之筆。从聿从竹。徐锴曰：筆尚便疌，故从聿。鄙密切。

𦘠（简帛），聿饰也。从聿从彡。俗语以书好为𦘠。读若津。

書（甲骨金文简帛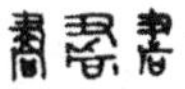古玺古陶汉印石刻），箸也。从聿，者声。商鱼切。

接下有次《畫部》凡二字：

畫（金文简帛古玺汉印石刻），界也。象田四界。聿，所以畫之。凡畫之属皆从畫。胡麦切。，古文畫省。，亦古文畫。

晝（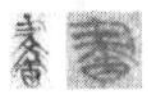简帛），日之出入，与夜为界。从畫省，从日。陟救切。，籀文晝。

聿就是人手持笔书写的取象，或曰"筆"字初文。许慎标出"聿"的不同方言音读，适从语源上印证"聿"古读就是"筆"。我们知道，从"弗"得声之"佛"，古音就是并母物部。从上述联系看，"聿"与"筆"不过是文字学上的"古今字"。朱骏声《说文通训定声》："（聿）秦以后皆作筆字。"

据上列，"書""畫"结构，皆从聿取象，说见《书契意象》篇。

古代"书艺"称之为"𦘠"，今语"津津乐道""津津有味"等叹美之词，即此"𦘠"字。《说文·聿部》以为聿饰。按《彡部》字大率有"巧饰"之义，徐锴《说文系传》"𦘠"下引《书经》说："世人多以流离象牙为笔管，丽饰则有之，然笔尚轻也，凡饰物通用彡字也。𦘠从彡构形，亦不例外，《玉篇》："𦘠，饰也。"看来，这叹美词，竟然首先就是赞美书法艺术的了。《说文·聿部》："𦘠，聿饰也。从聿从彡。俗语以书好为𦘠，读若津。"按日本语“書く”一词，作为基本义项，即兼有“书写文字”和“把绘画和图形表现出来”等意思。又，据普通文字学家的考察，“图画文字”一词，在词源学上是由拉丁语词 pictus “图画的”和希腊语词 rpaψ ω “写”而来。而在古埃及语里，“画”和“写”、“绘画”和“文字”、“艺术家”和“书写人”这几组词是相同的。[①]

关于“交错画饰”，笔者尝考，中国古代“文”的字源取象，肇自人体，即属于所谓“近取诸身”的类型。[②] 人体的对称交错复综统一诸认知特征，最有可能首先成为古代人们关于“文”的认识的参照物。

图 4-25 日本弥生时代邪馬台国烧制土器人体对称纹饰

稍稍比勘一下北美印第安人的原始图画文字，其“灵巧的人”一词就记录作，[③] 不难发现，甲骨文中的“文”字实在不过是人体轮廓的线条化、抽象化。因此，“文”结体字源，应该是属于所谓“近取诸身”的“人文”之类。至于“文”字内部所填实部分的符号，则是用来标志人的“灵巧”的文饰内容的。从历史流变的过程观察，这一点才会清楚，前具列金文“文”字构形————可以清楚地发现，有相当一部分“文”字内部由一“心”符构成。这固然可以考虑“文”字最初取象与人体伸展开来正面透视的关系，犹如祖尼族人以鹿为文饰，连同鹿体内部的心脏也一并“透视”出来，见祖尼人陶罐上的文饰图案。[④]

图 4-26 祖尼人的陶罐

① ［苏联］B.A. 伊斯特林：《文字的产生和发展》，左少兴译，北京大学出版社 1987 年版。
② 可见《汉语文字与审美心理》一《“文”字类》。
③ 《文字的产生和发展》，第 71 页。
④ 《原始艺术》，第 155 页。

但若考虑到中国古代“文心”与“雕龙”的关系，似乎应该理解为：“雕龙”就是“文心”，形式本具意味。拿这点与上面提到的北美印第安人关于“灵巧的人”一词的取象赋形相比较，两者各自的特点就是显而易见的：北美印第安人为了描述出“灵巧”这一抽象内涵，同样取象于人体，但却是诉诸外在形式，即人体特征是以双翼替代双手；而古汉字的“文”字为了传达为文的灵巧，则诉诸“内心”，而又是见诸外表者。

古文字可以比类合观。例如，除了上述“包孕式”结构之外，金文亦可异构为上下结构：《伯家父簋》所构造，证之《古文四声韵·籀韵》所录古文“文”结体为“忞”的上下组合结构，知不过为上列古文“文”的异体。又文“慶（庆）”作：

> 慶（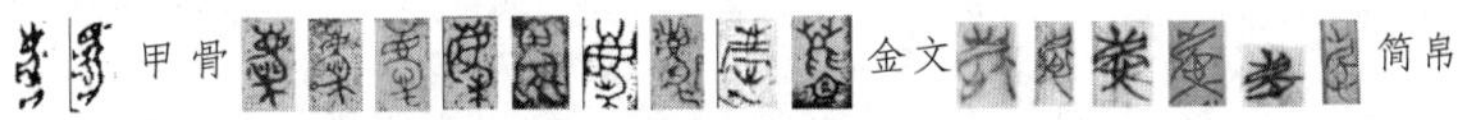
>
> 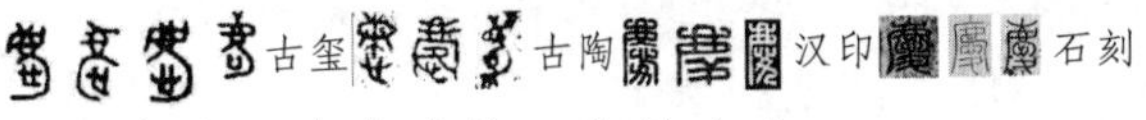
>
> ），行贺人也。从心从夊。吉礼以鹿皮为贽，故从鹿省。

前列数形皆从“心”，后出两形分别见于“高弘有慶”和“唯伯其父慶作旅�”铭辞，金文研究者解释为“从鹿从文”（）：换“心”为“文”，“文”亦即“心”也。

苏联学者莫·卡冈考察“艺术形态”时发现：

> （文艺）起始于对人体本身的装饰；然后为他的躯体设计了有艺术意义的外壳（服饰）及同它结合在一起的各种各样装饰；继而使人在自己的日常生活活动中所利用的所有物品具有审美价值——从祭祀的、日常使用的和生产的用具开始。[①]

换言之，以自身为表现材料的形态，应当是最有可能成为原始“人文”发轫之处的。因此，我们注意到汉语古文字符号的“文”就是取象于人体，当然也就包括了以人体为表现材料的“文身”方式。“交纹”首先取象于人体，其

① ［苏联］莫·卡冈：《艺术形态学》，凌继光等译，三联书店1986年版，第215页。

基本原因恐怕即在于人体本身的结构特征。人体结构的最明显特征就是交错与对称。人类学家发现，安达曼 (Andaman) 群岛的居民喜欢用对称的纹样文身，参见安达曼岛人纹身样式（图 4–26）。人类学者认为，对称造型规则在“交错纹饰”中广泛使用，其直接的原因之一，就是人体的生理结构决定了手臂的对称运动。左右两臂很自然地以对称的方式运动，这种运动的方式不仅对称而且富有节奏。可以认为这种现象是产生对称现象的重要因素，其重要性并不亚于人类或动物躯体的对称。问题不在于人们是否用左右两只手同时进行绘画，而在于左右两侧动作的感觉造成了人类的对称感。[①]

图 4–27 安曼岛土著纹身对称样式

除了“近取诸身”的方式，还有“远取诸物”的类型，这在古代中国人那里称作“仰则观象于天，俯则观法于地”[②]。从新石器时代彩陶纹饰的渊源来看，无非是从动物、植物以及编织中蜕化出来的纹样。[③]

图 4–28 裳（常），章也——古代章服

图 4–29 盘纹样

图 4–30 春秋瓿纹样

① 《原始艺术》，第 24 页。
② 《说文解字》第十五上。
③ 《中国彩陶艺术》，第 8 页。

“观象于天”，首先引起先民注意者，就是取象于太阳的“太阳纹”了，这在中国古代人那里称之曰“天文”。据中国铜鼓纹饰研究者称，万家坝型古代铜鼓的太阳纹最初呈圆饼形，后来才增加了角形或针形的光芒和弦线组成的晕圈。石寨山型鼓的太阳纹，光体与光芒浑成一体，光芒六芒至三十二芒。冷水冲型的太阳纹与石寨山型相似，多数为十二芒，[①]适可以与下图广西左江岩画上的铜鼓图纹样相印证。

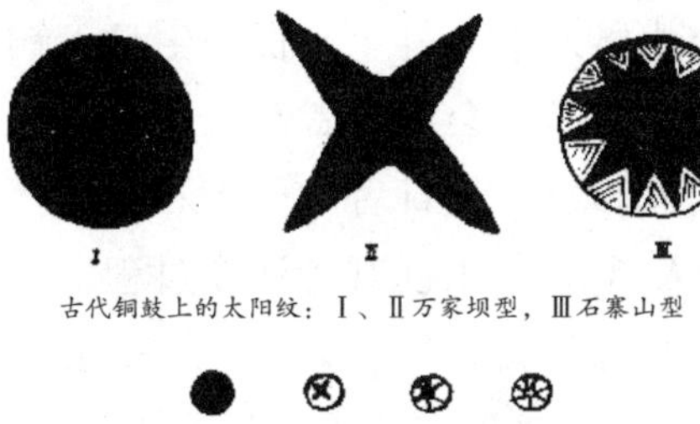

图 4-31 广西左江铜鼓纹样

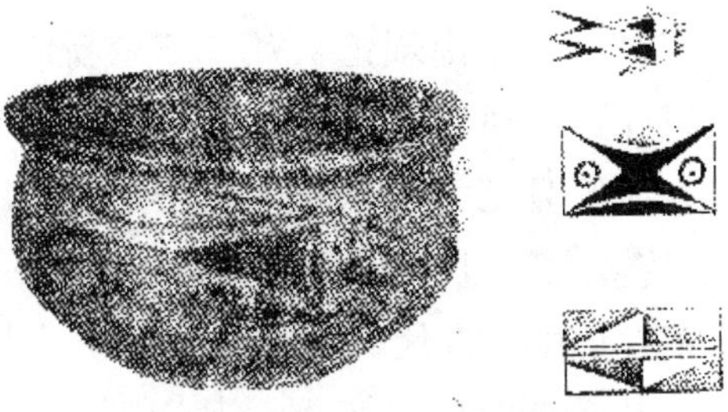

图 4-32 半坡陶纹便化

《说文·示部》：“示，天垂象，见凶吉，所以示人也。从二，三垂，谓日月星也。观乎天文以察时变，示神事也。”许慎所解，引自《易·系辞传》和《贲彖传》。段玉裁注：“二，古文上。”“言天悬象著明以示人，圣人因以神道设教。”[②]桂馥义证：“天垂象，见凶吉者，《易·系辞传》文。宋衷解曰：天垂阴阳之象，以见吉凶，谓日月薄蚀、五星乱行，圣人象之，亦著九六爻位得失，示人所以有吉凶之占也。《易》又云：悬象著明，莫大乎日月……《郊特牲》：地载万物，天垂象。取材于地，取法于天。”[③]古文“示”作，亦见《说文·示部》。徐锴过于坐实：“左画为日，右画为月，中为星也。”桂馥按：（示字下部）所指“即三辰，《纂要》：日月星谓之三辰。桓二年《左传》：三辰旂旗昭其明也。服虔云：三辰谓日月星。《淮南子·原道训》：纮宇宙而章三光。许氏（即许慎）注云：三光，日月星也。《书·顾命》：宣重光。马注：重光，日月星也。傅元（按：元，玄也。避讳字）《三光篇》：三

① 《中国古代铜鼓》，第 150 页。

② 《说文解字注》十一篇下。

③ 《说文解字义证》卷一·九。

光垂象表天地，有晷度，声和音响应，形立影自附。”[①]

总的看来，在中国，日月星辰的形象早就成为传统的艺术装饰。《尚书·益稷》篇里说：“予欲观古人之象，日、月、星辰、山、龙、华虫，作会宗彝。”宗周之世，即盛行“观物取象”制度。以太阳纹作艺术装饰与古代社会对自然神的崇拜有关。中国商代甲骨文中就有关于殷人对太阳朝夕礼拜与卜问的记录。《周礼·春官·大宗伯》《尚书·尧典》也有关于祭日的记载。中国古代南方民族亦有祀日之风习。魏收《五日》诗说：“因想苍梧郡，兹日祀东君。”《峤南琐记》及《广东新语》都记载粤人于二月十三祝融生日击铜鼓以娱神的风俗。祝融生日即太阳生日。中国古代社会统治者都主持祭日盛典，他们又把太阳比作人君的形象。《礼统》记载说：“日者……人君之象。”《易传》也说过：“日者，众阳之精……以象人君。”[②]由此观念演变过程，也可以发现中国古代文饰中铜鼓取象于太阳纹的丰富内涵。

新石器时代的玉器，其造型与纹饰，“法天象地”，亦可与上述“天文”类相互映发。《周礼》称：“苍璧礼天”，“黄琮礼地”。郑玄为这两句作注说：“璧圜象天”，“琮八方象地”。从出土的属于良渚文化类型的玉璧和玉琮来看，中国早于周代1000多年就具有了这种文饰观念。在佛里尔的藏品中，有一件直径23.5厘米，孔径4.7厘米的玉璧，在其1.1厘米宽的细长窄凹的边缘上刻着四个相互对应、交替出现的主体花纹——两只飞鸟和两条游鱼，在鸟和鱼之间是三组形体变长的云纹。鸟是太阳的象征，鱼是水的象征因而也是月的象征（在中国古代文化中水和月是相联系的），云纹表示宇宙间弥漫的云气。在璧面上有一只立鸟站立台阶，台阶之下为七组涡纹组成的圆球和三条弧线组成的弯月。要之，璧画和边缘的图案都与天相关。玉璧取象于天，也就可以作为天的象征。至于玉琮，在造型上则出现了方、圆两种几何形体的组合形式，整个琮体造型为四面八块长方形凸面。中国古代本有“天圆地方”的观念，战国时代楚人宋玉《大言赋》里就说：“方地为车，圆天为盖。”[③]

① 《说文解字义证》卷一·九。

② 《中国古代铜鼓》，第151页。

③ 《南京博物院藏宝录》，第94~95页。鱼形骨匕，亦见于该书页67所录图版。

另外，从新石器时代的刻花鱼形骨匕（如图 4–32）来看，匕体上面的纹样既交错又对称，已呈现出某种错综变化之美。

图 4–32 新石器时代刻花鱼形匕骨

中国古代的"人文""天文"，一如刘熙载《艺概》卷一所连类："《易·系辞》：物相杂，故曰文。《国语》：物一无文。徐锴《说文通论》：强弱相成，刚柔相形，故于文：人、乂为文。《朱子语录》：两物相对待，故有文，若相离去，便不成文矣。为文者盍思文之所生乎？"接下更进一解："《国语》言'物一无文'，后人更当知物无一则无文。盖一乃文之真宰；必有一在其中，斯能用夫不一者也。"钱锺书先生似乎对此论极为赞赏："史伯对郑桓公曰：'声一无听，物一无文'，见《国语·郑语》。曰'杂'曰'不一'即所谓'品色繁殊，目悦心娱'(varietas delectat)。刘氏标一与不一相辅成文，其理殊精：一则杂而不乱，杂则一而能多。"[①] 亦即"文心"与"雕龙"统一之关系。

关于"织物服饰"，亦属"人文"之列。其中所积累的"文心"精神，也体现于中国语言文字之中。《说文·衣部》："衣，依也。上曰衣，下曰裳。"钱锺书先生尝专门拈出"衣"字解诂，以为颇有资于谈艺论文：

> 《礼记·乐记》："不学博依，不能安诗"，郑玄注："广譬喻也，'依'或为'衣'。"《说文》："衣，依也"；《白虎通·衣裳》："衣者隐也，裳者障也"。夫隐为显之反，不显言直道而曲喻罕譬；《吕览·重言》："成公贾曰：'愿与君王讔'"，《史记·楚世家》作："伍举曰：'愿有进隐'"，裴骃集解："谓隐藏其意"；《史记·滑稽列传》："淳于髡喜隐"，正此之谓。《汉书·东方朔传·赞》："依隐玩世……其滑稽之雄乎"，如淳注："依违朝隐"，不知而强解耳。《文心雕龙·谐隐》篇之"内怨为俳"，常州派论词之"意内言外"

① 《管锥编》卷一，第 52 页。

（参观谢章铤《赌棋山庄词话》续集卷五），皆隐之属也。《礼记》之《曲礼》及《内则》均有“不以隐疾”之语，郑注均曰：“衣中之疾”，盖衣者，所以隐障。然而衣亦可资炫饰，《礼记·表记》：“衣服以移之”，郑注：“移犹广大也”，孔疏：“使之尊严也”。是衣者，“移”也，故“服为身之章”。《诗·候人》讥“彼其之子，不称其服”；《中庸》：“衣锦尚絅，恶其文之著也”，郑注：“为其文章露见”；《孟子·告子》：“令闻广誉施于身，所以不愿人之文绣也”，赵岐注：“绣衣服也”，明以芳声播远拟于鲜衣炫众；《论衡·书解》：“夫文德，世服也。空书为文，实行为德，著之于衣为服。衣服以品贤，贤以文为差”，且举凤羽虎毛之五色纷纶为比。则隐身适成引目之具，自障偏有自彰之效，相反相成，同体歧用。诗广譬喻，托物寓志：其意恍兮跃如，衣之隐也、障也；其词焕乎斐然，衣之引也、彰也。一“衣”字而兼概沉思翰藻，此背出分训之同时合训也，谈艺者或有取欤。《唐摭言》卷一〇称赵牧效李贺为歌诗，“可谓蹙金结绣”，又称刘光远慕李贺为长短歌，“尤能没埋意绪”；恰可分诂“衣”之两义矣。①

按徐铉本《说文》注“衣”字为“於稀切”，“隐”字为“於谨切”，二字音近。又，《说文·阜部》：“障，从阜，章声。”《彡部》：“彰，从彡从章，章亦声。”是“障”“彰”二字皆从章得声，说“障”是先含有“彰”在前，否则，亦无从谈“障”也。古代韵书里也反映出这类联系，《集韵·尾韵》：“依，譬喻也。”王引之《经义述闻》卷三十二“增字解经”条：“《无逸》：则知小人之依，爰知小人之依。依之言隐也。”《全上古三代秦汉三国六朝文》卷一百二十一郭璞《客傲》：“进不为谐隐，退不为放言。”进与退、谐隐与放言，皆为反义对举。又，同书《全晋文》卷六十一孙绰《游天台山赋》：“理无隐而不彰，启二奇以示兆。”此“隐”亦即“依隐讽世”“淳于髡喜隐”之“隐”。

按《说文》提供的有关“文饰”的意象群，原本指向一切“文彩”，自然也就包括着取决于人体、复装饰于人体的“衣服”，恰犹《左传·桓公二年》

① 《管锥编》卷一，第5~6页。

所谓："火、龙、黼、黻，昭其文也。"而不管哪类文饰，"原皆自具功能"，只是由于"人事代谢，制作递更，厥初因用而施艺，后遂用失而艺存"[①]。

第四节　酒的意象

"酒"字无形可象，《说文·酉部》取"酉"这一盛酒容器之形来体示。该部收录从酉取类之字凡67文，加上重文8字、新附6字，以及虽未厕置于该部但主体取象亦从"酉"的邻部字3文，共80余字，由此亦构建了一个规模不算太小的"同所异状"语义场。唐抄本《篆隶万象名义·酉部》发展到103字，唐代增字的《宋本玉篇·酉部》为154个，宋代《类篇·酉部》加到169字。粗略统计，该语义场主要指涉如下认知领域：

关于酒器分类的语汇；
关于酒类酿造的语汇；
关于酒类品性的语汇；
关于饮酒礼仪的语汇；
关于以酒祭祀的语汇……

图4-34　商代早期调酒器——盉

今文《尚书》二十八篇，其中就保留下来一篇《酒诰》，属于商代文献。从考古文物来看，关于酒的各种器物，就大备于有商一代。其体其用，几乎达到令世人惊讶的认知程度。

古文字结构，与出土实物，可以取得认知关联。

《说文·皿部》："盉（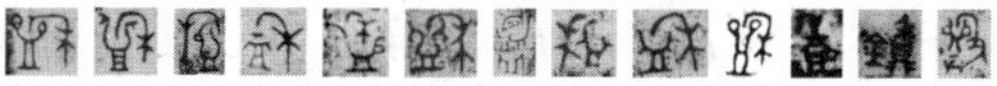金文），调味也。从皿，禾声。"

① 《管锥编》卷二，第539页。

《说文·鬯部》：“爵（甲骨 金文 汉印），礼器也。象爵之形，中有鬯酒，又持之也。所以饮。器象爵者，取其鸣节节足足也。𠕋，古文爵，象形。”

《说文·斗部》：“斝（甲骨），玉爵也。夏曰琖，殷曰斝，周曰爵。从吅从斗，冂象形。与爵同意。或说斝受六升。古雅切。”

单纯从器物形制来看，爵斝确实属于同类：“斝與爵同意。”《集韵·禡部》：“斝斚，居迓切。郁酒之尊画禾稼者。”《集韵·魂部》：“尊尊罇墫甑，租昆切。《说文》酒器也。从酋，廾以奉之，《周礼》六尊以待祭祀宾客之礼。或从寸、从缶、从土、从瓦。通作樽尊。一曰高称。”《集韵·灰部》：“櫑罍罍鑘䍣，卢回切。《说文》龟目酒尊，刻木作云雷象，象施不穷也。或从缶、从皿、从金，籒作䍣。亦书作鑘。”《集韵·尤部》：“卣脩，夷周切。中尊也。或作脩。”《集韵·産部》：“琖醆盞湔餞，阻限切。玉爵也。夏曰琖，殷曰斝，周曰爵。或从角、从皿。亦作湔餞。”《集韵·藥部》：“𩰫爵𠕋爵，即约切。《说文》礼器也。象爵之形，中有鬯酒，又持之也。所以饮。器象爵

图 4-35 商代中期瓿

图 4-36 商代早期觚

图 4-37 商代中期高足杯

者，取其鸣节节足足也。一曰爵位也。古作𩰫𠕋。隶作爵。”《说文·瓦部》：“瓿，甂也。从瓦，音声。蒲口切。”《角部》：“觚，乡饮酒之爵也。一曰觞受三升者谓之觚。从角，瓜声。”《木部》：“桮（唐写本），𠤵也。从木，否声。布回切。𠤵，籒文桮。”《集韵·矦部》：“錇瓿，蒲侯切。《说文》小缶也。或从瓦。”《集韵·脂部》：“罍䍣，伦追切。酒器也。古作䍣。”《集

韵·模部》："觚瓡，攻乎切。《说文》乡饮酒之爵也。一曰觞受三外者谓之觚。或从瓜。"《集韵·灰部》："桮醅杯盃錇匼匿，晡枚切。《说文》匱也。盖今饮器。或作醅杯盃錇匼匿。"

中国古代陈年老酒里，渗透了深厚的致敬事神认知。酒之为用，即在祷福。古文"福"字最初取象认知关联，原在于酒类。《说文·示部》：

福（甲骨 金文 简帛 古玺 汉印），祐也。从示，畐声。方六切。

罗振玉考释说："（甲文）象两手奉尊于示前，或省廾，或并省示，即后世之福字。"[1]这种观念，即以酒祭神祷福的认知，似乎影响了古代相当悠长的时间。《龙龛手鉴·酉部》收录了一个"醿"字，其说曰："醿，祀也。"而《直音篇·酉部》："醿、祭同。"亦征酒用于祭也。还有"尊"字，《说文·酋部》："酒器也。从酋、廾，以奉之。周礼六尊：牺尊、象尊、著尊、壶尊、太尊、山尊，以待祭祀宾客之礼。"卜辞中"酒"为祭名，即以酒荐祖庙之称，罗振玉《殷墟文字类编》第十四："卜辞所载之酒字为祭名。"

然则中国古代何以会以酒事神、以酒祭祀来祈福呢？即在中国古代人的意识中，如何累积成"酒神"认知观念呢？答案也许是多边多层的，但若说其源于"酒崇拜"认知意识，则《说文》一书是有迹可觅、有象可按的。"禮神"一词，亦作"醴神"，《说文·酉部》："醴，酒一宿孰（熟）也。从酉，豊声。"从古文字符号取象所保存的价值观念来看，"酒"的字根、语源皆是"酉"，《说文·酉部》："酒，从水从酉，酉亦声。"又"酉""酋"同源同象，"酒""尊"亦同象，"酒""精"则同源。这些字群，取象不二，语源相同，联成一气，传递着古代中国人"酒崇拜"认知消息。

首先是"酒"与"酋"。"酒""酋"同源共象，认知指向，一边为"权威神圣"，一边为"时间长久"。《说文·酋部》："酋，绎酒也。从酉，水半见于上。《礼》有大酋，掌酒官也。"此处所称引《礼》指《礼记·月令·仲

① 《增订殷虚书契考释》。

冬之月》："乃命大酋。"注曰："酒孰曰酋。大酋者，酒官之长也。"《集韵·尤部》："酋醔，字秋切。《说文》绎酒也。《礼》有大酋，掌酒官也。或作醔。"然而，首领、部落尊长也得称"酋"。左思《吴都赋》："儋耳黑齿之酋，金邻象郡之渠。"注曰："酋渠皆豪帅之名。"君王之"君"，《集韵·文部》："君商収砦凲，拘云切。《说文》尊也。从尹，发号故从口。一曰群下之所归也。古作商収砦。唐武后作凲。"

同样值得注意的，是关于"爵"的结构认知发展情形。《说文·酉部》："釂，饮酒尽也。"而上具古文字如甲骨文"爵"字正象饮酒器形，本义犹《诗·小雅·宾之初筵》"酌彼康爵，以奏尔时"之"爵"。由此认知发展又有爵位义，犹《韩非子·定法》："官爵之迁与斩首之功相称也。"爵位乃是尊者之所处，由酒器之象生出爵位之义，足见"酒"的权威一边。

酒似乎又是一种可以沟通人神关系、与古代人眼中之"玉"功能相当的"灵物"，这一边可以从上文"福"字等的取象联系得到认识。因为酒又具有"神圣"认知一边，自然便成为参与祭祀祖先神灵的重要成分。观察《说文》"奠"下分析："置祭也。从酋，酋，酒也。"其取象认知犹《诗经·召南·采蘋》"于以奠之，宗室牖下"之"奠"。

至于"茜"，认知关联不归《艸部》，而见于《说文·酉部》：

> 茜（简帛），礼祭，束茅，加于祼圭，而灌鬯酒，是为茜。象神歆之也。一曰茜，榼上塞也。从酉从艸。《春秋传》曰："尔贡包茅不入，王祭不供，无以茜酒。

显然就是一种洒酒于茅束的祭神仪式，而"茜"字取象则正是这种酒祭图景。有取于"艸"，其义犹《说义》所引《左传·僖公四年》："尔贡包茅不入，王祭不供，无以茜酒。"

醮，字亦取象于酒，可专指一特定祭祀。《说文·酉部》："冠娶礼祭。从酉，焦声。醮，醮或从示。"随着认知发展，又施于一般祭祀。如宋玉《高唐赋》："醮诸神。"在所有表现"酒"的神圣灵性字群中，"醫"字特别引人注意。《说文·酉部》：

醫（醫汉印），治病工也。殹，恶姿也，醫之性然。得酒而使。从酉。王育说。一曰殹，病声。酒所以治病也。《周礼》有醫酒。古者巫彭初作醫。

也就是今天所说的“医生”。“醫”缘何亦从“酉”取象呢？《说文》接下分析有说：“酒所以治病也。《周礼》有醫酒，古者巫彭初作醫。”这也就是说，酒是医生治病所用之药物。这一说法，自有认知依据。《曲礼》：“有疾则饮酒食肉。”《汉书·食货志》：“酒，百药之长。”然而，酒是否确实具有这种功效呢？从现代医学角度看，这实在是大可怀疑的。这个疑团姑且留到后面去了解，先来看清代“《说文》学”集大成者段玉裁的注解：“医本酒名也。”[①] 显然是说，“医”本来就是一种酒，《周礼·天官·酒正》：“辨四饮之物：一曰清，二曰医，三曰浆，四曰酏。”其“医”与“酏”相提并置，正是指酒类之一种。《说文·酉部》：“酏，酒色也。从酉，己声。”[②] 可与段氏注解相印证。而酒的这种特异功效是从哪里来的呢？一般说来，酒本身对于疾病并无多少医疗作用，相反地却常常能致人染病，《说文》亦有这方面的记录，《酉部》：“酲，病酒也。一曰醉而觉也。从酉，呈声。”即古语所谓“解酒以酲”之“酲”。当然，这里并不排除酒可以与某些药材相配济，使之发挥其药效，但仅仅据此作用，似乎很难在人们心目中占据“百药之长”的地位，也很难解释古代人为什么要用“酉”作为“醫”字的取象。“醫”或可作“毉”说在《弓矢意象》篇。《刘遵礼墓志》亦从巫作毉，也就是说，在同一结构里，“酉”“巫”可以互相替换，极为直观纯粹地体现出古代人这样一种观念：“酉”“巫”原本是一类。[③] 至于毉又从巫，则是表明古代人曾以巫术治病，以巫师为医师。“巫”原具一体二边、沟通人神的功能，“酒”亦是“福祐”之福的本体意象：二者理有相通。

关于“酒”“酋”连类认知指向的“时间长久”义，仍然参观《说文·酋部》：“酋，绎酒也。”段玉裁注：“绎之言昔也，昔，久也……然则绎酒谓日

① 《说文解字注》十四篇下。

② 徐铉本补正说：“己非声，当从妃省。”

③ 刘志基：《汉字中所见几个先民崇拜物》，《国风》1989 年第 1 卷第 5 期。

久之酒。”[1]《六书故·工事四》：“酋，酒酿而久者。”方言里“酋”有“熟”之语义，是故，“酒”“酉”“酋”又可系联为同源：《方言》卷七：“酋，熟也。自河以北，赵魏之间火熟曰烂，气熟曰糦，久熟曰酋。”韦昭《国语·郑语》注：“精熟为酋。”其实，在语源联系上，“酋”“酒”“酉”皆可训就也，《汉书·叙传上》：“《说难》既酋，其身乃囚。”王念孙《读书杂志》：“酋读为就。就，成也。”由是，在中国古老的“五行”观念里，“酋”在方位空间上对应于西方，在时序季节里对应于金秋：《太玄·玄文》：“酋，西方也，秋也，物皆成象而就也。”夫老酒，即陈酒也，非积久不得成就也。

其次是“酒”与“酉”。“酒”“酉”同源同象，其认知指向一边是表示程度的“老成”之语义，一边是表示幅度的充盈圆足之义。《说文·酉部》：“酒，就也。从水从酉，酉亦声。”其实，金文“酒”即写作“酉”，[2]《三体石经·无逸》亦同致，作“酉”。“酉”“酒”实同源同象同构。罗振玉解释说：“《说文》酉与酒训略同，本为一字，故金文酒字皆作酉。”[3]“酉”即古文“酒”，取象于酒器，与甲骨文“酉”同象同构。[4]《说文·酉部》：“酉，就也。八月黍成，可为酎酒。”“酉”“酒”《说文》皆以“成就”之“就”释之，乃声训也。《尔雅·释诂下》：“就，成也。”成，熟、老也。《广雅·释诂三》：“就，久也。”按古代汉语，《释名·释天》：“酉，秀也。秀者，物皆成也。”徐锴《说文系传》：“就，成熟也。”《广韵·有韵》：“酉，老也。”《史记·律书》：“酉者，万物之老也。”

再说是“酒”“酉”所指有充盈圆足之义。《释名》：“酒，酉也。”《淮南子·天文训》：“酉者，饱也。”递相训释，把“酒”同“饱”联系在一起。这首先涉及酿酒业的发创问题，《说文·酉部》：“酒……一曰造也。吉凶所造也。古者仪狄作酒醪，禹尝之而美，遂疏仪狄，杜康作秫酒。”开物制作，归类一名，神圣其事而已。江统《酒诰》曰：“有饭不尽，委余空桑，郁积成味，久蓄气芳……”这倒可能是道着了酒的发明过程。酒最初大抵是先民将食物剩余者长期贮存，自然发酵而成。《说文·酉部》有关“语义场”系统记

① 《说文解字注》十四篇下。
② 《金文编》卷十四所著录《盂鼎》。
③ 《殷墟文字编》，《汉语大字典·酉部》所引。
④ 参见《殷契粹编》61。

图 4–38 四川彭县汉代酿酒画像石

载描述了酒的酿造程序。推原酒之起因，必是先民基本解决了“温饱”之后的“余事”，就是说，食物丰足，有了剩余，方谈得上造酒。《说文》：“酴，酒母也。从酉，余声。”酒母就是酵母，这是酿酒之媒，缺不得的东西。而“酴”字从余得声，实亦兼受“余”义，后来“酴”字专指“酒母”，在原初当是人类以采集为生的时期，含有发酵性糖分的野果经过一定时期存放，接触空气中霉菌和酵母，发酵而成酒；逮至农业社会，谷物如果贮藏不当也极易受潮而霉变，进而形成天然的曲糵，遇水则发酵成酒。其前提条件都是人们首先填饱肚皮，且“有饭不尽”。这便是“酒”与“饱”的意义联系。从《说文·酉部》收字记录来看，酒的发明，距今已有极其悠久的历史。四川省出土的汉代画像石上，已见有酿酒的手工作坊（见图 4–38）。

由于当时生产力低下，要经常填饱肚子已属不易，而食物能有盈余酿酒，当然是相当的富有了。据此我们又可以发现，“酒”与“有”当是一对声近义通的同源字。不妨这样认为：先民有了“酒”的事物之后，经过对它与食物有所剩余的关系的认识从而形成了“酒”这个概念，发现“酒”与“有”意义相通，便使用与“有”相同或近似的语音称呼“酒”（子酉切），这原是语言发展的常例。古音“酒”系幽部，“有”属之部，为邻韵旁转。① 记得山东诸城地方，每年过春节，家家皆在粮仓谷囤门上张贴“酉”贴一幅，以取富足有余之义。

再次是“酒”与“尊”。两字取象亦同，“酒”字所指本具“老”义，说具上文。要知道，在作工原始的农业文明社会里，这陈年老酒既然凝结了积久的“社会必要劳动时间”，该具有了何等尊贵的价值，故非尊贵者不得享用。殷商时代，中国就铸造了大量牺、尊、罍等盛酒的青铜器，是以“尊礼”“尊重”之“尊”，取象主体原本为酒。《说文·酉部》：“尊，酒器也。”由“酒”的上述品性以及所施对象的特点，语言中遂孳乳出“尊重”“尊老”

① 参见刘志基《汉字中所见几个先民崇拜物》。

等语义。段玉裁《说文解字注》:“凡酌者必资于尊,故引申以为尊卑字……自专用为尊卑字,而别制罇、樽为酒尊字矣。”其实,若指象推原,“酒”字所指,本有“久老”“成熟”等语义;而作“久熟”之义的“酋”字,又何尝不可构成“酋长”一语呢?

图 4-39 商代三羊罍盛鬯酒器

从《说文》提供的“语义场”可以发现,中国古代“酒”意象所隐括的文化内涵大要有“充盈成熟”和“崇老尚久”两端:前者指向程度,后者指向时间,是一是二。或者竟可以说,“充盈成熟”和“崇老尚久”两边就构成为中国特有的“酒神崇拜”。而这一“酒神”特质,影响到中国的文学,我们不妨拟称这一类型的文学为“酒神文学”。

图 4-40 西周早期饮酒器——觯

这种提絜,若结合了中国文史的实际来考察,就不难发现,中国“酒神文学”,迥异于西方诗学界将西方文学概括为“日神”与“酒神”两大类型的区分。在西方,酒神作为象征意象来自希腊酒神之祭。希腊神话传说中的酒神与狂欢神,酿酒和葡萄种植业的保护者具在狄奥尼索斯(希腊文 Διόνυσος;拉丁文 Dionysus)一身,亦可由此窥见希腊酒神“狂放”特征及酿酒与种植业的关系。在古希腊神话中,狄奥尼索斯还经常以教授种植葡萄的身份出现。他的形象特征是:由于受到宙斯之妻赫拉的迫害,竟致疯癫;他身着弗里吉亚服装,由侍女迈纳德斯、森林之神陪同,周游东方各国,后得净化,疯病方愈。追随狄奥尼索斯的疯女头戴长春藤花冠,身披鹿皮,手持松果节杖,抛却自己的家宅,跟着他在山间漫游,撕碎并吞食野兽,有时放纵性欲。对狄奥尼索斯的崇拜与古代的化装仪式有密切关系,纪念他的庆典据说也具有神秘仪式的特点:参加者往往狂欢暴饮,忘记平常的禁忌，以男性生殖器为崇拜物，极度痴狂时，甚至撕碎儿童或小动物吞吃，笃信此乃同酒神共进圣餐。一般认为，古希腊的悲剧和喜剧即起源于此类崇拜仪式。[①] 由于在希腊酒神祭仪式上，人们打破一切禁忌，狂欢滥醉，放纵性欲，因此，西方酒神意象象征情绪放纵。西方哲人尼采阐释说：酒神状态是“整个情绪系统激动亢奋”，为“情绪的总激发和总释放”。尼采认为，这是为追求一种解除个体化束缚、复归原始自然的体验。对于个体来说，个体的解体是最高的痛苦，然而这痛苦却解除了一切痛苦的根源，获得了与世界本体融合的最高的欢乐。所以，“酒神状态是一种痛苦与狂喜交织的颠狂状态，醉是日常生活中的酒神状态”[②]。

而中国“酒神”意象所象征的文学类型则反是，参见《说文》结构认知分析：

> 酣　酒乐也。从酉从甘，甘亦声。胡甘切。
>
> 酖（金文），乐酒也。从酉，冘声。丁含切。
>
> 酺（汉印），王德布，大歓酒也。从酉，甫声。薄乎切。
>
> 醉　卒也。卒其度量，不至于乱也。一曰溃也。从酉，从卒。將遂切。

基于《说文》建立认知关联“酣畅痛快”，原本就有酒的成分参与；“耽于沉溺”，在初会当为酒的作用；“布德大礼”，也离不开酒：酺从酉甫声，甫则从父得声，布亦从巾父声。乐而不淫，饮而不佚，佚而能持，收放有度：这是中国古代人对“醉”的本义的理解；认识到“醉”是为了饮酒有度而不至于“醉”。“李白斗酒诗百篇”，放浪形骸，天然凑泊，不假人力，率然为之，即夺天工：在中国古代诗学形态学中，这可以说是“李白范型”。但中国文学里“酒神”象征的类型则与“青春”“烂漫”无涉，根据上述“酒神崇拜”认知关联，可以概括为“老杜范型”。钱锺书先生稽考品评杜甫在中国批评史上的影响和地位：

① 《外国神话传说大词典》，第 257~258 页。

② ［德］尼采：《悲剧的诞生》，刘崎译，三联书店 1986 年版，第 78 页。

> 中唐以后，众望所归的最大诗人一直是杜甫。……元稹《唐故工部员外郎杜君墓系铭》早称杜甫超过李白，能“兼古今之长”；宋祁虽然作诗深受“西昆体”的影响，而他的《新唐书·杜甫传赞》和元稹的《杜君墓铭》一致，并不像西昆体领袖杨大年那样“不喜杜工部诗，谓为‘村夫子’”。《皇朝文鉴》卷十二孙何《文箴》：“还雅归颂，杜统其众”；“统”正是“兼综”。杜甫《偶题》自说：“文章千古事，得失寸心知。……法自儒家有，心从弱岁疲。”后世评论家顺水推船，秦观《淮南集》卷一一《韩愈论》索性比杜甫于“集大成的儒宗孔子”。……吴可《藏海诗话》：“看诗且以数家为率，以杜为正经，余为兼经也。”……陈善《扪虱新话》卷七：“老杜诗当是诗中《六经》，他人诗乃诸子之流也”；吴乔《围炉诗话》卷二有“杜《六经》”的名称；蒋士铨《忠雅堂文集》卷一《杜诗详注集成序》：“杜诗者，诗中之《四子书》也。”……潘氏（和按：指潘德舆）另一书《李杜话》卷二曾颂赞杜甫“集大成”，所以“李、杜”齐称也好比儒家并推“孔、孟”，一个“至圣”，一个“亚圣”，还是杜甫居上的。①

这等于说，作为正宗的诗学理论，一直推重的是千锤百炼之后的“老更成”“老且辣”的境界。对于词章品评极致是所谓“如饮甘醇”；若取象以示，则是“老树著花”：豪华落尽，得见真醇，铅华洗空，返朴归真，客气全退，虚锋不用。司空表圣开列《二十四诗品》，其中的“典雅”类型，就是取象于“酒”：“玉壶买春，赏酒茆屋。”“茆屋”者，荒江老屋之象也；而“春”者，唐人呼“酒”之恒语（“酒”意象的象征意蕴及特征具上文）。苏轼《书黄子思诗集后》：“独韦应物、柳宗元发纤秾于简古。”“诗格”中至上为“高古”，张戒《岁寒堂诗话》：“世徒见子美粗俗，不知粗俗语在诗句最难，非粗俗，乃高古之极也。”书法艺术品评“尚古”：张彦远《书法要录·窦蒙〈述书赋语例字格〉》：“古，除去常情曰古。”充类至尽，中国几

① 钱锺书：《七缀集》，上海古籍出版社 1985 年版，第 19~20 页。

乎所有的艺术形态都无一不推崇、追寻一种“老拙”之趣。例如，中国文学里提到“豪放”一派，人们立刻会想起苏轼。事实上，这位东坡居士的“豪放”，用钱锺书先生的话来描述就是：“出新意于法度之中，寄妙理于豪放之外。”而且，“后面一句说‘豪放’要耐人寻味，并非发酒疯似的胡闹乱嚷。”[①]“耐人寻味”的是，钱先生亦取象于“酒”。

中国艺术家大率要求富有“积累”的功夫，“巧妇难为无米炊”是其语象；中国治学的人则讲究“厚蓄而薄发”，钱锺书先生特意拈出“画水镂冰，与时消释”的语象，复阐释之、申论之：

> 施工造艺，必相质因材，不然事无成就；盖成矣而毁即随之，浪抛心力。
>
> 造艺者期于传世不朽，宁惨淡艰辛，“妙识所难”（《文心雕龙·明诗》），勉为而力排其难(L’ostacolo trionfato)；故每取喻雕金斫石，材质坚，功夫费，制作庶几阅世长存。若夫逃难就易，取巧趋时，则名与身灭，如镂冰刻脂而已。[②]

黄季刚据说为后之承学者作则，“五十岁以前不事著述”；章黄学派嫡传徐复先生尝当面教曰：勿能急，能解决几条算几条。我的一位老同事同时也是老师长李志民先生，二十四史罗列胸次，历历如贯珠，不肯苟下一笔。凡此种种，“夫水之积也不厚，则其负大舟也无力”，堪为示象。

中国艺术、学术这一特点，联系到以“崇老尚久”“充盈成熟”为特质的中国“酒神”类型，由“福”字取象，可征其与“酒”在语言里确有共同的源头。“福”字取象于酒，得名于“畐”：《说文·示部》：“福，祐也。从示，畐声。”“畐”古音属职部，与系属幽部的“酒”构成“旁对转”关系，是主要元音相同的音近字。《说文·畗部》：“畗，满也。从高省，象高厚之形……读若伏。”《玉篇》：“肠满谓之畐。”是揭示语源联系中“福”字所取之“酒”原有“蓄满”之义。例如富，室家富有也，《说文·宀部》分析

---

① 《宋诗选注·苏轼·题解》。

② 《管锥编》卷三，第973、974页。

为从畐得声。䮠，《玉篇·食部》："䮠，普力切。饱也。"稫，《集韵》释为"禾密貌"；楅，《说文·木部》："木有所逼束也。"辐，《广韵》："辐凑，竞聚。"上列字群均是从"畐"得声的形声字，但其充作声符的"畐"也兼有表义之用。

也许可以顺便连类到，汉语里常用"魅力"一词来形容中国文学的感人之处。实际上，若考"魅力"之所由生，亦堪与中国"酒神"意象发生联系。《说文·鬼部》："魅，老物精也。"老而后成为精，积久然后下笔若有神之在腕也。

第五节 辩证意象

按钱锺书先生讨论中国语文的特殊意义时，一方面从普通语义学的角度阐释一代之心性结习、风气煽行，当时义理之书忽而不著、习而相忘者，往往流露于文字言辞；同时，又一方面揭举"情感自具辩证"，而且作为"心之运行""两端感情"流动规迹的文字符号，结构本身即被赋予了辩证认知丰富、纯粹的内涵。贯彻代表钱锺书先生学术思想的《管锥编》一书中，就是随处可见的关于这一类例字疏理："训诂之游移乎？情绪之错综耳。殊情有贯通之绪，故同字涵分歧之义。语言之含糊浮泛，每亦本情事之晦昧杂糅；兹含糊浮泛也，只其所以为亲切直白也欤？"例如，"'哀'得施于'哀而不伤'，而亦可训爱悦，'望'可用于'希冀'，亦得训怨恨，颇征情感分而不隔，反亦相成；所谓情感中自具辩证，较观念中之辩证愈为纯粹著明。《老子》四十章：'反者，道之动'；'反'亦情之'动'也。中外古文皆有一字反训之例，如'扰'并训'安'，'乱'并训'治'，'丐'兼训'与'，析心学者借以窥见心思之正反相合。窃谓字之本不兼正、反两训者，流俗每用以指称与初训适反之情事，更资符验。"又，"按心之行，则爱憎乃所谓'两端感情'，文以宣心，正言若反，无假解说"。[①]

"文字自具辩证"认知命题具体印证，贯彻《说文》分类分析体系。训诂

① 《管锥编》卷三，第 1055~1059 页。

学习惯上称“反正引申”，语言学则谓之“反向语义外投”。

一、“分”字使用与情感辩证认知

《说文·八部》：“分，别也。从八从刀，刀以分别物也。”林义光《文源》：“八（微韵）、分（文韵）双声对转，实本同字。”高鸿缙《中国字例》：“林说是也。八之意本为分，取假象分背之形，指事字，动词，后世（殷代已然）借用为数目八九之八。久而不返，乃加刀为意符（言刀所以分也）作分，以还其原。殷以来两字分行，鲜知其本为一字矣。”

按“鳻”字从分得声，然而却被分析为聚集。《说文·鳥部》：“鳻，鸟聚皃。一曰飞皃。从鳥，分声。”“分”之字源取象从刀判分，从八得声，八即分之初文，由此本义认知为“分别”。汉语被施于“离散”场合，如“分散”“分崩离析”，《论语·季氏》何晏集解引孔安国注：“民有异心曰分。”空间上有“分”得“隔”，即时间链条上有“分”亦得切割而“断”，如“春分”“秋分”等词语，《左传·僖公五年》：“凡分、至、启、闭，必书云物。”孔颖达疏：“春之半，秋之半，昼夜长短等，昼夜中分百刻，故春、秋之半称春、秋分也。”

指称人际之情感关系，传递疏远、阔隔为“生分”一词。然而说“分隔”必先含有“合契”在，于是表达情感投合亲密无间亦曰“分”，汉语里“情分”“缘分”“投分”等语是也。《文选·曹植〈赠白马王彪〉》：“恩爱苟不亏，在远分日亲。”李善注：“分，犹志也。”又元秦简夫《东堂老》楔子：“老夫与居士通家往来三十余年，情同胶漆，分若陈雷。”情、分之间，互文对举。“分”指向“交情密切”一边，尤为醒豁。

一“分”字取象，为“本不兼正反两训”、意涵两边，而语言里“每用以指称与初训适反之情事”。“分”兼“情分”与“生分”之两边，正体示了情感由“分”到“合”，由“阔隔”到“无间”两极潜流过程：倘若无“生分”，即亦无从谈起“情分”。汉语俗语所说“远别胜过新婚”，苟求一字当之，则“分”字庶几其可乎？

由是，不妨说，文字中包孕情感之辩证。西方认知心理学研究表明：情感总是具有两极，汉字取象之理和认知使用规律，即可体示这类复杂情感结构特点。

二、“判”字“分合”同构

“判”字语源就是“半”,《说文·刀部》:“判,分也。从刀,半声。”而“半”取象于“牛之分”。故从“半”得声的一类字,均含有“半”义,如“畔”,水与陆或地与地之半分者;“叛”,人与人之相分离者,《说文·半部》:“叛,半也。”《周礼·秋官·朝士》:“凡有责者,有判书以治则听。”郑玄注:“判,半分而合者。”《公羊传·定公八年》:“璋判白。”何休注:“判,半也。”然而说“分”是先含有“合”、说“半”是先含有整体在,故划分此疆彼界曰“判若泾渭”,一刀两半,即为“判分”也。而男女配偶,二姓合为一体,亦得曰“判”:《周礼·地官·媒氏》:“掌万民之判。”郑玄注:“判,半也,得偶而合。主合其半成夫妇也。”《说文·糸部》:“绊,马絷也。从糸,半声。”字亦作“靽”,《释名》仍以“半”释之,实取义于羁绊牵连之象。

三、“化”字取象与认知智慧

按甲骨文“化”字作[①],朱芳圃《殷周文字释丛》里说:“化象人一正一倒之形,即今俗所谓翻跟头。《国语·晋语》:‘胜败若化。’韦注:‘化,言转化无常也。’《荀子·正名篇》:‘状变而实无别而为异者谓之化。’杨注:‘化者改旧形之名。’皆其引申之义也。”[②]

按朱氏说“化”取象为“人翻跟头”为是,而以诸“转化”之义为“化”之引申义则失。“化”字取象于人体一正一倒之形,正以此类空间关系,体示“转化”之义,此所谓“近取诸身”的类型。人之“翻跟头”,即可体示“正”“反”转化,人事如斯,风车蓬转;世事如斯,宇宙流迁。朱氏将“本义”理解过狭,盖由不明“意象”不即等于“符号”,以及不明“意象”作为“符号”时的功能所致。

不妨借用视觉思维理论的研究结论来表述。我们在《汉语文字与审美心理》一书中的核心观念就是:意象除了作为绘画、记号外,还具有符号的功能。这正是我们将汉字取象视为意象的根据。明乎此一关系,也就可以将汉

---

① 《汉语大字典·人部》页108著录《乙》2268。

② 见《汉语大字典·人部》“化”字下所引。

字构形解释为取类，即本义与字形取象所体示意义不能划等号。在意象作为符号使用时，它的抽象性一定低于符号所暗示的东西。换言之，一种符号必须能为某一“类”事物或某一类力的作用方式赋予具体的“形状”。意象本身当然是一种特殊的事物，而当用它代表某一类事物时，它便具有了符号的功能。举例说，当用一个狗的形状来代表狗类的概念时，这个形状便成为狗类的符号。这样一来，这种意象便把抽象工作完全留给了符号的使用者，因为它本身不能帮助这些使用者注意到或把握到该事物的有关的性质。[①] 这一表述，有当于“汉字取类构形说”。

依据此理，“化”取象于人体正反之“转”，其体堪为《易》之“变易”之拟象。《玉篇·匕部》：“化，易也。”《易·恒卦》：“日月得天而能久照，四时变化而能久成。”将“变易”之理，拟之于《恒卦》——恒定之象（，巽下震上），“反象以征”，尤善于体示中国古代人的思辨智慧者。夫流迁不居，正反转化，斯自然之“恒”态。

从“化”字古文之演化看，铭文或异构作“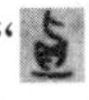”（《伯货甗》）[②]，又取象于“贝”，从“化”省声。从“贝”示其“体”，从“化”示其“用”。从“贝”之体，即表明此构为“货”即“货币”之体质；从“化”之用，则又体示“货币”实具流通之职能。“体”“用”一形，此“形”实即“货”字，亦犹齐国之货币文字铸作“齐邦法化”或“即墨法化”之“化”，是“化”又为“货”之语源、字源。

“货”具流动不息之用，实缘其体亦为圆，故而古代货币又称为“圜”，《汉书·食货志下》：“太公为周立九府圜法”；颜师古注引李奇曰：“圜即钱也。”钱锺书先生尝论《史记·货殖列传》“财币欲其行如流水”：

> 按《平准书》：“太史公曰：‘虞夏之币……或钱、或布、或刀’”；如淳、司马贞等注：“布于民间也……钱本名泉，言货之流如泉也；布者，言货流布……”《汉书·食货志下》：“钱圜函方。……利于刀，流于泉，布于布，束于帛”；孟康、李奇等注：

① ［美］鲁道夫·阿恩海姆：《视觉思维》，滕守尧译，光明日报出版社 1987 年版，第 21 页。

② 《金文编》卷六，第 430 页。

"外圜而内孔方也；朿，聚也。"《全晋文》卷一一三鲁褒《钱神论》："钱之为体，有乾有坤，内则其方，外则其圆，其积如山，其流如川。……钱之为言泉也，其源不匮，无远不往，无深不至。"皆"财币欲其行如流水"之旨。……亚当·斯密《原富》喻钱之流通为圆转如轮；德国哲学家亦言钱之体用在乎流动不居，其形圆，即长转之象。钱圆故转，各国谚都有，而法国谚独面面俱到：钱形圆所以转动也，而钱形又匾所以累积也，盖兼明"流行"与"朿聚"之相反相成矣。[①]

《说文·匕部》说"化"，足资参验。"化"不过是"匕"（音化）的孳乳后起字，"匕，变也。从到（倒）人"。《说文解字注》八篇上："今变匕字尽作化，化行而匕废矣。……人而倒，变化之意也。"

四、"留止""流逝"，同根共源

《说文·田部》一"留"字兼概"流"义与"止"义，方向相反相违，同根一源。类似者又如"治乱同象"[②]，"出"为"屈伸"之"屈"[③]，等等；要之皆出事之本然，理之固然。

溜、流作为语言符号，两字皆系古音幽部，所指语义相通。《文选·潘岳〈射雉赋〉》："泉涓涓而吐溜。"李善注："溜，水流貌也。"而"溜"字语源就是留：《说文·水部》："溜，从水，留声。"而"留"有"止"义，《说文·田部》："留，止也。"又兼通"流"义：《庄子·天地篇》："留动而生物，物成生理，谓之形。"陆德明《释文》："留，或作流。"由是，以"留"为语源孳乳的一个字群，《说文》一书中同时保留"驻止"和"流行"两个义项系列。

瘤，《说文·疒部》："肿也。从疒，留声。"《释名·释疾病》："流也。

① 《管锥编》卷一，第384页。

② 见《语象论》二一："乱"字取象。

③ 见拙作《钱锺书与中国文化精神》七：异质同构。是书多粗疏，不堪适思。连封面设计上面，将"锺书"误混作"鐘书"。向编者提出，竟百端辩解。是以尔后文字，没有提到过这本书。

血流聚所生瘤肿也。”按《释名》所释，到底是“流”，还是“聚”（即留、止）呢？似乎二者兼而有之，容易引起歧义。如朱骏声《说文通训定声·幽部》就订正说：“流当作留。”其实，语言里这种含混模糊，是根于事物复综的本然存在状态，及其必然反映到思维里的“剪不断，理还乱”的表象，实在也是没有办法的事情。又详下文。

罶，《说文·网部》：“曲梁，寡妇之笱，鱼所留也。从网、留，留亦声。”这是释“罶”为鱼所“留止”的竹器。于是有的学者就专从“留止”之用上着眼考辨。清人萧凤仪危坐庄论，专门作了一篇《嫠妇之笱谓之罶解》，“留鱼”其“用”，适在于其“形”：“与筐笼相似，口阔颈狭，腹大而长，无底。施之，则必以索束其尾，喉内编细竹而倒之，谓之曲簿，入则顺，出则逆，故鱼入其中而不能出。谓之罶者，罶，从网从留，言能留鱼而不使去也。多就曲梁施之以承其空，人不必入水，虽妇人亦能用。”今按：其实，“罶”之“留”（止）鱼，适在于鱼得“流”入；否则，亦无所“留”（止）也。《诗·小雅·鱼丽》：“鱼丽于罶，鲿鲨。”毛传：“丽，历也；罶，曲梁也。”适表明“罶”亦有“历鱼”（即“流鱼”）之用。

霤，《说文·雨部》：“霤，屋水流也。从雨，留声。”《释名·释宫室》：“流也，水从屋上流下也。”方言里称“屋檐”为“霤霤檐”，其功用是疏导房屋建筑物上面的积水，即“流水”。但说“流”（行）是先有“留”（止），故“留”（止）住水“流”为“霤”，使积水（“留”水）“流”行亦称为“霤”。因而“霤”字又有“接流”“积流”的语义：《礼记·檀弓上》：“池视重霤”；郑玄注：“承霤以木为之，用行水。”徐锴《说文系传·雨部》：“霤，屋檐滴处。”

关于汉语里这类“流”“溜”同源现象，我们在《汉语文字与审美心理·“德”字类》里作了如下的描述：言不流（即留）则先含有流（即不留）在，不流即滞留也。是故“流水”即是“溜水”。由是，“溜”“流”作为语言符号，“反义同根”“背出分训”，说到底是生活里“不塞不流”客观本然的体现。[1]

[1] 又见臧克和《钱锺书与中国文化精神》七：异质同构。

五、“顺”“违”同源

“若”字原为“诺”之初文，古文取类“口”“言”两部本相通不别，如：谋，古陶作諆，从言，某声；《说文·言部》收录古文作𠰔，从口，母声。讯，甲骨文作，从口取类；《说文·言部》收录古文作，又从言构形。信，《说文》归《言部》，而金文从口取类作（《㝬叔鼎》），结体与《说文》“信”字下所收古文同致。詠，周代初期彝器《詠尊》铭文作，从口取类，从“永”得声，与《说文·言部》“詠”下所出异构同致。[①]

“若”在甲骨文、金文里从“口”结体，即具“诺”之用。由于后来此字形体发生讹变，沿着→若→诺、→叒→桑两路，一路所指为人事，一路所指为草木：同源歧途，造字分词。故“诺”在“若”的基础上，只好再取类“言”，以标明其本原。其实，单纯从字源学的角度观察，“若”本已从“口”，再孳乳“言”作“諾”，已属重叠建构。[②]

“若”为“诺”之初文，是“若”所指有“顺应”之义。商承祚《殷虚文字类编》：“案：卜辞诸若字象人举手而跽足，乃象诺时巽顺之状，古诺与若为一字，故若字训为顺。古金文若字与此略同。”《尔雅·释言》：“若，顺也。”《诗·小雅·大田》一章：“既庭且硕，曾孙是若。”郑笺：“若，顺也。”

然说“顺”是先含有“违”（“不顺”）；反之，亦无所谓“顺”。由此，以“若”为语源孳乳之“诺”所指为“顺”，而同一语源孳乳为“婼”又指向“不顺”“相违”之语义。《说文·女部》：“婼，不顺也，从女，若声。”《玉篇》：“婼，不从也。”

“顺”“违”同根，“若”“诺”共源，亦征事物相反相成之联系，即语言所具之“辩证”也。

六、“中断”“连续”，同归“叕”象

《说文·叕部》“叕”字作，《老子甲後》456作，取象即徐锴《说文系传》所云：“叕，交络互缀之象。”是故“叕”所指为“联缀”（即“缀”

---

① 又见臧克和《汉语文字与审美心理》一《“文”字类》、四《“德”字类》。

② “若”字取象本义的考证，见臧克和《释“若”》，《殷都学刊》1990年第1期。

之初文，后写作“缀”),《说文・叕部》：“叕，联缀也。”《玉篇・叕部》：“叕，连也。”

然而说“联缀”即含有“中断”之义在，否则亦无所谓“缀”。此一辩证思维亦体现于“叕”字的同源语义运动规律上面。如汉语里“叕”复又训“止”,《龙龛手鉴・又部》：“叕，止也。”又如“辍”字，亦“叕”声之孳乳,《说文・車部》：“輟，车小缺复合者。从車，叕声。”徐铉说：“按《网部》辍与罬同。”“辍”字复合成词则有“辍耕”“辍学”“不辍”等，所指亦为中止、中断之义。[①]

七、“死生”同根，“终始”一源

《说文・歺部》于“殂”字之下又收录了一个古文“”，结构为“从歺从作”；而“作”又从“乍”,《集韵・模韵》：“殂，古作殅。”“殂”本来语义指向死亡、终结，然而由“乍”（作）孳乳，又有“开始”义，如《诗・采薇》：“薇亦作止。”即征生死、始终同一语源也。

又，“殂”与“徂”均从“且”孳乳，“徂”所指语义为“往”。这反映了造字者关于“死亡”这一人生重要途程的思考。“视死如归”，即古人将“死亡”看作是人生程途中的一段“回归”的过程。所以,《说文・歺部》：“殂，往死也。”王筠《说文句读》：“殂之言徂也。徂，往也，此谓不忍死其君者，讳而言殂也。”《尔雅・释训》：“归，鬼之为言归也。”郝懿行《尔雅义疏》：“生，寄也；死，归也。《列子・天瑞篇》云：‘鬼，归也。’又云：‘古者谓死人为归人。’”

又，生前为万物之灵，为自然元素之精，而一旦死后，即回归到物化形态。故“歾”“物”亦同出一源。《说文・歺部》：“歾，终也。从歺，勿声。”而“物”亦从“勿”得声。是故古人称死又作“化去”“物化”。古代汉语里，“物”可通“歾”，“物故”则为汉代甚至上古时代之恒语，如《荀子・君道篇》：“人主不能不有游观安燕之时，则不得不有疾病物故之变焉。”《汉书・苏建传附苏武》：“单于召会武官属，前以降及物故，凡随武还者九人。”王念孙《读书杂志・汉书》关于“物故”一语荟萃殆尽：“《楚元王传》云：

① 陆宗达、王宁《训诂方法论》，中国社会科学出版社 1983 年版，第 153 页。

‘物故流离以十万数。’《夏侯胜传》：‘百姓流离物故者过半。’‘物故’与‘流离’对文，皆两字平列。”

由上述语例还可看出，“故”亦语言里表示“死亡”之时态。如由“故”可以构成“身故”“病故”等词。“故”字所指对应语为“原来的”“旧时的”；如《广韵·暮韵》：“故，旧也。”又，古代中国人称人或自称以前的官职曰“故”，杨树达《词诠》卷三：“古称人前官曰‘故’，生死皆称之。”[①]然而，说“前”是先含有“今”在，这种辩证思维表象，也传达在“故”字训诂现象上面。是故，“故”之语义又可得指向“今”。《尔雅·释诂下》：“故，今也。”郭璞注：“故亦为今。”

语言即思维之辙迹。世间事物，殊象多态，正反仇合，每有“两柄”，且复具“多边”。[②]反映在语言里，也必然是这样一种存在形态。钱锺书先生专门拈出中国汉语文字自具否定之否定、一字多义，“赅众理而约为一字，并行或歧出之分训得以同时合训焉，使不倍者交协，相反者互成”，又“（字）体涵分训，用却未著合训”，等等，[③]就是充分注意到汉字取象，自具辩证的特征。

八、“怒”“弩”一源，异质同构

按《说文》“心”部和“弓”部，“弩”“怒”均从“奴”得声，同出一个语源，故“弩”可以径释作“怒”。《方言》卷一：“凡人语而过，谓之過，或曰佥。东齐谓之剑，或谓之弩。弩，犹怒也。”钱绎笺疏说：“弩者，《释名》：‘弩，怒也。’有怒势也。”

状喜怒之貌，情态抽象，无可“近取诸身”者，必取象于外物而后可。夫剑之拔，弩之张，此等取象，与“勃然怒作”“怒发冲冠”，质虽不类，情势则一：心弦之张，一触即发；是“怒态”即“弩势”也。根于此理，《释名》径以“怒”释“弩”，可谓会心不远。按《说文通训定声·豫部第九》引

---

① 参见《杨树达文集之三词诠》，上海古籍出版社1986年版，第86~89页。

② 《管锥编》卷一，第37~40页。

③ 可参看《管锥编》卷一，第1~8、259页；卷四，第1260页；《管锥编增订》第1~2页，等等。据说梵语里“阎罗”一词，其原意都含混融贯若是：按慧琳《一切经音义》卷五三“阎罗”条下注：“或名阎磨罗，应言夜摩卢迦。此译云双世也，窃谓苦乐并受，号之为双也。”

《释名》此条作“有执怒也”，与钱氏所引稍异。

然若求其朔，以“怒”释“弩”尚属后起，即为语义运动的“逆方向”。在初当即以“弩”之“实象”状“怒”之“虚象”也。而“怒”得以“弩”象示，“弩”又径以“怒”比况：化具体为抽象，即同以具体拟抽象。又颇征二者为“异质”而可“同构”，即钱氏所谓“弩”有“怒势”也。

九、“衍”字语义“繁衍”的背景

甲骨文里即有“衍”字，构形为（《前》4，12，8）；一望而知，就是“水行于道”的取象。《说文·水部》：“衍，水朝宗于海也。从水从行。”王筠《说文句读》：“案：字形水在‘行’中与‘衍’水在‘行’外异，当是即形为义，乃《孟子》‘水由地中行’之说。上文‘洪’‘洚’二字，是泛滥之时；‘衍’字则禹治水之后，其流循轨朝宗于海。”

按王氏将“衍”字“河水安流其道”的取象；坐实于大禹治水之后的背景之上，说嫌过于通。然“衍”字即形为义，水流其道，若说语义指向为《说文》所谓“水朝宗于海”，即水循河道汇流于海，则是不会大异的。

至于水行道外，漫衍失路，反映在字书里，如《说文》等也都收录了一个“衍”字；《广韵》注音为户庚切，《说文·水部》解释为“沟水行也”。参之《周礼·地官·草人》“以沟荡水”，“荡”即使水“行”也，知“漫衍”之“衍”，本字应该就是这个“衍”。

但“衍”字显系后出，在初表述“繁衍”“漫衍”的语义，不能不落于“衍”字一体。这其中的背景联系，仍在于古人的辩证思维，说水循其道安流于海，是先有“大禹治水”之前的“漫衍”无节持状态；反之，亦无“循轨”而有规律可言。

这类语义联系的建立，积约成俗，以致后来再造出“衍”字也取代不了。也就是这样，我们今天只有从字书上看到文字史上曾经出现过这样一个符号，至于其他记载语言的文献资料里，则是读不到的。

另外，也许可以在这里顺便说起一个与“衍”字相关的问题。桐城方苞《狱中杂记》里有这样的一段记载：“奸民久于狱，与胥卒相表里，颇有奇羡。”一般文学选本虽然都选入此篇，然于“奇羡”所注，又大率含混。如朱东润主编《中国历代文学作品选》注释该词条云：“特别赢利。羡，赢余。”

按注者以“奇”为“怪”（“特别”所由生出），以“羡”为“赢”；皆失。“奇”与“偶”对，谓多余也；“羡”，衍之借，是“奇羡”为同义复合词也。《史记·货殖列传》：“中国委输，时有奇羡。”索隐：“上音羁，下音羊战反。奇羡谓奇有余衍也。”“衍”之为“羡”，此用法已久淹不知其溯矣。

十、“诗”字背出分训，相反相成

按钱先生《管锥编》论《毛诗正义》第一则“诗谱序”，考论“诗”字一名而蕴涵三训，这便是训诂学上所谓“并行分训之同时合训”的类型。由此一语义结构类型，甚至可以通乎中国诗学的中和辩证精神。[①] 这亦是汉字取象自具辩证的范例。

（一）“度”字兼具“超越”与“节制”两边

“度”，《说文》系《又部》，其说曰：“法制也。从又，庶省声。”“度”字取类于“又”（手），段玉裁注解说：“寸、尺、咫、寻、常、仞，皆以人之体为法。寸法人手之寸口……仞法伸臂一寻，皆于手取法，故从又。”[②]“度”字既取类于“又”（手），即具“节制”之义。《广韵·暮韵》：“度，法度。”《字汇·广部》：“度，法也，则也。”诉诸语音之流，“度”即“句读”，而“句读”亦作“句度”。诉诸音乐之流，“度”即“节奏”；“节”，约也，约，束也；“节约”亦即“约束”。《后汉书·马援传附马防》：“多聚声乐，曲度比诸郊庙。”李贤注：“曲度谓曲之节度也。”曹丕《典论·论文》：“譬诸音乐，曲度虽均，节奏同检。”诉诸舞蹈之流，“度”亦即“节度”。《文选》傅毅《舞赋》：“兀动赴度，指顾应声。”李善注：“兀然而动，赴其节度。”

“度”字又有“超越”义。《字汇·广部》：“度，过也。”曹操《短歌行》：“越陌度阡。”“越”“度”互为对文。按《说文·又部》，“度”字从“庶”得声。从“庶”声类有繁多、逾越之义，是故又取类于“又”以“节制”。例如：“嗻”，朱骏声《说文通训定声》第九部：“多语之貌。”而“遮”，则为遏止之义。又，“蹠”，《说文·足部》：“楚人谓跳跃曰蹠。”而“敷”，《说文·攴部》：“闭也。从攴，度声，读若杜。”按“杜塞”即是“敷塞”封

① 《管锥编》卷一，第57~58页。

② 《说文解字注》三篇下。

闭也，是知一“度”字兼指“送”与“控”“节制”与“放纵”两边。

（二）“诗”字兼具“之”与“持”两边

“诗”字从“寺”得声，《说文·言部》：“詩，志也。从言，寺声。”故“诗”有“持”义。《说文·寸部》：“寺，廷也，有法度者也。从寸，之声。”“寺”字取类于“寸”，即“持”之初文：金文《邾公牼钟》“分器是持”之“持”作，《石鼓》“持射”之“持”亦作；由是，林义光《文源》认为“寺”本义为“持”，容庚《金文编》卷十二：“（金文）持不从手。”慧琳《一切经音义》卷二三“盗塔寺物”条：“今若以义立名，则佛弟子助佛扬化、主持正法。”是“持”有“控制”“约束”的语义：李白《江夏行》：“忆昔娇小姿，春心亦自持。”王安石《明妃曲》：“尚得君王不自持。”即此义。而“寺”字又从“之”得声，“之”，适也，活动之义。故“见解”“主张”等“意识活动”亦谓之“持”，《荀子·非十二子篇》：“其持之有故，其言之成理。”“持”“言”对文并举也。又如“時”字亦从“寺”得声，“寺”亦从“之”读，故“時”字古文又作，表示“日之运动”为“時”。

由是，“诗”又有“之”义。古文“诗”又从“之”得声，结体为“”，《说文·言部》：“从言，之声。”“之”在“诗”里所指就是“心意活动”的意思，即《释名》所释名原：“诗，之也；志之所之也。”由是又生“志”义，以“志”亦从“之”得声，《说文·心部》：“志，意也，从心，之声。”

于是，孔颖达《毛诗正义》以为“诗有三训”：“承也（和按：以“寺”为语源可孳乳为“侍”，《说文·人部》：“侍，承也，从人，寺声。”）志也，持也。作者承君政之善恶，述己志而作诗，所以持人之行，使不失坠，故一名而三训也。”《正义》是从语言训诂“并行分训之同时合训”的现象来诠释中国诗学的开山准则的，说解颇为具眼；然而在钱先生看来，说“志”与“持”，皆未尽底蕴。于是，更进一解云：

> 《关雎序》云：“诗者，志之所之，在心为志，发言为诗”，《释名》本之云：“诗，之也；志之所之也”，《礼记·孔子闲居》论“五至”云：“志之所至，诗亦至焉”；是任心而扬，唯意所适，即“发乎情”之“发”。《诗纬含神雾》云：“诗者，持也”，即“止乎礼义”之“止”；《荀子·劝学篇》云：“诗者，中声之所止也”，《大

> 略》篇论《国风》曰："盈其欲而不愆其止"，正此"止"也。非徒如《正义》所云"持人之行"，亦且自持情性，使喜怒哀乐，合度中节，异乎探喉肆口，直吐快心。《论语·八佾》之"乐而不淫，哀而不伤"；《礼记·经解》之"温柔敦厚"；《史记·屈原列传》之"怨诽而不乱"；古人说诗之语，同归乎"持"而"不愆其止"而已。陆龟蒙《自遣诗三十首·序》云："诗者，持也，持其情性，使不暴去"；"暴去"者，"淫""伤""乱""愆"之谓，过度不中节也。夫"长歌当哭"，而歌非哭也，哭者情感之天然发泄，而歌者情感之艺术表现也。"发"而能"止"，"之"而能"持"，则抒情通乎造艺，而非徒以宣泄为快有如西人所嘲"灵魂之便溺"矣。[①]

"之"之于"持"，一纵一敛，一送一控，相反而亦相成，在训诂释义学上又合于《管锥编》所拈出的"背出分训之同时合训"的类型。《说文》，收字取象，自具辩证，堪为示例。

① 《管锥编》卷一，第57~58页。

第五章 《说文》意象系列与中国神话思维

第一节 弓矢意象

《说文》中《弓》《矢》两部都不能算是大部，但如果将《大部》的“夷”（从大从弓）、《疒部》的“疾”（从疒，矢声）诸如此类的字群连类起来，我们就不难发现，“弓”“矢”联成一气，向我们传达着古代人围绕“弓矢”意象所凝结的敬畏、尊崇、忌恨等种种复杂心态意绪。本篇就《说文》中的“弓矢”意象着重探讨以下三个问题。

一、《说文》中“弓矢”的象征意蕴

考察《说文》中取象于“弓”“矢”字的构形、解析，我们首先可以发现这样一种现象：与“弓矢”意象相联系适构成相反相对的两种意义，即方向趋向两极的情感价值，同构于“弓矢”一类意象。

《说文·口部》：“吉，善也。从士、口。”许慎说解字形是依据已发生讹变的小篆，甲骨文“吉”字出现频率最高，字形作①、②，其中的形，叶玉森以为是矢锋，③可见“吉”字本取象于“矢”。“”“”形在甲骨文中多表示居室。上古先民穴居，“”若“”实为穴之象形。我们知道甲骨文“出”字作④，“各”字（本义为“来”）作⑤，均取象于人足进出于居室。《集韵·迄部》：“詘詘，曲勿切。《说文》詰詘也。一曰屈襞。一曰充詘，喜失节皃。或从屈。”

① 胡厚宣：《战后京津新获甲骨集》3146，群联出版社1954年版。
② 《甲骨文编》卷三著录《合》118。
③ 参见李孝定《甲骨文字集释》卷二。
④ 《甲骨文编》卷五著录《前》7，28，3；《甲》256。
⑤ 《甲骨文编》卷五著录《前》7，28，3；《甲》256。

我们以为，甲骨文“吉”字取象于“矢”，象征“正直”之义。先看从“吉”得声兼表义的一系列字差不多均有“正直”之义：诘，《说文·言部》：“问也。从言，吉声。”实际就是“直言相问”，《广雅·释诂一》：“诘，责也。”桔，《说文·木部》：“桔梗药草也。从木，吉声。一曰直木也。”佶，《说文·人部》：“正也。从人，吉声。”颉，《说文·頁部》：“直项也。从頁，吉声。”

“矢”象具有正直的功能意义。有些少数民族过去以实物比况象征之法表现语言里较为抽象的语义，其中有的就仍以“箭矢”象征“正直”[1]。《说文》亦保存了“矢”象具有“正直”品性的资料，例如：《矢部》：“短，有所长短，以矢为正。从矢，豆声。”《工部》：“榘，巨或从木、矢，矢者，其中正也。又《彑部》：“彘，豕也。从彑，矢声。从二匕，彘足与鹿足同。”“彘”形亦取象于“矢”，甲骨文作[2]，即在豕形之上着一矢符。有的研究者以为这是由于古代“豕”为狩猎对象，所以造字者遂平添一“矢”符。按此说殊皮相。古代猎狩对象自不限于一豕一兽，然则其他动物诸如马、鹿、豕、雁等走兽飞禽之类在造字取象时都必须平添一“矢”符的了？我们以为，“彘”字取象在初可能会与为施加巫术影响而在豕形上着矢中箭的原始狩猎壁画发生联系，然而当“矢”符在“彘”字结体中已作了声符，问题就不属这一层面了。“彘”字的语源就是“矢”，从“矢”得声，当有“矢”义。按照我们的“取类构形”的说法，这里“矢”符被取象到“彘”字结构里的时候，并不复是表明具体的“矢”，而是取“矢”象竖直耸立的特点，来象征一类具有“竖直耸立”的特征的事物。参见王念孙《广雅疏证》“端、直……贞……矢，正也”条，作为文献书证，我们这里只想举出下面都熟悉的两条：《〈山海经〉图赞》：“豪彘：则豕之族，号曰豪彘。毛如攒锥，中有激矢。”《北山经》“长彘”条：“长彘百寻，厥鬣如矢。”[3]皆可征“彘”字从矢之义，殆取象于其鬣之刚，其毛如锥也。

“吉”字在初取象于“矢”，《说文》释“吉”为善，适见古代社会的道德判断：正直就是吉，吉就是善，“吉善”作为“德”的价值取向，二者亦相

① 《汉字取象论》一。

② 《汉语古文字字形表》卷九，第 267 页。

③ 《全上古三代秦汉三国六朝文·全晋文》卷一百二十《郭璞》。

应相合。甲骨文“德”字结构为徝[1]，即从“直”构形，兼从“直”得音。可谓与“吉”字取象若合符节了。而殷墟卜辞中“吉”字就是作为“善”“吉利”之义而使用的。例如：

> 己未卜王贞气㞢 于祖乙王吉兹卜。(《佚》894)
> 王固曰吉亡祸。(《乙》3427)[2]

“矢”象既然具有正直、合德、吉善的品格，古代赋予此象以肯定的情感态度就是非常自然的事情。

以箭矢祈求吉庆的心态，在一些少数民族中至今仍有孑遗。永宁纳西族多在家中供奉几支箭，认为这些箭能避邪驱鬼，保证家庭的吉祥安宁。[3]

在实际生活中，箭矢与弓弩总是相互依存的，两个意象之间发生流转、替换也就是习见惯道的现象。《说文·喜部》：“喜，乐也。从壴从口。”而“喜”的一个异构则从“宀”和二弓二玉，写作[illegible][4]，其造字意义为室中有弓、玉为喜。

人类社会自父权取代母权以后，似乎就产生了重男轻女的意识，是故生男是人生之喜，而“弓”这一意象也就与男子结缘甚古。《礼记·内则》：“子生，男子设弧于门左。”《说文·弓部》：“弧，木弓也。”《诗·小雅·斯干》：“乃生男子，载寝之床，载衣之裳，载弄之璋。”显而易见，生男之喜，即有设弧（木弓）弄璋（玉器）之意象。这对于[illegible]字取象表义，不啻是作了一个注脚。

生男之喜，以弓箭作为意象标志，在一部分少数民族中流行至今，如在辽宁满族地区，“生男孩则在家门口悬挂小弓和箭”；在珞巴族，“不管谁家生了男孩，邻居和亲友都要登门祝贺，送来弓箭作为礼物”。

另外，古代盛行天子赏赐功臣以弓矢之礼。《诗·小雅·彤弓》：“彤弓弨兮，受言藏之。”《序》曰：“《彤弓》，天子锡有功诸侯也。”《说文·弓

---

① 《殷契粹编》864。
② 《甲骨文字典》卷二“吉”字条，第 93 页。
③ 宋兆麟：《中国原始社会史》，文物出版社 1987 年版，第 467 页。
④ 《玉篇·宀部》。

部》："弨，弓反也。"段玉裁注："弓反为弨之本义，弛之则亦反矣。"这说明古代平时良弓收藏，要先松弛过来。《尚书·文侯之命》中亦有彤弓的记载：周自东迁以后，平王以晋文侯迎立有功，赐以"彤弓一，彤矢百。卢弓一，卢矢百"。而这类记载最为集中的则是《左传》。《文公四年》："王于是赐之彤弓一，彤矢百，卢弓矢千"；《僖公二十八年》："晋侯献楚俘于王，赐之彤弓一，彤矢百，卢弓矢千"……

然而，还有一种相反的情形：《说文》有"疾"字，从矢得声。又有"𥏻"字，亦从矢构形。《说文·矢部》："𥏻，伤也。从矢，昜声"。《说文·人部》："傷（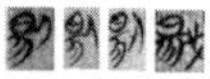简帛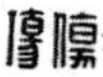汉印），创也。从人，𥏻省声。"对照即辨，实际大徐本《矢部》所存结构从矢昜声，形体有出入。楚简或从人昜声，或从戈昜声。《古文四声韵》及《类篇》均列"伤"字或体。凡此种种，适又表明，"弓矢"意象不仅与吉善功德相联系，而且还与引起人们恐惧忌讳的祸患有关：正负两种情感态度，方向相反相违，同时体现在一弓一矢意象之中。

《管锥编》曾反复揭举："一代于心性之结习成见，风气扇被，当时义理之书熟而相忘、忽而不著者，往往流露于文词语言。"[1]在语言中，"矢箭"意象也多与人之祸患发生联系。例如：伤人之恶风曰"箭风"，宋高似孙《纬略·避风》："孙思邈论卫生，以为人当避暗风、箭风。"居丧所佩之竹簪曰"箭竹"，《仪礼·丧服》："箭竹长尺。"翟灏《通俗编·服饰》："古丧制：妇人笄用筱竹，曰箭竹。"心极痛楚曰"万箭穿心"，仇至深切曰"一箭之仇"，祸之难避曰"暗箭伤人"……也反映了人们在"弓矢"意象之上凝结的畏惧心理。

在一些原始文化遗址，如江苏邳县六墩子墓地及云南作谋大墩子、山西绛县等地，均发现一些带有箭头的骨架，表明死者系中箭而亡。这种情况，表明弓箭确实又是常致先民于祸患的东西。从中很可以揣摩古代人创造"疾""𥏻"等字认知心理依据。

由此可见，在古代某个历史阶段，"弓箭"乃是一种令先民既尊崇又畏惧的具有二重品格的意象。这种既矛盾又统一的情感是怎样形成的呢？要弄清这个问题，需要回顾一下弓箭的出现对于先民生产活动的影响。人类在

① 《管锥编》卷三，第909页。

进入农业经济以前，是以猎狩为维持种族繁衍的主要手段。对于当时人类来说，弓箭的发明，意义自不待言。摩尔根把弓箭的发明作为蒙昧时代高级阶段开始的标志，考古学上则把它看成是“中石器时代”的特征之一。有了弓箭，对狩猎效率的大大提高自不用说。依仗弓箭，可避免与猛兽的近距离接触，从而大大减少狩猎中的危险和伤亡。但对于先民来说，在部族战争过程中，弓矢既是有利的武器，又是陷己于厄运的凶器。由是，古代人赋予“弓矢”意象相反相待的矛盾情感价值态度也就是非常自然的。①

“弓矢”意象又具有灵性认知的。《说文·玉部》“靈，巫以玉事神。从玉，霝声。”我们从《说文·玉部》所收“琀”“瑱”“瓏”等一类字及其有关说解②，联系《山海经》以玉祭神的统计③，不难认识“玉”在古代社会的神灵品性。《集韵·青部》：“靈靈霛䨩詈，郎丁切。《说文》靈巫以玉事神。一曰善也。又姓。亦州名。或从巫。古作霛䨩詈。俗作霊，非是。”《广韵》所收“靈”字古文即作霛，异构换“玉”符为“弜”，在《比丘道宝记》中“弜”字又是“王”字之异构。古代思维，三表多数。从三弓之“王”的造字意义，当是以弓多者为王。④吴其昌认为“王”字的古文取象于斧形，其释曰：“古之王皆以威力征服天下……故斧，武器，用以征服天下，故引申之，

① 参见刘志基《汉字中所见几个先民崇拜物》。

② 《说文·玉部》：“瓏，祷旱玉，龍文。”“瑱，以玉充耳也。”“琀，送死口中玉也。”

③ 《山海经·五藏山经》各篇最后都概括着该山区的山数、祭该山神的玉类祭品。此书据统计，我国山地共被分为二十六个山经，其中有二十一个山区祭神用玉石，只有四个山区未用，一个因文漏记而不明。

④ 按从三弓之形，以其后起，未足信据。《从唐抄本字书看楷字整理对形音义关系的影响》刊载于《中国文字研究》2008年第2期，其中“州—弜—霛”详记：“《名义》：‘弜，口舟反。古州也。’《宋本》本部脱文。《汉语大字典·弓部》有著录，出处为《龙龛手鉴》。从《名义》所抄存来看，至迟南北朝已经使用该字形。弓、刀同类，且楷化过程形态易混。北魏《元寿安墓志》州作，《寇治墓志铭》作，《晋书》卷一二七《慕容德载记》时谣曰：‘大风蓬勃扬尘埃，八井三刀卒起来。四海鼎沸中山颓，唯有德人据三台。’其中‘八井三刀’指并州，描述了‘并州’地理用字的楷化情形，而且当时是盛行的。《复古编·下平声》：‘，水中可居曰州。从重川。别作洲，非。职流切。’所存篆文组织为接近三‘弓’形。据此推知，从三‘弓’之州形，即等‘三刀’之类，皆系‘州’字楷化过程一体之变异。魏晋南北朝石刻资料库记录《寇霄墓志》等凡用21靈字，为高频用字。构造或从巫或从玉或从器，无用从三弓者，从三弓已经完全丧失构造理据。‘靈’字异体作霻、霝、霛、霊、霗等，其中‘弜’有可能即‘州’形之变，‘州’殆即‘㑹’省，咒、呪、㑹、詋通用，然则古文‘霛’跟巫师方士诅咒有关，特标志其功能耳。”

凡征服天下者称王。”世界各地考古发掘中石器时代石斧的大量出土表明：斧在上古初民生活中占据重要地位。因此，以弓矢的形象表示“王”，与用斧的形象象征“王”，两种意象可得互相替代转换，体现在造字上就是两符可构成异体字，认知过程也算得上水到渠成了。

《说文》中“弓矢”意象既然具有如此神灵的意味，而弯弓射箭的仪式，在古代不待说自具相当的意义了。《矢部》：

（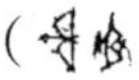甲骨金文简帛石鼓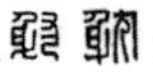汉印石刻），弓弩发于身而中于远也。从矢从身。，篆文䠶。从寸。寸，法度也，亦手也。

据所列，甲骨金文记载“射”形结构，都是取象于射矢人事活动。《说文》所著录篆文取象一变而为从身从寸。学者或指责《说文》所收“射”字讹误变形，其实这尚是粗浅、简单化的做法。《说文》中的确存在不少讹误字形认知，说解分析亦失精当之处，自无须为贤者讳。不过，这里特别提出应当注意《说文》中的“讹误有理化”问题。就是说，今天研究《说文》应当具有历史层次眼光，关注《说文》所出字形、所加分析说解及由此产生的历史环境，不管这一历史背景是已经流变抑或废弃。

《说文·矢部》取象于“身”，为“射”之行为“近取于身”，换“矢”象为“寸”，适表明“矢”亦有取于人体也。《说文·寸部》：“寸，十分也。人手却一寸，动脉，谓之寸口。”由于诊脉须把握腕下一寸的标准，“寸”也就具有了“法度”“准则”之义。例如《说文·寸部》：“寺，廷也。有法度者也。从寸，之声。”古语“大理寺”，即今语之“法庭”。据称，即使是作了“佛寺”，也仍然是有法度的，《一切经音义》“盗塔寺物”条说：“《风俗通》曰：寺，司也，匡之有法度者也。今诸侯所止皆曰寺也。今若以义立名，则佛弟子助佛扬化、主持正法。”[①] 又如“冠”，《说文·冖部》：“冠有法制，从寸。”是说因人身份不等而各有定制。余例不赘。明白了“寸”符所指的内涵，我们就可以对从身从寸之“射”的造字取象意义有一个比较清楚的认识：

① 慧琳《一切经音义》卷二三，第12页。

“身”义指涉人体，“寸”符既然表示法度、准则，则“射”字的取象意义当为“人之立身有道”，换言之，在《说文》的“射”所指涉的“射矢”仪式活动中，“弓矢”意象已经获得了极为抽象的象征隐喻性的内涵了。

《说文·大部》：“夷，平也。从大从弓。东方之人也。”这“东夷”被当时认知有何德性呢？《说文·羊部》“羌”字之下解释比较四方之民的特征时指出：“唯东夷从大，大，人也，夷俗仁，仁者寿，有君子不死之国。孔子曰：道不行，欲至九夷，乘桴浮于海。有以也。”看来，讲仁义道德的大圣如孔子，在“道不行”之际，浩叹“吾谁与归”时竟首先就想到了这一同道——“东夷君子”，可见“夷”人的道德之高尚了。由此例亦不难看出，“夷”体中的“弓”符已经作为一种意象出现，具有象征道德规范的隐喻义功能。

“弓矢”意象及其所指涉的“射仪”所具有的这一象征隐喻内涵，在中国发生的文化背景是相当深远的。《礼记·射义》里面还有不少有关“射仪”的说明，诸如：“射者，仁之道也。射求正诸己。”“射求正诸己”，这是实在的；“仁之道”这一端是抽象的，二者在“弓矢”意象所具有的象征隐喻功能上取得了联系。下面的描述同理：“以立德行者，莫若射，故圣王务焉。”“故射者……此可以观德行也。”可见“射仪”已经成为人的德行的外化，故无德不肖之徒不可与焉：“射者何以射？……其唯贤者乎？若夫不肖之人，则彼将安能以中？”正因为“射仪”干系如此重大，所以古代统治者还往往以此作为选才任贤的标准：“古者天子，以射选诸侯、卿、大夫、士。”“射侯者，射为诸侯也，射中则得为诸侯，射不中则不得为诸侯。”

因此，“射”很早就被规定为古代教育的内容之一。周代教学内容为“六艺”，“射”为其一。古代学校称作“庠序”，《说文·广部》：“庠，礼官养老。夏曰校，殷曰庠，周曰序。从广，羊声。”“序（石刻），东西墙也。从广，予声。”而“序”初文就写作。西周金文有，[①] 取象于在室内弯弓射箭。《说文·广部》：“广，因广为屋，象对刺高屋之形。”容庚先生考释说：

① 《金文编》卷九，第660页。

《说文》所无。新附从木作榭，经典讹作序。《礼记·乡饮酒义》疏："无室谓之序。"《尔雅·释宫》："无室曰榭。"序、榭古音同在遇韵，声训皆同，故知序为榭之讹。而《周礼·地官》"州长以礼会民而射于州序"，《孟子》"序者，射也"之"序"皆当作⿸广射。《唐韵》云：古者序榭同。盖久矣，相沿而莫辨矣。又假用谢，《左·宣十六年传》：成周宣榭火。《公》《穀》作谢。《⿰射阝簋》："王各于宣谢"；省"广"。《虢季子白盘》："王各周庙宣⿸广射。"①

从《金文编》上面的考证可知，"序"之初文从"射"，或者说，"射"便是"序"（⿸广射）得名之原始。足见"射"艺在"序"也就是古代教育中的地位非同等闲，即在"六艺"（礼、乐、射、御、书、数）中也算是最具代表性的一类，否则"⿸广射"字之造，就不会独取于"射"了。

要之，《说文》中有关"弓矢"意象的象征意蕴与中国古代"射仪"的关系是多方面的，和中国古代礼制文化的联系也是颇为复综的。环绕《说文》有关弓矢意象所积累的初民崇拜、敬畏、恐惧等情感态度、价值观念，以下的两个专题可以作为视点。

二、《说文》中的"射日"意象本事

"射日"故事，在中国神话传说中影响极其深永。《说文》中有关"射日"仪式的"本事"记忆，集中体现于"晋""羿"两文的取象构形及其解说过程中所提供的联系上面，下面分别予以考释。

首先来释"晋"。

《说文·日部》："，进也。日出万物进。从日从臸。《易》曰：明出于地上晋。""晋"在《说文·日部》中所收字形取象于"臸"和"日"，此字结体甚古，甲骨文、金文与此形稍异，分别作：

。②

① 《金文编》卷九，第660页。

② 分别见《甲骨文编》卷七，第1页所录《铁云藏龟拾遗》13，1;《金文编》卷七，第456页所录器:《格伯作晋姬簋》《晋公簋》。

刘志基以为这个从双“矢”的“晋”，实即“箭”形的初文，其取象意义正体现了“射日”的传说在先民心理上的深切影响。[①]他曾有精密考察，为便省览，兹撮要摘录如下：

《周礼·职方氏》：“其利金锡竹箭。”郑玄注：“箭，篠也……杜子春曰：‘晋当为箭，书亦或为箭。’”显然，《周礼》的这段记载，有过“箭”写作“晋”的异文，否则，杜子春就不会有此改字之说。“晋”与“箭”的用字互换，并非仅此偶然一遭，《周礼》校勘记：“《汉读考》云：‘大射缀诸箭。’注：古文箭为晋。”《说文·日部》段注“晋”下云：“《礼》古文、《周礼》故书皆假‘晋’为‘箭’。”“箭”下又云：“按《吴越春秋》：‘晋竹十瘦’，‘晋竹’即‘箭’。”显然，“晋”与“箭”，是古今互换使用的两个字形，具体说，在记录“箭”这个词时，最初用“晋”这个字形，后来才用“箭”这个字形取而代之。

从字音上看，“晋”与“箭”同纽异部，“晋”属精纽真部，“箭”属精纽元部。虽“真部”与“元部”关系极近，在顾炎武的古音十部中尚合而未分，然二者终非同音。因此，在上古音中，“晋”与“箭”只算音近而非音同。但是，“晋”在古音中却是个多音字，《周礼·冬官·考工记·庐人》：“晋围。”《释文》：“晋，又音箭。”《集韵》“晋”下亦有“子贱切，音箭”的注音。显然，“晋”另有一读正与“箭”同音。而这一读音，或许正是“晋”字的本音，即作为“箭”的初文时的读音；而属“真部”那一异读则是后起的，即“晋”被假借作他字，而本义写作“箭”以后才有的。

“晋”与“箭”不但用字可以互换，声韵无殊，而且义训亦复相同。《释名》曰：“箭，进也。”《说文·竹部》：“箭，矢也。从竹，前声。”夫“箭”之为用，必发之于前。“箭”字既从“前”得声，实亦兼受义，故在语源学上，“箭”与“前”实为一语之孳乳。

最后需要讨论的是所剩下的字形问题，也就是说，先民为何要取象于二矢射日来记录“箭”这个词，以及作为“箭”这个词的书面记录，“晋”字为何终于被“箭”字所取代了的。

伊斯特林在《文字的产生和发展》一书中指出古埃及文的造字方法，有

---

① 参见刘志基《汉字中所见几个先民崇拜物》。

一种所谓“解谜法”，即“词和图形之间的联系对局外人而言是谜一般的，此种联系是以某种传说或迷信为基础”[①]。比如古埃及人在文字中用一根鸵鸟羽毛的形象来记录“正义”这个词，因为埃及人传说鸵鸟两翼的全部羽毛是大小一样的；古埃及文字又用棕榈树枝的形象来记“年”这个词，这是因为埃及人相信棕榈树每年正好长出十二个树枝。在上古，汉字中一部分字形结体也与某些神话传说巫术仪式发生复杂错综的联系。“射日”的传说在中国古代人的观念中存在着稳固弥久的影响，而这种影响使得人们将“箭”与“日”联系起来，就是非常自然的事情。于是，说到“箭”，人们总不能忘怀其射日的神秘超常的功能。由是，以二矢射日的取象来构造“箭”字，也就是以功能特征代表整体的取象方式。

类似的情形，在汉字取象构形中要非绝无仅有，下面顺便举两个例字。甲骨文“虹”字作[②]，取象于二首之龙。而以此象造“虹”，也是基于神话传说。《山海经·海外东经》：“虹虹在其北。各有两首。”郭璞注：“音虹。”按“虹”即“虹”字异构。以两首之龙的取象营构为“虹”字，与《山海经》所载神话传说合若符契。又如“羿”字，按《说文》的记载，取象于古代“后羿射日”的巫术仪式，具见下文所考。

然而，作为“箭”这个词的书面记录，“晋”为什么终于被“箭”字所取代了呢？这种情况，其实也是同射日的神话传说对古人心理影响的渐趋淡化相联系的。不待言诠，射日的神话原是巫术时代的思维观念，而随着社会的发展，巫术渐歇，至为理性思维所取代，人们对诸如射日这类神话终将产生疑问。屈子就曾发问：“羿焉弹日？”[③]降至汉代，人们更认为“射日”传说直是无稽妄说，王充就曾如此质疑：“儒者传书言：‘尧之时十日并出，万物焦枯。尧上射十日，九日去，一日出。’此虚言也。夫令射也，不过百步，矢力尽矣。……天之去人，以万里数，尧上射之，安能得日？”[④]

显而易见，正由于对弓箭神灵的怀疑以至否定，致使人们对以二矢射日之形去论“箭”这个词的作法不能解释，终于以从竹前声的“箭”取而代

① 《文字的产生和发展》，第140页。
② 《殷虚书契前编》7，7，1。见《甲骨文编》卷一一，第14页。
③ 《楚辞·天问》。
④ 《论衡·感虚篇》。

之。[①]“晋”字的取象流转过程告诉我们这样一个规律：历史上的某个字形表示的字义转移抑或废弃，说到底在于该字形所取象的文化背景的流动乃至失落。

其次来说“羿”。

《说文》中“羿”字取象所隐括的意象，也是“射日”仪式的概括摹拟，亦为同一神话传说、巫术思维历史背景的具象反映。[②]

《说文·羽部》：“羿，一曰射师。从羽，幵声。”是说“羿”字本从“幵”得声，后来写作“羿”，原是隶定楷化的省变，就成了我们今天看到的这个样子。徐灏《说文注笺》：“羿从幵声，与笄同例。幵声古音在元部，转入脂部。隶省作羿。”下面是《说文》中“幵”作为声符的连类情形：“鳽，䴔䴖也。从鳥，幵声。”《尔雅》：“鳽，䴔䴖”；注：“似凫脚高毛冠。江东人家养之以厌火灾。”值得注意的是这个从“幵”得声的“鳽”的功能在于“厌火灾”，火灾亦即干旱意象的转形。又如：“妍，技也。从女，幵声。”段玉裁注：“技者，巧也。”另外，《说文·弓部》还出一个“䢅”字，亦从“幵”得声，其说曰：“䢅，帝喾射官，夏少康灭之。《论语》曰：‘䢅善射。’从弓，幵声。”其实，从同字异构的角度来看，从“羽”之“羿”，与从“弓”之“䢅”不过是异体别形，《玉篇·弓部》：“䢅，又作羿。”

从声符联系来看，“羿”字取象构形所可注意者有二：一是“善射”，一是“羽”象与“弓”象在同字异构的过程里发生联系。前者到眼即辨，后者须稍作说明。

异体字间发生的字符部件替换，最能体现意象间的流转、扩展及意象本身指涉的逻辑概念的外延。《说文》中“羿”字复可换“羽”符作“䢅”，“羽”“弓”二象异构于一字，这就给我们充分认识《说文》中“羿”这一文化意象开辟了新的视角。换言之，“羽”象和“弓”象，统一于“羿”这个意象之中，是可以互相补足的。同样是该字异构的情形，印证了我们上述推

---

① 单位文字史的事实也基本与我们的推测相应。按慧琳《一切经音义》卷三“箭筈”条下说：“（箭）煎线反，俗字也。”“箭”字最早见于《鄂君启车节》，构形作箭，《说文·竹部》始见“箭”字，至《屈延简甲》19B已经潦草到“艸”“竹”不分，构形为“萷”。见《汉语古文字字形表》卷五，第1页；《秦汉魏晋篆隶字形表》卷五，第1页。

② 参见《语象论》二三《“上古善射者皆曰羿”：文字取象于神话》。

论，《龙龛手镜》“羿”字下又出异构，即从“弓”从“羽”，合两象于一体作“⿱羽弓”。为了方便观察，我们列出“羿”字异构的换象过程也就是义类联系过程：

构形取象： “羽”象 《说文·羽部》 （羿）	→	构形取象： “羽”象＋“弓”象 《龙龛手镜》 （⿱羽弓）	←	构形取象： “弓”象 《说文·弓部》 （芎）

在这个同字异构的流变过程里，作为语言描述的对应符号始终是同一个字（对应于语符），等于什么变异也没有发生。但作为构形符号（对应于字符），则发生了涉及二个取象字符间的替换组合：“羿”所取之象为“羽”，“芎”主要取象于“弓”。指向“善射”之“弓”，表现为手段，目的即在“射日”。“日”为旱象，由此又可以说目的在于“弭旱”。按古代文献，“弭旱”之象，多取丁“羽”。尽管可以考虑到古代也许确曾存在过以羽毛为矢尾的情形（如《周礼·考工记·矢人》注：“矢……羽者六寸。”），但若联系到传世文献里“羽”象原本自具“舞旱”的完足的意义指向，还是将“羽”象理解为“弭旱”的取象较为持之有故些。《楚辞·天问》：“羿焉彃日，乌焉解羽？”“羽”之“解”，即等“日”之“彃”，“乌”象原属“日”中所有，故可径视为“日”的指代。古代“弭旱”往往诉诸一种类似舞蹈的巫术活动、宗教仪式，而这类活动是离不开“羽”象参与的。《说文》给我们提供了这方面的消息，《舛部》在“舞”字下收了一个古文，即取象于“羽”，异构作“𦏶舞”，其说解是：“古文舞，从羽、亡。”《集韵·噳部》：“舞僢𦏶，罔甫切。《说文》乐也。用足相背。或从人。古作𦏶。”《虞部》：“雩⿱羽亏，云俱切。《说文》夏祭，乐于赤帝，以祈甘雨。或从羽。雩，羽舞也。一曰吁嗟，求雨之祭。一曰远为百谷祈雨。”古代祈雨的祭祀舞仪叫作“雩”，《说文·雨部》：“雩，夏祭乐于赤帝以祈甘雨也。”“赤帝”亦无非旱象，而这个“雩”，《说文·雨部》或体异构作“⿱羽亏”，适又从羽取象。连类而观之，这个“羽”象所指即为古代求雨祭祀时巫者所执娱神之饰物，《集韵·遇韵》：“⿱羽亏，缉羽也，雩祭所执。”又按《周礼·地官·舞师》：“教羽舞，帅而舞四方之祭

祀；教皇舞，帅而舞旱暵之事。”“皇舞”之“皇”，或异构作“翌”，亦从羽取象；郑玄注：“皇舞，蒙羽舞，书或为翌。”

“弭旱”——从“羽”取象——为目的，“射日”——从“弓”取象——为手段。“羿”一字二象数形，隐括了作为射师所具“善射”特征，也就无妨看作是关于一切射日神话传说的历史背景的概括、描摹认知。同样，“弓”的取象在这里所指自然并非为具体的弓矢，而是体现着神物崇拜的色彩。《山海经》里所反映的中国神话巫术仪式可以归纳为三个类型：一是把某种动物、植物夸张连类为神物；二是将某些原始工具夸张为神物；三是把某种受原始巫术（魔法）支配的东西夸张连类为神物。“射日”仪式取象之“弓”，则不妨视为二、三两类因素兼而有之。这样就容易理解，为什么中国神话传说里将那么多“射日”、除灾的记载，全部聚集凝结为一“弓矢”意象。这种情形，同中国神话传说中“钟馗”之神的诞生毫无二致。古代把大木称为“椎”，齐人缓言之则曰“钟葵”；而大木棒又可用来驱鬼，由是，神话里捉鬼者专名为“钟葵”（结构形态或亦作“钟馗”）。是大棒“椎”人格化为“钟葵”，抑或“钟葵”得名，即在于大棒之“椎”呢？恐怕是二者发生在同一过程里，未许只顾一边。

“羿”（芎）构形所取的“弓羽”意象，质言之不过是“弭旱仪式”的高度凝缩。人类学者将这类文字所对应的语言概括为“仪式用语”[①]。{羿芎羿}结构认知原理：“射日”，作为“巫术仪式语言”之思维表象解会可也，而不必尽如汉代王充危坐庄论，一一指实：“天之去人，以万里数，尧上射之，安能得日？”

“羿”之取象构形，对应的是“仪式语言”，即“巫术思维”认知。古代文献中还将“弓矢”与“日”联系在一起，《周礼·秋官·庭氏》：“掌射国中之夭鸟，若不见其鸟兽，则以救日之弓，与救月之矢射之。”古代人也就将“弓矢”的发现制作、诸般功能，均积累于“羿”之一人之身：《论语·宪问》：“羿善射。”《墨子·非儒下》：“古者羿作弓。”《管子·形势解》：“羿，古之善射者也。”《荀子·儒效篇》：“羿，天下之善射者也，无弓矢则无以见其巧。”《吕览·勿躬》：“夷羿作弓。”《庄子·秋水》成玄英疏引《山

① 李安宅编译：《巫术与语言》，上海文艺出版社 1988 年版，第 28 页。

海经》云："羿射九日，落为沃焦。"[①]《孟子·告子上》："羿教人射，必志于彀。"《淮南子·本经训》："尧之时，十日并出，焦禾稼，杀草木而民无所食。猰貐、凿齿、九婴、大风、封希、修蛇皆为民害。尧乃使羿诛凿齿于畴华之野，杀九婴于凶水之上，缴大风于毒丘之泽，上射十日而下杀猰貐，断修蛇于洞庭，禽封希于桑林。万民皆喜，置尧以为天子。"有关羿射日的传说，最详备者莫过于此。据丁山所考，这段文字中所说的被羿所诛杀的害民之物，"封希"是主涝的淫雨之神，"猰貐"是主旱的雩神，"大风"是能"坏人屋舍"的"风伯"，"修蛇"则是一种能口吞大象的巨蛇，而"凿齿""九婴"则为北鄙敌对的异族。[②]至此，连同被羿射下的那九个太阳，羿所诛除的为祸患者，已经包括了天灾、人祸……这实际上也就象征了先民生存于世的忧患总和。就是说，按后世文献的记载，"羿"这一意象所隐括的范围，早已不限于所谓"射日"；用钱锺书先生的话来提絜，就是上古凡善射者皆曰"羿"。[③]

如果对前面所引的有关记载联系起来考察，便可发现羿作为一个神话人物其名原或许就是尧的"弓矢"。否则，为什么羿为民弭除了那样繁多的天灾人患而万民不去拥戴羿，却"置尧以为天子"呢？而且有的文献记载干脆就直接写作"尧射日"（《论衡·感虚》）。关于"羿"的下落，"羿"这一意象与"羽"（舞雨仪式）、与"弓"（射日仪式）两边的亲切联系，作为旁证，我们还可以找到一些。一是"羿"号"有穷"，亦与"弓"大有联系。"有"按通例不过如同"有虞""有周"之"有"，词头而已。"穷"与"弓"同源："穷"从"躬"得声，"躬"又从"弓"得声，《说文·弓部》："弓，以近穷远。象形。"二是从后世有关羿的宗教活动中得到一些旁证。按《淮南子·氾论训》载，"羿除天下之害死而为宗布"；高诱注："羿有功于天下，故死托祀于宗布。……一曰今人室中所祀宗布是也。"刘文典《淮南鸿烈集解》引孙诒让云："宗布，疑即《周礼·党正》之祭禜，《族师》之祭酺。郑注云：禜

① 按毕沅校本阙。

② 丁山：《中国古代宗教与神话考》，上海文艺出版社 1988 年版，第 267~269 页。

③ 《管锥编》卷二，论《太平广记》卷七。在中国古书里会看到很多药物转化为神灵（如人参变为神童之类），工具人格化为神祇如弭旱仪式所用射弓变形为善射之"羿"、椎即"柊楑"变形为驱鬼之"钟馗"、测日时之圭表变形为"夸步"或作"夸父"、神医"华佗"得名来自印度梵语"药囊"之转译等。

谓雩禜，水旱之神，酺者为人物灾害之神也。禜酺并除灾害之祭。羿能除害，故托食于彼，义正相应也。”孙氏所作推测疑是。按“禜”与“宗”两字声、韵都相隔甚远，“宗布”之“宗”，当是“禜布”之“禜”，字形相近而生讹。杭世骏订说曰：“《礼记》：幽宗，祭星也；雩宗，祭水旱也。注：宗皆当为禜字之误也。《释文》幽宗、雩宗并依注读为禜，荣敬反。”①“禜”即《礼记》所载“雩禜”，亦即“翌禜”。而“布”“酺”于例可得通用：“酺”从“甫”得声，“甫”又从“父”得声；“布”亦从“父”得声。②由是，“宗布”也就是“禜酺”，与“羿”作为意象的功能义正相应合。

图 5-1 海外庋藏青铜器——成对鎏金铜铺首③

“羿”字取象构形，与有关“弓矢”意象所对应的“巫术仪式”，适表明传说中的“射师”实际上不过是先民祷雨弭旱、以羽为舞的一个高度具象而又概括化的符号。这一概括化过程，积累了若干层次的历史文化内涵，并纯粹著明地体示了上古的一个巫术认知规律。

从这个意义上，我们可以将“羿”看作是一个具有概念功能的词语。由是，钱锺书先生关于“上古善射者皆曰羿”的表述，要言不烦，实抵得过文化人类学者之喋喋不休。卡西尔曾经专门阐释“语言与神话”的关系：神话

① 《订讹类编续补》卷上“宗”字条。

② 《说文·酉部》：“酺，王德布大饮酒也。从酉，甫声。”《用部》：“甫，从用、父，父亦声。”《巾部》：“布，从巾，父声。”《集韵·映部》：“禜，为命切。《说文》设绵蕝为营，以禳风雨雪霜水旱疠疫于日月星辰山川也。一曰禜、卫，使灾不生，引《礼记》雩、禜，祭水旱。”

③ 施万逸编：《海外庋藏中国青铜器金银器铜镜精品集》，文物出版社 2010 年版，第 83 页。

并不是按照逻辑的思维方式来看待事物的，而是有其独特的“神话思维”的方式，即所谓“隐喻思维”，这种“隐喻思维”同样具有形成概念的功能，只不过它形成概念（神话概念）的方式不能像逻辑思维那样靠抽象的方法从而形成“抽象概念”，而是遵循所谓“以部分代全体的原则”从而形成一个“具体概念”。[①] 从这个角度说，《管锥编》里所说的“羿”，就是相当于一个“具体概念”。语言史的事实告诉我们，如果一个专门名称由于语音的偶然变化而丧失了其原义，或由于词根的老化而失去了与活的语言的联系，当此时，“这一名称就不再向使用它的人提示某种单一活动的观念。于是，这个词语就演变成为一个专有名称，并且，和人的名字一样，这个名称就被附加上了一重人格概念的意义。……他现在参与各种各样的活动；但他已经不再像过去那样只是完成那一项职能”[②]。“羿”字取象及其意象替换，堪为认知示例。

三、《说文》中的“射侯”意象认知

《说文·人部》：“㑵，妎也。从人，疾声。一曰毒也。嫉，㑵或从女。”同从“疾”得声，《说文》收录了“㑵”“嫉”这样一组异体字。而《女部》“妎”下说：“妒也。”《集韵·質部》：“㑵嫉𢞏，昨悉切。《说文》妎也。一曰毒也。或从女从心。亦书作㑵。”《至部》：“嫉娼，疾二切。妒也。或作娼。”这表明，“嫉妒”乃人之常情，在初本无间男女。至于像“众女嫉余之蛾眉兮”（《楚辞·离骚》）即专门加到女子头上，以至成为女性专利的情形，当属后起。如宋代《集韵·夳部》：“妎嫴，下盖切。《说文》妒也。或作嫴。”又《怪部》：“妎，居拜切。女字。”一边用为性别中伤，一边用为女性专字。

“嫉妒”作为人类的复杂情感之一，古人视今，大概也不会有多少差别。“㑵”“嫉”皆从“疾”得声，而且先秦文献里“嫉”的语义，即靠这个“疾”字来记录传达。约示数例：

《左传·隐公四年》：“羽父请以师会之，公弗许。固请而行，

① 参见［德］恩斯特·卡西尔《语言与神话》第三、六章。其实，“尧”亦一“具体概念”，说具《洪水意象》部及相关脚注。

② 《语言与神话》，第48页。

故书曰：翚帅师。疾之也。”正义：“……书又加贬责。”

《论语·泰伯》：“子曰：好勇疾贫，乱也。人而不仁，疾之已甚，乱也。”疏：“疾恶太甚……”

《诗经·大雅·瞻卬》一章：“蟊贼蟊疾，靡有夷届。”正义：“如蟊贼之害禾稼然，为之无常，亦无止息时。”“贼”亦“害”也，而“贼”“疾”对文，故而《集传》说：“疾，害也。”

《诗·小雅·雨无正》七章：“鼠思泣血，无言不疾。”传：“无所言而不见疾也。”

《诗·卫风·伯兮》三章：“愿言思伯，甘心首疾。”

《诗·小雅·小弁》二章：“心之忧矣，疢如疾首。”

《孟子·梁惠王下》：“百姓举疾首蹙额”；赵岐注：“疾首，头痛也。”[①]

《公羊传·桓公七年》：“焚之其者何？樵之也。樵之者何？以火攻也。何言乎以火攻？疾始以火攻也。”《穀梁传·桓公七年》：“其不言邾咸丘何也？疾其以火攻也。”

《左传·成公二年》：“鲁卫谏曰：齐疾我矣，其死亡者皆亲昵也。子若不许，仇我必甚。唯子则又何求？”

《左传·成公十三年》：“我文公帅诸侯及秦围郑，秦大夫不询于我寡君，擅及郑盟，诸侯疾之。”

《管子·小问》：“夫牧民不知其疾则民疾。”

《淮南子·说山训》：“食草之兽不疾易薮。”

《史记·孙子吴起列传》：“膑至，庞涓恐其贤于己，疾之。”

然则，我们需要考察的首先是这个“疾”字的取象意义。《说文·疒部》：“疾，病也。从疒，矢声。”依照《说文·疒部》的解析，“疾”字从“疒”取类，从“矢”表声。

先来看“疒”的取象。《说文》：“疒，倚也。人有疾病，象倚箸之形。”比勘古文取象，《说文》的说解是直探字源，保存古义的。甲骨文“疒”取象

① 《管锥编》卷一：“今俗语有曰‘伤脑筋’……”，第99页。

构形为从人从爿（“牀”，今作“床”）：（《乙》738）、（《粹》126），于省吾先生就说：“疒为疒病之疒，（甲骨文）象人卧床上。”《说文·疒部》所录篆体作，可能是作为部首字而在结构上进行了调整，据此已无从观察到“疒”象人卧床倚箸之形了。

另外，“疾”字又从矢得声兼受义。换言之，“疾”字在初取象时的核心应该就是“人”形与“矢”形两个部分。检索甲骨文、金文等出土古文字“疾”字结体认知情形，可以证实这一推测：（《乙》383）、（《後下》35，2）、（《毛公鼎》）。[①] 王国维就据《毛公鼎》铭文“疾”字取象考释说：疾之本字，象人亦[②] 下著矢形，古多战事，人著矢则疾矣。[③] 按观堂所释，因“战事”而“人著矢”，由此比类合谊为“疾”。然则“疾”在初记录疾病认知，所指自当属“外科”之类。翻检先秦文献，有关“疾”字的记载，并无一例“中矢受伤”之义。古代典籍中传达“被兵为创”认知，使用的却是“病”字。《说文·疒部》：“病，疾加也。”这里只举一个都比较熟悉的《左传·成公二年》用例：

> 郤克伤于矢，流血及屦，未绝鼓音。曰：“余病矣！”张侯曰：“自始合，而矢贯余手及肘，余折以御，左轮朱殷，岂敢言病？吾子忍之。”缓曰：“自始合，苟有险，余必下推车。子岂识之？——然子病矣！”张侯曰：“师之耳目，在吾旗鼓，进退从之。此车一人殿之，可以集事。若之何其以病败君之大事也？擐甲执兵，固即死也。病未及死，吾子勉之！”[④]

这段文献中出现的所有的“病”字皆无一例外，传递“被兵创”认知。

然则，“疾”字构形，其取象本义到底传递何种“病候症状”？我们曾经专门探究过这个问题，以为“疾”字取象，从矢中人，如同世界各地发现的原始猎狩壁画，为了对动物施加巫术影响而要在这些狩猎对象身体上画上箭

① 《汉语古文字字形表》卷七，第21页。

② “亦”即古“腋”字，《说文·亦部》：“人之臂亦也。”

③ 《观堂集林·毛公鼎铭考释》。

④ 着重号系笔者所加。

头同质，大要是出于一种施行诅咒魔法，以达到控制影响的动机。只不过在中国古代文字取象过程里将施加巫术影响的对象，由动物转换成了人体而已。具体考察过程，这里不再罗列。①

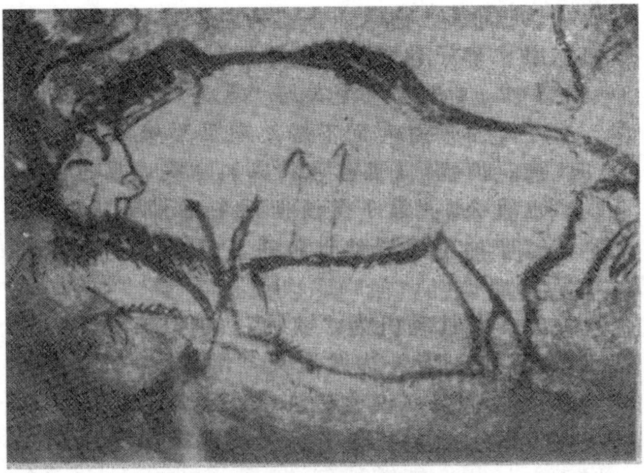

图 5-2 法国尼奥动物岩画②

在日本国语中，“疾”字的本义被分析为“因矢而中伤”（やまい〈疒〉と、し〈矢〉とを合わせて、矢によるきずの意），由此可以引申出“嫉”义（にくむ。ねたむ），也可以互相参照。③

要是明了“疾”字这一取象构形发生的字源背景意义，下面所见到的这些后世出现的字书文献所出诸“疾”字义项间的联系就是很好理解的：

1. 毒害之物；瘟疫。《左传·宣公十五年》：“山薮藏疾。”《国语·鲁语上》：“譬之如疾。”

2. 恨；憎恶。《字汇·疒部》：“疾，恶也。”徐灏《说文解字注笺·疒部》：“疾，又为疾恶之义。”

① 《钱锺书与中国文化精神》八。

② 腹部有箭簇符号的野牛，被认知为岩画具有巫术意义。

③ 《标准汉和辞典·疒部》。

3．嫉妒。《篇海类编·人事类·疒部》："疾，妒也。"《战国策·秦策五》："其为人疾贤妒功臣。"《新唐书·郭子仪传》："鱼朝恩素疾其功，因是谋谮之。"

4．非难。《礼记·缁衣》："君毋以小谋大，毋以远言近……则大臣不怨，迩臣不疾。"……

5．患；担忧。《玉篇·疒部》："疾，患也。"《论语·卫灵公》："君子疾没世而名不称焉。"《文心雕龙·诸子》："君子处世，疾名德之不章。"①

对于施"矢"者一方其动机为"嫉妒"，在中矢者一边就相应表现为"忧患"；在施矢者一边发泄其"憎恶"，在受矢者一端就相应反映为"受毒害"。《说文》亦保存了这方面的认知记忆。

《说文·疒部》所录篆形"疾"已很难辨识得出是取象于"人体中矢"，但《说文·疒部》此篆之下又出古文疾作㽽，正是由于《说文》一书保存了这一古文，承上启下，让我们能够找到"疾"字与甲骨文、金文取象于人体中矢的联系。

《说文·疒部》古文㽽从医，恰好是中国古代典籍记载的"射侯"之"侯"。甲骨文如《甲》2292、青铜器铭文如《保卣》《曩侯父戊簋》、玉刻文《侯马盟书》用字结构皆同医，正是一脉传承。《集韵·質部》："疾𤸫㽽，昨悉切。《说文》病也。籀作𤸫㽽。"韵书字汇贮存字际关系如此，结构分析认知，可以帮助重建"侯"字取象与"射矢"以及关于"射侯"仪式的联系。

上列古文"侯"，与"疾"字的古文取象认知相比勘，应该是以矢射人之形。然而我们孤立地就这群古文字形来观察的话，已不大容易看出"侯"字是从人取象的了。还是《说文》提供了联系的中介。《说文》"矦"字系《矢部》，其下出古文作医，看来和甲骨文等字形是一脉传承，并无大变异。分析字形取象认知："从人从厂，象张布矢在其下。"段玉裁《说文解字注》引《周礼》注云："侯制，上广下狭，盖取象于人。"《集韵·矦部》："矦医帿，胡沟切。《说文》春饗所躲矦也。从人从厂，象张布，矢在其下；天子躲

① 义项排列及书证均引自《汉语大字典·疒部》。

熊虎豹，服猛也；诸侯躲熊豕虎，大夫躲麋；麋，惑也。士躲鹿豕，为田除害也。其祝曰：毋若不宁矦，不朝于正所，故伉而躲汝也。一曰猴也。维也。古作医。或从巾。”又：“鍭，《说文》矢金鏃翦羽谓之鍭。”系出于关联同源词的考虑。又《集韵·旨部》：“矢笶夭矢，矧视切。《说文》弓弩矢也。从入，象镝括羽之形。古者夷牟初作矢。或从竹。古作夭夭矢。一曰陈也。”

医、侯结构，取象不二：医，《说文·矢部》篆文作矦，其上部从“人”，一望而知；“侯”字从人从矦，《说文通训定声·履部第十二》：“矦，此古文矢字。”并注明此字系“据矦篆说解补”，按“矦”又或为形声结构的合体字：“（矦）又从尸声，《尔雅·释诂》：屎，陈也。《广雅·释诂二》：屎，陈也。皆即古文矢。”[①]

“侯”字是否就是取象于以矢射人，《说文》亦透露了个中一些消息。“矦：春飨所射矦也。从人从厂，象张布矢在其下。天子射熊虎豹，服猛也。诸矦射熊豕虎。大夫射麋，麋，惑也。士射鹿豕，为田除害也。其祝曰：毋若不宁矦，不朝于王所，故伉而射汝也。”

这段关于“侯”字的说解，为我们保存了古代“侯制”、所射对象、射侯功能、射侯原因、射侯性质，等等。下面就联系古代典籍里面有关“射侯”仪式，对《说文》所揭示的“射侯”认知作一些分析。

《小尔雅·广器七》：“射有张布谓之侯。侯中者谓之鹄；鹄中者谓之正，正方二尺；正中者谓之槷，槷方六寸。”《诗·齐风·猗嗟》：“终日射侯，不出正兮。”朱熹注：“大射则张皮侯而设鹄，宾射则张布而设正。”《仪礼·乡射礼》：“乃张侯下纲。”《白虎通·乡射篇》：“侯者以布为之何？布者，用人事之始也。本正则末正矣。”《周礼》关于“射侯”的性质和对象有着具体而详备的规定，《射人》：“王大射则以貍步、张三侯。”《大射仪》：“大侯九十参七十干五十。”注云：“侯谓所射布也。尊者射之，以威不宁侯；卑者射之，以求为侯。”《楚辞·大招》：“昭质既设，大侯张之。”王逸注云：侯谓所射布也。王者当制服诸侯，故名布为侯而射之。这说明，“射侯”之“侯”，其得名就在于“诸侯”。至于天子、诸侯、大夫、士所射侯制各有差等，既是“射侯”意象的象征意义的表现，也可以看作是“射侯”性质的具

① 《说文通训定声·履部第十二》。

体化。首先是“天子射熊虎豹”，《白虎通》云：含文嘉日，天子射熊，诸侯射麋，大夫射虎豹，士射鹿豕。天子所以射熊何？示服猛巧佞也。熊为兽猛巧者，非但当服猛也，示当服天下巧佞之臣也。诸侯射麋者，示达迷惑人也，麋之言迷也。大夫射虎豹者，亦服猛也。士射鹿豕者，示除害也。各取德所能服也。[①]看来所射对象各有定制，也各含具体所指、一定象征意蕴。

显而易见，“射侯”的性质，原本是在神权统治之下的诅咒仪式，此类巫术仪式恐怕是起源于神话思维时代的氏族社会。“射侯”巫术仪式当是用以诅咒那些叛变的“诸侯”即部落首领的。《史记·封禅书》里还曾记载过：“是时苌弘以方事周灵王，诸侯莫朝周，周力少。苌弘乃明鬼神事，设射貍首。貍首者，诸侯之不来者。依物怪欲以致诸侯。”《集解》：“徐广曰：貍一名不来。”《考证》：“郑玄云：貍之言不来也。其诗有射诸侯首不朝者之言，因以名篇，故苌弘因诸侯不朝，设射貍首，而太史公释其义曰：诸侯之不来也。钱大昕曰：苌弘所行，乃是古礼。战国后礼废，乃疑其神怪尔。愚按貍读为埋，不来反。”[②]按《史记·封禅书》“设射貍首”，《汉书·郊祀志》直接就作“设射不来”。盟主对于诸侯首领的一切叛逆越轨行为都是要严厉阻禁的，《左传》里面就屡屡记载盟主召集诸侯的盟会，除了誓词之外，另外一个重要内容就是诅咒。

汉代许慎不仅直接释“侯”字为“射侯”的认知关联，而且在《说文》里还援引《周礼·考工记》，保存了这个仪式中诅咒词的内容。类似的诅咒之辞亦见于《大戴礼·投壶》和《白虎通义·乡射》等，比较起来，用辞大同小异，唯有详略之别。《考工记》：“其辞云：惟若宁侯，毋或若女不宁侯，不属于王所，故抗而射女。强饮强食，诒女曾孙诸侯百福。”《大戴礼·投壶》：“辞曰：无荒无慠，无倨立，无逾言，若是者有常爵。嗟尔不宁侯，为尔不朝于王所，故亢而射女。强食食而曾孙侯氏百福。”《白虎通》：“所以名为侯何？明诸侯有不朝者则射之。故礼射祝曰：嗟尔不宁侯，尔不朝于王所，以故天下失业，亢而射尔。所以不射正身何？君子重同类，不忍射之，故画兽而射之。”在这些诅咒辞中，其主要内容都是相通的。[③]首先以“宁侯”与

① 《说文解字义证》卷十五，系摘述。

② ［日］泷川资言：《史记会注考证》卷二十八《封禅书第六》，上海古籍出版社 1985 年版。

③ 引自《说文解字义证》卷十五。

"不宁侯"对比。宁侯是盟主所奖励的，不宁侯则是盟会上大家共同诅咒之对象。所以，首先举出所奖励之人以示劝勉，其次明白指出背叛联盟的人，以作为"众矢之的"。再次，历数射杀对象的罪恶。最后是给参加射侯的人以祝福。我们发现，《左传》中记录许多盟会，其盟辞大致相同。氏族社会部落联盟的集会及宣言已不可考；但是，周代这种射侯仪式及射侯之前的宣誓肯定所来有自。关于"射侯"仪式的性质，章太炎在《文始》中也曾作过如下的阐释：射侯得名，因于诸侯。《六韬》说"丁侯不朝，太公画丁侯，射之"。《史记》亦说：苌弘设射貍首者，诸侯之不来者也。盖上古神怪之事迄周未息。《礼记·射义》言"射中者得为诸侯"。《春秋国语》言"唐叔射兕于徒林，殪以为大甲，以封于晋"。《射义》说亦有征。此则周道尚文，因巫事而变异其义也。[①]章氏所谓"上古神圣之事"，就是我们所说的射侯本来是氏族社会利用神权举行的一种巫术仪式。我们今天能看到的保存了珍贵文字资料的《诅楚文》原本就是战国时代，秦昭襄王诅祝楚怀王之罪于神祇之文，其性质属巫咸所为，以此魔法力量达到控制楚国之目的。《欧阳文忠公集》卷一三四《集古录跋尾·又别本》："右秦祀巫咸神文，今流俗谓之《诅楚文》者，以其言楚王熊相之罪也。"

由此，联系到前面所考论的"疾"字取象认知，即不难发现，"射侯"仪式之意象，与"疾"字取象所凝结的文化内涵正相应若合符节。基于是，似可得出如下两点结论：一是"射侯"意象所指就是射人，射人也就等于"疾"字的取象；二是诅咒仪式的性质，显而易见属于一种巫术行为。所以说，"疾"字隐括的是一种巫术认知活动，并非实际诉诸军事武力，而诉诸诅咒、射刺乃是见诸行为，目的即是向对方施加巫术影响。

按释典有"欲箭"一语，参见慧琳《一切经音义》卷十"慾箭"条下说："欲心与境相应，如箭之中也。"而中国古代笔记中则有"鬼射"的记载，参见宋代洪迈《夷坚志》三志壬卷第一《冯氏阴祸》："医以病伤者为鬼射，无法治。"皆于"疾射"同心共感，此为言"疾射"之一边。

"灵台无计逃神矢"，此为言"疾射"之又一边。从中西文化人类学比较来看，男女异性关系上似乎都存在过类似的情形。人类学者曾记载过马来半

① 《说文解字通论》，第197页。

岛巫师，为了获得一位冷美人的爱情，就是要射她的灵魂：“唵嚤！我张弓射箭。一箭射出，日色昏暗；二箭射出，太阳无光；三箭射出，星星躲藏。但我并非要射太阳、星星和月亮，我只射众人中那漂亮可爱的姑娘 ××× 的心房！”[①] 按弗雷泽所谓“交感巫术”原理的分析，这是所谓“相似律”，即合于“同类相生”或“果必同因”的原始思维规律。同样，中国古代男女异性之间也不乏此说。如《晋书·文苑传》记述顾恺之：“悦一邻女，挑之弗从，乃图其形于壁，以棘针钉其心，遂患心痛。”为情魔所射，即成仇匹；着暗射之矢，则“害心疾”。

《管锥编》就曾考具：

> “薄寒之中人”。按“中”如“中矢”“中伤”之“中”，犹蜮“短弧”射影之“中”。“疾”字从“疒”从“矢”，合之蜮射之说，则吾国古人心目中之病魔以暗箭伤人矣。西方神话有相类者，不独爱情之神弯弓以射也；如荷马史诗即写日神降大疫，在空中发矢下射人畜。王安石《字说》已佚，不识于“疾”字作底解会；阮元《揅经室集》卷一《释矢》只以弓矢之“矢”通矢溺之“矢”而已。[②]

《管锥编》阐释“射刺”意象，圆览中西，条分缕析。中土西域，旧传巫蛊之术，粗分两类：一者施法于类似之物，一者施法于附丽之物。前者弗雷泽氏在《金枝》中称之为“相似律”，后者归结为“接触律”。弗洛伊德氏在“相似性”之外，又提出“亲和性”加以补充：“除了曾经说过的做法，还有一种可以伤害敌人的魔法。当一个人获得敌人的头发、指甲、废物或一小片衣服时，以某种残暴的方式对待它们，那么，这些报复将像亲自捉住敌人一样，对物件所作的任何伤害都将如数地发生在敌人身上。在原始民族的观念里，人名是一个人最重要的部分之一。所以，当一个人获知某一个人或某一个灵魂的名字时，他同时也将得到了他的一部分力量。在这些例子中，很明显地，‘相似性’被‘亲和性’所取代。”[③]

① 《金枝》，第 284 页。
② 《管锥编》卷二，第 629~630 页。
③ 《图腾与禁忌》，第 99 页。

其施法亦分为两途：其一曰“射刺”（Le sagittaire），其一曰“厌魅”（L′ envôutement）。关于“射刺”，“箭矢”与“针刺”之间经常发生意象转换。《管锥编》亦稽考了正史、稗说大量的文献：“射刺”则如《全上古三代文》卷六引太公《六韬》、卷七引太公《金匮》皆记武王伐殷，丁侯不朝，太公乃画丁侯于策，三箭射之，丁侯病困；即《封神演义》第四八、四九回扎草人为赵公明而射以桑枝弓、桃枝箭所昉也。……《宋书·文五王传》宋太宗诏曰：“遂图画朕躬，勒以名字，或加之矢刃……”；《太平广记》卷一二八《公孙绰》记奴婢厌之，以桐为其形状，长尺余，钉布其上，又卷二八四罗隐《广陵妖乱志》记吕用之伏诛，有人发其中堂，得一石函，内有桐人一枚，长三尺许，身被桎，口贯长钉……《通鉴·梁纪》二一“元帝承圣二年”，“上闻武陵王纪东上，使方士画版为纪象，亲钉支体以厌之”；《隋书·文四子传》：“太子阴作偶人，书上及汉王姓氏，缚手钉心，令人埋之华山下”；则的然射刺矣。《旧唐书·良吏传》下记僧净满“为弟子所谋，密画女人居高楼，仍作净满引弓而射之，已而诣阙上言僧咒诅大逆不道”……直到《红楼梦》第二十五回还有这方面描写。①

就“射人”神话传说而言，相应则构成“暗箭中伤”的模式。《说文·虫部》：“蜮，短狐也。似鳖、三足，以气射害人。”《山海经·大荒南经》：“有蜮山者，有蜮民之国……射蜮是食。有人方扜弓射黄蛇，名曰蜮人。”郭璞注：“蜮，短狐也。似鳖，含沙射人，中之则病死。”《楚辞·大招》：“魂乎无南，蜮伤躬只。”洪兴祖《楚辞补注》：“穀梁子曰：蜮，射人者也。《前汉·五行志》云：蜮生南越，乱气所生，在水旁，能射人。甚者至死。陆机云：一名射影。人在岸上，影见水中，投人影则射之。或谓含沙射人。孙真人云：江东江南有虫名短狐，溪毒，亦名射工。其中无目，而利耳能听，在山源溪水中，闻人声便以口中毒射人。”按“狐”“弧”皆从瓜得声，故两字于例可通，《汉书·五行志》“短狐”即作“短弧”。而“短”从矢，《说文》系《矢部》；“弧”从弓，《说文》系《弓部》：均有取于“射”。故而“射人”之“蜮”，又名“水弩”：《汉书·五行志》颜师古注：“（蜮）即射工也，亦呼水弩。”晋代人张华《博物志·异虫》也说：“江南山溪中，水射工

① 《管锥编》卷一，第296~300页。

虫，甲类也，长一二寸，口中有弩形，气射人影，随所著处发疮，不治则杀人。”陆德明《经典释文》也这样说：“一名射工，俗呼之水弩，在水中含沙射人，一云射人影。”

看来，中国文化里“蜮”这个意象竟取得了可以替换“疾”字取象的资格，二者的联系，即在于“暗中射人”。

“背后施冷箭”“暗箭难提防”，生民慑于“暗矢”，惮于“机心”：已经积久凝结为一种文化心态范型。古往今来，人们最担心忧患的就是背后的暗矢中伤，也正说明这个社会嫉妒者之暗矢的流布盛行！世俗迄今犹有葫芦依样、依法炮制者。追溯起来，原本发轫于一种巫术思维，可谓源远流长了。由是，我们可以说，“疾”（嫉恨）是这类巫术仪式的动因，“疾”（射人）亦为此类巫术仪式的方式和结果。因而即是在语言学意义上，我们也不能简单地将“疾”“嫉”二字归结为“通借”了事。

“疾”字取象于巫术活动，我们还可以从“疾”和“医（醫）”两字的联系中得到一些认识。后世“疾”字多作“疾病”之义，自当与医存在某种联系。“醫”字的孳乳情形表明，我们对醫、疾之间存在着内在联系的推测还是有一些根据的。《说文·匚部》说解“医”字本是“盛弓弩矢器也。从匚从矢，矢亦声”。而以医为声符孳乳的“殹”字，《说文·殳部》则说是“击中声也。从殳，医声”，这里的“击中”，说到底就是矢射击中。“醫”即在“殹”符基础上孳乳形成的结构，《说文》系《酉部》，说解为：“治病工也。”而《说文》“巫”下也说：“与工同意。”《说文》和其他文献都讲到过“古者巫彭初作醫”，如《世本》里面就说：“巫彭作醫”；又《吕氏春秋·勿躬》上面也有类似的记载。按《说文》“巫”下则说：“古者巫咸初作巫。”而《山海经·海内西经》：“开明东有巫彭、巫抵、巫阳、巫履、巫几、巫相。”注云：皆神医也。[①]《大荒西经》也讲到：“大荒之中……有灵山。巫咸、巫彭……十巫，从此升降，百药爰在。”其实，古代巫与医两边本同在一人之身：巫者即是施医者，所以古“醫”字原可从“巫”异构作毉，《国语·越语上》：“将免者以告，公醫守之。”一本作“毉”，即其证。《广雅》：“醫，巫也。”《集韵·之部》：“醫毉，於其切。《说文》治病工也。殹，恶恣也。醫

① 《说文解字义证》卷四十八。

之性然，得酒而使，从酉。王育说。一曰殹，病声，酒所以治病也。《周礼》有醫酒。古者巫彭初作醫。或从巫。俗作醫，非是。”由“醫”字连类，也可以从另一个视角观察“疾”字与“巫”的认知关联。

《说文》一书中有关“弓矢”意象的钩稽，让我们从几个视点透视到了凝结在弓矢意象之上的巫术仪式活动及中国古代人的观念心态，而且在某种程度上似乎较之其他文献的记载来得更为纯粹、著明。以下文献，亦可互相印证：

《说文通训定声·履部第十二》“㑵”下说：“（㑵）或从女，字亦作𧩼、作㤥。《广雅·释诂一》：嫉，妒也，三恶也。《离骚》：各兴心而嫉妒。注：害贤为嫉，害色为妒。经传多以疾为之。《书·秦誓》：冒疾以恶之。”从“言”是诉诸诅咒，后世谓之谗言；从“心”是体现为心理活动。故补注于篇末。

又，《管锥编》早就揭示过：弗洛伊德谓，倏忽成办，乃魔术之特色。德国谚语说：迅捷非即妖法，适堪窥俗情之以妖术为迅捷矣。常语遂言“神速”。西方幻术咒语亦曰“快变（prestoc hango）！”中国章回小说中有如《水浒》第五二、五四回高廉、宋江、公孙胜之“喝声道‘疾！’”[①]

又，《管锥编增订》：《水经注》卷三六《若水》：“此水傍瘴气特恶。气中有物，不见其形，其作有声，中木则折，中人则害，名曰‘鬼弹’。”弹与矢均张弓发以“中人”者也。梁章钜《制义丛话》卷八引胡天游十三岁作《疾》一字题云：“‘疾’之文从乎‘矢’，来无向而中人甚疾”；俞樾《春在堂诗编》卷一三《张船山集有观我诗四首，拟作》之三《病》云：“病魔来似空中箭”，自注：“俗言‘病来似箭’，此语深合‘疾’字从‘矢’之义。”

敦煌古老民俗中，有一种“吞符”，以十二地支为顺序排列：

> 子日病者，以索系头，放送太山未去，吞此符。……
> 丑日病者，索系发及棒打头，（鬼）未去，吞此符。……
> 寅日病者，以鬼箭射着人腰，吞此符。……
> 卯日病者，鬼箭射着臂，吞此符吉。……

① 《管锥编》卷二，第665~667页。

> 辰日病者，以鬼箭射头，送太山，宜吞此符吉。……
> 巳日病者，赤索缚鬼箭射人胸之深，吞此符。……
> 午日病者，以鬼箭射着病人心除难差，吞此符。……
> 未日病者，以鬼箭射着病人心腹不死，宜吞此符。……
> 申日病者，以鬼箭射着要胯死，吞此符。……
> 酉日病者，以索系头，吞此符。……
> 戌日病者，以鬼箭（射）着要时，宜吞此符。……
> 亥日病者，鬼箭射人脚，吞此符。……①

在上述十二日的吞符系列中，除了子日、丑日和酉日之外，其余九日全都有“鬼箭射着”即“弓矢”意象参与的符咒式认知内容，亦资符验。

第二节 鬼神意象

《说文》中《玉部》《示部》《鬼部》等类，连贯一气，构成了中国古代人关于“鬼神”核心意象感知世界。围绕着这一中心意象，集中传递出古代敬事鬼神认知结构。

一、灵巫认知结构：一体双边，一身二任

原始巫术思维时代，是所谓“万物有灵”时代。灵，《说文·玉部》结体作“𩆜”：

> 𩆜（金文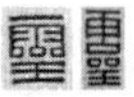汉印石刻），𩆜巫。以玉事神。从玉，霝声。靈，𩆜或从巫。

所列异构或体作“靈”：“𩆜或从巫。”等于提示人们：“玉”这一成分在古代事神活动中，被赋予了极其丰富的认知信息。《集韵·青部》：“𩆜靈霛龗詈，郎丁切。《说文》靈巫以玉事神。一曰善也。又姓。亦州名。或从巫。

① 高国藩：《敦煌古俗与民俗流变》，河海大学出版社1990年版，第109~111页。

古作霛靇䨩。俗作靈，非是。”《青部》又出异体：“䰠䰢，郎丁切。山神，人面兽身。或作䰢。亦书作𩆜。”关联了灵和鬼的认知关系。

《说文·玉部》共收录126字，详细记述了这些玉石的种类、品性、功能、用途等，这反映出中国古代人很早就对“玉”这类石头有着精密的观察和深入认知。

“玉”既然与“巫”存在着如此紧密的联系，先来看这个“巫”的字源取象及其语源情形。《说文·巫部》存二字：

> 巫（甲骨金文玉书汉印石刻），祝也。女能事无形，以舞降神者也。象人两褎舞形。与工同意。古者巫咸初作巫。凡巫之属皆从巫。𢒈，古文巫。
>
> 覡（玉书），能齐肃事神明也。在男曰觋，在女曰巫。从巫从見。徐锴曰：能见神也。

《集韵·虞部》隶定楷化贮存：“巫𤿅𢒈，微夫切。《说文》祝也。女能事，无形以舞降神者。象人两褎舞形。古者巫咸初作巫。亦姓。古作𤿅𢒈。”

，是《殷契粹编》第56片卜辞中出现的一个符号，或考释说：“巫字作，《诅楚文》‘巫咸’字如是作。”[①]从读音和功能上来看，“巫”“舞”构成同源字。甲骨文“巫”，就是取象于两玉垂直交错，比勘甲骨文中与玉有关的字形构成情形，获得这方面的印证，王国维考证如下：

> 又有字（《书契前编》卷六，第三十九页）及字（《后编》卷下，第二十九页），又一字，卜辞字（《后编》卷下，第四页）或作字（《铁云藏龟》，第一百四十三页）。其证也。[②]

甲骨文中玉形异构，表明玉被古代巫师认知为灵物，拿玉来事神。《楚辞·九歌》的最后一章叫作“礼魂”，观察这个“礼”的字源取象认知情形。

---

① 《殷契粹编》第164片考释。

② 《观堂集林》卷六。

殷墟卜辞中所见到的“礼”字初文，王国维曾有专论《释礼》：“象二玉在器中之形，古者行礼以玉。”[①]

从古代典籍和出土文献来看，这一认知关联也是相当清楚的。从事“礼神”活动的人，女性称“巫”，男性叫“觋”，混言之则无别。玄应《一切经音义》三：“事鬼神曰巫，祭主赞词曰祝。”从事“礼神”仪式之巫，《诗经》里面称为“神保”（见《楚茨》），《楚辞》里面叫作“灵保”（见《九歌·东君》）。《说文·人部》：

> 保（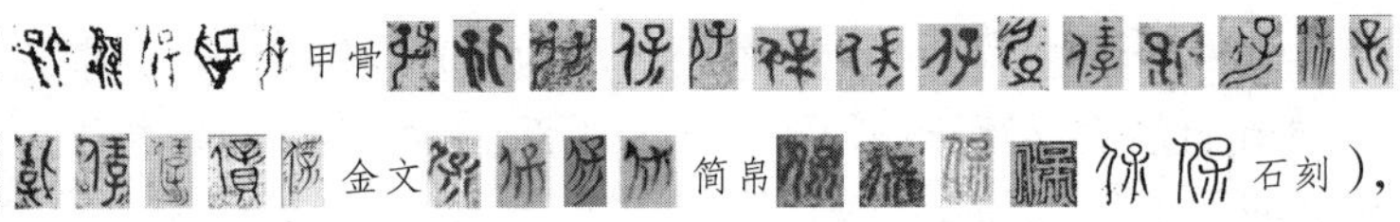
），养也。从人，从𤓽省。𤓽，古文孚。呆，古文保。𠈃，古文保不省。

《集韵·晧部》隶定楷化结构为：“保𤓽𠈃倸保呆，補抱切。《说文》养也。一曰任也。守也。亦姓。古作𤓽𠈃倸。隶作保呆。”

“灵”“保”二字，古文结体皆从玉。“灵”已见上具，“保”字周初《叔卣》铭文作，《大保鼎》铭文作季，《大保爵》亦同构作[②]，一望而知，都有“玉”的成分参与构形。《山海经·五藏山经》各篇的最后一段都概括着该山区的山数，以及神的形状，并记载着祭祀该山神所需供品。据统计，在《五藏山经》里，我国山地被划分为二十六个山区，对这二十六个山区神灵的祭祀中，用玉、吉玉、瑞玉、藻玉、珪、藻珪、璧、瑜等玉石类为祭品者有二十一个山区，只有四个山区没有用玉石类，一个山区因文漏记而不明。几乎每祭都用玉石或玉器，这已成为中国古代祭祀山神的特点。考古学发现，石器时代的诸文化遗存中就有大量的玉器随葬品。大抵玉石温润坚实的品格，很早就被先民赋予了肯定的情感态度。从语言学语义场的认知角度来说，宗教社会所产生的诸如“玉帝”“玉皇”一类词语，体现着原始的巫教信仰认知水平。后世尽管凝结在“玉”这一意象上的巫术色彩逐渐消褪，但“玉”字依然尊贵异常，以至成为交际语言中的礼节词头。例如，先秦时代王公的汗

① 《观堂集林》卷六。

② 《金文编》卷八，第558页。

脚，也要呼作“玉趾”，其余像“玉人”“玉面”“玉音”等词语，尤为尺牍滥施者。[①] 检日本语辞书，还会发现：玉、灵、魂等字，同出一源。

《说文》一书中所记录的有关“玉”符的语义场，“灵”字同义异构所体示的“玉”，“巫”意象之间的替换流转：使人们可以较为直观地得到这样一种认知：“灵”既是事神之巫，又是神之所附丽，即神的本体。一体双边，一身二任，正是中国宗教社会巫师的功能特征，即其身份是神灵与人事的交流沟通者。殷商之际的占卜者，也就是这种巫师，他们就扮演了这种角色：既对上帝祖先报告时王的信息，又代表上帝祖先神传达吉凶福祸的意旨，沟通着“人神之际”。征之“灵”字构形取象，直观具象，到眼即辨。《字汇补·雨部》保存“靈靈霛”异体，而以“霛”为“道藏灵字”。“灵”从玉以事神，而从巫即等从神：方向相反相违，而同在事神者一人之身。桂馥疏证说：“靈或从巫者，楚屈巫、晋申公巫臣并字子靈。《大荒西经》：有灵山，巫咸、巫即、巫盼、巫彭、巫姑、巫真、巫礼、巫抵、巫谢、巫罗，十巫从此升降。《楚词·九歌》：灵连蜷兮既留；王注：灵，巫也。楚人名巫为灵子。”[②]

照语义场的创始理论家特里厄（Trier）的说法，语言创造了实在（reality）；语义场是一种特定语言（某一种语言）的语汇库中的一部分，每一个语义场内在都是一致的，它在特定的语言中构成了“一幅世界的图画和一种价值的尺度”。《说文》所建构的汉语语义场则又包括两大类型：其一是同一部首字（即偏旁）所组成的合体字（词）极为整齐地形成了一个个语义场；还有一个是同一声符所构形的字（词）也很有规律地组成了另外一些语义场。前者较为明显，后者则是包孕于整部《说文》之内。两大类语义场互为表里、贯注一气，向人们原样呈现着义蕴生动、气象万千的初民世界。《说文》所存“巫”字隶于《工部》之次，并认为是“与工同意”，而《工部》所从“工”字群都反映着“工巧”的语义。甲骨文两玉垂直交错为“巫”字取象，“癸”字亦同象，只不过将交错的二玉倾斜45°。《说文·癸部》仅录存部首字：

① 参见《左传·昭公七年》《国语·吴语》《公羊传·宣公十二年》《战国策·赵策一》《楚策二》等。

② 《说文解字义证》卷二。

（甲骨金文简帛古陶汉印石刻），冬时，水土平，可揆度也。象水从四方流入地中之形。癸承壬，象人足。凡癸之属皆从癸。居诔切。，籀文，从癶从矢。

《尔雅·释言》："癸，揆也。"《史记·律书》："癸之为言揆也，言万物可揆度，故曰癸。"这个"癸"字的古文取象正反映了巫师以二玉交错揆度天时、上帝旨意。据所列，《说文》所录"癸"自承金文而来。下面一组从"癸"得声的字又组成一个语义场，共同指向神秘"揆度"认知：《说文·癸部》所存籀文，与石鼓文同，取象于古代人以步武推算测量弓箭的射程。又"揆"《说文·手部》："葵也。从手，癸声。"而朱骏声据《六书故》所引唐本《说文》订作"揆，度也。"犹《易·系辞传》"初率其辞而揆其方"[1]、《楚辞·离骚》"皇览揆余初度兮"之"揆"。又"葵"，《说文·艸部》："卫也。倾叶向日，不令照其根。"据说殷代人崇拜太阳神，以向日葵能揆度天时，随太阳转动，为灵性的植物，以此取名于"癸"。

古代典籍不少记载，也反映出上古"灵巫"的身份、功能特征。《诗·楚茨》："先祖是皇，神保是享。"毛传："保，安也。"郑笺："鬼神又安而享其祭祀。"说解殊为皮相含混，原因就出在不谙《说文》所保存的上述巫术思维规律。我们只要通览全诗整体，就不难发现，诗中以"先祖"与"神保"通称，原本就是一个东西[2]。《楚辞·九歌·东君》："思灵保兮贤姱。"洪兴祖《楚辞补注》中说："说者曰：'灵保，神巫也。'"又如谢灵运《山居赋》即直接称"河神"为"河灵"。《管锥编》在考论《楚辞》洪注本有关部分，直探底蕴。对于古代巫师这种双重性格、两般身份的功能特质，进行过精审的阐释，以为"《九歌》灵兼巫与神二义……所谓又作师婆又作鬼"。而蒋骥的注解却是这样说的："言灵者，皆指神；无所谓巫者。"然"灵""神""巫"颇纠缠，不得已又只好将"灵"与"灵保"强生分歧，"灵保"遂复成为"主祭

① 《说文通训定声·履部第十二》。

② 《诗经·楚茨》二章："祝祭于祊，祀事孔明。先祖是皇，神保是飨，孝孙有庆。"三章有云："神保是格，报以介福，万寿攸酢。"四章有云："神嗜饮食。"五章有云："神具醉止，皇尸载起。鼓钟送尸，神保聿归。"

之尸”[①]。巫之于神，判然势犹水火。同样是犯了前述汉代人不谙巫者身份功能特质所导致的失误。因而读《楚辞·九歌》等篇，就不能不注意到“同口异我”这样一种认知关联：

> 《九歌》中之“吾”“予”“我”，或为巫之自称，或为灵之自称，要之均出于一人之口。

如此来解会，庶几乎可以做到：

> 揣摩天人贯注，神我流通之情状。[②]

另外，在关于《毛诗正义》的有关部分考论《诗·楚茨》中的“神”与“神保”，是二是一，正犹如《九歌》中“巫”和“灵保”，亦彼亦此，比较中西，尤称详尽：

> 后世有“跳神”之称，西方民俗学著述均言各地巫祝皆以舞蹈致神之格思，其作法时，俨然是神，且舞且成神。聊举正史、俗谚、稗说各一则，为之佐证。《汉书·武五子传》广陵王胥“迎女巫李女须，使下神祝诅。女须泣曰：‘孝武帝下我。’左右皆伏。言：‘吾必令胥为天子！’”前“我”，巫也，后“吾”，武帝也，而同为女须一人之身。元曲《对玉梳》第一出：“俺娘自做师婆自跳神”，明高拱《病榻遗言》记张居正阴倾害而阳保全，“俗言：‘又做师婆又做鬼’”；师婆、鬼神，“自做”“又做”，一身二任。《聊斋志异》卷六《跳神》乃蒲松龄心摹手追《帝京景物略》笔致之篇，写闺中神卜，始曰：“妇刺刺琐絮，似歌又似祝”，继曰：“神已知，便指某：‘姗笑我，大不敬！’”夫所谓“神”，即“妇”也，而“妇”，正所谓“神”也，“我”者，元稹《华之巫》诗所谓：“神不自言寄余

① （清）蒋骥：《山带阁注楚辞·楚辞余论》，上海古籍出版社1984年版，第201页。

② 《管锥编》卷二，第599~600页。

口。”反而求之《楚茨》《九歌》，于“神”“灵”与“神”“神保”二一一二之故，不中不远矣。[1]

殷墟卜辞祭祀档案里，“帝”字一向颇为费词，但作为被祭祀对象的认知结构，跟行祭者的行为，两边皆为一字结构，堪称连类（罗振玉《殷虚书契考释》原稿记录）。[2]

二、鬼神结构：人鬼同体、神怪一源

《说文》网罗“鬼部”，共收17字，还有重者四，依次排列，部分与出土古文字结构构成对照：

鬼（甲骨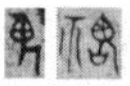金文简帛石刻），人所归为鬼。从人，象鬼头。鬼阴气贼害，从厶。凡鬼之属皆从鬼。，古文从示。

䰠 神也。从鬼，申声。

魂（石刻），阳气也。从鬼，云声。

魄（石刻），阴神也。从鬼，白声。

䰡 厉鬼也。从鬼，失声。

魖 耗神也。从鬼，虚声。

魃 旱鬼也。从鬼，友声。《周礼》有赤魃氏，除墙屋之物也。《诗》曰：旱魃为虐。

鬽 老精物也。从鬼、彡。彡，鬼毛。密秘切。魅，或从未声。，古文。，籀文从彖首，从尾省声。

鬾 鬼服也。一曰小儿鬼。从鬼，支声。《韩诗传》曰：郑交甫逢二女，鬾服。奇寄切。

䰧 鬼皃。从鬼，虎声。

① 《管锥编》卷一，第156~158页。另外，该书此处引俞玉《书斋夜话》卷一：“今之巫者，言神附其体，盖犹古之‘尸’；故南方俚俗称巫为‘太保’，又呼为‘师人’，‘师’字亦即是‘尸’。”亦资参验。

② 罗振玉甲骨契文考释手稿以“帝”“禘”用为一字。

魕 鬼俗也。从鬼，幾声。《淮南传》曰："吴人鬼，越人魕。"

䰭 鬼彪声，䰭䰭不止也。从鬼，需声。

魤 鬼变也。从鬼，化声。

䰐 见鬼惊词。从鬼，難省声。读若《诗》"受福不傩"。

[illegible] 鬼皃。从鬼，賓声。

醜（甲骨 玉盟书 石刻），可恶也。从鬼，酉声。

魋 神兽也。从鬼，隹声。

魑 鬼属。从鬼从离，离亦声。

魔 鬼也。从鬼，麻声。

魘 梦惊也。从鬼，厭声。

另外，相邻下接《由部》，主体亦属鬼类，见后列。

唐抄《篆隶万象名义・鬼部》收录 27 字；
唐人增字《宋本玉篇・鬼部》著录 64 字；
宋代《类篇・鬼部》存储 50 字。

这样几十个以"鬼"为形符的字，构成了一个反映神秘世界、神秘事物、神秘力量的认知"语义场"（semantic field）。

本书在前文中业已指出，《说文》深厚之处，在于除此之外，还包孕另一个认知"语义场"。这个"语义场"，潜含于《说文》整个认知体系之中。基于此，这里对应于以"鬼"为形符偏旁的一系列字所建构的"语义场"，还有一个以"鬼"为声符孳乳的字群，换言之，从鬼得声的字群所构成的"语义场"，其内部存在着一种"同源"关系。我们亦试列出该字群：

嵬，高不平也。从山，鬼声。（《山部》）
傀，伟也。从人，鬼声。（《人部》）
瑰，玫瑰。从玉，鬼声。（《王部》）
餽，吴人谓祭曰餽。从食从鬼，鬼亦声。（《食部》）

蒐，茅蒐茹藘，人血所生，可以染绛，从艸从鬼。(《艸部》)[①]

槐，槐木也。从木，鬼声。(《木部》)《尔雅》：櫰槐大叶而黑。[②]

瘣，病也。从疒，鬼声。(《疒部》)《尔雅》：瘣木苻娄；注：谓木病尫伛瘿肿无枝条。[③]

頠，头不正也。从頁，鬼声。(《頁部》)《广雅·释诂一》：頠，大也。[④]

隗，陮隗也。从𨸏，鬼声。(《𨸏部》)按即嵬之或体。[⑤]

媿，惭也。从女，鬼声。(《女部》)或从心。《广雅·释诂一》：媿，耻也。[⑥]

魁，羹枓也。从斗，鬼声。(《斗部》)《广雅·释诂一》：魁，大也。[⑦]

以“鬼”为声符所构成的汉字（词）也很有规律地形成了一个语义场，同样展示着古代人关于鬼怪世界的系统认知。

《集韵·尾部》关于“鬼”的认知发展情况有如下列：

鬼䰟，矩伟切。《说文》人所归为鬼，从人，由象鬼头。鬼阴气贼害，从厶。或从示、鬼。一曰远也。慧也。

䰠，举岂切。南方之鬼曰䰠。一说吴人曰鬼，越人曰䰠。

䰎，羽鬼切。鬼也。

硊磈，羽鬼切。石皃。或从鬼。

偽，鱼鬼切。偽然，意不安定皃。

① 《说文通训定声·履部第十二》；“蒐，从艸，鬼声。”《尔雅·释诂》：“蒐，聚也。”注：“以其聚人众也。”

② 见《说文通训定声·履部第十二》。

③ 见《说文通训定声·履部第十二》。

④ 见《说文通训定声·履部第十二》。

⑤ 见《说文通训定声·履部第十二》。

⑥ 见《说文通训定声·履部第十二》。

⑦ 见《说文通训定声·履部第十二》。

其他各部有如下：

彪魅𩲡𩳐，明秘切。《说文》老精物也。从鬼、彡。彡，鬼毛。或作魅。籀作𩲡。亦作𩳐。（《至部》）

畏㥜威，纡胃切。《说文》恶也。鬼头而虎爪，可畏也。古作㥜。或作威。（《未部》）

𩴾𩲃，所介切。鬼名。或省。（《怪部》）……

另外，《说文》还经常揭示那些既非同形符、亦非同声符而是在取象特征上发生相同或相近似联系的字群间的关系；这类关系往往不啻是黑暗摸索中的一条线索。由此，亦得到关于“鬼”的又一“语义场”：

甶（甲骨金文简帛古币），鬼头也。象形。凡甶之属皆从甶。敷勿切。

畏（金文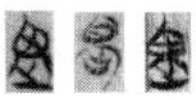简帛古币），恶也。从甶，虎省。鬼头而虎爪，可畏也。於胃切。㥜，古文省。

禺（金文玉盟书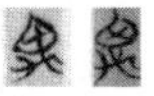简帛古币汉印），母猴属。头似鬼。从甶从内。牛具切。

“靈→𩂣→𩃬”即道具（或仪式）跟中介，中介与对象之间，三位一体。“鬼→䰟”以及“鬼”结构为“从人象鬼头”，“畏㥜威”异体等，不啻体示祭鬼与驱鬼、驱者与被逐对象、威与可畏、“𩴾𩲃”而径可施于名鬼：亦皆为一体，构成《说文》鬼神世界认知模式。

考察鬼怪世界，综核《说文》一书所记录的上列数个“语义场”，发现这些语汇包括三大类：一是指向各种鬼怪奇异的语汇，一是反映神秘世界（即和肉体世界相对应的那个世界）的语汇，一是传达丑恶可怕的概念的语汇。这三类语汇异常纯粹鲜明地构成了鬼怪世界的图景，披露了古代社会鬼神的观念形态。

关于“鬼”的语义场所指既然如此复综多元，同样地，关于“鬼”字取象意义也即关于“鬼”的起源的认识也是仁智互见。画马诚难，说“鬼”却也大非易事。

《说文》关于“人所归为鬼。从人，象鬼头”的释义析形，是体现了相当古老的观念的。《尔雅·释训》：“鬼之为言归也。”郭璞注：“《尸子》曰：古者谓死人为归人。”用今天的话来说，就是人死了转变为鬼。这表明，中国古代人有一个时期是把鬼看作是人死最终的归宿，换言之，人鬼之间，是由人转化为鬼。《礼记·祭法》说：“大凡生于天地间皆曰命。其万物死皆曰折，人死曰鬼。”① 这种观念，在文化人类学那里似乎是代表了一个普遍的原始思维规律。英国文化人类学家弗雷泽说：

> 正如未开化的人在解释无生命的自然过程时以为是活人在自然现象之中或背后操作一样，他们也这样理解生命现象本身。在他看来，一个动物活着并且行动，只是因为它身体里面有一个小动物在使它行动；如果人活着并且行动，也是因为人体里面有一个小人或小动物使得他行动。这个动物体内的小动物，人体内的小人，就是灵魂。正如动物或人的活动被解释为灵魂存在于体内一样，睡眠和死亡则被解释为灵魂离开了身体。睡眠或睡眠状态是灵魂的暂时离体，死亡则是永恒的离体。②

人们为了使这种状态得到区别，将活动于人体之中的“小人”视为“灵

① 《三国演义》第九十回“驱巨善六破蛮兵，烧藤甲七擒孟获”描写当地风俗云：“却说孔明放了孟获等一干人，杨锋父子皆封官爵，重赏洞兵。杨锋等拜谢而去。孟获等连夜奔回银坑洞。那洞外有三江：乃是泸水、甘南水、西城水。三路水会合，故为三江。其洞北近平坦三百余里，多产万物。洞西二百里，有盐井。西南二百里，直抵泸、甘。正南三百里，乃是梁都洞，洞中有山，环抱其洞；山上出银矿，故名为银坑山。山中置宫殿楼台，以为蛮王巢穴。其中建一祖庙，名曰‘家鬼’。四时杀牛宰马享祭，名为‘卜鬼’。每年常以蜀人并外乡之人祭之。若人患病，不肯服药，只祷师巫，名为‘药鬼’。其处无刑法，但犯罪即斩。有女长成，却于溪中沐浴，男女自相混淆，任其自配，父母不禁，名为‘学艺’。年岁雨水均调，则种稻谷；倘若不熟，杀蛇为羹，煮象为饭。每方隅之中，上户号曰‘洞主’，次曰‘酋长’。每月初一、十五两日，皆在三江城中买卖，转易货物。其风俗如此。”见人民文学出版社 1973 年版，第 758 页。

② 《金枝》，第 269 页。

魂”，而人死后离开肉体的那个“小人”看作是“鬼”，也是很自然的事情。黄河以西的农业新石器文化中的彩陶文化类型就表现出这样一个特征，即这种文化的各个类型拥有某些相似的仪式和宗教观念，首先就是关于灵魂的和阴间的观念。例子之一便是这类文化中流行一种在住宅下面埋小孩的习惯，一般都是瓮棺葬。这种风俗在其他文化中有时也能遇到，但在彩陶文化诸类型中，这是一种常见的甚至无一例外的现象。这种葬俗的存在，无疑说明在这个有亲缘关系的文化群中，有一种十分明确的关于死后生活的共同观念，并认为小孩的灵魂在人们的生活中有某种特殊的作用。[①]这可以认为是中国石器时代人们关于人鬼关系理解的考古学证据。

至于这“人鬼之间”造字取象，加以体现，实在又是相当困难的事情。《说文》分析“鬼”字结体为“从人，象鬼头”，似乎是有意地照顾到“人鬼”的两边，这是值得注意的一种认知倾向。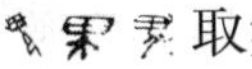取象主体，与《说文》所录篆文无大异。《甲骨文字典》分析说：

> 象人身而巨首之异物，以表示与生人有异之鬼。其下从、、、无别。《说文》篆文又从者乃后世之增繁。郭璞注《尔雅》引《尸子》：“古者谓死人为归人。”……殷人神鬼观念已相当发展。鬼从人身明其皆从生人迁化，故许慎所释与殷人观念近似。[②]

但“人鬼之间”的转化，仍然是无象可形的。在考察了一些人类学资料的基础上，再来观察《说文》所提供的关于“鬼”的“认知语义场”：“鬼”实即取象于人，这个人的身份为巫师，巫师或披头散发，或戴了面具进入事神弄鬼的状态；或者说“鬼”字取象就是巫师事神作鬼的奇异形态。这位事神作鬼的巫师在招祭死者灵魂之际，自身就是所招祭之鬼；在进行驱鬼逐怪的巫术仪式中，自身又须扮成怪异可怖之鬼，也就是所被驱赶之异物：是二是一，亦此亦彼；人鬼同体，神怪一源。此与灵巫取象之理同致。人欤鬼欤，巫欤怪欤，同在事神弄鬼者一人之身。神荼、郁垒就是中国古代传说中两位

① 《中国文明的起源问题》，第144页。
② 《甲骨文字典》卷九。

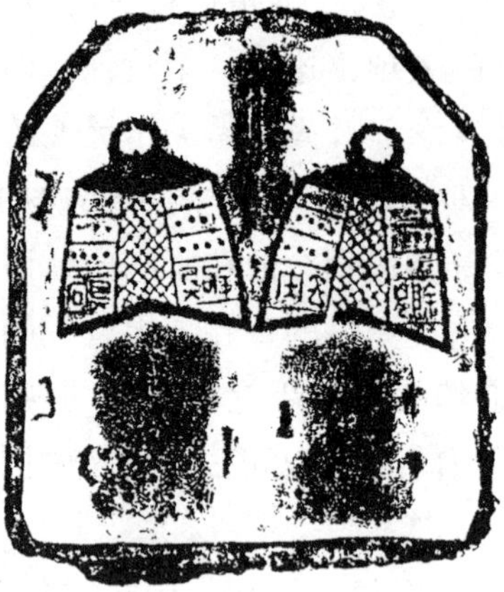
图 5-3 汉代制作铃器铭文及纹饰

驱鬼先驱者，作为逐鬼的意象，即扮作魔鬼本身。

高山族人把“人”字写成Ꭱ，“鬼”字写作ɤ，“巫”字却写为¤，称之曰“胡求”。非常直观具象，体示着巫师原本介于人鬼之间的认知关系。[①]

日本文字学家研究日本国语中“鬼”字，分析其字源取象认知：象形，人仿照其面目戴了面具，以表达死者灵魂之意。古代在举行祭祀祖先之际，要将戴了面具之人当作祖先进行祭祀，所以，“鬼”就是作为祖先和一般死者之意而被使用。说解契合巫术思维之理，颇益神思。古代不但行祭鬼之仪式，而且还有驱鬼之活动，说解遂执于一端，令人感觉有偏枯不称之处。[②]

被驱之鬼亦由人来扮演，各地习俗皆然。例如加利福尼亚的波莫人每七年举行这样一次驱除有形的邪魔的仪式。这种类型的驱鬼活动中，鬼邪是由人化装成的。“二三十人穿着五光十色的服装，身上涂着粗野的颜色，头上顶着小桶装的松脂，他们偷偷地走进附近的山岭。他们都是化装为妖魔的人”。昆士兰中部一些土著部落举行关于鬼魔的祭礼，一个男子化装为魔郎佳本身，用红赭石和羽毛装扮起来。柬埔寨每年除夕在王宫里消除妖魔。一些涂得像鬼一样的人，被一些大象赶得在宫中各个院子里乱跑。[③]

① 金梁：《台湾史料》下册，油印稿。中国历史博物馆收藏。转摘自宋兆麟《中国原始社会史》，第497页。

② 《标准汉和辞典·鬼部》。

③ 参见《金枝》第五十七章“公众的替罪者”。

图 5-4 长沙马王堆西汉墓漆棺驱邪神兽纹饰

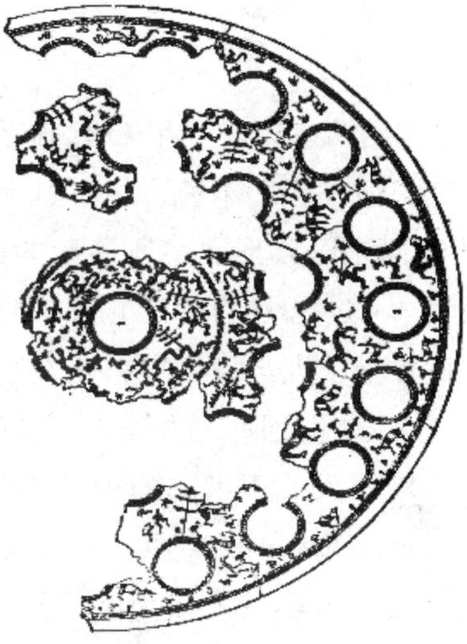

图 5-5 江苏淮阴战国楚墓铜器逐鬼图像

从地下发掘文物来看，中国古代很早就有所谓“逐鬼”仪式，而“逐鬼”者总是以面目狰狞的“鬼象”出现。

纳西东巴文字是生活在云南西部丽江一带的纳西族至今还在使用着的图画象形文字，已经成为世界上现存的很少几种活着的图形文字之一。纳西族图画象形文字本来就是当地东巴教巫师书写经书、传达巫术的书面记录。方国瑜教授编撰、和志武参订《纳西象形文字谱》已成为海内外人类学者争相参考的一部工具书。其中，收录了许多“鬼”的象形字，和甲骨文释为“鬼”的字样，颇为类似。由此可以发现，鬼实际就是一个披头散发的人：

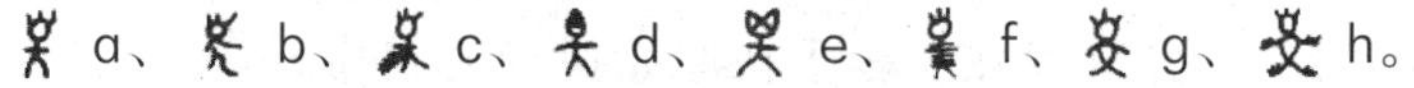

其中鬼 a 与尔苏沙巴图画文字中的鬼作同象，即取于人之披头散发事神的怪异状态[①]。b~h 是各种具体的鬼，大致上也是披头散发的怪样子。另外：

① 王元鹿：《汉古文字与纳西东巴文字比较研究》，华东师范大学出版社 1988 年版，第 30 页。

 i、 j。

鬼 i 据说在纳西东巴经文里专指吊死鬼，披头散发作上吊状；鬼 j 则被认为是饿鬼，披头散发依旧本色，只不过又画出肚子中空的特征。①

从纳西东巴象形文字所展示的鬼谱来看，鬼这类“非人非物、亦显亦幽之异属”，不过是人的变形。佛教所谓“彼岸”世界，其实就在“此岸”宇宙。在世界上，人与鬼共存；在文字上，鬼是人的异相。

关于“人鬼之际”的认知，古代埃及人想象可能更为复综些。《亡灵书》表明，古埃及人关于人的精神世界的想象力是极为丰富的。他们相信人的肉体死了，他在墓中却继续另一个行程，他将抵御鬼妖的进攻，并且要渡到更好的世界去。古埃及人认为肉体只不过是“人”这个总概念的构成部分——看得见的部分，那时把这叫作“喀特”（xa 或 khat），写作，古埃及人相信人是鱼变的，也许这个图形表示的是鱼。还有一个看不见的躯体，叫作“沙胡”（sā hu），也许可以译作精体（与肉体相对），写出来是：

。

在这个颇为复杂的图形中，值得注意的是其中有一只鸟一样的东西，原来古埃及人死后变为鸟。构成“人”的除了“肉体”和“精体”之外，还有叫作“巴”（ba）的，译作“魂”，简直就是一只鸟：。看不见的要素不住在肉体内，不住在精体内，而是住在“灵体”中的，灵体叫作“卡”（ka），卡是躯体的复身，写作凵。还有一个“影”（称喀依比特 khaibit）是可以脱离躯体到处跑的，不过“影”也是“人”这个总概念的一个构成部分，写作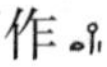，是“人”的另一个独立存在。影子在原始民族心目中是同“人”一样的，但它又不就是本人，却具有本人一样的作用。“人”还有一个不朽的部分是“精灵”（叫喀库 khu 或 xu）。精灵也是一只鸟，复数是：。而每个人还有他相应的部分不住在人间，而住在天国——这个部分叫作“天灵”（作塞含

① 所引图谱可见方国瑜编撰、和志武参订《纳西象形文字谱》，云南人民出版社 1981 年版，第 358~361 页。

姆 sekhem）。“人”的最后部分是“名”（作仁 ren），即  。分明见得是一个人影，端坐在那里指着自己的鼻子说：在这里，就在这里！一个人的名字，在古代社会也是很神秘的，绝不可让敌人知道；若被敌人知道了，同样是很危险的。要之，在古埃及人那里，“人”是由肉体、精体、灵体、魂、影、精灵、天灵和名等组成的。人的肉体消失了，精体、魂等还存在。肉体不过是人的一个组成部分，仅仅是一个单位，还有很多组成部分独立于肉身之外。①

这里，就前文列出的《说文》关于“鬼”的语义场考察一下“鬼”取象怪异可怖认知特质以及鬼神两者之间存在的认知关系。

从“鬼”得声的下面一系列字均有“怪异”的字义。如傀，《周礼》上有“大傀异”，而“瑰”即《说文》所收“傀”字之或体，我们经常发现古代文献里“瑰怪”可以复合为一词。又“魁”字也有“奇异”之义，“魁”也就是鬼：《大戴礼·官人》：“畸鬼者不仁。”《荀子·修身篇》作“倚魁”，杨倞注：“倚，奇也，魁，大也；谓偏僻狂怪。”又“嵬”字《说文》本来是释为“高不平也”，《荀子·正论篇》：“夫是之谓嵬说。”注：“狂怪之说。”《方言》卷一：“虔、儇，慧也。楚或谓之謎，自关而东，赵魏之间谓之黠，或谓之鬼。”按皆一语之转，其语又转为诡、为谲、为怪。又“魁瘣”一词，亦状奇异之形。《尔雅·释木》：“枹，遒木，魁瘣。”注：“谓树木丛生，根株节目盘结磈磊。”

按字形取象特征，“鬼”其特异之处在乎“大头”，《说文》在这方面提供的语义场联系有三组，下面分别讨论。

首先关于鬼与禺。偶字的语源就是禺，即偶从禺得声并受义，《说文·人部》：“偶，桐人也。从人，禺声。”钱锺书先生比较中西宗教社会，揭举其各具文化特色：“吾国厌胜，以桐为人，犹西方古希腊、罗马以还常作蜡像而施术也。”② 日本民俗中有“偶人节”，日本语中“偶人”即玩具的意思。俗语称“傀儡”，字亦作“魁櫑”。《孟子·梁惠王上》：“始作俑者其无后乎？为其象人而用之也。”赵岐注：“俑，偶人，用之送死。”《史记·殷本纪》：“帝

① 《亡灵书》以纸草（papyrus）写成，反映的是埃及公元前 3000—前 1500 年的社会。该书的性质为死者的后人作给死者陪葬。参见陈原《辞书和信息》，上海辞书出版社 1985 年版，第 46~48 页。

② 《管锥编》卷一，第 298 页。

武乙无道，为偶人，谓之天神。”索隐：“偶音寓，亦如字。”正义：“偶，对也，以土木为人，对象于人形也。”《史记·孟尝君列传》：“见木偶人与土偶人相与语。”王念孙《读书杂志·史记第四》“偶人”条下考“偶人”之偶，古通作禺：“索隐本作禺，注曰：音偶，又音寓。谓以土木为之，偶类于人也。是旧本作禺，有偶、寓二音。后人改禺为偶，又改注文曰偶音遇，斯为陋矣。《封禅书》：木禺龙栾车一驷。索隐曰：禺，一音寓，寄也；寄龙形于木。一音偶，亦谓偶其形于木也。”由此，偶从禺，犹傀从鬼，实为同一义类之异语。又，《山海经·大荒东经》中记载有神异的“禺京”，而《海外北经》中则有禺疆。按京、疆为一声之转，禺京即禺疆。其“人面鸟身”，则大概是传达禺疆为风神的形貌特征。又禺疆字玄冥，又相传为颛顼的佐者。《礼记·月令》上说：“孟冬之月……其帝颛顼，其神玄冥。”《淮南子·时则训》：“北方之极……颛顼、玄冥之所司者万二千里。”又《史记·律书》：“不周风居西北，主杀生。”《吕氏春秋·有始》：“西北曰厉风。”由此可以看出，作为风神的禺疆，实则为传播疫厉之瘟神。这个特征，正与《楚辞·天问》里面的“伯强”相吻合：“伯强何处？”王逸注：“伯强，大厉鬼也，所至伤人。”“伯”即大，而“禺疆”之疆，本或作“强”。王夫之《楚辞通释》；闻一多《天问释天》均以为“伯强”即禺疆。可见，“鬼”即似人非人的怪异之象；而禺也即是厉鬼。

其次关于“畏”与“鬼”。鬼可孳乳为瘣，畏亦得孳乳为㾯。《诗经·卷耳》：“我马虺隤。”三家《诗》虺作瘣，《释文》引《说文》又作㾯。“瘣”“㾯”既然可构成异文关系，“畏”“鬼”自然音同可相通用：《庄子·天地篇》：“门无鬼。”《释文》：“司马本鬼作畏。”还有“畏”与“禺”：《广雅·释丘》：“隅，隈也。”《魏都赋》：“考之四隈。”注：“隈，犹隅也。”而隈从畏得声，隅从禺得声，亦一语之转。

图 5-6 汉代制作猒胜牌铭文及纹饰

这样比勘下来，大概可以说，“鬼”在初本为令人望而生畏的怪异超常之象。从其取象意义而言，“鬼”多出于人事，而“神”滥觞于自然[①]。但从《说文》提供的“语义场”联系来观察，至少在汉代以前人们观念中，鬼神浑而不别，并未见出十分清晰的分野。鬼即等于神，神亦即是灵，灵又就是魂，魂也就是鬼。是故《说文》：“魋，神也，从鬼，申声。”鬼、神共存一体。《山海经·中山经》：“青要之山……魋武罗司之。”郭璞注：“魋，即神字。”《管锥编》对于二者的关系曾作过如下连类阐释：

> 后世仰“天”弥高，贱“鬼”贵“神”，初民原齐物等观；古籍以“鬼”“神”“鬼神”“天”浑而无区别，犹遗风未沫、委蛇尚留者乎？不啻示后人以朴矣。
>
> “鬼”“神”“鬼神”浑用而无区别，古例甚多。《论语·先进》：“季路问事鬼神，子曰：未能事人，焉能事鬼？”《管子·心术》：“思之思之，思之不得，鬼神教之。”而《吕氏春秋·博志》：“精而熟之，鬼将告之。”《史记·秦本纪》由余对缪公曰：“使鬼为之，则劳神矣；使人为之，亦苦民矣”；“鬼”与“神”、“人”与“民”、“劳”与“苦”，均互文等训。观《墨子》之书尤明。如《天志》上：“其事上尊天，中事鬼神，下爱人。……其事上诟天，中诟鬼，下贼人”；《明鬼》下：“今执无鬼者曰：鬼神固无有。……故古圣王必以鬼神……此吾所以知夏书之鬼也。……古今之为鬼，非他也，有天鬼，亦有山水鬼神者，亦有人死而为鬼者。”“天”“鬼”或分而并列两类，或合而专指一类……汉以前固通而不拘，赅而无辨。天欤、神欤、鬼欤、怪欤，皆非人非物、亦显亦幽之异属，初民视此

① 按“神”字从申，《克鼎》以“申”为“神”。申，甲骨文作（《甲》2415）、（《佚》256），叶玉森认为取象于电耀曲折形。按《说文·虫部》认知分析：虹（甲骨），蝃蝀也。状似虫。从虫，工声。《明堂月令》曰：虹始见。户工切。，籀文虹。从申。申，电也。又《雨部》：雨（甲骨金文简帛古币石刻），水从云下也。一象天，冂象云，水霝其间也。凡雨之属皆从雨。王矩切。，古文。靁（甲骨金文简帛石刻），阴阳薄动靁雨生物者也。从雨，畾象回转形。鲁回切。，古文靁。，古文靁。，籀文。靁间有回；回，靁声也。《说文·申部》：申（甲骨金文简帛古玺汉印石刻），神也。七月，阴气成，体自申束。从臼，自持也。吏臣铺时听事，申旦政也。凡申之属皆从申。失人切。，古文申。，籀文申。从《说文》提供的“神”字初文取象认知来看，“神”直接和电闪火光相联系。

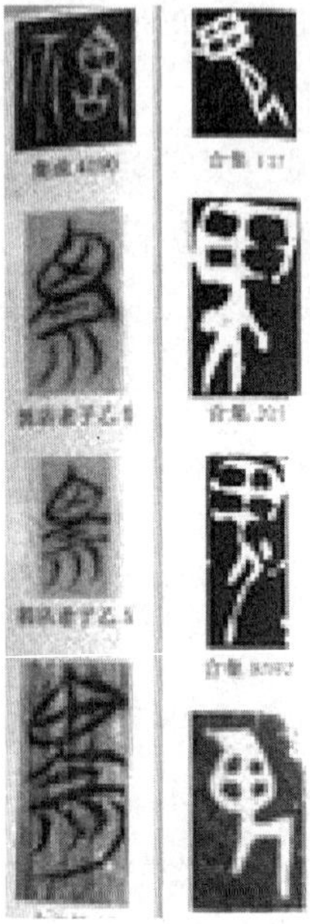

图 5-7《中国异体字大系·篆书编》所见"鬼"符几类主要异体结构

等为同质一体，悚惧戒避之未遑。积时递变，由浑至画，于是渐分位之尊卑焉，判性之善恶焉，神别于鬼，天神别于地祇，人之鬼别于物之妖，恶鬼邪鬼尤沟而外之于善神正神；人情之始只望而惴惴生畏者，继亦仰而翼翼生敬焉。[1]

这是关于"鬼神"分合流变程途的切中肯綮的分析。明乎"鬼神"源流演进关系，即令是对于古典哲学思想史的研究，也是极有意义的。譬如，中国哲学思想史上，讲到古代唯物论倡"无神论"的流派时，几乎都要盛推汉代的王充。其实，从巫术宗教的流变历程来全面考察他的《论衡》，就会发现这样一种有趣的现象，就是王氏"虽勿信神仙，而甚信妖怪。其《论死》《纪妖》《订鬼》所持无鬼论，亦即有妖精论"[2]。与王充相反适得相合，差不多同时代的仲长统则是虽不信鬼怪而信神仙。

"鬼神"均源于"有灵时代"，但"神"取象发轫于自然，而"鬼"我们从其字源取象以及与"偶"等的语义场中的联系可知，大率出于人事。由于源头便存在着如此的差异，终于导致后来的分途流变：鬼可以人为装饰，到头来即徒具令人畏惧的形式。《说文》所提供的"语义场"，已见其端倪。又，从人类认识发生发展的历史序列来看，一个时代自有一个世界。初民眼中是所谓"精灵世界"（或曰神话时代），后来则是所说的"巫术世界"（或曰宗教时代），今天所看到的又是科学宇宙观所发现的世界（或曰科技时代）。自然，下一个时代的人走进视野的又是怎样一番天地？肯定也是与我们今天不同的世界。后之视今，亦由今

① 《管锥编》卷一，第 182~183 页。

② 《管锥编》卷四，第 1254 页。

之视昔。[①]

第三节 玄鸟意象

《说文·乚部》连部首字在内，共收3字，因此，这里可以先将该部字一并列出：

> 乚，玄鸟也。齐鲁谓之乙。取其鸣自呼。象形。凡乙之属皆从乙。

① 所谓“高科技”乃至“人工智能”即AI，人类关于宇宙的认知水平，无论微观量子还是宏观天体，都发生了空前变化。对于人类归宿即从现世到了何处，死亡之后意识是否独立存在，灵魂的有无乃至存在于哪个世界，发生了新的思考和热烈讨论。在粒子结构信息水平上，可以说身边跟天边即彼岸的世界是一致的。佛家所谓“色空一律”：色即是空，空即是色，即“色外无空”。《说文》所揭示“人所归为鬼”，并非简单以一“有”或“无”尽了之，而是有所“归”，或者说“归”去有“所”，这个“所”即“鬼神世界”：或皆体现了人类终极认知智慧。基于此，可以说在量子结构信息水平上，世界原本无所谓“量子纠缠”发生。即再遥远的量子之际，也就是身边之间；或者说，在粒子信息水平上，再遥远的量子，也就是身边量子。宇宙学家究物理，格天体，横说竖说，即创造概念竟亦苦于“纠缠”若是。东方“灵魂”意识——关于灵、灵魂、魂魄及相关问题答德国波恩大学顾彬教授问：中国古代，关于灵魂、魂魄记载，较为集中见于《说文》“玉部”“鬼部”之类信息贮存。这些贮存比较纯粹地反映了中国古代人关于“灵魂”“魂魄”的属性以及与“神灵”的关系。在古代中国人意识里，灵魂是人的生命主宰，人死就是灵魂离开人体，灵魂离开人体不是消失不存在了，而是“回归”到“鬼神”的世界里。战国屈原《楚辞·九章·哀郢》：“羌灵魂之欲归兮，何须臾而忘反。”《说文》关于“靈，靈巫，以玉事神”的理解，以及“靈”“霛”构成或体的结构关联，表明玉可以作为巫师通神的道具，以其本身自具灵性，因此与“灵魂”发生纠缠。“魂魄”作为并列结构合成词，在《说文》里都是指人的神，并且具有阴、阳两面性或双相性。魂魄是能脱离人体而独立存在的意识，魂魄附体则人生，魂魄离体则人死。躯体消亡之后人还有另外的存在形式，即作为意识的灵魂回到了另外一个“鬼神”世界，谓之“回归”。另外，鬼往往与各类神联系在一起，甚至人、物老了也可成精（精灵怪神）。

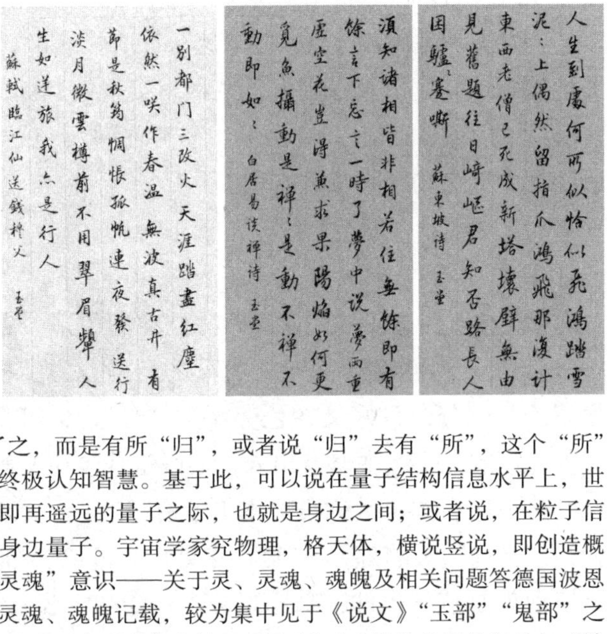

徐锴曰：此与甲乙之乙相类，其形举首下曲，与甲乙字少异。乌辖切。，乙或从鳥。①

（

），通也。从乙从子。乙，请子之候鸟也。乙至而得子，嘉美之也。古人名嘉字子孔。康董切。

，人及鸟生子曰乳，兽曰产。从孚从乙。乙者，玄鸟也。《明堂月令》：玄鸟至之日，祠于高禖，以请子。故乳从乙。请子必以乙至之日者，乙，春分来，秋分去，开生之候鸟，帝少昊司分之官也。而主切。

只要将该字类联系起来观察，就不难发现，在《说文》该部字类中，“乙”实为一核心字符，透过“乙”符所代表的“玄鸟”意象，就可以窥见有关生殖的认知，以及中国古代某种审美价值判断的认知基础。

下面尝试将《说文》“乙”字类之间所包孕的联系疏埋清楚，稽考其间所隐括的“玄鸟”意象认知。

一、“乙”与“玄鸟”

《说文》所录篆文“乙”，就是鸟的象形，象玄鸟举首翘尾的侧视之形。段玉裁说是乙象翅开首竦，横看之乃得。为了提醒人们将“乙”跟“甲乙”之“乙”区分，只好又在乙旁添加“鸟”形（鳦）以标志其本原。有关《说文》此字的几个版本略有出入，如段玉裁《说文解字注》作“乙，燕燕，乙鸟也”……徐锴本（世称小徐本）就有“燕燕”二字。其实，检《说文》，“燕”就是“玄鸟”，《燕部》：“燕，玄鸟也。籋口、布翅、枝尾，象形。”看来，乙字所取就是燕子也即玄鸟之形象。桂馥疏证说：《释鸟》：燕燕，鳦。《诗》：燕燕于飞；传云：燕燕，鳦也。《玄鸟》传云：玄鸟，鳦也②。

① 《集韵·黠部》：乙鳦，乙黠切。《说文》玄鸟也。齐鲁谓之乙，取其鸣自呼，象形。徐锴曰：此与甲乙之乙相类，其形声举首下曲，与甲乙字少异。或从鳥。又《霰部》：燕鷰，《说文》玄鸟也。籋口、布翅、枝尾，象形。或从鳥。亦书作鷰。

② 《说文解字义证》卷三七。

二、“乙”与“乳”

《说文》中“乳”字从“乙”会意，所指即为生育之义，由此联系，我们可推知“乙”符已为生育的象征符号。

“乳”字所从之“孚”，见《说文 · 爪部》：

> 孚（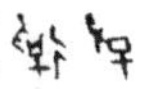甲骨金文简帛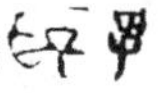古玺石刻），卵孚也。从爪从子。一曰信也。徐锴曰：鸟之孚卵皆如其期，不失信也。鸟裒恒以爪反覆其卵也。芳无切。采，古文孚从禾。禾，古文保。

《集韵 · 厚部》：“穀穀穀穀㝅孚吼，乃后切。乳子也。或作穀穀穀㝅孚吼。”《类篇 · 爪部》：“孚采，芳无切。《说文》卵孚也。徐锴曰：鸟之孚卵皆如其期不失信也。古作采。孚，又芳遇切，育也，《方言》鸡伏卵而未孚。又符遇切。”

从《说文》提示的线索知，孵（化）、抱（生）皆为同源认知关系。徐灏笺释道：“孚、伏、抱一声之转，今俗谓鸡伏卵为步，即孚之重唇音稍转耳。”[①] 至于《说文》又出“一曰信也”之训，也是可以寻绎到其中联系的，段玉裁注云：“此即‘卵即孚’引申之义也。鸡卵之必为鸡……人言之信如是矣。”小徐（锴）解释说：“孚，信也。鸟之孚卵皆如期，不失信也。”[②] 皆着眼于此一认知联系。

三、“孔”与“好”

“孔”字从构形看，亦有“乙”符参与，也就仍然表现神奇的生育认知意蕴，但《说文》解说其本义曰“通”，于是人们将“孔”与“空”淆而不分，导致了认知理解上的歧义。《说文 · 辵部》：“通，达也。”要是联系《说文》说“孔”从“乙”之义：“乙，请子之候鸟也。乙至而得子嘉美之也。”这个“通”应该就是与“乙鸟至达”发生联系的。《说文》时时提醒人们对这个“乙”具有特定象征意义的字符的注意，《烏部》：“焉，鸟黄色，出于江淮，

① 《汉语大字典 · 子部》。

② 《说文解字系传 · 爪部》。

象形。凡字朋者，羽虫之属；烏者，日中之禽；舄者，知太岁之所在；燕者，请子之候，作巢避戊己。所贵者皆象形，焉亦是也。”

日本国语辞典里仍继续使用这个“孔”字，尽管日本学者关于该字形体结构的解释并不一定很准确，但他们至今仍将该字的本义理解为表示孩子脱离母体之貌、小孩出生之义，这一点还是可以拿来参照的。[①]

段玉裁早就指出过“孔”“通”“空”之间的认知关联：“通者达也。于易卦为泰。孔训通，故俗作空穴字多作孔。其实空者，窍也，作孔为假借。”[②]

我们认为，要是联系起来考虑，特别是考虑到《说文》整个字类中“乙”符所具有的特定象征意义，“孔”训“通”，与《说文》后面的解说非但不矛盾，而且相应相合：“通”者，“达”也。“达”即《诗经·生民》“先生如达”之“达”。于《易》为“泰”，泰者，《说文·水部》：

泰（石刻），滑也。从廾从水，大声。他盖切。臣铉等曰：本音他达切。今《左氏传》作汏辅，非是。亣，古文泰。

皆是传达生子通达嘉美之义。所以，《说文》在下面又援古人名、字相互若合符节来印证“孔”有“嘉美”之义。例如，见于《左传》者，楚成嘉，字子孔；郑公子嘉，字子孔；《春秋经》宋孔父，《左传》云孔父嘉，何休注说：经称字。余例可参见王引之《经义述闻·春秋名字解诂》。

既然“生子”涉及“美嘉”，也就是说古代人的生殖观念已经参与了审美的价值判断，这里有必要考证一下“孔”与“嘉”是在哪一层次的意义上相应的。

《说文·壴部》关联5字：

壴（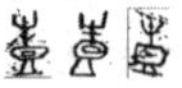甲骨金文简帛），陈乐立而上见也。从屮从豆。凡壴之属皆从壴。

① 日本赤忠塚监修《标准汉和辞典·子部》（旺文社新版），其说解字形结构为“指事”，似不确。

② 《说文解字注》十二篇上《乙部》。

尌（金文简帛），立也。从壴从寸，持之也。读若駐。

鼜 夜戒守鼓也。从壴，蚤声。《礼》：昏鼓四通为大鼓，夜半三通为戒晨，旦明五通为发明。读若戚。

彭（甲骨金文简帛古陶汉印石刻），鼓声也。从壴，彡声。臣铉等曰：当从形省乃得声。

嘉（金文玉书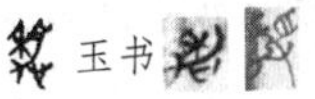简帛石刻），美也。从壴，加声。

盖古文字繁变，往往增口无义（唐兰说），即娶之初文[①]。在殷墟卜辞中，此字每与娩连用。例如：

戊辰卜㱿贞妇好娩不其娶五月。[②]

壬寅卜㱿贞妇…娩娶王国曰其隹…申娩吉娶其隹甲寅娩不吉出隹女。[③]

娩、嘉对用，以至连用成词，可见“嘉”字用法认知为“娩”字相连类者。《说文·子部》：“娩，生子免身也。从子从免。”朱骏声《说文通训定声》：“娩，字亦作娩。《纂要》云：齐人谓生子曰娩。”《广韵·阮韵》：“娩，母子相解。”由是，或可推断“嘉”字必定与生子之义相联系。“嘉”与“孔”相应合，也可以说原初就是在这一层次上建立的。作为旁证，这里还可以提到《楚辞·天问》所记载的“玄鸟”与“简狄”关系的故事：“简狄在台，喾何宜？玄鸟致贻，女何喜？”王逸《楚辞章句》：“贻，一作诒。喜，一作嘉。”窃疑作“嘉”为是。因为从本章用韵情况来看，作“喜”以现代语音系统读之似乎与“宜”协韵，但以上古语音系统读之，“宜”属歌部，“喜”系之部，相去甚远。作“嘉”，则亦属歌部，自然相协。据桂馥《说文义证》“孔”下所引“玄鸟致贻”故事，《楚辞》此章又出异文：

① 《甲骨文字典》卷十二《女部》。

② 《甲骨文字典》卷十二。

③ 《甲骨文字典》卷十二。

简狄在台，喾何宜？
玄鸟致胎，女何嘉？

与今本所异之处又有二：一是“贻”作“胎”，一是“喜”作“嘉”。所可注意者，首句韵脚字“宜”原本是一种祭仪，[1] 由此认知连类《诗经》“之子于归，宜其家室”之“宜”；而“嘉”紧承“胎”字，认知连类“生子”，怡然理顺。在古人看来，生子就是“嘉”。

作为“乞”字类，考察应当联系“好”字。这一方面是因为古代“生子”参与了审美的价值判断，而更为直接的认知关联则是“好”“孔”同出一源。

从取象构形认知着眼，“好”“孔”皆有取于“子”；从语音联系而言，我们只要观察从孔得声的“吼”字读音和“好”字是多么接近即可明了。从两字的使用情况看，“好”“孔”在古代文献中即可通用。《尔雅·释器》：“肉倍好谓之璧，好倍肉谓之瑗，肉好若一谓之环。”郭璞注：“肉，边；好，孔。”《周礼·考工记·玉人》：“璧羡度尺，好三寸以为度。”郑玄注：“好，璧孔也。”

四、会意认知：到底什么才算得上“好”

“好”字，来源很古，而自古相沿用，从殷商时代的彝器铭文甲骨文，到周代金文战国楚简帛文字等，都属于高频用字。

《说文》将“好”字系《女部》，体现了对该结构的认知侧重。其说解曰：“好，美也。从女、子。”看来是将此字结构作为“会意”的类型来分析。问题在于参与“会意”的“女”“子”两符之间是什么关系，或者说，“女”“子”是各以何种身份参与会意的，许慎在《说文》里并没有讲清楚，于是，后人在环绕着“好”字本义问题上一直聚讼纷纭，迄无定说。

宋代人徐锴偏主于“子”一边：“子者，男子之美称，会意。”[2] 按“子”作为“美丈夫”的观念，已属后起，“子”在上列古字形体中取象于幼孩之特

① 《汉语文字与审美心理》第三章“宜”字类。
② 见大徐本《说文·女部》“好”下所附。

征，这是到眼即辨，无须乎赘言的。

清代人段玉裁又偏主于“女”：“好本谓女子，引申为凡美之称。”[①]然则“子”与“女”二符之间发生什么关系，这才是问题的关键，论者没有说到，视“子”符若蔑如，似乎有偏执一边之嫌。

王筠存在同样问题：“以色事人者，妇人之事。小徐牵及子者男子之美称，非也。”[②]

今人或亦偏主“女”边，以为“子”符以象征之义修饰“女”符，得出“少、女”为“好”之说。然则所释为“妙”而复非“好”矣。或干脆避开这“子”“女”两符之间颇令人棘手的“会意”关系，而另阐新说，以为“好”是从“女”形从“孚”省声的形声字[③]，云云。

真正弄清楚其中的关联，有必要先看看关于“会意”的认知模式。《说文》“六书”体系中，具体分析起来，“会意”为最繁杂复综的部类。这里所说到的“好”字，堪为一例。因为说到底，“会意”实质就是“意会”，要将参加会合的几个字符整理出一个构字意义，说得简单些，就是靠解读者的“意会”。而在人类的认识发生发展史上，人的意会知识是一切知识的基础和源泉。波兰尼认为：“意会知识比言传知识更基本。我们能够知道的比我们能说出来的东西多，而不依靠不能言传的了解，我们就什么也说不出来。”这就是说，意会知识在时间上先于逻辑的、言传的知识，没有意会便无法产生和领悟言传知识。从言传知识的产生来看，波兰尼认为这实际上是把意会知识加以编码和发送的过程。同样地，波兰尼把言传知识的获得看作是意会能力接受和解码的过程：“我已表明心灵的纯意会作用是一领会（悟）过程，现在我要进一步指出，对词和其他符号的领会也是一种意会过程。词句可以传达情况，一系列代数符号可以构成数学演绎推理，地图可以表达出一个区域的地形，但没有任何词、符号或图能传达出对它们自身的领会。……只有依靠理解的作用，依靠自我的意会贡献，面对一个表达的接收者才谈得上获得知识。”由此，我们可以把言语信息的实现过程（言语链）划为五个阶段，即“编码——发送——传递——接收——解码”这样五个平面，那就可以看出，编码和解码是

① 见《说文解字注》十二篇下《女部》“好”下注。

② 见《说文句读》第四册《女部》“好”下注。

③ 《说文解字六书疏证》卷之廿四“好”下。

这一链条的两个最重要的环节（始端和终端）的实现则要依靠人的意会能力。同理，造字离不开意会，人们解读字义也必须有意会能力的参与。[①]

问题在于，像“好”这类以“会意”方式结体的字形，我们在“意会”（解码）其造字意图（编码）时，必须充分顾及它的字类联系、语源关系，否则，也就无从领悟造字者的“意会”知识（编码意图），见仁见智，苏轼《日喻》所嘲各执一边的情形就是难免的。

上面已经列出了“好”字在古文字阶段的几个有代表性的形体，从这一个层面所构成的系列看，“子”符的出现，大致上有两个特征：一是不居整个“好”字结构的主要位置而总是偏于一隅；二是基本比例上“子”符总是大大小于“女”符的。也许有人认为这一点并无什么特别的认知意图，但似乎有必要同时了解这一点，中国古代书写造字一直都保持一种追求整体平衡对称的自觉倾向，而且“好”字大致上到了《说文》以后“女”符的核心地位始让位于“子”符，参看下面《说文·女部》“好”字结构系列：

（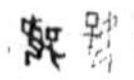甲骨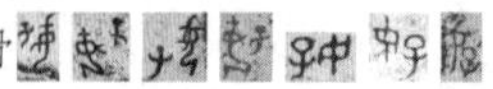金文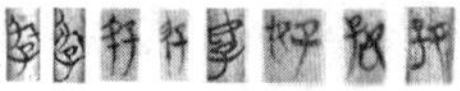简帛石刻），美也。从女、子。徐锴曰：子者，男子之美偁。会意。

要是再考虑到前面所考察的“好”“孔”语源认知关联，或可认知为，“好”字结体从女从子，既非偏正主次关系，亦非联合并列关系，而是传达一种主谓陈述关系，也就是体现“女”（母）生“子”这样一类结构意义。按《字汇补·子部》收录了一个“好”字的异体，作“毌”，其说曰：“毌，《六书精蕴》：‘与喜好之好同。’”“母”即“好”体之“女”符，再明白不过地体示了“母子关系”的认知意义。也许有人指责这里提供的异体出现为时较晚。其实不然。从母之“毌”，实在有着算得上最古的来源。据上面列出的“好”字系列，这个从母结构就是殷商时代彝器《妇好瓿》上面从每结体的“好”字。从子从每，而古文字中“每”“母”实一字。

① 《史前认识研究》，第 78~79 页。

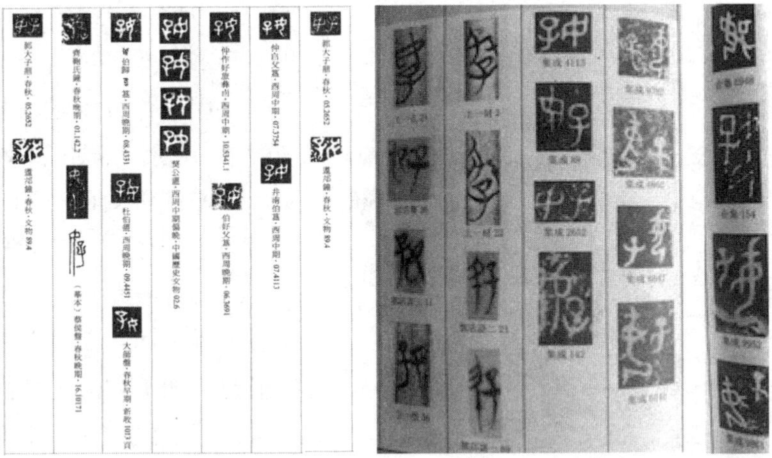

图 5-8 《新金文编》《中国异体字大系·篆书编》所见“好”字构造及其使用出处时代标注

（商代《妇好瓿》），（商代《妇好觚》），（商代《好簋》）——其中，“妇好”类器上面的“好”字结构是记录专名的，共计有 80 个器（不在我们这里讨论的范围之内）。至于《好簋》，字形结构更为特殊：在“女”符之外再加“女”符。累加字符往往是汉字构形过程中表示强调某一字符地位的一种做法，这里应该看作是突出了该结构中“女”符的重要性。

大体到了唐宋之际，“子”符得到突出的观念在字汇里得到固定。大徐本《说文》“好”字下面保存了宋代人对此结构中二符关系的认知理解，即突出强调“子”符，甚至以之为“男子之美称”。

传世字书往往积淀了历代汉字的认知观念。例如，下面三个特殊的字符被认为是“好”字的异体字。从这些结构也可看出，在“好”字中“女”符一般是占主体地位的：

⿰丑子（《玉篇·子部》）——⿰丑攵（《广韵·号韵》）——⿰母子（《字汇补·子部》）

《集韵·晧部》：“好⿰丑子⿰丑攵，许晧切。《说文》美也。古作⿰丑子⿰丑攵。”其中女可替换为母，母丑形近混淆，于是构成如上异体系列。

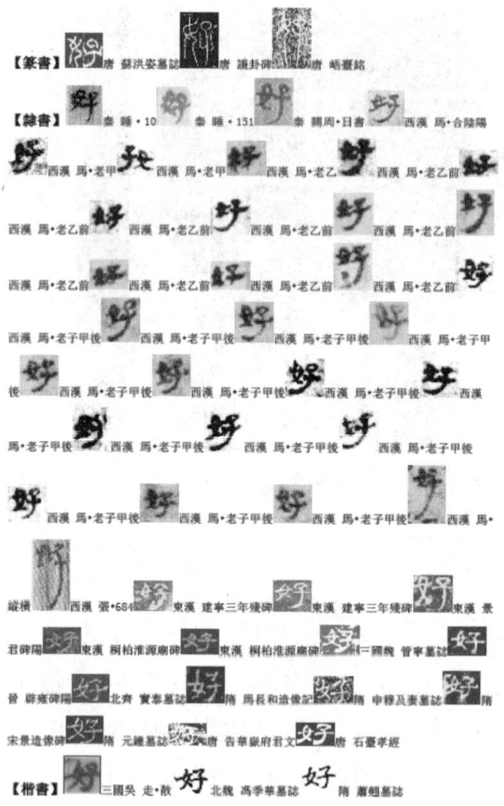

图 5-9《汉魏六朝隋唐五代字形表》“好”字条：秦汉魏晋南北朝隋唐五代历代书写记忆

从各个形体所出现的最早字书来看，这几个形体最晚的使用年代分别是南北朝、唐朝和明朝，跨越了中古和近代（按汉语史的分期）。其中第一个字形，“丑”符是“母”符的形近省写，不能附会到美丑关系上面。而且有着很早的来源，如下列战国楚简即使用从丑从子的“好”字作。正因为在“好”字结构中“女”符总是占主体地位，所以，在为了明确和强调主体部分的情况下，甚至将“子”符也替换为“女”符。

由于关涉到价值判断体系认知，出土文献中使用“好”字，历代都呈现高频状态。商周金文数据库（2002年版）即可检索得到121条使用记录，楚简帛文字数据库（2003年版）保存35条数据，魏晋南北朝隋唐五代石刻数据库统计近达800条记录，日本所藏唐代汉字抄本文献第一批（三册）数据库“好”字凡50余见。

战国楚简使用的“好”字发表之后，使研究者对于该字形结构当中“子”从属于“女”符的结构关系，认知尤其鲜明。其中，上海博物馆藏的《战国楚竹书》，就是大批战国楚简中的一种。这一种在数量上是迄今所有发表的战国楚简牍文字中最大的，竹简共有1200余支，计达35000字。2003年版《战国楚文字数字化处理系统》，已经可以筛选到有关“好”字的使用记录数十条。战国楚文字所使用的这几十处记录，像上海博物馆藏《战国楚竹书》第一册《孔子诗论》等（除郭店楚墓竹简《老子》甲第8简“事好”等有限几条使用左右结构之外），很多情况下都使用上“女”下“子”之形。例如：

图5–10带方郡太守张抚夷砖铭使用『好』字结构

上海博物馆藏《战国楚竹书》第一册《孔子诗论》第12简作；

第一册《孔子诗论》第14简作；

第一册《孔子诗论》第24简作；

第一册《缁衣》第1简“好美如好缁衣”作；

第一册《缁衣》第2简作（与从“丑”楷书来源相关，“扭”其初文）；

郭店楚墓竹简《老子》甲第32简作；

郭店楚墓竹简《缁衣》第1简作；

郭店楚墓竹简《缁衣》第2简作；

郭店楚墓竹简《缁衣》第3简作。

我们认为，楚简这类结构特点，即“子”形是连带于“丑”即“母”形或“女”形之下的，是作为主体的“女”形的附属产物，这与当时特定的“好”的认知观念存在一定关联。我们今天所使用理解的“好”字，不用说所施日益宽泛，而且是经过几个时代的认知结构调整。字形体示观念，传世文献似无如此较然著明者。

实物用字反映，秦汉之际的隶变形体，其中“女”“子”两个部分开始取得基本平衡到确立“子”符的突出地位。

另外，在日本国语里，“好”字字形被理解为妇女疼爱孩子的会意结构[①]，似乎说得通。我们还是回到《说文》“本文”上来：“好，美也。”朱骏声按：这个“美”实“媄也，《方言》二：凡美色或谓之好”。[②]《方言》卷二：“自关而西，秦晋之间，凡美色或谓之好。”《集韵·迥部》：“頩艴，普迥切。美皃。《楚辞》玉色頩以脝颜。一曰敛容。或从色。”其中頩艴异体，

① 《标准汉和辞典·女部》。

② 《说文通训定声·孚部第六》。

頁、色可以等量替换，说明“色”的然诉诸颜面。又《職部》：“色𩕄，杀测切。《说文》颜色也。古作𩕄。”这样不是和上面关于“好”字的结构认知意义相矛盾吗？我们还是来看《说文·女部》：“媄，色好也。”“色”字之造，原本传达两性交感认知体验，《说文》亦保存了这一意蕴，《色部》：

> 色（……简帛……汉印），颜气也。从人从卪。凡色之属皆从色。所力切。[illegible]，古文。

又《己部》：

> 己（……甲骨……金文……简帛……古玺……古币……石刻），中宫也。象万物辟藏诎形也。己承戊，象人腹。凡己之属皆从己。𢀒，古文己。

其上部说是“从人”，即人之屈体以相就之形；其下部“𢀒”说是“象人腹”，二者穿合，作为结构认知特征，下部取象于人腹，上部取象于人在腹上屈体以相就，两者有相交合之处：这正是描摹男女两性交配媾精的情境。在日本国语中，“色”字结构意义被分析为屈体的人与坐着的人交合在一起，表示男女间的情欲。① 也可参观。

《说文》中“孔”与“好”字类的联系，使我们发现：在中国古代人的观念中，如同“孔”对应于“嘉”，“生子”即有合于“好”。

五、玄鸟意象的三层意蕴

《说文》“乙”字类共同的字符就是“乙”，“乙”符所代表的“玄鸟”意象具有丰富的象征意蕴，而且是分为若干认知层次的。

其一，《说文》中“玄鸟”意象象征生殖之神。“孔”下说：“乙，请子之候鸟也，乙至而得子，嘉美之也。”在《说文》看来，“请子”以至“得子”与“乙至”之间是存在着因果联系的。处于此种联系中的“乙”，不啻是作为生

① 《标准汉和辞典·色部》。

殖神的身份出现的。应该说，“玄鸟”的这一层次的象征意蕴所来是有着非常古老的源头的。据人类学学者的研究，图腾制的主要特征就有：1. 原始民族的社会集团，采取某种动植物为名称，相信其为集团之祖先或与之有血缘关系；2. 有种种神话和传说，说明图腾集团的起源，如图腾祖先如何产生人类，等等。[①] 我国神话传说中有不少关于“玄鸟”（即燕子）象征生殖神的记载。

《吕氏春秋·音初》：“有娀氏有二佚女，为之九成之台，饮食必以鼓。帝令燕往视之，鸣若嗌嗌。二女爱而争搏之，覆以玉筐。少选，发而视之，燕遗二卵，北飞，遂不反。二女作歌一终，曰：‘燕燕往飞。’实始作为北音。”这段记载可以与上文所援引《楚辞·天问》的有关内容相印证。《史记·殷本纪》：“殷契母曰简狄，有娀氏之女，为帝喾次妃。三人行浴，见玄鸟堕其卵，简狄取吞之，因孕生契。”这令我们联想到《诗经·商颂·长发》中称契为“玄王”，亦与《玄鸟》“天命玄鸟，降而生商”所述一致。商代晚期彝器出土有“玄鸟妇壶”[②]，其铭文为合文。于省吾最早考证认为：“玄鸟妇三字合文是研究商人图腾的唯一珍贵史料，系商代金文中所保留下来的先世玄鸟图腾的残余。”[③] 胡厚宣在研究商族图腾时指出，被商族尊为“高祖”的王亥，其“亥”字头上加一鸟形。仅就目前所见的甲骨八片、卜辞十条中

图 5-11 海外庋藏青铜器鸟纽壶

图 5-12 环立鸟壶

图 5-13 鹰嘴壶

① 岑家梧：《图腾艺术史》，商务印书馆 1937 年版，第 16 页。
② 《金文编》卷十二。按容庚所录器作《玄妇壶》，其释为：“玄妇二字合文。”
③ 于省吾：《略论图腾与宗教起源和夏商图腾》，《历史研究》1959 年第 11 期。

的字形而论，“王亥的亥字，上端所从，先从鸟，次作崔萑。最后作隹，从祖庚到武乙，五六十年之间，由象形而字化，由繁而简，由鸟而隹，其发展演变的痕迹，灼然可见。……王亥之亥而从鸟，乃商族以鸟为图腾之确证。”①

图 5-14 海外度藏鸷鸟尊

图 5-15 西周三鸟器

图 5-16 朱雀杯

如果将上述文献记载当作远古历史背景来看待，钩稽《说文》，所得“玄鸟”意象，作为生殖神认知的象征意蕴是极其深刻的。

其二，《说文》中“玄鸟”意象作为特定物候节令之认知象征。该层次表现出《说文》中“玄鸟”意象神秘色彩渐褪、自然色彩趋浓的转换。

《说文·乞部》“乳”下说明该字形体中“乞”符之功能、之意义：“乞者，玄鸟也。《明堂月令》：玄鸟至之日祠于高禖以请子。故乳从乞。请子必以乞至之日者，乞春分来秋分去，开生之候鸟，帝少昊司分之官也。”

这段文字涉及内容颇为复综，桂馥进行了较为密察的书证。为便解会，下面分节逐句疏出：

1.“《明堂月令》：玄鸟至之日祠于高禖以请子”——此节的核心在于“高禖”。《月令》：仲春之月，玄鸟至之日以太牢祠于高禖，天子亲往。注云：玄鸟，燕也。燕以施生时来巢人堂宇而孚乳，娶嫁之象也。媒氏之官以为候。高辛氏之世，玄鸟遗卵，娀简吞之

① 胡厚宣：《甲骨文商族鸟图腾的遗迹》，《历史论丛》第一辑，中华书局1964年版；胡厚宣：《甲骨文所见商族鸟图腾的新证据》，《文物》1977年第2期。

而生契。后王以为媒官，嘉祥而立其祠焉。变媒为禖，神之也。按“玄鸟”意象认知由神秘趋向自然，转捩之阶，在于玄鸟由嫁娶之象的“媒”，神圣化为祭祠之象的“禖”。《吕氏春秋·仲春纪》：是月也，玄鸟至，至之日，以太牢祀于高禖。注云：玄鸟，燕也。春分而来，秋分而去。传曰：玄鸟氏，司启者也。《周礼·媒氏》：以仲春之月合男女，于时也，奔则不禁。因祭其神于郊谓之郊禖。“郊”音与“高”相近，故或言“高禖”。

2.“请子必以乞至之日者，乞，春分来秋分去，开生之候鸟，帝少昊司分之官也”——按此节核心在于“开生”之象。《说文·卯部》：卯，冒也。二月万物冒地而出，象开门之形，故二月为天门。”郑注《月令》谓：燕以施生时来，故云开生之候鸟。《左传·昭公十七年》：玄鸟氏，司分者也。注云：玄鸟，燕也。以春分来秋分去。《吕氏春秋·仲秋纪》：玄鸟归。注：玄鸟，燕也。春分而来秋分而去。①

有关玄鸟意象象征物候时节的书证，可谓爬梳殆尽。

其三，《说文》中“乞”符作为方言俗语里男女两性生殖器之名原。随着“玄鸟”意象逐渐向自然事象的转化，到后来，“乞——玄鸟——燕子”这一意象和人们的生殖繁衍的联系已经看不出来了。只是在中国部分地区的方言俗语中，还可以找到“乞”和男女两性生殖器的命名的某种语源上的联系。这一现象应该视为《说文》中“玄鸟”意象流转的孑遗。仍然是《说文·乞部》为我们保留了这一联系：

乚，玄鸟也。齐鲁谓之乞。取其鸣自呼。象形。凡乞之属皆从乞。徐锴曰：此与甲乙之乙相类，其形举首下曲，与甲乙字少异。乌辖切。鳦，乞或从鳥。

大徐本《说文》“乞”下注切音为“乌辖切”，《集韵》音“乙黠切”，用

① 《说文解字义证》卷三十七。

现代汉语语音系统拟音就是“yà”，照《说文》的说法，这种读音，就是摹拟燕子的鸣叫。春天燕子归来，乞乞（yà yà）一片，正是这种声响。

以往搞方言调查，发现齐鲁大部地区的乡村，老一辈人以“yà”这个音节来称呼男女生殖器官。例如：小男孩的为“小 yà”“yà yà 儿”，小女孩的为“小 yà 巴”“yà 巴儿”。成年人亦男女相对待：男性的为“yà 子”，女性的为“yà 巴子”，等等。人们一直搞不清这个“yà”的“本字”，也就是它的名原。《说文》特别揭示出玄鸟这个意象，“齐鲁谓之乞”，从而使我们找到了这一联系。

最后，也许我们在这里还可以顺带提出下述材料，以资比照符验。黄侃先生在《读集韵证俗语》的手稿里面有一条就是：“豭读若牙。”《说文·豕部》：“豭，牡豕也。”又“豝”下说：“牝豕也。”[1] 照上文的考释联系看，也许“乞”“豭”“豝”同出于一个语源。叶舒宪先生函教曰：北京土语中骂人作“你 yā 的”，亦堪连类。人类学家研究表明，“卵”意象即象征生育：“孩子以男性生殖器与该世界（在地上画一个圈来表示）进行一次象征性的性交，孩子将一个黄鹂巢像蛋一样投入圈内”；在该仪式中，“他是一个完全的男人（进行性交者）和一个完全的女人（将一个象征蛋的鸟巢生在象征鸟巢的圈内）”[2]。在苏美尔文字中，有一类情形相似于中国的“会意”，即有些词经常用一个词形内含有两个表示更简单的意义的词的表意词字组合、结合来表示。[3] 例如在苏美尔文字中就存在这样一组表词字的组合：鸟 + 卵 = 分娩。若变换作图像认知，将尤为直观醒豁。

---

① 黄侃：《黄侃声韵学未刊稿》卷下，武汉大学出版社 1985 年版，第 545 页。

② ［法］克劳德·列维–斯特劳斯：《结构人类学：巫术·宗教·艺术·神话》，陆晓禾、黄锡光等译，文化艺术出版社 1989 年版，第 76~77 页。

③ 《文字的产生和发展》，第 143 页。

附

《说文》有关鸟属的特殊认知意义

现在我们的儿童甚至成人，还能认识几种鸟？作为自然跟人类生态关联度最高的飞禽，南朝梁代周兴嗣撰《千字文》，于人类文明起源之际，特别提到“龙师火帝，鸟官人黄。始制文字，乃服衣裳”。《说文》通过“鳥”（119字）、“焉”（3字）、“隹”（39字）等部，贮存了古代异常丰富的鸟类生活习性信息库，同时，也构建了鸟的具体物候种类繁殖自然关系的认知世界，有些还属于特殊的认知类型。《篆隶万象名义·隹部》抄存63字，《鳥部》抄存279字；《宋本玉篇·鳥部》发展为382字，《隹部》69字。《类篇·鳥部》发展至466字，《隹部》发展至185字。“凡鸟偏从末世来，都知爱慕此生才。”[①]《今文尚书·舜典》记载音乐功能特异，能够“格物”即招徕灵物，就有“箫韶九成，凤凰来仪”的音乐认知关联。另外，《商书》部分的《高宗肜日》“书序”也注意到：

高宗肜日。敦煌本伯2516《书序》：“高宗祭成汤ナ飞雉升鼎耳而雊，祖己𠳋诸王，作高宗肜日，高宗之𠳋。”高宗，殷高宗武丁。肜，祭名；《尔雅·释天》：绎，又祭也，周曰绎，商曰肜，夏日复胙。按甲骨文中记肜祭之事甚多，肜字卜辞作彡等形。罗振玉考定甲骨卜辞“彡日”即肜日。郭沫若《卜辞通纂》第59片考释说：《书》“高宗肜日”与此“康祖丁肜日”同例。屈万里《尚书集释》以为：吴其昌《殷虚书契解诂》、董作宾先生所作《殷历谱》皆谓肜为伐鼓而祭。《史记·殷本纪》亦谓“帝武丁祭成汤”。惟云：“帝武丁崩，子帝祖庚立，祖己嘉武丁之以祥雉为德，立其庙为高宗，遂作高宗肜日及训。”皆谓高宗肜日为武丁祭成汤，亦皆谓本篇为祖己所作。按甲骨文肜日之祭，凡肜日上之人名，皆为被祭之祖先。如：“壬寅卜，贞：王宾示壬彡日，亡尤？”[②]又：“丁未卜，贞：王宾武丁肜日，亡尤？”[③]且祖

① 《红楼梦》第五回关于金陵十二钗王熙凤判词头二句。

② 《殷虚书契前编》卷一，第1页。

③ 《殷虚书契前编》卷一，第18页。

己之称，必当在其孙辈以后。故王国维著《高宗肜日说》(见《观堂集林》)，以为（一）高宗肜日，乃祖庚祭高宗；（二）本篇当作于武乙之后；（三）祖己即孝己。

越有雊雉。敦煌本伯2516经文作越𠂇雊雉，传文：于肜日有雉异。越、聿声近，越有雊雉，犹《夏小正》“越有小旱”之越，言聿有雊雉也。王引之《经传释词》卷二：《尔雅》曰：粤，曰也。字亦作聿。有雊雉，有野鸡在鼎耳上鸣叫，《说文·隹部》：雊，雄雌鸣也，雷始动，雉鸣而雊其颈。据《书序》的传文称这一现象为“耳不聪之异”，由此引发了这篇祖己劝诫时王改革祭祀制度的言辞。从这里的关联可以看出，传文潜含了一种上古殷商时代就盛行的以雉鸣为灾异的“鸟占信仰”。李学勤《〈夏小正〉新证》不为汉人经说所泥，考辨以雉鸣作为物候，并以雉非时而鸣为异变，在商代业已存在：《夏小正》经文正月云：“雉震呴。”呴字，《说文》作“雊”。需要说明的是，《说文》以“雊”为“雄雉鸣”，另有“鷕”字训为“雌雉鸣”。段注已解释，这是出于《诗经·小弁》《匏有苦叶》两篇的训诂，实际两字“浑言不别”，可相通用。(按：“呴”字亦即《高宗肜日》篇的“雊”字，《史记·殷本纪》所引即作“呴”)李学勤从传世文献到出土材料都给予了注意：以雉鸣为物候的观念流传很久，段玉裁已引到《礼记·月令》《洪范五行传》和《易纬·通卦验》等书，都有类似《夏小正》的记述。后两种书属于占候，可知在古人心目中每年到一定时令应有雉鸣，反过来说，应鸣而不鸣，不应鸣而鸣，都会被认为灾异。在殷墟出土的甲骨卜辞中，发现有以雉鸣为灾异的记事，例如《校斋甲骨展览》21胛骨：……之日夕㞢（有）鸣雉。《殷虚文字缀合》36胛骨：［癸丑卜］永［贞］，旬亡［祸］。……乙卯㞢（有）设，……象庚申亦㞢（有）设，㞢（有）鸣雉，疛图羌或。两版均为武丁时的宾组卜辞，“雉”字作鸟形，横贯一笔，和甲骨文“彘”字可写成“豕”字横贯一笔结构相似。这两条卜辞只记“有鸣雉”，没有标明雉鸣的环境地点，所以雉鸣成为灾异只能是非时而鸣。前一条雉鸣在“夕”即晚间，更是不应鸣而鸣的显例。联系到《尚书》本篇以雉鸣为异象与上引卜辞同，李学勤持论较诸家尤为圆通：《高宗肜日》这一篇，《书序》《尚书大传》《史记》等都认为是记武丁时事，也正和上面卜辞同时。王国维则以为武丁之子祖庚时事，理由是卜辞金文中凡言某某肜日是指所祭之人。按现已发现的卜辞金文，或作“王宾某某彤日”，或作“遘于某某彤日”，与“高宗彤日”不完全相合，同时也没有出现“高宗”的称呼，用来推断“高宗”不是主词，是缺乏充分根据的。至于《尚书大传》和《史记·殷本纪》说武丁祭成汤，有雉飞升鼎耳而雊，是汉代经说，是否符合《高宗彤日》本义，则是另一问题。[①]关于雉飞升鼎耳而雊和高宗彤日的关系，刘起釪则联系商代以鸟为图腾的材料作了新鲜的推论：要知在祭祀大典中，发生雉鸟鸣叫的事，这在商代是有特殊意义的大事。由于商代统治者的宗教迷信观点特别强烈，在历史上形成“殷人尚鬼”的特点；而原始时期商族又以鸟作为图腾，在这渊源久远的图腾崇拜的传统意识和心理素质下，殷人认为雉是一种神鸟，因此雉鸣的事不能不成为一件大事。……特别是卜辞中有很多祭祀神鸟的记录。如武丁时数祭“帝史凤”，又有三条禘祭雉鸟，而且武丁给了很隆重的祀典（用三牛三豕三犬等），这都是对凤鸟对雉鸟的尊重。较早卜辞有一条报祭“祥鸟”的事，则与《殷本纪》载祖己称雉为“祥雉”同。同时武丁不仅要祭鸟，还要祭天上的鸟星（《殷墟文字乙编》有多片），武丁时卜辞更有好几条关于鸣雉的记录，说明了武丁时代商王朝统治者是如何以一种戒慎恐惧的心理状态对待着鸣雉的事，这就直接可悟《高宗彤日》篇中鸣雉一事的原有意义。[②]

人通鸟语，鸟具灵性，直到后世通俗小说，还经常见到{鸟—人}之间信息交感沟通的生动描状。[③]下面是《说文》相关部所构建鸟的认知世界具体观察，有关条目，加以脚注标识。

（甲骨金文简帛），长尾禽总名也。象形。鳥之足似匕，从匕。凡鳥之属皆从鳥。都了切。

（汉印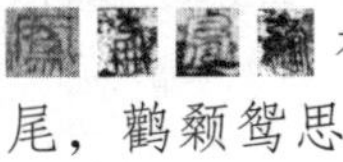石刻），神鸟也。天老曰：鳳之象也，鸿前麐后，蛇颈鱼尾，鹳颡鸳思，龙文虎背，燕颔鸡喙，五色备举。出于东方君子之国，翱翔四海之外，过昆仑，饮砥柱，濯羽弱水，莫宿风穴。见则天下大安宁。从鳥，凡声。冯贡切。，古文鳳，象

① 李学勤编著：《古文献论丛》，中国人民大学出版社 2010 年版，第 212~214 页。

② 《尚书文字校诂·高宗彤日》注①②所援引，见刘起釪著《古史续辨·〈高宗彤日〉所反映的历史事实》，中华书局 1993 年版。

③ 如《三国演义》第 53 回，孔明就一鸦自北南飞袖占一课。

形。鳳飞，群鸟从以万数，故以为朋党字。，亦古文鳳。

（金文汉印），亦神灵之精也。赤色，五采，鸡形。鸣中五音，颂声作则至。从鳥，䜌声。周成王时氐羌献鸞鸟。洛官切。

 鸑鷟，凤属，神鸟也。从鳥，獄声。《春秋国语》曰："周之兴也，鸑鷟鸣于岐山。"江中有鸑鷟，似凫而大，赤目。五角切。

 鸑鷟也。从鳥，族声。士角切。

 鷫鷞也。五方神鸟也。东方发明，南方焦明，西方鷫鷞，北方幽昌，中央凤皇。从鳥，肅声。息逐切。，司马相如说：从叜声。

 鷫鷞也。从鳥，爽声。所庄切。

（简帛），鶻鵃也。从鳥，九声。居求切。

 鶌鳩也。从鳥，屈声。九勿切。

 祝鸠也。从鳥，隹声。思允切。，鵻或从隹、一。一曰鶉字。

 鶻鵃也。从鳥，骨声。古忽切。

 鶻鵃也。从鳥，舟声。张流切。

 秸鷄，尸鸠。从鳥，𥴖声。臣铉等曰：𥴖，居六切。与𥷚同。居六切。

 鸠属。从鳥，合声。古沓切。

 渴鴠也。从鳥，旦声。得案切。

 伯劳也。从鳥，狊声。古闃切。，鵙或从隹。

 天鸙也。从鳥，翏声。力救切。

 卑居也。从鳥，與声。羊茹切。

 雗鷽，山鹊，知来事鸟也。从鳥，學省声。[1]胡角切。，鷽或从隹。

 鸟黑色多子。师旷曰：南方有鸟，名曰羌鷲，黄头赤目，五色皆备。[2]从鳥，就声。

 鴞鴞，宁鴂也。从鳥，号声。于娇切。

① 山鹊，知来事鸟也。从鳥，學省声。按鹊学觉，读音同部，得名"知来事"。
② 鸟类认知，亦偏重羽毛色彩。

宁鴂也。从鳥，夬声。古穴切。

鸟也。从鳥，祟声。辛聿切。

泽虞也。从鳥，方声。分两切。

鸟也。从鳥，截声。子结切。

鸟也。从鳥，桼声。亲吉切。

铺豉也。从鳥，失声。臣铉等曰：铺豉，鸟名。徒结切。

鶤鸡也。从鳥，軍声。读若運。古浑切。

鸟也。从鳥，芙声。乌浩切。

鸟也。从鳥，臼声。居玉切。

鷦鷯，桃虫也。从鳥，焦声。即消切。

鷦鷯也。从鳥，眇声。亡沼切。

鸟少美长丑为鸝离。从鳥，畱声。力求切。

（金文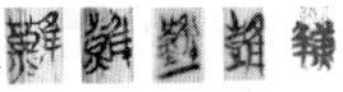简帛汉印石刻），鸟也。从鳥，堇声。那干切。，鷬或从隹，，古文鷬。，古文鷬。，古文鷬。

欺老也。从鳥，彖声。丑绢切。

鸟也。从鳥，説省声。弋雪切。

鸟也。从鳥，主声。天口切。

鸟也。从鳥，昏声。武巾切。

刀鷯。剖苇，食其中虫。从鳥，尞声。洛箫切。

鸟也。其雌皇。从鳥，匽声。一曰凤皇也。於幰切。

瞑鴲也。从鳥，旨声。旨夷切。

乌鸔也。从鳥，各声。卢各切。

乌鸔也。从鳥，暴声。蒲木切。

（汉印），鸣九皋，声闻于天。从鳥，隺声。下各切。

白鹭也。从鳥，路声。洛故切。

鸿鹄也。从鳥，告声。胡沃切。

（简帛汉印石刻），鸿鹄也。从鳥，江声。户工切。

秃鵚也。从鳥，尗声。臣铉等曰：尗非声，未详。七由切。，鵚或从秋。

鴛鴦也。从鳥，夗声。於袁切。

鴦 鴛鴦也。从鳥，央声。於良切。

鵽 鵽鳩也。从鳥，叕声。丁刮切。

鯥 蔞鵝也。从鳥，坴声。力竹切。

鴚 鴚鵝也。从鳥，可声。古俄切。

鵝 鴚鵝也。从鳥，我声。五何切。

鴈（石刻），鵝也。从鳥、人，厂声。臣铉等曰：从人从厂，义無所取。当从雁省声。

鶩 舒凫也。从鳥，敄声。莫卜切。

鷖 凫属。从鳥，殹声。《诗》曰："凫鷖在梁。"乌鸡切。

鷞 鷞鷿，凫属。从鳥，契声。古节切。

鷿 鷞鷿也。从鳥，辟声。鱼列切。

鸏 水鸟也。从鳥，蒙声。莫红切。

鷸 知天将雨鸟也。从鳥，矞声。《礼记》曰："知天文者冠鷸。"①鶐，鷸或从遹。

鷿 鷿鷉也。从鳥，辟声。普击切。

鷉 鷿鷉也。从鳥，虒声。土鸡切。

鸕 鸕鷀也。从鳥，盧声。洛乎切。

鷀 鸕鷀也。从鳥，兹声。疾之切。

鷧 鷀也。从鳥，壹声。乙冀切。

鴔 鴔鴡也。从鳥，乏声。平立切。

鴡 鴔鴡也。从鳥，皀声。彼及切。

鴇 鸟也。肉出尺胾。从鳥，𠦒声。博好切。鮑，鴇或从包。

鸈 雝鸈也。从鳥，渠声。强鱼切。

鷗 水鸮也。从鳥，區声。乌侯切。

鴃 鸟也。从鳥，犮声。读若撥。蒲达切。

鱅 鸟也。从鳥，庸声。余封切。

鶃 鸟也。从鳥，兒声。《春秋传》曰："六鶃退飞。"五历切。鷊，

---

① 鷸谲遹，皆同声符结构。《集韵·術部》：鷸鶐，允律切。《说文》知天将雨鸟也，引《礼》知天文者冠鷸。

鶃或从鬲。，司马相如说，鶃从赤。

鵜胡，污泽也。从鳥，夷声。杜兮切。，鵜或从弟。

天狗也。从鳥，立声。力入切。

麋鸹也。从鳥，倉声。七冈切。，鶬或从隹。

麋鸹也。从鳥，𠯑声。古活切。

鵁鶄也。从鳥，交声。一曰鵁鸕也。古肴切。

鵁鶄也。从鳥，青声。子盈切。

鵁鶄也。从鳥，幵声。古贤切。

鷀鷥也。从鳥，箴声。职深切。

鷀鷥也。从鳥，此声。即夷切。

雕也。从鳥，敦声。《诗》曰："匪鷻匪鳶。"度官切。

鸷鸟也。从鳥，屰声。臣铉等曰：屰非声。一本从丫，疑从隺省。今俗别作鳶，非是。

鸱也。从鳥，閒声。户间切。

鸷鸟也。从鳥，䍃声。弋笑切。

白鷢，王鴡也。从鳥，厥声。居月切。

（古玺），王鴡也。从鳥，且声。七余切。

鸛专、畐蹂。如䧿短尾。射之，衔矢射人。从鳥，雚声。[1]呼官切。

鸇风也。从鳥，亶声。诸延切。，籀文鸇从廛。

鷐风也。从鳥，晨声。植邻切。

击杀鳥也。从鳥，執声。脂利切。

鴥飞皃。从鳥，穴声。《诗》曰："鴥彼晨风。"余律切。

鸟也。从鳥，榮省声。《诗》曰："有鶯其羽。"乌茎切。

鴝鵒也。从鳥，句声。其俱切。

（简帛），鴝鵒也。从鳥，谷声。古者鴝鵒不逾泲。余蜀切。，鵒或从隹从臾。

① 《集韵·桓部》：鷒，徒官切。鸟名，《尔雅》鸛鷒，鶝鶔，如鹊，短尾。射之，衔矢射人。衔矢射人，参见"弓箭意象"。

赤雉也。从鳥，敝声。《周礼》曰："孤服鷩冕。"并列切。

鵔鸃，鷩也。从鳥，夋声。私闰切。

鵔鸃也。从鳥，義声。秦汉之初，侍中冠鵔鸃冠。[①] 鱼羁切。

雉属，戇鸟也。从鳥，適省声。都历切。

似雉，出上党。从鳥，曷声。胡割切。

鸟，似鶡而青，出羌中。从鳥，介声。古拜切。

鸚鴞，能言鸟也。从鳥，嬰声。乌茎切。

鸚鴞也。从鳥，母声。文甫切。

走鸣长尾雉也。乘舆以为防釳，着马头上。从鳥，喬声。巨娇切。

雌雉鸣也。从鳥，唯声。《诗》曰："有鷕雉鸣。"以沼切。

鼠形。飞走且乳之鸟也。从鳥，畾声。力轨切。，籀文鸓。

雉肥韩音者也。从鳥，倝声。鲁郊以丹鸡祝曰：以斯鶾音赤羽，去鲁侯之咎。[②]

雇也。从鳥，安声。乌谏切。

毒鸟也。从鳥，冘声。一名运日。直禁切。

鸟子生哺者。从鳥，㱿声。口豆切。

（甲骨 金文 简帛 古玺 汉印 石刻），鸟声也。从鳥从口。武兵切。

（汉印），飞皃。从鳥，寒省声。虚言切。

鸟聚皃。一曰飞皃。从鳥，分声。府文切。

以下出新附部分：

鷓鴣，鸟名。从鳥，庶声。之夜切。

鷓鴣也。从鳥，古声。古乎切。

鹜也。俗谓之鸭。从鳥，甲声。乌狎切。

---

① 《集韵·支部》：鸃，鱼羁切。《说文》鵔鸃，秦汉之初侍中所冠，鵔鸃鷩也。似山鸡而小。

② 雉肥鶾音者，得名于自身发音：亦鸟禽命名认知之一途。

鳾 溪鳾，水鸟。从鳥，式声。耻力切。

又《烏部》：

烏（金文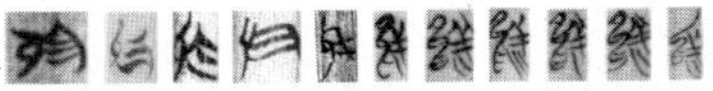简帛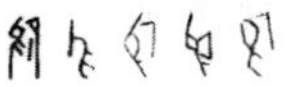古玺汉印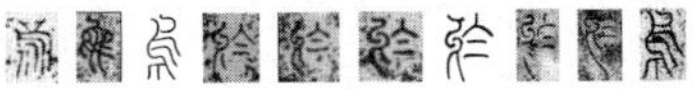石刻），孝鸟也。象形。孔子曰：烏，盱呼也。取其助气，故以为烏呼。凡烏之属皆从烏。哀都切。臣铉等曰：今俗作鳴，非是。𦐰，古文烏象形。𣃘，象古文烏省。[1]

舄（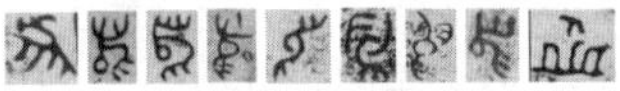金文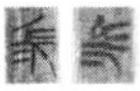简帛），䧿也。象形。七雀切。䧿，篆文舄，从隹、𥫗。

焉（金文石刻），焉鸟，黄色，出于江淮。象形。凡字：朋者，羽虫之属；乌者，日中之禽；舄者，知太岁之所在；燕者，请子之候，作巢避戊己。所贵者故皆象形。焉亦是也。有乾切。[2]

第四节　夸父意象

“夸父逐日”传说，在原本缺少系统、零碎支离的中国神话谱系中，稍具规模。所以，迄今为止，几乎所有的文史选本都予以收录，足见其影响之大了。但是，传世文献原本语焉不详，而各家在阐释这一则神话传说过程中似乎又都不约而同地接受了一个预先规定的指向的制约。下面是有代表性的几家：

游国恩等所编《中国文学史》有关章节中解释说：

① 《集韵·模部》：烏於牂牁，汪胡切。《说文》孝鸟也。孔子曰：鸟盱呼也，取其助气，故以为烏呼。古作於牂牁。亦姓。

② 所贵者故皆象形——取象认知原则；概括各类认知特色所在——“朋者，羽虫之属”，朋鸟而归诸“有羽之虫”。先秦“虫名”是个认知大类，例如《庄子·逍遥游》“之二虫，又何知”，就是代指蜩与学鸠。

《山海经》所载的精卫填海、夸父逐日的神话，就明显地反映原始人在实际生活中同自然作斗争的坚决意志。他们在劳动的经验中坚信人们的力量可以征服自然，因此在任何情况下都抱有克服困难的信心。①

朱东润主编《中国历代文学作品选》，其中认为：

这个故事表现人民对勇敢、力量和伟大气魄的歌颂，对死后不忘为人民造福的崇高精神的赞美。

具体来说，其中的注解有两处颇可注意：一是“夸父：人名，也是一个种族的名称”。二是“入日：太阳落入地平线之下”。②

郭锡良等所编《古代汉语》有关篇目里也这样说：

它集中地反映了我国古代劳动人民敢于向大自然挑战的雄伟气魄。

其中有两处注释与以上说法略有出入：一是“夸父：神话中的英雄，父，古代用在男子名后的美称”。二是“逐走：竞走，赛跑。入日：意思是追赶上了太阳”。③

袁珂《山海经校译》一书中则径直解为：

夸父不量力，想要去追赶太阳光，将它在禺谷那个地方捉住。他追到半途，心烦口渴……就渴死在这里了。④

上引诸说，为摘其大者，是有代表性的，也许在某一层次上是较为接近

① 游国恩等主编：《中国文学史》，人民文学出版社1987年版，第22页。

② 朱东润主编：《中国历代文学作品选》上编第一册，上海古籍出版社1983年版，第282页。

③ 《古代汉语》修订本上册第7页。

④ 袁珂校译：《山海经校译》，上海古籍出版社1985年版，第294页。

“夸父”本义的。但是，只说到夸父是在和太阳竞走赛跑，并由此而导致“道渴而死”，总难免让人觉得这位夸父似乎有些逞勇蛮作，也就是《山海经》就讲到的自“不量力”[①]。

由于年代久远而逐渐流转丢失，古代文献缺乏，文字繁难，书写工具不便，史前神话完整流传下来的几乎没有。《说文》通过种种连类，构成为一种特殊的文献，保存了一些中国史前神话思维的本事辙迹，其意义是赖以仅存的。这里试图通过《说文》一书中“夸”字类的联系，钩稽出保留在《说文》里的“夸父”意象认知原始。

1.“夸父”得名于“规矩”，或者说，“夸父”就是“规矩”的转语。人名来自工具之号，《说文》揭示了这一神话命名原则。

“夸父”特征之一是与“规矩”一词存在着相同的认知语源。

“夸父”一词最早见于《山海经》，一般认为《山海经》大约成书于战国时代，秦汉时又有增删。“规矩”作为合成词使用，也是在周秦之际的文献里就已经出现，《礼·经解》：“规矩诚设，不可欺以方圆。”《孟子·离娄上》：“离娄之明，公输子之巧，不以规矩，不能成方员。”可为例证。“夸父”“规矩”皆属连绵合成词。“夸父”古音系统里属于溪母鱼部和并母鱼部，“规矩”则分别系于见母支部和见母鱼部，二者读音极为相近。

“夸父”特征之二是“夸”字结构认知对应于“规”。

《说文·大部》贮存18字，结构认知皆具足“大”义：在《说文》“大部”也就是“夸”字同一部类中，从大取类，即有“大”义：

> 大（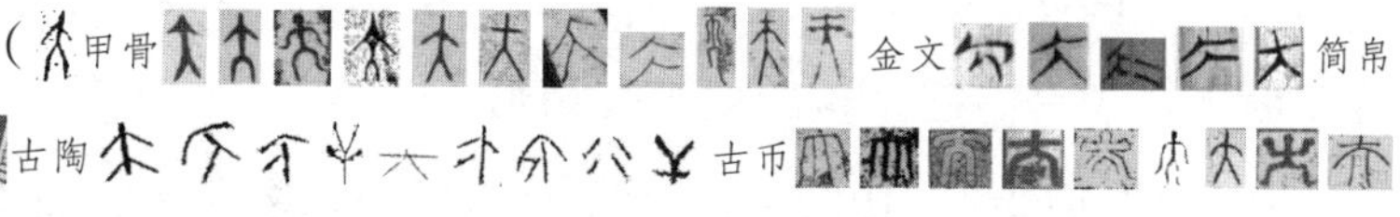
>
> 石刻），天大，地大，人亦大。故大象人形，古文大也。凡大之属皆从大。

① 《山海经·大荒北经》。《二十二子》毕沅校本。近两年来，有北美汉学家对于此类神话传说，不乏“正面”肯定者，所谓面对自然挑战，“勇敢而不回避”。西方“汉学界”的盲人摸象式的皮相附会，出口转为内销，国内文化学术界，举欣欣然有喜色，以为中国文化知音难觅，居然在于西方。其实本地风光，倒用不着从大洋彼岸进口。

（

），两髀之间。从大，圭声。

（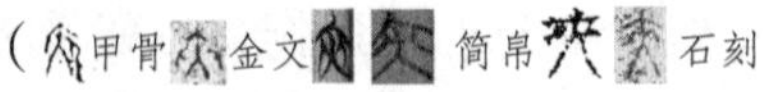

），持也。从大侠二人。

（

），覆也。大有余也。又，欠也。从大从申。申，展也。

（

），奢也。从大，于声。

 奢查也。从大，亘声。

 奈大也。从大，瓜声。

 空大也。从大，歲声。读若《诗》"施罟濊濊"。

 大也。从大，𢦔声。读若《诗》"𢧵𢧵大猷"。

 大也。从大，卯声。

 大也。从大，云声。

 大也。从大，氐声。读若氐。

 大也。从大，介声。读若蓋。

 瞋大也。从大，此声。

 大也。从大，弗声。读若"予违汝弼"。

 大也。从大，屯声。读若鶉。

（

），大约也。从大从㓞。《易》曰：后代圣人易之以书契。

（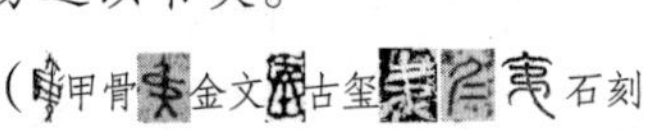

），平也。从大从弓。东方之人也。

实际上就是"同训系列"。所赖以区分具体的"大"义，就是该字类各自所从得之声，因此，《说文·大部》关于"夸"字的结构分析，值得引起注意。先来看上具"夸"字结构历史演变情形：

——从金文来看，从""取类，即以人体的张大体示一般抽象之大。而声符"于"的初写则比较复杂，"夸"正是从此符得声兼表义以传递"具体之大"认知信息的。这样，关键是要弄清"于"形的本义。"于"字在甲骨文即已习见常用，《说文》设置《亏部》，大徐本以为隶变为"于"，为不了解其结构历史演进之迹：

亏（甲骨金文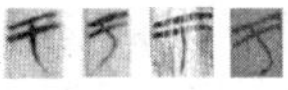简帛古玺古币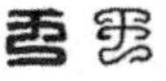汉印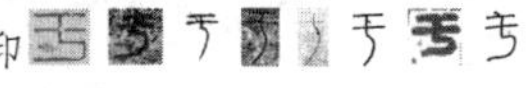石刻），於也。象气之舒亏。从丂从一。一者，其气平之也。凡亏之属皆从亏。今变隶作于。

徐中舒解释：“从干从，干象大圆规，上一横画象定点，下一横画可以移动，从表示移动之意。或作干，为之省。”①

这样分析下来，“夸”字的结构认知意义似可认为是一“大圆规”。由此而引申认知，派生出“夸（跨）度”“夸张”等义，至于“夸奢”之义，已属虚泛化后的认知。再从语音联系来看：

竽，管三十六簧也。从竹，亏声。

衧，诸衧也。从衣，于声。按大掖衣如妇人袿衣也。

扜，指摩也。从手，于声。《方言》十二：扜，扬也。

玗，满弓有所向也。从弓，于声。《广雅·释诂一》：玗，张也。

紆，诎也。从糸，于声。

跨，渡也。从足，夸声。张两股越渡。

胯，股也。从肉，夸声。按两股之间也。

刳，判也。从刀，夸声。……《易·系辞传》：刳木为舟。

瓠，匏也。从瓜，夸声。有甘苦二种……今苏俗谓之壶盧。瓠即壶盧之合音。

絝，胫衣也。从糸，夸声。字亦作袴。今苏俗谓之套裤。古又名襗，若满裆裤，古曰裈曰幒。②

与“夸”字同衍一个声符的上列字群，除了各具“具体之大”外，差不多皆含“曲度”之义，而这正是“规”的功能特征。

“夸父”特点之三是“父”字一端所指对应于“矩”。

“父”字作为男子名号美称尚属后起，原初所指自有较为实在的内涵，

① 《甲骨文字典》卷五，第510页。

② 《说文通训定声·豫部第九》。

《说文》相关字类联系保存了这方面的认知信息。《说文·又部》：

> 父（甲骨 金文 简帛 古币 汉印 石刻），矩也。家长率教者。从又举杖。

这个说解又含三层意思，下面分开来说。

首先“父”训“矩”，作为第一层，这是属于所谓“声训”。段玉裁就注为“以叠韵释之”[①]，可以认为《说文》是从语源认知联系上将“父”解释为“矩”的。中国语文学这种训诂方法往往能打破字形的局限，直探事物得名之原，尤其值得注意。“矩”字自可合成“规矩”一词，圆者为规，方者为矩，古人称度量器之总名。“巨”为“矩”之初写，《说文·工部》关联凡4字：

> 工（甲骨 金文 简帛 古币 石刻），巧饰也。象人有规榘也。与巫同意。凡工之属皆从工。徐锴曰：为巧必遵规矩法度，然后为工。否则，目巧也。巫事无形，失在于诡，亦当遵规榘。故曰与巫同意。古红切。𢒄，古文工从彡。
>
> 式（简帛 汉印 石刻），法也。从工，弋声。
>
> 巧（石刻），技也。从工，丂声。苦绞切。
>
> 巨（金文 简帛 古玺 汉印 石刻），规巨也。从工，象手持之。榘，巨或从木、矢。矢者，其中正也。[illegible]，古文巨。

据《说文》所连类，“工”其实就是“巨”的初文，高鸿缙《中国字例》中说：“工象榘形，为最初文，自借为职工、百工之工，乃加画人形以持之……后所加之人形变为夫，变为矢，流而为矩，省而为巨。后巨又借为巨细之巨，矩复加木旁作榘，而工与巨后因形歧而变其音，于是人莫知其朔矣。”[②]其实，照“取类说”，从木结构，揭示其质料；从矢构形，标志其形制

① 见《说文解字注》三篇下《又部》。
② 《汉语大字典》卷一《匚部》。

功能："矢者，其中正也。"

其次是又释为"家长率教者"，这是属于第二层，所说为引申义，《说文》试图寻绎并建立"父"字构造和"丈人"等语言的联系。

最后第三层说解"父"字结体特征——从又举杖。

"父"字甲骨文作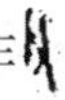，从右手举丨。

然则到底所举为何？还是《说文》透出这方面的消息："从又举杖。"而"杖"又属何物？还是连类《说文》："杖，持也。从木，丈声。"其实初文就是"丈"，当是杖之本字。《说文》"丈"系《十部》：

> 丈（简帛石刻），十尺也。从又持十。

这个"十"《说文》这里解释为十尺，显然已属后起，甲骨文金文等出土古文字，"十"只是用一"丨"标记。原初人们对"十"形认知又到底怎么一回事，还是来看《说文·十部》：

> 十（甲骨金文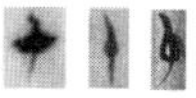简帛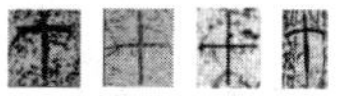石刻），数之具也。一为东西，丨为南北，则四方中央备矣。凡十之属皆从十。

如此看来，一"十"字器在握，自可"丈量"天地四方了。具备这样功能的，便是"矩"。

"夸"字所指对应于"规"，"父"字一边对应于"矩"，"夸父"便是"规矩"。看来"夸父"作为人格化的名称，当首先来自作为"规矩"的工具。这如同"昆吾"和"壶"、"羿"和"射弓"、"椎"和"钟葵"等并无二致。《说文》所揭示的，是一条极普遍的神话命名原则。神话思维规律之一，就是"从人一开始使用工具，他就从来未把工具看作是人造的东西；相反，工具被当作一种因其自身而在的存在，赋有着自身的力量；工具不受人的意志支配，反倒成为人受其意志支配的神或鬼——人感到自身依赖于它，于是就以种种具有宗教崇拜性质的礼仪崇拜它。在原始时代，斧头和锤子似乎尤其获得过这种宗教意蕴；对其他工具，诸如锄头、鱼钩、矛或剑的崇拜至今尚可在未开化部族中发见。在依韦部族中，铁匠使用的锤子被看作是一位强有力的神，依韦人崇拜它并向它奉献牺牲。工具从未被看成是人制造的东西、某种想到而后制造出来的东西；相反，工具被视为某种‘天赐之物’。工具并非起源于人自身，而是起源于某种‘文化英雄’；这个英雄要么是神，要么是兽。……神话概念趋于将全部自发性活动都看作是接受性活动，把人类的全部成就都看作是赐来之物”①。《说文》中的“夸父”意象，亦堪连类。在《世本》等文献所载工具的发创，大要须作如此解会。②

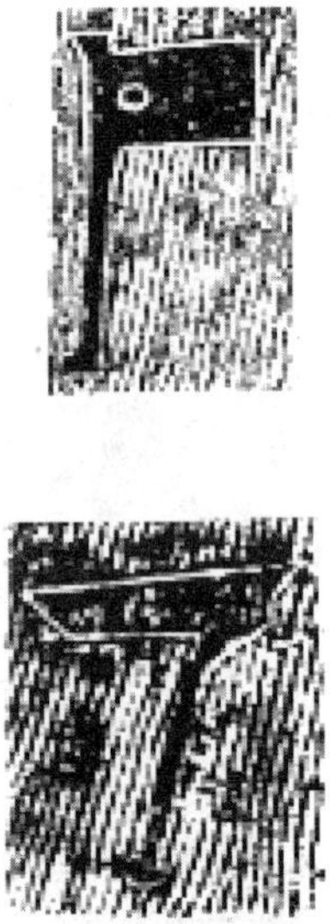

图 5-17 或释为远古陶器陶符“斧钺”“斧斤”之“斧”

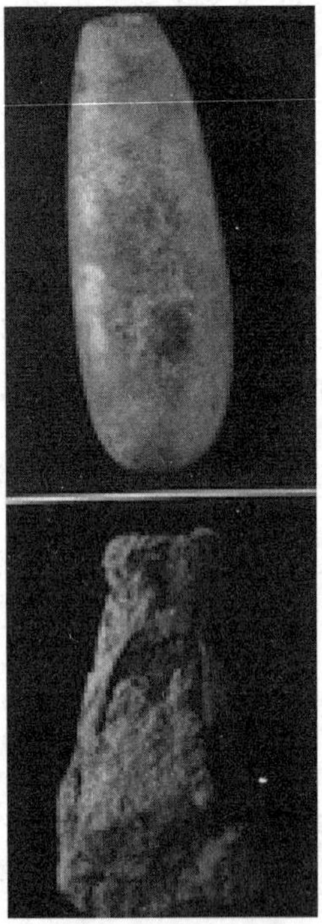

图 5-18 日本弥生时代邪馬台国石斧和铁斧

① 《语言与神话》，第 80~82 页。

② 黄生《字诂义府》引《说文》考释“终葵”：《考工记·玉人》：“大圭，抒上终葵首。”疏：“齐人谓搥为终葵。”……按：如此，则其形当如[illegible]。予考《说文》，斜字训抒也，则抒即斜义。又终葵二字即椎字之切音，急言之曰椎，缓言之则曰终葵。所谓“抒上终葵首”者，谓斜锐其上，首作锥形，[illegible]也。《博雅》不知终葵之义，别作柊楑字，云：“柊楑，搥也。”此妄作之谬。

2.“夸父逐日”的本事是远古时代人们观测天象，以太阳在太空运行距离的单位划分，进行时间单位的把握，确定时序季节以及每天的时间单元切割。以空间体现时间，这是原始思维的又一规律。这些在文献所载的传说里已基本潜隐失落。保存这一悠远记忆的唯有《说文》。

按《说文》字类系联所见之夸父，有下列特征可与传说记载对应：

其一，“举杖”与“举父”。

神话传说所载，“夸父”据其特征或可作“举父”，《山海经·北山经》：“梁渠之山……有鸟焉，其状如夸父。”郭璞注：“或作举父。”[①]《说文》释“父”为“从又举杖”。而“举”即为“对举”，《说文·手部》：“举，对举也。”“举杖”，也就等于双手对举以持杖。二者相应若合符节。

其二，“举杖”与“弃杖”。

《山海经》记载这位夸父是与“杖”这一道具相联系的，而且直到死而始弃其杖。《海外北经》：“道渴而死，弃其杖，化为邓林。”这个“邓林”据学者考证就是“桃林”[②]。但这并不是所指为桃园长林，也并不与《说文》所解之“杖”相矛盾。《山海经·海外北经》记载：“邓林在其（夸父国）东，二树木。”郝懿行说：“盖谓邓林二树而成林，言其大也。”

舍弃上述对应之处，在传说中剩下的东西对人们解读“夸父逐日”之谜已没有多少直接的帮助。

下面来看《山海经》关于“夸父逐日”始末的最为完整的记载：

> 夸父与日逐走，入日。渴欲得饮，饮于河、渭。河、渭不足，北饮大泽。未至，道渴而死，弃其杖，化为邓林。

按《海外北经》的这段记载，人们很自然地得出夸父逞勇蛮作、不自量力的解会，再补以《大荒北经》有关记载：

> 大荒之中，有山，名曰成都载天。有人珥两黄蛇，把两黄蛇，

① 又见《山海经·西山经》。

② 见毕沅《山海经新校正》：“邓林即桃林也，邓、桃音近……盖即《中山经》所云，夸父之山，北有桃林矣。”

名曰夸父。后土生信，信生夸父。夸父不量力，欲追日景，逮之于禺谷。将饮河而不足也。将走大泽，未至，死于此。

互相比照，再联系《说文》，又可知：

其一，夸父逐日，所要追赶的是“日景”。“日景”就是“日影”，也就是太阳的投影。我们知道，古人计算时间称“晷刻”，而“日景”也就是“晷”，《说文·日部》：“晷，日景也。”可见古人所追对象实际上是太阳投影移动轨迹，人们以“规矩”式圭表（也即夸父）进行测定、划分。古人假空间划分以切割时间，参见《说文·日部》，还有简帛时间认知等部分。

其二，“夸父入日”，所指就是“逮之于禺谷”。参考其他相关文献可知，“禺谷”就是“虞渊”“昧谷”“蒙谷”，也就是日落之处。《山海经·大荒北经》郭璞注：“禺渊，日所入也；今作虞。”《淮南子·天文训》：“日……至于虞渊，是谓黄昏。”“昏”字所指时刻，太阳已落入地下，《说文·日部》：“昏，日冥也。从日，氐省。氐者，下也。”《天文训》又载：“至于蒙谷，是谓定昏。日入于虞渊之汜，曙于蒙谷之浦。”比勘《尚书·尧典》的记载，“蒙谷”又即“昧谷”；在空间方位上为西方：“分命和仲，宅西，曰昧谷。”传：“昧，冥也；日入于谷而天下冥，故曰昧谷。”《说文·日部》：“昧……一曰闇也。”可见“入日”之处，也就是夸父观测终点。

相对于这个终点的始点，应该就是“暘谷”，《说文·日部》：“暘，日出也。从日，昜声。虞书曰暘谷。”“暘谷”作为日出之处，相对于“禺谷”还有个名称叫“嵎夷”，《说文·山部》也提供了这方面的线索：“崵，一曰嵎鐵崵谷也。”这里“鐵”字，可以了解为“夷”，《说文·金部》“鐵”下收录其古写作“銕”，即其证：

> 鐵，黑金也。从金，𢧜声。銕，鐵或省。銕，古文鐵从夷。[1]

《尚书·尧典》：“分命羲仲，宅嵎夷，曰暘谷。”传：“暘，明也，日出于谷

① 现代简体“铁”，其实为“紩”字异体。鉄、紩、鐵——《宋本·金部》：“鉄，持桎切。古文紩。”《名义》：“鉄，池理反。治鋞也。鉟，同上。”《宋本·糸部》：“紩，持栗切。缝衣也。又纳也，索也。古作鉄。”

而天下明，故称暘谷。”《淮南子·天文训》：“日出于暘谷。”

这样联系起来考察，“夸父”观测的是太阳由东到西、由出到落的整整一天的运行轨迹。这个过程，传达出远古人们对于时间把握和确定的特点，即以观测天体日象的运行，来划分时令时刻。古代人这种对于自然奥秘的探索，对于一个时间单位中生活的安排，也就是与社会集团日常生活的重要关系，只要我们稍稍联系一下《尚书·尧典》里的有关记载，即可明了：

> 乃命羲和，钦若昊天，历象日月星辰，敬授人时。分命羲仲，宅嵎夷，曰暘谷。寅宾出日，平秩东作。日中星鸟，以殷仲春。厥民析，鸟兽孳尾。申命羲叔，宅南交，平秩南讹，敬致。日永星火，以正仲夏。厥民因，鸟兽希革。分命和仲，宅西，曰昧谷。寅饯纳日，平秩西成。宵中星虚，以殷仲秋。厥民夷，鸟兽毛毨。申命和叔，宅朔方，曰幽都。平在朔易，日短星昴，以正仲冬。厥民隩，鸟兽氄毛。帝曰：咨！汝羲暨和，期，三百有六旬有六日，以闰月定四时成岁，允厘百工，庶绩咸熙。[①]

要是结合了孔颖达的《正义》来考察就不难发现：

其一，季节时序的认知划分，总是对应于某一星象；季节时序的认知规定，又总是参照于某一空间方位。

其二，天象的变化认知，也即时令的更替与包括人类在内的自然生物息息焉通，悠悠焉会。

其三，上古社会对于天地四时的观测工作极为重视，往往需要“分命”专职官员，长期驻守在固定的相应的观测地点。

其四，分布在各地相应的观测天象运行、确定时间更替的专职人员，对这项工作表现出相当敬畏的认知态度，由“钦若昊天、历象日月星辰”，然后到“敬授人时”。“夸父”既人格化作为观测太阳运行情况者，怎么会去向太阳挑战、进行不自量力的竞赛呢?

《说文》有关字类所隐括的“夸父”认知本事，在一定程度上和中国典籍所反映的文化背景相应相合。而且，与西方民族的时空观念及其体示也可以

① 《十三经注疏·尚书正义》。

进行比较。

> 我们看到，像左与右、前与后这样最简单的空间关系，被一条沿太阳轨迹由东向西的线划分开，并被一条由北向南的垂直线平分——所有时间间隔都源于这些交叉的线段。在那些把这种方法发展得最为明晰和完善的民族中，这种关系常被模拟于最常用的时间术语。拉丁词季候来源于天界的观念及标示。
>
> "基本词汇季候、天界无非表示平分，交叉：用后来木匠们的术语说，两根交叉的椽木或横梁仍然构成一个天界；此后，如此划分的空间的意义，是一种自然的发展；天空的四分之一（例如东方）转换成白昼的时间（例如早晨），然后转换成一般性的时间。"
>
> 把空间划分为各个方向和区域，把时间划分为若干阶段，两者是平行地进行的。①

上引中西文献资料，似乎可以使我们有理由联系到在殷墟卜辞中所发现的大量的"出日""入日"之祭的商代人档案记录："乙巳卜，王宾日"（《佚》872）；"出入日，岁三牛"（《粹》17）；等等。郭沫若、陈梦家等人根据卜辞材料，推断殷人对太阳有朝夕迎送的礼拜仪式。《说文》所释"父"为"从又举杖"，"丈"又为"从又持十"；而甲骨文中"甲"即作"十"，有人认为"十"为测日之表，殷人先世上甲微是殷代第一个用"十"测日影以确定时刻的。②

中国古代很早即以农业为本，而测定节气、不误农时，成为发展农业的先决条件。因此，在我国很早以前，便产生了测量节气的古老天文仪器——表。表有时又称作竿、槷、椑、碑、髀、臬。总之，就是用石或木制作成一个竿子，观测它在阳光下的投影；用圭来测

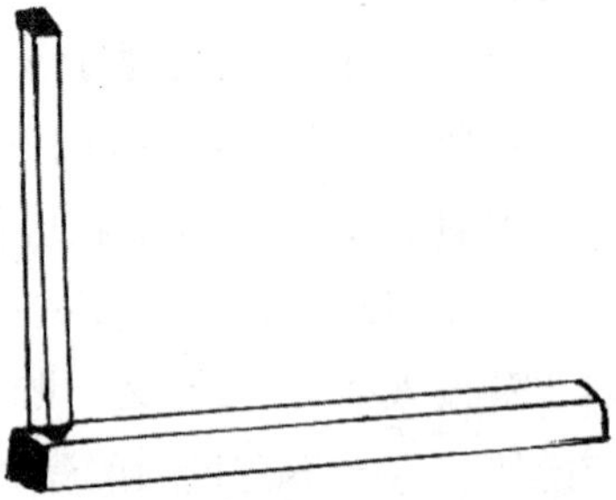
图 5-19 东汉圭表

① 《神话思维》，第 121~122 页。

② 温少峰、袁庭栋：《殷墟卜辞研究——科学技术篇》，四川省社科院出版社 1983 年版，第 73 页。

量影子的长度，根据日影的长短，来判断一天的午时和一年四季节气的变化。由是，表又称作圭表。判断方向、测定节气，是圭表的重要功能。南京博物院于1965年在江苏仪征汉墓中发掘了一件铜圭表。从其形制、尺寸和功能上来判断，它是一件小型便携式圭表，为用于天文观测圭表的十分之一。它在制作上也基本符合圭表所应具备的技术要求。《考工记·匠人建国》记载着战国时期人们运用圭表定向的描述：“匠人建国，水地，以悬置槷以悬，眂以景。为规。识日出之景与日入之景。昼参诸日中之景，夜考之极星，以正朝夕。”这里已经提出了使用表的两个必要的技术要求：一要“水地”，即使地面保持水平；二要“置槷以悬”，使表与地面垂直。从这件汉墓出土的铜圭表的结构来看，大体上体现了《考工记》中所描述的要求，用表时将表拉开抽出，圭面上出现一个长方形水槽，槽中注水，可以验证圭面是否水平。同时，表顶端上有一个直径0.5厘米的圆孔，经实测与投影无关。估计是当时系绳便于将表立起，悬以重物，以验其表是否垂直于圭面。①

凡此种种，皆可连类合观。

3. 夸父神话的田野调查异文及有关习俗的发现，可以与我们稽考《说文》有关字类所揭示的“夸父逐日”本事相互印证。

其一，《夸父峪碑记》所考证夸父山之由来。河南、山西、陕西交界处的灵宝县，古代即称桃林，周时称桃林塞，隋代叫桃林县，至唐天宝元年始改为灵宝县，按《地理通释》所载：“桃林从潼关东至函谷关，西至华阴等地。”灵宝西阎乡庙底村保存了一块清代道光年间所立的“夸父峪碑”，从《夸父峪碑记》的主要内容来看，此碑所立，主要是为了解决周围山民关于夸父山山权问题。碑记为考证夸父山的由来，录入了“夸父追日”的传说：“东海之滨，有夸父其人者，疾走善行，知太阳之出，不知其入，爰策杖追日至此山下，渴而死。山因以名焉。”又云：“此山之神，镇佑一方，民咸受其福，理合血食。兹故土八社士庶人等，每岁享祀，周而复始，昭其崇也。”

由此可见，夸父逐日有着明确的求知目的，即了解太阳出入（升落）情况，并受当地人们无尚崇拜。

其二，民间流传神话中的夸父之死及桃林的由来。民间口耳相传的神话

① 《南京博物院藏宝录》，第173页。

对夸父山、桃林来历的解释是：相传在五千年前，黄帝族与炎帝族在阪泉地方发生了冲突，在中原打了一仗，结果炎帝族战败。当时，夸父族是炎帝族的一个部族，被黄帝族下的一名大将应龙追赶西逃。夸父族逃到灵宝西部，正遇上八年一大旱的酷热天气，人们饥渴难忍，头领夸父不幸渴死在这里。夸父族的全体成员，决定在这座山下定居下来。他们把头领夸父葬在这座山下，因而也就称这座山为“夸父山”了。夸父临死时，嘱咐子孙要种植桃树，所以这里就叫桃林了。

由此可见，“夸父”之死，与“追日”或许不是同一过程，而是后来逐渐积累上去的。

其三，民间传说中“夸父逐日”的起因和经过。传说很早以前，有个巨人夸父，只知道日出，不知道日落。为了弄清日落的地方，才和太阳赛跑的。他追日来到此地，正好天近中午。夸父心想，我喝点水休息一下，再和它赛跑。谁知夸父一觉醒来，太阳已经进了西山。夸父一看追不上太阳了，一气之下，就气死在这里了。[①]

可知“夸父逐日”，显然潜含着原始人探求自然奥秘、求知的意义。

第五节　葫芦意象

约而言之，“壶”作为“圜器”，《说文》将其归诸“昆吾”；将一类器物，归类认同为发创者之一人，而此人之得名，要之不出此器。这在古代人思维，原是一种“归类认知”规则。“昆吾”得名于“壶”，如同“羿”本得名于“弓”，而“上古善射者就皆曰羿”[②]，理无二致。《说文》有关“语义场”提供的联系保存了这一原始思维规律，而且其中所取的“葫芦”意象甚至可以说还包孕了整个宇宙。

---

① 所引碑文、民间传说，均见张振犁著《中原古典神话流变论考》，上海文艺出版社 1991 年版，第 306~309 页。

② 《管锥编》卷二，第 647 页。

一、“壶”与“昆吾”

按古代制作，壶之为象，《说文》特设《壶部》，虽然连部首字仅次二文：

（甲骨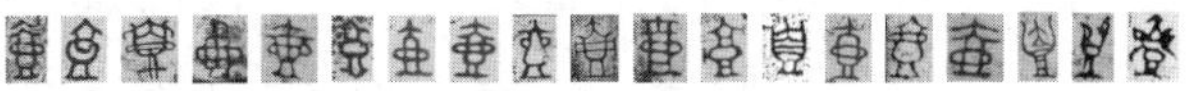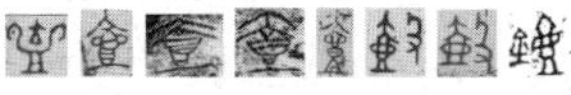金文汉印石刻），昆吾圜器也。象形。从大，象其盖也。凡壶之属皆从壶。

 壹壼也。从凶从壶。不得泄凶也。《易》曰：“天地壹壼。”

据此说解，首先是“壶”与“昆吾”发生认知关联。

壶之名原，即在葫芦，而作壶之人，也就可以呼之为“壶”，将其长读，是为“昆（混）吾”。换言之，“昆吾”“葫芦”殆即“壶”之缓读。这与汉语中“蒺藜”为“茨”、“窟窿”为“孔”、“之于”为“诸”、“者焉”为“旃”、“刺斜里”之于“捷”等语音关系同致。

“昆”原读如“混”。《说文·日部》：“昆，同也，并也，咸也。”段玉裁注解说：“（昆）从日者明之义也，亦同之义也。从比者，同之义。今俗谓合同曰混，其实当用昆、棞。”按“棞”亦“混”也、完也：《说文·木部》：“棞、梡，木未析也。”王筠揭举：“梡、棞之音，与浑沌近，故以未析通释之。”是“棞”亦即“囫囵”，段玉裁注解：“棞，凡全物浑大皆曰棞。”朱骏声从语音联系措具手眼：“棞……或仑（囫囵）者，棞之合音。”[①] 在中国古代典籍里，“昆”“混”原可通用。如今本《老子》第二十五章“有物混成，先天地生”，而马王堆汉墓帛书《老子》乙道经作“有物昆成”，可为此证。作“混”者，尚为后起。另外，古代“昆夷”或作“混夷”，亦为证。

由于“壶”与“昆吾”之间存在着上述语音关系，我们有理由推测“昆吾”得名，即在于“壶”，将物人化，后来人们遂又将与“壶”有关的事物、属性统统归结到“昆吾”一人之身。《说文》释义系统也向我们透露了有关这一过程的消息。《说文·缶部》：“匋，瓦器也。从包省声。古者昆吾作匋。

① 《说文通训定声·屯部第十五》。

案史篇读与缶同。"《吕氏春秋·君守》："昆吾作陶。"高诱注："昆吾，为夏伯制作陶冶埏埴为器。"桂馥所引书证："徐锴曰：昆吾，纣臣，作瓦器。《尸子》：夏桀臣昆吾作陶。"[①] 王筠直接认为："（昆吾）所作岂但一壶。昆吾盖壶之别名也，而未详所出。惟近人陈斌小海唱云：昆吾不如壶。亦未审所用何典。"[②] 至于传世文献中"昆吾"又作了部族名称，亦由此可见"昆吾"原属"集合概念"；至于昆吾部族与制陶业的关系、与匈奴等部族的关系，均不属这里讨论的范围。

二、"壶"与"葫芦"

先来考察"壶"字构形取象。

图 5-20《中国异体字大系·篆书编》"壶"字相关书影

图 5-20 所示，是《中国异体字大系·篆书编》提供的"壶"象系甲骨文、金文中"壶"字有代表性的形体，与《说文》说解结构认知相合，可以发现，"壶"字取象于古代"圜器"。至于其中金文又取类于"金"，适又表明古代这类"圜器"，并非纯然为陶器所专，至少还有金属体质。

① 《说文解字义证》卷三十一。

② 《说文句读》卷三十。

图 5-21 商代中期青铜器——壶

图 5-22 台北故宫博物院藏壶器

从“壶”字结体取象来看，或可以说，“壶”之得名，在于“葫芦”：二器在功能、形态上相类。高鸿缙《中国字例》：“古代之壶则极类葫芦。”应该说，在上古具葫芦之体，即有壶之用。《诗经·豳风·七月》：“七月食瓜，八月断壶。”《毛传》：“壶，瓠也。”《说文通训定声·豫部第九》引《尔雅》有“壶枣”；孙注：“枣形上小下大似壶。”《鹖冠子·学问》：“中河失船，一壶千金。”陆佃注：“壶，瓠也。佩之可以济涉，南人谓之腰舟。”瓠就是葫芦，在语音联系上，“昆”与“壶”双声，“吾”与“壶”叠韵，而“壶”即音“瓠”，“葫芦”不过是“瓠”也即“壶”的缓读而已。“壶”“瓠”“葫芦”“昆吾”等词，都不过是同一语源之间的或促或缓的音转现象。

以上是关于《说文》中“葫芦”意象的语源学层面上的初步梳理，是考察《说文》中“葫芦”意象认知的准备。

三、“壶”与“壹壺”

《说文·壶部》除了部首字之外，只收录了一个“壺”字，其实，还应包括被用作部首字“壹”，下面分别疏说。

《壶部》：“壺，壹壺也。从凶从壶。壶不得泄，凶也。《易》曰：天地壹壺。”汉代许慎的结构分析认知理解，“壺”体从凶，凶处壶不得泄出之状态即为“壹”。所援《易·系辞传》文义与其所释义若合一契。今本《周易》作“絪缊”，或作“烟煴”“氤氲”，段玉裁注引书证文献说：蔡邕注典引曰：烟烟煴煴，阴阳和一相扶貌也。张载注《鲁灵光殿赋》曰：烟煴，天地之蒸气也。《思玄赋》旧注曰：烟煴，和貌。许据《易》（孟氏）作壹，乃其本字，他皆俗字也。[1]

然则“壹壸”二字皆从壶，马叙伦就曾揭举其必从壶得义[2]，《说文》释义也是将“壹壸”二字作连语处理的。《壹部》：

> 壹（金文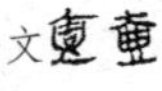简帛汉印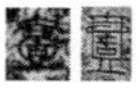石刻），专壹也。从壶，吉声。凡壹之属皆从壹。
>
> 懿（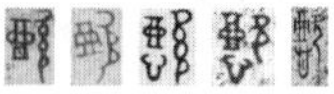金文石刻），专久而美也。从壹，从恣省声。

按先秦青铜器铭文“壹”作，与秦代度量衡器结构一致。简帛作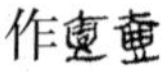等，皆从壶取象。

有的研究者从语音联系入手，尝试进行分析。马叙伦提出“壸”字实际从“凶”得声：凶音晓纽，壶音匣纽，同为舌根摩擦音，盖壶之转注字。然而又怀疑“壹壸”二字，一从吉得声、一从凶得声，又何其太巧。“壹壸”二字音皆影纽，则为转注字。[3]段玉裁早就认为《说文》释义系统将“壹壸”连文以释词，且以“壶不得泄也”释“壸”字从凶从壶之义：“元气浑然，吉凶未分，故其字从吉凶在壶中会意。合二字为双声叠韵，实合二字为一字。文言传曰：与鬼神合其吉凶。然则吉凶即鬼神也。《系辞》曰：三人行则损一人，一人行则得其友。言致一也。壹壸、构精皆释致一之义。其转语为抑郁。”[4]

段氏注解的科学之处，在于借助声韵之学，打破字形界障。以“壹壸”的转语“抑郁”释《说文》所谓“不泄”之义，今天还以“抑郁”一词

① 《说文解字注》十篇下。
② 《说文解字六书疏证》卷之廿。
③ 《说文解字六书疏证》卷之廿。
④ 《说文解字注》十篇下。

来描述心情郁结不得排解宣泄的状态。而以“吉凶”“构精”等语指涉天地“混虚”为“壶”之状态，又与《说文》释义引《易》相应相合，立说殊精。这样，“壹壼”连绵字，皆取象于“壶”，体示宇宙元气未分、混然为壹如处“壶”中之状。其转语亦皆连绵词：絪缊、烟缊、氤氲、抑郁……形体虽殊，所指无二，与“昆吾”“壶”同出一源。《广韵》：“壹，郁也。”《史记·屈原贾生列传》中“堙郁”，《汉书》作“壹郁”。《集韵·諄部》：“絪烟氤，伊真切。絪缊，天地合气也。或作烟氤。”本部：“垔陻堙堙圉墪，伊真切。《说文》塞也。引《尚书》鲧垔洪水。或作陻堙垔。籀作圉。古作墪。”

四、“壶”与“卢牟”

《说文》释义系统中“壹壼”皆取象于壶，使得“壶”象也即葫芦又具有了宇宙的象征意蕴。夫天地未分，混沌一气，苟加体示，无非“葫芦”。

《易》称天地曰“壹壼”，即以壶象体示宇宙混沌、吉凶未分之状态。“一阴一阳”，皆在此“壶”。

道家描述“道体”为：“视之不见，名曰‘夷’；听之不闻，名曰‘希’；搏之不得，名曰‘微’。此三者不可致诘，故混而为一。其上不皦，其下不昧，绳绳兮不可名，复归于无物。是谓无状之状，无物之象，是谓恍惚。迎之不见其首，随之不见其后。”[①] 这个“道”即是“有物混成，先天地生”[②]：“道之为物，惟恍惟惚。惚兮恍兮，其中有象；恍兮惚兮，其中有物。”[③] “恍惚”的音转就是“仿佛”，其实，“混虚”“葫芦”亦皆“壶”之转语。在《淮南子》则称“卢牟”，《要略篇》曰：“原道者，卢牟六合，混沌万物。”高诱注殊含混：“卢牟，犹规模也。”黄生《义府》按：

> 卢牟皆六博采名，博齿分黑、白二色，黑曰卢，黑而刻犊于上曰牟。此假物为词，即混沌之意。盖溯道于未有天地之始，初无朕兆可见，故云云。下文象太乙之容，测窈冥之深，以翔虚无之轸，意盖明矣。

① 《老子》十四章。

② 《老子》二十五章。

③ 《老子》二十一章。

黄承吉则更进一解：

> 卢牟正犹统言蒲卢，即犹言苞符也。观公所举溯道于未有天地之始，既见其精；而六博采名，则是其粗。正所谓文字天人并明，精粗共见者。其无朕兆可见云云，乃即圣人所以明道，至微至隐之精义。太乙即《易》之太极，窈冥即《易》之絪缊，故卢牟亦即是包孚之声之统象。乃后世不明文字之声义，而徒揣之以迹，则如《老》《庄》《淮南》等书中精义之合于圣道者，辄一概屏之非之。不知诸子与圣人，其流虽判然各别，而其所以明天地万物之原始者则同，故其文字亦同。若概屏之，则是胸中先外视其文字，其何以为一切声义之证明。……高诱以规模训卢牟，其规模二字虽亦通于包孚，而义象隔膜。且此声诱亦本无从知其训，显然臆测。公据《淮南》本文，正诱之误，虽未通声，而精义已具。可见义见则其声亦就可通矣。①

前文具列的“壹”字形体，所在语境，出土文献分别为：《两诏椭量》：“皆明壹之”；银雀山汉简《孙子兵法》58：“我槫而为壹”；《老子乙前》49下：“天明三以定二，则壹晦壹明。”其中的“壹”字，所指皆含有完全、整体之义。

《说文》有关释义系统所保存“葫芦”意象，体现出中国古代人关于宇宙特征的认知把握，存在着极其深远的历史背景。

五、“壶”象与宇宙

《说文》释“壶”为“圜器”，亦即葫芦：天地未分，“上下未形”（《楚辞·天问》），宇宙生成之状态，苟如体示，端赖一“壶”之象。“圜器”之象原具形而上之色彩，《说文·口部》：“圜，天体也。”《易·说卦》：“乾为天，为圜。”《楚辞·天问》：“圜则九重，孰营度之？”柳宗元《天对》：“运辕浑沦，蒙以圜号。”此等“圜”象，方可象示廓然宇宙，张志和《空洞

① 《字诂义府合按》“卢牟”条，第215页。

歌》:“廓然壼然,其形团圞。”是故老庄所道“混沌”“恍惚”等语,莫不与“壶”同源。按语言中“胡涂”一语,即状封闭不通混混然如处壶(“葫芦提”)中也。在古人看来,人生世间,即宛若处乎壶中;人死归乎虚静,归真返朴,复回到原始未生之混沌壶处状态。于是“殪”字从“壹”得声;而《说文·歺部》:

> 殪,死也。从歺,壹声。𡹸,古文殪从死。

收录了一个古文,亦从壶取象。《集韵·霁部》:“殪𡹸,壹计切。《说文》死也。古作𡹸。”

《艺文类聚》卷一引《三五历纪》:“天地浑沌如鸡子,盘古生其中。万八千岁,天地开辟,阳清为天,阴浊为地。”《古今图书集成》“乾象部”“天地总部汇考”引《晋书·天文志》:“天形穹窿如鸡子,幂其际周接四海之表,浮于元气之上。”通过这些天体描述,可以发现“壶”意象与中国古代宇宙发生的哲学思想之间的联系。晋代思想家葛洪在《浑天仪注》中还说:“天如鸡子,地如鸡中黄,孤居于天内,天大而地小。”直到明代,人们依然记得:“(盘古)将身一伸,天即渐高,地便坠下。而天地更有相连者,左手执凿,右手执斧,或用斧辟,或以凿开,自是神力。久而天地乃分,二气升降,清者上为天,浊者下为地,自此而混沌茫开矣。”[①] 现代学者,有的进行田野作业,调查民间传说关于天地宇宙生成的神话异文:“原先世界上并无地球,而是太空巨神盘古看一大的气包在空中滚动,他用巨斧劈开气包,使之下落变成地球。”[②] 至闻一多先生直接将“盘古”“葫芦”两象合一。[③]《述异记》卷上载:“吴楚间说,盘古氏夫妻,阴阳之始也。”常任侠先生更是直截了当:“伏牺一名,古无定书,或作伏戏、庖牺、宓羲、虙牺,同声俱可相假。伏牺与般瓠为双声。伏羲、庖牺、盘古、般瓠,声训可通,殆属

① (明)周游:《开辟衍绎通俗志传》第一回,转引自袁珂《中国神话传说辞典》,上海辞书出版社1985年版,第358页。

② 张振犁:《中原古典神话流变论考》,上海文艺出版社1991年版,第33页。

③ 闻一多:《神话与诗》,古籍出版社1956年版,第76页。

一词。无间苗汉，俱自承为盘古之后，两者神话，盖同出于一源也。”[①]要是和上引《述异记》的记载相联系，就不难发现，盘古（葫芦）神话，也依然是作为“道体”——“葫芦”——阴阳的隐喻义认知的。由此，可以取得跟“壶”象的认知关联。

民族志的资料记载也可与《说文》“葫芦”意象相印征。例如，哀牢山部分彝族崇拜葫芦。他们在婚礼上，一定要出现“葫芦”之象，即夫妇新婚饮交杯酒时，不使用陶质器皿，仍沿用传统的仪式——剖分葫芦所成的两半瓢。据彝族巫师说，这个古礼，象征新婚夫妇成为一个合体葫芦。[②]

布依族举行婚礼时，新郎必须携带礼物前往新娘家探亲，其中有酒一壶，酒壶为一大竹筒，上绘一条鱼。而新娘子乘的轿子后面画有双鱼圆月形的图画，以示吉祥如意，大要仍出现壶形圆象。[③]

仡佬族将“葫芦”作为始祖象征，安置于神龛供奉。老人死后，把手脚的指甲剪下放在葫芦之内，置于屋后神堂秘存。办丧事时，鬼师右手握扇作法事，其副手用长约一米的木棍穿着葫芦，敲一下牛角，接着碰壁上的陶壶一次。[④]而布依族在埋葬死者之后，在墓碑的顶盖上面，装上刻有双鱼葫芦的石雕。[⑤]

图 5-23 日本弥生时代邪馬台国所烧制壶形器

① 常任侠：《沙坪坝出土之石棺画像研究》，《说文月刊》1941 年第 2 卷第 10、11 期合刊。

② 刘尧汉：《彝族社会历史调查研究文集》，民族出版社 1980 年版，第 235 页。

③ 黄义仁：《布依族的图腾崇拜》，《贵州民族研究》1987 年第 4 期。

④ 翁家烈：《仡佬族的传统宗教》，《中国少数民族宗教》，民族出版社 1986 年版，第 362~365 页。

⑤ 参黄义仁《布依族的图腾崇拜》。

“壶”中天地大，中国神话里有所谓“壶中境界”。葛洪《神仙传》卷五讲“壶公”故事，颇益神思：壶公，不知其姓名。费长房为市椽，忽见公从远方来，入肆卖药，人莫识之。卖药口不二价，治病皆愈。常悬一空壶于屋上，日入之后，公跳入壶中，人莫能见，唯长房楼上见之，知非常人也。长房乃自扫公座前地及供馔物，公受而不辞。如此积久，公知长房笃信，谓房曰：“至暮无人时更来。”长房如其言往，公语房曰：“见我跳入壶中时，即便效我跳。”长房依言，果不觉已入。唯见仙宫世界，楼台重门阁道，公左右侍者数十人。公语房曰：“我仙人也，勿语人。”公后诣长房于楼上，曰：“我有少酒，相就饮。”长房使人取之，不能举盎。至数十人，莫能得上。乃白公。公乃下，以一指提上，与长房共饮之。酒器如拳许大，饮之至暮不竭。[①]

夫一壶之中，即可包孕世界之众、天地之大，自可安顿人生。叶舒宪先生曾经注意到长沙马王堆一号汉墓出土的帛书画面特征[②]：画面由天、地、水三大部分构成，地的部分表现为壶状，其下端由一裸体巨人支撑，使大地浮在水面之上。联系上文所述《说文》中“壶”象特征，我们有理由认为这仍然是同一意象的变形。

殷周之际，尚不见“壹”字；“壹”字流行，已属秦汉之际。“壹”作为数学记号，甲骨文、金文里最常见的字形不过是作一横画“一”，朱骏声《说文通训定声·履部》：“壹，古文本皆作一。”《说文·一部》：“一，惟初太始，道立于一，造分天地，化成万物。”许氏所说，实即释其字源意义。《庄子·天地篇》：“一之所起，有一而未形。”成玄英疏：“一，应道也。”“未形”而“有一”，和我们所考天地本取象于“壶”并不矛盾，“形”与“象”相较，“象”先而“形”后。《楚辞·天问》：“上下未形，何由考之？……冯翼惟像，何以识之？”《管锥编》由此创辟性地疏证“形”与“象”二者认知的先后关系：

> 《补注》引《淮南子·天文训》而说之曰：“古未有天地之时，惟像无形。”按郭璞《江赋》：“类胚浑之未凝，象太极之构天”；

① （宋）李昉等编：《太平广记》卷一二《壶公》，人民文学出版社 1959 年版。
② 叶舒宪：《中国神话哲学》，中国社会科学出版社 1992 年版，第 355 页。

> 《文选》李善注："言云气杳冥，似胚胎浑混，尚未凝结，又象太极之气，欲构天也；《春秋命历序》曰：'冥茎无形，濛鸿萌兆，浑浑混混。'"移释"未形惟像"，至当不易。"未形"而"唯像"，骤读若自语违反。盖"像"出于"形"，"形"斯见"像"，有"像"安得无"形"？今语固合而曰"形像"，古人亦互文通用，如《乐记》："在天成像，在地成形"；《老子》四一章："大象无形"；《庄子·庚桑楚》："以有形者象无形者而定矣"；……《礼记·月令》正义："道与大易自然虚无之气，无象不可以形求。"……就《天问》此数语窥之，窃谓形与象未可概同。《邓析子·无厚》篇："故见其象，致其形；循其理，正其名；得其端，知其情"；"名"为"理"之表识，"端"为"情"（事）之几微，"象"亦不如"形"之著明，语意了然。物不论轻清、重浊，固即象即形，然始事之雏形与终事之定形，划然有别。"形"者，完成之定状；"象"者，未定形前沿革之暂貌。……天地肇造，若是班乎。故圣·奥古斯丁阐释《创世纪》所言未有天地时之混沌，亦谓有质无形，乃物质之可成形而未具形者；后世诗人赋此曰："有物未形，先天地生。"正所谓"惟像无形"尔。元气胚胎，如玉之璞，乾坤判奠，如玉为器；故自清浊分明之天地而观浑沦芒漠之元气，则犹未成"形"，惟能有"象"。①

联系前文所考具《说文》一书"壶"字取象、葫芦里所包蕴的宇宙认知，可以说，《说文》开篇置部取类，关于"一"字的说解，倒是直探字源、去古未远的。至少反映了上古一个时期人们关于宇宙发生、宇宙本原的认知。以往学者认为"许说向精深，反欠亲切"，王筠所谓"此论道也，非一字之本义"②，尚粗浅乎言之。

另外，也许可以顺便连类到，张衡《浑天仪》亦取象于宇宙，颇耐玩味："浑天如鸡子，天体圆如弹丸。地如鸡中黄，孤居于内。天大而地小，天表里有水。天之包地，犹壳之裹黄。天地各乘气而立，载水而浮。"③唐释慧琳

---

① 《管锥编》卷二，第 610~612 页。

② 《说文解字六书疏证》卷之一，第 1 页。

③ 《全上古三代秦汉三国六朝文》之《全后汉文》卷五十五。

《一切经音义》里考辨说："倱伅，又作混沌。"其下引《通俗文》曰："大而无形曰混沌。"[1] 凡此种种，皆可与上文"形""象"之辨相参看。

第六节　洪水意象

《说文》一书中保存的关于中国上古三代洪荒故事，主要是指"尧遭洪水"的历史；而初民关于"洪水"的记忆，则主要凝结在"尧"字的取象及其有关联系上面。

由是，这里的释"尧"，可以发现，"尧"字取象（以及所隐括的"洪水"意象）可以认为是体示了层积而成的中国远古历史的一个"集合概念"，而这个"集合概念"反映的是一种民族"集体思维表象"；这种"集体思维表象"背后所保存的则是一段悠远的历史故事，并由此而构成为这个"尧"字取象构形、传递认知信息的深层结构。

另外，透过"尧"字取象构形特征，还可以窥见这一载体所承载的古今中外相通相合的一类情绪认知结构。

"堯"字，《说文·垚部》为单独设置一类：

> 垚　土高也。从三土。凡垚之属皆从垚。
>
> 堯（甲骨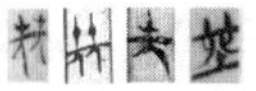简帛石刻），高也。从垚在兀上，高远也。
>
> 㚘，古文堯。

《集韵·萧部》："堯㚘，倪幺切。《说文》高也。从垚在兀上，高远也。古作㚘。"

"尧"字取象，其上半部即"山丘"的形象，《说文·丘部》亦属单独设部取类：

> 丘（甲骨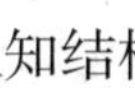金文简帛古玺

① 《一切经音义》卷一六"倱伅"条。

古币石刻），土之高也，非人所为也。从北从一。一，地也，人居在丘南，故从北。中邦之居，在昆仑东南。一曰四方高，中央下为丘。象形。凡丘之属皆从丘。今隶变作丘。，古文从土。

（简帛古玺石刻），大丘也。昆仑丘谓之昆仑虚。古者九夫为井，四井为邑，四邑为丘。丘谓之虚。从丘，虍声。臣铉等曰：今俗别作墟，非是。

《集韵·尤部》："北丠丘坔，袪尤切。《说文》土之高也。非人所为也。从北、一；一，地也。人居在丘南，故从北；中邦之居，在昆仑东南。一曰四方高，中央下为丘。一曰空也。又姓。古作丠。或作丘坔。亦书作坵。"

如果将"丘"形之下的"一"看作是和"尧"字下部所共有，则其下部就应该视为《说文·垚部》所说的"兀"；如果但将"一"归到甲骨文形上部之"丘"，则其下部即是从"人"（儿、人古文同象）之形了。按甲骨学所提供古文字构形规律来看，若是两部分字符有重合之处，属上下结体者则省下。这样说来，还是将"尧"字的下半部分视为从"兀"来得持之有故些。《说文·垚部》所收录古文"堯"作，从二"土"二"兀"；所收录篆文，就是从三"土"而下部"兀"符也不再省略合并了，结体作"堯"。然则"堯"字结构属于所谓"会意"类型。《说文·垚部》说："堯，高也。从垚在兀上，高远也。"字符连读成语，王筠《说文句读》："垚、兀皆训高，垚合为一，则弥高矣。"如果论者以为"堯"字由原初的"丘"变换为"土"，从而对许慎等人的说解表示怀疑的话，这里可以顺便提到：上列"垚"字《说文》里就是"堯"的异体初写，音义全同；此其一。另外，"丘"字本义也训作"高"，按《说文·丘部》："丘，土之高也。"此其二。

以上是关于"尧"的字源学的大致分析，下面从语源学视界，对"尧"字结构认知联系进行考察，并尝试梳理出关于"尧"类"语义场"。

《说文》将"堯"系联于《垚部》，"垚"下说："土高也。从三土会意。"而"垚""堯"同字异构，照《说文通训定声·小部第七》："堯，……垚亦声。"会通《说文》声符所构成的"语义场"，具有不可多得的价值。排比从"堯"得声的一个字群，我们可以梳理出如下一些较小的义项系列；为便省览，综核比照，具列如次：

Ⅰ. 堯：《白虎通·号》：“堯，犹嶤嶤也，至高之貌。”[①]

嶢：《说文·山部》：“嶢，焦嶢，山高貌。从山，堯声。”《说文通训定声·小部第七》：“与兀同谊。”

Ⅱ. 堯：《广雅疏证》卷五上《释诂》：“《白虎通义》云：谓之堯者何？堯，犹嶢嶢也，至高之貌，清妙高远。”

僥：《说文通训定声·小部第七》：“南方有焦僥人，长三尺，短之极。从人，堯声。……《大荒南经》：有小人名曰焦僥之国。”

顤：《说文通训定声·小部第七》：“顤，高长头，从頁，堯声。《广雅·释诂四》：顤，高也，字亦作顥。《广雅·释诂一》：顥，大也。”

Ⅲ. 堯：《广雅疏证》卷五上《释诂》：“《风俗通义》云：堯者，高也，晓也。言其隆兴焕炳，最高明也。”

曉：《说文·日部》：“曉，明也。从日，堯声。”

Ⅳ. 堯：《说文通训定声·小部第七》：“堯……《风俗通·皇霸》：堯者，高也，饒也。”

饒：《说文·食部》：“饒，饱也。从食，堯声。”《说文通训定声·小部第七》引《小尔雅·广诂》：“饒，多也。”引《广雅·释诂一》：“饒，益也。汉时谣曰：今年尚可后年饒。今苏俗买物请益谓之讨饒头。”

又，“尧”被认为是“陶唐氏”之号，它们之间的语义联系，我们不妨单独作为义项（Ⅴ）系，一并附此：

① 引自《说文通训定声·小部第七》。

V. 堯：《说文解字注》十三下《垚部》："堯本谓高，陶唐氏以为号。"
陶：《说文·阜部》："陶，再成丘也。……从阜，匋声。陶丘者，尧城，堯尚所居，故堯号陶唐氏。"又《释名·释丘第五》："丘一成曰顿丘。一顿而成，无上下大小之杀也。再成曰陶丘。于高山上一重作之如陶灶然也。"

以上所具列，大部分是以"尧"为语源而分别构成互为联系的几个义项系列，下面分别予以疏解，并揭示它们之间的认知关系。

先来说（V）系。该义项系列所展示的是"尧"字与"陶唐"之名的联系。换言之，"尧"之得名，语源何在？"尧"字取象于"丘"，已具上述；而"陶"则是"再成之丘"，其中联系线索，到眼即辨，论者亦多所措意揭橥矣。而尚觉难安的是"陶"后边还附带一"唐"字，究竟又作何说？至今说者尚付阙如。故犹嫌底蕴未尽，一间未达。就等于说，该说的还没有说到底。窃以为，"陶唐"定母双声，连绵一语。然事既关涉远古，又未许以此说简单了之。《说文·口部》："唐，大言也。"夫"唐"有"广大"之义，已属引申后起，《说文解字注·口部》："唐，引申为大也。"若求"唐"与"陶"语义得以比肩，匹配当对，则"唐"当有"堤坊"义。《淮南子·人间训》："且唐有万穴，塞其一，鱼何遽无由出？"高诱注："唐，堤也。"所用即"唐"的这个义位。"唐"字这个义位也就是后来所说的"池塘"。"池塘"一词，原本作"池唐"，"塘"字尚属后起，《说文》正文里找不到"塘"字，大徐本"新附"部分始见这个字。《说文解字注》："唐，凡陂塘字古皆作唐，取虚而多受之义。"自然，"池唐"即"池塘"，并非指"水面"义，而是来自"堤坊"本义。晋代人谢灵运山水诗句"池塘生春草"，人们自然也断不至于误会"春草"是生长于"水面"上的。

这里进而考求得这个"唐"字还指涉着"高地"（即"陶丘"）与山水地理环境的位置关系。陶，《说文·阜部》：

陶（金文汉印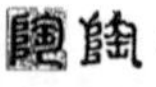石刻），再成丘也。在济阴。从𠂤，匋声。《夏书》曰："东至于陶丘。"陶丘有尧城，尧尝所居，故尧号

陶唐氏。

《口部》次“唐”字：

石刻），大言也。从口，庚声。徒郎切。啺，古文唐从口、昜。

“在济阴”，也就是济水之南，相对于山丘高地而言，则“南”又属“阳”了。是故以“唐”字特别标志“崇高”“趋阳”语源学意义。《说文·口部》次“唐”篆，所收录古文，作从口昜声构形。稽考上具铭文，“唐”字从“昜”，见于古玺及石刻。盖因欲避洪水之患，选择高敞地势，就阳避阴祛湿，适宜生存，原本是一回事。[①]是“高唐”亦即“高丘”也。由义项（Ⅴ）系观之，“尧”所号“陶唐”，“陶唐”的“名原”，即在乎“高亮之丘”也。

义项（Ⅳ）系，则是揭示“尧”选择“高敞就阳”之丘给部落生活带来的“安定丰足”，自无须乎赘言。

若从逻辑联系来看，义项（Ⅲ）系当与义项（Ⅴ）系归为一类，因为义项（Ⅲ）系即是指涉“尧”之“明”义，也就是具有“高明”的特点。

义项（Ⅱ）系，就是属于真正传达“尧之为人”特征的一系。“尧”作为历史人物，也是“高大”的。结合下面所征引的辗转传说，似乎可以由此看到中国文明史上一个“高大瘦长”的身影：《说文·肉部》“腒”下说：“传曰：尧如腊，舜如腒。”臧琳《经义杂记论〈说文〉》解释道：“称尧如腊、舜如腒者，言尧舜忧勤，故体瘠若干腊耳。”[②]因此，这里仍然将“侥”归并于义项（Ⅱ）系。

显而易见，义项（Ⅰ）系就是直接揭举“尧”的得名之原的。“尧”者，垚也，也就是“丘高”之象。而我们这里只是顺便提到，“垚”不过是“峣”

① 《水经注》卷三十四《江水》引宋玉《高唐赋》：“巫山之女，高唐之阻，旦为行云，暮为行雨。”严可均所辑《全上古三代秦汉三国六朝文》原赋：“妾在巫山之阳，高丘之阻，旦为朝云，暮为行雨。”见《全上古三代文》卷十。

② 尧“体长”，见《荀子·非相篇》等，至于“侥”又训“短小”义，似可认为是相对相反引申的汉语语义演变流动规律的体现（习惯上称之曰“反训”）。

字的异体，变异上下结构为左右结构，其表达“山高”之义自若，并不因此而受到多大影响。这样，义项Ⅰ系便与义项Ⅴ系相互应照，若环之端末相接。由此构成关于“尧”的完整的义位系统，描述出“尧”作为语源的“语义场”：

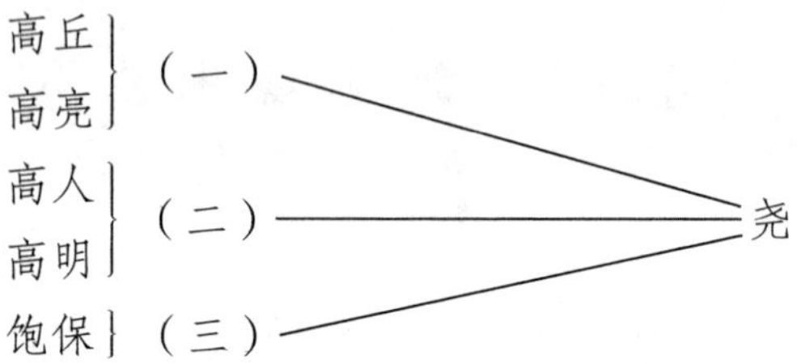

要之，“尧”既是“高丘”“向阳的高地”，又作为“高人”“贤明之君”，并由此还具备了给人们带来食物饱足的品格。是人格是地貌，亦体亦用。由此不难看出，“尧”字所指涉的语言，传达的是一“集合概念”。自然也不须赘言，这一“集合概念”是经过了若干历史层面的累积的。

然则，得名于“高丘”“向阳高地”，其人格就算得上“高人”？而“高人”又由此竟可以给人们带来“饱食”之利？关于这些扑朔迷离的联系的解会，须补出“尧时洪患”这一段历史故事，这便是“尧”字所指涉的上述语义所由生的认知背景。

可以说，“尧”字背后隐括了中国文化史发轫期初民关于“尧遭洪荒”的惊心动魄的记忆。在中国文明史上，“尧”与“洪水”，建立着不可分割的联系。以下按时代先后，约举数例，借以窥见个中消息：

1. 帝曰：“咨！四岳。汤汤洪水方割，荡荡怀山襄陵，浩浩滔天，下民其咨，有能俾乂？”（《尚书·尧典》）

2. 当尧之时，天下犹未平，洪水横流，泛滥于天下。草木畅茂，禽兽繁殖，五谷不登，禽兽逼人，兽蹄鸟迹之道，交于中国。尧独忧之，举舜而敷治焉。（《孟子·滕文公上》）

3. 当尧之时，水逆行，泛滥于中国，蛇龙居之，民无所定，下者为巢，上者为营窟。（同上。和此条已涉及“为巢”“营窟”等定居问题。这自然也属“尧”名内涵应有之义，说见下文“补说二”）

4. 州，水中可居者曰州。水匌绕其旁，从重川。昔尧遭洪水，民居水中高土，故曰九州。(《说文·川部》)《集韵·尤部》："州𠛎𠛎，之由切。《说文》水中可居曰州，周绕其旁。从重川。昔尧遭洪水，民居水中高土，故曰九州，引《诗》在河之州。一曰州，畴也，各畴其土而生之。古作𠛎𠛎。又姓。"

5. 传云尧洪水时行者泊舟于崖侧……(《汉唐地理书钞》辑自盛弘之《荆州记》)

6. 宜都夷陵县西八十里有高筐山，古老相传尧时大水，此山不没，如筐篚，因以为名。(《艺文类聚》卷七引《荆南图制》)

7.……故老传云，尧时大雨……；覆船山，尧遭洪水，维舟树下，船因覆焉。(《太平御览》卷七六九引《郡国志》；又卷四四引《七道录》)

8.(尧山)：尧九年大水，人居避水，因以为名。或遇大水，此山不没，时人云此山浮。(《太平寰宇记》卷一〇七引《鄱阳记》)

……

袁珂以为，如此历代传承极其繁夥的"尧时洪水"故事，适表明"古昔洪水惨恸，人心铭刻綦深，不过咸托之于尧时而已"。[①]三言两语，道出了其中的联系。不过，这或许仅仅是表层的联系。

正是由于历代传承的"尧—洪水"故事，建构了初民{崇高—卑下}[②]心理情感认知结构范型，规定了中国古代人价值态度及其取向。此一悠远的心理态度、情感结构，至今仍保存在殊为丰富、形态各异的文字训诂材料之中。宋永培教授关于《说文》意义体系的内容与规律的发掘梳理，可以说是会心别具，手眼独出。这里也顺便撮引几组用例，以省却读者翻检之功。

{洪，洚水也。(《说文》十一上《水部》)
{烘，战栗也。(《说文》十下《心部》)

① 《中国神话传说词典》，第149页。

② 按"崇""卑"二字在此一语言结构中皆用为动词。语言中{崇高—卑下}，其例甚夥，无间古今，聊示一二："高明"与"低贱"、"上新台阶"与"走下坡路"；日语中亦称"高人"为"上手"，"低人"为"下手"，等等。

洞，疾流也。(《说文》十一上《水部》)
恫，痛也。(《说文》十下《心部》)

以上两组词中，洪与恭、洞与恫，相同的声符分别为“共”“同”，声符相同的词两两结合为一组。与此同时，洪与恭，洞与恫，每一组的两个词在形符上发生对应，其形符一从“水”，一从“心”，由此造成着两组词的排比。从意义上看，从“水”的词表述洪水，从“心”的词表述惊恐、哀痛。这二组词在形、音、义的贯通所造成的排比，共同反映出人们面临洪水时惊恐、哀痛的神情。又如：

浥，湿也。(《说文》十一上《水部》)
悒，不安也。(《说文》十下《心部》)

湫，隘下也。(《说文》十一上《水部》)
愁，忧也。(《说文》十下《心部》)

这二组词中，每一组声符相同，分别为“邑”“秋”，形符上造成着对应，浥悒、湫愁，一从“水”，一从“心”。在意义上，从“水”的词为下湿之义，从“心”的词为忧愁不安之义。它们在形、音、义的贯通所造成的对比，共同反映出人们困顿于低陷、浥湿之地的忧愁。

论者所运用的基本方法，就是将《说文》里声符相同的词两两为一组，通过形符的对应显示出数组的排比，由此构成一个义系，用以表述历史事件的一个阶段。

如果说以上义系表述的是“尧遭洪水”事件的开端阶段；那么，其发展阶段，亦可由此推演。例如：

崇，山大而高也。(《说文》九下《山部》)
悰，乐也。(《说文》十下《心部》)

{塏，高燥也。(《说文》十三下《土部》)
{愷，乐也。(《说文》十下《心部》)

{陸，高平地。(《说文》十四下《阜部》)
{睦，目顺。一曰敬和也。(《说文》四上《目部》)

以上举出三组词声符相同，形符对应，意义形成排比，它们在形、音、义上的贯通表明：先民避离洪灾、登上高山后感到喜悦和顺。这反映了“尧遭洪水”事件的发展。[①]

“《说文》学”家爬梳《说文》义系，通贯微至。历史事件落实于过程。在我们这里看来，似乎仍嫌未尽底蕴，一间未达。是故层层之上，更进一竿曰：“洪患意识”原是全人类共通的心理，由“洪荒时代”积淀形成的人类{崇高—卑下}情感态度，心理体验，积久便沉积为人类共通的情感结构。若易简之以类型，则不妨姑且拈出“侥幸心理”[②]集体思维表象，其结构形式，大要可以概括为两大类型：

其一，“洪水—方舟”型

天地间仿佛再也不存在高出水面的物体了，山峰低于水面七米，唯有那孤伶伶的诺亚方舟，安然无恙地漂泊于万顷波涛之上。[③]

其二，“洪水—堤岸”型

人畜都在这新地上得到安居，
勇敢勤勉的人们垒成了那座高丘，
向那周围移植都可以衣食无忧。

---

① 宋永培：《论〈说文〉意义体系的内容与规律》，《华东师大学报》1991 年第 6 期。

② “侥幸心理”之心理结构，亦{崇高—卑下}情感结构导夫先路。该处所解，并无当于一般词书所释“侥幸”：“侥”，尧也，高也。“侥幸”者，以“高”为“幸”也。

③ 张久宣：《圣经故事》，中国社会科学出版社 1987 年第二版，第 21 页。

外面虽有波涛不断冲击堤岸，
而内面却安居乐业如同天国一般。[①]

“舟”外“堤”下，洪波涌起，动荡骚离；“舟”中“堤”上，安然无碍，悠然平静。皆是由“洪水”构成的尖锐对峙。比较起来，中国古代，尧遭洪水，自当归之于{洪水—堤岸}认知结构类型，并由此规定了“尧”之得名背后所包蕴潜含{崇高—卑下}的情感结构。

另外，有关“尧遭洪水”本事文化解读的资料，还可以列出一些，且亦有补于解会；不妨作为旁证，分类补说于下面：

补说一：按周部族史诗《诗经·大雅·绵》一章曰：“陶复陶穴，未有家室。”《毛传》：“陶其土而复之，陶其土而穴之。”这里与“陶”字相联系，涉及“复”“穴”，二者文相对，义相当。“穴”字易了，“复”字难解。徐中舒先生考释说：“复（《粹》1058）象半穴居前后有廊，廊下著象人足；此人出形。（良）为廊之本字。（丘）象半穴居两廊出于地面之形。合此三形则古代半穴居之形义始能完全表达出来。”[②] 而尧避洪水，在特定的时代，也就等于是给部族人们安了巢、定了居，于是乎径可呼之曰“陶”。《虞初新志》卷十二陈鼎《薛衣道人传》：“薛衣道人祝巢父，名尧民。”古代人要求名、字意义相当相对。“巢父”与“尧民”，语义正相应也。

补说二：“陶”字在中国古代语言里原本自具“喜悦”之义，无须乎旁假外求，例如今天还说“陶醉”“其乐陶陶”，等等。《广雅·释言》：“陶，喜也。”《礼记·檀弓下》：“人喜则斯陶，陶斯咏。”郑玄注：“陶，郁陶也。”孔颖达疏：“郁陶者，心初悦而未畅之义也。”然而“陶”字又指涉情感对立的另外一极——“忧”：《广雅·释言》：“陶，忧也。”按情感逻辑，说“喜”是先含有“忧”在，否则，亦无所谓“喜”了。情感杂糅，两极流潜，乐极生悲，早为心理学家所证明。是故“陶”字又兼训“忧”。一“陶”字背出分训，兼具情感两极结构；一体关涉两边，适可与前具“尧”字取象所隐括的历史背景、洪水本事、侥幸心理、{崇高—卑下}的情感结构类型相印证。

① ［德］歌德：《浮士德》，郭沫若译，人民文学出版社 1957 年版，第 768 页。

② 《汉语古文字字形表》卷二“复”字按语。

补说三：关于“唐”为“塘”字之初文，还可以从古代地理名称沿革上找到一个旁证。杭世骏《订讹类编》考订说：“《七修类稿》钱唐之名。按《史记》始皇浮江下丹阳至钱唐。历代地志亦有钱唐县令。至唐避国号始加土焉。《辍耕录》谓唐字从土误矣。至以为以钱易土，筑塘避钱湖之水等事，杭志已辨其讹。考之《释文》：唐，途也。杭地五代以前，路止西北一带，逼近于钱湖，故谓钱唐耳。”① 这位以博学强志闻名的清代学者所考“钱塘”本作“钱唐”，至唐代始避讳而加“土”旁为“塘”，那么，就可以与前文所揭示《说文》正文不见“塘”字，只是到了五代、宋初之交的“大徐本”始新附“塘”字之说相应若合符节了。其实，汉代以前，“塘”字还是一般写作“唐”。《吕氏春秋·尊师》：“治唐圃。”《淮南子·主术训》：“若发碱决唐。”大抵汉代以降才广泛使用“塘”字。而“塘”字在上古也只有堤防、堤坝之意。《庄子·达生》：“被发行歌而游于塘下。”但是，这些文本存在的版本所刻，均属后起。“塘下”自然是指堤防下面，不可能指水塘下面。“唐”（塘）的这一古义还保留在现代汉语的一些词语和地名之中。例如“海塘”“河塘”“瞿塘”等，不一而足，杭氏上面所举“钱唐”，仅是其中一例耳。②

补说四：清人黄生《字诂》“陶”字条下说：“吾乡谓长曰陶，如谓日长

① （清）杭世骏:《订讹类编·地理讹》续补卷下十二，上海书店据嘉业堂丛书1986年影印。

② 拙作有访古随笔《与古为徒》，关于鲁西南古国诸篇，颇涉舆地名原。菏泽，古曹州州府治所，大略迥异于鲁西南诸国，十月既望，方圆数百里，平畴弥望，略无特出。有县名“定陶”，其得名之原始，叩之当地土著，即县文化局长亦不甚了了——答曰：本太史公《史记·货殖列传》，以越人范蠡货殖获利于此，世称“陶朱公”，定居于陶，其地遂以“定陶”称焉。余答曰：姑不论范蠡乃春秋时人，且必得先有陶之地，始可得定居焉。然则，是“定陶”之名，会当早于陶朱公也。《史记》称有尧所居，位于城、濮间。出菏泽以西，不过数十里，则濮阳。是周边地理，一如菏泽，得名于水。余观菏泽地理，大势平原。黄河故道入海口，是淤积为沼泽地。直到春秋范蠡泛舟太湖，取道水路北上至此定居，是春秋时期亦水域也。春秋以降，当地文博部门，挖掘出土宋元时代大商船，是至迟宋代，水利交通，犹称发达。菏泽境内，有鄄城，即《水浒》梁山所在地。遥望之，山丘苦不甚突出，所恃者，实当地水域也。然则，定陶得名也久远矣。尧城为陶唐氏族居住区域，以黄河故道泛滥，必以救治洪荒为首务。是氏族得名曰尧（即高丘），号陶唐，亦相应焉。陶，《说文·阜部》分析结构为“再成丘”（丘两层者，亦高丘也），“唐”即后来所作之“塘”，亦高出水面之高堤也。观其地理，实不宜于烧陶。即当地所祀西周“仿山”，人所为之、仿佛之山，即尧字结构认知之所取象也。菏泽又为古曹州府治所在，历代以民风彪悍难治称。水浒好汉啸聚渊薮焉，所来有自。甚至晚清野史小说如《老残游记》所写曾不惜重典之酷吏，所治即此地。乃至地方

曰‘好陶天’。此语亦有所本，《楚辞》：‘陶陶孟夏。’”[①]这在词汇学语义认知类型上，已是由空间之高，施于时间之长的引申运动了。

补说五：《说文·阜部》：“陶，再成丘也。”《尔雅·释丘》：“丘一成曰顿丘。”《诗经·氓》：“至于顿丘”；皆是“墩丘”之借。而“墩”实为“𠂤”之音转。高土堆，鲁西南方言俗语谓“土墩子”。《说文·𠂤部》：“𠂤，小阜也。”徐铉注：“俗作堆，都回切。”《汉书》地理志第八上“定陶”：故曹国，周武王弟叔振铎所封。《禹贡》陶丘在西南。陶丘亭。冤句，莽改定陶曰济平，冤句县曰济平亭……成阳，有尧冢灵台。

补说六：“陶”字从阜，《说文·阜部》：“阜，大陆，山无石者。”“阜”字认知发展线索——首先有“高土”之义，例如《素问·五常政大论》：“土曰敦阜。”王冰注：“阜，高也。”由此又可引申出“百姓众生”之义，例如《国语·晋语六》：“考讯其阜以出，则怨靖。”韦昭注：“阜，众也。”由此又可发展出“繁盛富足”义，例如《周礼·夏官·掌畜》：“掌畜，掌养鸟而阜蕃教扰之。”郑玄注：“阜犹盛也。”又如《周礼·天官·大宰》：“以九职任万民……六日商贾，阜通货贿。”郑玄注：“阜，盛也。”

政府维持一方平安，仍需有礼优渥山林强人，与绿林各路打招呼，乃得相安无事。地方乡里，武校极盛。序属晚秋，访古此地。凌晨西风猎猎，肃杀逼人。寻访曹州府故道，路两边树丛中，影影绰绰，随处可见各色习武人等，且无间男女老幼。所习大率格斗武技，有非纯然为健身计者，可见至今尚武风习如此。明末清初顾炎武倡实学，重舆地，所谓观天下大势，察郡国利病，良有以也。菏泽又东，曰济宁，则纯然山区矣。又东南，则鲁地得名之山水区域，曰鲁山曰临沂。鲁山东山泰山，依次皆系同一山脉。鲁国得名山水坐标，曰鲁山曰沂水，鲁山实为鲁国母亲河沂水之源。山下有县治曰沂源，知其得名之所由，洵非后世以《说文》“鲁”字结构为权舆，形同游戏者。土著语缓读“人鱼”音节结构，即为“鲁”字。沂水南淌，浩浩汤汤，之沂南，为著名汉代画像石聚集出土地，则别一风物区域。张效节先生，居临沂右军故里，深沉稳重，宅心淳厚，大有古仁人君子之风，为国内鲜见之精通经济学术家，且极擅民间乐器：固有道兼修器者。余遂有访古随笔，为沂南纪游——二〇一四金秋十月间，友人安排蒙山沂南疗养。偶得五言数章，以见当地风物人情云尔：

厚德载风物，淳朴圣人邦。造化世称奇，禹贡列其详。沂蒙及汶河，三水汇汪洋。
汤头地名古，温泉源流长。石材其细腻，汉人题画像。丞相遗踪留，右军砚墨香。
丝柳是处垂，桂子九月芳。游客时相问，底处是苏杭？菜蔬皆绿色，收成及时尝。
煎饼出手工，酒浓溢深巷。最是忠厚者，语缓面慈祥。我来匝旬间，体重增一磅。
坐是山水沓，留此原始状。晚风流草树，炊烟袅水上。薄暮关乡愁，水鸟亦归翔。
何当共知己，偕老于是乡！

①《字诂义府合按》，第 48 页。

补说七：前面援引的“尧遭洪水”文献资料时，曾经注意到“州”之得名，和“尧时洪水”的联系。这里爬梳训诂文献，再进而寻绎“尧”与“九州”以及“九州”具体得名的联系。

清代训诂学家郝懿行释“九州”与尧的关系：“九州之制，或云起于黄帝颛顼，《尚书》独载尧以来。《说文》云：‘水中可居曰州。周绕其旁，从重川。昔尧遭洪水，民居水中高土，故曰九州[①]。《诗》曰：在河之州。一曰州，畴也。各畴其土而生之。’是则九州之名，盖起于尧矣。”从郝氏所作《尔雅》郭注义疏里也不难发现“九州”具体得名，皆与“高地”“大水”两个因素相联系：

两河间曰冀州。

郭注：自东河至西河。

郝氏义疏：《释文》引李巡云：两河间其气清，厥性相近，故曰冀。冀，近也。按职古云：河内曰冀州。此云两河间者，即两河之内也。

河南曰豫州。

郭注：自南河至汉。

郝氏义疏：《释文》引《春秋元命苞》云：豫之言序也。言阳气分布各得其处，故其气平静多序也。又引李巡云：河南其气著密，厥性安舒，故曰豫。豫，舒也。

河西曰雝州。

郭注：自西河至黑水。

郝氏义疏：《释文》云：雍者，擁也。东崤西汉南商于，北居庸。四山之内擁翳也。李巡云：河西其气蔽壅，厥性急凶，故曰雍，雍，壅也。

---

① 按大徐本《说文》作“或曰九州”，郝氏所引《说文》作“故曰九州”。是“九州得名”与“尧遭洪水”之间，或有因果关系存焉。

汉南曰荆州。

郭注：自汉南至衡山之阳。

郝氏义疏：《说文》云：荆，楚木也。《释名》云：荆州取名于荆山也。必取荆为名者，荆，警也。南蛮数为寇逆，其民有道后服，无道先强，常警备之也。邢疏引李巡云：汉南其气燥刚，禀性强梁，故曰荆，荆，强也。

江南曰杨州。

郭注：自江南至海。

郝氏义疏：杨者，《释名》云：杨州之界多水波扬也。《禹贡》正义引李巡云；江南其气燥劲，厥性轻扬，故曰扬，扬，轻也。

济河间曰兖州。

郭注：自河东至济。

郝氏义疏：《释名》云：兖州取沇水以为名也。《类聚》六引《春秋元命苞》曰：兖之言端也。按兖州界东南据济，西北据河，是在济河间也。《释文》及《公羊》疏引李巡云：济河间其气专质，厥性信谨，故曰兖，兖，信也。

济东曰徐州。

郭注：自济东至海。

郝氏义疏：徐州者，《释文》引太康地记以为取徐丘为名。《释名》云：徐，舒也，土气舒缓也。《公羊》疏引李巡曰：济东至海，其气宽舒，禀性安徐，徐，舒也。

燕曰幽州。

郭注：自岱东至海。此盖殷制。

郝氏义疏：《释名》云：燕，宛也。北方沙漠平广，此地在涿鹿山南宛宛然以为国都也。幽州在北，幽昧之地也。《释文》引李巡云：燕，其气深要，厥性剽疾，故曰幽，幽，要也。

齐曰营州。

郭注：曰岱东至海。此盖殷制。

郝氏义疏：齐者以天齐渊水而得名。《史记·封禅书》云：齐所以为齐，以天齐也。《集解》：苏林曰：当天中中齐。《释名》云：齐，齐也。地在勃海之南，勃齐之中也。营州者，《释名》云：古有营州，……《公羊》疏引李巡曰：齐其气清舒，受性平均，故曰营，营，平也。今为青州。又引孙郭并云：自岱东至海，本《禹贡》青州界而言也。《释文》：营者，盖取营丘以为号。[①]

约而言之，“九州”与“尧”发生联系，而“九州”——全国各地位于名川之间的有代表性的大山——高敞地也。《说文·邑部》收录“郊”字，从邑，支声；又出或体作“岐”，其说曰：“郊或从山支声，因岐山以名之也。所收古文又作“嶅”，其解为：“古文郊，从枝从山。”换“邑”为“山”，是古代有“山”之“体”，亦即具“邑”之“用”也。《说文·邑部》：“邑，国也。”

补说八：中国神话传说中“尧二女”皆为水神，其说甚夥，亦与“洪水”意象发生联系。颇堪玩味，自可连类。[②]

补说九：日本国语中，“尧”字认知，包蕴两个互相关联义项：其一是“高”（たかい）；其二是指古代传说中的中国的圣王专名。[③]

补说十：比较全球范围内的“洪水”传说，尽管作为语言表现形式乍看上去千差万别，但会心者到眼即辨，其实仍不外是上述两种形态的“变型”。

美国俄勒冈州瓦纳帕姆印第安人的创世神话讲到：“从前，世界是一片汪洋。上帝孤独寂寞地生活着。他独自一人，连个立足之地都没有。于是，他

① （清）郝懿行：《尔雅义疏》卷一“释诂”上，上海古籍出版社1989年版“清疏四种合刊”。

② 参见《山海经·中次十二经》；北魏郦道元《水经注·湘水》；唐人李贤注《后汉书·张衡传》引《列女传》；等等。

③ 《标准汉和辞典·土部》。

从水底把沙子捞起来，创造了陆地。”[①]

哈得逊河海湾地区的蒙台格奈斯印第安部落的有关洪水神话则说：“天帝怒而发洪水，世上只有一人乘舟逃生。他派一只水獭潜水找到一小块泥土，那人手持泥土，对它吹了一口气，那泥土立即开始长大。他将土放在水面上，不让它下沉，等到它长大为一个岛时，他又派一只鹿上岛探查岛的大小程度。鹿很快地在岛上跑了一周，回来对他说岛还不够大。于是，他继续向岛吹气，直到岛上有了山峰、湖泊和河流，他才下船走上这新创造的陆地。”

至于阿尔衮琴印第安人的洪水神话说：“创世后的一场大水淹没了整个陆地。只有几个幸存者，他们躲在一只大龟的背上。这只龟如此年老，它的背壳上都长满了苔藓，就像小河的岸边似的。大龟在漂流中遇到一只潜水鸟，人们乞求它潜入水底带出一些土壤。潜水鸟应召下水，但找不见底，后从远处带回来一小块土，大龟游向那有土的地方，人们走下龟背登陆，从此定居下来，再繁衍出人类。”[②]

而印度的洪水故事最早见于印度古典《百道梵书》（*Satapatha Brahmana*）：“鱼渐长大，对摩奴曰：数年之后，洪水将至，你需造一船儿，我将图报。水发时速入舟，我必救你。摩奴如言作讫，后果如斯。水发，摩奴系舟于鱼角，鱼携其至北山，鱼请摩奴系舟于树，将随水而游。他如言，发现大水裹去所有生物，唯己身孑存。”[③]

诚所谓：“东海西海，心理攸同。”[④]

---

① ［美］杰罗尔德·拉姆齐：《美国俄勒冈州印第安神话传说》，史昆、李务生译，中国民间文艺出版社 1983 年版，第 8 页。

② 《中国神话哲学》，第 348~350 页。

③ 叶舒宪等：《从印度洪水神话的源流看文化的传播与异变》，《活页文史丛刊》，中州古籍出版社 1990 年版。

④ 《谈艺录·序》。

附

楚简自然认知

——战国齐鲁楚等地简文比较

《鲁邦大旱》在子贡强调省察政德一边的补充过程中，体现了孔子关于外在仪式与内在修养兼顾的“中和”态度。这种照顾外在形式与强调内心省察的关系，代表了儒家“天人相应”及“灾异由人”等学说的重要发展阶段。对照有关传世文献，趋向自然的思想，在春秋战国时期已经存在广泛基础。战国楚简的记载，可以说提供了这类文献现存所见最早的文本。

也许在现代人看来，赋予自然以生命，属于所谓“灵性化”的过程。但在先秦社会，将原本就有灵的自然万物人格化，则实际上意味着走向世俗化。《柬大王泊旱》整体是在讲楚国占卜弭旱的过程、遵循“常祀”的审慎事神态度。这跟发生在鲁国的大旱，事同而地异，形成对照：鲁国重人事，楚国重鬼神。都有事于山川，但鲁地讲究礼节刑德，楚地重视占祀过程。

在卜祀求雨止旱过程中，邦大旱与皮肤病之间，是二实一，都是作为天降灾异的表象。这种关联，是楚地浓厚的巫术特色的表现。雨降旱除，简王皮肤病患，也就相应霍然而解。楚地鬼神天灾与人事自身，感同身受，患难与共，相感具生，这在战国时期的其他地区是已经见不到的关联。从《鲁邦大旱》到《競建内之》，已经由外在仪式与内在省察兼顾，发展为完全强调内修政理。两相对照，反映出天人相应命题中越来越偏向于人事、灾异学说中越来越明确灾异在于人为的发展趋势。

迄今为止，上海博物馆所藏《战国楚竹书》发表了数篇关于战国时期自然灾异的简文：一篇是第五册的《競建内之》，一篇是第二册的《鲁邦大旱》，一篇是第四册的《柬大王泊旱》。这批简文，从简文内容所涉及时间而言，《競建内之》属于齐桓公时期，《鲁邦大旱》篇属于春秋战国之交的鲁哀公十五年（前480），《柬大王泊旱》属于战国早期楚简王时代（前431—前

408）。[①] 从涉及地域空间而言，楚、鲁分南北，齐、鲁为东西。基于此，将各篇简文所及主要内容对照清楚，对于认识战国时期人与自然关系，有关灾异观念史的演进，具有传世文献所不可替代的意义。对照《说文》有关部类，通过三篇简文有关问题的具体讨论，比较战国时期不同地域的自然灾异观念，所期于先秦思想观念史的发展认识，有所裨益。

一、《鲁邦大旱》所见战国鲁地人与自然关系的认知

上海博物馆藏《战国楚竹书》第二册《鲁邦大旱》主要记载了鲁哀公十五年，即公元前480年，鲁国发生大旱，鲁哀公以此向孔子请教弭除大旱的对策，孔子提出建议并同弟子子贡进行讨论等内容。楚竹书简文所载对了解当时儒家如何应对天灾、如何理解人与自然关系，提供了新的材料。此篇几个关键地方，或简文残缺，无由通读，或考证理解，众说纷纭，直接影响到对于孔子人与自然观念的理解。因此，这里有必要先将几个关键问题加以重新考察。

（一）关于“重命”及“恃名”

本篇第3、4、5简，都提到“名”，关系比较重要，但似乎尚未引起五花八门的讨论者的充分注意。第3简“子贡曰：否也，吾（简文原形结构上部为虍声，下部为壬形）子女（如）动命（重命）丌与？女（如）夫政刑与德”，第4简“若夫毋悉圭璧币帛于山川，毋乃不可。夫山，石以为肤，木以为民，女（如）天不雨，石将焦，木将死，其欲雨或甚于我，或（何）必寺（恃）乎名乎”，第5简用字语境同第4简“夫川，水以为肤，鱼以为民，女（如）天不雨，水将涸，鱼将死，其欲雨，或甚于我，或（何）必寺（恃）乎名乎”。三处用“名”字，主要构成“重命”和“恃名”两类结构。战国长沙子弹库战国楚帛书乙篇“乃命山川四海”，《尚书·吕刑》：“禹平水土，主名山川。”孔传：“禹治洪水，山川无名者主名之。”主名，作为山川命名

① 马承源主编：《上海博物馆所藏战国楚竹书》第二册《鲁邦大旱》，上海古籍出版社2002年版；第四册《柬大王泊旱》，上海古籍出版社2004年版；第五册《競建内之》，上海古籍出版社2005年版。参见各篇整理者的说明。简文及整理者的释文皆见于上述各篇，不重注。考虑到排印的实际问题，部分字形释文从宽式而非严格隶古楷定，个别原形字还需要进行结构描述。华东师范大学中国文字研究与应用中心研制《战国楚文字数字化处理系统》，上海教育出版社2004年，下出楚简帛文字数据，未注明出处，均见该数据库，不重注。

的祭主，即祭山川之谓。[1]貍沉山川，通辞命名。古代命名，原本就属于施加控制影响的方术类型。这类功能，与本篇简文整体关于弭除大旱对策讨论一致。《周礼·春官·大祝》："大祝……掌六祈以同鬼神示：一曰类，二曰造，三曰禬，四曰禜，五曰攻，六曰说。作六辞以通上下、亲疏、远近：一曰祠，二曰命，三曰诰，四曰会，五曰祷，六曰诔。关于命（名）祭，一说，与"说"义近通用，都是祭祀之名。《鲁邦大旱》简文3"重命"和简4、简5的"寺名"，功能相若，均为攘除旱灾的祭告说辞。编者说者，或以为声誉，或以为恃名傲世，恐皆缘字附会。

（二）关于"爱"与"悉"

编者认为："悉"应通作"薆"，即"隐埋"之意。全句可解为：如果不进行隐埋币帛于山川的大旱之祭，而保持刑德之治，如何？对此，简帛专门家如刘乐贤教授提出了不同看法：古文中"悉"和"爱"相通。他认为"毋悉珪璧币帛"的"悉"为吝惜之意。"毋爱圭璧币帛"，就是要用圭璧币帛来祭祷山川。由此看来，子贡对祭祀山川的态度和孔子不太一致。有的研究者还试图以经证史，援引《论语》作为旁证，所举如《论语·述而》篇："子疾病，子路请祷。子曰：有诸？子路对曰：有之，诔曰：祷尔于上下神祇。子曰：丘之祷久矣。"这些记载，说明孔子虽然重视内在德行的修养，但是并不否定外在的祭祷形式。"子疾病，子路请祷"，据传统解释，子路请求用"祷"的方法，谢过于鬼神以祈福。孔子回答"丘之祷久矣"，刘宝楠《论语正义》："夫子平时心存兢兢业业，恭敬于鬼神，自知可无大过，不待有疾然后祷也。"又如《论语·八佾》篇："子贡欲去告朔之饩羊。子曰：赐也，尔爱其羊，我爱其礼。"按诸古礼，诸侯于朔日（阴历初一）告祭祖庙，此为"告朔"之礼，以饩羊为祭，而鲁国自文公开始废告朔之礼。研究者认为，子贡认为礼既已废，还陈设祭品，实等虚废，当撤去饩羊。孔子坚持不废饩羊，这是不偏于一端，循守礼制的体现。

研讨者大多认为，从简1和简2的文字来看，孔子认为邦大旱，其主要的原因乃在为政失诸刑德所致，所以修正刑德才是关键。其次，孔子理解百姓祷神以求雨的态度。孔子从百姓的立场出发，并不简单化反对祷神求雨。

---

① 《尚书文字校诂·吕刑》。

从简3和简4的文字来看，孔子实际是在观察子贡的反应，而并没有提出人们习惯思维所常见的非此即彼的逻辑命题：自己回答鲁哀公说他理解百姓对祷神求雨的态度，所以并不反对举行祷神求雨的仪式，自己的这个看法是耶非耶？子贡则认为孔子要举行“敚”祭禳灾虽系顺遂民意之举，但修政与循德才是根本。基于此，无待乎祭祀事神。

按“爱”属《说文·夂部》，“炁”属《说文·心部》：后者是前者的声符。《说文·夂部》：“愛，行皃。从夊，炁声。乌代切。”二字本有分工。《说文·心部》：“炁，惠也。从心，先声。”“愛”“炁”音同相互通用，这在文献用例上都是没有问题的。问题是不同的用字关系，却是代表了相反的两边，涉及孔子鉴于大旱有事山川的态度。在这种情况下，唯一可靠的办法就是通观全篇，求得整体统一。简文“女毋炁圭璧币帛于山川”，前后分别出现于第2简和第3简。第2简是孔子的回答，惜乎接下去的“政刑”一句不全，这是产生各家持两端、相互矛盾情况的关键所在。第3、4、5简是子贡的答问过程中所提到的看法，但涉及孔子关于自己大旱对策建议所产生民众反映的询问，也就成为认识孔子“对策”的唯一视角。第3简“子贡曰：否也，吾子女（如）动命（重名）丌与？女（如）夫政刑与德，以事上天，此是哉。女（如）天（夫）毋炁圭璧”，第4简“若天（夫）毋炁圭璧币帛于山川，毋乃不可。夫山，石以为肤，木以为民，女（如）天不雨，石将焦，木将死，其欲雨或甚于我，或（何）必寺（恃）乎名乎”，第5简用字语境同第4简“夫川，水以为肤，鱼以为民，女（如）天不雨，水将涸，鱼将死，其欲雨，或甚于我，或（何）必寺（恃）乎名乎”：三简前后文辞相接，连贯完整：整体是表述子贡对于将要所事对象——山川之神自然属性的认识，以此来强调没有必要“重名”“恃名”，也就使得貍祭山川的措施，失去了前提。基于此，各简简文所使用的“炁”字，皆无须破字，取“爱惜”之意，“毋炁”即不吝也。设若祭献山川一边原本就不属孔子给出的对策内容，则子贡之对答，多方之曲喻，无端之罕譬，为空穴之风来，所答非所问矣。

第3、4简两个问题，属于理解本篇简文主旨的关键。我们联系第3、4、5简子贡的答问过程这一认识孔子“对策”的唯一视角，通观整体语气，似可提出两个值得思考的关系：其一，先秦相当长的时期里，盛行“文德”范畴。而推原其个中关系，则或修饰，或并列，反映观念史的演进。即属神道，亦可设教。《周易·观·象》："圣人以神道设教而天下服矣。"钱锺书先生按：《礼记·祭义》："因物之精，制为之极，明命鬼神，以为黔首则，百众以畏，万民以服。"可申说此二句，古人政理之要言也。……皆可为"神道设教"示例。盖世俗之避忌禁讳（taboos），宗教之命脉系焉，礼法之萌芽茁焉，未可卑为不足道也。[①] 基于此，当鲁国遇到大旱，就一方面提出刑赏德罚，一方面顾及祭祷山川。不偏于一端，知经达权。其二，子贡将所事山川对象人格化，孔子同样不会是将其神格化。因此，简文里的孔子，其实是将"事神"仪式化，使其成为"德"的文饰。孔子以"事神"为"礼仪"，是作为"知人论世"的"知者"态度。表面看来，子贡似乎较孔子走得更远，主张完全放弃祭祀山川，而只专注于人事赏罚、内修政理。这跟同时期的齐国政治家们面对发生"日食"灾异现象的认识，已经异曲同工，殊途同归。其实，简文作者之用心，是将其作为孔子思想观点的一种对照与补充而已。按一般思维逻辑，非此即彼，攻乎异端。执此以解孔，则有背于儒家执"中"之道。

（三）关于自然与人体

这里要补充的是，楚简记载子贡所答，所涉及自然属性的认识，这在传世文献里是可以找到互相对应的记载的。《说苑》卷十八："齐大旱之时，景公召群臣问曰：'天不雨久矣，民且有饥色。吾使人卜之，祟在高山广水。寡人欲少赋敛，以祠灵山，可乎？'群臣莫对。晏子进曰：'不可。祠此无益也。夫灵山固以石为身，以草木为发。天久不雨，发将焦，身将热，彼独不欲雨乎？祠之无益。'景公曰：'不然。吾欲祠河伯，可乎？'晏子曰：'不可。祠此无益也。夫河伯以水为国，以鱼鳖为民。天久不雨，水泉将下，百川竭，国将亡，民将灭矣。彼独不用雨乎？祠之何益？'景公曰：'今为之奈何？'晏子曰：'君诚避宫殿，暴露，与灵山河伯共忧，其幸而雨乎？'于是景公出野，暴露三日，天果大雨，民尽得种树。景公曰：'善哉！晏子之言可无用乎？其惟有德也。'"《御定渊鉴类函》卷一百七十二"请雨二"所存《说苑》与此文字相同："齐大旱，景公召群臣问曰：'天不雨久矣，民且有饥色。吾使人卜之，祟在高山广水。寡人欲少赋敛，以祀灵山，可乎？'群臣莫对。

① 《管锥编》第4册《全上古秦汉三国六朝文》第252则"文德"条；《管锥编》第1册《周易正义》五"观"第18页"神道设教"条。

晏子进曰：‘不可。祀此无益也。夫灵山固以石为身，以草木为发，天久不雨，发将焦，身将热，彼独不欲雨乎？祠之无益。’景公曰：‘不然。吾欲祀河伯，可乎？’晏子曰；‘不可。祀此无益也。夫河伯以水为国，以鱼鳖为民，天久不雨，水泉将下，百川竭，国将亡，民将灭矣。彼独不用雨乎？祠之何益？’景公曰：‘今为之奈何？’晏子曰：‘今诚避宫殿，暴露，与灵山河伯共忧，其幸而雨乎？’于是景公出野，暴露三日，天果大雨，民尽得种树。景公曰：‘善哉，晏子之言可无用乎？其惟有德也。’”

《钦定四库全书·子部一·说苑》将该其归入“儒家类”，学者多以为汉人所采，不甚惜之。而据《提要》案：“《说苑》二十卷，汉刘向撰，凡二十篇。其书皆录遗闻佚事，足为法戒之资者。其体例一如《新序》。叶大庆《考古质疑》摘其……皆时代先后，邈不相及。……黄朝英《缃素杂记》亦摘其……与《新序》二书同出向手，而自相矛盾。殆捃拾众说，各据本文，偶尔失于参校也。然古籍散佚，多赖此以存。如《汉志》河间献王八篇，《隋志》已不著录，而此书所载四条，尚足见其议论醇正，不愧儒宗。其他亦多可采择，虽间有传闻异词，固不以微瑕累全璧矣。”[①] 对照出土战国楚简所存记载，可知是说虽不中亦不远矣。

二、《競建内之》与战国齐地所流行灾异认知

上海博物馆藏《战国楚竹书》第五册第一篇《競建内之》，编者认为本篇主旨在于：“二大夫为国之要事向齐桓公进言，如‘日食’，虽是星事，借喻齐国要有兵祸之灾，二大夫以为要行先王之法，并规劝齐桓公，只有从善，才能去祸患。”编者在释文中援引《吕氏春秋·分职》《楚辞·离骚》《说文》等传世文献，以“进”释“競”、以“关于国家之大事而向上进言”释读“競建”。我们对照具体内容，感觉似乎有些游离简文的实际。

“競建”是古代用于天象历法讨论的说法，直接的解释就是关于“建日”的讨论。競建涉及天象历法范围，所以传世文献既使用“競建”说法，也使用“競历”一词。若控名责实，该篇大体应是天象异常与国家灾患人事凶咎的对应关系，整体属于岁时月令禁忌的范围，这是所谓“競建”的问题。“内

① 文渊阁《四库全书总目提要·子部一·说苑》。

之”就是“入之”，包山楚简《文书》第18号简文“入之”即作“内之”，楚简文字“入”字写作“内”。此类用法，有关战国楚文字数据库可以筛选到54条记录。可见“内之”为“入之”，属于战国楚简成语。“競建内之”。即“競建以内之”之省，若两边兼顾，初无偏至，直接的解释就是“有关日食的进言”。由“競建”即天象星变的讨论，进而所引发人事问题，则是连类而及的内容，也就是所谓“内之”即“入之”的问题。这种结构安排，在先秦政论文字，属于习见行文匡格。

本篇简文涉及范围较广，包含了几个相关领域的重要内容。关于战国时期的天象灾异学说，涉及下面几个问题：一是日食星变，相应于地上的兵祸；二是感应星变兵祸的是人为因素；三是“禳敓”星变兵祸的前提是不能“行无道”和“不践于善”；四是批评齐桓公身为无道，指出行道践善，则能“去祸”。关于《尚书·商书》有关篇目及内容的年代问题，该篇以较长篇幅援引高宗祭祀发生雉异现象、祖己的解释，提出了人事上的措施，“既祭之，后焉，攸先王之法”，由此增加“内之”的说服力。同时，涉及《尚书·商书》部分的《高宗肜日》内容的年代问题，以及有关《书序》部分内容的来源问题。总之，由于上述两方面的关系，《競建内之》是一篇研究上古时期儒家的天人感应和天象灾异学说的重要文献，与上海博物馆藏《战国楚竹书》第二册所收录的《鲁邦大旱》篇相对照，即可反映战国时期儒家天人感应和天象灾异观念的重要发展过程。同时，也是“尚书学”史研究不可多得的重要文献。另外，对于认识先秦政论说理文体特点，也提供了较现存传世文本早得多的范例。考虑到篇幅过长，本文将讨论的范围仅仅限定在与其他同类简文存在较为密切关联的几个方面。

由于简文原篇的整理存在若干问题，会直接影响到所讨论主要内容的理解，所以，下面也将几处关键的文字提出来讨论。

第1简 关于日食。

“日既”，编者只是援引《左传·隐公元年》杜预注，泛解为“事毕”，无当于简文之理解。按“既”字见包山楚简《文书》第137号“既盟”，《春秋·桓公三年》：“秋七月壬辰朔，日有食之，既。”孔颖达疏：“食既者，谓日光尽也。”汉代王充《论衡·说日》：“其合相当如袭辟者，日既是也。”

《汉书·五行志下之下》："诛众失理，兹谓生叛，厥食既，光散。"是知"日既"亦为古代天文学术语，用以指日全食。简文"日既"，为本篇提供讨论的基础。

第 2 简 隰朋回答"日既—星变"发生原因，援引高宗之祭所发生鸟占联系，说明人事上的应对措施。对照现存传世《尚书》古抄本（主要是源于唐写本的各类日藏写本），该简文意义有三：一是提供了可以认识《书序》真实性的根据；二是关联现存《尚书》抄本有关篇目；三是关于高宗肜日的祭祀对象问题。另外有《楚简所见〈尚书·商书〉祭主及年代》等专文讨论，此处考虑篇幅过长，故略旃。至于简文"周量之以寖汲"，编者句读释文为"汲汲不休的寖水旁"云云，大抵非其的解。按"量之"为人名，跟下出傅说同类：与上"得福"句相承，则亦为贤者。"以寖汲"，亦犹"傅说"之得名，说明得贤之由：包含地方、身份等。《康熙字典·部》："寖，又水名，寖水出武安县东。"然则简文所载周量之为商代寖水之畔汲水者，无非还其身份等级。贤者每处岩穴，身份差等低贱。如专为搬演炫耀才学之作《镜花缘》，作者借主人公为才人所发浩叹："世人只知纱帽底下好题诗，哪里晓得草野中每每埋没许多鸿儒！"夫量之汲水、傅说操筑、吕望鼓刀、甯戚饭牛，皆其比也。参见下出"傅说"。传世史籍文献记载，未见"量之"其人。郭店楚墓竹简《穷达以时》篇列举了这类事例，如第 4 号简简文"释板筑而佐天子，遇武丁也。吕望为牂来濾"，第 5 号简简文"来地，行年七十而屠牛于朝訶，举而为天子师，遇周文也"，第 6 号简"管夷吾拘繇弃缚，释桎梏，而为诸侯相，遇齐桓也"，第 7 号简"白（百）里迌馈五羊，为敀释牛，释板柽而为朝卿，遇秦穆"，等等。

第 5 简 日食兵患及其禳敚措施。"将有兵，有忧于公身"，"公曰：然，则可敚与？"编者句读释文如此。

按编者破句失读，"然则"作为承接上文宕开下文的连词，不当拆散使用。这属于汉语史上古代语言固定格式，当读作"公曰：然则可敚欤？"该处简文关系到对日食现象采取救助解除的措施。战国楚简有关祭祷，涉及"禳除"，称之为"敚"，是其通例，见于包山楚简《卜筮祭祷》"攻敚"（原简号第231）、“以其古敚之”（原简号第217）等，又望山楚简简文屡见“又祱，以其古敚之”。《战国楚竹书》本篇释文以“争夺”释“敚”字，未通览楚简用例，尚粗浅乎言之。

第6简　禳除日食兵祸的前提条件。“尚才吾，不澫二厽子，不谛恕，寡人至于辨日食，鲍叔牙……”编者句读释文如此。按“尚才吾”，编者如此句读且释为“当在吾”，破句失读，遂致简文词气不统一。从上文受到反诘指责，本简齐桓公应答作出解释的语意关联来看，只能读为：“尚哉，吾没有依赖二三子！未加细察，请恕寡人。至于辨察日食，鲍叔牙……”其中“尚”，用等《史记·三代世表序》“五帝三代之记，尚矣”之“尚”字，“久远”之意，后面一般须附着语气词。“才”如下出第9简简文“也才”读作“也哉”。

简文“不澫二厽子”。其中关于“二厽子”之解，编者所释准确无误。这里以战国楚简解《战国楚竹书》稍广其例。“三厶”等于“三口”即“厽”形，该处简文作“品”形之倒文。《战国楚竹书·周易》或作从三日之“晶”形，见第四册；又《战国楚竹简汇编·信阳长台关一号楚墓竹简第一组文章》“三岁”作“晶岁”；《曾侯乙墓》第122号简“参真吴甲”作“晶真”；都是同样的类型。问题在于编者取“澫”为“放纵”之解，“不放纵二三子”，遂致前后语意矛盾而不能连贯统一。“澫”字之解，顾及字形结构及前后联系，只能理解为“赖”。澫从萬得声，賴亦从萬得声，二字同“赖”均音近通用。《长沙子弹库战国楚帛书研究·甲篇》“山川澫浴”，帛书作“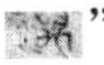”，字形结构为从水萬声，李零将“澫浴”解释为“濑谷”。[①]《说文·米部》“糲，从米，萬声”，大徐本音“洛带切”；《虫部》“蠇，从虫，萬声。读若賴”；《力部》“勱，读若萬，从力，萬声”，大徐本注音为“莫话切”；邁、厲、礪等结构，亦皆从萬得声。如《尚书·吕刑》“一人有庆，兆民赖之”，郭店楚墓竹简《缁衣》所引作“一人又（有）慶，萬民”。上海博物馆《战国楚竹书·缁衣》所引该处字形，整理者隶定为由“言”和“大”符构成，无由释读。我们隶定为从言从而的“誀”字结构，也可以取得跟“赖”字读音上的联系：《广雅·释诂》：“誀，拏也。”《集韵》标注其音值为

①《中国方术正考》，第152页。

“女加切”，古音属娘母字。这个字是从“而”读的，可以跟“赖”等取得对应：《尚书》的隶古写本像《书古文训》中“能”字都写作“耐”，认为“能”就是“古耐字”。而“耐”也是从“而”得声的。域外所见敦煌本《郭象注庄子南华真经辑影》一《逍遥游品第一》“智效一官，行比一□，德合一君，而徵一国者”[①]，传世注本一般释作“能徵一国”，也是着眼能、而音同通用，耐、赖、濑、瞒古音相近。

或以为“二三子”所指为下文所出竖刁、易牙等人，亦以未能统观圆览全篇整体。首先，“二三子”用于贤达之称，为古籍通例，《春秋左传注疏》即以“二三子”为成语。今得稍广其例，如卷十六：“秦伯素服郊次，乡师而哭曰：孤违蹇叔，以辱二三子，孤之罪也。不替孟明，孤之过也。大夫何罪，且吾不以一眚掩大德。”卷二十四：“尔从二三子，唯敬。”卷二十五：“郄伯见公曰：子之力也夫。对曰：君之训也，二三子之力也，臣何力之有焉？”卷二十九：“免寡人，唯二三子。”卷三十一：“辞曰：夫和戎狄，国之福也。八年之中，九合诸侯。诸侯无慝君之灵也，二三子之劳也，臣何力之有焉？”本篇下出第9简“二子之忧”，即确指隰朋与鲍叔牙。其次，本篇简文下出竖刁、易牙等人，简文明白直陈为“二人”。

简文“至于辨日食”，明南京钦天监监副贝琳修辑《七政推步》七卷，有“辨日食限”法和“辨月食限”法。据此简简文，“辨日食”战国时期就已成为固定结构。

要之，本简简文，文字艰深。编者所释，整简破句失读。

简文“从臣不讦（谏），远者不方”。按此处两边相对，意为近臣不谏诤，远人不讥谤。《论语·宪问》：“子贡方人。”陆德明《经典释文》：“郑本作谤。谓言人之过恶。”上两句是就天地不予警戒言，是天地之“盟弃”；此二句则从人事不置批评言，是民心之背弃：两边兼到，初无偏至。殊途而同归，从言之路异。是战国所谓政论家议论之能事，有识者进谏之惯技。或可认为，比、方也，亲附也。是谓近臣不谏诤，远人不来附。而编者释“不方”为“不正”，反欠贴切。

① ［日］寺冈龙含辑：敦煌本《郭象注庄子南华真经辑影》，福井汉文学会1960年影印。

本简简文未完，下接第8简“邦。此能从善而迲祸者”，其中“攸（修）者（诸）乡邦”，“乡”字原形为。郭店楚墓竹简《老子》乙第17号简“向”作，《战国楚竹书》第四册《柬大王泊旱》“王向日而立”之“向”，与此形完全相同。都是隰朋等二三子的由天象而进入人事，借题发挥。

第8简　“邦。此能从善而迲祸者。公曰：‘吾不知其为不善也，今内之不得百姓，外之为诸侯笑，寡人之不剸也（接下出第9简）”，编者句读释文如此。按“智”用作“知”，为战国楚简文字用字通例，如郭店楚墓竹简《老子》甲“化（祸）莫大乎不智（知）足。智（知）足之为足，此亘（恒）足矣”；上海博物馆藏《战国楚竹书》第一册《孔子诗论》“则智不可得也”“不亦智亘乎”，《性情论》“智（知）情者能出之，智（知）义者能内（入）”；数据库筛选得到70余条这类用字记录。编者以“不智即不慧”为说，混淆动词的及物与不及物之功能属性。又所援引书证，亦仅为传世文献之类，得微舍弃本地风光而求诸于远乎？该简“智”用作“知”，为他动词，由整个长句语法结构所规定：“吾不知其为不善也”，“知”所支配对象为“其”，可能指代上出第6简简文所谓“公身为无道”，而该处“其”又是“为不善”的主语，是语法所谓“兼语”之成分。“今内之不得百姓”，照应上简民心之背弃；“外之为诸侯笑”，为先秦文献用语固定匡格，约举数例。《春秋左传注疏》卷三十一（起襄公十年尽十二年）“今伐其师，楚必救之。战而不克，为诸侯笑”；《论语类考·人物考》卷八“季康子”条下“公之鱼曰：昔吾先君用之不能终，为诸侯笑；今又用之不能终，是再为诸侯笑”……

三、《柬大王泊旱》与战国楚地禳灾术

上海博物馆藏《战国楚竹书》第四册《柬大王泊旱》，整理者对该篇整体发表了如下的见解：本篇原无题，现题取用全文首句，也是全文中心。本篇记载了战国早期有关楚国简大王的两件轶事：简大王病疥和楚国大旱。简文所称的“柬大王”，也见于江陵望山楚墓竹简，即史书所称的“楚简王”。楚简王于公元前431年至前408年在位，执政24年，史书记载有关事迹颇略。本篇的发现，是对史料的补充，同时可以了解楚国在面临王病、国家大旱的重患交迫下，由于传统、习俗的影响，简王及其同僚所表现出来的无奈云云。

该篇共计 23 简，简文较长。有关楚简的热烈讨论，到现在也仍然是存在问题最多的篇目之一。由于整体难以确解认识之处尚多，这里也只是侧重讨论几个相关的问题，以便于数篇“自然灾异”简文的比较。

（一）“泊旱”：“止旱”还是“怕旱”

“简大王泊旱，命龟尹罗贞于大夏。王自临卜”。编者解释第 1 简简文说：泊，或通“怕”，王患疥疮病，疥疮病唇燥口渴，奇痒，故也怕干旱。这样的解释，跟上列关于通篇的理解联系起来看，编者是将楚简王的疥病与楚国当时发生的大旱当作两件事情来看待。根据全文的占卜祭祀过程联系来看，这其实是一种误解。天上所降旱魃，与楚王所患疥病，在楚人看来，实在都是同一种“干旱”表象。或者说，天上的干旱，作用在楚简王身上就是皮肤病，二者之间是互相影响的。基于此，篇题只能解释为“楚简王止旱”即有关楚王弥旱的措施，这既跟本简下面简文“向日”、下出简文“遮日”相接应，也跟简文全文卜祭袚除“旱母”的主体内容一致。因此，“王自临卜”，即楚简王亲自莅临占卜。郭店楚墓竹简《性自命出》第 63 号简“谷（欲）柔齐而泊”之“泊”作，构造同。“简大王泊旱”即“楚简王止旱”，犹言举行仪式，消弭旱灾，也就是全篇主题。唐抄本《万象名义・水部》：“泊，菩各反。止船也。”另外，从文字的时代性来看，“怕”字得以记录“担心”之“害怕”语义，从现存字汇来看，大体还是六朝以降的事情。大徐本《说文解字・心部》：“㤳，无为也。从心，白声。匹白切。又，葩亚切。”《万象名义・心部》：“怕，普白反。静也。”尚未抄存“害怕”义项。最晚到《宋本玉篇》，其《心部》始出现“恐怕”义项：“怕，普骂切。恐怕也。《说文》匹白切，无为也。”《文选・司马相如〈子虚赋〉》：“怕乎无为，憺乎自持。”李善注：“憺与淡同，怕与泊同。”《史记》《汉书》均作“泊乎无为”。《隶释・汉山阳太守祝睦后碑》：“渊然深识，怕然执守。”《法苑珠林》卷七引《法句喻经》：“当求寂灭，摄心守正，怕然无想，可得泥洹。”参见《中古汉字流变・心部》等处。日本语“泊”有“止”与“使……止”两边，相应具备所谓及物与不及物两种功能（日本语区别为“とまる”和“とめる”）。

（二）“向日”：避日还是祈雨

“王向日而立，王沧至带”。其中“向”字构形为形，亦见于第五册

《競建内之》“乡邦”字。“沧”，寒。今本《十三经注疏·礼记·缁衣》篇引《尚书·君牙》文字作“《君雅》曰：夏日暑雨，小民惟曰怨。资冬祁寒，小民亦惟曰怨”。按今本《尚书》该篇作“夏暑雨，小民惟曰怨咨；冬祁寒，小民亦惟曰怨咨”。郭店楚墓竹简《缁衣》文字作“日傛（溽）雨，少（小）民隹（惟）曰悁；晋冬旨（祈）滄，少（小）民亦隹（惟）曰悁”：知寒、沧分别为楚简记录同义词之异文。“带”通“墆”，墆、滞记录同源词，《宋本玉篇·土部》：“墆，徒计、徒结二切。墆翳，隐蔽皃。”唐抄本《名义·土部》：“墆，达计反。久也。停也。贮也。止也。”《管子·法法》：“商无废利，民无游日，财无砥墆。”《汉书·食货志下》：“而富商贾或墆财役贫，转毂百数。”颜师古注：“墆，停也。”又《篆隶万象名义》：“懘，达计反。安也。极也。”《说文》：“懘，高也。一曰极也。一曰困劣也。从心，帶声。”

“王向日而立，王沧至带”，简文记载楚简王向日祈雨弭旱的具体仪式：曝日而立，但由于受到烈日刺激感到寒冷以至于停止，也就是下面所谓“庶于日而病疥”。向日而立，即“暴晒”是祷旱仪式的特点。发展到向日射箭的转换变格，如后羿者是，并见下引《五礼通考》。《说苑》：“齐大旱，景公召群臣问曰：‘天不雨久矣，民且有饥色。吾使人卜之，祟在高山广水。寡人欲少赋敛，以祀灵山，可乎？’群臣莫对。晏子进曰：‘不可。祀此无益也。夫灵山固以石为身，以草木为发，天久不雨，发将焦，身将热，彼独不欲雨乎？祠之无益。’景公曰：‘不然。吾欲祀河伯，可乎？’晏子曰；‘不可。祀此无益也。夫河伯以水为国，以鱼鳖为民，天久不雨，水泉将下，百川竭，国将亡，民将灭矣。彼独不用雨乎？祠之何益？’景公曰：‘今为之奈何？’晏子曰：‘今诚避宫殿，暴露，与灵山河伯共忧，其幸而雨乎？’于是景公出野，暴露三日，天果大雨，民尽得种树。景公曰：‘善哉，晏子之言可无用乎？其惟有德也。’”“请雨二”所存《原长沙耆旧传》：“祝良，字名卿，为洛阳令，时亢旱，祈雨不得，良乃暴身阶庭，告诚引罪，自辰至申，紫云沓起，甘雨大降。民歌之曰：天久不雨，蒸民失所，天王自出，祝令特苦，精符感应，滂沱而下。”“请雨二”所存《搜神记》：“谅辅，字汉儒，广汉新都人。少给佐史，浆水不交，为从事，大小毕举，郡县敛手。夏枯旱，时以五官掾出祷山川曰：辅为郡股肱，不进谏纳忠，荐贤退恶，和调阴阳，至令天下否漏，万物燋枯，百姓喁喁，无所告诉，咎尽在辅。太守内省责己，自曝中庭，使辅谢罪，为民祈福曰：无效今敢自誓，至日中雨不降，请以身塞无状。乃积薪柴，聚艾茅，以自环，构火将自焚焉。至禺中时，山气转起，雷雨大作，一郡沾润。世以称其至诚。”[①]《五礼通考》卷二十三著录《通鉴纲目》三编：“洪武三年五月旱，六月帝亲祷于山川，坛。越五日，雨。帝斋于西庑，皇后躬执爨，为农家食，太子诸王躬馈于斋所。帝素服，草屦，徒步诣坛，席藁，曝日中，夜卧于地，凡三日。诏省狱囚，命有司访求通经术深明治道者。越五日，大雨。”《书影》所记《高闾燕志》：“太平十五年，自春不雨，至于五月。有司奏右部王荀妻产妖，旁人莫觉，俄而失之。乃暴荀妻于社，大雨普洽。今中土大旱，辄谣某妇产旱魃，聚众捽妇，用水浇之，名曰浇旱魃。”[②]罗贯中《三国志通俗演义》上册“孙策怒斩于神仙”：“于吉乃取绳自缚，曝于日中。……叱左右将于吉扛于柴棚，四下举火，焰随风起。……于吉仰卧在柴棚上，大喝一声，云收雨注，复见太阳。”[③]

“向日”和“暴露”，为祈雨弭旱仪式的基本情节段落，而且无间古今中外，最近还见诸有关网络信息。据尼泊尔媒体20日报道，尼西部两个村庄的约50名妇女日前全身赤裸，一丝不挂地在稻田里耕种。她们希望借此感动“雨神”，为当地带来雨水。这个独特的求雨仪式18日在加德满都以西约190公里的卡皮瓦斯图地区举行。在人们连日的祈祷和盛大的典礼都未能求来降雨后，妇女们只能寄希望于这种古老的传统方式。“这是我们最后的武器了，仪式举行后真的下了少量的雨。”一名妇女对尼泊尔《都会报》说。[④]

至于编者所谓古人向明而立，高明广大之象云云，实为虚词浮比之类。

值得注意的是，本篇简文下出楚简王有关“鼓而涉之”内容，虽然并

---

① 《御定渊鉴类函》卷一百七十二“请雨二”所存《说苑》，“请雨二”所存《原长沙耆旧传》。

② （清）周亮工：《因树屋书影》第四卷，古典文学出版社1957年版，第91页。

③ （明）罗贯中：《三国志通俗演义》上册“孙策怒斩于神仙”，上海古籍出版社1980年版，第283~284页。

④ 《尼泊尔50妇女全身赤裸在田中耕地求雨水》，中国网，http://www.china.com.cn/lady/txt/2006-08/21/content-7094211.htm。

不十分明确，但是大体应当是跟全篇祈雨弭旱仪式相统一的。而对照现存传世文献，似乎与弭旱灾的反面即御水患相联系。如上引《御定渊鉴类函》卷一百七十二所存《春秋繁露》："大旱雩而请雨，大水鸣鼓而攻社。天地之所，为阴阳之所起，或请焉，或攻焉，何也？曰：大旱，阳灭阴也。阳灭阴者，尊厌卑，固其义也，虽太甚，拜请之而已。大水者，阴灭阳也。阴灭阳者，卑胜尊也，以贱凌贵者逆节，故鸣鼓而攻之。"此殆与上举《书影》所记"浇旱魃"习俗有联系，待考。

"庶日"

"龟尹知王之庶于日而病疥，悉愈迟。宎鳌尹知王之病乘。龟尹速卜"。编者解释如此。"庶于日"，《管子·侈靡》："六畜遮育，五谷遮熟。"尹知章注："遮，犹兼也。"戴望《校正》引洪颐煊曰："遮读为庶，古字通用……《尔雅·释诂》：'庶，众也。'"《说文·辵部》："遮，遏也。从辵，庶声。"朱骏声《说文通训定声》："叚借为庶。"庶通遮，遮谓遮拦，即曝晒于日下。此承上简"王自临卜""王向日而立"求雨所规定仪式。"龟尹知王之庶于日而病疥（疥），悉（俄）愈。迟（宎）鳌尹知王之病乘。"这里句读如此。宎，《庄子·齐物论》："山林之畏佳，大木百围之窍穴……叫者，譹者，宎者，咬者，前者唱于而随者唱喁。"成玄英疏："宎者，深也，若深谷然。"乘，字形实际从癶在豆上，这里释为"登"，意为病情加重。《左传·昭公三年》："陈氏三量，皆登一焉。"杜预注："登，加也。加一，谓加旧量之一也。"《左传·桓公二年》："夫德俭而有度，登降有数。"王引之《经义述闻·春秋左传上》："登谓增其数，降谓减其数也。"龟尹速卜，承第1简"王自临卜"而来，故"速"即"招致"之谓，《诗经·小雅·伐木》："既有肥羜，以速诸父。"郑玄笺："速，召也。"《诗经·召南·行露》："谁谓女无家，何以速我狱？"朱熹《集传》："速，召致也。"

（三）"谧卜"：慎卜还是密卜

"城于膚中者，无有名山名溪，欲祭于楚邦者㕡，尚謐而卜之于大夏。"编者解释如此。简文说明祭祷旱灾跟名山名溪关系。城，犹国，古代王朝领地。大夏，见上出第1简"贞于大夏"。謐、謐异体；《原本玉篇·言部》："謐，莫橘反。《尔雅》：謐，静也，𧶠也。野王案：《韩诗》'贺以謐我'

是。”《万象名义·言部》：“謐，莫橘反。静也。昚也。”謐，慎也，不苟且之谓，与上出简文“速卜”相对，与下出第6简简文“不敢变乱鬼神之常”相应。说者以为“謐卜”即“隐秘”之卜，类等地下之活动，暗中之弄鬼。苟且从事，得未曾有！

（四）“有常”：常典与杀祭

楚简以从示尚声结构，用为“常”字，可以看作是楚简有关祭典的专用字，有关战国楚简文字数据库筛选到8处记录。郭店楚墓竹简《缁衣》第16简“长民者衣服不改，颂（容）又（有）常，则民悳”，其中“常”作。《成之闻之》第32简“是古小人乱天常以逆大道”，其中“常”作；又第38简“言慎求于己，而可以至顺天常矣”，“常”字用同；又第40简“古君子慎六立以祀天常”，“常”字亦用同。上海博物馆藏《战国楚竹书》第一册《缁衣》第9简“子曰：长民者衣服不改，□容有常”，“常”字作。本篇第5简“楚邦有常”、第6简“故为楚邦之鬼神主，不敢以君王之身变乱鬼神之常”，皆指祀有常典，与楚简王所倡“速卜”以至于“杀祭”相对照。《书传》“今商王受狎侮五常”条，“五常，五典也。狎侮五典，以人伦为戏也”。

“杀祭”。第7简“夫上帝鬼神高明，安敢杀祭？”整理者如此。杀，犹“不丰不杀”之杀。古代省减、差等，皆得谓之曰“杀”。如《周礼·地官·廪人》：“若食不能人二鬴，则令邦移民就谷，诏王杀邦用。”郑玄注：“杀犹减也。”《公羊传·僖公二十二年》：“《春秋》辞繁而不杀者，正也。”何休注：“杀，省也。”《礼记·文王世子》：“其族食，世降一等，亲亲之杀也。”郑玄注：“杀，差也。”

（五）“攸（修）”：修身还是修祀

以“攸”为“修”之用字现象，有关战国楚简文字数据库筛选到7处记录，如郭店楚墓竹简《老子》乙第16、17简“攸（修）之身”“攸（修）之家”“攸（修）之向（乡）”“攸（修）之邦”，皆如此用；又《性自命出》第56简“攸（修）身者也”，亦如此用字。上海博物馆藏《战国楚竹书》第一册《性情论》第25简“昏（闻）道反己，攸（修）身者也”，用字相同。本篇“攸”即“修”字使用，结合第15简“修四郊”来看，本简不同于上列诸简那样抽象，应该是指具体的修祀仪式。《汉书·郊祀志下》：“盖闻天子尊事天地，修祀山川，古今通礼也。”本篇太宰进答，包含了“旱母”与“修祀”的关系，从而可以与发生在战国其他地方的灾异学说相联系。第一，出现旱母，是上帝将要降命楚国使其修祀的惩戒。第二，这类惩戒体现在：对于不能够祭祠的诸侯君主而言，以旱灾为刑罚，即失其岁；而对于国君的刑罚而言，则是旱母作旱百姓去国离乡，即失其民。可知修祀与保民，才能消除灾异，是战国各地已经普遍存在的灾异观念。

（六）“旱母”：旱魃还是母旱

“旱母”或称“旱魃”“女妭”，以秃头为表象，相应于“病疥”的关联。《宋本玉篇·女部》：“妭，蒲活切。天子射击也。《说文》云：美妇也。《文字指归》曰：女妭秃无发，所居之处天不雨也。”《名义》：“妭，薄葛反。魃字。”《六家诗名物疏》“旱魃”条：“《说文》：魃，旱鬼也。《神异经》云：南方有人长二三尺，袒身，目在顶上，走行如风，名曰魃。所见之国大旱，赤地千里。一名旱母，遇者得之投溷中即死，旱灾消也。《山海经》：系昆之山有人，衣青衣，名曰黄帝女魃。黄帝攻蚩尤冀州之野，蚩尤请风伯雨师纵大风雨，黄帝乃下天女曰魃，雨止，遂杀蚩尤。魃不得复上，所居不雨。叔均言之，帝后置之赤水之北，所欲逐之者，令曰神北行。《文字指归》云：女妭秃无发。”《原本广韵》：“妭，鬼妇。《文字指归》云：女妭，秃无发，所居之处天不雨。”

本篇出现“旱母”（第11简）“母旱”（第12简）两种形式，疑即简文写手误倒所致。

（七）“印号”：“号詨”还是“后詨”

“王印（仰）天，句（后）而洨（詨）胃（谓）太宰”，编者句读解释如此。

按“句”原形不从丩，而是从口丂声，当释为“号”。《说文》：“号，痛声也。从口在丂上。”《名义》：“号，胡到反。谥也。呼也。名也。召也。告也。”《原本玉篇·号部》：“号，□□□之。杜预曰：啼哭也。《尔雅》：号，呼也。郭璞曰：今江东皆言号也。野王案：号，呼声，音嚣，护沸说也。《周易》九二惕：号暮夜有戎勿恤。《毛诗》或号或呼是也。《说文》痛声也。《广雅》：号，鸣也。”《周易注疏》：“九二：惕号莫夜有戎勿恤。《注》：居健履中，以斯决事，能审已度而不疑者也。故虽有惕惧号呼，莫夜有戎，不忧不惑，故勿恤也。象曰：有戎勿恤，得中道也。”编者字形解释为“句”有未达之间，通作“后”，亦无根据。郭店楚墓竹简《缁衣》第40简“子曰：句（苟）又（有）车，必见其……句（苟）又（有）衣，必见其币（敝）。人句（苟）又（有）言，必闻其圣（声）；句（苟）又（有）行，必见其成”，其中“句”皆作。本简当释读为“王仰天号而詨，谓太宰……”。

（八）“有埜”：郊祀仪式还是发现灾民

第16简“晶（三）日，王又（有）埜（野），色逗者（睹）又（有）㸙人。晶（三）日，大雨，邦蘙（沥）之”。整理者解释句读如此。

关于第16简的简文上句，整理者申说本句意谓“三日，王去四郊之外，惊愕地看着饥荒者”。这里的理解，总有些“过于通”所带来的“现代化”感觉。首先，国君“有于某处”，并不是简单地来到了某地。而是“有事于野”，即躬祭于野，这是古代出土和传世文献的通例。[①] 同时，从简文的前后联系来看，也是跟本篇上接第15简“王许诺修四郊”相互衔接，而不是节外生枝。而更加奇崛之处，还是研究者们关于“色”“逗”等的出色说明，简直有些匪夷所思。其实就整体来看，都不过是修祀四郊的仪式内容。“色”，与有事于郊野的祭祀安排有关，依随四郊土色。文献无须远征，即以整理者所援引《五礼通考》卷二十三，关于《明太祖实录》的荟萃，祷雨设坛：“每坛牲用犊羊豕各一，币则太岁风云雷雨，用白，余各随其方色。笾豆簠簋，祝

① 唐碑板文字关于“有事”于名山等地记载：

有事于南郊：唐开元二十七年《赵庭墓志铭并序》（《汇编》第24册第88页）：“服阕，甲子廿八，属今天子有事于南郊，君以先后之亲，得陪位。……三考又我皇上展柴祭之仪于泰山。特敕授东封齐郎，改任卫州司士。”

有事南郊：太一山人申屠泚撰，集贤院御书手赵守□□，唐天宝八载《□□□（忠义）墓志铭并序》（《汇编》第40册第124页）：“天宝六载二月，岁始东作，有事南郊，功臣预奉方坛，咸陪大礼。”

有事南郊：唐天宝十三载《开国伯上柱国何德墓志铭并序》（《汇编》第40册第133页）：“天宝六载，有事南郊。以公元勋，特拜将军。”

有事名山：唐开元二十四年《白鹿泉神君祠碑》（《汇编》第24册第4页。拓片碑高183厘米、宽102厘米。韦济撰，裴抗隶书并篆书。碑左侧刻三川野叟诗，右侧刻唐、宋人题名等，此本未收）：“开元□□□，日在东井。自春不雨，至于是月。济肃承嘉命，有事名山。斋宿泉

社稷，登一实，以大羹铏二实，以和羹，仪同常祀。”《禹贡锥指》卷十“厥土惟黄壤”条：“林氏曰：天下之物，得其常性者最贵。土色本黄，此州黄壤，故其田为上上，而非余州之所及。”“逗”，楚简往往用于祭祷活动，如包山楚简《卜筮祭祷记录》第219简：“讙为绷佩，之厌一豭于地宔；赛祷一白犬，归冠于二天子。甲寅之日，逗于疋昜。”楚简本篇读作“投”，《文选·马融〈长笛赋〉》：“故聆曲引者，观法于节奏，察变于句投，以知礼制之不可逾越焉。”唐代李善注：“《说文》曰：‘逗，止也。’投与逗，古字通，音豆。投，句之所止也。”句逗，语转就是“节奏”。本简用为郊祀水神，投以求雨。《尔雅注疏》卷五：“祭川曰浮沉。注：投祭水中，或浮或沉。”《尔雅翼》十五：“入水为蜃蛤。《淮南》云‘燕之为蛤’是也。今人言蜃，是蛟类。吐气为楼台，伺燕栖集则食之。又言龙噬烧燕，水枯竭者，投之立涨，今人亦投以求雨。”

关于简文下句，整理者则仅是援引《五礼通考》为说。按《五礼通考》卷二十三所汇集的文献，不过是《明太祖实录》：“甲午岁七月，祷雨于滁之丰山栢子潭。时滁大旱，帝忧之。滁之西南丰山阳谷栢子潭有龙祠，水旱祷

源，静恭旁祷。神必响答，灵液□□。嘉苗来苏，岁以穰熟。夫后造化而出，奇功也。活弍军之众，立勋也。广利百姓，善化也。施不违素，善信也。非夫圣祚旁通，坎灵潜发，是能迈种于德，左右犁入若兹者乎？宜蒙法食，昭著祠典。而荒凉苔石，埋秽榛芜。历代弥年，莫之旌赏。碑板无纪，堂象缺然。非所谓无德不酬，有功必祀。乃命县属，率彻俸钱，扫除林麓，修创庭庙。吏人欣愿，不日而成。兼旁构数亭，以休神憩侣。因石为室，即山取材。□□以茨，不皮不斫。尔乃面大道，临长亭，襟西晋，歈东溟。半弍县之封疆，束百会之车马。重岩屏绕，连池珠沸。□沦洞澈，葱青露蔚。澄漪冰寒，华清露味。于是游闲乡族，仁智名儒，毂击肩摩，郁挠淫裔。感灵泉之旧哉，忻厥命之惟新。或笃言乎令节，或祈谷乎农辰。吟咏嗟叹，弹弦鼓舞。去者思还，来者忘归。此里仁之为美，实神君之所相也。”

李阳冰撰并书，唐乾元二年《城隍庙碑》（《汇编》第27册第17页）：“城隍神祀典无之，吴越有之。风俗水旱疾疫，必祷焉。有唐乾元二年秋七月不雨。八月既望，缙云县令李阳冰躬祈于神。与神约曰：五日不雨，将焚其庙。及期，大雨，合境告足。具官与耆耋群吏，乃自西谷迁庙于山巅，以答神休。”

按“有事”于某处，为古代祭祀仪式孑遗，早见于先秦文献记载。后世传世文献尤其多见，如晋代陶潜《归去来兮辞》序：“亲故多劝余为长吏，脱然有怀，求之靡途。会有四方之事，诸侯以惠爱为德，家叔以余贫苦，遂见用于小邑。”辞：“悦亲戚之情话，乐琴书以消忧。农人告余以春及，将有事于西畴。或命巾车，或棹孤舟。”

之辄应。既祷，或鱼跃或鼋鼍浮，皆雨兆。帝既斋沐，往祷，祷毕，立渊西崖，久之无所见。乃弯弓注矢，祝曰：‘天旱如此，吾为民致祷。神食兹土，其可不恤民？吾今与神约，三日必雨。不然，神恐不得祠于此也。’祝毕，连发三矢而还。后三日，大雨如注。帝即乘雨往谢，是岁滁大熟。《明史·礼志·大雩》：明初，凡水旱灾伤及非常变异，或躬祷，或露告于宫中，或于奉天殿陛，或遣官祭告郊庙陵寝及社稷山川，无常仪。洪武二年，太祖以春久不雨，祈告诸神祇。中设风云雷雨岳镇海渎，凡五坛；东设钟山两淮江西两广海南北山东燕南燕蓟山川旗纛诸神，凡七坛；西设江东两浙福建湖广荆襄河南北河东华州山川京都城隍，凡六坛；中五坛，奠帛初献，帝亲行礼两庑，命官分献。”

关于“者（睹）有焚人”，编者解释字形如此。其实该句简文上下联系，至此都是在讲“有事于野”的仪式：者，《说文·白部》：“者，别事词也。从白，耂声。耂，古文旅字。”该处简文“者”通“旅”字，陈列祭品而祭，接“色”“逗”用字。《诗经·小雅·宾之初筵》：“笾豆有楚，殽核维旅。”毛传：“旅，陈也。”《周礼·春官·大宗伯》：“国有大故，则旅上帝及四望。”郑玄注：“旅，陈也，陈其祭事以祈焉。”《论语·八佾》：“季氏旅于泰山。”上海博物馆藏《战国楚竹书》第五册“者”“耂”通用，如本篇用“者”字，第12简“能词者”“为君者”是，第16简“者有烄人”是；而第五册《内豊》用“耂”字，如第2简“古为人臣者”“不能事其君者”“古为人父者”，第4简“古为人俤者”等是。

“焚人”，该简字形从昭从火，即炤、照、燳字，楚简此处用作烄，《篆隶万象名义·火部》：“烄，公倒反。木燃。殽，同上。”又“照，之曜反。烛也。明也。晓也。炤，同上。”《广韵》：照，之少切，去笑，章。烄，《集韵》：鱼教切，去效，疑。堆柴烧人祭天，为古代求雨仪式题中应有且习见之意。《礼记·檀弓下》：“岁旱，穆公召县子而问然，曰：‘天久不雨，吾欲暴尪而奚若？’”郑玄注：“尪者面乡天，觊天哀而雨之。”《御定渊鉴类函》卷一百七十二“请雨二”所存《增礼记·檀弓》：“岁旱，穆公召县子而问曰：‘天久不雨，吾欲暴尪。’而奚若曰：‘天则不雨，而暴人之疾子虐，毋乃不可与？’‘然则吾欲暴巫。’而奚若曰：‘天则不雨，而望之愚妇人，于以求之，毋乃已疏乎？’‘徙市？’则奚若曰：‘天子崩，巷市七日。诸侯薨，巷市三日。为之徙市不亦可乎？’”传世文献说明曾经存在过请雨仪式“暴尪”“暴巫”的阶段，但似乎较早就被废除了。如果战国中期偏晚的《战国楚竹书》确实尚存“㸚人”即“烄人”也就是“暴巫”现象，说明楚地的事神仪式不仅繁缛，而且相对原始。

至于“邦蕙（沥）之”，所读通则通矣，但整理者于简文文意无说。上海博物馆藏《战国楚竹书》第五册《競建内之》“不澫二厽子”，用字同。我们上面的解释是：“澫”字之解，若顾及字形结构及前后联系，只能理解为“赖”。澫从萬得声，贎亦从萬得声，二字同“赖”均音近通用。《长沙子弹库战国楚帛书·甲篇》“山川澫浴”，帛书作“”，字形结构为从水萬声，整理研究者将“澫浴”解释为“瀨谷”。《说文·米部》“糲，从米，萬声”，大徐本音“洛带切”；《虫部》“蠇，从虫，萬声。读若賴”；《力部》“勱，读若萬，从力，萬声”，大徐本注音为“莫话切”；《宋本玉篇·足部》：“躠，落带切。跛行也。”如《尚书·吕刑》“一人有庆，兆民赖之”，郭店楚墓竹简《缁衣》所引作“一人又（有）庆，万民”。耐、赖、澫、贎、蕙古音相近而简文通用。

要之，该简简文似可释读为：“三日，王有事于野：随其四郊土色、投以求雨，陈有烄人。三日大雨，楚邦赖之。”这里所释之“赖”，犹梁周兴嗣《千字文》“花（化）被草木，頼及万方”之“頼”，又如唐开元十八年《李谦墓志》“赵国赖其元勋，韩王惮其英略”、开元十九年《皇甫慎墓志》“郡邑以理，邦家实赖”之赖。[①]

本简承上面第15简而来，全部是在讲楚简王有事四郊的求雨仪式，涉及祭献过程、祭品陈列、祭祷仪式、修祀结果等。过程完整，不丰不杀。本简简文，是理解通篇全体大用的根本关节。

① 张涌泉主编：《敦煌经部文献合集》第八册《小学类字书之属》，中华书局2008年版，第3919页。

四、各篇楚简简文所体现出来的观念及其差异

（一）关于发生在齐、鲁等地的日食大旱

上海博物馆藏《战国楚竹书》第二册所收录《鲁邦大旱》篇，记载了鲁哀公十五年（前480）鲁国发生大旱。古代弭除旱灾的记录很多，而且往往诉诸各种祭祷仪式。本篇记载的主要内容就是鲁哀公就鲁国旱灾向孔子请教弭旱的对策，孔子在跟子贡等的讨论过程中，表明赞同举行祭神祈雨的外在仪式，同时认为鲁邦大旱主要在于失诸刑德的内在原因，端正刑德才是根本措施。通过讨论，在与子贡等只强调省察政德一边的对照补充过程中，体现了孔子外在影响与内在修养兼顾的"中和"态度。这种照顾外在形式与强调内心省察的关系，代表了儒家"天人相应"及"灾异由人"等学说的重要发展阶段。

拿《鲁邦大旱》与有关传世文献相对照，战国楚简简文所记载子贡关于"夫山，石以为肤，木以为民，如天不雨，石将焦，木将死，其欲雨或甚于我，何必恃乎名乎"的观念，竟然连措辞也如出一辙，说明这类远离鬼神、趋向自然的思想，在春秋战国时期确实已经根深蒂固，存在广泛基础。战国楚简的记载，可以说提供了这类文献现存所见最早的文本。也许在现代人看来，赋予自然以生命，属于所谓"灵性化"的过程。但在先秦社会，将原本就有灵的自然万物人格化，则实际上意味着走向世俗化：是异质以同构，貌合而神离者，此不可不稍为之辨。

《战国楚竹书》第五册收录《競建内之》篇，其中主要记载了战国时期齐国齐桓公跟隰朋、鲍叔牙等人由一次"日食"所引发的讨论。简文揭示天上日食与地下兵灾相联系，而禳除日食兵祸的前提条件，则是修政于邦内，即能从善去祸；相反地自身行无道而不行善，要进行禳敚的话，是没有可行性的。

从《鲁邦大旱》到《競建内之》，已经由外在仪式与内在省察兼顾，发展为完全强调内修政理。两相对照，反映出天人相应命题中越来越偏向于人事、灾异学说中越来越明确灾异在于人为的发展趋势。《競建内之》，无论是

在研究先秦到战国时期天人感应灾异学说方面，还是在对照《尚书》学史方面，都是一篇不可多得的重要参考文献。

（二）关于发生在战国楚、鲁等地的两次旱灾

《柬大王泊旱》，为上海博物馆馆藏《战国楚竹书》第四册所著录较长的一篇简文，共23简，601字，取全文首句为题。本篇简文既长，仍然存在若干不能通读的地方。就整体而言，关于本篇简文内容侧重之处，这里跟有关整理者、研究者的意见差距较大。本篇所记载的，是发生在战国楚国楚简王时代的一件不见于史料的轶事。这则长篇轶事的核心是讲作为天降干旱的表象之一，楚王自身表现为皮肤病，柬王与大臣卜筮祭祀求雨。因此，《柬大王泊旱》整体是在讲楚国占卜弭旱的过程、遵循“常祀”的审慎事神态度。这跟发生在鲁国的大旱，事同而地异，形成对照：鲁国重人事，楚国重鬼神。都有事于山川，但鲁地重“名”义礼节，楚地重占祀过程。一致而百虑，同归而殊途。《论语·八佾》：“子贡欲去告朔之饩羊。子曰：赐也！尔爱其羊，我爱其礼。”《尚书注疏》卷七《咸有一德》：“惟吉凶不僭，在人。惟天降灾祥，在德。”反映出社会观念转变，这些礼仪的内涵及过程，也趋于式微。基于此，子贡准备省掉告朔时用的饩羊。在孔子认为不应该省掉，因为它代表了一种礼仪。因此，孔子说子贡爱怜其羊，而自己更重视其礼。

论者或者将楚简王皮肤病作为独立的主体性因素来考虑，以至于得出“简大王怕旱”的结论；或将楚王皮肤病跟楚邦旱灾当作相互并列的两种因素，亦羌无联属，各行其是。在卜祀求雨止旱过程中，邦大旱与皮肤病之间，是二实一，都是作为天降旱灾的结果。这种关联，是楚地浓厚的巫术思维特色的表现。基于此，简文所看到的因果关联是：雨降—灾除—病愈。楚国发生了旱灾，楚王在曝于炎日的祈雨过程中，感到寒热间作、皮肤瘙痒，提出简省楚国固有的占卜祭祀程序，遭到釐尹等人的拒绝。拒绝的理由是：楚国祭祀鬼神自有“常故”，不能因为简王躬亲祭祀就可以“权变”。楚简王按照常礼举行郊祀，结果大雨连降三日，大有利于楚邦。太宰、陵尹等人就此展开了讨论。雨降旱除，简王皮肤病患，也就相应霍然以解，如枷之脱。楚地鬼神天灾与人事自身，感同身受，患难与共，相感具生，这类认知关联，在战国时期的其他地区是已经见不到的了。[①]

① 所援引“楚简自然认知水平”，或见于拙作《简帛与学术》“楚简与自然”部分，或见于德国波恩大学汉学系顾彬教授主编《袖珍汉学》（德文本），《古汉语研究》等专业期刊。这里所附，主要着眼于跟《说文》所贮存自然认知水平有比较之效。

战国楚简中关于祭祀记载的部分（20世纪50年代以后发掘）：

1. 湖北江陵望山一号战国墓出土竹简（战国中期，1965年，207枚，1093字）；

2. 湖北江陵天星观战国墓出土竹简（战国中期，1978年，70余枚）；

3. 湖北江陵秦家嘴战国墓出土竹简（1986年，47枚，卜筮祭祷简为主）；

4. 湖北荆门包山二号楚墓出土竹简（前316年，1987年，54枚）；

5. 河南新蔡葛陵村“平夜君”墓出土竹简（1994年，1300余枚，卜筮祭祷简为主；祭祷时间：日书。祭祷方式：馈、乐、百、贡等）；

6. 上海博物馆藏《战国楚竹书》，2004年出版第四册，共133枚简，其中《柬大王泊旱》，涉及祭典各个环节。

关于祭祀对象：

1. 天神：太（蚀太）——太一；

2. 地祇：社（后土）；

3. 五祀：司命、行、大门、司祸——灶、户；

4. 淮水之神：大水；

5. 湘山之神：二天子（女）；

6. 山神：危山、五山；

7. 人鬼：远祖（老童、祝融、鬻熊）、先公、邵氏直系祖先、邵氏父辈及同辈中无子嗣者；

8. 低级地祇：高丘、下丘。

关于祭品：

1. 玉饰：环、少环、玦、璧、琥；

2. 衣冠；

3. 酒食；

4. 牺牲（马牛豕羊犬）。

关于祭祀方式：合祭之祫。

文献书目及数据库

关于文献数据来源，由于数据库的结构和空间的局限，这里只是将有关专家数据库所处理的主要版本依据简单交待一下。一一罗列，又将占去许多篇幅。

钱锺书：《管锥编》1~4 册，中华书局 1979 年版；第 5 册（《管锥编增订》），中华书局 1982 年版。

钱锺书：《谈艺录》，中华书局 1984 年版。

（清）阮元校刻：《十三经注疏》嘉庆刊本上下册，中华书局 2009 年。

［日］泷川资言：《史记会注考证》，上海古籍出版社 1985 年版。

（汉）班固：《汉书》12 册，中华书局 1962 年版。

（南朝宋）范晔：《后汉书》，中华书局 1965 年版。

（晋）陈寿：《三国志》，中华书局 1964 年版。

（清）严可均辑：《全上古三代秦汉三国六朝文》，中华书局 1958 年版。

（清）周亮工：《因树屋书影》第二卷，古典文学出版社 1957 年版。

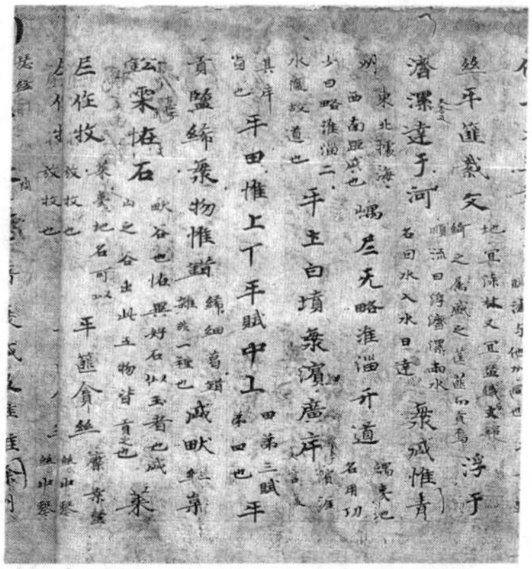

日藏唐抄本《古文尚书·说命上第十二》，见于日藏唐代抄本《唐钞本古文尚书》十三卷。该本为广桥家旧藏本。其中之一现在的岩崎藏本，残本，尚未避唐太宗“民”字之讳，所书字体为隶古定。最新研究根据载体的纸料、用雌黄订正文字的手法等，综合判断此本是初唐抄本。国宝《古文尚书》卷第三、卷第五、卷第十二，日本勉诚出版社 2015 年版，157 页。

韩国藏庚午刻本《书传》十卷。原收藏者为韩国汉字研究所所长河永三教授。费时访购，复于古旧书肆重金拍得《书传》十卷，皆完帙。第十卷最末所刻年号时代及藏板——“岁庚午仲春开刊，宝州府河庆龙藏板”。首卷开卷有武夷人蔡沈《书集传序》，序末交待年代时间为“嘉定己巳三月既望”，大字页10行，小字夹行。书影如为卷三刻有《禹贡》篇。

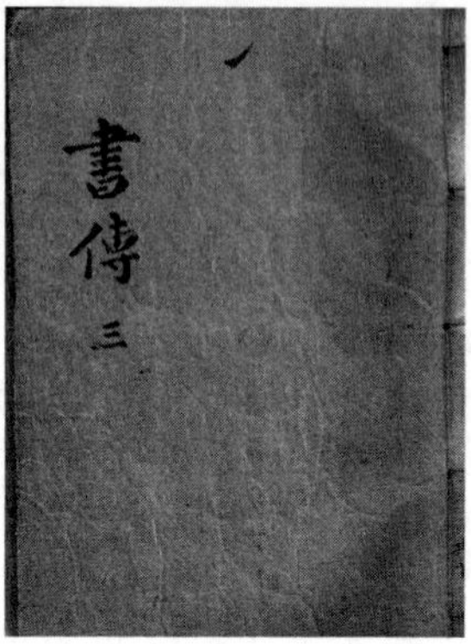

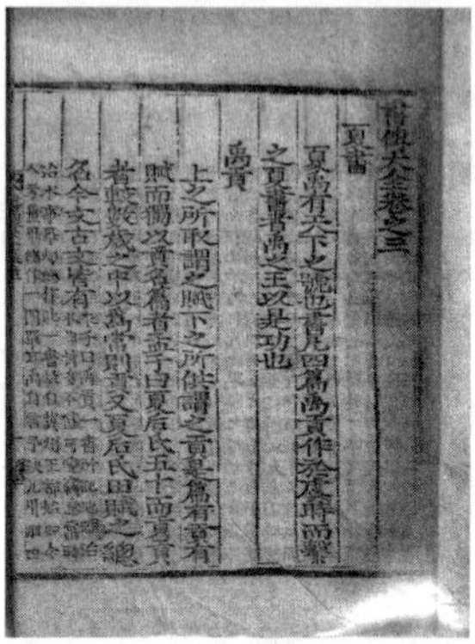

本书所对照的唐抄本《原本玉篇》残卷、泽存堂刻本《宋本玉篇》、唐抄本《篆隶万象名义》、宋代大徐本《说文解字》、宋本《广韵》、《集韵》、《类篇》等历代字汇韵书，皆来源于华东师范大学中国文字研究与应用中心暨表意文字大数据研发中心智库所研制的传世字汇数据库，该系统研制加工过程中，其中有的所采用版本为：

（汉）许慎：《说文解字》，中华书局1963年影印清人复刻本。小篆及重文字库研制依据的字形是北宋校本“《说文》真本”，为汲古阁藏版。

（南朝）顾野王：《原本玉篇》残卷（罗振玉复印件、杨守敬抄本、日本东方文化学院影印的卷八残卷），中华书局1984年影印。

泽存堂重刊《宋本玉篇》，中国书店1983年影印。

［日］释空海：《篆隶万象名义》，高山寺典籍文书综合调查团编，日本东京大学出版会出版“高山寺古辞书资料第一”，华东师范大学中国文字研究与应用中心暨表意文字大数据研发中心智库所存复印本。

［日］释空海：《篆隶万象名义》，中华书局1995拼版影印本。

日藏唐抄本《说文·木部》残卷。华东师范大学中国文字研究与应用中心暨表意文字大数据研发中心智库所存复印本。

臧克和、郭瑞主编：《秦汉六朝字形全谱》，华东师范大学出版社2019年版。

华东师范大学中国文字研究与应用中心暨表意文字大数据研发中心智库编制：《日藏唐代汉字抄本字形表》1~9册，华东师范大学出版社2016—2017年。

臧克和主编：《中国文字发展史》5册，华东师范大学出版社2015年版。

臧克和、刘本才编：《实用说文解字》，上海古籍出版社2012年版。《〈说文〉认知论》各部所援引出土文献古文字形体，一般见于该本。

臧克和主编：《汉魏六朝隋唐五代字形表》，南方日报出版社2011年版。

臧克和著：《中古汉字流变》上下册，华东师范大学出版社2008年版。

本书所对照甲骨文字青铜器铭文古玺文古币文古陶文简牍文帛书文字等资料数据，皆来源于华东师范大学中国文字研究与应用中心表意文字大数据研发中心智库刘志基主任所主持研制的《出土古文字数据库》。其中甲骨文数据库、金文数据库、楚简帛文数据库，网络版已经支持在线查询（权限为"教育部重点研究基地重大项目专家评审系统"）；《商周金文检索系统》已由广西教育出版社2002年海内外公开出版发行，《战国楚系文字检索系统》已由上海教育出版社2004年海内外公开出版发行；AI+表意文字大数据成果——"文镜万象"出土文献智能识别释读系统之"商周金文智能镜"，于2019年5月31日网络发布。

本书所对照秦汉魏晋南北朝隋唐五代石刻等资料，皆来源于华东师范大学中国文字研究与应用中心表意文字大数据研发中心智库有关重大项目课题组所研制的《历代石刻数据库》。数据库总共收录历代各种石刻文献1525余种，总字数达到300多万，其文献来源为：

北京图书馆金石组编：《北京图书馆藏中国历代石刻拓本汇编》（1~36册），中州古籍出版社1989年版。

中国文物研究所、北京石刻艺术博物馆编：《新中国出土墓志》，文物出版社1994—2004年版。

国家图书馆善本金石组编：《历代石刻史料汇编》，北京图书馆出版社2000年版。

高峡主编：《西安碑林全集》及附录《陕西碑石菁华》，广东经济出版社

1999 年线装本。

徐正考编著:《汉代铜器铭文选释》, 作家出版社 2007 年版。

叶舒宪:《中华文明探源的神话学研究》, 社会科学文献出版社 2015 年版。

叶舒宪主编:《神话学文库: 神话——原型批评》增订本, 陕西师范大学出版社 2011 年版。

叶舒宪:《诗经的文化阐释》, 湖北人民出版社 1994 年版。

[日] 大形徹:《马王堆出土文献译注丛书》之《胎产书》《杂禁方》《天下至道谈》《合阴阳方》《十问》, 日本东方书店 2015 年版。大形徹教授执教于大阪府大学, 为日本道教学会会长, 世界汉字学会副会长, 精研马王堆出土道家阴阳家医学等各类文献, 兼善书道。

[日] 源弘道编集:《邪馬台国への道》, 朝日新闻社 1980 年版。是辑为考古图文集, 系奈良出野先生珍藏并惠然见赠。出野先生精研神学, 善鉴文房四宝, 治印学篆刻, 乃当世通方高人。

中国青铜器全集编辑委员会编:《中国美术分类全集: 中国青铜器全集》第 1 册、第 5 册, 文物出版社 1996 年版。

附

初版序

徐　复

世皆谓吾国学术鼎盛时期，在清代乾嘉两朝，人崇朴学，家有著书，吴学皖学，各自擅场。嘉定钱大昕博涉经史，潜研多通；高邮王念孙、引之父子，以训诂名家，词义精深，并时诸彦，逊其绵密。于是考证之学，日趋发皇，求真务实，蔚为风尚。晚清海宁王国维继起，博考详稽，又创新途，其《观堂集林》诸作，见誉士林。当代无锡钱锺书先生以卓异之才，自张一军，其《管锥编》巨制，学贯中西，靡所不包。旧学新知，冶为一炉，汪洋恣肆，博而能精，诚近今之绝业也。近有诸城臧君克和，步趋钱氏，学而不厌，多所论述，亦博雅之士也。余甚嘉之。

后汉许慎《说文》，为文字之渊海，亦学问之阶路，吾国社会历史文化多载其中。会通《说文》全书九千三百五十三字，自不难发现其字体取象结构，与先民观念息息相通；其字词本义说解，与上古社会若合符节。臧君据此撰成《说文解字的文化说解》一书，尽量将吾国古代社会历史文化予以再现。他运用文字、声韵、训诂传统小学的方法，并适度借鉴语言学、人类学等理论，其“汉字取象”之说，则一以贯之。既考辨形体，又对应声符，连类钩稽，溯源明流。全书讲究科学逻辑之条贯，以免蹈空皮傅之讥。举一例以明之，如《玄鸟意象篇》考释“乞”字：其始也将《说文》“乞”部诸字悉加系联，复从声韵联系上会通同源之“好”“孔”诸字，继而援日本国语中所保存有关“好”“孔”诸字之本义、乃至沿用义相参照，再证诸吾国早期甲文、金文等出土文献之辞例，上古传世材料之记载，又比勘“好”字取象结体之单位流变历史，其终也与民俗学、方言志相印证。联系成系统，剖析为层次。读之怡然理顺，涣若冰释。余再为之补说者：即“乞”“乙”二形，

《说文》分列二部，形音义各异，后世淆然不分，时有误释。如欲辨明形体，殆先有“乞”字，“乙”则分化字，属后起；而拟诸古音，“乞”“乙”实亦影母双声字也。

臧君克和，华东师范大学 1990 年硕士毕业。其导师为余友李玲璞教授。是年初夏，李先生率同克和来白下，在我这里举行了毕业论文答辩，成绩优异。克和刻苦为学，谦和待人，多蒙钱锺书先生培植，学以日进，述作斐然。在沪上读书期间，即在导师主持下合作编成《汉字异体字大字典》。教学之暇，先后撰成《汉语文字与审美心理》《语象论》《汉字单位观念史学》《汉字取象论》等书，影响所及，播及海外。现在，这部《说文解字的文化说解》又将付梓，抽空写了这篇序文，共商榷焉。

一九九四年一月于随园南京师范大学

时年八十有三

附

初版后记

《说文》原为解经之作，而雅为学林所推重，其地位并不下于“经本文”。以我的学养和准备，是没有资格在汗牛充栋的“《说文》学”里说长道短的。南宋朱熹说过：“却愁说到无言处，不信人间有古今。”本书实际上是叶舒宪先生命我写作的，从全书大纲到具体篇目，叶先生多所擘画，提供了许多可资借鉴的方法和材料。但年来奔命不暇，时断时续，所以此书实际写作时间极短促，只能是挂一漏万。正如在前面的提要里所说的大实话，倘若能起到发凡张本的作用，也就算达到目的了。事实上，《说文》每一部类是皆可衍绎为一部大书的。

业师李圃教授在我研读《说文》期间给予悉心关怀指导。南京师范大学王臻中书记、中文系郁炳隆老主任，载物于厚德，扶持以多方。章黄学派嫡传徐复老先生，究心“说文”之学数十载，对书稿进行了仔细审读，提出了许多具体而中肯的教诲，并欣然赐序：劝勉点化，兼而有之。石头城下，涛声依旧，大江万古不迁而又片刻不常。所望“说文学”研究开生面而破余地焉。

臧克和

一九九三年岁暮

南京师范大学

后　　记

乾嘉学人，力倡“因声求意，不限形体”，臻于朴学至境。所以有当于文字之学者，逮至有清时代，文字历经二次解体，已有两千许年，处处中介过渡，在在淆乱丛聚，形音义认知关系错综复杂故也。虽然，必至于辨章器形，多识结构。不然，字海飘零，则形牵体拘，几如“字沟”之跳梁、荆棘之蹒跚，又安得不为形体所限哉？

趁新版之际，于旧版“××思维类型”分类，统一改为“××认知方式”；于第一章“取类”补充谈部首分类及其意义；于结末附录近年来关于楚简文字反映的各地自然认知水平，以与《说文》时代对照；徐复老序言和上个世纪的后记，一仍其旧；所有正文，多所订补。其余像旧版根据丛书体例所作提要、有关作者写真文字、抄写附录等处，悉予删除。

该书初版所撰为上世纪90年代初，应丛书主编叶舒宪先生命题作文。涂鸦以旅途间，急就为避嚣中。比如开头第一章，属草于粤西雷州半岛。方格稿纸一叠，墨水钢笔一支，草稿不用，客气全退，其间捉襟见肘之境况，固有为现在所难以想象者。付梓以来，海外多见，作为“国学”教学参考。虽经印行数次，仍盗版不绝。乃至有网络好事者，上下其手，改头换面。或割裂单篇，充作张冠李戴之“论文”；或转换格式，曾成追名逐利之“门面”。遂使谬悠播散，不能卒读者。每有出版者怂恿重版。每念必得重写而难有如此时间，遂延宕岁月，跨越世代，以至于今。叶舒宪先生田野考古不辍，证据出入多重，创辟为“中国神话学人类学”学术体系，洵荦荦大者。不唯名世，亦必传世。拙作虽若日下爝火之燃，貂质犬尾之添，竟得骥尾之附。华东师范大学党委书记童世骏教授，允称哲学方家，每每惠予指导，有探幽发微之明；副校长梅兵教授，洵脑功能科学家，对文字认知学科建设倾注了许多心血。长江出版传媒股份有限公司重续上世纪“文字因缘”，湖北人民出版社责任编辑专业复敬业，俾旧作文字，“脱胎换骨”。惭感交集，悲喜杂糅。怀念钱公默存先生，怀念徐复老，怀念郁炳隆先生，并谨以此纪念业师李圃先生。

臧克和

戊戌仲夏

因树缘湖居

华东师范大学中国文字研究与应用中心